imaginist

想象另一种可能

理
想
国
imaginist

西方人文经典讲演录

WESTERN CLASSICS LECTURES

II

徐贲 著

帝国的兴衰 The Rise and Fall of Roman Empire

上海三联书店

目 录

序言　从希腊到罗马　/ i

一　开场白：罗马的光荣与腐败　/ 1

二　普劳图斯《孪生兄弟》/ 9
1. 通俗喜剧是怎样一种罗马大众娱乐　/ 9
2. 披着希腊外套的罗马故事　/ 16
3. 古典喜剧的人文阅读　/ 22

三　泰伦提乌斯《两兄弟》/ 29
1. 早期罗马戏剧从何而来，因何而来　/ 29
2. 令人头疼的子女教育　/ 36
3. 权贵政治和文化分裂　/ 43

四　卢克莱修《物性论》/ 51
1. 重实际的罗马哲学　/ 51
2. 伊壁鸠鲁哲学和古代的"说教诗"　/ 59
3. 趋乐避苦不等于享乐主义　/ 66

五 卡图卢斯《歌集》/ 76

1. 诗与政治 / 76

2. 爱情恩仇的酸甜苦辣 / 83

3. 情诗是怎样的抒情诗 / 93

六 西塞罗 / 100

1. 希腊化和罗马共和 / 100

2. 优秀的演说者，失败的政治家 / 106

3.《论共和国》：国家不是为了抱团取暖 / 113

4.《论法律》：人的理性和正义立法 / 121

七 维吉尔《埃涅阿斯纪》/ 128

1. 奥古斯都盛世的罗马文学 / 128

2. 领袖崇拜和国家史诗 / 135

3. 文学家与权力政治的联姻 / 142

八 贺拉斯《讽刺诗集》/ 150

1. 站错过队的诗人如何表现政治忠诚 / 150

2. "新社会"知识分子如何自我定位 / 158

3. 讽刺诗的自嘲和玩笑 / 165

4. 人生哲理的幽默与无奈 / 173

九 奥维德《爱的艺术》《变形记》/ 182

1.《爱的艺术》：伴君如伴虎——奥维德和奥古斯都 / 182

2.《爱的艺术》：拉丁文学中的"淫诗艳词" / 188

3.《变形记》：轻逸神话中的沉重变形 / 197

4.《变形记》：性强暴下的人兽同体 / 204

5.《变形记》：从奥维德的《变形记》到卡夫卡的《变形记》/ 210

十 李维《建城以来史》/ 217

1. 罗马的道德沦丧和传统美德 / 217

2. 传说故事的教化教育 / 224

3. 怎么思考共和的腐败问题 / 232

十一 撒路斯提乌斯《喀提林阴谋 朱古达战争》/ 239

1. 政客腐败和公民失德 / 239

2. 输出腐败与撒币外交 / 245

3. 国民品格和民德习俗 / 252

4. 古典共和与公民自由 / 259

十二 塔西佗《编年史》/ 267

1. 坏体制内难做好人 / 267

2. 专制体制下人如何安身立命 / 274

3. 专制统治下的道德垃圾场 / 280

4. "塔西佗陷阱"和历史的善恶必书 / 286

十三 普鲁塔克《小加图》/ 293

1. 为何和如何阅读普鲁塔克 / 293

2. 小加图之死和斯多葛哲学 / 299

3. 作为自由和道德象征的小加图 / 306

4. 罗马共和与罗马美德 / 313

5. 小加图与西塞罗 / 320

十四 塞涅卡《论发怒》《美狄亚》/ 327

1.《论发怒》:腐败政治下人能洁身自好吗 / 327

2.《论发怒》:乱世人生和斯多葛主义 / 334

3.《论发怒》:怎么才能规劝一个暴君 / 340

4.《论发怒》:发怒与残忍 / 347

5.《论发怒》：愤怒是灵魂的热度 / 353

6.《美狄亚》：女性的暴力和残忍 / 359

十五　佩特罗尼乌斯《萨蒂利孔》/ 367

1.暴政下的文学讽刺 / 367

2.暴发户和民间企业家 / 374

3.怡然自得的颓废和都市漂泊 / 381

十六　昆体良《演说术原理》/ 389

1.修辞与教育 / 389

2.知识与政治 / 397

3.专制统治下的知识分子避祸和隐秘写作 / 404

十七　朱文纳尔《讽刺诗》/ 411

1.口腹之欲与道德堕落 / 411

2.暴发户和贵二代 / 417

3.坏女人、小鲜肉和讽刺的批评 / 424

4.都市穷人和"面包与马戏" / 431

十八　阿普列乌斯《金驴记》/ 438

1.雅俗共赏的罗马小说 / 438

2.男性观念中的"巫术"与"妖女" / 445

3.宗教膜拜是怎样的灵魂出路 / 452

4.与神话和传说不同的古代"小说" / 459

十九　琉善《真实故事》/ 467

1.2世纪的智者新潮和新文学观念 / 467

2.文人的诞生和"假话巨人" / 474

3.叙事权威的困境和历史学家的责任 / 481

4.用喜剧涂抹的哲学对话 / 488

二十　爱比克泰德《论说集》/ 497
1.罗马美德和斯多葛伦理 / 497
2.坏时代的好哲学 / 505
3.精致的顺民思维训练：斯多葛主义和犬儒主义 / 511

二十一　奥勒留《沉思录》/ 518
1.明君的顺应天道和自我约束 / 518
2.国家宗教和宗教迫害 / 525
3.自奥勒留时代的罗马宗教文化变迁 / 532
4.暴君杀戮和明君迫害 / 540
5.奥勒留为什么害怕基督教：哲学之外的原因 / 546
6.罗马帝国衰亡的奥勒留时刻 / 553

二十二　中西之间的伦理文化之旅 / 561

结语　罗马的国运与文学的兴衰 / 569

序言

从希腊到罗马

这一本"罗马人文经典阅读"是接着上一本"希腊人文经典阅读"的，在此我们将看到，罗马人结合希腊人的理性原则和古希伯来伦理一神论的超越精神，西方文明开始有了在现代世界里可以辨认的独特形态。罗马人在多个领域里都成功地学习前人，并发展了使我们今天能够超越他们的方法。对经典阅读来说，罗马和希腊的文明精华都在于其人文思想，人文启蒙也是从这里开始的。

通过"希腊人文经典阅读"，我们已经看到，希腊人创造了西方的戏剧、诗歌、哲学、散文和人类思想的其他基本表达形式，他们发明基于"探究"的历史写作，开拓人文知识的领域。通过阐明主要的形而上学和伦理问题，希腊哲学家提出各种令人眼花缭乱的解决方案，为后来所有的哲学讨论设定条件。希腊人教会了世界什么是人类的自由和理性，还开创人民主权、自然法和混合政府的理论，直到今天，这些理论仍然有助于反抗暴政和支持民主。

希腊人将自己与其他民族区分开来，他们把世界上的人分为希腊人和"野蛮人"——看上去与希伯来人把世界上的人分为犹太人和外邦人有些相似。但是，希腊语中的"barbarian"（野蛮人）不一定是一个贬义词，而只是听不懂话的人的意思。实际上，希腊人欣赏埃及和波斯文明的许多方面，并知道他们自己向近东学到了知识。

在将自己与他人区分开来时，希腊人只是注意到一个重要的事实：没有人像他们那样思考。然而，如果有人问一个希腊人他与"野蛮人"的区别是什么，他不会把希腊人的军事胜利或物质成就放在第一位。相反，不管他的国家是民主制还是僭主制，他一般都会说："野蛮人是奴隶，我们希腊人是自由人。"希腊人不接受任何人像对奴隶那样统治他们。他们有人民主权的观念，即唯有人民同意，政府才能统治人民。无论是君主制、贵族制还是民主制，在古希腊都不能奴役人民。即便是君主的统治也不是基于神权（如在近东），而是基于人民同意存在君主制度的政府。国家事务被视为公共事务，而不是专制者的特权。

最重要的是，法律支配着希腊人。诗人品达写道，"法律是所有人的国王，无论是凡人还是神仙"（Pindar Fr. 169）。即使是神也被认为是受法律约束的。公民们被当作共同社会的成员，而不是无助的臣民。希腊人痛恨肆意妄为的政府，而大多数蛮族国家正是被这种政府统治的。野蛮人的国王并不依法统治，而是按照自己的意志行事。但希腊人不向他们的国王跪拜，他们认为这种做法是对人类尊严的侮辱。

虽然罗马人总体上没有希腊人那样的创新，但可以说他们对西方文明的贡献是一样大的，甚至更大。罗马人除了在行政管理、工程和法律方面有独特贡献外，他们还将希腊的理论落到实处，加以修改，并将其传播到整个西方世界。若是没有罗马人的征服，希腊的思想可能不会在西方的大部分地区得到倾听。此外，若是没有罗马人的社会责任感调和希腊的个人主义，古典文化可能不会幸存下来。像许多婚姻一样，希腊和罗马文化之间的"婚姻"在某些方面是对立的结合。它们的后代——西方文明——拥有一种有助于其生存的平衡。但是，希腊并不是唯一影响罗马的古代文明，对罗马的另一个重要影响力是来自古希伯来的伦理一神教文明。

　　古希腊和古希伯来是西方文明的两个源头，古希腊是政治、科学、哲学和文学的源头，而古希伯来则是道德和精神的源头。但是，让西方人最初了解并亲和这两个源头的却是古罗马，两个源头汇合到一起，形成古罗马自己的文明样式。

　　希腊人在许多方面开创了人文思想的先河，发展出支撑最早人民主权、自然法和混合政府的理论。然而，支撑这些理论的道德伦理和精神价值却在很大程度上来自古希伯来文明。古希伯来犹太教的概念是存在一个单一的、全知的、全能的上帝，他不仅自己有道德，而且还要求他的人类造物有道德行为。这是古希伯来人特有的观念，它与人的精神平等学说结合，构成西方道德意识的核心。这已经成为西方思想的一部分，甚至非正统或非宗教的人也只能挑战它而不能逃避它。

　　罗马人使希腊和希伯来传统合流，并把它们融合成一个更广大的对后世影响深远的文明范型。从中世纪开始，大多数西方人对希腊艺术的了解来自罗马人的副本而不是希腊人的原作，对希腊神话的了解来自奥维德而不是赫西俄德，从塞涅卡和马库斯·奥勒留而不是芝诺或克里安西斯那里了解到斯多葛哲学，从卢克莱修而不是伊壁鸠鲁那里了解到大写的和小写的享乐主义，从普劳图斯和泰伦提乌斯而不是阿里斯托芬和米南德那里了解到希腊的喜剧。对古代小说的了解来自阿普列乌斯而不是已被遗忘的原创希腊作家，对希腊的历史概念的了解来自李维、撒路斯提乌斯和塔西佗而不是希罗多德或修昔底德，对希腊的人民主权、自然法和混合政府的理论的了解来自西塞罗而不是柏拉图或亚里士多德。大多数西方人长期以来一直把罗马共和国而不是雅典民主看作是最伟大的政府模式。

　　直到文艺复兴时期，许多希腊原文作品才在西方得以重现和研究，即便如此，直到19世纪，拉丁文仍然在西方的文法学校和大学教育体系中占据主导地位。例如，最有影响力的希腊人荷马、埃斯库罗斯、索福克勒斯、欧里庇得斯、柏拉图、亚里士多德、修昔底德，他们的存世和影响主要归功于其作品被翻译成拉丁文（以及后来的白话文），这些译本长期以来一直被人们优先阅读。

罗马对18世纪启蒙运动的影响比希腊更直接，也更引人注目。大多数启蒙哲人的知识营养主要来自罗马而不是希腊——来自罗马的斯多葛学派、伊壁鸠鲁学派。希腊人是罗马人的老师，为什么许多启蒙哲人反而更亲近学生而不是老师？这里有偶然的因素，也有必然的因素。

"偶然"是因为，罗马毕竟是征服者，它派驻殖民地的士兵和总督都使用拉丁文。尽管长期以来希腊文化有很大影响力——先在罗马共和国，然后在罗马帝国，后来在文艺复兴时期——但是，给欧洲留下深刻烙印的是罗马法和罗马的行政体制，而不是希腊的法律或行政体制。到4世纪末，天主教会，即罗马天主教会，这个千百年间欧洲最强大的文明教化力量，一直用拉丁文颁布教谕，宣读祈祷文，争论神学问题。结果，拉丁文渗透进欧洲各地的方言，成为科学、哲学、外交乃至私人通信中使用的语言。这种情况持续到17世纪和18世纪，到19世纪也没能翻转过来。

就像在今天的中国一样，阅读译本长期以来一直优先于阅读原文。在19世纪上半叶的希腊语运动中，希腊语经过短暂的全盛时期后，在西方课程中又恢复了对拉丁语的从属地位。尽管古典教育在20世纪普遍衰落，但每年仍有数十万美国人在高中学习拉丁文，直到20世纪60年代。然而，英语已经成为名副其实的世界语言，早已代替拉丁文的重要地位，有人估计今天美国3亿多人口中，能熟练阅读拉丁文的学生不过1万人左右。如今在学校里阅读经典作品，不管是希腊的或罗马的，使用的都是英语译本。

启蒙运动得益于罗马而不是希腊，同时也是必然的。因为罗马人曾经以启蒙哲人最熟悉的方式向希腊人学习，那就是学习对自己有用的东西，以自己的目标为标准去学习前人和他者。罗马人以这种方式学习希腊人，启蒙哲人也以同样的方式学习罗马人，学习的对象越接近，甄别什么该学什么不该学也就越容易（梁启超时代有更多人热衷于学习日本而不是欧美便是一例）。

罗马人的务实精神和实效方法也影响后世学习罗马的方式。启蒙时代的有识之士对罗马人的优点和缺点都很清楚，他们知道罗马人的声誉不如希腊人。罗马人土气、粗野、缺乏原创性，但罗马留给世界的遗产——自我牺牲的英雄主义的故事、罗马法典和行政机制、简洁而有力的语言表达，这些都很珍贵。但是，就整体而言，罗马的贡献要么太平淡无奇，要么太具有传奇色彩。罗马人在战争中冷酷无情，在外交上厚颜无耻，在政治上腐败堕落，在娱乐时狂乱残忍，无论在古代还是在后世都有定论。对于后人而言，希腊文明的象征是帕特农神庙，罗马文明的象征是竞技场。

启蒙哲人对罗马的野蛮粗鄙感到痛心，对罗马行政官的作风极其反感，即使是对罗马富有好感的启蒙哲人孟德斯鸠、亚当·弗格森和吉本在颂扬罗马的成就时，也要揭露它的缺点。那些寻找警世例子的启蒙哲人发现，罗马有许多东西值得赞颂，但也有几乎同样多的东西令人哀叹。再者，启蒙哲人选择罗马，似乎也反映出他们的品位：重刚健而轻卓越，重通俗作者而轻天才，重常识而轻深度。这不等于说，启蒙哲人不喜欢卓越、原创和深度，而是说，由于启蒙者的目的是寻找切实可行的社会和政治改革之道，所以他们更看重务实、更讲究常理、更注重理性而不是抽象的哲学或浪漫的豪情。

通过罗马的传承，西方文明的成长获得滋养，不仅有古希腊的理性和知识探究，还有古希伯来的伦理执着和精神平等。一开始，基督教是希腊神学与犹太人道德的结合，这是一个不稳定的结合，必然朝一个方向倾斜。最终，在天主教中，希腊与异教成分占据上风，而在新教中取胜的是严厉的希伯来道德准则。前者经历一场文艺复兴，后者则接受宗教改革的洗礼。18世纪的启蒙哲人以不同的方式协调这二者的关系，对犹太—基督教传统继承得最好的可以说是苏格兰启蒙，其实德国启蒙和美国启蒙也都继承了这个传统。

在西方世界，犹太—基督教是在罗马帝国晚期才有机会开始形成的宗教文化。西方文明所继承的那个被称为"基督教"的古希伯来伦理一神论是在一位名叫保罗的罗马公民的不懈努力下传播到犹太人封闭的社群之外的。他利用罗马帝国的和平、统一、稳定和良好的陆路交通网，向以前是异教徒的外邦人传教，这些人很快成为基督教的大多数信徒。罗马的行政管理、法律、文化宽松、信仰相对自由，都是绝无仅有的，他们在帝国内部省份建立的和平、法律和秩序的程度是前所未有的，这些条件对希腊—罗马文化和基督教的传播至关重要。

尽管1世纪的罗马政府将基督钉在十字架上并迫害基督徒，但它在4至5世纪却鼓励基督教在整个西方世界传播。基督教早期教父中最伟大的三位——杰罗姆、安布罗斯和奥古斯丁，都是罗马公民。一千多年来，大多数西方人在阅读《圣经》时，不是用希伯来语和希腊语原文阅读，而是用杰罗姆的拉丁文武加大版《圣经》（*Latin Vulgate Bible of Jerome*）。《圣经武加大译本》的"武加大"（Vulgate）意为"通俗"，故又译《拉丁通俗译本》。"耶稣"（Jesus）以他的拉丁文名字而非希伯来文或希腊文名字（分别为Yeshua或Iesous）闻名。拉丁文一直是天主教弥撒的语言，直到20世纪60年代，它仍然是罗马天主教会的官方语言，10亿天主教徒构成世界上最大的基督教教派。

如果说罗马人没有希腊人或希伯来人那样的创新，部分原因是他们的文明较晚才达到顶峰。所有现代西方人都可以说是罗马之后文明的继承者或适应者。罗马文明本身就是在继承和适应的过程中形成的。任何在特定历史环境中的继承和适应都需要极大的智慧，罗马人无疑是成功的。他们与之前和之后的许多其他帝国民族不同，并没有把他们所征服的其他文明民族当作比自己低劣的蛮夷之邦。罗马人能够吸纳其他文明的有益因素，他们有这个自信，不只是表面上的"谦虚"或"胸怀"。他们为自己庞大的帝国感到无比自豪，并坚信其神圣的使命，因此他们觉得没有必要诋毁其他文明，也没有必要在军事或思想上筑墙自保，这就是罗马人的务实进取。

这种务实精神使得罗马能产生历史上最有能力的管理者和法律制定者，他们用最少的技术和官僚机构有效地管理一个规模空前的帝国，并为西方留下一套法律体系，其公平和正义的原则在其帝国衰落后仍长期存在，后来成为意大利、法国、西班牙等国的民法法典的基础，其革命性的原则甚至对英国普通法也产生相当大的影响。

务实的罗马人对希腊和希伯来的思想进行修改，并把它们传遍整个西欧。如果没有罗马人的征服，这些思想可能不会在西方的大部分地区得到倾听。此外，如果没有罗马人的社会责任感来调和希腊的个人主义，古典文化可能不会持久，如果没有罗马人的群众传教，基督教可能不会存活。与罗马时代相比，希腊的不良政治状况和基督教在犹太人中遭受的压制都相差得太远。

罗马人对吸收的东西进行修改，并经常改进，在文学、艺术、建筑、技术上无不如此。罗马建筑师将希腊圆柱改变为一种建筑装饰，用来为他们自己发明的圆顶空间加固和增色。同样，维吉尔虽然从荷马那里学到史诗，但他的诸神比荷马的诸神更有尊严和道德。奥维德的《变形记》开创了一种兼具想象力和趣味性的古典神话表现方式，与赫西奥德阴沉的神话故事有着天壤之别，影响也大得多。卢克莱修在《物性论》里系统介绍伊壁鸠鲁主义，其优雅和激情使这种哲学的人生态度对西方知识分子产生持久的影响。卡图卢斯虽然受到希腊"新诗人"（neoteric）的影响，但却以自己强烈的个人爱恨情仇创作了一种火山爆发体诗歌。塞涅卡、爱比克泰德、奥勒留用直接明白、短小精悍的口语化语言倡导道德和总结人生感悟，使斯多葛主义成为罗马人的生活常识，也使这种哲学以人生智慧箴言的形式流传至今。普劳图斯为他的戏剧引入下层人的自我个人意识（如比主人聪明的仆人），更新已经变得程式化的希腊新喜剧。泰伦提乌斯发展了一种更复杂、更雅致的喜剧形式，有丰富的心理洞察和道德思考。罗马人发明了独特而具有影响力的讽刺体裁，并将书信体写作推向高峰。塔西佗的严肃取代希罗多德的轻快，将暴君和暴政专制的恐怖表现得淋漓尽致，直到今天，也许除了孟德斯鸠，还没有后人超越他们。

一 开场白：罗马的光荣与腐败

罗马的历史可以分为三个主要时期。在第一个时期，罗马是由国王统治的。从暴君国王塔昆（Tarquin，前 6 世纪—前 495）被废除之后，罗马成为共和国，这是罗马的第二个时期。在这个时期，罗马迅速崛起。在征服意大利并战胜迦太基人之后，罗马人成了古代世界的统治力量。随着罗马共和国由于内战而瓦解，帝国时代开始。这是罗马第三个也是最后的时期，帝制代替共和，罗马成了一个由皇帝统治的国家，直到最终瓦解。我在这里要讲的不是罗马的历史，而是罗马的文学和思想。因此，这本书需要确定一个与文学和思想而非一般历史有关的开始。在我们学习希腊文学和思想的时候，可以找到一个方便的开始，那就是公元前 8 世纪荷马的《伊利亚特》（*The Iliad*）和《奥德赛》（*The Odyssey*）。那么，我们又该如何开始学习罗马的文学和思想呢？

为了回答这个问题，我参考了两部重要著作。一部是 2005 年出版的《拉丁文学论集》（*A Companion to Latin Literature*），另一部是 2013 年出版的《牛津罗马文选》（*The Oxford Anthology of Roman Literature*），这两部著作都把罗马文学分为五个时期：一、早期共和（从最早至公元前 90 年）；二、晚期共和（又称前后三巨头时期，前90—前40）；三、奥古斯都时代（前40—14）；四、早期帝国（14—68）；五、中晚期帝国（69—200）。本书从早期共和时期开始讲起，我选了戏剧家普劳图斯（Titus Maccius Plautus，约前254—前184）和泰伦提乌斯（Publius Terentius Afer，约前195—约前160）。接下来，从晚期共和时期，我选了教谕诗人卢克莱修（Titus Lucretius Carus，约前99—前55）和抒情诗人卡图卢斯（Gaius Valerius Catullus，约前84—约前54），以及演说家和哲学家西塞罗（Marcus Tullius Cicero，约前106—前43）。从奥古斯都时期，我选了罗马最重要的三位诗人：维吉尔（Publius Vergilius Maro，前70—前19）、贺拉斯（Quintus Horatius Flaccus，前65—前8）和奥维德（Publius Ovidius Naso，前43—约17），还有两位历史学家撒路斯提乌斯（Gaius Sallustius Crispus，前86—前34）和李维（Titus Livius，前59—17）。从早期帝国时期，我选了哲学家和戏剧家塞涅卡（Lucius Annaeus Seneca，约前4—65，也译作"塞内加"）。从罗马帝国的中晚期，我选了历史学家塔西佗（Gaius Cornelius Tacitus，约55—约117）和普鲁塔克（Plutarchus，约46—125），修辞学家昆体良（Marcus Fabius Quintilianus，约35—100），讽刺诗人朱文纳尔（Decimus Junius Juvenalis，约1—2世纪），小说作者佩特罗尼乌斯（Gaius Petronius Arbiter，27—66）和阿普列乌斯（Lucius Apuleius Madaurensis，约124—约170），文人作家琉善（Lucian of Samosata，约125—180），还有两位斯多葛（Stoic）哲学家爱比克泰德（Epictetus，约55—135）和奥勒留（Marcus Aurelius Antoninus Augustus，121—180）。一共是20位作家，他们的作品种类包括教谕诗、抒情诗、史诗、神话史诗、讽刺诗、辩论体文章（注重修辞的论文和文章）、史学作品、小说、哲学作品（包括课后交谈记录和日记）等。

在罗马，不同种类的文学分量是不同的。例如，戏剧是被轻视的下里巴人作品，不仅因为它像马戏、搏斗、说唱、街头表演等一样，面对的是普通观众，还因为许多早期拉丁戏剧直接由希腊戏剧翻译和改编而来，尤其是从公元前 4 世纪至前 3 世纪的希腊新喜剧作家米南德（Menander，前 342—前 291）和他的同时代剧作家狄菲卢斯（Diphilus，前 342—前 291）那里。幸存的罗马戏剧作品和残篇中有许多都留有这样的痕迹：从逐字翻译到非常随意的改编。相比之下，史诗则被视为特别高雅、庄严、重量级的著作。维吉尔的《埃涅阿斯》虽然运用希腊神话的材料，但以此打造了属于罗马自己的国家神话。在奥古斯都时代，文学被赋予一种国家意识形态的功能，有了维吉尔的罗马史诗和贺拉斯的国家颂歌，这样的诗作使得诗人受到格外的尊敬。

罗马文学又称"拉丁文学"，因为除了极少数例外，罗马文学是用拉丁语写成的。拉丁语开始只是罗马城邦的方言，后来随着许多其他民族被纳入罗马人的统治范围，拉丁语成为书写文学、历史和其他知识的通用语言。大多数用拉丁语写作的作家在平时说话时，使用的还是各种方言。这与普通话是中国文学语言是差不多的，大多数人还是讲地方话。大多数罗马文学大家并不是出生在罗马，例如泰伦提乌斯出生在北非，卡图卢斯、维吉尔、李维、塔西佗出生在北部的意大利，连罗马文学的泰斗西塞罗也不是出生在罗马。

比西塞罗早一个半世纪的时候，罗马已经有不少文学活动。到公元前 200 年后期，拉丁文戏剧已成为罗马流行的节日娱乐活动——喜剧、悲剧、历史剧、滑稽表演和哑剧，同时也产生了罗马历史的史诗编年史。罗马第一批作家是五花八门的，通常是从意大利半岛外围地区甚至有时是从更远的地方来的。他们的语言和文化背景涵盖希腊、迦太基、翁布里亚和大希腊。[1] 不同背景的作家把各种不同文化传统带入罗马，推动拉丁文学的伟大发展。

1　翁布里亚（Umbria），位于意大利中部。大希腊（Magna Graecia），在安纳托利亚、北非以及南欧的意大利半岛南部建立的一系列殖民城邦的总称。

所有文学都可以说是传统文学，因为不管它是刻意模仿其他文学，或是坚持另辟蹊径，都包含着某种对祖先的认知。对拉丁文学来说，对其影响最大的当然是希腊文学。开始的时候，比泰伦提乌斯早一点的剧作家普劳图斯和其他同时代作家，他们所做的不过是把希腊文化移植到拉丁语的土壤。就连早期共和时代诗人卡图卢斯和其他"新诗人"，也是直接借用希腊抒情诗的样式。后来的拉丁文学作家也大多把公元前 5 世纪的希腊文学当作他们的灵感来源，这主要表现在文学种类的观念上，因此本书在介绍单独作家时，会特别提供一些有关文学种类的知识，如喜剧、教谕诗、讽刺诗、抒情诗、史诗、演说、传奇故事等。

后人经常因为罗马文学中包含丰富的历史、人文和社会文化信息，而对它保持高度的文化兴趣，希腊文学中这类信息就没有罗马文学那么丰富和详细。虽然这些信息并不是本书的主要内容，但在涉及时也会有所介绍。至于作者的生平和时代背景资料，则会压缩至最简，详细的资料很容易在网上获得。作家之间或他们与著名历史人物之间的关系信息也许更能增加我们对罗马文学和思想的整体认知，所以受到更多关注，如泰伦提乌斯与小西庇阿（Cornelius Scipio Aemilianus，前 185—前 129），西塞罗与小加图（Marcus Porcius Cato Uticensis，马尔库斯·波尔基乌斯·加图·乌地森西斯，前 95—前 46，也译作"伽图"），维吉尔、贺拉斯还有奥维德与奥古斯都，塞涅卡与尼禄（Nero，37—68）等。

如果我们回顾整个西罗马历史，从公元前 753 年建城到 476 年灭亡，总计 1229 年，如果把罗马最著名和最有影响力的文学人物放在一条时间轴线上，那么我们就会发现，有影响力的作家多集中在公元前 1 世纪至 1 世纪这两个世纪的"黄金时期"里。他们包括本书要讲解的绝大多数作家。在这个黄金时期里，罗马的政治形态发生根本的改变，晚期共和被皇帝定于一尊的帝国所取代，而这个时期的主要作家都以各种不同的方式陷入政体变化的旋涡之中，有的抵制它，有的拥护它，有的介于两者之间。

不同时期的罗马作家有不同的政治立场，但超越这种分歧的是他们对罗马人祖先文化的崇尚和自豪，至少在怀旧、想象或理想化的层次上是如此。历史学家李维在他的《建城以来史》引言中说："我们允许先人通过神人结合以使城的开创更具威严；而且，如果可以允许哪个民族把自己的起源神圣化，并称他们的缔造者与神有关，罗马人民就有着如此大的军事声威——当其宣称他们和他们的缔造者之父是马尔斯时——以至于世上各民族以忍受罗马帝国的同样耐心来忍受这一点。"[1] 李维和许多罗马作家以这种自豪的语言来描述罗马的伟大，这也影响了后世包括今天我们对罗马的良好看法。

然而，我们应该知道，他们所描述的只是一种有待实现的理想，并不是历史的现实。我们应该避免以任何理想化、浪漫化的方式来看待真实的罗马。因此，读者们会发现，我在书写时会时常用尽量客观并带有批判的眼光看待本书提及的作品的历史背景，包括政治形态、社会和文化习惯。

本书贯穿着两条令罗马人骄傲的主线：一条是罗马共和，它的核心是人的自由；另一条是罗马美德，它的要旨是人的自律。

从公元前 1 世纪起，对罗马共和与美德的观念影响大部分来自斯多葛哲学，斯多葛哲学甚至被称为罗马国教。因此，斯多葛哲学在罗马的影响变化成为贯穿本书的一条明显的辅助线索。斯多葛主义崇尚的是自由人的理性、务实、自我约束、节俭。它要求人能够寻求心灵的自由和安宁，遵从自然规律，过一种自制的生活，主张无论在什么情境中都能做自己灵魂的主人。这些都与罗马传统价值

1　李维著，穆启乐等译，《建城以来史（前言·卷一）》，上海人民出版社，2005 年，第 21 页。

不谋而合，因此能够相互交融。

然而，从西塞罗和普鲁塔克历史记叙中的小加图，到尼禄统治时期的塞涅卡，再到2世纪的爱比克泰德和奥勒留，我们可以看到，与罗马美德合为一体的斯多葛美德虽然保持着它的核心价值"自由"，但这种自由越来越从公众生活退缩到私人生活中，这与罗马文学随着共和转向帝制而逐渐丧失公共功能是同时发生的。

罗马人只是在他们是自由、自律和能够拒绝腐败的时候，才是他们理想中那种高贵的罗马人。不幸的是，从本书一开始，我们将要看到的是一个已经丢失了高贵气质，因而沉沦于腐败之中的罗马社会。

诗人贺拉斯在《歌集》中这样描述古罗马人的祖先："勇敢的民族，自由民族的战士，从萨宾人那里学会用铁锄开荒种地，遵照严母之命上山伐木。日落西山时取下疲惫不堪的耕牛肩上的轭，在温馨的暮色中驾着战车离去。"[1]贺拉斯如此颂扬祖先，其实是在责备他那个时代的罗马人。罗马人的祖先打败皮洛士、安条克和强大的迦太基，奠定了罗马帝国的基础。但是，胜利后的罗马人沉湎于安乐和享受而堕落了，不仅丢失了英雄气概，而且也丧失了罗马人的传统美德。李维同样也以怀古来评判现状，他写道："没有哪个国家这样晚地受到贪婪和奢侈的侵袭，没有哪个国家的清贫和节俭在那里如此持久地受到如此大的推崇。"[2]

把早期的古罗马人描绘成自由、淳朴、美德的人民，在撒路斯提乌斯、塔西佗、朱文纳尔的作品中也都能见到。我们隐约可以看到，在还没有成为一个权力欲极强、富有征服性的好战民族之前，罗马曾经是农夫社会，是一个有节制的勤劳务实的民族。但是，如

---

1 转引自奥托·基弗著，姜瑞璋译，《古罗马风化史》，辽宁教育出版社，2000年，引言，第2页。
2 李维著，穆启乐等译，《建城以来史（前言·卷一）》，第21页。

德国历史学家奥托·基弗（Otto Kiefer）在《古罗马风化史》（*Sexual Life in Ancient Rome*）中所说："其天赋的本能健康而又原始的民族自然需要繁衍后代，使人数激增，而且要为此而扩张其领土。这样一来就不免要与周围的民族发生冲突，那些民族原先都比罗马帝国强大。此外，听说这个农耕民族也做起买卖，还与迦太基签订贸易协定。迦太基当时一定是西地中海的霸主。尽管人们都说古罗马人是天生的征服者、帝国的缔造者，可从他们身上一点也看不出盛气凌人、专横跋扈的痕迹。既然如此，我们就不能断言古罗马人从心理上讲就是一个想当征服者的民族。"[1]

人们对罗马人有一种普遍的习惯性误解，那就是，罗马人天生就是一个好战、能战的民族。基弗的这番论述就是针对这种误解的，从本书中的几乎所有作家那里，我们可以看到，好战其实并不是罗马人的性格本质，罗马人并非天生就有狠勇好斗的基因。罗马文学最伟大的作品都是在"罗马和平"时期创作出来的，奥古斯都终结罗马的共和，开启罗马的帝制，即便是仍然怀念共和的罗马人也感谢他结束罗马连绵不断的战争，尤其是内战。罗马人是因为厌战才接受甚至欢迎奥古斯都的强人政治，然而这样的强人政治之路一旦开启，也就打开了独裁暴政的大门。

罗马人的战斗精神开始只是出于生存的需要，随着生存战斗的胜利，罗马人的战争能力不断增强，权力欲和控制欲也就不断膨胀，罗马的财富也在不断的胜利战争中快速积累。罗马的强大靠的是野蛮杀戮其他民族和大规模连绵不断的流血战争，滥用强力是征服者为了更大地扩充使用强力的范围，也是一切暴政的特征。如果征服者本人的心理素质不足以防止滥用暴力，也就很少或者根本没有自我克制的力量。罗马人所谓的自制美德事实上已经不复存在，贪婪、

---

1 奥托·基弗著，姜瑞璋译，《古罗马风化史》，第 3 页。

腐败、堕落也就自然不可避免。

罗马变得越来越需要依靠战争来维持它的强盛和扩张，最后变成一个自以为是战无不胜的"战狼"民族。而罗马的腐败和最后的灭亡都是从罗马人战狼式的权力贪婪开始的。李维称此为"一个异常强大民族的威力长期以来自行毁灭的新事物"。[1] 塔西佗则将其视为一种权力对人性的戕害：无限的权力往往导致人的正常心理变异，从而大大扩展人性缺陷。正是由于无限的权势和贪婪的欲望，身居高位者，特别是"取得皇帝大权的，即使是正直的人，世界差不多也要搞得天翻地覆"，"在胜利的时候，甚至最优秀的统帅都会蜕化"。[2]

罗马曾享有所有可以想象的权力和繁盛、光荣和辉煌、尘世的威严和权势，但最终败在它自己手下。虽然罗马给后世留下共和与公民美德的理念，但罗马自己却因为丢弃这两个理念而走向腐败和灭亡。因此，我们越是了解共和与公民美德的理念，就越不会无原则地羡慕罗马帝国的强大。罗马人为世界立法，却无法维系自己的文明。腐败是罗马的不治之症。今天我们通过文学了解罗马，不是要拿罗马帝国当成常胜"战狼"的楷模，而是要把它当作一个被贪婪、暴力和腐败引向不归之路的镜鉴。

1　李维著，穆启乐等译，《建城以来史（前言·卷一）》，第 19 页。
2　塔西佗著，王以铸、崔妙因译，《历史》，商务印书馆，2009 年，第 47 页，第 96 页。

二 普劳图斯《孪生兄弟》

1. 通俗喜剧是怎样一种罗马大众娱乐

我们在讲希腊戏剧时，最后讲的是阿里斯托芬（Aristophanes，约前448—前380）的《利西翠姐》（*Lysistrata*，前411）。在这个剧之后两个多世纪，罗马人才有机会观看罗马人自己创作的喜剧，普劳图斯便是最早的罗马喜剧创作者。

他大约于公元前254年出生在意大利北部的一个小城，公元前184年去世。我们的"罗马人文经典阅读"就从他最著名的一个喜剧《孪生兄弟》（*Menaechmi*）开始。

普劳图斯的全名是 Titus Maccius Plautus，在罗马人听起来，这是一个相当滑稽的艺名，不会是他的真名。当时的罗马人若不是贵族或有身份，都只有一个名字。贵族或有身份者的命名通常采用三名法（tria nomina），即组成名字的三个部分依次为个人名（praenomen）、氏族名（nomen）和家族名（cognomen），在三名之外还可能有附加名（绰号，agnomen）。罗马女性公民一般没有个人名和附加名。普劳图斯名字里的 Plautus 是"平脚"的意思。Maccius 是意大利亚提拉闹剧（Atellan farce）里惯用的小丑名字。

Titus 是个平常的名字，在俚语里有男性阳具的意思。所以，谁的名字把这三个部分放在一起，一听就是在搞笑，一点儿正经都没有，这也反映了喜剧作家当时在罗马社会中的低下地位。

迄今为止，只有两位早期罗马喜剧作家的作品被保留下来，另一位是我们后面要讲的泰伦提乌斯。泰伦提乌斯出生于公元前 195 年，比普劳图斯大约晚 50 年，只能算是他的后辈。

早期罗马喜剧一直被视为不入流的低等文学种类，不仅因为它比不上希腊喜剧，而且因为它像传统的滑稽戏一样粗鄙俚俗。就连罗马人自己也瞧不上这个品种的罗马文学。普劳图斯之后约三个世纪，罗马修辞学家昆体良就说过："我们在喜剧方面特别落后……我们的作品连希腊喜剧的影子都不如。看来，拉丁语无法产生希腊语那种独一无二的魅力。"（Quintilianus, *The Education of the Orator*, 10.1.99）公元前 2 世纪罗马作家奥卢斯·格利乌斯（Aulus Gellius）说得比较客观一点："从希腊原剧翻译或改编来的（罗马）喜剧很有趣，非常机智和优美，几乎臻于完美。但是，如果与希腊原剧加以比较，将两个版本放在一起仔细阅读，那么，拉丁版本就显出其沉闷与笨拙来，比不上希腊版本的机警与出彩，不可同日而语。"（Aulus Gellius, *Attic Nights*, 2.23）

1 世纪前后罗马文学黄金时代的奥古斯都时期，讲究典雅和完美的罗马诗人更是看不起早期的罗马喜剧，在他们眼里，普劳图斯不过是一位虽然多产（他一生创作的喜剧超过 100 部）却粗野俗气、横冲直撞的下等写手。贺拉斯写道，看普劳图斯"……他自己穿着／多么松垮的拖鞋在舞台上来回穿梭。／因为他急于把钱装进袋，毫不在乎／以后剧作是倒下还是稳稳站住"。[1]然而，正是这样一位在高等诗人眼里才能平庸、粗鄙无文的喜剧作家，在他粗枝大

---

1 贺拉斯著，李永毅译，《贺拉斯诗全集（上）》，中国青年出版社，2017 年，第 685 页。

叶、野性俗气的照料下，罗马文学的婴儿开始成长起来。

我们要阅读这位早期喜剧作家的名作《孪生兄弟》，需要先了解一下公元前 3 世纪至 2 世纪罗马的大众文化以及喜剧在其中的地位和作用。

喜剧刚进入罗马社会的时候，对看戏的罗马人来说是一件新鲜的事情，甚至可以说令他们不知所措。这就像话剧（也叫"文明戏"）刚进入中国的时候，许多人就算进了剧场，也不知道如何去观赏眼前的表演，如何去会意和解读，如何与自己的人生或问题联系起来。看戏不是用眼睛看就可以完成的事情，就像阅读不是认得字就能做的事情，此二者都是必须经过学习和训练才能获得的认知能力。喜剧刚进入罗马的时候，普通罗马人并不具备这样的能力。

对当时的罗马人来说，喜剧不过是为他们早已熟悉和喜欢的种种大众娱乐增添一个"新玩意儿"。罗马人有丰富的大众娱乐，他们不仅喜爱危险的战车比赛和致命的角斗士残杀这一类刺激表演，他们还喜欢哑剧、脱衣舞、大象和老虎、走钢丝的艺术家、拳击比赛、斗鸡，而且还有一些令今天人们觉得不可思议的奇怪表演，如比赛看谁能最惟妙惟肖地模仿猪，还有如《牛津罗马文选》里介绍的，"剃光头的专业表演人士，在节日期间，将沸腾的沥青浇在他们的头上，或者用受过训练的公羊远远地冲过来，用羊角顶他们的光头"。[1]

普劳图斯时代的喜剧作家都知道，自己是在与谁争夺观众：角斗士、脱衣舞娘、专门模仿猪的表演者，或者显摆铁头功的大光头们。罗马人大多数是因为看厌了这样的表演，想换换口味才走进喜剧剧场的。要想象当时吸引观众有多不容易，不妨设想一下过去在北京天桥这种耍把戏的场子上，要把在那里寻乐子的民众从摔跤、

1　Peter E. Knox, and James C. McKeown, eds. *The Oxford Anthology of Roman Literature.* New York: Oxford University Press, 2013, 15.

变戏法、拳脚武功、杂耍、斗鸡、走钢丝的场子吸引到喜剧舞台前有多困难。

公元前 2 世纪的罗马社会和罗马公众都在发生重要的变化。罗马人于公元前 2 世纪末击败马其顿人和塞琉古帝国（The Seleucid Empire），有效地将亚历山大大帝（Alexander III of Macedon，前 356—前 323）的继任王国从当今的土耳其和地中海中部赶走。第二次布匿战争（The Second Punic War）是罗马和迦太基之间三次布匿战争中时间最长也最有名的一场战争，前后共作战 17 年（前 218—前 201），最后以罗马的胜利宣告结束。普劳图斯《孪生兄弟》一剧上演时，这场战争可能已经结束了大约 10 年。这时候罗马共和国已经迅速膨胀起来，疆土包括西西里岛，今天西班牙的大部分地区，并在小亚细亚赢得开拓殖民地的机会。这是罗马历史上相对繁荣的时期，随着罗马扩张，各种各样的外邦人涌入这座城市。他们是早期罗马喜剧想要吸引的主要观众。

早期的罗马喜剧是希腊新喜剧和意大利传统滑稽表演的混合产品，是在罗马一年一度的重大宗教节日卢迪·罗马尼（Ludi Romani）——今译为"罗马运动会"，通常包括多个庆祝节目，称为 Ludi——上表演的大众娱乐节目。那时候，喜剧表演的剧场是由国家出资建造的临时木结构建筑。和希腊的剧场一样，罗马剧场有一个位于中央的演出场（orchestra），前方围着级级升高的木制踏板，是让观众站着观看的地方。剧场在使用过之后会被拆除。据李维记述，公元前 150 年元老院命令拆除一处剧场，认为该剧场"没有用处，且会危害公共道德。民众在很长一段时间里只能站着观看演出"（Livy, Epitome, 48. 25）。

为什么会认为在剧场坐下来看演出会危害公共道德呢？因为当时的戏剧地位很低，公共剧场里上演的喜剧纯粹是一种公共庆典的大众娱乐活动，并不具有我们今天所谓的"艺术"功能或价值。

在罗马，戏剧受到歧视和冷遇，被老派的精英阶层看不起，并不是因为剧作本身有什么"敏感"或"违碍"的内容，而是因为他们相信，民众看戏上瘾，就会意志消沉，变得懒惰，不思上进。这和中国人以前对爱逛戏园子的人没有好感是差不多的，尤其是那些整天混在戏园子里爱捧角的"戏迷"。在许多人眼里，这样的戏剧爱好者无非是一帮游手好闲、吃喝玩乐、吊儿郎当、整天无所事事的闲人。

老加图（Marcus Porcius Cato，马尔库斯·波尔基乌斯·加图，前 234—前 149）在公元前 184 年任罗马的监察官（censor），他是一位严苛的道德主义者，也是罗马传统美德的守护人，他提议，罗马广场（Forum Romanum，也是市场）的路面要用棱角尖利的石块来铺设，以防止闲人在那里无事游荡（Pliny, *Natural History* 19-20）。老派的罗马人相信，罗马是以美德立国的。论人口，罗马不如西班牙（罗马的一个行省）；论体能，罗马人不如高卢人；论学问或艺术，罗马人更是无法与希腊人匹敌。但是，罗马比谁都强大，这是因为罗马人坚守自己的美德，对神虔诚（pieta），谨言慎行（religio）。

一直到公元前 55 年（一说前 61 年），罗马在庞贝时期才有了永久性的剧场，在这之前的 200 多年剧场都是临时性的。对这一现象，一种解释是，罗马的戏剧是从伊特鲁里亚（Etruria）传入的，而在伊特鲁里亚剧场就是临时性的。但是，还有一种解释是，剧场在罗马一直被视为"外国"的东西，罗马人虽然在约公元前 189 年就已经了解希腊，但一直没有希腊式的永久剧场。这主要是因为罗马内部对"外来影响"有所害怕。罗马人相信，希腊戏剧和剧场这类外国东西会败坏罗马人的民风和道德。

塔西佗在《编年史》里记述道："罗马举行了一种希腊式的、每五年一次的舞台表演比赛。和对于几乎所有的新措施一样，人们的意见各不相同。有些人说，甚至庞培（Gnaeus Pompeius Magnus，前106—前48）在建立一座永久性的剧场时都受到了他的长辈们的批评。先前每当有表演时，通常都是临时搭起一排排的座位，舞台也是临时搭起来的。再早的时候，人们都是站着看戏，因为人们担心剧场里的座位会诱使人们整天在那里留连忘返而无所事事。"[1] 剧场里有座位，让观众可以舒舒服服地坐着看戏，这会让观众沾染上坏习气，在我们今天看来，这真是一种很奇怪的罗马人逻辑。

在塔西佗的历史记述里，他显然是接受并主张这一逻辑的，他写道："还是按照罗马的老样子举行表演为好。但是逐渐堕落下去的国家道德，却被这种外来的放荡作风彻底摧毁了。这种情况导致了这样的后果：每一个国家的每一种事物，只要是堕落的或足以使人堕落的，都要在罗马出现；而且我们的青年人在外国趣味的影响下都要蜕化成为希腊式体育爱好者、懒汉和淫乱的人了。"[2] 外国趣味的影响把罗马人变成各种各样对罗马国家无用甚至有害的人，塔西佗的这番指责是针对尼禄统治时期的罗马风气败坏而言的，但也反映了罗马精英阶层长达百年的对"外国影响"的排斥和敌视。

塔西佗的具体指责是，皇帝和元老院"不仅仅对于堕落的行为不加惩罚，他们甚至迫使罗马贵族在发表演说或吟唱诗篇的借口之下在舞台上玷污自己。这样一来，剩下来要做的那就只能是把全身的衣服都脱光，戴上手套到场子里去表演拳斗，而不是去参加军队了！如果他们对于嗲声嗲气的音乐和靡靡之音很内行的话，难道能够伸张正气么"[3]。这样的指责在我们今天看来一点也不陌生，反倒有一种熟悉的感觉。

当然，罗马的剧场并不单单是一个表演戏剧的地方，而是一个

---

1 塔西佗著，王以铸、崔妙因译，《编年史》，商务印书馆，1981年，第469页。
2 同上，第469—470页。
3 同上，第470页。

大众娱乐的公共场所。剧场里有各种各样的大众娱乐表演。据 1 世纪罗马作家瓦莱里乌斯·马克西姆斯（Valerius Maximus）在《善言懿行录》中记载，以道德自律闻名的小加图有一次在剧场里得知有脱衣舞娘表演时，站起身来就离开了。[1] 1—2 世纪罗马历史学家苏埃托尼乌斯（Gaius Suetonius Tranquillus，约 69—约 122 年后）在《奥古斯都传》里说，奥古斯都让人在剧场里进行非常血腥的拳斗表演（Suetonius, *Life of Augustus*, 44）。据普林尼的记述，罗马马塞卢斯（Marcellus）剧场的首演是狮子表演（一种马戏）。尼禄为母亲举行的庆典上，表演者骑着大象在高空走钢丝（Cassius Dio, *Roman history*, 62. 17）。

在这些惊心动魄、富有刺激性的大众娱乐表演面前，喜剧不能不甘拜下风，要存留下来，确实非常不容易。泰伦提乌斯的《丈母娘》（*The Mother-in-Law*）一剧的前两次演出都失败了，不是剧作或表演不好，而是因为根本就没有合适的懂得如何欣赏喜剧的观众。第一次失败是因为喜剧上演时，正好有拳击比赛，观众全跑去看拳击比赛了。第二次失败是因为观众像看角斗士表演那样涌入剧场，结果大打出手，自己演出了一场相互殴斗的武打剧。贺拉斯挖苦道，"就连胆大的诗人都常被观众吓走，／因为那些人数更多、地位和素质／更低的群体愚昧鲁钝"。[2]

在罗马，把进剧场等同为无所事事的观念后来逐渐有了变化，剧场是受"外国文化影响"的产物的观念也越来越淡化，剧场甚至成为一种政治投资。公元前 58 年，罗马政治家埃米利乌斯·斯靠卢斯（Aemilius Scaurus）为了讨好罗马选民，[3] 建起一座规模宏大、

1　Valerius Maximus, *Memorable Deeds and Sayings: one thousand tales from ancient Rome*. Indianapolis: Hackett Publishing, 2004, 79-80.

2　贺拉斯著，李永毅译，《贺拉斯诗全集（上）》，第 685 页。

3　埃米利乌斯·斯靠卢斯在公元前 56 年当选为裁判官（praetor）。

富丽堂皇的剧场，据说可容纳 8 万观众，而建于 72 年至 82 年间的著名罗马斗兽场（Colosseum）也不过能容纳 5 万观众。公元前 1 世纪 50 年代后期，罗马政治家盖乌斯·斯克里伯尼乌斯·库里奥（Gaius Scribonius Curio）建造了一座复式剧场，有两个舞台，上午分别演出不同的表演，下午可以转动合到一处，进行角斗士表演。剧场自有剧场的政治工具用处，可以让许多无所事事的老百姓显得有所事事，其实是娱乐至死，俯首帖耳地听命于政客的摆布和操控。

1 世纪至 2 世纪的罗马讽刺诗人朱文纳尔对罗马的民众充满鄙视，说他们是只要有面包和马戏就能心满意足、岁月静好的芸芸众生。这样的芸芸众生进剧场，就算是看喜剧，也只是为了消遣和娱乐，不是今天我们想象的"艺术欣赏"或"艺术感受"。

2. 披着希腊外套的罗马故事

普劳图斯是有完整作品传世的最早的罗马作家之一，流传下来最早的罗马作品还有老加图用拉丁文散文写成的《农业志》（*De Agri Cultura*）。据 2 世纪罗马作家格利乌斯在《阿提卡之夜》一书里说，普劳图斯早年到罗马在剧场做些手艺活，后来开了个小磨坊，收入微薄，于是在晚上写戏，挣一点钱（*Attic Nights*, Ⅲ, iii, 14）。

古代以普劳图斯名义流传的剧本有 100 多部，现存 20 多部喜剧，其中《孪生兄弟》是最著名的。他的剧作被归入"罗马化的希腊剧"（fabula palliata）一类，palliata 源自 pallium，是一种希腊样式的外套，这也许是说舞台上的演员穿这种外套，不过似乎也可以理解为用希腊新喜剧来打扮的罗马喜剧——一种披着希腊外套的罗马故事。

普劳图斯的喜剧题材来源是希腊新喜剧，尤其是米南德的喜剧，剧中人物包括父亲、儿子、商人、妓女、悍妇、主人、仆人、门客、高利贷者、娼主、悭吝鬼、好色之徒、纨绔子弟等。喜剧情境也是套路式的，如父子矛盾、主仆关系、聪明的仆人反仆为主、老夫少妻、妻子凶悍、丈夫偷腥、骗子故事、张冠李戴的真假难分、阴差阳错的误会等。《孪生兄弟》用的就是双胞胎的真假难分套路，它的背景是希腊，看起来说的是一个希腊故事，但气氛和语言却是罗马的。

这样的安排本身就是出于罗马化希腊故事的特殊需要。有的故事不适合罗马的观众。例如，子女或仆人欺骗老迈昏庸的父亲或主人，尽管有趣、好笑，但不符合注重家庭观念的罗马人的传统道德，如果这发生在罗马老人身上，观众就会反感。相反，要是发生在希腊人身上，观众就会觉得特别有趣又好笑。所以，用希腊来做故事的背景，是一种方便的戏剧技艺处理，其实讲的还是罗马人的故事。

普劳图斯的喜剧题材来源是希腊新喜剧，但在风格上更受意大利亚提拉闹剧的影响。这是一种即兴的蒙面闹剧，在古罗马非常流行。其特点是开始时先交代一下大致的套路情节，在表演时临场发挥。这些特点在《孪生兄弟》中也表现出来了。

例如，普劳图斯在"开场词"里就先交代《孪生兄弟》的故事梗概："有个叙拉古商人，生了一对孪生子。兄弟俩的面貌是如此相象，以至于不仅给他们喂奶的奶妈分辨不清，甚至连他们的生身母亲也难以辨别。这是见过那两个孩子的人告诉我的，我自己没有见过他们，请你们不要误会。孩子七岁那年，父亲备齐了满满一大船货物。他让自己的一个孩子也上了船，好随身带往塔伦图姆经商，把另一个孩子留在家里随母亲生活。他们抵达塔伦图姆时，适逢当地举行赛会。象通常那样，赛会上人山人海。在人流的漩涡里，孩子和父亲走散了。当时旁边有个埃皮丹努斯商人，他抱起孩子，带回了埃皮丹努斯。孩子丢失之后，父亲非常痛苦，抑郁成疾，没过多久便在塔伦图姆命终了。"[1] 他接着还交代了别的事情。我们可以把它当作故事背景，但有的读者或观众也可能将此视为不适当的剧透。

《孪生兄弟》这样的早期罗马喜剧是在罗马公众节日里表演的大众娱乐项目，所以套路的故事并不是最重要的，重要的是热热闹闹的表演气氛，越浓烈越好，这就要靠即兴表演来临场发挥。剧本本身也以此为目的，所以文本的文字也会有许多节日庆祝和尽兴欢乐的特征：喧闹、粗野、放肆、搞笑、厚脸皮、没正经、任性，涉及性和性关系的时候更是信口开河，口无遮拦。

在分析和评论《孪生兄弟》之前，我们先来看看这是一个怎样的故事。

正如普劳图斯在"开场词"里交代的，叙拉古城的生意人马斯克有对双胞胎儿子墨奈赫穆斯（Menaechmus）和索西克利斯（Sosicles）。这对双胞胎七岁的时候，有一次他们的父亲马斯克出外做生意，带着墨奈赫穆斯，在一个叫埃皮丹努斯（Epidamnus）的地方丢失了这孩子，马斯克因自责和悲伤，不久后就死去了。这对双胞胎的祖父因为怀念失去的孙子，把在家里的索西克利斯的名字改成墨奈赫穆斯。

"开场词"继续说："那位埃皮丹努斯人，就是……抱走孪生子的那一位，家境富有，但膝下无子。他过继了这个窃得的孩子，给他娶了一个嫁妆丰厚的妻子，临终时让他作了自己的继承人……他的巨额家财传给了继子。"[2] 这位被过继的墨奈赫穆斯成了一个很富有的人。

1　普劳图斯等著，杨宪益、王焕生译，《古罗马戏剧选》，人民文学出版社，2000 年，第 172—173 页。
2　同上，第 174 页。

　　为了便利起见，我在这里就称他为"小墨"，因为他是那个真的墨奈赫穆斯，而那个在叙拉古长大的孪生兄弟就叫他"叙拉古小墨"，因为他用的是他孪生兄弟的名字。

　　这对孪生兄弟长大后，叙拉古小墨开始到处寻找他的兄弟。这一次他偶然来到埃皮丹努斯城（以下简称"埃城"），不承想他苦苦寻找的孪生兄弟就住在这个城市。"偶然""正巧""阴差阳错"是《孪生兄弟》的重要主题，在这里第一次出现，后面还会不断出现。下一节还要细谈这个主题。

　　流落到埃城的小墨虽然家境富裕，也已经结婚成家，但家庭生活并不幸福。从他的角度来看，那是因为他妻子嫉妒心太重，脾气又不好，是个悍妇。他妻子每次抱怨他在外面鬼混，他就把妻子大骂一顿。他有一个食客朋友，叫佩尼库卢斯（Peniculus），老是跟着他骗吃骗喝。

　　这一天，小墨偷走妻子的一件漂亮披衫，走出门去，想把披衫送给一位就住在他家对门的名叫埃罗提乌姆（Erotium）的妓女相好当作礼物，正好碰到他那位食客朋友。

　　他们两个人一同来到这位妓女相好的家门口，小墨向她炫耀自己的礼物，问她有什么回报，他暗示想在她那里好好吃上一顿。相好同意了。于是小墨和他那位食客朋友一起去广场先小酌一番，等着相好把饭菜做好。

　　就在这时候，一直在寻找失散兄弟的叙拉古小墨和他的奴隶仆人墨森尼奥（Messenio）已经来到埃城。这位精明的仆人告诉主人，埃城的人都很"鬼"，不是什么好东西，他还催促主人结束他的寻人之旅，因为他们的盘缠快要花完了。就在这时候，小墨相好的厨子采购食材回来，看见叙拉古小墨，以为他就是自己认识的那个小墨，于是就对他说，饭菜很快就能做好。叙拉古小墨不知道厨子错认了他，心里挺恼火，心想这个无缘无故跟他说话的家伙准是个

"疯子"。这里开始的是《孪生兄弟》的第二个主题："错认"（"真假难分"的"身份误会"）；还有第三个主题："疯子"。这两个主题在全剧中会以多种变化形式不断出现，这在下一节里也会详谈。

叙拉古小墨的仆人是普劳图斯喜剧里常见的"聪明仆人"的角色。聪明仆人总是在帮衬主人，显得比主人更能干，但也经常聪明得过了头。叙拉古小墨的仆人对他说："你就小心点儿！我想正如刚才走开的那个疯子说的那样，那屋里住的准是一个妓女。"小墨问仆人："他怎么知道我的名字？"仆人答道："这没有什么好奇怪的。妓女们都有这么一套：她们把男女小奴派往港口，倘若有条什么外邦船进港了，她们便去打听是谁家的船，船主人叫什么名字，然后便立即凑上去缠住。她们如果把谁迷惑住了，便立即把他带领回去。"（第二幕，第二场）

这时候，妓女正好走出门来，看见叙拉古小墨，就对他说，晚饭已经准备好了，你还在这里磨蹭什么？叙拉古小墨更是被搞得一头雾水，他于是礼貌地问："无论是以前或是现在，我与你有过什么交往？"妓女说，你还在装什么呢？我当然认得你。叙拉古小墨想："这个女人要不是个疯子，便是喝醉了酒，她竟和我这样一个陌生人如此亲热地纠缠。"他仆人提醒他："这种事情在这里是司空见惯的。现在还只是掉几片叶子，我们在这里待不上三天，整棵树都会向你倾倒过来。妓女们就是这样：她们全都是骗钱能手。"（第二幕，第三场）不过，叙拉古小墨是个讲实惠的人，他意识到有可能能吃一顿晚餐，还有一个漂亮女孩做伴，何乐不为？所以他就将仆人支开，让他先去旅馆，到日落时再回来找他。

酒足饭饱之后，叙拉古小墨走出妓女的家门，手臂上搭着一件女人的披衫，原来妓女嫌披衫不合身，叫他让裁缝改一改。叙拉古小墨心想，我今天运气真不错，白吃一顿饭，这个女人亲吻我，还白得一件这么值钱的披衫。

这时候小墨的食客朋友出现了，他在城市广场上跟朋友走丢了，于是自己找到妓女的屋子来吃饭。他见到叙拉古小墨，以为那是他朋友小墨，于是对他怒气冲冲地说，你怎么丢下我，一个人先跑来吃饭。叙拉古小墨不认得他，自然不理睬他，只当他是个"疯子"。

这位食客一怒之下，就跑去告诉小墨的妻子，说她丈夫偷走了她的披衫。

叙拉古小墨觉得有点不对劲，他不明白为什么一个陌生男子这么跟自己说话。于是赶紧回到旅馆，把这件事告诉仆人，还告诉他自己交了什么好运。

话说小墨的妻子得知自己的披衫被丈夫偷走后，怒不可遏地冲出屋子，要找丈夫算账，正好碰到小墨从广场回来，正赶往妓女相好那里去好好吃上一顿。妻子把他痛骂一顿，逼着他交还披衫。他没有办法，答应到相好那里把披衫要回来。

小墨刚见到他的相好，就被她大骂一顿，说他是个大骗子，说早已把披衫还给他。小墨被老婆和相好都赶出门外，于是去找朋友商议到底该怎么办。

小墨刚下场，叙拉古小墨就来了。小墨的老丈人看见他，以为是自己的女婿，就上前与叙拉古小墨说话，叙拉古小墨说自己不认识这个老头，也不认识他的女儿。老丈人想，小墨一定是"疯了"。他于是去请来一位大夫，还带来两个身强力壮的奴隶，要把叙拉古小墨捆起来，谁知捆住的是他女婿小墨，不是叙拉古小墨。

叙拉古小墨的仆人以为被捆住的是他主人，便去救他出来，条件是还他自由之身。小墨逃生心切，顾不得这仆人是谁，一口答应解放他的奴隶身份。

不一会儿，只见怒气冲冲的叙拉古小墨把仆人拖上舞台，拿着鞭子就要抽他。就在事情弄得一团糟的时候，两位同胞兄弟见了面，彼此相认，激动万分。仆人获得了自由的身份，兄弟俩决定一起回叙拉古家乡，开始他们新的生活。

一般的喜剧都是以皆大欢喜结束，但是，《孪生兄弟》不是这样。这两兄弟和那个聪明能干的仆人固然都有了可以欢喜的结局，但小墨的妻子可不是这样。她丈夫跟自己的孪生兄弟一起到叙拉古去幸福生活，那她怎么办呢？

喜剧结束之时，小墨决定拍卖他在埃城的所有财产，七天之后就要搞定一切，"七天之后的早晨，墨奈赫穆斯将要进行拍卖。拍卖的东西有奴隶、家什、土地、房屋等。谁都可以来买，只要有现钱。他的妻子甚至也在拍卖之列，只要有人想买"（第五幕，第九场）。

把妻子和奴隶一起拍卖，在今天的观众看来，这实在是太无情，也太残忍了。

3. 古典喜剧的人文阅读

《孪生兄弟》并没有一个每个人都皆大欢喜的结局，小墨的妻子在剧中被丈夫咒骂、欺骗和背叛，最后还像牲口一样被拍卖。对这个女人来说，这是一个苦剧，不是喜剧。对这样的结局，与普劳图斯同时代的罗马观众会有什么样的感受呢？

普劳图斯的喜剧是一种"披着希腊外套的罗马故事"，虽然故事是说给罗马人听的，但发生地在希腊。那一对孪生兄弟分别在叙拉古和埃皮丹努斯长大成人，这两个都是希腊世界的地方，所以《孪生兄弟》看起来说的是希腊人的故事。

罗马观众因此可以与戏里的人物和事情拉开距离。如果他们不喜欢像拍卖奴隶或土地一样拍卖自己的妻子（罗马人的家庭观念比希腊人要重），那么他们可以说那是希腊人做的可笑蠢事。可以设想，如果剧中说的是罗马人自己的故事，有的罗马人就会为自己国家里发生这种无情、残忍的事情感到羞耻，因此也就一点不觉得好笑。

同样的事情，发生在别人或自己身上，人们的感受或情绪反应是不同的。这就好像同样在泥泞的道路上行走，你看见别人东倒西歪，一下子摔个四仰八叉，你会忍不住笑出声来。但是，如果滑倒的是你自己，你就会觉得恼怒。要是有人居然还在一旁发笑，你就会加倍不爽，觉得他是在看你的笑话。凡是人，都免不了这样的"情绪反应差异"。我们要知道，不只是看人笑话、幸灾乐祸，还有饱汉不知饿汉饥、看人挑担不吃力，都是这一类情绪反应差异的现象。

有人会说，看喜剧本来就是为了图一乐，喜剧题材本来不过是一些俗套子，没有什么深文大义，看了笑笑就可以，何必多想。一般观众确实也是这么对待喜剧的。但是，对于人文经典阅读来说，仅仅图一乐是不够的。人文经典阅读要求的就是"多想"，不多想也就不是经典阅读。当然，这应该是一种有的放矢的有方法的"多想"，它基于你对阅读文本的理解，并与你在生活和阅读中积累的经验和问题产生联想。

不少人会以为，喜剧是一种粗浅的文学形式，不过是博人一笑。这其实是一种对喜剧的刻板印象和粗浅理解。许多优秀的喜剧并不引人发笑，而引人发笑的未必就是喜剧。喜剧是多种多样的，不可能有一个无所不能的、通用的定义。就《孪生兄弟》而言，有一个适用的定义，这个定义是美国哲学家苏珊妮·兰格（Susanne Langer）在《伟大的戏剧形式》中提出来的。她认为，喜剧代表的是一个令人同情的人物遭遇和克服种种困难与障碍，最后终于取得成功，心想事成。[1]最典型的就是各种有情人终成眷属的故事。这样的喜剧故事经常让人开心，但并不一定引人发笑。《孪生兄弟》就是这样一个喜剧故事。虽然它的剧情中有误会、张冠李戴、真假难

1　Susanne K. Langer, "The great dramatic forms: The comic rhythm," in *Feeling and Form*, London: Routledge and Kegan Paul, 1953, 326-50.

辨等可笑细节，但如果你仔细思考其中的人文主题，便不会只停留在发笑的层面。

人们经常以为喜剧就是嘲讽、挖苦、讽刺，甚至以为是与赵本山小品、周立波海派清口、插科打诨滑稽同一类的作品。这是一种误解。如果这样看待喜剧，那就根本无法理解公元前 4 世纪至前 3 世纪的希腊新喜剧或 2 世纪的早期罗马戏剧了。美国文学批评家保罗·格劳维（Paul H. Grawe）在《时空和想象中的喜剧》一书里指出，公元前 5 世纪阿里斯托芬的旧喜剧实质上是讽刺，不是喜剧。他写道："应该记住，喜剧和讽刺是两种非常不同的文学形式，这二者经常被混为一谈。需要再说一次的是，阿里斯托芬不是一个喜剧家，连一个起码的喜剧家都不是。而普劳图斯则完全是一个喜剧家，最现代的戏剧观众这么称赞他，他也当之无愧。"[1]

为什么这么说呢？因为我们现在理解的喜剧并不是像阿里斯托芬那样针对当下发生的事情或人物。他嘲笑苏格拉底、讽刺雅典的陪审团制度，或者开玩笑地建议女性以性罢工来阻止她们的丈夫去当兵打仗，这些都不形成典型的"喜剧元素"或"喜剧情境"。

但是，在普劳图斯的喜剧里却有丰富的可供再生利用的喜剧元素和喜剧情境，这些都有潜在的人文思考价值。喜剧元素是一些常用的叙事手法，而喜剧情境是一些人们耳熟能详的情节套路，这些都可以反复套用，其喜剧效果都能屡试不爽。《孪生兄弟》里的"错认""误会""以假乱真""真假难辨"就是这样的喜剧元素，而"双胞胎"本身就是一个常见的喜剧情境，莎士比亚（William Shakespeare，1564—1616）的《错误的喜剧》（The Comedy of Errors）就是完全套用这个喜剧情境。

古老的"真假难分"的喜剧元素能变化出多种现代形式的"错

1　Paul H. Grawe, *Comedy in Space, Time, and the Imagination*, Chicago: Nelson-Hall, 1983, 94-5.

认""误认""假装"和"冒充"。果戈理（Nikolai Gogol，1809—1852）的《钦差大臣》（*The Government Inspector*）、19世纪20年代苏联伊利亚·伊里夫（Ilya Ilf，1897—1937）和叶甫根尼·彼得罗夫（Evgeny Petrov，1902—1942）的讽刺小说《十二把椅子》（*The Twelve Chairs*）就是例子。《十二把椅子》里的主要人物是一个叫奥斯塔普·班德尔（Ostap Bender）的失业青年，他出生和成长在旧俄时代，但很快谙熟"苏维埃语言"。他凭着这套语言功夫，与政府机关和官员打交道已经游刃有余。但这还不算，他还自称是1905年俄国革命英雄施米特中尉的儿子，他将"革命后代"的身份元素符号与"苏维埃人"的语言元素符号完美地结合在一起，在苏联社会到处有人把他"错认"为红二代，这让他可以随心所欲地冒充革命者身份，到处以假乱真，招摇撞骗。

《孪生兄弟》还有另外的主题，虽然不像"错认""误认""真假难辨"那样是常见的喜剧元素，但也被巧妙地运用在这部喜剧作品中，有两个主题特别值得在这里说一说，一个是认为别人是"疯子"，另一个是"偶然"或"正巧"。一旦你开始思考这样的主题，你就会发现，喜剧并不像人们误以为的那样"没有深度"或者"缺乏深意"。喜剧的深意是一种人文意义，必须通过你自己的思考和联想到作品中去发现。人文意义并不是任何人都能自然而然地从作品中获得的。这就像"经典著作"一样，一部著作之所以成为经典，是因为你有能力并努力把它当经典来阅读和思考，不是因为它本身就是经典著作。

我们可以在《孪生兄弟》里看到，叙拉古小墨每遇到一个错认他的人——妓女、妓女家的厨子、小墨的食客朋友或老丈人——每次与他们交谈，听他们说些莫名其妙的话的时候，他都有同一个念头：这是个疯子。

相貌一模一样的两兄弟出现在同一个地方，这造成分不清谁是谁的多次误认，几乎每次发生，都会有人称别人是"疯子"。对从叙拉古来的外乡人小墨来说，这个陌生地方所有自称认得他的人都是疯子，因为他们全显得行为古怪，不可理喻。最后，他决定，能摆脱那些烦人的疯子的唯一方法就是自己假装也是疯子，"他们说我在发疯，这对我来说是再好不过的时机了，我何不趁此机会装疯卖傻，把他们从我这里赶跑呢？"（第五幕，第二场）他甚至威胁老丈人，"我将操起一把双刃利斧，把你这个老头子剁成肉酱"，还威胁说要驾马车撞死他（第五幕，第二场）。老丈人吓坏了，赶紧找来医生，医生确诊这个年轻人已经疯了，需要治疗。

疯狂意味着一个人无法在社会中正常运作，并且对他人和自己都构成危险。尽管谁也不知道为什么人好端端的会变成疯子，但似乎所有人都一致确信，社会绝对不能容忍疯子。美国作家肯·克西（Ken Kesey，1935—2001）的小说《飞越疯人院》（*One Flew Over the Cuckoo's Nest*）讲的就是这样的故事。

我们觉得别人行为古怪，首先会认为他头脑不正常，而不是怀疑自己是否对他缺乏了解，这是我们直觉的自然反应。"头脑不正常"是人与人之间正常交流断裂的结果，不仅让人感觉到莫名其妙，而且还让人感觉到一种潜在的危险。叙拉古小墨在遇见厨子和妓女后的第一个反应就是他们都是冲着钱袋来的，是在暗中策划什么阴谋的盗匪集团里的人。

"疯子"是一种相互的感觉，你觉得对方是疯子，对方也会觉得你是疯子。叙拉古小墨觉得那些烦他的人都是疯子，那些人同样也觉得他是疯子。同样，在我们这个人与人之间充满隔阂和误解的世界里，几乎每个人都会遇到他以为是疯子的人，也都有人把他当作疯子。彼此不了解、不能沟通的双方，互相指责对方是疯子、白痴、脑残和神经病，正如伟大的文学家歌德所说，我们不需要访问疯人院才能发现头脑不正常的人，我们的星球就是这个宇宙的疯人院。

当"疯子"的主题出现在喜剧里的时候，它不过是一个可笑的喜剧元素，但是当"疯子"的问题出现在我们的现实生活中时，那就可能是一个让无数人流血流泪甚至送掉性命的灾难主题。人们经常从"疯狂"的角度来试图解释希特勒的极端行为和他造成的人道灾难，但是，如果我们真的以为那些灾难只是因为他一个人头脑坏掉，或是精神病所致，而不是去认识其制度的原因，那么我们就不能理解为什么他的疯狂会在别的独裁者那里不断发生。而且，独裁者的疯狂还会像传染病一样，扩散给无数本来神志正常的国民。

《孪生兄弟》里另一个重要的人文主题是"偶然"（或"正巧"）。叙拉古小墨正巧来到小墨所居住的城市，他正巧遇见妓女的厨子，然后又遇见妓女本人，接着又正巧遇见小墨的妻子和老丈人，一连串的"正巧"之后，最后才与孪生兄弟相会。而所有这一切，都是始于 20 年前的一次偶然事件，那就是小墨七岁时丢失了。当然，这一切都是普劳图斯的剧作安排。而这样的"正巧"却也象征着我们存在于这个世界上的基本方式，那就是人们常说的命运无常。

命运无常，悄悄作祟的"偶然"和"正巧"，这是一个永恒的文学主题。你可以把这当作文学的无巧不成书。然而，从本质上说，生存的偶然性是一种不断挫败人们一切计划和规划的敌对力量。我们对它感到陌生，它使我们的生活轨迹变得无法度量，也使我们的人生结果变得不可预测。米兰·昆德拉（Milan Kundera）的小说《不能承受的生命之轻》（*The Unbearable Lightness of Being*）就运用了这个主题。小说中的人生之"轻"就是"偶然"所造成的。

这部小说描写了托马斯与特丽莎、萨宾娜之间的感情生活。托马斯是个医生，他以理性甚至科学的方式安排和计划自己的生活：每周和几个女人交往、和她们保持怎样的关系、在哪里和不在哪里做爱等。他非常相信自己一定能够防范任何"偶然"的发生。

可是，他企图控制偶然的计划却被偶然发生的事件彻底打破。

他的人生变化于是随着一系列私人的和国家政治的"正巧"接踵而来。就私人的"正巧"而言，他的一位同事正巧病了，那天正巧是星期六，他正巧到特丽莎工作的那家医院去做手术，正巧碰见特丽莎下班后坐在公园里读托尔斯泰，他们正巧有这个共同话题……一连串的"正巧"让托马斯打破他为自己定下的女友交往规则，鬼使神差般与特丽莎成了夫妻。在小说的最后，他们一起度过最后一夜的那个小旅店的房间又正巧是六号，一切似乎又回到那个星期六的开头。他们在回家的路上正巧下起瓢泼大雨，在发生车祸前的那一刻，托马斯正巧问特丽莎心里在想什么，特丽莎说，我在想我是多么幸福。也就是这样，他们正巧能在感到非常幸福的那一刻，在一场车祸中结束他们的生命。

我们人生中的每个偶然事件都是有后果效应的，偶然的事件并不孤立。一个又一个的偶然事件，连同它们的后果效应，联结成一个我们无法把握其全部意义的生命之链。偶然的事件其实并不是偶然发生的，但我们无法洞察它的来龙去脉，觉得它来去无踪，无从溯源，唯一可能的解释似乎就是冥冥之中自有天意。

我们期盼好的偶然，害怕坏的偶然，我们把好的偶然叫作"正巧"或者"缘分"，把坏的偶然叫作"不巧"或"孽缘"。在缘分或孽缘的摆布下，我们感觉到人事的无常、人生的难料和人本身的脆弱。无论我们的人生是喜剧还是悲剧，都一定会有偶然的因素，所以我们应该好好对待发生在我们身上的偶然事件。在舞台上我们能够清楚地看到偶然事件发生在戏中人物的身上，但在现实生活里，我们却对偶然浑然不觉。戏剧的人文价值也许就在于，它能使我们对现实生活中的偶然事件变得更加敏感、更加坦然。如此对待偶然，并不是要凭运气过生活，而是不要让偶然挫败你追求幸福的决心。幸福如此宝贵，我们不能把它完全托付给偶然，叙拉古小墨就是因为拒绝接受偶然的失散才找到他的孪生兄弟。

三 泰伦提乌斯《两兄弟》

1. 早期罗马戏剧从何而来，因何而来

对于古代戏剧研究者来说，罗马的早期喜剧具有特别的意义，因为他们可以从中知道，在很久很久以前，人们在日常生活里是怎么用拉丁语说话的。喜剧的语言比悲剧更贴近普通人的日常生活，虽然它也使用戏剧的特殊诗歌语言，但由于较多使用对白，所以终究比较容易从中发现日常语言的踪迹。但是，对不是研究古代语言的人来说，戏剧的这个方面也就不那么重要。我们也许更感兴趣的是，戏剧这种文学形式如何在罗马从无到有发展起来。

古罗马人原本是没受过什么教育的农民，祖祖辈辈与耕地和牲畜拴在一起，后来成为粗野的士兵，其中最优秀、最有天赋的被选出来当将军或政治家。一个如此来历的民族，一开始对文学、艺术、历史和哲学不感兴趣，是情理之中的事情。他们对戏剧本身并没有太多兴趣，也没有自己的传统戏剧。他们甚至对戏剧还有偏见，把"演戏"视为一种会败坏他们道德的事情。即使后来变成爱看戏的"观众"，骨子里还是对戏剧和演员抱有偏见和歧视。这种情况与中国历来对"戏子"的矛盾态度颇为相似。对罗马人来说，戏剧本来

就是"外国"的东西，戏剧进入罗马是出于宗教庆典的需要，或者仅仅是因为偶然的外来文化影响。

罗马的戏剧是从希腊引入的，至于开始于什么时候，则一直到现在都不是很清楚。据 1 世纪罗马历史学家李维在《建城以来史》中的记载，公元前 364 年罗马有了第一次戏剧表演，演出者是专业的伊特鲁里亚舞者（Etruscan dancers），表演时有风笛伴奏。李维还记载了公元前 240 年发生的另一件事情。在那一年 9 月的"竞技表演"（Ludi Scaenici）上，一位来自意大利南部塔兰托（Tarentum）的名叫李维乌斯·安德罗尼库斯（Livius Andronicus）的希腊人，表演了一出从希腊文翻译成拉丁文的戏剧，是有情节的。那是第一次布匿战争（The First Punic War）后发生瘟疫的时候，当时罗马人精神低迷，所以很欢迎"看戏"这种新鲜有趣的消遣娱乐方式。李维写道："在没有其他办法可以平息上天愤怒的情况下，他们被迷信压得喘不过气来，据说因此便有了演戏，对于一个战斗民族来说，这是一件新鲜的事情……但这只是一件小事（和所有的事情一样，开头都是小事）。"李维提到这位演员的名字，并说："这位演员是第一位用情节来演绎故事的人。"（From the Founding of the City，7.2，27.37）这个演员是自编自演，所以也可以说是剧作者和编导。

如果李维的历史叙述是可靠的话，戏剧在罗马文学史上的开始确实有点奇怪。居然是在瘟疫期间，有情节的戏剧降临罗马城，还是从外国来的，却受到保守的罗马人的欢迎。虽然在李维的《建城以来史》里这不过是一件顺便谈到的小事，对于关心罗马文学史的人来说却是一件大事。像李维《建城以来史》这样的罗马作品中，有许多这样的历史文化信息可以发掘，因此我们今天知道的关于罗马的轶事要比关于希腊的多得多。

要不是因为李维记下这件小事，人们在拼合罗马戏剧起源的时候，又会多一点困难。请记住，这是公元前 240 年，是第一次布匿战争后的事情。许多研究者都认为，罗马的文学是从第一次布匿战争后开始的。

公元前 3 世纪，也就是希腊文学的"新喜剧"后期，有一些从希腊来的剧团在希腊之外说希腊语的地区漂泊演出，他们中有演员、舞者、乐师、剧作者，被称为"酒神的艺人"（Artists of Dionysus）。希腊的新喜剧是公元前 4 世纪之后发展起来的，虽然与阿里斯托芬代表的旧喜剧有相同的戏剧结构，但却有一些明显的不同。例如，歌队不再代表剧中的人物角色，而只是在场间演唱助兴。然而，最重要的是喜剧讽刺的对象和方式变了。新喜剧要比旧喜剧温和得多，也更贴近普通观众的生活。它的题材不再是城邦的，而是家庭的事情；它不再对名人或时事进行政治的或人身的攻击，而是代之以普通人喜闻乐见的娱乐和消遣；不再用粗口和低俗的嬉笑怒骂，而是代之以文明的调侃和幽默。我们今天熟悉的喜剧基本上都是这个样子。

罗马喜剧效仿的对象是公元前 3 世纪的希腊新喜剧，而不是公元前 5 世纪的希腊旧喜剧。在古代，模仿或仿效是很正常的事情，不像我们今天会被说成"剽窃"。罗马早期的戏剧家普劳图斯和泰伦提乌斯都模仿希腊的新喜剧，尤其是米南德的作品，米南德的作品很多，但一部都没有留下来，幸亏后来在他的罗马模仿者那里被保留下来。希腊新喜剧的演出比旧喜剧相对简单，不再用歌队，因为伯罗奔尼撒战争（Peloponnesian War）之后，雅典穷了，很难找到歌队的富有赞助人。

罗马的喜剧也是不用歌队的，这也是它发展出"人物剧"（或称"性格剧"）特色的一个原因，影响后世喜剧的发展。如 17 世纪以人物性格刻画见长的法国喜剧作家莫里哀（Molière，1622—1673），他的两部名剧《安菲特律翁》（Amphitryon）和《吝啬鬼》（The Miser）都是仿照普劳图斯的，另一部剧《司卡班的诡计》

（*Scapin the Schemer*）则是受泰伦提乌斯《福尔弥昂》（*Phormio*）的影响。莫里哀的喜剧桥段和滑稽情境也都是从罗马喜剧里脱胎而出。罗马喜剧的重要性是透过它的喜剧传承和对后世的影响来体现的，而非其原创性。保存至今的罗马喜剧有 21 部，在喜剧史上是非常可观的。

罗马喜剧的题材也是模仿希腊新喜剧的，新喜剧里那种曲折离奇故事以及大团圆或美好结局的收场，都带有一厢情愿和白日梦的逃避主义色彩。在战争频繁、常有饥荒和瘟疫的历史条件下，人们很需要这样的故事，剧作家也很容易找到这类故事的题材或典型人物。"艺妓"就是一个例子，喜剧中的艺妓几乎总是会被一个善良的男青年从老鸨和其合伙者的魔掌中解救出来，在我们下一讲要介绍的泰伦提乌斯《两兄弟》（*Adelphoe*）一剧中就有这样一位艺妓，当然她不是那个剧的主角。新喜剧里的故事人物也经常会经过一段不幸的经历，但总会有一个好结局，这可以满足观众的同情心和对完美结局的心理期待。这种心理功效在我们今天的电视剧里仍然在起作用，不过今天的电视剧里的感伤成分超过了喜剧性。

其实，在希腊之外很难直接模仿希腊的喜剧。作为纯文学的一种形式，喜剧体现了雅典人固有的机敏才智、言论自由和喜剧精神，很难在不同的文化环境中移植。在纯文学领域里，新喜剧（又分为中期和晚期）很可能代表公元前 4 世纪至前 3 世纪希腊人最自然、最有创造性的文学成就。

约从公元前 400 年到前 323 年亚历山大之死时为止，希腊人特别喜爱富有谐趣和幽默的诗文。前面已经提到，新喜剧的取材范围扩展至各种日常生活，它的情节结构相当完整，很受观众喜爱。在亚历山大死后六位将领统治期间，政治斗争激烈，到处是大胆冒险和阴谋诡计，现实生活给舞台提供形形色色的人物和情节题材，如走运的士兵、被拐的少女、成功的冒险家，命运的跌宕起伏、人生无常和朝夕不保，这些都是受欢迎的喜剧题材。这个时期的希腊喜剧语言富有现实感，贴近普通人的生活，跟悲剧或史诗的那种高雅语言大相径庭，因此更受普通观众的喜爱。

希腊新喜剧追求的是一种干净、文雅、妙趣横生的效果，既不刻意琢磨，也不故作深沉。由于广受欢迎，喜剧家们非常多产，喜剧家安提法奈斯（Antiphanes，约前404—前330）和阿勒克西斯（Anaxilas）每人都写了一百多部喜剧。喜剧家米南德和菲勒蒙（Philemon，前362—前262）两人共写了二百多部剧本。人们对新喜剧的道德功能评价不一。有的认为总体道德风尚不高，有的则认为剧中普通人的七情六欲也不能说不健康。新喜剧没有道德高调，对生活中崇高和振奋人心的东西似乎没什么兴趣。例如米南德对道德有他自己的理解，他是伊壁鸠鲁（Epicurus，前341—前270）的好友，但强调的不是淡泊自守，而是及时行乐，因此受到道德上的批评。批评者认为，喜剧作家把才能和精力全部花费在描写吃喝玩乐上，是一种带有时代特点的粗俗和颓废。

在希腊，新喜剧与伊壁鸠鲁主义和斯多葛主义一样，都是后亚历山大时代的产物。伊壁鸠鲁主义和斯多葛主义看起来是对立的，因此通俗的称呼是一个叫享乐主义，一个叫禁欲主义。这两个称呼其实都不准确。这两个新兴的哲学流派对公元前2世纪的一些罗马社会精英人士都产生很大的影响，其中斯多葛主义的影响更大，持续了三个多世纪。

斯多葛和伊壁鸠鲁两派学说，初看大相径庭，实际上它们的最终目的极其类似。它们真正关心的是伦理和道德原则问题，也就是一个人应该如何处理自己生活的实际问题。这两个学派各以不同的学科知识为基础——伊壁鸠鲁派的是物理学，斯多葛派的是逻辑学和修辞学——但它们都不过是把这些学科作为达到目的的手段而已。斯多葛派的美德观念与罗马人的传统价值相当契合，博得精英和上层人士的认同与尊奉。伊壁鸠鲁派决意要人人各行其是，不必崇奉反复无常的神明，也不必牺牲自由意志。伊壁鸠鲁学派把自己的理念用四句格言概括：神不足惧、死不必忧、良善可得、逆来顺受。

喜剧家是否因为有及时行乐、得乐且乐的意向而亲近伊壁鸠鲁主义，这个不能一概而论，但是喜剧家经常攻击哲学和哲学家，却很少有拿伊壁鸠鲁派开涮的，这大概也是一个事实。

批评家帕梅拉·戈登（Pamela Gordon）在《伊壁鸠鲁的发明和性别化》一书里引述公元前 1 世纪伊壁鸠鲁派哲学家和诗人菲罗德莫斯（Philodemus of Gadara，前 110—约前 35）的话说，伊壁鸠鲁是唯一一位没有受到迫害的雅典哲学家，"事实上，许多其他哲学的人士都曾因为他们的生活方式或教诲而受到迫害，有的从城邦被流放，有的甚至被流放到雅典联盟之外，或者被处死。所有这些（曾被迫害的）哲学家都成了喜剧嘲笑的对象。但是，伊壁鸠鲁却一直和他那些在学院里志同道合的朋友成功地躲避迫害，他们也没有受到那种仇恨美德的尖酸刻薄的喜剧笑骂"（Pamela Gordon, *The Invention and Gendering of Epicurus*，2012）。从这段话可以看出，喜剧在人们的头脑里确实不是一种跟讲道德的哲学家们和善相处的文学形式。喜剧能够受到没文化或有反智本能的普通民众喜爱，这恐怕也是一个原因。

罗马早期的喜剧也有这样的特点。罗马喜剧改写现成的希腊新喜剧还有另一个原因，新喜剧比旧喜剧更具移植性。要了解像阿里斯托芬的《云》（*The Clouds*）这样的旧喜剧，观众需要了解一些背景知识，如伯罗奔尼撒战争初期雅典的哲学之争、苏格拉底在雅典的声誉等。旧喜剧固然有趣，但却是针对特定的历史时刻而量身定制的。

相比之下，新喜剧则更具普遍性。公元前 241 年，第一次布匿战争结束后的罗马居民，与公元前 5 世纪的雅典居民完全不同。从公元前 240 年到前 140 年之间，罗马在地中海各地扩张，将各种文化背景的奴隶和外邦公民带回意大利，罗马的剧作家需要创造一种不同背景人群能够理解的作品。新喜剧就能做到这一点。

从希腊新喜剧转化成罗马喜剧，这种转化被称为"翻译"（vertere），不是一字一句地翻译，而是改编，为的是更方便、有效地给罗马观众讲好有趣的故事。这里面也包含必要的属于罗马人自己的艺术和价值选择。他们的同时代观众不懂希腊文，也不知道希腊喜剧原来的故事，甚至连题目都没听说过。所以对他们来说，改编与创作没有什么区别。

我们要介绍的泰伦提乌斯《两兄弟》就可以让我们看到罗马剧如何改编希腊剧，并发展出一些自己的创造性特征。当然，不同的作家、不同的作品有不同的改编方式，这里仅就泰伦提乌斯《两兄弟》而言。

这个剧是从希腊新喜剧家米南德的同名戏剧改编而来的，但又插入一个从希腊新喜剧作家狄菲卢斯《一起死的人》（*Synapothneskontes*）中借来的一场戏，并做了改编。这是《两兄弟》中有名的一段戏。在这场戏里一个年轻人从妓院的老鸨那里偷走一个妓女，还和仆人一起打了老鸨。在原剧中，这件事情是叙述出来的，但泰伦提乌斯把它改编为舞台上的一场闹剧，增强了戏剧的演出效果。

泰伦提乌斯总是选择人物性格丰富的希腊戏剧来改编，也发展出他自己戏剧的一个特征，那就是运用性格多有变化、发展而不是平面、单一的戏剧人物，这在当时是很前卫的。由于偏好性格复杂的人物，他以具有这一特点的希腊新喜剧家米南德为楷模，但同时又会考虑到罗马观众的生活特点、习惯和传统价值观，去掉原剧中罗马观众不熟悉的东西。例如，米南德剧中失恋的人会想到自杀，这不符合罗马人的伦理观，所以泰伦提乌斯不会让剧中失恋的人物去考虑自杀，而是会让这个人物移民外国。在今天的一些韩剧中，也可以看到类似的处理方式，失恋的人物想逃避，其办法不是去死，而是到美国去留学或移民。不只是在人物处理上，在戏剧结构上泰伦提乌斯的改编也有自己的特色。例如，他会把米南德剧中的长篇对白改编成人物之间的对话，有了人物之间的互动和动作，观众的观赏也就不只是"听戏"，而且更是"看戏"了。

如果说希腊人善于开拓和开创，那么罗马人则善于锦上添花、精益求精。罗马喜剧是从希腊新喜剧发展而来的，有希腊人的贡献，也有罗马人的贡献。

2. 令人头疼的子女教育

泰伦提乌斯《两兄弟》于公元前 160 年上演。对今天的大多数读者来说，是一部有关于如何养育和培养孩子的戏剧。如何培养子女也正是今天几乎每个中国家庭都关心的问题。

人们常说，在饭桌上或和朋友交谈时要避免谈宗教或政治问题，免得意见不和，伤了和气。我们或许还可以加上一条，在大家庭里或夫妻之间，谈到养育子女的话题时也得格外小心。有的夫妻原本情感融洽，但因为在如何培养子女的问题上意见不合，日子长了，矛盾越来越尖锐，最后只好以分手结束。宗教和政治的话题可能会导致人际间的矛盾和冲突，使得敌意可以瞬间爆发出来。而如何养育和培养孩子的问题——那些在日常生活中被看得很严重，其实只是鸡毛蒜皮的小事——可以使最温柔的亲人关系出现裂痕，甚至导致严重分歧和反感。我们长大成人，有了家庭，有了孩子，觉得自己知道该如何养育和教育子女，这时候麻烦也就来了。

在我们阅读泰伦提乌斯《两兄弟》之前，为了了解这是一部怎样的喜剧，请想象一下，你有一个已经到了该成家立业年龄的弟弟，你和他的感情非常好。再想象一下，你还有两个儿子。由于某种原因，经济上或个人的原因，你弟弟没有自己的孩子；而出于某种考虑，你让弟弟过继你的大儿子，让他把这个孩子抚养成人，而你自己则抚养小儿子。也正因为这样的情形，你和弟弟的亲密关系渐渐发生变化，你弟弟对如何养育他的孩子——也就是你的孩子——有他自己的想法。而你对他抚养孩子的方法并不赞同，甚至很有意见。而且，你年纪越来越大，与你弟弟的家庭也渐渐疏远。你喜欢乡村的生活，观念也很传统，并按照这样的生活方式和传统观念培养你的小儿子。而你那位弟弟自从收养你的大儿子以后，一直过着都市的生活，对孩子的教育非常现代，让他随心所欲、自由自在地发展，结果这孩子变得好吃懒做、道德松懈，俨然是一个花花公子。你可以想象一下，有一天你见到你的弟弟，你跟他之间会发生怎样的争执，不光是关于他的孩子，而且也关于你那个被他过继的孩子。

这就是泰伦提乌斯《两兄弟》一剧中的情景：有两对兄弟，一对是父辈的老兄弟，一对是子辈的年轻兄弟。

老兄弟在应该如何抚养和教育孩子的问题上发生争执。老兄弟中，哥哥保守而专横，他的名字叫得墨亚（Demea）。他是剧中最有趣、最令人难忘的角色，尽管他的乡下人脾气和节俭朴素成为剧中的笑料，但这位老农夫最终还是一个非常讨人喜欢、相当聪明的人。

得墨亚的弟弟叫弥克奥（Micio），他领养了得墨亚的长子埃斯基努斯（Aeschinus），他抚养和教育这个继子的方式让他兄长很不高兴。所以这位埃斯基努斯也就成了《两兄弟》一剧中的"问题青年"。

得墨亚的小儿子克特西福（Ctesipho）在农村长大，是一个健康的农村青年，他道德纯洁、心地单纯，没有都市青年的那些坏习气。至少在《两兄弟》一剧开始的时候，他爸爸得墨亚是这么认为的。但是，这仅仅是本剧的开始，随着剧情的发展，得墨亚发现，这个小儿子才真正是令他头疼的问题。而且，得墨亚和弥克奥这对老兄弟都渐渐发现，无论他们如何试图按自己的理念抚养自己的儿子，那对年轻兄弟其实都有自己的想法，并会以自己的方式长大成人。

在我们进一步讨论《两兄弟》这个剧之前，先介绍一下剧作者泰伦提乌斯本人。他是公元前2世纪的人，出生年无法确定，据推测是公元前195年至前185年之间。他去世于哪一年也不能确定，是公元前160年或前161年。他虽然似乎只活到了25岁，却是罗马共和时代的一位重要喜剧作家，作品在公元前170年至前160年首次演出，共留下6部喜剧。

90年前后，历史学家苏埃托尼乌斯写了《泰伦提乌斯传记》（The Life of Terence），这时候泰伦提乌斯已经去世近250年了。其间，曾有过一些关于泰伦提乌斯生活模糊而又矛盾的记载。一种说法是，他是迦太基人。这很重要，因为他是在第二次布匿战争，迦太基战败后成为罗马人的奴隶的。据说他十分聪明，中等个子，肤色黝黑，模样十分俊俏。这也很重要，因为他才能和长相出众，所以很快就从奴隶被解放为自由人，并被罗马的精英圈子热情接纳。

泰伦提乌斯开始是作为奴隶来到罗马的。他被一位名叫特伦蒂努斯·卢卡努斯（Terentius Lucanus）的元老花钱买了下来。他的主人显然很器重他。根据苏埃托尼乌斯的说法，特伦蒂努斯·卢卡努斯因为泰伦提乌斯的才华和外表，不仅给他自由的教育，而且很快使他自由了。现在一般认为，泰伦提乌斯出生在北非的利比亚（Libya），是作为战俘或因为什么别的原因被带到罗马的。

苏埃托尼乌斯记载了泰伦提乌斯的文学创作经历，有这样一个故事。大约在公元前166年，泰伦提乌斯完成了他的第一部剧作，他将这部作品交给市政官（aediles curules）。当时的罗马市政官由贵族（patricians）担任，他们的一项职责就是负责安排和监督每年罗马节日和比赛的活动，包括决定舞台上要演什么戏不演什么戏。无论出于何种原因，泰伦提乌斯那年在市政官那里走背运，他的作品被拒绝了。他没有办法，最后不知道通过什么人情关系，把自己的第一部戏剧送到著名剧作家凯西里乌斯（Caecilius）的手上。凯西里乌斯自己的作品现在已经大部分失传，他是喜剧家普劳图斯和泰伦提乌斯这两代剧作家之间的一位剧作家，算是泰伦提乌斯的前辈。

泰伦提乌斯被允许与凯西里乌斯见上一面。他当时还是奴隶身份，或者刚刚被解放为自由人，反正相当贫穷。他衣着寒酸，被带到凯西里乌斯面前时，凯西里乌斯正在享用晚餐。凯西里乌斯看了一眼这位土头土脑、拿着一部手稿的年轻人，让他坐在不远处的一条长凳上，并叫他读几行剧作给他听听。泰伦提乌斯朗读起来，凯西里乌斯听着听着，非常喜欢，于是让泰伦提乌斯和他一起坐在餐桌旁。到傍晚的时候，泰伦提乌斯已经与这位伟大的作家共进晚餐，并为凯西里乌斯朗读了他的整个剧本。

如果苏埃托尼乌斯的传记是准确的，那么泰伦提乌斯能用这种方式打动的肯定不只是凯西里乌斯一个人。这位才貌出众的年轻人就这样凭借自己出色的能力被一些受过良好教育的最有影响力的罗马人所接纳。他的喜剧在罗马并不是每一部都成功，但是据苏埃托尼乌斯说，他的戏剧《太监》（*The Eunuch*）"在同一天演了两次，比以前的任何一部喜剧片都赚了更多钱，多达 8000 塞斯特提乌斯（Sestertius）"。

无论泰伦提乌斯在公元前 2 世纪 60 年代末有过怎样的声誉，他 25 岁左右的时候便从历史记录中消失了。一些古老的资料表明，他是搭乘一艘船离开罗马的，也许向东航行到小亚细亚，后来再也没有回来。他的剧作家职业生涯短暂，多产，成就惊人，可能和后来的英国诗人约翰·济慈（John Keats）一样，只活了 25 年。我们在这里要讲的《两兄弟》是他最后的剧作。

泰伦提乌斯剧作的一个创新特点是他对喜剧"序幕"（Prologue）的处理。一般喜剧都把序幕用来交代与剧情有关的信息，如神明发话、人物出场、故事背景，或者其他与剧情有关的事情。但泰伦提乌斯却会在"序幕"里对观众进行一些观剧方式和戏剧艺术方面的教育，这些都是剧情故事之外的"题外话"。在《两兄弟》一剧的序幕里，泰伦提乌斯反驳了一些对他先前剧作的批评，为自己做了辩解。他说："诗人发现，他的创作正受到对手们的密切注意……因而他决定进行'自我揭露'，好让你们评判，他的作法是应该受到称赞，还是应该受到指责。"[1]他还告诉观众，舞台上即将演出的故事是从一个叫狄菲勒斯的剧里借来的，但结合了他自己的"翻译"，所以是一部翻旧为新的戏剧。

在泰伦提乌斯的时代，人们没有我们今天的版权观念，翻旧为新本身就是一种艺术创作的方式。泰伦提乌斯还说，有人指责他的剧作得到贵族们的帮助，但他自己并不觉得这有什么不好。相反，如果他的戏剧带有贵族协助的痕迹，那么他就更为自己的创作感到骄傲。这个自我辩护包含着许多与罗马历史和早期戏剧创作环境有关的重要信息。这个我们在后面还会谈到。

泰伦提乌斯除了喜欢在序幕中谈论戏剧创作，他的戏剧还有三个重要特征：一、双重情节的结构；二、发展变化的人物性格；三、频繁地运用戏剧反讽的手法。这些在今天看来都不见得有什么新奇，但在2200年前却是了不起的戏剧"新招"，对后世剧作家产生了重要的影响，其中包括莎士比亚和莫里哀。这三个特点在《两兄弟》中都有所体现。

《两兄弟》中有两条情节主线，它们分头发展，然后交叉会合。

---

1 普劳图斯等著，杨宪益、王焕生译，《古罗马戏剧选》，第308页。

一条线索是在乡下佬得墨亚和他的儿子克特西福之间展开的；另一条线索则是在城里人弥克奥和他的养子埃斯基努斯之间展开的。这两个孩子都是乡下佬得墨亚生的，手足情深。

乡下佬得墨亚观念保守，他终日操劳，生活节俭，为人严厉，性格暴躁，对儿子有非常严格的道德要求。他弟弟弥克奥生活在城市，观念新潮，未有妻室，所以过继哥哥的长子，当作自己的孩子来抚养。城里人弥克奥家道殷实，他生活清闲，待人宽厚和气，碰到事情想得开，对养子的教育原则是，理解而不是苛求，顺其自然。

那么，这两位老兄弟不同的教育方式，产生的结果又如何呢？一开始，泰伦提乌斯便营造了这样的戏剧悬念。

初看起来，城里人弥克奥的教育是完全失败的。他的养子喜欢喝酒取乐，居然还砸了一个皮条客家里的大门，抢来了一个妓女，而且还把皮条客打了一顿，简直是无法无天。更糟糕的是，他还"强奸"了邻居家的女孩，让她怀了孕。

随着情节的发展，真相渐渐浮出水面，原来他抢来的那个妓女是他弟弟克特西福的意中人。

克特西福在他父亲的眼皮底下认真地料理家务，生活简朴，看起来是个品格完美的好青年。但其实他也有其他年轻人的青春冲动，只是他爱上的是一位美貌妓女。他在父亲的严厉管束下，性格怯懦，不敢自己出头，于是他哥哥埃斯基努斯两肋插刀，替他出头把心爱的妓女抢了过来。

戏看到这里，观众们已经明白，老哥俩和小哥俩各有怎样的个性，又各有怎样的故事。但是，有趣的是，剧中人物并不知道观众所知道的事情，这就形成有趣的"戏剧反讽"（dramatic irony）。两位父亲都以为埃斯基努斯砸门抢妓女是在做坏事，但观众知道他那是在帮自己的弟弟，其实是件挺仗义的事情。喜剧的好笑之处也就在这里，这是戏剧反讽的艺术效果。

埃斯基努斯"强奸"邻居女孩的误会也是一个戏剧反讽，观众比剧中的两位老兄弟更先知道，原来他爱上那个女孩，一次酒醉之后，干下年轻人常见的那种冲动事情。但他愿意为自己的行为负责，决意要娶她为妻。这女孩家境贫寒，父母本来也很愿意攀上埃斯基努斯养父这样的有钱人。只是后来听说埃斯基努斯又去抢妓女，以为他要抛弃自己家的女儿，这才要把他告上法庭。后来真相大白，自然也就皆大欢喜。弥克奥应允了埃斯基努斯的婚事，同意不要嫁妆就将邻居女孩迎娶过门。

《两兄弟》一剧中变化最大的人物是乡下佬得墨亚。当他得知找妓女的居然是他一向信任有加的小儿子，像是被当头打了一棒。为自己，为儿子，他都觉得十分丢脸和难堪。他本以为这个儿子循规蹈矩，但他偏偏干出这么荒唐的事情。但事已至此，又有什么办法？他不得不同意让儿子克特西福与妓女结为夫妻。

在经历种种事情之后，这位保守的老农夫思绪万千，最后接受了他弟弟弥克奥的生活智慧："人的一生就像掷骰子。如果掷骰子没有给您最需要的点数，那你就必须利用自己的技能，来充分发挥它所能给您的点数。"（《两兄弟》，第 293 行）也许，这也是对我们所有人都有用的人生智慧：我们遭遇职业的不顺、意外的挫折、破碎的梦想、不顺心的婚姻，以及在各种各样人生冲浪中的失败，难道不都是像在掷骰子吗？

这对老兄弟经过这么多的事情，最终决定，他们不会完全放弃自己的个性，但也不会故步自封，他们会接受后辈自己的选择，而最重要的是让自己也获得快乐和满足。这恐怕也是对今天许多中国父母一个有用的启示。

泰伦提乌斯《两兄弟》一剧是作为一个极为隆重的罗马英雄葬礼上的剧目于公元前 160 年首次演出的，这位罗马英雄是谁呢？跟泰伦提乌斯又有什么特殊的关系呢？

3. 权贵政治和文化分裂

之前说到，泰伦提乌斯《两兄弟》的序幕中有一个"自我辩解"，包含着许多与罗马历史和早期戏剧创作环境有关的重要信息。我们阅读这个喜剧，可以完全不考虑这一层信息的意义，这样的话，《两兄弟》就不过是一部"家庭喜剧"。但是，《两兄弟》在公元前160年初次演出时的意义远不止于此。它包含着重要的罗马权贵政治和文化政治意涵，只把这部剧当作一部家庭喜剧来看待，那就简直像是捡了芝麻丢了西瓜。

《两兄弟》在剧外所涉及的罗马权贵政治和罗马内部文化分裂是联系在一起的，包括作为这一联系纽带的罗马社会"家庭领养"制度。

先说这部剧涉及的罗马权贵政治。《两兄弟》序幕里说，有一位"罗马贵族"可能参与此剧的创作。这位贵族不是别人，正是声名显赫的罗马名将小西庇阿。他两次出任执政官。在第三次布匿战争（The Third Punic War）中率军攻陷迦太基城，结束罗马与迦太基的百年争霸。小西庇阿是继他祖父之后获得"征服非洲者"称号的第二人，他是泰伦提乌斯的保护人兼好友。《两兄弟》这部剧就是小西庇阿要求泰伦提乌斯写的，是为了在他生父保卢斯（Lucius Aemilius Paullus Macedonicus，约前229—前160）的葬礼上演出的。

《两兄弟》里的两位老兄弟是在"暗指"两位在历史上确有其人的杰出罗马人物。保守的哥哥暗指小西庇阿的生父，罗马名将和政治家保卢斯，开放的弟弟暗指小西庇阿的养父，他是罗马名将和政治家大西庇阿（Publius Cornelius Scipio Africanus，约前235—前183）的儿子。

保卢斯的声望在第三次马其顿战争（The Third Macedonian War，前171—前168）中达到顶峰。公元前171年，马其顿国王珀尔修斯（Perseus of Macedon，前212—前166）企图摆脱罗马的控制、恢复马其顿在希腊的原有地位，导致罗马人向马其顿宣战。战争开始时形势对罗马不利：一支由执政官普布利乌斯·李锡尼·克拉苏（Publius Licinius Crassus）领导的罗马军队在卡利基努斯战役中被珀尔修斯打败。在又进行了两年无进展的战斗之后，保卢斯于公元前168年再次被选为执政官，受元老院委托去解决马其顿问题。保卢斯很快便完成这项任务，他在当年6月22日的彼得那战役（Battle of Pydna）中彻底击败马其顿军队。珀尔修斯成了罗马人的囚徒，第三次马其顿战争结束。此后，罗马在地中海世界确立它的无敌巨霸地位。这位保卢斯在罗马历史上的重要性可想而知。

大西庇阿也是罗马历史上一位大名鼎鼎的将军，他是第二次布匿战争中罗马方面的主要将领之一，以在扎马战役（Battle of Zama）中打败迦太基统帅汉尼拔（Hannibal Barca，前247—前183）而著称于世。由于这位西庇阿将军的胜利，罗马人以绝对有利的条件结束第二次布匿战争。大西庇阿因此得到他那著名的绰号："征服非洲者"。小西庇阿被过继给大西庇阿的儿子。

罗马的贵族显要不只是个人，更是家族。保卢斯家族在当时的罗马极有影响力，一方面是因为他们本身十分富有，另一方面也是因为他们与罗马政治地位显赫的西庇阿家族结盟，保卢斯的姐姐嫁给了西庇阿家族的代表人物大西庇阿。

小西庇阿是从保卢斯家过继到西庇阿家的，所以他像《两兄弟》中的大儿子埃斯基努斯一样，有两个父亲，一个是生父，另一个是养父。正如历史学者马修·利（Matthew Leigh）在《喜剧与罗马的崛起》中所说，"罗马喜剧的内容和表演背景在任何地方都没有像在《两兄弟》里那样有暗示性的关系"。[1]

1　Matthew Leigh, *Comedy and the Rise of Rome*. New York: Oxford University Press, 2004, 158.

前面介绍了小西庇阿的生父保卢斯，那么小西庇阿的养父又是谁呢？

小西庇阿的养父是大西庇阿的儿子西庇阿（Publius Cornelius Scipio，约前211—前170），也就是他的舅舅，因为小西庇阿的母亲是大西庇阿的女儿。因此，大西庇阿实际上是小西庇阿的外祖父。小西庇阿过继给舅舅西庇阿当养子，是真正的亲上加亲。虽然西庇阿有大西庇阿这么一位名将父亲，但他自己却对军旅生活没有兴趣。

显然，小西庇阿的养父西庇阿和生父保卢斯在志向和性格上互不相同，但他们在小西庇阿心目中有着同样重要的位置。小西庇阿因为受到他们共同给予的良好教育和培养，才成为一位极其出色的罗马人物。这就是《两兄弟》一剧要传达的实质性意思，在当时这层意思要比如何培养孩子重要得多。虽然这个剧里有丰富的罗马历史信息，但它不是一部历史剧，而是一部象征性的喜剧。

罗马的喜剧一般都是在春秋两季的宗教节日上演，罗马的春季宗教节日叫"大赛节"（Megalesian Games），秋季的宗教节日则叫"卢迪·罗马尼"（Ludi Romani）。《两兄弟》的演出是个例外，这部剧是小西庇阿为了他亲生父亲的葬礼，特别委托泰伦提乌斯写作的，《两兄弟》首次上演时小西庇阿应该也坐在观众席上。

前面说了《两兄弟》与罗马权贵政治人物的关系，现在再来说说它与罗马内部文化分裂的关系。《两兄弟》写作于公元前2世纪中叶，这是罗马文化发生巨大转变的时刻，尤其表现在罗马文化与希腊文化的关系上。当时罗马的文化分裂发生在亲希腊派（Philhellene）和罗马传统派之间。

罗马在公元前214年至前148年之间多次与希腊文化的马其顿作战。公元前168年，罗马取得对马其顿的决定性胜利。在这之前20年，罗马于公元前188年击败塞琉古帝国，在土耳其殖民地为罗马人打开定居的大门。从根本上说，到公元前168年，整个地中海东部，除了埃及和希腊大陆上的几个强硬派联盟，也都已经属于罗马。政治和军事的胜利为罗马的文化巨变创造了条件。

公元前 2 世纪，罗马的军事胜利将大量奴隶从罗马新征服的地域带回意大利半岛。这为罗马带来很多货物，其中许多是希腊的东西：食品、饮料、纺织品、陶器、建筑技术、武器、装甲、航海技术、书籍、牲畜。但是，最为重要的是，各个阶层和职业的富有才华的希腊人开始来到罗马，这是史无前例的。他们有的是人往高处走的贵族，还有的是受过良好教育的普通希腊人，他们相信自己的知识和传授能力能使他们在罗马谋生和发展。公元前 2 世纪 60 年代，随着大量希腊人来到罗马，新的希腊文化浪潮席卷整个意大利半岛。

但是，一些固守罗马传统文化的贵族人士对这一新潮流表示出怀疑和抵制。小西庇阿的亲生父亲保卢斯就是其中一个代表。他打败过马其顿，不相信希腊文化比罗马文化更优秀。保卢斯是一个老派的、骄傲的罗马人，对他这样的罗马贵族来说，在罗马扩张的时候，采取一些文化融合措施是可以接受的。但到了公元前 2 世纪 70 年代至前 2 世纪 60 年代，希腊文化向罗马的扩展程度已经开始令他们不安。罗马政治家老加图对罗马文化如此执着，以至于他拒绝直接同雅典人说希腊语，而是通过翻译人员来交谈。

泰伦提乌斯《两兄弟》一剧中的两个父亲可以理解为代表希腊和罗马两种文化的区别和冲突。城市以外的乡下老农夫得墨亚代表罗马本土的那种传统、保守、以农为本的道德规范。而他的弟弟弥克奥则代表受到希腊化影响的城市罗马人，他们更喜欢精致的文化、舒适的生活和轻松快乐的人生。

弥克奥的形象很符合传统的罗马人对希腊人和希腊文化的不良刻板印象——他代表那种欢迎外来文化，背离罗马的传统价值和生活方式的"新潮"罗马人。

思想保守、循规蹈矩的"本土"罗马人，与思想自由、爱好希腊文化的"新潮"罗马人之间形成文化的分裂。越是到公元前 2 世纪后半叶，崇尚不同文化的罗马人之间就愈加格格不入。这就像今天常见的本土与外来、保守与开明、传统与现代等格格不入一样，好像每个人在某种程度上都不得不选边站似的。当时的罗马也差不多是这样的情形。

泰伦提乌斯和他的贵族朋友小西庇阿处于这种分裂的中间地带。小西庇阿的生父是打败马其顿的将军，但他的养父却是一位知识分子、作家和希腊文化的爱好者。小西庇阿对两位父亲都很尊重，他自己更喜欢与来自希腊的知识分子交朋友，例如历史学家波利比乌斯（Polybius，约前 200—前 118）就是他的朋友。泰伦提乌斯来自北非，他是一位旁观者，对他来说，不选边站反倒是比较容易的。

泰伦提乌斯《两兄弟》是为他的朋友小西庇阿量身定制的，堪称一部精湛的文学手艺活。这部剧作运用双重情节、戏剧反讽、变化发展的人物性格描述。而且，就它首演的实际功效而论，它要让小西庇阿生父和养父分别代表的不同罗马人能像剧中那一对老兄弟一样，互相增进同情和理解。《两兄弟》一方面对希腊文化海啸般冲击罗马表示赞同，另一方面又对那些怀疑这一文化变化的老罗马人表示尊重。

最有意义的是，它婉转地提醒罗马人，文化变化的命运就像掷骰子。正如剧中人物弥克奥在剧终时所说："如果掷骰子没有给您最需要的点数，那您就必须利用自己的技能，来充分发挥它所能给您的点数。"这恐怕也是我们今天对待文化和文明现代化，以及随之而来的普适价值应有的态度。

说到这里，你也许还会有一个疑问，保卢斯家是罗马的望族，为什么要把自己的儿子让给别人家过继呢？这就需要解释一下罗马社会里的父子过继关系和它作为一种社会机制的重要性。

在罗马社会尤其是贵族社会里，过继和领养是一种常见的甚至是不可缺少的家庭机制。小西庇阿是大西庇阿领养的孙子，小西庇阿的哥哥也被第二次布匿战争中的一位杰出罗马将军领养为孙子。泰伦提乌斯本来是奴隶身份，据说那位买下他的罗马元老院元老可能领养了他，让他成为自由人。泰伦提乌斯后来成为小西庇阿的密友，可能与他的身份提升有关。

其实，中国社会中也有类似的"收义子"以强化私人关系的习俗。罗马的过继或领养不只是为了延续家庭血脉，更是为了提升家族地位，结成利益同盟。正如法国历史学家保罗·韦恩（Paul Veyne）在《私人生活史》一书中所说："一个人送孩子让别人领养，就像送女儿出嫁，尤其是像'攀一门好亲'一样……所有可以通过婚姻获得的也都可以通过领养来获得。"韦恩指出，罗马的领养孩子，尤其是贵族孩子，"像棋子在财富和权力的棋盘上四处移动"。[1]

到了罗马帝国的时代，连帝国的命运都似乎是依靠领养机制在维持的。最高权力层的领养关系成为解决"接班人"问题的一个关键。屋大维（Gaius Octavius Thurinus，前63—14）就是恺撒（Gaius Julius Caesar，前100—前44）的甥孙和养子，他于公元前27年成为罗马的第一位皇帝，并获得奥古斯都的头衔。他的继承人提比略（Tiberius Julius Caesar Augustus，前42—37，也译作"提贝里乌斯"）就是他的养子。罗马皇帝加尔巴（Calba，前3—69）通过过继卢修斯·卡尔佩尼乌斯·皮索（Lucius Calpurnius Piso，38—69），确立他为养子和其合法继承人。像这样引人注目的皇帝家领养，是在泰伦提乌斯死后很久才发生的。

然而，即使在泰伦提乌斯生活的时代，领养机制也被用来推动家族野心、快速改善年轻人的前途、巩固家族间的友谊和联盟等。从长子继承家业的眼光来看，泰伦提乌斯《两兄弟》中的大儿子被

1　*A History of Private Life: From Pagan Rome to Byzantium*, Vol. 1, ed. Paul Wayne, Cambridge: Harvard University Press, 1987, 16, 17.

叔叔领养也许有些奇怪。但是，在罗马社会这不是一个问题。即便像在剧中那样，孩子的生父和养父为该如何教育和培养孩子发生矛盾和争论，也都不算是什么问题。更何况叔叔家财力雄厚，对这个孩子今后的前程肯定会有好处。

昆德拉写过一本非常有趣的小说，叫《告别圆舞曲》(*Farewell Waltz*)，里面有一个骗子妇科大夫斯克雷托。他是一个温泉城疗养院里的大夫，竟然用自己的精子让在那里治疗不育症的妇女受孕。一位多年不育的美国富翁伯特莱夫的太太在斯克雷托医生的治疗下，终于生下一个儿子。这个男孩活脱脱地长得像斯克雷托大夫，其实就是这位大夫的亲生儿子。可笑的是，由于贪图美国富翁的财富，斯克雷托大夫居然把自己过继给他当儿子。所以，他成了自己儿子的兄弟。昆德拉这是在讽刺那种出于利益考虑的机会主义的过继关系。

罗马人把自己的孩子过继给别的家庭，当然没有这么滑稽。但却也是出于理性的利益考量，吃亏的买卖是没有人做的。在过继和领养的问题上，罗马人是很实在的，一定是先看准对方的家庭背景，才会同意过继。这和今天父母们考虑送孩子进什么大学接受教育，选什么专业吃香，日后才有更好的成功机会是差不多的，没有太多的情感纠结。

罗马人的过继和领养能帮助一些年轻人攀升社会阶梯，因此在整个罗马社会中习以为常。其实，领养和过继的习俗特别使得罗马的贵族阶层和行政领导层越来越精英化，也使得精英阶层保持源源不断的人才资源。

对一个有钱有势的贵族来说，领养制度可以让他不再需要依靠命运的安排，就能获得一位才能出众、日后会有出息的儿子。如果自己生的是不肖之子，那也不要紧，过继一个优秀的当儿子就可以。如果谁看上某个才华横溢、品格和能力都不同凡响的年轻人，想要领养他，只要对方家庭也同意，就能把这个年轻人过继了，让他成为光耀门楣的家庭或家族传人。

有时候，被过继的可能已经不是一个孩子，而是老大不小的大人。这也许更符合过继和领养的逻辑，因为年纪大一点的青年在个性、才能和人品上都比较固定，对领养人来说是更可靠的投资。这种根据个人能力来决定的领养机制有它的优点，比依靠血缘关系遗传获得才能的成功几率要高。甚至在帝国权力的最高层次上，它也曾为罗马贡献过一些最成功的领导人。96 至 180 年之间的五位贤帝中，就有四位是根据个人能力而不是血统来选择的，这些贤帝分别是涅尔瓦（Nerva，30—98，96—98 年在位）、图拉真（Trajan，53—117，98—117 年在位）、哈德良（Hadrian，76—138，117—138年在位）、安东尼·庇乌斯（Antoninus Pius，86—161，138—161年在位）和马可·奥勒留（Marcus Aurelius，121—180，161—180年在位）。唯独奥勒留把帝位传给自己的亲儿子康茂德（Commodus，161—192），结果康茂德成为罗马历史上最臭名昭著的暴君之一。

我们在这一节里介绍了与泰伦提乌斯《两兄弟》有关的贵族政治和罗马文化内部分裂，以及与此有关的罗马家庭过继和领养制度。这是一部历史文化信息极为丰富的剧，所以值得我们细细阅读。

四　卢克莱修《物性论》

1. 重实际的罗马哲学

我们即将谈论的是一位公元前 1 世纪的罗马诗人，他也是一位哲学家，他的名字叫卢克莱修。文艺复兴和启蒙运动两次知识大变革时期，他都是一个重要的古代知识来源。他的《物性论》（*On the Nature of Things*）是在 1473 年才整理出版的，这时候的欧洲已经是文艺复兴的时代。19 世纪，他的影响已经相当普遍，达尔文（Charles Darwin，1809—1882）认可他的科学观所具有的普遍说服力，马克思（Karl Marx，1818—1883）和 19 世纪早期英国诗人雪莱（Percy Bysshe Shelley，1792—1822）称赞他破除了宗教的迷信。19 世纪晚期英国诗人阿佛烈·丁尼生（Alfred Tennyson，1809—1892）和马修·阿诺德（Matthew Arnold，1822—1888）则赞同他的原子论哲学，认为人不过是宇宙中渺小的原子存在。卢克莱修对所有这些后世思想家的影响都是通过一本书实现的，那就是他用拉丁诗歌来重述公元前 4 世纪至前 3 世纪希腊伊壁鸠鲁哲学的《物性论》。

卢克莱修写作《物性论》的时候已经是罗马共和的晚期。直到这时候，仍然可以说，拉丁文学和思想不过是希腊文化所孕育的一种派生文化。罗素在《西方哲学史》里说："布匿战争之后，年青的罗马人对希腊人怀着一种赞慕的心情。他们学习希腊语，他们模仿希腊的建筑，他们雇用希腊的雕刻家。罗马有许多神也被等同为希腊的神。罗马人起源于特洛伊的说法就被创造了出来，以便与荷马的传说联系在一起。拉丁诗人采用了希腊的韵律，拉丁的哲学家接受了希腊的理论。终于，罗马在文化上就成了希腊的寄生虫。罗马人没有创造过任何的艺术形式，没有形成过任何有创见的哲学体系，也没有做出过任何科学的发明。他们修筑过很好的道路，有过有系统的法典以及有效率的军队。但此外的一切，他们都唯希腊马首是瞻。"[1]

罗马独自的文学和思想是在公元前 1 世纪开始形成并发展起来的，其重要原因之一就是罗马的崛起所带来的罗马文化自信。从公元前 3 世纪至前 2 世纪，罗马与地中海强国迦太基先后进行三次布匿战争，每一次都是以罗马的胜利而结束。第一次从公元前 264 年至前 241 年，第二次是从公元前 218 年至前 201 年，第三次是从公元前 149 年至前 146 年。最后一次，迦太基战败惨遭屠城，领土成为罗马的一个省份——阿非利加行省。迦太基城也被夷为平地，罗马争得地中海西部的霸权。这一次布匿战争结束，离罗马共和变成罗马帝国也就 100 年的时间。正是在公元前 1 世纪，罗马独立的文学和思想开始形成并发展起来。卢克莱修、西塞罗、维吉尔等都是其中最重要的人物。

在第三次布匿战争之前，公元前 168 年左右，罗马人征服了希腊这片土地，从此，他们把希腊人视为自己的属民。但是，在文化上希腊仍然比罗马先进。从希腊来到罗马的教师们对罗马人的影响

1　罗素著，何兆武、李约瑟译，《西方哲学史（上卷）》，商务印书馆，1963 年，第 351 页。

是很明显的，许多希腊战俘、人质中的文化人也成为罗马人的顾问和老师，在罗马主持讲坛。许多罗马贵族青年以去希腊"留学"作为教育成长的一种资历，就像今天许多中国青年去欧美留学一样。当然，对许多罗马人来说，"留学"只不过是增进学历，而不是想在留学之地发展今后的人生。

罗马人虽然对希腊文明的繁荣非常羡慕，但并不甘心在文化上处处唯希腊马首是瞻。罗马人向希腊人学习固然不可否认，但实际上罗马人在许多方面还是有创造性的。罗马文明的发展不能完全归结为希腊文化的外来影响，罗马共和国和帝国时期的文化也不能简单地被视为希腊文化的延伸或扩展。就连早期罗马城邦文化的发展也不能被视为对希腊古典城邦文化的简单模仿，罗马城邦文化与希腊城邦文化有很多相似之处，但拉丁文化是在其自身所处的具体的地理、历史环境中形成的，因此两个民族的精神气质有共同点，也有差异。希腊人是海上的民族，罗马人更多是山区的居民。罗马号称七丘之城，离海洋虽然不远，但受海洋的影响较小。

希腊人重思辨、重理想、长于理论，罗马人重实际、吃苦耐劳、勇于作战；希腊人精于艺术，罗马人擅长治术。希腊文化的发展早于罗马文化，自然而然成为罗马的一个榜样。相比之下，罗马也就自然是一种"后发性"文化。传说早在公元前454年，罗马城邦就曾经派过一个考察团到雅典去研究梭伦（Solon，约前630—约前560）所制定的新法，然后把希腊人的法典带回罗马。梭伦为雅典立法是公元前6世纪的事情，公元前5世纪是雅典民主政治的鼎盛之际，也是雅典最强盛的时候。罗马人这个时候到雅典学习法律和政治，虽然没有确凿的史料记载，但却是有可能的。

罗马人的书写和文学语言——拉丁语的发展也比较迟，意大利的伊特鲁里亚人（Etrucans）从公元前750年左右就受到希腊文化的影响，从中得到启发，首次使用希腊表音文字书写本民族的独特语言，然而却始终未能发展起来一个读写社会，即使是初级水平也未能达到。他们的书写主要限于丧葬铭文、法律契约以及物品标记，或者也用于簿记和行政事务。在公元前的第一个千年里，有限的书写似乎对意大利半岛上源于伊特鲁里亚文字的其他文字产生影响，诸如利古里亚人（Ligurians）、勒蓬廷人（Lepontine）、雷蒂亚人（Rhaetians）、甘利诗亚斯人（Gallicians）、威尼斯人（Venetians）和奥斯坎人（Oscans）的文字。但伊特鲁里亚文字中只有一个分支最终发展成为使用广泛、传承久远的文字，即罗马人口头和书面皆用的拉丁文。最早的拉丁文读物不外乎花瓶、金属物品上的主人名字、宗教献词，以及为数不多的短文。内容较为丰富的碑文也只是在公元前4世纪才出现，对罗马的政治和军事权力效能至关重要。在整个共和国时期，拉丁语的书写功能不断拓展和加强。

罗马人征服希腊世界以后，拜希腊或雅典为师的心态自然也就发生变化。公元前3世纪至前2世纪的老加图是罗马共和国时期的政治家、国务活动家、演说家，公元前195年的执政官，也是罗马第一位重要的拉丁语散文作家，他就拒绝用希腊语写作，也拒绝说希腊语。公元前1世纪的罗马政治家和著名学者瓦罗（Marcus Terentius Varro，前116—前27）不相信罗马法典是从雅典输入罗马的传说。他研究了拉丁地区各种制度的起源后，认为一切罗马制度都是在拉丁区域土生土长的。希腊人出自民族虚荣心，自夸曾传播文化于全世界。公元前1世纪，诗人维吉尔仿照荷马史诗的风格写成史诗《埃涅阿斯纪》（The Aeneid），把埃涅阿斯描绘成罗马人的始祖，称埃涅阿斯是特洛伊王子，是当年在特洛伊战争（The Trojan war）中，希腊人攻陷特洛伊时一度失败的英雄。埃涅阿斯幸免于难，在海上漂流7年，历尽千辛万苦来到意大利台伯河畔，创建了罗马。这样的故事把特洛伊人说成罗马人的始祖，也把罗马和希腊两个民族说成世仇。

这些都表明罗马人要在文化传统和文化身份上与希腊分离开来的强烈愿望。公元前1世纪罗马历史学家撒路斯提乌斯比较客观地看到希腊和罗马在文化上的差异，以罗马人的"务实"作为与希腊人的最大不同。他在《喀提林阴谋》(*Bellum Catilinae*)中写道："依我看，雅典人的行迹确实是相当伟大而又光荣的，尽管如此，它们实际上也并不是像盛传中那样出色。但是由于雅典产生过具有非凡才能的作家，所以雅典人的功业便被认为在世界上是无与伦比的。这样看来，成就事业的人们的功绩之所以被捧得如此之高，只不过是有伟大的作家能够用颂扬的文学对事业本身加以抬高而已。但是罗马人民从来不曾有过这样的有利之处，因为他们中间最有才能的人们总是从事实际的事务，他们总是要在身体力行的情况下使用他们的头脑；最优秀的公民重视行动而不喜空谈，他认为他自己的英勇行动应当受到别人的称赞，而不应由他本人来记述别人的英勇行动。"[1]

然而，形成自己独特、强大和有影响的文化并不是一蹴而就的。无论是之前提及的公元前2世纪罗马戏剧家普劳图斯和泰伦提乌斯，还是我们即将要谈论的公元前1世纪哲学家卢克莱修，都不能完全脱离希腊文化的影响来理解他们对罗马文学的贡献。

罗马人拥有武力，但不拥有哲学，这样的局面要到卢克莱修的时代才慢慢有所改变，但即便是像卢克莱修这样的罗马哲学家，似乎仍然不能真正理解希腊人的那种哲学。西塞罗在《论法律》中提到，有一位叫革利乌斯的罗马人，"在裁判官任满后，以行省执政官衔来到希腊，逗留于雅典，把当时在雅典的哲学家们召集到一起，极力劝说他们，要他们停止争论，声称如果他们不希望把一辈子耗在争论上，那么是可以达到一致的，并向他们保证，如果他们能在

---

1 撒路斯提乌斯著，王以铸、崔妙因译，《喀提林阴谋 朱古达战争》，商务印书馆，1994年，第99—100页。

某个方面达到一致，他会帮助他们"。[1] 结果成为笑谈。

不管这个轶事是真是假，它都反映了一个相当普遍的看法：罗马人从事实际的事务，他们"头脑实际"。罗马人对此引以为傲，外邦人未必将之视为优点。著名的希腊哲学家、解剖学家和医生克劳狄乌斯·盖伦（Claudius Galenus，129—约200，英语作 Galen）嘲笑道：在罗马人眼里，哲学的用途犹如在一粒小米上钻孔一样。这比中国人在米粒上微雕还要难，也比我们说的"钻牛角尖"还要迂腐。

2 世纪罗马作家琉善是一位用希腊语创作的讽刺家，他在《论名门大户里的工资职务》中挖苦罗马人不尊重哲学家时说："罗马富人家里聘请一位哲学家，乃是一种社会地位的象征，但不是请他来讲哲学的，而是当雇主太太的宠物狗生病或怀孕的时候，需要他来照料。"（Lucian, *On Salaried Posts in Great Houses*, 34）西塞罗在给一位友人的信里说起这样一件事，有一位名叫迈密乌斯（Gaius Memmius）的罗马富商在希腊有个建筑工程，因为伊壁鸠鲁故居妨碍了这个工程计划，所以要把它拆掉，这引起雅典大批伊壁鸠鲁信众的抗议，他们恳请迈密乌斯改变他的计划，保留伊壁鸠鲁的故居。这和中国地产开发商不在乎历史古迹是一样的。西塞罗这封信是公元前 51 年夏写的，在时间上是卢克莱修去世后第 4 年，而卢克莱修的这本书正是以迈密乌斯为题献者的，不知卢克莱修在地下会有何感想。[2]

当然，如果把罗马人都看成是哲学的实用主义者，那也未免太简单化。事实上，罗马共和后期，哲学和修辞学是罗马人教育的必修课程。当然，只有富人和精英阶层家庭的子弟才有可能接受这样的教育，西塞罗、小加图、奥勒留他们都受过这样的教育，他们也

---

1 西塞罗著，王焕生译，《论法律》，上海人民出版社，2006 年，第 69 页。
2 Peter E. Knox, and James C. McKeown, eds. *The Oxford Anthology of Roman Literature*, 69.

都对罗马哲学做出过贡献。我们今天也正是通过他们来了解罗马的思想文化的。

古代的传记材料和后来的考古发现都显示，诗人维吉尔在那不勒斯学习过伊壁鸠鲁的哲学。据推断，卢克莱修也是在那里学习的，他的《物性论》就是用诗歌对伊壁鸠鲁学说所作的阐述。

在罗马人那里，伊壁鸠鲁学说有两层不同的意思，彼此有联系，但也有矛盾。第一层意义上的伊壁鸠鲁主义是大写的"E"（Epicureanism），按照伊壁鸠鲁的观点，宇宙完全是由物质与虚空、原子与空无的组合构成的。虽然他承认存在着不死的、有福的诸神，但是他认为，诸神从不关心世界的运行以及生活于世界上的人类活动。因此，谈论天命或柏拉图（Plato，约前428—约前348）的"形式"（form），或是关注神的意图或非物质的灵魂，都是毫无意义的事情。人类和宇宙中的万物一样，只是物质的聚集，而意识也不过是复杂的原子运动。对于伊壁鸠鲁来说，他的直接推论是，感官知觉不仅是一切经验之源，而且也是一切善恶之源。引起快乐的事物就是善，而导致痛苦的事物就是恶。

第二层意思是小写的"伊壁鸠鲁主义"（epicureanism），它指的只是单纯的享乐主义——追求快乐：美食、美景、赏心悦目、声色犬马、满足情欲等。这样的快乐是短暂的，经常不过是醉生梦死，它无视伊壁鸠鲁所说的那种只有通过平静才能获得真正快乐的教诲。真正的快乐是要付出努力才能获得的。伊壁鸠鲁其实从来不曾倡导过那种小写的"享乐主义"：情欲和财富。卢克莱修在《物性论》里说得很清楚，情欲使精力枯竭，使人失去独立性、责任心和名誉：

> 当他们互相搂抱着
> 享受着青春年华的果实，

当现在他们的肉体甜蜜地预感到

即将到来的强烈的快乐，而爱情

即将在女体的田地播下种子的时候，

他们就贪馋地搂抱，口涎混着口涎，

彼此喘着气，牙齿压紧对方的口唇——

但是这一切都毫无用处，

……

此外他们还浪费了他们的精力，

因过度用力而亏耗了身体；

还有，他们虚度自己的岁月，

看另一个人的眼色来生活；

他们疏忽了自己的职务，

他们的名誉摇动了，发臭了。[1]

卢克莱修还说，财产浪费在豪华的礼物和宴饮上，给人带来的不是快乐，而是痛苦：

盛大的宴会，高级餐巾，珍馐美味——

还有助兴的玩艺和无数的酒杯，

香露，花冠，彩环。但全都徒然，

因为从欢乐的喷泉中间涌出了

一些苦涩的水滴，它带来苦恼，

即使在花香鬓影中间；——也许是因为

心灵啮咬自己，现在悔恨地想起了

虚度的岁月和因荒淫而来的伤身败名。[2]

---

1 卢克莱修著，方书春译，《物性论》，商务印书馆，1981年，第251—252页。
2 同上，第252页。

卢克莱修在《物性论》里阐述的是大写的伊壁鸠鲁主义，这样的伊壁鸠鲁主义在罗马共和晚期具有怎样的社会意义呢？

2. 伊壁鸠鲁哲学和古代的"说教诗"

卢克莱修《物性论》阐述的是伊壁鸠鲁的学说。接下来要说说为什么这个公元前4世纪的希腊哲学学派会于公元前1世纪在罗马落地生根，而且促成它广为传播的竟然是一部诗作。

公元前1世纪是罗马共和后期内战不断的时期，公元前88年至公元前31年，战争由罗马共和国晚期的"前三头"（The First Triumvirate）和"后三头"（The Second Triumvirate）分别发动，一连半个多世纪战祸连绵，民不聊生。罗马人普遍感觉到个人的生命脆弱而无助，不知何时又会被命运抛向何处。世道变幻无常、正邪不辨，传统的宗教信仰随之崩溃。正因为如此，唯物的原子论似乎让人们看到一个不必用正义或非正义、善良或邪恶去解释的世界，在这个世界里，人的存在不过是原子在宇宙间偶然碰撞的结果。

公元前4世纪出现的伊壁鸠鲁学说，本身就可以说是一个时代的产物。公元前4世纪末和前3世纪初，社会与政治环境剧烈变动，亚历山大大帝的帝国在转瞬之间兴起，又在他死后随即分崩离析，并因此而毁坏希腊城邦原本的秩序和凝聚力。在接踵而至的希腊化时期（大约从亚历山大去世起，直到罗马帝国统一前为止），我们看到，以往人与人之间相互熟悉的自治城邦日渐没落，取而代之的是幅员辽阔、融合多元文化的帝国，还有规模庞大但人与人之间彼此陌生的都市中心。长久以来，学者们就一再指出，在这种中断和混乱的背景下，人民总是很容易体验到无助感与文化崩溃，这使得他们特别容易接受斯多葛学派（廊下派）和伊壁鸠鲁学派所传扬的行为方式与控制力。这两者都为它们的追随者提供安慰人心的信念：在日益复杂和冷漠的世界，人依然能够掌控自己的人生。

伊壁鸠鲁将人普遍追求快乐的本能欲望运用到社群生活的问题中去，因此他的学派所蕴含的潜力得到最充分的发展。伊壁鸠鲁创立的不是一般意义上的"哲学"流派，而是一个实践型的社群。在两重意义上，伊壁鸠鲁建立了一个有关行为方式的学派：一方面，他建立一套学说，有助于引导理想性的人生；另一方面，他建立一个社团，在其中理想性的行为方式得以实践。它似乎类似于美国著名心理学家斯金纳（B. F. Skinner）在乌托邦小说《瓦尔登湖第二》（Walden Two）里描述的那种实验性群体。

伊壁鸠鲁的学说是一种以教条为形式的行为指导，"这一教条要毫不怀疑地接受，同时毫无改变地从一代人传给另一代人。结果，这个延续了 4 个世纪的学派具有一种宗教派别的特点；因为这种特点，它可以与早期基督教社团相提并论……它不能吸引知识分子，但是能吸引忧虑软弱的灵魂；它将妇女和儿童也吸纳进自己的社群"。[1] 然而，正因为它是一种行为指导，后来对许多罗马人却是相当实用。

在公元前 4 世纪的希腊和 150 年后的罗马，伊壁鸠鲁学说都是乱世中趋乐避苦、保全自身的哲学。在一个混乱无序、道德失范、前景不明的世界里，人无力改变世界，也不想招惹是非，唯一的安身立命之道就是退缩到文学和哲学的宁静家园之中。我们可以说这是一种自欺欺人的"退隐"，一种精英主义的逃避，一种出污泥而不染的生活姿态，一种事不关己、高高挂起的假崇高。然而，不管怎么说，这种退缩和出世的人生选择，都不过是一种自然而然的人之常情和生存适应。

1　沃格林著，谢华育译，《政治观念史稿（卷一）：希腊化、罗马和早期基督教》，华东师范大学出版社，2007 年，第 101 页。

卢克莱修在《物性论》中借用伊壁鸠鲁学说所构建的正是这样的一个生活世界。《物性论》分为三个部分，每部分各有两卷，结构逻辑有序，涵盖了伊壁鸠鲁学派的主要观点。

第一部分的第 1 至 2 卷讲述基本的原子理论；第二部分的第 3 至 4 卷讨论与人有关的心理、灵魂、感觉、道德等问题；第三部分的第 5 至 6 卷又回到原子理论，但特别关注世界和物质现象的产生和破坏，如气象变化和疾病瘟疫，这些是人可以观察到的，与人的安全和幸福特别有关的物质变化。

第 1、3、5 卷都以赞美伊壁鸠鲁开篇，显示了全书的三部分结构。但是，令人费解的是，第 4 卷的开篇同样也赞美伊壁鸠鲁。还有另一些特征也令人对这部著作的结构有不同的看法。有研究者认为，《物性论》的六卷书可能并不是卢克莱修原来计划的次序，书里六卷的次序应该是 1、2、5、4、3、6。不管怎么说，以现在的结构来看，与我们人文阅读特别相关的，是讨论人的伦理和道德的第二部分的第 3 和第 4 卷以及第三部分的第 5 卷。

卢克莱修展现的是一个自在自为的自然界，他要用一种关于自然的科学帮助人们摆脱宗教宣讲的血腥神话。在他看来，先知们用永罚的神话恐吓信徒，因此，人们必须积累知识，了解那些支配天地的法则，而伊壁鸠鲁便是这种知识的来源。

我们可以从《物性论》了解伊壁鸠鲁学说及其人生态度，由于伊壁鸠鲁的著作很少有流传下来的，所以我们很难确定卢克莱修对伊壁鸠鲁学说的阐述是否准确，或他对这一学说是否有什么自己的贡献。但据卢克莱修自己说，他的诗作直接源自伊壁鸠鲁，他自己是一个正宗的伊壁鸠鲁主义者。他像对父亲一样遵从伊壁鸠鲁的教诲，他在《物性论》第三部分的开篇中说：

你是我们的父亲，你是真理的发现者，

你给我们以一个父亲的告诫；

从你的书页中，啊，贤名远播的你！

正象蜜蜂吮吸繁花盛开的林地的每朵花，

我们也以你的黄金的教言来养育自己——

黄金的教言，并且最配得上永远不朽。

因为你那出自神一样的灵智的推理

一开始它关于物性的响亮的宣告，

我们心中的恐怖就飞散，

世界的墙垒就分开，

我就看见宇宙在整个虚空中的运动，

神灵的华严就在眼前浮上来[1]

　　在伦理和道德上，伊壁鸠鲁学说和苏格拉底及柏拉图哲学最大的不同在于，它远离城邦共同体成员的责任、正义、美德考量，而把关注的重点几乎完全放在个人的快乐和痛苦之上。伊壁鸠鲁认为，最大的善来自快乐，没有快乐就没有善。快乐包括肉体上的快乐，也包括精神上的快乐。伊壁鸠鲁区分了动态的快乐和静态的快乐，前者指正在满足一种欲望时产生的快乐（例如享用美食时的快乐），后者则指欲望得到满足后的平静之乐（例如饱餐一顿后的快乐），伊壁鸠鲁认为静态的快乐拥有优先的地位，它是一种餍足状态中的麻醉般狂喜。

　　伊壁鸠鲁所说的"快乐"有三个特定的所指。第一，快乐不是短暂的身体上的快乐，而是需要控制情绪与欲望。有时候你需要放弃小的快乐，以免后面有大的痛苦；有时候你需要忍受小的痛苦，为了追求后面大的快乐。因此，要得到快乐，就必须学习如何选择

1　卢克莱修著，方书春译，《物性论》，第130—131页。

和分辨。换句话说，真正的快乐一定要考虑到一个行为的未来效应，以及其效益的持久性，而不能只看能否满足当下的需求。

第二，心理上的快乐远远胜过身体上的快乐。这是因为身体本身没有记忆，也没有办法预想未来。身体本身不能进行判断，需要用理性来判断。人需要通过心灵回忆过去和想象未来，并通过理性进行判断。没有理性判断，人无从知道身体如何免于痛苦、灵魂如何免于困惑。

第三，真正的快乐不在于你要获得什么样的欲望满足。真正的快乐不是积极地增加快乐，而是消极地减少欲望，过简单的生活，让自己避免所有的痛苦烦恼。朴素的生活、温和的脾气、节制自己的欲望，这些是达到快乐的捷径，能使一个人生性淡泊，免除许多事情上的羡慕或嫉妒。这种快乐显然是一种修养的结果，不是完全顺着人天生的需求发展。如果你把快乐当作一个要积极追求的目标，光是"要得到快乐"这几个字本身就会带来压力、烦恼、痛苦。这就像一个饱受失眠之苦的人，越是要求自己快快入睡，就越是焦虑，难以入眠。

伊壁鸠鲁主义把个人的快乐和痛苦置于其哲学思考中心，因此，它一直被批评是一种厌恶和逃避公共生活的哲学。正如蒂姆·奥基夫（Tim O'Keefe）在《伊壁鸠鲁主义》一书里所说，对伊壁鸠鲁主义者来说，"参与波澜汹涌的政治是一种冒险行为，对心灵的安宁也是有害无益"。[1] 他又补充说道："看来，伊壁鸠鲁主义者是一些搭便车的人。说到底，总要有人愿意参与公民生活的运作，精心制定法律，这样才能确保社会的平稳运转。但聪明的伊壁鸠鲁主义者乐于将这种辛苦的工作留给他人，自己坐享其成。"[2] 所以，从公共生活的角度来看，伊壁鸠鲁主义并不是我们今天最好的人生哲学选择。

1　Tim O'Keefe, *Epicureanism*, London: Routledge, 2014, 145.

2　Ibid, 146.

伊壁鸠鲁被认为是古代最博学的哲学家，直至其公元前 270 年去世为止，他写出的作品大概多达三百捆莎草纸卷，多于先前任何一位希腊哲学家。然而，这样浩瀚的著述，留存下来的却只有少量残篇。我们必须通过伊壁鸠鲁后世追随者的记述，才能了解他的主要思想以及对后世的影响，其中最重要的就是卢克莱修的《物性论》。这也是这部著作特别重要的一个原因。

今天我们阅读《物性论》除了了解伊壁鸠鲁主义，还有一个重要的目的，即了解它的文学成就和对罗马文学的意义。

从罗马文学的知识来看，卢克莱修属于一种今天已经死了的写作流派，即"说教诗"（didactic poetry，或称"教谕诗""教学诗"）。说教诗是旨在教授某种东西的诗歌。在古希腊和罗马，说教诗被用来指导人们学习各种主题。例如，早在公元前 8 世纪至前 7 世纪，赫西俄德（Hesiod）《工作与时日》（Works and Days）就是这样的作品，它教人怎么与自然秩序保持一致，并以此为美德。不像史诗、悲剧或抒情诗，教谕一直没有形成一种特定的文类（genre）。这种诗类在罗马文学中有不少重要作品。奥维德的《爱经》（The Art of Love）教男人和女人如何吸引或取悦异性，如何有好的行为举止，如何扮演爱情或男女关系中的角色。贺拉斯的《诗艺》（The Art of Poetry）指导人们如何理解文学，诗人应该如何或为何写诗。至今尚存的希腊—罗马教谕诗涵盖广泛的主题，有的是相当专门的科学、技艺或知识题材。

公元前 3 世纪希腊作家阿拉特斯（Aratus，约前 310—前 240）的《现象》（Phaenomena）是一本有关星座和气候学的诗作。公元前 2 世纪，希腊作家尼坎德（Nicander of Colophon）创作近一千行诗指导读者有关有毒动物的知识，另创作六百行诗，详细介绍有毒动物和解毒方法。从公元前 3 世纪起就有 300 种这类诗作被保存下来，指导读者如何狩猎、如何繁殖和训练猎犬、哪种马最适合哪种用途以及如何制造各种狩猎用具。这些诗作不是为了消遣娱乐而写，也不是为了讲述神奇古怪的故事。它们是用很庄严的六音步诗体写成的，在希腊语和拉丁语里，从希腊化时代到罗马元首制（Principate）的大部分时代，这种诗歌形式都是记载科学知识的标准方式。

2—3世纪希腊著名医生盖伦写道，关于药物的教学诗对他的工作至关重要，"我经常说，诗歌中的作品比散文中的作品更有用，不仅因为它们可以帮助我们记住细节，还因为它们可以确保我们准确地把不同的成分混合到一起"。[1] 在今天的科学家或医生看来，这简直就是匪夷所思。你可以想象一下，要是医生一边对病人进行麻醉，一边吟诵如何混用麻醉剂的诗篇，或者在毒物控制中心，科学家在给出治疗方案前吟诵眼镜蛇和毒品的名称，那会是什么样子。

但是，不要忘记，人类记录知识信息的方式一直在变化。哪怕只是几十年前，又有谁会想到，医学的信息可以储存在一个小小的被称为"手机"的物件之中，并且与一个几乎无限大的"网络"24小时连接在一起。在希腊—罗马时代，就像从人类开始有记录的历史一样，诗歌是一种存储信息甚至是非常有技术性的信息的机制，其可预测的音步（如六音步）是为便于记忆的目的服务的。这样的信息记录方式维持了千百年，后来才被放弃，或被其他形式所代替。

用诗的形式阐述伊壁鸠鲁的学说，我们今天也许可以将之视为一种诗化的哲学或哲学的诗化，对理解深奥、枯燥的哲学有所帮助。一来是因为诗有散文所缺乏的愉悦性，二来是因为用诗歌重新写作的过程也是作者对题材内容理解、解释甚至简化的过程。所以，重述的往往比原来的要明白易懂。事实上，一般老师对学生做的许多解说起到的也是类似的作用。

1　Peter E. Knox, and James C. McKeown, eds. *The Oxford Anthology of Roman Literature*, 72.

用诗来改写哲学或科学论文确实是一件非常有挑战性的工作，现代人是不会做这种吃力不讨好的事情的。倘若你对作诗兴致很高，不妨试试这有多难。某大学校长是一位高分子化学家，他曾写了一首诗《化学是你，化学是我》，当时在微博上迅速走红，现在还可以在网上找到，不知你读了会有什么感觉，但至少可以让你对《物性论》的优雅有更深一层的认识。

然而，毕竟《物性论》不只是科学读物，还是一部哲学诗作，坦率地说，它的原子论已经过时，也已经很难在现代读者中引起共鸣，但它对死亡的思考却是一个不会过时的人文思考。之后将继续谈论与《物性论》有关的伊壁鸠鲁伦理学说内容，以及他关于人死之后无来世的观点。淡然面对死亡，不相信灵魂有来世或未来，这样的观点是唯物主义的，与宗教信仰背道而驰，这是卢克莱修及其《物性论》在中世纪长期受到基督教思想冷落的主要原因。

3. 趋乐避苦不等于享乐主义

之前谈到，伊壁鸠鲁不是一个享乐主义者，把伊壁鸠鲁学说简单化为享乐主义是一种很糟糕的误解。《物性论》的伊壁鸠鲁主义不仅从"自然"和"必须"来区分不同的快乐，还从"肉体"和"精神"来做进一步的区分。快乐有身体上的，也有心灵上的，哲学是心灵的快乐，也是快乐的最高境界。伊壁鸠鲁特别强调友谊，因为只有在真正的朋友关系中，哲学讨论才有可能，也才能通过解惑获得心灵平静的快乐。

卢克莱修的伊壁鸠鲁主义所说的快乐是从反面来理解和界定的：没有身体或心灵的痛苦即为快乐，不痛苦也就是快乐。这从认识论上大大简化对快乐的理解，不需要抽象地对快乐做深奥的解释。

这可以说针对的是一般人看待痛苦的一种错误心理习惯，即把快乐视为对人生痛苦的某种补偿或补救，人生越是痛苦，就越是要报复性地寻欢作乐。这也是我们时下的一种流行观念：人生苦多乐少，既然人生苦短，那就必须及时行乐，过一天算一天，活着不享受，死了什么都迟了。

但是，伊壁鸠鲁主义的苦乐观不是这样的。它认为，苦和乐之间没有中间地带，苦里面加一点乐不会变成不苦。要快乐就得去除痛苦，但去除痛苦不是沉溺声色犬马、灯红酒绿、及时行乐，而是免除身体上的痛苦［伊壁鸠鲁称之为"无痛"（aponia）状态］，以及免除精神上的煎熬与焦虑［伊壁鸠鲁称之为"宁定"（ataraxia）状态］。这才是人生真正的目标，为了达到这个目标，他建议要有"清醒的思考"，或者"慎思明辨"，也就是不断加深对于世界和自我的认识。

举例而言，我们必须要懂得宇宙的物理法则，以便去除由我们自己的错误信念引起的不必要的恐惧：例如诸神的惩罚，死后世界的恐怖，以及其他各种只存在于我们想象当中的虚妄念头。对这一主题，卢克莱修有充分的强调，而18世纪的启蒙思想家更是用卢克莱修来证明他们自己的观点，认为"迷信"与幸福恰为相反的两端。

在伊壁鸠鲁的世界里，慎思明辨还涉及认识自我，或者更恰当地说是认识欲望。我们为什么会渴求某些事物？短暂的满足是否将被长时期的痛苦所抵消？我们何以选择自制以避开某种机会，却追逐另外的机会？是什么在驱使我们向前，又为什么会如此？伊壁鸠鲁认为，如果我们对自己诚实，在回答这些问题上寻根究底，毫不留情，我们就会看到，自己的绝大多数欲望都是徒劳无益或空洞虚妄的，与身体健康或心灵的平安——幸福生活的最终目的——毫无关联。伊壁鸠鲁派的唯一任务就是学会如何筛选和区分，把必要的欲望跟可能把我们引入歧途的欲望相分离。与认识世界一样，认识自我也能使我们摆脱痛苦的根源。

尽管这是个复杂的过程，但根本要点是，我们必要的欲望其实是极为有限的，快乐的条件也很少。肉体要求的不过是避免饥渴寒冷，这就是快乐的基本条件。破坏这种基本快乐的总是一些"快乐了还要更快乐"的欲望。所以克制欲望比满足欲望更加重要。任何人，如果欲望处在恰当、有序的状态，俭朴的饮食即可保证快乐的满足，因为粗茶淡饭与丰盛的宴席所提供的快乐并无二致。人能够不挨饿受冻，且有遮风挡雨的居所，外加基本的安全，即可知足。与此相反，不以这些为满足的人，永远也不可能满足。

在今天这个物欲横流、享乐主义盛行的时代，人们也许怀疑，到底有多少人能够成功地达到这种彻底克己的状态？其实在卢克莱修的时代也不容易找到真正愿意身体力行追随伊壁鸠鲁学派的罗马人，他们经常会忽视宗师的严格要求，津津有味地追求伊壁鸠鲁深恶痛绝的那种粗俗的享乐主义。

人再怎么在现世中尽情享乐，总有结束的一天，正因为这种现世的寻欢作乐，所以会想到死了以后会是怎样。对这样的人来说，死亡会成为最可怕的一种痛苦。当然，这主要是对有宗教信仰者而言。我们知道，许多人从不考虑死亡问题。他们活着的时候为所欲为，甚至作恶多端，死后会如何的问题会让他们想起来就心惊肉跳，寝食难安，因此他们会下意识地刻意回避。他们不是从来没有想过这些，也不是死亡的问题与他们无关，他们只是在回避死亡的问题。

卢克莱修对死亡坦然处之，是重视而不是回避死亡问题的结果。他的死亡观非常典型地体现了他的科学和反宗教的观念。在他那里，几乎所有形式的宗教都不过是依靠无知和恐惧维系的迷信，其中以对死亡的恐惧为最。相反，科学能够对人的生死和宇宙存在做出完整而合理的解释。伊壁鸠鲁主义认为那些没有激情的神灵安详冷漠地居住在天上，不会干预人间的祸福、生死。人类应该驱逐恐惧，而唯有通过废除宗教才能彻底驱逐恐惧。

《物性论》里有大量对死亡问题的思考。这些思考不只针对死亡本身，更是为了说明，人因为愚昧无知，所以会把在自然界观察到的规律（包括生死规律）归因于神的操作。人类把自己的无助转变为宗教的恐惧，只有科学才能够治疗这种精神恐惧的疾病。宗教恫吓人类说，献祭活人可以平息神怒，这样的观念会导致人类可怕的行为，就像埃斯库罗斯（Aeschylus，约前525—约前456）《阿伽门农》（Agamemnon）一剧中，父亲杀死女儿向神献祭。

> （女儿）看见祭坛那边她忧容满面的父亲，
>
> 和那些把利刃藏在背后的巫师，
>
> 和所有看见她而泪痕满面的人
>
> 她恐怖得半句话也说不出来，
>
> 她双足无力地跪下了，
>
> 即使她乃是国王的第一个女儿，
>
> 此时也不能救她一命。[1]

更普遍的是，宗教导致普通民众的恐惧和无能为力的状况，而唯有他要讲述的关于死亡的科学真理才能扫除宗教对死亡所说的"鬼话"，并消除人们对死亡的恐惧：

> ……将要有一天，那时候
>
> 你也会被巫卜的吓人的鬼话所迫，
>
> 而力求离开真理和我。

1　卢克莱修著，方书春译，《物性论》，第6页。

就是现在他们也能捏造多少梦兆

来破坏你的生活的计划，

用恐惧来骚扰你的全部幸福。[1]

伊壁鸠鲁并不否认诸神的存在，但他把诸神请到一个与人无关的不朽领域，在这个领域里，诸神不考虑人的命运，人也无法通过祷告或膜拜接近诸神。因此，任何宗教或迷信的活动都没有意义。

伊壁鸠鲁哲学以这样的方式看待诸神，并解释死亡，也就有了去除愚昧、解放思想的意义，因为只有人们知道什么是死亡，"他们就能用一些方法坚强不屈地／抵抗各种宗教和预言者的威胁"。[2]所以他们需要知道"灵魂是什么"，而这正是伊壁鸠鲁的原子说所能解释和说明的。

卢克莱修认为宇宙是无止境的原子团，偶尔会出乎意料地扭曲，但变化出来的仍然是原子团。死亡不过是原子团的变化，没有什么好害怕的。他认为，对死亡有恐惧，是因为误信了关于来世的各种欺诈故事和神话。既然人只是物质的存在，肉体的死亡就不过是物质的变化，一切都不过是返回物质的原始粒子。对伊壁鸠鲁来说，死亡是原子的重新分布，仅此而已，还有什么好害怕的呢？

卢克莱修认为，不仅人的肉体是物质的，连心灵和灵魂也都是物质的。他对心灵和灵魂作了区分。所谓心灵是指位于心胸中的"灵魂原子"，它是"我们常常称之智力的东西，那生命的指导和控制力量"；而所谓灵魂虽然也是由"灵魂原子"构成，却散布全身，是身体有感觉的原因。但是他反复强调的是它们共同的物质本性，他说，"心灵和灵魂的本性是物质的"，都是由"特别精巧的""极

1　卢克莱修著，方书春译，《物性论》，第 7 页。
2　同上。

细小的粒子"，即精细的原子"构成"。[1]

心灵和灵魂的另一个重大特性是它们对身体的依赖，也就是说，无论灵魂或心灵都不可能脱离身体独立存在。当我们存在，死亡不会来临；当死亡来临，我们已不存在：

> 这个灵魂是受整个身体所掩护，
>
> 本身又是身体的领导，是生命的源泉：
>
> 因为它们由共同的根而彼此牢结着，
>
> 也不是能够被撕开而不引起死亡。[2]

人的心灵和肉体一样会得病，会死亡，他写道：

> ……我们看到：正如肉体
>
> 会遭受可怕的疾病和难堪的痛苦，
>
> 同样地心灵也有它的辛痛的忧虑和恐惧；
>
> 所以应当说心灵同样也会死亡，
>
> 因为痛苦和疾病两者都是死亡的制造者，
>
> 正如我们已由以前许多人的死亡而熟知。
>
> ……
>
> 当身体生病的时候，
>
> 灵魂也就常常不能守舍，
>
> 因为它失去理性，它说话错乱，
>
> 有时并晕倒过去，两眼紧闭，脑袋低垂，
>
> 打起盹来，进而陷入永恒的睡眠。[3]

1　卢克莱修著，方书春译，《物性论》，第 135、139 页。

2　同上，第 146—147 页。

3　同上，第 154 页。

既然会死亡是"心灵和灵魂的本性",那么怕死也就是人的一种愚蠢反应,他称此为"怕死的愚蠢"。怕死之所以愚蠢,首先是因为"既然心灵的本性是不免于死",既然死亡就是身体和灵魂的合体的"解散",既然灵魂只有在同身体的结合中才有感觉,那么"对于我们死不算一回事,和我们也毫无半点关系",因为"我们在死后将没有知觉,正象生前没有知觉一样"。[1]

卢克莱修虽然和伊壁鸠鲁一样,认为人们应当顺从,要治疗死亡恐惧症,就必须学习哲学,懂得自然的厄运,不然,我们就会像孩子害怕黑暗一样,陷入一种非理性的恐惧而不能自拔。他写道:

> ……人类大抵都是完全徒然地
> 让忧虑的凄惨的浪涛在心中翻滚。
> 因为正如孩子们发抖着而害怕一切
> 在不可见的黑暗中的东西一样,
> 就是我们在光天化日之下
> 有时也害怕着那么多的东西,
> 它们其实半点也不比孩子们颤栗着
> 以为会在黑暗中发生的东西更可怕。
> 能驱散这个恐怖、这心灵的黑暗的,
> 不是初升太阳眩目的光芒,
> 也不是早晨闪亮的箭头,
> 而是自然的面貌及其定律。[2]

按照卢克莱修的观点,如果我们认识"万物的本性",如果我们认识"自然的面貌及其规律",我们就不会从一个人"一朝一夕"

1　卢克莱修著,方书春译,《物性论》,第173页。
2　同上,第353页。

的境况，而是从"永恒时间"中的境况看待死亡：

> 是的，只要他能清楚地认识了它（这个道理），
>
> 那么，每个人就会把一切别的都抛开，
>
> 而首先去认识万物的本性，
>
> 因为这里成为问题的
>
> 不是一个人的一朝一夕的境况，
>
> 而是永恒时间中的境况，
>
> 在人们死后那全部时间之中
>
> 他们所将要度过的那种境况。
>
> 究竟是什么对生命的邪恶的痴求
>
> 用这样巨大的力量迫使我们想活着，
>
> 活在危险和惊慌中，可怕地受着痛苦？
>
> 一定的生命的一定终点
>
> 永远在等待着每个人；
>
> 死是不能避免的，
>
> 我们必须去和它会面。[1]

　　我们不应该害怕死亡，更不应该为死亡悲哭，尤其是当人因老迈而死亡的时候。我们有理由谴责迷恋人生的老年人，特别是当他已经成为众人甚至全天下人的祸害的时候。孔子云，"老而不死是为贼"，即为此理。那是因为，依照自然规律，"旧的东西被新的东西排挤，总得让开来。一物永远从牺牲他物而获得补充"。[2]再说，当"死神"站在你头旁边的时候，你已经"享受过生命的一切赏赐"，又有什么缺憾呢？而且你再想想那些在你之前死去的人——

1　卢克莱修著，方书春译，《物性论》，第 187 页。

2　同上，第 180 页。

王者们、英雄们、诗人们、哲学家们，他们尽管在"许多方面都胜过你"，不也都"对阳世闭上了自己的眼睛……也和其他的人一样沉睡在土里"。[1]

美国哈佛大学文学教授斯蒂芬·杰伊·格林布拉特（Stephen Jay Greenblatt）在专论《物性论》抄本发现和影响的《大转向：世界如何步入现代》（*The Swerve: How the World Became Modern*）一书里称《物性论》为"对死亡恐惧深刻的治疗性沉思"。在卢克莱修之前 2500—2600 年，美索不达米亚的文学作品《吉尔伽美什史诗》（*The Epic of Gilgamesh*）是迄今为止发现的人类最早英雄史诗。它主要讲述苏美尔时代（Sumer）英雄吉尔伽美什的传说故事，并汇聚两河流域的许多神话传说，共有 3000 多行。在阿卡德语（Akkadian）中，"吉尔伽美什史诗"的称呼是 sha naqba imuru，即"看见深渊的人"（He Who Saw the Deep），它是指故事中英雄在考虑自己的死亡时，所面临的黑暗深渊。从此之后，关于死亡的想象从来都只有关于来世的黑暗、恐怖故事，直到伊壁鸠鲁这里才有所改变。伊壁鸠鲁提出不需要这种焦虑，两个半世纪后，卢克莱修告诉世人，死亡并不可怕。我们应该明白：

> 我们也不能由于延长寿命
> 而从死亡所占的时间取走丝毫，
> ……
> 尽管你活满多少世代的时间，
> 永恒的死仍然将在等候着你。[2]

在卢克莱修之后，不少罗马思想家在"死亡不可怕"这一点

1　卢克莱修著，方书春译，《物性论》，第 184—185 页。
2　同上，第 188 页。

上也持与他相似的观点，同时也提出自己的看法。这种具有罗马人特色的对死亡的淡然处之，形成段德智在《死亡哲学》一书中所说的"一个治疗死亡恐惧流行病的'会诊所'"，[1] 医生当中有卢克莱修，还有奴隶出身的哲学家爱比克泰德、宫廷权臣塞涅卡，乃至皇帝马可·奥勒留。这几位哲学家我们接下来都还要讲到。他们虽然在哲学和政治立场上各异，但在劝说世人面对死亡说"不怕"这一点上，形成罗马思想的一个特点。在这之前，思辨性的古希腊死亡哲学研究的是何为死亡，也就是死亡的本性，相比之下，更注重实际的罗马人的死亡思考则着重于如何理性而平静地对待死亡。相比希腊人的死亡观，罗马人的死亡观或许正是我们今天需要的。

1　段德智著，《死亡哲学》，湖北人民出版社，1996 年，第 82 页。

五 卡图卢斯《歌集》

1. 诗与政治

卡图卢斯是罗马共和后期的一位重要诗人。在拉丁文学史里，罗马共和后期又称"三巨头"时代（Triumviral Period，前90—前40），据后来奥古斯都时代诗人奥维德的说法，卡图卢斯只活到了30岁。从卡图卢斯的诗里可以推断，公元前55年至前54年，他还活着。因此，他是政治家西塞罗、庞培和恺撒的同时代人，这几位他在诗里都有所提及。

卡图卢斯是一位抒情诗人，以表达强烈的爱和恨闻名，他现存的116首诗当中有25首属于"莱斯比娅情诗"。这些诗篇表达的是对一位名叫莱斯比娅（Lesbia）的女子的情爱。这位女子是谁，现在已不可确知，是批评家们有争议的问题。古典文学研究专家黛西·邓恩（Daisy Dunn）在《卡图卢斯的床单》（*Catullus' Bedspread: The Life of Rome's Most Erotic Poet*）一书里说，"莱斯比娅"是卡图卢斯的一位贵族情妇。这个说法得到大多数研究者的认可，这点在后面还要说到。

除了"莱斯比娅情诗"，卡图卢斯的诗作还包括其他种类，中文版译者李永毅在《卡图卢斯〈歌集〉》中介绍说："第 1—60 首是一些短诗，采用了多种格律（所以被称为 polymetric poems）。这些诗抒情性很强，语言高度口语化，鲜活生动，许多都是欧洲文学史上的名作。第 61—68 首是八首较长的诗。第 61 首和第 62 首是两首风格迥异的婚歌。第 63 首和第 64 首代表了卡图卢斯的最高成就，继承了古希腊的史诗风格和素材，却以自己独特的领悟颠覆了神话传统，反映出罗马共和国晚期动荡的精神气候。第 65 首和第 68 首奠定了古罗马哀歌体的基础。第 66 首则带有明显的泛希腊时期亚历山大诗歌的风味。第 69—116 首都采用了哀歌双行体的格律，主要是爱情诗和讽刺诗。这一部分的爱情诗与第一部分的相比，抒情性较弱，分析性较强，不以情趣见长，而更具内敛的张力。"[1] 除了抒情诗，在他的一些诗里，我们可以读到他对恺撒和其他同时代人的强烈鄙视和仇恨，如第 29、第 57 和第 93 首。

从 3 世纪开始，卡图卢斯几乎湮没无闻，14 世纪一部神秘抄本让他的诗歌死而复生，并对欧洲诗人产生广泛影响。到了 20 世纪下半期，他的地位更扶摇直上，赢得不逊于维吉尔等人的经典地位。在卡图卢斯的同时代人中，西塞罗对他的评论相当值得重视，因为它让我们看到诗与政治的紧张关系。西塞罗的评价是相当负面的。

卡图卢斯是个有名的诗人，他以"抒情诗"尤其是"爱情诗"闻名，但并不见得人人都欣赏他的"抒情"或"爱情"。西塞罗是一位演说家和政治家，他自己也写诗，对卡图卢斯的诗相当不以为然，因为在他看来，卡图卢斯的诗是违背罗马公共精神的。作为一个侧面，西塞罗的批评也让我们有机会看到卡图卢斯那个时代"爱情诗"的处境。这个我们接下来还要详细谈到。

西塞罗和卡图卢斯的家庭背景完全不同。西塞罗出生在一个富

1　卡图卢斯著、李永毅译，《卡图卢斯〈歌集〉：拉中对照译注本》，中国青年出版社，2008 年，第 3 页。

有但没有贵族背景的家庭，他是家族里第一个在政治上攀上高位的人。西塞罗曾担任罗马的执政官（consul），这是很了不起的政治成就，因为担任这个显要政治职位的人大都出身于罗马少数最显赫的贵族家族。西塞罗只能算是罗马的一位新贵。

卡图卢斯与西塞罗正好相反，他出生于意大利北部的一个贵族家庭，很年轻的时候就担任罗马比提尼亚（Bithynia）总督的随从。像他这种出身的年轻人本来仕途前景一片光明，但他就是喜欢跟一帮诗人混在一起，只想写诗。在今天看来，他不想从政，是诗人的高洁抱负；但在他那个时代，这是拒绝为罗马尽公民义务的举动。所以，至少在西塞罗看来，卡图卢斯当诗人，这不是他个人的兴趣问题，而是一个与公民责任有关的政治问题。

卡图卢斯要写诗倒也罢了，但他选择的偏偏是一种特殊的诗，也就是今天拉丁文学史里所谓的"新诗"（Neoteric）。从希腊到罗马，诗人一直受人尊敬，我们讲希腊史诗和其他诗歌时也都谈过。罗马的诗人当然也都是写诗的，为什么卡图卢斯的诗就遭到西塞罗的批评呢？先看看西塞罗是怎么说的。他有一次在给一位叫阿提库斯（Atticus）的朋友的信里说，"我读卡图卢斯的诗，感觉就像是一阵风吹过，把我从东吹到西"。他也许只是在描述自己的感受，是不是批评我们无法知道，听上去像是在开诗的玩笑。但是，他后来在一次演说中又提到卡图卢斯的诗，意思就明显多了。[1]

西塞罗说自己不喜欢那些作"新诗"的人，因为他们的诗太过雕琢，有太多工匠印痕，是硬作出来的诗。我们知道，西塞罗主张的是一种朴实的文风，这是一种传统的罗马文风，与从希腊抒情诗，尤其是女诗人萨福（Sappho，约前630—约前570）那里学来的精致抒情是格格不入的。卡图卢斯自诩自己的诗都经过精心打造，就

1　转引自 Professor Monica Gale, "Conversing the Classics-Catullus", Classical Youth Society Ireland, April 12, 2017, video, https://www.youtube.com/watch?v=oMK_jX5R3C4.

像用浮石（pumic stones）把莎草纸（papyri）打磨光滑一样。西塞罗不喜欢这种诗歌风格，在卡图卢斯身上，这可能更有一层玩物丧志的意思。像卡图卢斯这样的社会精英本该为国家服务，但却沉溺于这种淫词艳赋，这有悖于罗马人应有的公民美德。西塞罗批评他那个时代的罗马精英受伊壁鸠鲁享乐哲学的影响，也是从维护他心目中的那种罗马传统的公民美德着眼的。

据黛西·邓恩在《卡图卢斯的床单》一书中说，卡图卢斯对法律和政治都没有兴趣，所以才专心写诗。[1]他讨厌政治是因为政治太残酷、太血腥，不如在诗歌的个人天地里来得亲切和温馨。这大概也是一种猜测性的推断。不过，公元前73年罗马爆发斯巴达克斯起义（The War of Spartacus）之后，罗马政治充满杀戮、阴谋、权力恶斗、尔虞我诈却是事实。

在镇压这次起义的过程中，苏拉（Lucius Cornelius Sulla Felix，前138—前78）的两位部将克拉苏（Marcus Licinius Crassus，前115—前53）和庞培一度成了罗马的风云人物。公元前60年，克拉苏、庞培与恺撒结成秘密的政治同盟，一起反对元老院，史称"前三头"。为了巩固这一同盟，恺撒把自己年仅14岁的女儿嫁给50岁的庞培。在克拉苏和庞培的支持下，恺撒于公元前59年当选执政官。公元前58年，恺撒赴任山南高卢（Cisalpine Gaul）总督，他利用山北高卢（Gallia Narbonensis）各部落间的不和与日耳曼人入侵高卢之机，经过三年苦战占领了大部分高卢的领土。

恺撒的声望和势力都因此大增，引起庞培的嫉妒和戒心。公元前53年，克拉苏在对安息（Arsacid）的卡莱战役（Battle of Carrhae）中失败阵亡，"三头"剩下"二头"。这时，庞培便与元老院勾结反对恺撒。公元前49年1月1日，元老院做出决议，恺撒

1　Daisy Dunn, *Catullus' Bedspread: The Life of Rome's Most Erotic Poet*, London: William Collins, 2016, 26.

在高卢总督任满后（前49年3月1日），必须解散军队，如果拒绝，他将被宣布为祖国之敌。这样，庞培与恺撒之间的关系完全破裂。1月10日，恺撒越过分割他管辖的高卢与意大利本土之间的卢比孔河，进军罗马，从而引发内战。庞培被元老院任命为指挥官前往应战，却仓促率领元老院多数成员抛弃罗马逃往希腊。恺撒占领罗马，被任命为独裁官。但是恺撒放弃了这一临时性职位，在公元前48年担任终身执政官，这时他的独裁意图已经是"司马昭之心，路人皆知"。

卡图卢斯活着的时候，正是恺撒声势正隆之际，他在诗里对恺撒竭尽嘲讽和谩骂之能事，充分表现他对恺撒的厌恶和痛恨。因此，有论者认为，卡图卢斯拒绝参与政治，是一种有政治意图的抵制和反抗。这样的解释很可能夸大卡图卢斯诗歌的政治意义。

西塞罗为什么会批评卡图卢斯是不难理解的，因为前者是个积极参与政治、一心要捍卫共和的罗马公民。西塞罗也不满意当时的罗马政治，他坚决反对恺撒的专制企图。在西塞罗看来，就算卡图卢斯躲进自己的感情小天地里是为了逃避丑恶的政治，就算这是为了过一种不受政治支配和污染的私人生活，这也不是一种好的公民策略。你越不去改变腐败的政治现状，政治就腐败得越厉害。

而且，卡图卢斯躲避政治，并不见得就能在道德意义上独善其身，他的色情诗——西塞罗所瞧不起的那种"新诗体"——很难说对丑恶的政治有什么纠偏或抵制的意义。西塞罗自己选择的是以政治道义直接对抗恺撒专制，虽然他最后失败了，甚至为他改变罗马政治现状的努力付出了生命代价，但他始终坚持自己的公民责任理念。

在西塞罗和卡图卢斯之间，我们看到罗马共和后期政治与诗之间的紧张关系。政治是公共的，诗是个人的，在政治斗争严酷而危险的时代，这二者之间的冲突也愈加不可避免。在中国汉末至魏晋南北朝时期也有非常相似的情形。

那时候，司马氏与曹魏政权的矛盾已达到白热化的地步，严重威胁士人们的生命。士人们看到已无力挽救曹魏政权被司马氏取代的命运，便纷纷以冷漠避祸，或是吃药祈求长生，或是高谈玄理以寻求精神寄托。这么做无非是为了给自己创造一个远离政治纷争是非的小天地和赖以避祸的生活方式。

当时的"竹林七贤"——阮籍、嵇康、阮咸、刘伶、王戎、山涛、向秀——都是著名的诗人，他们的个人品格和政治态度各不相同，甚至有云泥之别。写诗的才能与人品和政治观念之间本来就没有直接关系。

在这七个人中间，嵇康最像西塞罗，司马氏要拉拢他，就像恺撒要拉拢西塞罗一样。但嵇康不为所动，在《与山巨源绝交书》中，他不仅与协助司马氏的山涛绝交，而且尖酸泼辣、嬉笑怒骂地奚落司马氏，最后招致杀身之祸。

同样在这七个人之间，阮籍与卡图卢斯有几分相似。阮籍以酗酒做逃避，与卡图卢斯用色情诗做掩护似乎异曲同工，却又无损于他的基本人格。阮籍虽然不愿意成为司马政权集团的一员，但最后为了保全性命，还是写了《劝进表》。卡图卢斯虽然讨厌他那个时代的罗马政治，但同样很享受与罗马权贵的特殊关系。

卡图卢斯从意大利北部的家乡山南高卢来到罗马这个花花世界，他通过父辈关系，走进罗马辉煌的中心地带——帕拉蒂尼山（Palatine Hill）——的一处豪华别墅，别墅的主人是一位名叫梅特勒斯·塞莱尔（Metellus Celer）的贵族。梅特勒斯的姐姐嫁给罗马历史上最伟大的将军之一庞培。梅特勒斯的小姑则嫁给与庞培齐名的将军和执政官卢库洛斯（Lucius Licinius Lucullus，约前117—约前57）。梅特勒斯后来也成了罗马的执政官。

梅特勒斯的妻子克洛迪亚·梅特利（Clodia Metelli）是罗马上

流社会的明珠，她漂亮、可爱、机智，无可挑剔。这样一位女子很自然地成为罗马晚宴或假日郊游最受欢迎的嘉宾。古典学家寇尼许（F. W. Cornish）在《卡图卢斯诗集》（*The Poems of Gaius Valerius Catullus*）的序里称克洛迪亚是"最美丽、最有力但又最被遗弃的贵妇"。[1]

卡图卢斯爱上这位贵妇，这改变了他的整个人生。尽管卡图卢斯在诗里暗示，这是一段互相恩爱的感情，但克洛迪亚从来没有打算为了一个外省诗人与自己丈夫离婚。卡图卢斯对克洛迪亚的爱情从热恋到失恋，又从缠绵的情爱转化为恶毒的嫉恨，这让他尝遍爱情的酸甜苦辣，也让他对爱情复杂又矛盾的痴迷、激情、哀伤、失落、痛苦有了一般的情感体验。据黛西·邓恩的研究，卡图卢斯所爱的克洛迪亚就是那个被他称为"莱斯比娅"的女子。

卡图卢斯厌恶政治，不等于他真的就与政治无关，有论者就他与梅特勒斯的关系讽刺道，他不想成为政治权贵梅特勒斯，但却要睡梅特勒斯的女人。

在卡图卢斯那里，诗与性是相通的，这二者都是非政治的快乐游戏，而这与古罗马的文艺观念不符合。在古罗马的文艺观念里，诗歌的根本功能是教化，是为政治和伦理服务的。卢克莱修的《物性论》是教化诗；维吉尔的《埃涅阿斯纪》是国家史诗；贺拉斯的诗作许多都是政治颂歌，他主张诗歌要"寓教于乐"，而不只是发泄个人情感。卡图卢斯的爱情诗里只有他自己的爱和性，他用自己的诗歌创作倡导一种罗马诗歌以前不曾有过的观念，一种以艺术快感为核心的唯美诗学。

卡图卢斯并没有对抗古罗马社会的伦理观念，因为婚外情和通奸在他那个时代是罗马人能够接受的。他与莱斯比娅的爱并不是什

1　Gaius Valerius Catullus, *The Poems of Gaius Valerius Catullus*, ed. Francis Ware Cornish, New York: G.P. Putnam's Sons, 1921, vii.

么政治宣言。他用诗歌描绘通奸情爱，其中包含着一种伊壁鸠鲁主义未必赞成的享乐主义。它把艺术快感确立为诗歌的第一原则：对诗人，那是创作的快感；对读者，那是阅读欣赏的快感。卡图卢斯和莱斯比娅以游戏的精神倾心投入爱情游戏，尽情享受情爱的快乐，客观上也许表示了对传统刻板的老家伙们闲言碎语的蔑视，但如果将此提高到一种性政治对罗马暴力政治的反抗，未免言过其实了。

接下来要谈的是他"莱斯比娅"情诗里的爱和恨。

2. 爱情恩仇的酸甜苦辣

之前提到卡图卢斯的抒情诗里有一个神秘的女子，叫莱斯比娅，在卡图卢斯 116 首现存的诗里有 25 首提及过这位女子。现在，我们通过这些莱斯比娅抒情诗大致了解一下卡图卢斯的爱情诗。他的诗作当然远比这部分爱情诗丰富，我们从中只抽取这一部分主要是为了主题集中，方便讲述。他的诗作已经有李永毅翻译的《卡图卢斯〈歌集〉》中文本，从"豆瓣"留言来看，读者似乎也都最关心书里的莱斯比娅爱情诗。

现在我们看到的卡图卢斯诗歌可能是作者自己编排的，也可能不是。卡图卢斯是否参与编辑他幸存的诗歌，至今仍然是一个悬而未决的问题。正如古典学家玛丽莲·斯金纳在《卡图卢斯论文集》一书里说，"经过（整整一个半世纪的研究），卡图卢斯尚存诗集中的作者意向问题仍然相当棘手……这也被称为'卡图卢斯问题'"。[1]

卡图卢斯的专家们无法确定《歌集》里单篇诗作顺序背后是否有卡图卢斯本人的创作计划，但有一点似乎不用怀疑，那就是卡图

1　Marilyn B. Skinner et al., *A Companion to Catullus*, ed. Marilyn B. Skinner, Blackwell, 2007, 35.

卢斯那些写到他情人莱斯比娅的诗歌相当散乱，其中心线索并不是按照时间先后顺序排列的。例如，在第 7 首诗里诗人回味了刚过去不久的莱斯比娅的亲吻，在第 8 首诗中他就敦促自己"要把持得住"（《歌集》，8.11），并且说莱斯比娅的情感是不可靠的。在第 11 首诗里，他更是谴责莱斯比娅是个淫荡的坏女人，但后来在第 109 首诗中，他似乎又再次被莱斯比娅打动并信任她。他对莱斯比娅说，"你给我希望，我们彼此的爱将一生一世，/ 将永远快乐"（《歌集》，109.1—2 ）。

我们在阅读这些情诗时，如果想把它们串联成一个连贯的故事，那么按原本顺序阅读它们难免会造成混乱，因为卡图卢斯甚至在彼此相邻的诗中都在爱恋、悲伤和仇恨之间摇摆不定。因此，为了在卡图卢斯的莱斯比娅情诗里，大致找到一条犹如过山车般的情感故事情节，我在这里要借助德国学者奥托·基弗在《古罗马风化史》一书里提供的线索，由此大致可以看到卡图卢斯是如何经历他的爱情磨难，以及他所表述的那些剧烈的情感变化——从痴迷、幸福，到被背叛，再到仇恨和自我疗伤。

莱斯比娅是卡图卢斯的命运女神，他遇到这位命运女神时大概 26 岁。之前已经说过，现在研究者们普遍同意这样一种看法，即莱斯比娅是卡图卢斯给赫赫有名的克洛迪亚取的化名。克洛迪亚的兄弟克洛狄乌斯·普尔喀（Publius Clodius Pulcher，前 93—前 52）是西塞罗的政敌，她本人是贵族梅特勒斯的妻子，也是罗马权贵社交圈里的明星。据昆体良在《演说术原理》（Ⅷ，8.6.53）里说，性格耿直的西塞罗不喜欢她，还给她取了一个有鄙视意味的名字："不值钱的女人"（Quadrantaria），并且暗示她犯了与兄弟通奸的乱伦之罪。

在卡图卢斯眼里，克洛迪亚孤僻任性，变化无常，她同时拥有好几个情人。但是，她美丽动人，令人销魂，有知识有教养，感情热烈奔放。卡图卢斯自己就是一个热情奔放的年轻诗人，只有克洛迪亚这样的女人才能成为卡图卢斯的命运女神，除此别无选择。

卡图卢斯大概是在他的朋友——阿里乌斯家中第一次遇见莱斯比娅的，他在后来写的一首怀旧诗中赞扬了这位朋友的好客之家。自称热情如"火山"的卡图卢斯抓住与莱斯比娅相识的机会，并与他心爱的女人度过许多值得珍惜的时光，对此，他写道：

> 我不能沉默，诸位女神，我要颂赞
> 阿里乌斯，他曾那样热忱地帮助我，
> 以免健忘的世纪和飞速逃遁的时间
> 让他诚挚的情谊在沉沉黑暗中陷没：
> 我要向你们讲述，并借你们的力量，
> 在古旧的书卷中向未来的人们讲述，
> ［以使他的美名如西比尔一般久长，］
> 肉身虽死，他却会在记忆中永驻；
> 你们不要让蜘蛛在高处织它的细网，
> 在阿里乌斯遗弃的名字上建立居所。
> 因为你们知道，狡诈的维纳斯神怎样
> 将爱的忧虑植入我心，怎样炙烤我，
> 当我像西西里火山上的岩石，或者像
> 埃塔山附近的马里亚温泉一样灼热，
> 当我悲伤的眼睛因为泪水不停流淌
> 而渐侵蚀，凄哀的洪水在脸颊倾泻。
> ……
> 阿里乌斯对我的帮助就仿佛如此。
> 他在封闭的原野上开出了宽阔的路，
> 他给了我和女主人一所会面的房子，

在它的护佑下我们可以共享情爱之乐。

轻盈的步履送来了我美丽的女神。[1]

卡图卢斯知道莱斯比娅是一位有夫之妇，而且年龄也比他大。他一开始就意识到自己会陷入这位命运女神的掌控，但强烈的爱情使他盲目冲动、不顾一切。古代罗马没有处罚通奸的成文法，很可能因为这是丈夫自行处理或家族会议决定处罚的权利。1 世纪罗马诗人和作家瓦莱里乌斯·马克西姆斯在《善言懿行录》第 6 卷第 1 章第 13 节中提到的几起通奸案足以为证。当场被逮住的通奸者有的受鞭打，有的被阉割，有的被交给"家族最高会议"（familiae stuprandus）。家族最高会议可以决定如何处罚，甚至把与人通奸的妻子交给仆人和家臣奸污。同样，如果一个丈夫与一位已婚妇女通奸，也要受严厉的惩罚。而如果丈夫与女奴或娼妓上床，虽然也被认为是奸情行为，但可不受任何惩罚。

公元前 3 世纪末是罗马道德规范和社会传统发生转折的时刻，也是罗马妇女解放的开始。随着罗马打胜了第二次布匿战争，罗马从自耕农国家发展成一个强大的帝国，罗马的社会也发生了变化。到了公元前 1 世纪，传统的道德进一步瓦解。虽然看似还维持着传统的家庭伦理，但实际上已经名存实亡。婚外情已经不是新鲜的事情，其严重性视当事人的身份而定。如果妻子的出身家庭地位很高，那么丈夫对她有情人的事情则会睁一只眼闭一只眼，因为罗马人结婚不是因为爱情，而是因为需要门当户对地繁衍后代。

卡图卢斯不仅知道莱斯比娅是一个有夫之妇，而且知道自己不是她唯一的情人，他也知道自己夺走了另一个男人的女人，但他不在乎：

---

1 卡图卢斯著，李永毅译，《卡图卢斯〈歌集〉：拉中对照译注本》，第 285—287 页。

虽然卡图卢斯不是她的心唯一所系，

我却愿忍受我羞涩的情人偶尔出格，

以免我变得和愚蠢的俗人一样可恶：

甚至朱诺，宇宙间最尊贵的女神，

也时常无奈地压住心头燃烧的愤怒，

当她再次得知风流朱庇特绯闻。

可是既然凡人不应当与神相提并论，

就姑且卸下年迈父母的心头重负吧。

因为她本不是父亲的手领进我的门，

进入一个萦绕着亚述香气的新家，

而是在晚上悄悄前来，赠给我许多

从她丈夫怀中夺来的美妙礼物。[1]

研究者们认为，卡图卢斯在热恋之初写出了最优秀的诗篇：

莱斯比娅，让我们尽情生活爱恋，

严厉的老家伙们尽可闲言碎语，

在我们眼里，却值不了一文钱！

太阳落下了，还有回来的时候：

可是我们，一旦短暂的光亮逝去，

就只能在暗夜里沉睡，直到永久。

给我一千个吻，然后给一百个，

然后再给一千个，然后再一百个，

然后吻到下一千个，然后吻一百个。

然后，等我们已吻了许多千次，

1　卡图卢斯著，李永毅译，《卡图卢斯〈歌集〉：拉中对照译注本》，第 307 页。

> 我们就搅乱数字，不让自己知道，
>
> 也不给嫉妒的恶人以可乘之机——
>
> 如果他知道我们到底吻了多少。[1]

尽管卡图卢斯在热恋之中，但他知道莱斯比娅并不可靠，他也知道不幸的爱情既不可能专一，也难以持久，虽然他还深深地爱着这个女人，但已经越来越觉得她"轻贱"：

> 我的女人说，除了我，不愿与任何人结婚，
>
> 即使朱庇特求爱，她也不肯。
>
> 她说：但女人送给炽热情郎的言辞
>
> 只应写在风中，写在流逝的水里。[2]

> 你曾说，莱斯比娅，卡图卢斯是你
>
> 唯一的知己，朱庇特也难让你倾慕。
>
> 那时，我爱你，不像凡夫爱恋女子，
>
> 却像父亲爱护自己的儿子和女婿。
>
> 现在我已了解你：所以，虽然我的爱
>
> 越发炽烈，你在我心中却越发轻贱。[3]

卡图卢斯经历了热恋，也经受了痛苦和失望，每次只要他的情妇能与他言归于好，他又会欣喜若狂。在短暂的狂喜之中，他写下像这样的幸福诗篇：

1　卡图卢斯著，李永毅译，《卡图卢斯〈歌集〉：拉中对照译注本》，第19页。
2　同上，第301页。
3　同上，第305页。

> 如果在意想不到的时辰，热切期盼的东西
> 突然出现在眼前，的确是一件开心的事。
> 所以，莱斯比娅，这真让我开心，这比黄金还宝贵，
> 你能回来，在我热切期盼的时辰，
> 期盼却意想不到的时辰，甘心回到我怀里——
> 啊，特殊的日子，配得上特殊的标记！
> 谁能比我更幸福，谁能向我描摹一种生活，
> 比这样的时辰更值得期盼，更值得过？[1]

然而，不管莱斯比娅这个负心女子对他如何许诺，也不管他吃过她多少苦头，他就是像傻瓜一样，心甘情愿地相信莱斯比娅：

> 我的生命，你说，我们的恋情
> 将是甜美的，我们将爱到永恒。
> 众神啊，愿她的诺言是真的，
> 愿每个字都发自她的肺腑，
> 好保佑这份神圣友情的盟约
> 能被我俩终生虔诚地守护。[2]

他就算被莱斯比娅在背后说坏话，也觉得心里舒服，因为这表明莱斯比娅还没有把他忘了：

> 莱斯比娅当着丈夫说尽了我的坏话，
> 这让那个傻瓜从骨髓里感到舒坦。
> 蠢驴，你不懂。如果她忘了我，不提我，

1　卡图卢斯著，李永毅译，《卡图卢斯〈歌集〉：拉中对照译注本》，第 377 页。
2　同上，第 381 页。

那才算病好了。现在她又嚷又骂，

说明她不仅记得，而且比这还悲惨：

她因愤怒而燃烧，只能不停地说。[1]

　　但是，经历一次又一次失望，他也会发出尖刻的怨言，舔着失恋的伤口，安慰他自己：

卡图卢斯啊，这段无回报的爱情，

就会在漫长的未来存下许多欢欣。

对人所能说的一切良言，所能做的一切善事，

你都已经说了，做了：

既然它们都无法唤起那颗心的感激，

你何必到现在还苦苦折磨自己？

难道你还不能下定决心，抽身出来，

即使神灵作对，也不要凄凄哀哀？

将长久珍惜的爱弃置一旁，不容易；

是不容易，但你总得尽一切努力。

再没别的办法拯救你，你必须坚定，

坚定到底，无论可能还是不可能。[2]

　　在他与莱斯比娅孽缘般的关系里，他尝遍爱情的酸甜苦辣，终于有了放弃之意：

让她与她的情人们恣意行乐吧，

三百个男人同时被她拥在怀里，

1　卡图卢斯著，李永毅译，《卡图卢斯〈歌集〉：拉中对照译注本》，第 329 页。
2　同上，第 313—315 页。

她一个也不爱，却一次又一次

炸裂他们的腹地。

也别再惦记我的爱，像从前那样，

因为她的罪孽，它已经凋落，

仿佛原野尽头的一朵花，

当犁头从它的身上掠过。[1]

　　卡图卢斯 30 岁时就英年早逝。是不幸的爱情使他心碎，夺走了他的生命吗？很可能不是。他在许多诗篇中叙述了他与其他女人的两性经历，这些女性都比克洛迪亚的社会地位低。这类风流韵事不一定发生在他与克洛迪亚相爱的时候。卡图卢斯为其他女子所作的香艳情诗，语言也都饱含浓烈的感情。说是"情诗"（言情之诗），今天看来似乎甚为粗俗，但给人的感受也是同样的真诚和热烈。

　　我这里引述的都是纯情的诗句，但不要以为卡图卢斯就是一个柔情高雅的诗人。这仅仅是他的一面，他还有令人难堪的另一面：粗鲁、下流、恶毒、口不择言。他对莱斯比娅的诅咒就是一个例子，他召唤他的诗句向那个他痛恨的女人报复，就像召唤一群猎犬去把猎物撕个粉碎：

十一音节的诗句们，到我这儿来，

从四面八方过来，一个也别走开。

真以为我好戏弄，这该死的娼妇，

······

诗句们，你们能忍下这口气吗？

咱们找她要去，决不能放过她。

1　卡图卢斯著，李永毅译，《卡图卢斯〈歌集〉：拉中对照译注本》，第 39 页。

我说谁，你们问？瞧，就是那位，
步态丑陋，笑容如戏子般谄媚，
还有那张脸，可以和高卢犬比赛。
你们快把她团团围住，高声叫喊：
"下贱的娼妇，把蜡板交出来！"[1]

这种恶狠狠、口不择言的例子还有很多，有一些语言非常肮脏，不举一个例子，实在很难想象他所使用的语言。这是一首他咒骂一位名叫"埃米利乌斯"的人的仇恨诗作，在他的诗里是非常出名的一首：

我并不觉得（求神保佑！）这有什么分别，
无论我是闻埃米利乌斯的嘴还是肛门。
前者并不更干净，后者也并不龌龊几分，
说实话，肛门甚至还干净些，良善些：
因为它没有牙齿。而他嘴里的牙齿足有
一尺半长，齿龈犹如手推车的破躯壳，
其间的裂隙如此之大，仿佛是一只母骡
在夏天对着你小便，张开下面的口。
这家伙玩过许多女人，似乎魅力非凡，
而且竟没被送到磨房里，与驴子为伴？
如果有女人肯沾上他，难道我们不会觉得
让她舔刽子手的肛门，她也不会拒绝？[2]

卡图卢斯诗中的性元素、性语汇、性主题占很重的分量，他的

1　卡图卢斯著，李永毅译，《卡图卢斯〈歌集〉：拉中对照译注本》，第119页。
2　同上，第357页。

《歌集》一百余首诗里，有"不洁"词语或描写的多达三十余首，因为有的实在不堪入目，第一部完整的英译本迟至1928年才出版。直到今天，还有人会因为他的色情描写，一提到他就会感到憎恶。那么，为什么他仍然在罗马文学中占有一个重要的地位呢？

3. 情诗是怎样的抒情诗

前面说了卡图卢斯的莱斯比娅爱情诗。诗人歌唱爱情，但爱情并不是诗人独自拥有的，更不是诗人独自发明的东西。诗人也不见得比不写诗的普通人更多地尝到爱情的酸甜苦辣。诗人只是为爱情找到普通人力不能及的语言表达形式，而这些语言形式则使他的爱情显得更强烈、复杂、多变、深沉。其实，诗人的情感在很大程度上只不过是修辞的效应。

卡图卢斯爱情诗的价值不在于他的爱情，而在于他的诗，我们在此关注的当然也是他用拉丁语写成的爱情诗，扩大一点说，就是抒情诗。我们是从他对拉丁抒情诗的贡献和在这个传统中的地位来评价他的诗作的。

在每一种语言文化里，狭义的爱情诗或者广义的抒情诗都具有其自身的特色。拉丁抒情诗虽然受到希腊抒情诗影响，但有它自己的特色，卡图卢斯对此有重要贡献。这就像在现代汉语文化里，新诗体的爱情诗或抒情诗虽然受到西方诗歌影响，但仍然有汉语文化的特点，戴望舒、卞之琳、何其芳这样的新诗人对文学的贡献是对中国诗歌而不是西方诗歌而言的。

研究者们经常把卡图卢斯放在"亚历山大主义"（Alexandrianism）里理解。亚历山大主义指的是一种起源于公元前4世纪后期的文化类型（包括文学、哲学、医疗和科学），因源自埃及的亚历山大城而得名。亚历山大派诗歌是希腊修辞教师从希腊引入意大利地区的，而后又传播到罗马。亚历山大派诗歌从希腊语变化为成熟的拉丁语，其间经历一个多世纪。在拉丁文学中，亚历山大派诗歌的重要发展是公元前1世纪的"新诗派"，而卡图卢斯是其中最重要的一位，也几乎是今天人们所知道的唯一一位诗人。

亚历山大主义"新诗歌"的两个最重要特征在卡图卢斯那里都有所体现。第一，它摒弃荷马式的长篇史诗，改用短小、精练的短诗（当然也还有比较长的诗作）。第二，它不再运用荷马史诗里那些人们熟知的神话，而改用一种秘契的用典，是一种所谓"有学问"的诗作。这种诗作在小圈子里流传，对普通读者而言相当晦涩难解。这恐怕也是他的诗作长期不被重视，以至几乎完全失传的一个原因。最初只有9世纪的一部手抄本收录了他的一首诗，14世纪初有人在维罗纳（Verona，位于意大利北部威尼托阿迪杰河畔的一座历史悠久的城市）意外地发现一部他诗集的手抄本。今天卡图卢斯诗集的所有版本所引据的都是这部手抄本。他的诗作能够流传下来，是一件非常侥幸也非常值得庆幸的事情。

在每一种语言文化中，都不会缺少情诗，而且情诗数量一定会不少。爱情是人类延续的情感动力，称之为"情"也好"爱"也罢，除了彻底厌弃人的欲望、持守禁欲主义的极少数人，一般人都会向往和追求爱情。人类语言中与爱情最为贴近的那一部分就是诗，爱情和诗之间有一种自然的情感联系。爱情的魅力能使每个人都成为诗人，有文字能力就自己作诗，没有文字能力就吟诵别人的诗，再不济也能用流行歌曲里的歌词抒发爱意或情感。

如果爱情的魅力能使每个人到诗里寻找语言的表达，那么诗歌必定是一个民族情感生活最真实、最清晰的反映。无论是极其高尚的两性之间的爱，还是最卑贱的性关系体验，人类都选择诗的语言把它们记录下来。诗成为人类表达激情的美妙言辞。然而，美妙并不等于美好，更不等于优雅。卡图卢斯让我们看到，诗的言辞可以温柔多情，也可以刻毒肮脏，全看爱情是让他百转柔肠、销魂不已，还是使他痛不欲生、仇恨满腔。

在汉语的情诗里找不到类似于卡图卢斯这样的诗作，在其他语言的情诗里恐怕也难以找到。这让卡图卢斯的情诗有了一种罗马人的特色。有论者认为，罗马人天生是粗俗的酒色之徒，从某种意义上说，他们是野蛮残暴的。然而，他们又是严肃稳重的市民，急于找到合理有效的共同生活方式。这样的民族不可能产生自然优美的诗歌，更不可能创作出刻骨铭心的爱情诗。它不会有古希腊萨福、伊比科斯（Ibycus）、阿那克里翁（Anacreon，约前 582—约前 485）、阿尔卡埃乌斯（Alcaeus）这样的爱情抒情诗天才。

罗马人缺乏追求高雅爱情的精神素养。他们的婚姻没有爱情，他们的爱情没有尊重，或者说没有教养。他们的爱情诗质量如何也就可想而知了：要么模仿，要么几乎是翻译希腊作品，要么在不加掩饰地表现色情方面登峰造极。

真正属于罗马的有关爱情的作品基本上都是诗人表述自身经历的诗篇，如卡图卢斯、提布卢斯（Albius Tibullus，约前 55—约前 19）、普洛佩提乌斯（Sextus Propertius，约前 50—约前 15）、贺拉斯等人的作品，奥维德的诗在某种程度上也属于这类。有价值的罗马情诗，特别是创作于卡图卢斯之前的，已经散失殆尽，无法弥补了。所以对拉丁文学来说，卡图卢斯的情诗也就更加弥足珍贵。

在汉语情诗里几乎找不到罗马式情诗的自传性表白，无论是"关关雎鸠，在河之洲。窈窕淑女，君子好逑"（《诗经·关雎》），"南有乔木，不可休思。汉有游女，不可求思"（《诗经·汉广》），"野有死麕，白茅包之。有女怀春，吉士诱之"（《诗经·野有死麕》），还是"静女其姝，俟我于城隅。爱而不见，搔首踟蹰"（《诗经·静女》），"蒹葭苍苍，白露为霜。所谓伊人，在水一方"（《诗经·蒹葭》），我们看不见诗里那个说话的人是谁，也没法儿把诗里的情感与某一个鲜活的个体联系起来。其他的古代情诗，古板的、痴情的、猥琐的，差不多都是这样。这样的诗句再美，也像是在议论一般的爱情，而不是抒发个人情感。这样的诗句谁都可以引用，当作自己要抒发的爱情。在这个意义上说，我们在中国古代情诗里看到的基本上是一种普遍的可分享的爱情，而不是某个个体所独有的别人难以复制的爱情。相比之下，卡图卢斯的情诗开创了罗马文学具有特色的"自传情诗"。

卡图卢斯的自传情诗表达的纯粹是他个人的爱情感受，他的言情，激烈、浓郁得简直像荷尔蒙分泌的炸弹，说爆炸就爆炸。当然，他也写其他不同种类的诗，但他主要还是被看作一位抒情诗人，他的文学影响也主要在抒情诗方面。他去世 1300 年后，意大利文艺复兴时期的伟大诗人彼特拉克（Petrarch，1304—1374）的十四行诗以拉丁文爱情诗为原型，于 14 世纪和 15 世纪末期在整个欧洲引领文学潮流。从那以后，英语文学传统中自传爱情歌词便一直是田园诗人诗歌的主要内容。托马斯·怀亚特（Thomas Wyatt，1503—1542）、菲利普·西德尼（Philip Sidney，1554—1586）、埃德蒙·斯宾塞（Edmund Spenser，约 1552—1599）、威廉·莎士比亚等人在 16 世纪和 17 世纪将爱情十四行诗提高到完美的新高度。这些诗人影响了约翰·多恩（John Donne，1572—1631）和安德鲁·马维尔（Andrew Marvell，1621—1678），一直延续到 19 世纪维多利亚女王时代的丁尼生（Alfred Tennyson，1809—1892）、勃朗宁（Robert Browning，1812—1889）、阿诺德（Matthew Arnold，1822—1888）的诗歌创作。如果你对英国文学有所了解，就更能从卡图卢斯的影响体会他在西方文学史所占有的一席之地。

情诗是抒情诗的一种，对诗人来说，情诗不仅是私密的，也是最个性化的抒情。但是，抒情不是滥情，不是想怎么抒情就怎么抒情。爱和情都要求生理和心理上对自己的严格控制，能把一切冲动、欲望限制在理性允许的范围内。像顾城（1956—1993）这样的诗人，虽然有丰沛的激情和想象，但他放任自己的冲动和欲望，最后杀死自己的妻子，结束自己的生命，这样的诗人的个性是一种心理疾病，已经超出诗歌创作的讨论范围。还有一些畸形的恋情，如《变形记》（*Metamorphoses*）中里密耳拉（Myrrha）恋父、比布利斯（Byblis）恋兄，再有激情，都无法成为合理抒发的爱情。

卡图卢斯对莱斯比娅的恋情似乎处在一个灰色地带，他与情人莱斯比娅的关系包含一个道德问题，这段关系的通奸性质即使在古罗马社会里也是不合道德的。同情他的人可以说他是对古罗马的性伦理提出挑战。但是，如果这样的事情发生在同情者自己的妻子身上，他还会同情那个与他的妻子私通或通奸的第三者男子吗？卡图卢斯似乎意识到这个道德问题，《歌集》第16首诗中最重要的两行诗是"虔诚的诗人自己是该无邪，／但他的作品却根本不必"，这应该不是为他自己，而是为他的诗作做辩护。但这种辩护是否能令人信服，是很成问题的。

不管诗人是否愿意，情和情诗不可避免地要受到社会道德的规范，违背社会规范的情不是没有，不是不可能，也不是没有它自己的价值，但一定会给有情人带来额外的痛苦，那种令人深陷情网、无法自拔、充满罪恶感的爱情，又怎么能带给人幸福呢？

当然，有的罪恶感是由外力不合理地强加于个人的。在阶级斗争年代，家庭阶级成分经常成为这样一种外力，而且抒发爱情本身也被打上罪恶的烙印：资产阶级思想！因此，情诗事实上已经从抒情诗里被排除出去。

在那样的年代阅读卡图卢斯是不可想象的。今天我们阅读卡图卢斯，看到的人类爱情经验并不像浪漫主义或理想主义者以为的那样纯洁、甜蜜，而是有着太多幽暗的病态和扭曲，有着太多称不上健康的迷恋和纠结。

例如，在第 72 首诗中他承认自己对莱斯比娅只有带着仇恨和鄙视的性欲，而无温柔的爱情，这简直是性虐待狂的变态心理，这是多么怪异和令人厌恶的情感！他写道：

> 虽然我的爱越发炽烈，
> 你在我心中却越发轻贱。
> 这怎么可能，你问？
> 因为这样的伤害
> 只会让欲望更执著，
> 让情谊更疏远。[1]

他在第 75 首诗中写道：

> 因为你的错，莱斯比娅，我这颗心才沉沦，
> 它毁了自己，却是由于它对你太忠诚；
> 如今，即使你洗心革面，它也不能珍惜你，
> 即使你堕落到底，它也没法停止爱你。[2]

这样的心理纠结已经使所谓的"爱情"变成一种危险的毒瘾。瘾君子都是这样，他们想摆脱毒品，但没有毒品他们就没法儿过日子，所以不得不永远在又爱又恨的情绪纠结中苟延残喘、痛苦度日。这样的爱情又有什么美好可言呢？

但是，也因为这种病态和扭曲的"爱情"，卡图卢斯似乎有了更为复杂、更具有自我意识的反省。他知道自己对莱斯比娅的情爱

1　卡图卢斯著，李永毅译，《卡图卢斯〈歌集〉：拉中对照译注本》，第 305 页。
2　同上，第 311 页。

是扭曲的，他为此饱受折磨。他承认自己是造成这折磨的罪魁祸首，而不是将悲伤归咎于一个残酷、放荡的情妇。我们在结束卡图卢斯这部分的时候，看一看他是怎么祈求神明帮助他重新开始的。他向神明呼唤，让他能平平静静地度过余生，但他真的死心了吗？我们不得而知：

> 众神啊，如果你们懂得怜悯，如果
> 你们能给任何临死的人任何帮助，
> 就请垂怜我吧，如果我一生算得纯洁，
> 就请挪去这催迫我的瘟疫和灾厄！
> 啊，怎样的麻木悄悄充塞了我的肢体，
> 我的整个灵魂再没有快乐的踪迹！
> 如今我已不再祈求，她能重新爱我，
> 或者，她竟然愿意过贞洁的生活，
> 我只求自己好起来，摆脱这可憎的病。
> 众神啊，成全我吧，顾念我的虔诚！[1]

这是一首叹息人生的抒情诗，而不再是狭隘意义上的情诗，它展现了卡图卢斯最好的一面，没有悲伤或怨天尤人，也没有谴责他那水性杨花的情人，只是说他希望能过上大体良好的生活，祈求神能怜悯他，帮他找回健康和安宁的人生。

卡图卢斯是最真挚、最热烈的罗马抒情诗人，是前奥古斯都时代罗马诗歌的代表，在他之后就再也没有这样的诗人，因此成为一种更文明化的罗马诗歌的最后绝唱。

1　卡图卢斯著，李永毅译，《卡图卢斯〈歌集〉：拉中对照译注本》，第 315 页。

六 西塞罗

1. 希腊化和罗马共和

从这里开始，我们要谈谈罗马政治思想的一位标志性人物西塞罗和他的两部政治著作，《论共和国》（*De re Publica*）和《论法律》。在谈这两部著作之前，我们需要了解西塞罗那个时代的罗马共和。说到罗马共和，就不能不说与罗马共和有关的一个历史时期的概念，那就是希腊化时期。

历史学家把希腊—罗马史的希腊化时代从公元前 323 年亚历山大去世算起，到公元前 31 年的亚克兴战役（Battle of Actium）和第二年托勒密王朝（Ptolemaic dynasty）埃及被征服结束。也有人把希腊化时代从公元前 330 年算起，因为亚历山大死后，在东方继承他的王国纷纷崩溃，而罗马则在这个时期迅速崛起。不管怎么说，西塞罗都可以说是希腊化时期最后一位重要的思想家，他也是罗马共和时期最后一位重要的思想家。那么，希腊化时代与罗马共和时代又是怎么交接和重叠的呢？

罗马在有共和制之前由君王（或国王）统治，罗马的王政时期是公元前 753 年至前 509 年，共有 7 位国王，最后一位是僭主。他是被罗马人民推翻的，他们厌恶和害怕君王的个人独裁，所以建立共和制度。

历史学家们一般把罗马共和时期确定为从公元前 509 年至公元前 27 年，也就是屋大维成为奥古斯都的那一年。罗马共和分为早期（前 508—前 90）和后期（前 90—前 40）。从公元前 40 年至 14 年是屋大维独掌罗马大权的奥古斯都时代（The Augustan Period），在这之后就一直是罗马由皇帝统治的帝国时期。

西塞罗出生于公元前 106 年，死于公元前 43 年，也就是恺撒被刺杀的第二年。他是被拥护恺撒的安东尼（Marcus Antonius，前 83—前 30）和屋大维处死的。他的整个成年都在罗马共和的最后岁月里度过。他为维护共和做了最大的努力，但是随着他那个时代罗马国家和政治形态的剧烈变化，共和制的气数已尽，随后崛起的便是把国家权力集中于一人之手的罗马帝制。

古希腊人用城邦，或者说小型、同质化（homogeneous）、面对面的制度定义政治、政治理论和公民权。城邦意味着公民（至少是较为富有的男性公民）对共同体政治事务的积极参与，强调意见的一致和共同的价值观。在罗马共和时期，这样的模式已经开始不再适合于罗马的实际情况，在罗马越来越辽阔的疆域里人群混杂，各种种族、文明的人都有。城邦型的政治结构已经不足以维持国家统治和治理的需要。

罗马共和是一个不同于希腊城邦的国家，希腊化时代的许多重大历史事件使得源于古希腊城邦的政治理想失去意义。亚历山大大帝摧毁了城邦，他的军事征服创建了一个帝国，其疆域从希腊一直延伸到印度。大型国家被史无前例地创立出来，其领土横跨成千上万英里，包含许多不同语言、民族和文化，不管有多大的希腊城邦，它的同民族、同文化、同语言模式都已经不再可行。

以前，在城邦小规模政治中，公民参与的基础是他们共同的价值观。但是，大规模的政治共同体不可能以这种方式运作。亚历山大创建新的统治模式，他通过把自己同时称为国王和神，创建一种糅合神圣与世俗的统治者形象，便于将所有政治权力交付给他一个人，与参与性的民主政治彻底分手。而且，大型帝国要把个人从城邦中解脱出来，就必须重新规范统治与被统治的关系：个人是什么共同体的成员？由谁来统治？使政治权威正当化的依据是什么？这些都是因为城邦政治被摧毁而引发的新问题。但是，亚历山大死得太早，他创建的帝国也随之迅速解体，这些问题在他的时代未能得到解答。

亚历山大死后，地中海沿岸的文明是希腊式的，正如沃格林（Eric Voegelin）在《希腊化、罗马和早期基督教》一书里所说："罗马人对这种文明来说在某些方面类似于后来的'野蛮人'。马其顿人的统治阶级很接近希腊人……一股海外的力量把它（罗马）的政治能力和力量融入希腊化的地中海文明体系中，它还使对希腊卓越成就的遵从混合其中。"[1]罗马共和政体是一个发生在地中海沿岸希腊化时代的特殊现象。在希腊化时代，罗马共和模式成功地代替了希腊的城邦模式。

罗马共和虽然以平民大众为基础，但并不是雅典那样的民主政治。它部分是从罗马王政时代的分权演化而来，开始是国王、元老院和公民大会。废除王政之后，罗马人建立起最初的城邦新政制，最重要的改变是不再有"国王"。最高行政权由两个权力完全相等的"执政官"掌握，以作互相钳制。他们平时主持日常政务，并负责召开元老院会议和公民大会，战时则为军队的统帅。因此，罗马共和时代的历法以执政官的名字来纪年。执政官由公民大会选举，只有大贵族可以担任。随着政务越来越繁重，又添设了监察官、市政官（aedile）、裁判官（praetor）、财务官（quaestor）等官职。

1　沃格林著，谢华育译，《政治观念史稿（卷一）：希腊化、罗马和早期基督教》，第167页。

一开始，平民只能担任市政官和财务官，不能担任裁判官和监察官。一直到《李锡尼—绥克斯图斯法》（Leges Liciniae Sextiae，公元前 367）颁布以后，平民除了可以在两名执政官中拥有一席，也可以当选为裁判官和监察官。公元前 287 年的《霍腾西阿法》（lex Hortensia）确立了新建的平民大会的最高立法地位，不过元老院的权力仍然很大，它始终是罗马国家的最高决策机关。在这长达 200 年的平民与贵族的斗争中，罗马共和国的体制逐渐趋于完备。西塞罗并非出身贵族，他于公元前 63 年成为一位平民出身的执政官。

历史学家们一般认为，在罗马时代，几乎没有十分重要的原创性的政治思想家，罗马政治思想为斯多葛主义的各种观念提供制度背景，也从希腊观念中汲取养分。然而，罗马思想家通过自己的方式改造了希腊观念和理想，贡献最大的就是西塞罗。

罗马与希腊在政治目标、公民身份、公民权利、政治领导人的作用等方面有明显不同。西塞罗的两部主要政治著作《论共和国》和《论法律》虽然受到希腊政治哲学影响，但表述的是典型的罗马观念，也是罗马共和政治的产物。

我们可以从这几方面看罗马与希腊政治思想的差异。

第一，希腊的政治和政治思想以内向视角为特征，罗马的政治思想则以外向性为特征。换句话说，希腊人认为政治的本质在于城邦内的共同参与，但罗马人的政治目标则是创建和维持大规模的国家。

第二，希腊人与罗马人对政治的定义不同。希腊人强调公民的教育和参与，强调共同性、对城邦的忠诚，鄙视自我利益。罗马人试图在一个大型的、异质的政治系统中处理自我利益问题，而这种政治系统所能实现的公民参与和公民责任与小型、同质的政治共同体所能实现的相比，不在同一个层次上。在这一点上，美国立国者在《联邦党人文集》（The Federalist Papers）强调不同利益之间的对抗和制衡以建立一个稳定的秩序，这是罗马而不是希腊传统的政治理念。

第三，希腊人更多地强调城邦之中为人们所共享的各种共同体价值，尤其是教育和政治参与（如伯里克利在其葬礼演说中描述的那样），而罗马人则把他们的领导人加以神化，看重权力和权力政治。罗马人通过多种方式对他们的领导人进行个人崇拜，尤其从晚期罗马共和开始，人们不是向城邦或者政治共同体效忠，而是向恺撒或其他伟大领导人效忠，他们的地位已经近乎于神。

在西塞罗活着的时候，恺撒已经成为一位地位近乎于神的罗马领袖，共和制度最后崩坏的关键就是政治和军事权力集中在这样一位似神的独裁者手中。虽然西塞罗同情布鲁特斯（Marcus Junius Brutus，约前85—前42，他带头刺杀了恺撒）的共和派，但他却能看到："恺撒有着天赋，有着精明，有着极佳的记忆力，有着文学的才能，有着勤奋，有着思想，有着细致；在战争中他的所作所为是伟大的，尽管这对国家来说是不幸的；憧憬了多年的王权，他通过极大的努力，冒着极大的危险成就了他的目的；他用宏大的场面、高耸的建筑、慷慨的施舍、丰盛的宴饮，安抚了常被人忽视的群体；用奖赏安抚了与他同甘共苦的随从；用仁厚安抚了他的对手；总之，他已经把恭顺的习惯带入了一个自由的社会——部分靠着威吓，部分靠着忍耐。"[1]

尽管西塞罗这样称赞恺撒，但他还是认为恺撒犯下了一项不可饶恕的大罪，那就是，恺撒是"祖国的谋杀者"（murderer of fatherland）。西塞罗在《论义务》（De Officiis）第3卷第21章里写道："我们的暴君（指恺撒）必须死，因为他犯下了最恶毒的罪行，成为一个例外。为什么我们要收集一些小罪犯的证据——买卖的欺

---

[1] 沃格林著，谢华育译，《政治观念史稿（卷一）：希腊化、罗马和早期基督教》，第178页。

诈或非法所得？看哪，这里有一个雄心勃勃的人，他是罗马人民的国王，也是全世界的主人。他做到了！……因为，哦，不朽的众神！所有谋杀案中最恐怖、最可怕的事情——祖国的谋杀案——能否为任何人带来好处？"恺撒杀死了共和，他是国家的弑父者。

西塞罗死后，罗马完成了从共和向帝国的转变。作为恺撒继承者的奥古斯都活着的时候并没有皇帝的称号，他只是"元首"。在确立奥古斯都的权力时，元首制是最为重要的因素，元首制并不是由屋大维创立的制度，它有一个可以回溯到早期共和时期的漫长历史。

元首的原意是"首领"（princeps），可以指任何一个具有社会影响力的公民，这种影响是以他的扈从——clients（食客、随从、奴仆）——的数量和特质为基础的，这些扈从以一种特殊的忠诚（fides）关系拥护他。扈从可以通过给予各种形式的好处而获得，比如政治扶持、借贷、个人恩惠等。

在早期，一个首领的扈从数量非常大，格拉古（Tiberius Gracchus，约前163—前133，前133年任保民官）在公众场合出现时，随从有三四千人，其中大部分可以说是"壮汉"，他们通常担任保镖，并可以在街巷与政敌作战。内战时期，扈从的人数增加了，作用也增强了。一个胜利的将军可以把土地分配给他的老兵们以示恩惠，这样就可以把一支共和国的军队转变成自己的扈从。士兵的驻地通常采取以军事单位驻扎的形式，比如以军团为单位，以前的军事长官当上地方行政官，士兵的驻地就在与这些长官相邻的地区。内战的动荡变迁使这种形式成为必然，首领所要做的就是向他扈从的村庄发布命令，以使军队听从他的调遣。扈从关系可以从一个首领传给他的继承者。比如，当屋大维挺身反对安东尼，他得到恺撒在坎帕尼亚的老兵对他的帮助。

首领拥有的财富越多，他的社会和政治地位就越强有力，财富用来维持军队，而军队则保证收入来源和战争所得。西塞罗50多岁的时候，罗马的内战改变了共和国的社会结构，使得大批小首领变得不再重要，而政治影响力则集中到三四个人手中，他们把罗马的军事力量变成自己个人的扈从。前后三巨头那些军阀就是这样，一步一步把共和的罗马变成皇帝的罗马。这一变化在组织结构上的特点是，统治者手中集中各种手段，通过这些手段可以带来扈从队伍，这样就造成元首位置具有实际上的垄断权力。

首领和扈从的关系是罗马政治不同于希腊城邦政治最重要的一个方面。它使得个人效忠于他的主人，而不是国家。这在罗马共和初期是一种不正式的形式，但是随着罗马机构制度发展成大型的政治党派和军事部队，首领和扈从也就成为罗马党派政治的基础，这也符合罗马内战体制性的需要。后来任何一个国家里的内战也都有这样的特点。

西塞罗生活在罗马共和晚期，那也是希腊—罗马希腊化时代的晚期。西塞罗的思想成长离不开希腊化的文化养育，对此他终生感激难忘。他年轻时曾经到希腊学习修辞和演说，也受到希腊的斯多葛哲学的影响。他晚年所写的《布鲁特斯》（*Brutus*，又称 *De Claris Oratoribus*，公元前 46 年）是一部关于演说的对话录，其内容掺杂他对许多往事的回忆与怀念。在其后的《斯多葛悖论》（*Paradoxa Stoicorum*，约公元前 46 年）中，这种念旧情结更加明显。这些作品的内容大多与他早年的希腊化成长和爱好有关——演说、修辞、哲学，而这些也正是西塞罗留给我们的宝贵遗产，间接地把我们与那个遥远的希腊化时代联系起来。

2. 优秀的演说者，失败的政治家

西塞罗出生在罗马东南部一个叫阿尔皮诺（Arpinum）的地方，

离罗马城 60 英里。"西塞罗"在拉丁语里的意思是"鹰嘴豆",这种豆子又叫鸡心豆、鸡豆。据说,他的一位祖先鼻尖上长着一个这种豆子形状的疣子,所以别人这么叫他。西塞罗的名字在罗马人听起来有点滑稽,所以有人曾劝他改一个好听一点的名字,但是西塞罗拒绝了。他出生在一个骑士家庭,在罗马,骑士的等级不高,只不过比"自由人"(即解放了的奴隶)好一点。所以,后来他即使进入元老院,还是被那些身份高的同事——贵族和民粹首领(demagogue)——看不起,所以西塞罗对这两类人都没有好感。西塞罗跟他同时代最强大的民粹领袖克洛狄乌斯(Publius Clodius Pulcher,约前 93—前 52)政见不合,吃过他很大的苦头。这个人在本书后面还要谈到。

我们都知道贵族,那么民粹首领又是什么人呢?

罗马共和国在其大部分历史中都是由古老的政治家族和可靠的权力经纪人统治,他们知道如何使民众保持一致。他们举行选举,但这些选举是特别设计的,目的是使统治阶级获得大众投票的最大份额。如果首先投票的罗马贵族选择一个人上任,官员们通常甚至不会理会下层阶级的选票。

有时候,如心怀不满的农民、酒馆老板和赶驴子的平民百姓等会起来闹事,要求减免债务,并在政府中发出自己的声音,但这些叛乱很快就能平息。在公元前 2 世纪后期发生了一件划时代的大事,贵族格拉古兄弟(Gracchi brothers)试图从内部以平民的名义发动一场政治革命,但最终被保守派贵族杀死。但是,平民要求改革的愿望从此成为民粹领袖可以利用的政治力量。有的历史学家认为,这是罗马共和制度被破坏的开始。

与西塞罗不和的克洛狄乌斯就是这样一个民粹领袖,他本人是一个贵族,有很强的权力欲,知道怎么利用和操控民众。他野心勃勃,拒绝遵守规则,善于运用贿赂和收买的手段笼络人心。民众很喜欢这样的政治人物。克洛狄乌斯的行为越大胆，公众就越喜欢他。为了经营他的政治势力，他放弃贵族身份，正式加入"平民"（plebs），成为人民领袖。他以天生的魅力、炽烈的言辞和敏锐的意识与政界人士争斗。他通过立法建立西方历史上第一次免费分发谷物的法律。这使他在普通百姓中尤其是由于经济动荡而失去工作的那些普通百姓中，获得巨大支持。他成为罗马街头的国王，并发动民粹起义，这是共和国从未经历过的。

罗马的共和制度不知道如何控制克洛狄乌斯这样的人物，西塞罗反对这样的"人民领袖"，视其为共和制度的威胁。所以当他成为高层政治人物的时候，为了维护共和，他宁愿选择与他并不喜欢的贵族合作。恺撒也是一位民粹首领，他被称为"人民的独裁者"。在贵族派的庞培与恺撒进行军事对抗时，西塞罗也站在庞培一边。

西塞罗的从政道路从他的律师生涯开始。他在成为一位政治和法律理论家之前，已经是一位显赫的演说家，并因为他的演说才能获得的公众声望才有机会上升到罗马政治精英的顶层。在罗马，演说家的一个主要社会作用是诉讼。诉讼是一种法律程序，是法治的一部分，也是公众参与法治的主要途径。古罗马的诉讼人看起来像是我们今天的律师，但他们扮演着一种远为重要的社会角色。在重大的诉讼事件里，他们可以左右民意，成为事实上的民意领袖。

西塞罗当律师的时候，于公元前81年打赢一生中第一个重要官司。罗马最有权势的大贵族之一苏拉手下的一位自由民，仗着苏拉的势力想要霸占一位名叫罗斯克乌斯（Sextus Roscius）的罗马人财产，诬告他犯下杀父之罪。西塞罗出头替罗斯克乌斯打赢官司，他不畏权贵的义举使他声名大振。

在这之后，据说因为害怕苏拉的迫害，也可能是出于个人健康原因，西塞罗去希腊学习修辞和哲学。苏拉死后，他又回到罗马，再次投入公共活动。公元前77年他被选为财政官，并被派往西西里西部的马尔萨拉（Marsala）处理粮食价格的事情。他拒绝粮商的贿赂。他认为所有的官员和公务员的第一要务就是不能为自己谋私利。

西塞罗接下来又和当时名扬罗马的律师霍达鲁斯（Quintus Hortensius Hortalus，前114—前50）打了一场轰动一时的对手官司。霍达鲁斯代表的是以贪婪、腐败、残暴闻名的盖乌斯·韦雷斯（Gaius Verres）。韦雷斯当时是罗马在西西里的治安法官，以其治安不当而臭名昭著。他对当地农民的勒索和对寺庙的掠夺导致他被西塞罗起诉。

代表韦雷斯的大律师霍达鲁斯是一位演说天才，他在法庭里的辩护极具现场感和戏剧性。除了非凡的语言天赋，他还能充分利用自己身体动作的每一个细节。他有时候就像是一位熟练的哑剧演员，只用一个抿嘴皱眉的动作就能逗得观众开怀大笑。

罗马的法庭像是一个戏院，罗马人的肤浅在那里展露无遗。他们会用手中的投票权利感谢让他们感到愉悦的人，就像他们是买了一张票进来看律师的演说表演一样。霍达鲁斯每次出场都会迎来大量的观摩者，甚至有人专门来学习他的肢体动作。在这样的法庭环境中，就连西塞罗也不得不在辩护中运用大量的情感词汇和肢体动作。因为他明白，要想击败霍达鲁斯，依靠法律知识远远不够，他也必须在霍达鲁斯所擅长的领域超越他才行。但是，西塞罗还是坚持认为，法律的权威最终来源于它的正义性，他在《论法律》里要做的一件重要事情就是通过对"自然法"的阐述强调，法必须是正义之法。

在法庭辩论的过程中，由于西塞罗的出色表现，霍达鲁斯半途退出，法庭判罚总督韦雷斯300万罗马塞斯特斯银币（sesterces）。西塞罗的声誉也几乎达到顶峰。公元前69年他被选为市政官，公元前66年他被选为裁判官，公元前63年西塞罗以骑士出身的身份当选执政官，也是三十多年以来第一个以此身份当选的人。执政官是罗马最高的官职，这也是西塞罗政治生涯的顶峰。

在公元前 63 年，西塞罗发表了他一生中最著名的一次演说《反喀提林第四演说》（ *Oratio in Catilinam Quarta in Senatu Habita* ）。作为演说家和政治家，西塞罗在"喀提林事件"里扮演重要角色，然而，也正是在这个事件里，他违背罗马法律审判的公正程序，这成为他后来一生的政治污点。

喀提林（ Lucius Sergius Catilina，前 108—前 62 ）是罗马的贵族，因家族失去往日显赫的地位，加上在执政官选举中落选，所以不满罗马的政治体制。他煽动一些同样不满的贵族和穷人推翻罗马共和国。西塞罗就此向元老院发出警告，并在元老院发表谴责喀提林的演说，揭露喀提林意图推翻国家的阴谋。

喀提林后来逃离罗马。罗马城内的密谋者也很快被逮捕，并承认其罪行。为此，元老院给予西塞罗"祖国之父"的称号表示感谢。元老院还商讨如何处置叛乱者。西塞罗认为这些人应该被立即处死，以除后患。当时，罗马的"极刑法"规定所有极刑都应当通过全体公民的审判，违反此规定的官员将被处死。但在城内的喀提林支持者还没有完全被清除的情况下，把叛乱者送至全体公民审判面临巨大的风险。况且，喀提林因倡导债务改革在罗马公民之间获得不少支持和同情。因此，西塞罗发表了他著名的《反喀提林第四演说》，在元老院要求跳过法律程序强制处决叛乱分子时，这个意见得到主要元老的支持，当然也有人反对，其中就有后来也成为执政官的恺撒。

处死喀提林同党未经过公开审理，这让西塞罗不得不背负沉重的后果。就在这时，元老院通过一项新法案——任何公民若处死其他人，又没有经过审判，都应该被判流放。坚决主张流放西塞罗的就是前面提到的民粹领袖克洛狄乌斯。结果西塞罗不仅被流放，连他的庄园也被摧毁。公元前 57 年 8 月 4 日，元老院几乎一致通过召回西塞罗的决定，恢复他的财产。这一年他 49 岁。

西塞罗在流放期间，公元前 61 年，罗马前三巨头——恺撒、庞培和克拉苏——曾邀请他加入他们的联盟。虽然这会给西塞罗带来巨大的政治和金钱利益，但他还是拒绝了。10 年后，庞培与恺撒反目成仇，爆发内战，西塞罗认为庞培更可能恢复共和，所以加入了庞培一方。但他很快发现，庞培的军队纪律松懈，腐败丛生，他们为了霸占财产而滥杀政治对手甚至无辜的中立者。西塞罗回忆道，军官们的交谈非常血腥和残忍，他一想到他们会获胜，就不寒而栗。于是他选择离开庞培的阵营，为此差点丢掉性命。庞培的儿子和朋友要杀西塞罗，幸亏有小加图为他说话，他才躲过这一劫。

恺撒打败庞培之后，赦免那些和庞培一起反对他的政治敌人，包括西塞罗。大度的恺撒是罗马走出党争和政治混乱的唯一希望，但恺撒不是共和的朋友。公元前 49 年 1 月 10 日至 11 日晚，恺撒跨过卢比孔河，逼近罗马，共和国的末日到了。

西塞罗因为罗马的共和国（res publica，也有"公共的事务"之意）而骄傲，而恺撒则把世界变成他的个人事务（res privata）。恺撒的成功绝非偶然，他那宽广的个性是一个奇迹：他兼有阿尔基比亚德（Alcibiades，约前 450—前 404，古希腊将领，在伯罗奔尼撒战争中多次背叛同盟者）的不义和罗马将军特有的可靠，他有着政治家控制暴民所需要的阴谋诡计，也有着受他同辈人尊敬的伟大灵魂，人们甚至建立一所神庙以纪念他那仁厚而伟大的灵魂。

恺撒是一流的谋略家和战术家，他同时还是一位记录自己经历过的战争的历史学家。他向所有人证明，他能够征服世界，同时还显示自己有管理这个世界的能力。与他相比，他的继任者屋大维所拥有的不过是政客的狡诈。恺撒因为过高地估计他那些追随者的品性，太过信任他们，才遭到他们谋杀。

恺撒是非常实际的军事家和政治家，他的军事成就为他征服的世界带来许多技术性难题。正是在解决这些难题的过程中，发生了罗马后来向帝国制度的转变。西塞罗不能不看到，罗马在军阀的军事混战中瓦解，元老院已经无法控制这些军阀。恺撒知道，如果他按照这个已经不起作用的秩序进行统治，罗马将继续分裂，无所作为。他没有想到的是，罗马元老院里的许多人，包括西塞罗，仍然想维持旧有的共和秩序。公元前44年，恺撒在元老院被他最亲近的伙伴布鲁特斯带头谋杀。西塞罗也在现场。

事后，西塞罗和许多反恺撒人士一样，逃离罗马。罗马的新统治者们，由屋大维、安东尼和雷必达（Marcus Aemilius Lepidus，约前89—约前12）组成的"后三头"在安东尼的坚持下，判处西塞罗死刑。他试图从海路逃走，但因为天气恶劣，自己又晕船，所以返回自己的庄园，却在那里被杀。临死前，他叫自己的奴隶不要管他，赶快逃生。

安东尼不仅杀死了西塞罗，还将他的头颅和双手钉在罗马城市广场的讲坛上。惊恐万分的罗马人说，他们在讲坛上看到的不是西塞罗的面孔，而是安东尼的灵魂。屋大维默许对西塞罗的处决，但是在他成为奥古斯都之后，又称赞西塞罗是一位雄辩、博学的真正的爱国者。虽然西塞罗的儿子马可斯（Marcus Tullius Cicero Minor）曾经参加当年与屋大维敌对的军队，但奥古斯都还是为马可斯安排了一个省总督的位置，后来又让他当上执政官。

公元前30年，也就是在那个钉上过他父亲头颅和双手的罗马讲坛上，马可斯·西塞罗向罗马宣告了安东尼的死讯。

西塞罗不是一个非常成功的政治家，他为之奋斗的共和事业在他死后不久便寿终正寝。然而，作为一个政治理论家和思想家，后期的西塞罗一直在竭尽全力、想方设法地借助所有可能的政治势力，试图挽救和重振罗马的共和精神。不过，对这位生不逢时的共和主义者来说，他所要挽救的已经是一个因权力的腐败而不可避免要灭亡的共和。

几十年里不断有军事强人权力膨胀，这导致他们之间不断进行残酷的内战，这是罗马共和制度正在瓦解所造成的权斗后果，而这种难以化解的权斗反过来也加速了共和制度的崩溃。西塞罗生于罗马共和制危机四伏的时代，他在青年时代遭遇政治强人和军阀苏拉的独裁统治，公元前88年苏拉用武力夺取罗马，从此为军队对抗共和开了第一个恶劣的先例，也让共和国遭到第一次毁灭性打击。西塞罗50多岁后，先是卷进前三巨头的政治争斗，7年后又因为与反恺撒政治力量联系，在后三巨头手上丧命。西塞罗是罗马共和的死士，他可谓生不逢时，乱世之中，难有善终，最后成为一个悲剧性人物。

他虽然未能挽救共和，但留下许多表达共和理念的理论著作，接下来要谈论的《论共和国》和《论法律》便是其中的重要部分。

3.《论共和国》：国家不是为了抱团取暖

西塞罗的《论共和国》是一部具有罗马特色的后亚里士多德政治理论论著。但它并不仅仅是一部关于共和政制的论著，也让我们看到具有罗马特色的人文精神。在西塞罗那里，人文精神（humanitas）是一种思想风格，而不是一种教义。它肯定人的理性，相信人能够通过自己的理性寻找到最好的政治体制和社会秩序，并控制自身道德世界。奉行人文主义的人相信自身的价值，也能以礼待人，行为举止自尊得体，并积极承担政治角色。作为一个人，无论身处顺境还是逆境，都应该以无畏的怀疑精神直面生活，因为人生无常，固执的悲观主义优于自欺的乐观主义。人之所以成为人，是因为他能够自我修炼，聆听自己的理想，培养自己的审美能力。

他在《图斯库勒论辩》（*Tusculan Disputations*）中说："与缪斯同在，就是与人文精神和学问打交道。"[1]

在西塞罗之前一个世纪，后亚里士多德政治理论的代表人物是希腊化时期的希腊历史学家波利比乌斯。罗马的政治制度主要源自罗马自身的历史传统，罗马人一开始并不具备罗马政治制度的明确理论意识，他们所具有的只是一种实践智慧。波利比乌斯对罗马实践智慧做了政治哲学的表述，这才开启罗马人自己的政治理论传统。

波利比乌斯虽然是希腊人，但熟悉罗马政治和社会，精通拉丁语。他的《历史》（*The Histories*）叙述了从公元前 264 年到前 146 年间罗马征服世界的历史。这部著作最重要的部分是第 6 卷，他在其中描写当时正处于鼎盛期的罗马政治制度。他认为，不仅是罗马的军事制度，还是罗马的政治制度，使得罗马得以兴盛发展。波利比乌斯是以理论形式总结罗马政治史的第一人。罗马人通过波利比乌斯才开始学习希腊古典政治学说，后来通过希腊学说建立他们自己的政治理论。

波利比乌斯对罗马政治的根本观点是，罗马共和是一个混合政体。他从古典政体循环论出发，认为每一种纯粹的政体都有向自己的对立面蜕变的可能。如君主制蜕变为僭主制，僭主制蜕变为贵族制，贵族制蜕变为寡头制，寡头制蜕变为民主制，民主制蜕变为暴民制，暴民制的无政府状态又回归到君主制。政体循环的观点曾经在亚里士多德（Aristotle，前 384—前 322）的《政治学》（*Politica*）中得以描述。任何一种制度似乎都难逃这种循环的厄运。在《政治学》当中，亚里士多德已经试图用一种混合政体克服这种政体循环的蜕变倾向。波利比乌斯认为，罗马人的政体安排与亚里士多德的

1　Marcus Tullius Cicero, *Cicero's Tusculan Disputations: Also, Treatises On the Nature of the Gods, and On the Commonwealth*, trans. C. D. Yonge, New York: Harper and Brothers, 1890, 187.

混合政体说不谋而合，罗马共和就是亚里士多德曾经非常推崇的共和体制。

波利比乌斯的著作主要是为希腊人写的，他把罗马政治制度作为一个实例以说明希腊的政治理论。与波利比乌斯不同，西塞罗虽然借助希腊的政治学理论，但他提出的却是一种真正的罗马理论。波利比乌斯力求用希腊哲学术语解释罗马政体；而西塞罗则相反，他以罗马法的观点解释希腊哲学，这体现在他的《论共和国》中。

严格地说，西塞罗写作《论共和国》不只为了提出一个政治学说，更是他在罗马共和面临严重危机之时的政治行动，《论共和国》是西塞罗在罗马共和精神衰退、共和政体快要崩溃的特殊时刻所做的政治干预。他想用对共和的理论阐述挽救共和。

《论共和国》没有能完整地保留下来，可能丢失了很大一部分。幸存的部分来自后人保留的西塞罗的作品摘录，以及1819年发现的残缺不全的内容。西塞罗用该作品解释罗马的共和宪政理论。他模仿柏拉图的《理想国》(*The Republic*)，采用苏格拉底式对话形式。在数个对话人物中，小西庇阿扮演一个智慧老人的角色。我们在讲泰伦提乌斯的《两兄弟》时已经介绍过这位罗马共和史上的重要人物。

小西庇阿在《论共和国》里是一位公正、仁慈的罗马共和领导者化身，他反对格拉古兄弟领导的民粹民主运动，认为这是罗马共和腐败和变质的开始。参加谈话的除小西庇阿之外还有八位，其中四位年长者是小西庇阿的亲密朋友，另外四位是风华正茂的年轻一代。《论共和国》里的谈话持续了三天，每天谈一个问题，每一个问题分为两次谈话，占两卷。第一天谈最好的国家体制问题（optimus status civitatis）；第二天谈国家概念的哲学基础，主要是正义问题（aequabilitas）；第三天谈最优秀的国家管理者问题（optimus civis）。整部著作以小西庇阿之梦结束，象征忠实于共和理念的人死后会得到永生。

西塞罗在《论共和国》里用大量篇幅讨论政体问题（第一天的谈话）。他对政体的划分遵循古典的政体分类学说，对古罗马政治体制的分析则继承波利比乌斯的"混合政体说"。他认为，王政、贵族政治和平民政治这三种形式仅就其本身而言都不是最佳。在王政下，一般人被排除在公共立法和协议之外；在贵族政治下，民众没有自由；在平民政治下，一切平等便意味着实质的不平等。三种政体各有其固有缺陷，在发展中会导致更严重的问题：王政会滑向暴君制，贵族制会滑向寡头制，平民政体则会堕落为暴民政治。

因此，西塞罗认为，除了上述三种纯粹政体及其蜕变形式之外，还有第四种，即混合政体。这种政体由前三种政体适当地混合而成，是最佳政体。西塞罗没有详细说明这种混合政体具有怎样的具体形式，也许是因为在他看来，现实的罗马政制就是这种混合政制的典范。

西塞罗在《论共和国》中提出他的国家学说，也是以罗马的政治实践而非哲学推导为基础。在罗马共和的政治实践里，罗马人是一个政治民族，他们重实践、轻思辨。在这一点上，罗马民族与善于思辨的希腊民族不同。西塞罗认识到罗马民族的特征，但他并不像一些祖辈那样一味地排斥希腊文化。

我们在讲泰伦提乌斯的《两兄弟》时已经介绍过，希腊化时期，罗马的亲希腊派与罗马传统派之间存在矛盾。对此，西塞罗采用一个理想折中的立场。他认为，罗马文化需要希腊文化滋养，但目的在于塑造罗马自己的文明。罗马有丰富的政治实践，但并非任何政治行为都是有价值的实践。一种行为是否为真正的实践，在很大程度上是一个理论问题，因此需要有政治理论的认识。西塞罗试图在维护罗马传统的同时，提醒罗马人：如果没有理论，没有沉思，再显赫的功绩有可能不过是无知的行为而已。

共和需要有美德的公民，美德不只是我们所谓的"思想觉悟"或者"道德原则"，而是公民参与管理国家的行动。在一个没有公民参与的国家里，根本不可能存在具有美德的共和公民。他写道："一个人具有美德如同掌握某种技艺，不加以运用是不够的，并且即使技艺不加以运用，它仍可以因谙熟而继续存在，然而美德却全赖于对它的运用。对美德的最好运用在于管理国家，并且是在实际上，而不是在口头上，实现那些哲学家在他们的角落里大声议论的东西。要知道，哲学家们议论的东西——这里指正确、公正地议论的东西——没有什么未曾被为国家立法的人发现和肯定。事实上，虔敬从何而来或宗教系何人创立？万民法或这种被称为市民法的是从哪里产生的？正义、诚信、公平从何而来？羞耻之感、自我克制、规避丑恶、追求称赞和荣誉由何产生？艰难和危险时的勇气从何而来？无疑，它们的形成都有赖于这样一些人，他们使这些由社会生活形成的观念的其中一些按习俗肯定下来，使另一些通过立法确立起来。"[1] 在西塞罗看来，说罗马人有美德，其实是因为罗马人干了一件最重要的事，那就是"关心和管理"他们的国家。

那么，什么是国家呢？"国家"一词的拉丁文是 res publica，意思是"公共的事业"。"公共"一词（publicus）源自"人民"（populus）。从"国家"的拉丁词源，我们可以看到，"国家"被罗马民族理解为"人民的共同事务"。国家不是在某一个地域中的人们偶然聚合，而是一个有机的共同体。这与希腊人对城邦的理解基本上是一致的。

西塞罗借小西庇阿之口说："国家乃是人民的事业，但人民不是人们某种随意聚合的集合体，而是许多人基于权利的一致和利益的共同而结合起来的集合体。……要知道，人类不喜好单一和孤

1　西塞罗著，王焕生译，《西塞罗文集·政治学卷》，中央编译出版社，2010 年，第 5—6 页。

独……（人类之所以聚合，是因为）天性本身不仅这样召唤人们，而且迫使人们这样做。"[1] 也就是说，国家乃是人民的事业，但人民不是一个人群随意聚合的集合体，而是由许多人基于一致的法和共同的利益而结合而成。

人民是国家的主体，那么什么是"人民"呢？人民出于共同的习俗、法和利益联合起来的共同体就是国家，它尽管表现为在一定地域范围内确定的一群人，但是疆土、人民、权力统治还不足以构成国家，国家之所以为国家，首先在于统治的正义性："国家，即'人民的事业'，只有在唯一的国王或少数贵族或人民整体良好地、公正地统治的时候才能存在。当国王行事不公正……或者贵族们行事不公正……或者人民本身行事不公正……那么这时国家不仅已经被败坏……而且，有如从引述的定义得出的结论所表明的那样，已经不存在任何国家。"[2]

人民的国家以正义为灵魂。国家的存在不只是为了让个体的国民能抱团取暖，在集体中得到保护，还是为了维持正义。没有正义的国家乃是一个伪国家。正义是国家概念的哲学基础，主要指国家管理中的正义观。《论共和国》里第二天的讨论便是就正义问题展开的。西塞罗在第 3 卷中安排了两个人物，作为正反两方来辩论关于正义的问题。一方（菲卢斯）持非正义说，认为统治只需谋术和手腕，不需要正义；另一方（莱利乌斯）持正义说，驳斥非正义说的观点，说明正义如何有利于国家管理。最后由小西庇阿表示支持正义说，他认为没有正义便不存在国家。没有正义的"国家"只能是一部被某个"政府"运作的暴政机器。

西塞罗的这个观点非常重要，因为我们今天仍然有许多人把国家与政府视为一体或混为一谈。西塞罗认为，只有当国家和政府都

1　西塞罗著，王焕生译，《西塞罗文集·政治学卷》，第 29 页。
2　同上，第 86—87 页。原文引自奥古斯丁：《上帝之城》，Ⅱ，21。

与正义一致的时候，政府才能代表国家，否则政府就是一部暴力机器。历史印证了西塞罗的睿见。希特勒的德国在纳粹政府的极权运作下，成为一部戕害德国人和危害全世界的暴力机器。在希特勒的统治下，只有纳粹德国而不再有与正义一致的真正德国。在纳粹德国，政府永远是纳粹的政府，不会允许出现任何不同性质的政府，只要不灭亡，世世代代都会如此。当一个政党的政府绑架国家，国家就变成党国。不管使用什么样的国号，"纳粹德国"和"德国"都不是同一个概念。

西塞罗明确提出，不正义的统治者不是真正的也不是正当的统治者；他们是暴君。他指出，国家和政府是有区别的，国家是所有人民的共同事务，至于"政府"，西塞罗提出，那是由一部分人通过某种利益欲念联结成的。大多数国家政府就像"强盗的统治"或者"一群小偷"。在共和国里，只有当法律反映真正的法并服务于正义的时候，国家和政府才都能与自然和谐共处，并实现内在一致。若非如此，则会有冲突和对立。

总的来说，真正的共和国——也就是服务于人民的共和国——具有某种将人民团结在一起的共同纽带。这种共同纽带是真正的正义的一部分，也是理性和自然所制定的永恒法的一部分。它会增进和谐，如果它使由人制定的法律与理想的法律保持一致。这种真正的共和国能阻止政治纷争，防止人民分裂成政治群体或派别。关于共和国正义与法律的关系，我们在后面还要细谈。

《论共和国》中对我们今天特别有启发的不仅是国家正义与法律的关系，还有对公共美德和私人美德关系的见解。尽管《论共和国》——还有我们后面要讲的《论法律》——的主要目标是描述完美的共和国，但是西塞罗也非常重视生活的私人方面以及相互竞争着的其他一些义务。"共和国"（res publica）的意思既然是"公共的东西"，那就意味着有与之相对的"私人的东西"（res private）。

西塞罗认识到在公共与私人或者在个人与国家间有某种张力，而且他寻求用某些方式调和这二者。

西塞罗认为，做一个好人所需要的美德与做一个好公民所需要的美德应该一致。例如，诚实、守信既是个人的私德，也是良好公共生活中必不可少的公共品德。一百多年前，梁启超写《新民说》启蒙国人，倡导"开民智"和"新民德"，也是强调"好人道德"与"公民道德"应该是一致的、连贯的，实为一体两面。为此，他把倡导私德和开启公德一起作为开启民智和现代国民教育的主要内容。一直到今天，公德与私德仍然是启蒙的两个重要方面。在梁启超的时代，他发现中国人最欠缺的不是个人与个人的伦理道德（如君臣、父子、兄弟、亲戚、朋友之间），而是有关个人与国家关系的"民德"。虽然他倾向于把"民德"当作"公德"，但由于他对"私德"同样重视，我们不妨把完整的民德视为公德和私德相互结合和缺一不可的产物。二者都是价值观，前者关乎群体，后者关乎个人。正如梁启超所说："私德与公德，非对待之名词，而相属之名词也。"

但是，拿梁启超与西塞罗相比，我们就会发现，在他那里缺少像西塞罗共和美德观中那种源自"自然法"的"正义"观念。正因为如此，梁启超一度主张"开明专制"，而在坚持共和的西塞罗那里，任何形式的专制，开明的（即使开明如恺撒）或不开明的都是他所反对的。

西塞罗的正义观贯穿于他共和主义的国家观、公民观、公民美德观中，同样也贯穿于他的法律观中。法律不是用来方便专制统治的条文，而是自然法在国家中的体现，这样的法律才能保证人的灵魂中的和谐与平衡对应于宇宙的和谐。

4.《论法律》：人的理性和正义立法

前面谈《论共和国》时我们已经看到，西塞罗把国家正义与法紧密联系在一起，他强调的是正义之法，不是任何一个暴君都可以根据自己的统治需要，任意订立出来管束和压迫老百姓的那种法律。在《论法律》里，他再次讨论这个问题。

西塞罗的《论法律》是他本人与他的兄弟昆图斯（Quintus Tullius Cicero，前102—前43）和他们共同的朋友蒂图斯·庞培纽斯·阿提库斯（Titus Pomponius Atticus）之间的虚构对话。对话始于三人悠闲漫步在阿尔皮诺（Arpino）的西塞罗的家族庄园中，他们开始讨论法律应该是什么样的，西塞罗以此对话阐述他对于不同社会阶级之间应该如何保持和谐的自然法则的理论。在传世的三卷中，第1卷谈法的本质，即其自然性，第2卷谈宗教法，第3卷谈官职。其中第1卷的写作最为完整，第2、3卷的文字显得比较粗糙，西塞罗可能未能最终完成这部著作。

"法"在古罗马曾经意味着传统习俗和风尚，到了西塞罗的时代，由于斯多葛派思想的传播，法几乎成了自然理性的代名词。法律乃是自然中固有的最高理性，它允许做应该做的事情，禁止相反的行为。当这种理性确立于人的心智并得到实现，便是法律。因此，智慧即法律，其含义是智慧要求人们有正确的行为，禁止人们违法。然而，并非所有的法律都是如此，事实上，许多以"法律"名义设立的法规都危险而有害，"它们并不比强盗们根据自己的意愿做出的决定更配称为法律"。[1]

西塞罗所说的"法"是自然法，不是成文法，更不是作为权宜之计的政策法规，或多数人举手作秀通过的"法律"。自然法是一

1　西塞罗著，王焕生译，《西塞罗文集·政治学卷》，第 186 页。

切人间之法之上的"法"，是更高法。它是普遍的，不是某一个民族特有的，因为这样的法体现的是普遍适用的自然理性。

西塞罗说，自然法"对于所有的民族、所有的时代，它是唯一的法律，永恒的、不变的法律；并且也只有一个对所有的人是共同的、如同教师和统帅的神，它是这一种法律的创造者、裁断者、立法者，谁不服从它，谁就是自我逃避、蔑视人的本性，从而将会受到严厉的惩罚，尽管他可能躲过被人们视为惩罚本身的其他惩罚"。[1] 法是神给予全人类的礼物，因此，人类中间存在着一种相同的、共同的生活法则。人们彼此之间以某种天性中的仁慈和善意以及法的共同性相维系。自然法可以运用于所有时代，是国家和具体法律的前提与基础。

真正的法律与成文法不同。庸众仅仅把成文法典称为法律，事实上，法不是以人们的意见为基础，而是以自然为基础。由人制定的法律不可能都是正义的，哪怕它符合法定的程序。人民的法令、统治者的决定、法官的判决不都是法，人们的表决也不能改变事物的自然法则。因为，法是神明的法，不是人的创制。

因此，法不是功能性的，而是本体性的。国家不是由军队、警察、武警等暴力机器维系的，而是由法维系的。法不是靠暴力维持的，而是靠与自然一致的美德。法治是这样一种秩序，它"对待人民的方式，其中第一位也是最重要的是不得使用暴力。要知道，没有什么比在一个有秩序的、法制完备的国家采用暴力实现某件事情对国家更有害，更有悖于法制，更缺乏公民性和人道性"。[2]

西塞罗强调，法以自身为目的；无论是对个人而言，还是对社会而言，守法本身即善，并非出于某种功利性目的，若非如此，法

1　西塞罗著，王焕生译，《西塞罗文集·政治学卷》，第105页，原文引自克拉坦提乌斯：《神圣教规》，Ⅵ，8，6—9。
2　同上，第236页。

的原则就会被侵蚀。他说："如果只有惩处，只有对惩罚的恐惧，而不是罪行本身的可鄙性使人们放弃非法的、罪恶的生活，那便谁也不是违法者，更确切地说，罪恶之徒应该被称之为不审慎的人。如果促使我们成为正直之人的不是高尚的德性本身，而是某种好处和利益，那么我们便是狡猾之徒，而不是正直之人。"[1]

法是人类自然理性的体现，理性是神和人类所共有的，而法律就是理性。因此，共有着法律的神与人、公民与公民形成一个有序的宇宙，前者是自然世界，后者是国家（公民社会）。世界是神、人共同的社会。因此，西塞罗的"法"得以存在的前提与基础，是对一种超验性的普遍理性（神）存在的信仰。这是理解"法"的关键。

罗马时期的正义与法的思想受到斯多葛主义的影响，也发展了斯多葛主义。这在西塞罗那里清楚地表现出来。斯多葛主义重新界定个体与共同体关系的努力使人们有必要将城邦的政治价值重塑至适用于大型、多样化的政治共同体。斯多葛主义是从事这种重新界定的一种哲学。斯多葛主义渊源于古希腊思想，与希腊城邦衰落、亚历山大大帝的帝国兴起大致同时。斯多葛哲学对西塞罗的影响主要体现在宇宙观以及与此相关的政治伦理上，包括法的伦理。这与后来的罗马斯多葛思想家——塞涅卡、爱比克泰德、奥勒留——淡化宇宙观，回避政治制度及其正义性，而几乎完全专注于伦理不同。西塞罗的斯多葛主义对罗马的共和制度给予最根本的信任，相信共和制度能够在人类政治制度所能及的范围内弘扬理性和正义，增进公正秩序和公民权。

西塞罗认同斯多葛派的宇宙观：宇宙是完整的神圣实体，由神、人和自然世界共同组成。宇宙是一个统一体，自然、人和神也是一体的。"神"是宇宙的灵魂和智慧，其精神分散于物质个体之中。

1　西塞罗著，王焕生译，《西塞罗文集·政治学卷》，第 168 页。

神性的精粹和最崇高的智慧是理性。神的理性渗透整个宇宙，管理和掌握整个宇宙；人是由灵魂与身体共同组成的，人的理性来自神的理性。因为理性，人意识到人的目的应当是追求德行。人初生时，如同动物依照本能生活，及至成年，理性方发展出来。所有人都具有相同的理性，同属于人类大家族。所以斯多葛主义的最重要遗产就是人类普世主义。

人要对他人有责任，爱人如己。这是一种与自然相一致的理性，斯多葛派有一格言："依照自然而生活"，"自然"即宇宙运行的律则，受理性支配。人是自然的一部分，灵魂在自然中最伟大、最高贵，理性也是人的主要特征，成为人和禽兽的主要差别，"依照自然而生活"就是依照理性而行，使自然与人合而为一。个体小"我"必须扩大自己，融合于整个大自然。小"我"的灵魂只有飞到高空，进入大自然的核心，才能成就最高度的充实和圆满。灵魂喜爱在星辰之间翱翔，在那里灵魂会得到丰富的滋养，继续成长，解除所有的束缚，回归本源。

这样的斯多葛哲学至少有三个影响罗马法律观念的主题：第一，人在宇宙中的适当角色是依据自然而生活；第二，人类之间有一种普遍性的平等，每个人都在一个超越现有政治边界的世界共同体中有平等的成员资格；第三，理性、法律和共同体联系在一起。

罗马的斯多葛主义，尤其在西塞罗那里，特别重视法律和对法律的遵守，斯多葛主义者期望人们依据自然而生活，这种自然被认为是控制着包括众神在内的所有被造物的普遍规律。这种普遍规律决定着何为正义、何为不义，也决定着人们认为在特定情境下什么是适当的。

当然，斯多葛主义在不同的罗马人身上会体现出不同的特征。西塞罗的斯多葛主义可以说是最积极的，共和主义色彩是最鲜明的，因此也许并不一定代表恺撒时代普通罗马人的斯多葛主义。对大多数那个时代的罗马人来说，斯多葛主义不过是动荡时代的一种实用哲学。它强调超脱、和谐、人的自足，以及从政治和世俗事务中抽身而退。对斯多葛主义者来说，人与自然有着一种自然的和谐；如果一个人能够合乎自然地生活，摆脱种种激情，那他就能找到这种和谐，获得幸福，并生活在和睦安宁之中。

因此，斯多葛主义的核心是寻求未受国家和人类欲望腐蚀的人性。与当时其他一些希腊哲学学说（例如伊壁鸠鲁主义）一样，斯多葛主义也试图在一个不受当时动荡局势影响的政治共同体中找到避难所。它认可一个政治共同体中的平等——这个政治共同体看上去超越了当时四分五裂的政治制度，由此克服由人的多样性所带来的困难，诉诸更加广阔的一片天地，这代表着在一个充满政治异化（political alienation）、不满、社会衰落和解体的时代寻求某种参与感的努力。这是在一个危机时代寻找意义，或许也是在寻找精神追求。

西塞罗在《论共和国》里已经涉及一些关于法律和正义的斯多葛派议题，他在《论法律》中对此进行更加深入的讨论。真正的共和国是一个产生和谐的政府，但只有在国家成为人民的真正事务时，也就是说，当国家能根据法律把人民团结在一起的时候，才能实现和谐。虽然平等观念必须尊重社会中的各个群体和阶级的差异，但是好的法律仍然保护所有人的平等权利，以法律实现和维护人间的和睦。而实现和睦的唯一时机，出现在正义是法律的目标之时。

这样的法律不是凭空造出来的，在罗马的祖先们那里，这样的法律与罗马人的"习俗没有多大差别"，西塞罗对阿提库斯和昆图斯说，"要是我今天给你们提出的法律在我们国家现在没有，以前也未曾存在过，但它们仍然会与我们先辈的，当时曾具有法律效力的习俗相吻合"。[1]

西塞罗解释了法律与政府官员的关系，"正如你们看到的，官

1　西塞罗著，王焕生译，《西塞罗文集·政治学卷》，第 193 页。

员的职责在于治理和发布正确的、有益的、与法律相一致的政令。犹如法律指导官员，官员也这样指导人民，因此完全可以说，官员是说话的法律，法律是不说话的官员。不仅如此，没有什么比治权与法和自然特性更相一致（我希望当我这样说的时候，被理解为是指法律）。没有治权，便不可能存在任何家庭、市民社会、民族和整个人类，也不可能存在整个物质自然界和宇宙本身。须知即使是宇宙，也都服从于神明，大海、陆地听命于它，人类生活听从最高法律的命令"。[1]

法制国家的治理需要官员，但他们必须是既可以是统治者又可以是被统治者的官员，他们不是职业当官的、永远骑在人民头上的特殊人物。西塞罗说："需要有官员，因为国家没有官员的智慧和尽心，便不可能存在，整个国家管理靠官员之间的权力分配来维持。不仅应对官员的权力限度作出规定，而且应对公民的服从程度作出规定。要知道，尽管一个人可能会很好地行使权力，但他总有一天也要服从他人，而一个恭顺地服从他人的人显然也应该有一天能统治他人。"[2]是法律和法制让一个公民可以随时从一个被统治者转换成统治者，或者从统治者转换成被统治者。这样的观念与亚里士多德在《政治学》中的一个重要观点相似，那就是，政治的双重性落在公民身上，公民既要统治又要被统治。

西塞罗提出，法律是一种自然力量，是来自众神的命令，与众神平等；法律是正义的源泉，而正义则被定义为宇宙中基本的对错观念。正义的命令或禁令都永远有效，它是一项永恒的标准。西塞罗还把法律描述为包含着正义的"正确理性"，这一定义意味着，所有那些有理性的人都有能力知道法律是什么，因为法律普遍地铭刻在每个人心中。由于人类所有成员都是相似的，每个人都有权利

1　西塞罗著，王焕生译，《西塞罗文集·政治学卷》，第217页。
2　同上。

知道法律，只要他或她合乎自然地生活。法律对国王和其他统治者的约束力，与对普通人的约束力一样。

这样的法是普遍的、高于国王和统治者的观念，用今天的话来说，也就是普遍人权和民主的公民权利。和自然法一样，人权的基本原则也是抽象的，因为抽象才具有普适性，但也由于抽象所以必须在具体国家环境中被解释地运用，因此具有灵活性。但是，这种灵活性不是否定抽象普遍原则的理由，因为如果没有普遍原则，灵活性会完全没有规范，失去衡量是否"合理灵活"的尺度。

政治学家尼克尔（James W. Nickel）在《理解人权》中指出，尽管当代的人权观在第二次世界大战后才形成，但"人权"观念运用的是人类从古代就早已熟悉的自由和正义观念。人权成为当今国际间最通用的权利和价值概念，"只不过是将一个古老理念普及化了而已，那就是，自然法或神法将一切人类结合为一体，而且要求善待一切人类。这一理念在像洛克和杰斐逊这样的理论家的著作中，在法国的人权和公民权利宣言及美的（宪法）权利修正案中，都是与自然法的观念紧密结合在一起的"。[1] 在洛克或杰斐逊之前，在18世纪法国的《人权宣言》和20世纪联合国的《人权宣言》之前，早在公元前1世纪，西塞罗就已经明确地提出以自然法为基础的正义法律观念。这是十分可贵的。

1　James W. Nickel, *Making Sense of Human Rights: Philosophical reflections on the universal declaration of human rights*. Berkeley and Los Angeles: University of California Press, 1987, 6-8.

七 维吉尔《埃涅阿斯纪》

1. 奥古斯都盛世的罗马文学

从这一节起，我们进入罗马文学和思想史的奥古斯都时期，具体的年代是从公元前 40 年到 14 年。我们要谈的是奥古斯都时期的三位重要诗人：维吉尔、贺拉斯和奥维德，有人称他们为奥古斯都的三位宣传员。但是，他们个人与奥古斯都本人的关系有很大的不同，个人的下场也很不相同，有的荣耀，有的悲惨。在具体讨论这三位诗人之前，有必要先介绍一下奥古斯都这个人和他所建立的罗马政治制度，当然也要谈谈常被人们津津乐道的那个被称为"罗马和平"的奥古斯都盛世。这是一个看起来繁荣强盛，但已经开始从骨子里腐败和堕落的罗马。

伏尔泰（Voltaire，1694—1778）在谈到维吉尔时说："他向奥古斯都顶礼膜拜的那种软弱样，那是任何人都不会做的，不管对方是谁。"[1] 在古罗马，文人不能没有庇护，这就决定了他们对权贵的依

---

[1] 伏尔泰：《论史诗》，《全集》（Voltaire, *Essai sur la poésie épique, Oeuvres*），第 8 卷，第 226 页。转引自彼得·盖伊著，刘北成译，《启蒙时代（上）：现代异教精神的兴起》，上海人民出版社，2015 年，第 90 页。

附性，对皇帝尤其如此。古罗马作家比起现代文人更无助，由于无助，他们会趋炎附势，结成团伙。卡图卢斯属于一个诗人小集团，奥古斯都时代的文人一般都交往密切；再往后，朱文纳尔、小普林尼（Gaius Plinius Caecilius Secundus，61—约113）、塔西佗和其他作家或诗人彼此都是好友。罗马文人渴望得到一种良好的氛围，一份年金，一套乡间住宅或者在公共场所朗读自己作品的机会，但是他不能提出任何要求。他可以用自己的作品或个人影响力教导皇帝和达官贵人，但是他通常并不享有后来自由国家里的创作自由。奥古斯都的时代当然不是一个例外。

奥古斯都时代本身就是一个对国家和社会加强控制的时代。公元前44年尤利乌斯·恺撒被刺身亡。公元前43年，他的外甥和养子盖乌斯·屋大维当时还不过是一个并不引人注目的年轻贵族，但他借着恺撒的影响力，登上罗马的政坛。在不过一代人的时间内，他从恺撒领养的继承人转变成神圣恺撒的神圣儿子和罗马民族之父（Pater Patriae）。在历史的长河里，这样的变化几乎在一转眼间发生。

机敏过人的屋大维从一个政治暴发户开始，艰苦而巧妙地在罗马残酷的政治旋涡里搏斗，抓住每一个机会生存壮大，最后于公元前31年击败曾经与他联手的最后的政治对手马克·安东尼（Mark Antony，前83—前30），并控制饱受战争蹂躏的罗马共和国。公元前27年，屋大维赢得奥古斯都头衔。他重组军队及其指挥机制，改变参议院的成员结构和规则，在意大利半岛开辟许多新的道路，并为无数新的公共建筑和基础设施项目提供资金。他改变各省的管理和在那里的征税增收方式，通过有关婚姻、通奸、生育、释放奴隶和赋予公民权的新法律。他极大地扩大罗马的地域覆盖范围，并在整体上影响了罗马世界里发生的几乎每一种变化。因此，他统治的那个时期被后人称为奥古斯都时代。

拉丁文学最重要的杰作几乎都创作于奥古斯都统治时期。这些作品因此具有某些共同特征，也都与奥古斯都本人有某种关系。他对罗马政治、社会、文化的转变有深远的重要影响。"奥古斯都时期"不只是一个历史时期，也是一种国家政治对文学的影响方式，包括对诗人们的要求、资助方式和以此起作用的审查与自我审查。这类影响并不以奥古斯都活着的时候为限，而是在他死后继续维持了将近 60 年的时间。

因此，我们应该以一种变化和动态的观念看待奥古斯都时期在罗马文学和思想上留下的印记。维吉尔、贺拉斯、奥维德，还有诗人普洛佩提乌斯和提布卢斯都在这位罗马第一任皇帝的统治期间生活和写作。他们不仅受到了奥古斯都重新塑造的罗马国家的政治和社会影响，还与皇帝本人有着不同程度的经济联系。他们经常因为在作品中明里或暗里支持皇帝的政权，而获得他的金钱或其他赞助。这些作品还经常巧妙地称赞这位皇帝的两位极具权势的一文一武左右手代理人，一位是阿格里帕将军（Marcus Vipsanius Agrippa，约前 63—前 12），另一位则是国家文化赞助人和主管盖乌斯·麦凯纳斯（Gaius Cilnius Maecenas，约前 70—前 8）。文化主管麦凯纳斯与当时的诗人们都有良好的私人关系，其中维吉尔是他最器重的一位，当然也特别受到奥古斯都本人的赏识。

维吉尔的《埃涅阿斯纪》是他在公元前 29 年至前 19 年撰写的史诗，是为他的赞助人屋大维（一开始屋大维还不是奥古斯都）创作的。屋大维希望罗马人拥有自己的史诗，这个史诗故事在罗马要像《伊利亚特》和《奥德赛》在希腊一样家喻户晓，并享有崇高地位。屋大维想给罗马人一个光荣而古老的历史，洋溢着罗马的美德，并预示着罗马的未来和荣耀。当然，体现这个荣耀的首先必须是屋大维本人。

就在维吉尔开始撰写史诗的时候，屋大维正着手用一种新的元首制度（Principate，源自 princeps，直译为"第一公民"）取代罗马的共和。在这个新制度里，"奥古斯都"在政府中控制着帝国的各个方面。许多人对这样的制度变化心生不满或表示反对，因为共和在罗马一直是一个古老而受人尊敬的制度。奥古斯都需要打造一种比共和更古老、更受尊敬的属于他自己的统治合法性。这个合法性需要源自一个古老的专属于罗马人的神话。这个神话要能够在罗马人心灵中激发出本能的自豪、骄傲和敬畏。

奥古斯都是一位十分精明的统治者。首先，他击败所有军事和政治对手，并完全控制罗马军队。他有一支强大的军队，这已经使他能足够容易地改变人们公开表达的意见。其次，他通过一系列政治清洗，成功地抹去所有持异议者的声音。在此过程中，他没收竞争对手的财产，没收敌产使他自己变得非常富有。最后，他用没收的敌产获得的财富收买支持者，礼物、土地、食物、现金都是有效的收买手段。

在这些方面，奥古斯都跟许多其他的罗马统治者并没有什么不同。马略（Gaius Marius，约前157—前86）、苏拉和恺撒都曾用类似策略收买人心并称霸政坛。然而，奥古斯都在其他罗马统治者没有成功的地方也取得了成功。他结束了一个多世纪的内战。这本身已经足以为他赢得赞颂和荣誉，但这还不够，他知道他不能仅仅靠军队保住自己的位置。罗马的内战已经向他证明，单靠军队还不足以支撑独裁。所以，他在战场上取得胜利的同时，必须赢得罗马人民的心灵，这才是更伟大、更重要的胜利。

于是，他要求几乎所有接受他资助的诗人都试着为他写一部史诗，他们有的因为各种原因没有接受这项宣传任务，有的接受了但未能很好地完成这个任务，唯一的例外便是维吉尔。奥古斯都要的是一部颂扬罗马人和罗马美德的罗马史诗，并要把他本人、他的血统和使命放进这部史诗。按照这样的要求，维吉尔着手为罗马人和奥古斯都编织一个与希腊史诗可以媲美的罗马神话世界。于是便有了《埃涅阿斯纪》。

奥古斯都时代文学留给后世的一个大问题是，他在担任皇帝之前和期间，曾经和他的代理人一起对文学进行什么性质和何种程度的控制？也就是说，像维吉尔和贺拉斯这样的诗人可以自由地写作吗？他们写下的是自己喜欢的作品吗？他们是由于才华和声誉而享受皇室补贴，还是这样的补贴让他们能够从容地进行受到某种限制的写作？

对于关心文学和思想发展的人们来说，对不同国家和时期的作家的自由，提出这样的问题是很必要的也是很自然的，但这经常是被忽视的。

在维吉尔之前的共和晚期，在诗人卡图卢斯和演说家西塞罗的时代，诗人和作家可以直截了当地讽刺或批评恺撒和他的代理人，更不要说是次一等的政要。奥古斯都时代的诗人们不享有这种自由。如果他们的诗歌批评新政权，如果他们的作品不被奥古斯都认可，其后果是严重的，少说他们的补助和资助会被取消，更严重的还会遭到流放或别的惩罚。当然，与 20 世纪一些国家的严酷思想钳制和惩罚相比，奥古斯都时代的诗人们所受的控制还算不得太严厉，但已足够对他们产生震慑的作用。这在我们后面要讲的贺拉斯和奥维德身上表现得非常清楚。相反，如果诗人们能够顺应奥古斯都的意愿，他们确实还能得到许多好处。这种对文人和知识分子的"大棒与胡萝卜双重控制"在那之后仍然在延续，而且相当管用。

奥古斯都时代诗人们受到的政治和经济限制主要通过"资助"（patronage）这个复杂的人事和利益机制发生作用。金钱或物质赞助在罗马文学史上并不是什么新鲜事。那时诗人没有工资，也没有版权法保护他们，或者让他们能够靠出版作品的收益维持生计。诗人要生存，就得有资助人资助他，否则就得挨饿。资助虽然能帮助诗人免受饥寒之苦，但既不可靠，也不丰富。

奥古斯都时代的资助发生了一些令诗人既鼓舞又沮丧的变化，这是因为罗马的国家财富得到空前积累，而积累的国家财富又集中在皇帝一个人手中。这就大大加强艺术资助利出一孔的效应。诗人是荣是辱，几乎全在奥古斯都的一念之间。

从公元前 42 年的腓立比战役（The Battle of Philippi）到 14 年奥古斯都去世，在短短的 50 多年里，皇帝是罗马权势的第一人。在奥古斯都之前，执政官和裁判官的职位任期很短，省长的职位也是一样，不仅任期短，还需要通过严格的选拔程序。这使得罗马任最高职位的人员不断变化。

由于罗马政客任职期限很短，他们经常容易受到像西塞罗或卡图卢斯这样的文人的攻击和讽刺。罗马总有一帮能说会道、伶牙俐齿的演说家和诗人随时准备挑罗马政客的错，抓住一点把柄就死不松手。他们能用这样的办法影响选举，还影响了一些法庭案件的审理和法律的通过。这种言论自由和言论影响，是罗马共和党派活动的一部分。

在罗马共和国时期，特别是在公元前 2 世纪至前 1 世纪的马略和苏拉之前，一个诗人可以完全效忠于一个特定资助人及其利益，他可以大胆自由地言说，不必害怕冒犯其他拥有权势的大人物。但是，先是马略、苏拉，后来是恺撒和奥古斯都，罗马越来越形成一种专制霸主的政治形态，越来越削弱文学的表达自由。早期的罗马文学——卡图卢斯时代的诗歌，以及比卡图卢斯更早的讽刺诗人卢基里乌斯（Gaius Lucilius，约前 180—约前 103）——是自由的。他们即使对最有权势的政府人员也毫不留情，甚至出口成脏、肆意嘲弄和恶毒讽刺。然而，到奥古斯都时代的维吉尔和贺拉斯，这种放肆大胆的文学话语消失了，诗人变得温驯而谨慎，开始出现在政治上和批评语气上都认真进行自我审查和自我规范的文学。我们在讲贺拉斯《讽刺诗集》的第一部第 4 首时还会谈到这一点。

　　无论是维吉尔和贺拉斯，还是其他同时代作家，他们在奥古斯都统治下的创作都是既受到言论限制，也受到利益刺激。他们创作的文学作品确实非常漂亮和机智。贺拉斯的颂歌以其庄重、优雅和尊贵成为世界历史上最受欢迎且广为流传的诗歌之一。奥维德令人目不暇接的《变形记》对文艺复兴时期的文学和巴洛克艺术产生重要影响。普洛佩提乌斯和提布卢斯的爱情诗打磨掉卡图卢斯的暴戾和粗鲁轮廓，把激情和求爱的文学推到新的优雅高度。

　　即使没有《埃涅阿斯纪》，维吉尔也是一位重要作家。然而，后人记住的毕竟还是他的这部史诗。这是一部奥古斯都时代的国家史诗，它帮助这位皇帝打造一个专属于他本人的繁荣与和平新时代。写这部史诗是奥古斯都交给维吉尔的政治任务，奥古斯都本人帮他选定题材，所幸没有指导他具体的写作。维吉尔在把握好大方向的前提下，充分利用自己的创作机会，开创一种相对自由的政治正确写作范式。

　　奥古斯都以多种形式的艺术作品和文学作品宣传他作为罗马帝国和平（Pax Romana，又称"罗马和平"）缔造者的形象。他把对他本人的宣传巧妙地融进对罗马和平的宣传。据罗马历史学家苏埃托尼乌斯在《罗马十二帝王传》（*The Twelve Caesars*）里说，奥古斯都曾经写过一个自传。如果确有其事，很可惜这部自传没有流传下来。人们今天所能见到的奥古斯都宣传都是在艺术品、钱币，或者是维吉尔、贺拉斯、奥维德作品中对他的赞颂。

　　这样的宣传有两个主题，一个是他的统治权力，另一个就是他带来的和平与稳定。正如我们在《埃涅阿斯纪》里将要看到的，这两个主题都是用神话衬托。阿波罗（Apollō）、维纳斯（Venus），还有神化的尤利乌斯·恺撒被用来衬托他的权力；而战神（Mars）和爱神维纳斯则被用来衬托和平与稳定。神话对于奥古斯都的宣传，犹如党国意识形态对于希特勒的宣传。有所不同的是，即使你不相信奥古斯都的宣传，你仍然可以欣赏优雅的拉丁神话诗歌。但是，如果你不相信希特勒的宣传，那么你也许对那些精心打造的文艺宣传作品就一点兴趣都没有了。

奥古斯都时代文学的宣传意向是我们在阅读维吉尔、贺拉斯和奥维德的时候不应该忽视或无视的。对他们生活的那个时代有所了解，是阅读他们作品所需要的时代环境知识。我们在谈到贺拉斯和奥维德的时候，还会对这些知识做一些补充。

2. 领袖崇拜和国家史诗

前面我们已经谈过奥古斯都和他的时代，现在我们要谈的是奥古斯都时代第一位罗马诗人维吉尔及其《埃涅阿斯纪》。与我们另外还要谈及的贺拉斯和奥维德相比，维吉尔是最幸运的。他是奥古斯都的忠实崇拜者，诚心诚意地赞美他的英雄伟业和为罗马开辟的光辉未来。

公元前19年，在维吉尔陪同奥古斯都从希腊去罗马的旅途上，在路过希腊历史名城梅加拉（Megara）的时候，他很有兴致地进行了一番观光。不料天气太热，他中了暑，病倒了，而且一病不起，在回意大利的旅途中病故。临终之时，他要求朋友把他未完成的《埃涅阿斯纪》付之一炬。在这部手稿上，他已经花了十多年的时间，临了他还是不能满意。

但是，奥古斯都命令出版《埃涅阿斯纪》，所以这部著作才被保存下来。当然，奥古斯都要留下这部著作，自有他自己的打算。据说，奥古斯都一生都没有读完这部著作。

维吉尔成为奥古斯都的铁杆崇拜者，有于公于私的双重原因，于私的原因大概是第一位的。我们现在都叫他维吉尔，其实并不恰当，因为历史上并无 Virgil 这个名字，我们在罗马或拉丁文学史里看到的是 Publius Vergilius Maro 这个名字。他于公元前 70 年 10 月 15 日出生于意大利北部的曼图亚（Mantua）附近，比奥古斯都年长七岁。他受过学者的教育，本可以成为一位平平淡淡的罗马诗人。然而，他那种平静的书斋生活被一连串动摇当时罗马世界基础的内战打破。内战期间，先是恺撒与庞培，后来是屋大维与安东尼，双方之间互斗的战争极为酷烈。其直接后果就是罗马人民不聊生，维吉尔当然不能幸免。

屋大维（也就是后来的奥古斯都）打败安东尼，成为罗马的主宰。战后的复原需要征收土地，借以安置解甲归田的战士。因此，屋大维在曼图亚征收一大批土地，维吉尔的私人地产亦在其内。

分到维吉尔家地产的那位军人毫不留情地将这位诗人从他的家园赶出去，他甚至还威胁要取维吉尔的性命。维吉尔本不是一个勇于反抗的人，秀才遇到兵，有理讲不清，还能怎么办？虽然他后来成为讴歌罗马人高贵战斗精神和不朽武功的诗人，当时却只能听命于那位将他扫地出门的罗马军人，乖乖离开他的家园。

但他确实咽不下这口气，所以给屋大维本人写了一封上诉信。还有一种说法是请当时著名的艺术赞助人，也就是屋大维的谋士麦凯纳斯替他向屋大维说情。竟然还就成功了，这位诗人因此得以收回他的祖产。这是历史上有名的一桩圆满成功的维权上诉案。

这也许是维吉尔能死心塌地为奥古斯都效忠的私人原因。另外还有一个重要原因，那就是维吉尔喜爱和平。他生性羞怯、温顺，性格细腻而敏感。他习惯于农夫生活，以前写的都是可爱的田园诗歌，以此赢得诗人的美誉。他痛恨战争，也害怕战争，尤其是罗马人杀罗马人的内战。因此，奥古斯都能终止罗马内战，开辟罗马和平的盛世，是一件了不起的成就。不仅维吉尔这么认为，他的同时代人也都这么认为。

公元前 1 世纪后期的罗马正处于恢复和平之时。罗马已经长久遭受多轮战火洗劫：马略和苏拉的内战、斯巴达克斯奴隶起义、喀提林叛乱、庞培和恺撒的内战，恺撒死后安东尼、屋大维又与共和派展开新的对杀。和平的到来让维吉尔有了新的希望，他在《牧歌》（ *Eclogae* ）第 4 首中赞美道："从高高的天上新的一代已经降临。"[1]（4.7）在那首诗里，维吉尔欢呼屋大维在腓立比战役击败安东尼，为罗马迎来先知西比尔（Sibyl）所预言的"伟大的世纪"（4.4—5）。[2]维吉尔是从战胜者屋大维一方来展望未来的，因而充满乐观情绪，他对屋大维的好感溢于言表。他对奥古斯都抱有一种由衷的崇拜和敬仰，也就是在《牧歌》第 4 首里，他称颂奥古斯都为阿波罗国王（King Apollo）："在他的统治下，铁血终于停止，全世界涌现出一个黄金的种族。他有神的生命天赋，将英雄与诸神合为一体。他们将这样看待他，他将统治他的祖辈带来和平的世界。"

奥古斯都一直很欣赏维吉尔的诗才，当他需要用软实力加强他的武力统治合法性的时候，他第一个想到的是利用维吉尔的诗才。他建议维吉尔写一本关于罗马的史诗，维吉尔也同意了。我们可以把写这样的国家史诗看作是奥古斯都时代文化建设的一个重点项目，把写"罗马史诗"看作奥古斯都亲自给维吉尔布置的一项光荣政治任务。

奥古斯都交给维吉尔这项任务，是因为信得过他的忠诚，也信得过他的能力。所幸的是，他并不具体过问这位诗人的创作，也从不有事没事地给他下什么指示。所以维吉尔是有创作自由的。完成后的罗马史诗《埃涅阿斯纪》全长 9896 行，分为 12 卷，前 6 卷对应于荷马的《奥德赛》，说的是"回家"，这个家指新的罗马人家

1　维吉尔著，杨宪益译，《牧歌》，人民文学出版社，1957 年，第 16 页。
2　此处参考李永毅，《罗马帝国的诗歌人质：贺拉斯的腓立比情结》，外国文学评论，NO.1，2018 年，第 158 页。

园；后 6 卷对应于荷马的《伊利亚特》，说的是为夺取胜利的"战斗"。与荷马的口头神话史诗不同，维吉尔写的是文人史诗，这是罗马文学的开创之举。

维吉尔写史诗并不像荷马那样只是为了讲故事，而是要构建一个罗马的国家神话。奥古斯都要求罗马人有自己的史诗，不只为了要讲好罗马人自己的故事，还要为给自己的统治合法性铺设一个坚固扎实的基础。他要的是一部能充分展现罗马美德、描绘罗马古老的光辉历史并预言罗马辉煌未来的宣传作品，而所有这些都与他本人有关。

因此，《埃涅阿斯纪》有一个必须合二为一的任务，既要有弘扬民族大义的崇高目标，又要为奥古斯都个人统治利益做打算。正当维吉尔忙着写《埃涅阿斯纪》的时候，奥古斯都在政治上成功地把这两个目标融为一体。他一步步用一种新的政府形式代替罗马古代的共和，这种新的政府形式是一种称为"元首制"的个人专制。它让奥古斯都能够不用"皇帝"的头衔，实际上却独揽罗马大权。为了证明这个新制度的合法性，以及把他自己放在这个制度的核心地位，他需要一部具有解释性的国家史诗。他把打造这部史诗的任务交给了维吉尔。

维吉尔为完成这一任务花了十年的心血，但是他临死前对这部作品却不满意，所以要求将之付之一炬。可是，奥古斯都没有准许他这么做，在他看来，作品在文学价值上是否高超或完美，根本不重要。重要的是，他要的那个神话、那个新时代的新史诗已经被打造出来。

《埃涅阿斯纪》讲述的是罗马的光荣"天命"（destiny），罗马"天命"指的是未来必须发生也一定会发生在罗马人身上的事情。"天命"给一切以前的事情和一切以后的事情赋予某种崇高的意义，不管是否喜欢它，都必须接受它。《埃涅阿斯纪》通过对埃涅阿斯建立罗马民族艰苦经历的叙述，一方面颂扬了奥古斯都本人，给他的身份和形象添加更多英雄色彩；另一方面，也直接赞扬了罗马和罗马人民。因此，他需要用史诗的诗句传达出天神对罗马的青睐，把罗马的国家主义提升到天赋使命的高度，以此振兴罗马人民的爱国主义和民族自豪感。

在史诗中，大神朱庇特宣称："我为他们（罗马人）定下无限的空间和永恒的时间；/ 我赐予的，是一个无垠的帝国。"（《埃涅阿斯纪》，第 1 卷，第 278 至 279 行）出自此处的拉丁语短语"imperium sine fine"（无垠的帝国）后来成了罗马帝国的别称。

"罗马的天命"这一主题思想特别明显地出现在《埃涅阿斯纪》第 6 卷中。埃涅阿斯进入冥界见到了自己的父亲。在那里，他看到无数罗马未来的英雄正在等待降生。埃涅阿斯的父亲向埃涅阿斯揭示他将要开启的罗马人民族命运。他告诉埃涅阿斯，罗马人在艺术和科学上不及希腊人也不及阿拉伯人，但罗马人的命运注定是要将其他文明纳入自己的统治之中：

> 罗马人，你懂得这些艺术，但你要记住！
>
> 用权威统治这些民族，颁布和平的律法；
>
> 宽恕向你臣服的人民，把那些高傲的击垮。（《埃涅阿斯纪》，第 6 卷，第 851 至 853 行）

维吉尔在《埃涅阿斯纪》中讲述埃涅阿斯的故事，其主角是荷马史诗《伊利亚特》中的特洛伊英雄。他有神的血统，其母亲是维纳斯，他也是奥古斯都家族的远祖。特洛伊战争之后，埃涅阿斯为特洛伊人寻找并建立一个新的城邦。故事一开始就已经表明，埃涅阿斯的命运就是要在意大利定居下来，并发展出一个强大的让全世界崇敬和畏惧的罗马帝国。这样的命运是万神之王朱庇特所指定的，谁也改变不了。虽然有别的神或其他人类会抗拒这个罗马命运，但最终都不可能成功。

维吉尔把奥古斯都家族确立为罗马的开创者和奠基人，把这个家族的高贵权威回溯到罗马命运的源头。从特洛伊战争走出来的埃涅阿斯，他的命运是要摆脱旧世界的羁绊，带领他的人民走向崭新的光辉未来。在第 6 卷里，埃涅阿斯在冥界的父亲将未来的伟大帝国景象和他的后人展现在埃涅阿斯面前：

> 现在，将视线移到这里，凝视这个人，
> 你自己的罗马人。这是恺撒，还有所有后代
> 的尤卢斯（Iulus）注定要生活在天堂的极点下。
> 这就是那个人，就是他，你经常会听到的
> 允诺于你的奥古斯都·恺撒。
> 他会再次在田野里创造黄金时代
> 土星（Saturn）曾经统治的地方，并将帝国扩展到
> 利比亚人（Libyans）和印度人……
> 里海（Caspian）还有麦奥提斯（Maeotians）的地方，
> 也会因神圣预言他的来临而颤抖，
> 七条支流的尼罗河也因他躁动不安。
> 的确，大力神（Hercules）也从未跨越过如此广阔的地域，
> 虽然他射杀了青铜足的阿卡迪亚鹿（the Arcadian deer），
> 还给埃里曼索斯（Erymanthus）森林带来和平。
> ……
> 驾着胜利战车的巴克斯（Bacchus），用藤蔓制成的缰绳驾车，
> 引导驾车的老虎从尼萨（Nysa）的高山上奔驰而下。
> 也没有跨越过如此辽阔的疆土。
> 我们还需要犹豫是否要用行动来增强力量吗？

我们还会因为害怕而不能安顿我们的意大利领土吗？（《埃涅阿斯纪》，第 6 卷，第 787 至 807 行）

这是一个多么辽阔的未来罗马帝国图景，而且命运早已经注定罗马要成为世界的主宰，而这个帝国的伟大驾驭者不是别人，正是奥古斯都·恺撒。虽然《埃涅阿斯纪》中有明显的政治元素，但它并不是一部简单的为君王歌功颂德的政治作品。作为一部文学作品，《埃涅阿斯纪》很快受到罗马人的褒扬。许多人认为这与这部史诗音韵的完美和谐感有很大关系，也有人将此归功于维吉尔对诗歌画面精致、美妙的把握。全诗从头至尾都严格遵循六音步的格律，所以读起来抑扬顿挫，充满音乐的美感。而除了全诗中无数被天才般处理的纹理细节，维吉尔同时也给《埃涅阿斯纪》灌输文学作品永恒的主题——人、命运、情感、死亡。

《埃涅阿斯纪》中有许多故事，其中最脍炙人口的是埃涅阿斯和迦太基公主狄多（Dido）的不祥爱情。在朱诺（Juno）和维纳斯这两位女神的安排之下，狄多公主和刚刚到达迦太基的埃涅阿斯坠入情网。但建立罗马民族的使命迫使埃涅阿斯不得不遵从朱庇特的命令离开狄多，重新启航去意大利寻找朱庇特应诺的土地。狄多看到埃涅阿斯离去，陷入巨大的情感旋涡。她觉得自己没有办法再继续活下去，于是建起柴堆，骗妹妹说那是为了祈求埃涅阿斯的归来（《埃涅阿斯纪》，第 4 卷，第 504 行），但实际上是要用烈火烧尽埃涅阿斯所留下的一切，包括她自己的生命。她悲哀地呼喊道：

可惜我不能像一只野兽一样，把我的一生奉献给孤独，

并且免于为人所指；可惜，我也不能承受如此的苦痛！

（《埃涅阿斯纪》，第 4 卷，第 550 至 551 行）

在柴堆上，狄多诅咒了埃涅阿斯，并且预言特洛伊的后代和迦太基的后代之间将永远为敌、永不修好（《埃涅阿斯纪》，第 4 卷，第 624 行），她的诅咒也成为对罗马人国家的诅咒，迦太基后来成为罗马的死敌。狄多的诅咒预言了罗马与迦太基的三次布匿战争。

狄多曾经在埃涅阿斯身处险境之时收留了他，还为他献出自己的身体和爱情，这是一份难以偿还的恩情。维吉尔对狄多也显然抱有好感，但他始终没有忘记他对罗马的使命。这构成文学中常见的情感与责任，或者恻隐之心与重任在身的矛盾。这样的矛盾还体现在罗马人与意大利本土的拉丁人之间。维吉尔是如何对此进行文学处理的呢？

3. 文学家与权力政治的联姻

前面提到，维吉尔真心诚意地把奥古斯都当作他崇拜的领袖。虽然据说奥古斯都本人帮维吉尔选定《埃涅阿斯纪》的题材，但是，作为一个诗人，维吉尔有自己的艺术想法和作为。所以我们不要把他简单地看作我们所熟悉的那种马屁精文人。

以我们今天对文学创作的理解来看，维吉尔之所以能成为罗马国民诗人，成为一位受到后世尊敬和赞赏的伟大诗人，不在于他成功地暗示了奥古斯都的伟大，而在于他在诗歌创作上的造诣。但是，对所有不能完全自由创作的后世作家来说，维吉尔还有另外一重意义，那就是，他在大方向正确的前提下，充分利用自己的创造自由，并以此开辟一种特殊的写作范式。

例如，他对罗马敌人迦太基人和拉丁人抱有同情心，但又始终没有忘记自己要写的是一部弘扬罗马光荣甚至是奥古斯都丰功伟绩的史诗。所以在他的作品中有一种我们在谈索福克勒斯（Sophocles，约前 497—约前 406）的悲剧《菲罗克忒忒斯》（*Philoctetes*）时说过的那种恻隐之心与重任在身的矛盾。

这特别表现在他在《埃涅阿斯纪》中如何处理罗马人的两个主要敌人，一个是迦太基人，另一个是拉丁人。"恻隐"与"重任"的矛盾形成"好感"与"使命"的冲突，成为一个悲剧性的文学题材，最典型的就是一个人爱上他或她不该爱的对象，由于门庭、阶级、政治背景等因素，这样的爱情从一开始就注定会有不幸的甚至悲惨的结果。

苏联作家拉夫列尼约夫（Борис Андреевич Лавренёв，1891—1959）的中篇小说《第四十一个》（*Сорок первый*）就运用了这个题材，是一部苏联时代的文学杰作。一位红军女兵爱上一位白军军官，但在最后关键时刻，她还是射杀了心爱的人。拉夫列尼约夫自己的写作也类似于维吉尔的写作，他是政治正确的，但说的却是一个人性的故事，打动读者的不是他的政治正确，而是他的人性故事。在政治限制还能允许的范围内，尽可能地进行自由创作，这可以说是维吉尔开创的写作范式。

我们看一下维吉尔在《埃涅阿斯纪》里如何以人性的方式处理罗马的敌人——迦太基人和拉丁人。

《埃涅阿斯纪》开始于特洛伊战争之后，特洛伊人残部上了战船去寻找新的家园，来到西西里南部的地中海上。仇恨埃涅阿斯的女神朱诺说服风神刮起一场风暴，将驶往非洲海岸的特洛伊舰队打散。女神维纳斯请海神尼普顿（Neptune）出面帮助特洛伊人，让剩余的战船来到非洲海岸的迦太基。

迦太基后来成为古罗马的头号仇敌，但那时候的迦太基却是收留埃涅阿斯及其残部的好客主人。迦太基的公主狄多爱上埃涅阿斯，两人发生了性关系，埃涅阿斯本可留在迦太基，幸福地度过一生，但他背负着神圣的使命，要为特洛伊人的后代寻求发祥之地。神谕告诉埃涅阿斯，那个地方在意大利，而他也将成为那个国家的开创者。

埃涅阿斯于是决定离开深爱他的迦太基公主狄多。他认为自己并没有背叛狄多，因为他们并没有正式结婚。他一离开，狄多就自杀了。

维吉尔活着的时候，迦太基已经是罗马的头号敌人，他在《埃涅阿斯纪》里这样设计埃涅阿斯和狄多的关系，并不是要写一个动人的爱情故事。有人拿他们的爱情与莎士比亚的罗密欧与朱丽叶相比，可以说是完全不得要领；还有人从这个故事联想到《钢铁是怎样炼成的》（*Как закалялась сталь*）一书中的保尔·柯察金和冬尼亚，也只是把这仅仅当作一个爱情故事。维吉尔有更深的用意。迦太基公主狄多之死预言着罗马最终会灭掉迦太基。

在历史上，迦太基并不一直是罗马的敌人，公元前 264 年第一次布匿战争爆发之前，两个国家有着悠久的贸易往来历史。这两个国家实际上还联合在一起对抗过伊庇鲁斯（Epirus，今阿尔巴尼亚）国王皮洛士（Pyrrhus），这在今天被称为皮洛士战争（The Pyrrhic War，前 280—前 275）。

罗马后来灭掉迦太基是两国争霸的结果，但《埃涅阿斯纪》要暗示的是，罗马必须灭了迦太基，因为罗马的使命是成为世界主宰。这就像埃涅阿斯有他的使命，他必须抛弃迦太基公主狄多，不能让狄多成为他达成建立罗马这一使命的绊脚石。在我们今天看来，这种所谓的"使命"可能不过是自欺欺人的借口，但它却又是有用的，因为它能掩盖利益的动机，营造出一种正当性的神话。

然而，从维吉尔笔下迦太基公主狄多的故事来看，他对迦太基人有着某种历史的眷恋，至少不像是很有敌意的样子。他对拉丁人英雄图尔努斯（Turnus）这个人物的处理也与此类似。

埃涅阿斯在离开迦太基之后，去了一次冥界，在那里见到了他死去的父亲，还见到了一些在未来要到人间的人物，包括他自己的子孙后代和奥古斯都本人。于是,在《埃涅阿斯纪》的下半部(7—12卷)里,埃涅阿斯和他的随从来到意大利的海岸。在这里,阻碍他建国大业的便是拉丁人的勇士图尔努斯和他的军队。

埃涅阿斯终于看到他未来定居之地的景况——他带着他的追随者们登陆,进入意大利的拉丁姆王国之境。这个王国的国王没有儿子,只有一位芳龄待嫁的公主。王后本想把公主许配给拉丁勇士图尔努斯,但国王想听从神谕,将公主嫁给一个外来人。你一猜就知道,这个外来人就是埃涅阿斯。所以拉丁勇士图尔努斯更有理由找埃涅阿斯拼命。

长话短说,勇士图尔努斯与埃涅阿斯多次交战,各有胜负。在一次战斗中,他甚至杀死一直与埃涅阿斯并肩作战的好朋友帕拉斯(Pallas)。图尔努斯是个英雄,他对帕拉斯没有任何不敬的行为,只是取了帕拉斯佩剑的腰带作为战利品,而正是这条腰带后来让图尔努斯送掉性命。

人类之间进行战争,但最终结果由神明之间的协议决定。朱庇特是埃涅阿斯的保护神,朱庇特的妻子朱诺则站在图尔努斯一边,她一直在阻挠埃涅阿斯的事业。然而,就在埃涅阿斯和图尔努斯最后决战之前,朱庇特和朱诺达成了决定这一对敌人各自命运的协议。

朱庇特不准朱诺再干涉埃涅阿斯的使命,他斥责朱诺道:你把特洛伊人赶到海上,在迦太基的海岸边毁掉他们的船只,发动可怕的战争,这还不够吗?你还要显示自己多大的威力?朱诺同意就此罢手,她知道图尔努斯命中该绝,所以她对朱庇特提出一个最后的要求,那就是在战争结束之后,让交战的双方以拉丁的名义团结到一起,以罗马人的名义繁衍后代。他们拥有的将是一种称为意大利的力量和美德。朱庇特同意了朱诺的要求,朱诺的怒火也就平息了。

维吉尔就这样非常艺术地处理了特洛伊外来移民与意大利原住民拉丁人的融合问题。在他的故事里,图尔努斯和埃涅阿斯达成一次停战，以便埋葬死者。但是，图尔努斯的妹妹唆使拉丁人破坏停战，袭击埃涅阿斯。她还在战斗中设计以暗箭伤害埃涅阿斯，但没有得逞。这件事让埃涅阿斯有了与拉丁人重开战火的理由。

埃涅阿斯与图尔努斯最后一次对决时，图尔努斯受伤倒地，已经失去战斗能力，而且已经向埃涅阿斯投降。按照古代战士的荣誉行为准则，埃涅阿斯本来不该杀他。但是，正当埃涅阿斯还在迟疑、不能下手的那一刻，他看到图尔努斯身上那条本属于自己好友帕拉斯的腰带，一怒之下便杀死了他。当然，他还有一个更加冠冕堂皇的理由，那就是图尔努斯的拉丁人军队破坏了停战协定，他杀死图尔努斯，是你先不仁，我才不义。《埃涅阿斯纪》也就在埃涅阿斯这样一个有污点的胜利中结束。

维吉尔对图尔努斯有所同情，与他对迦太基公主狄多有所同情是一样的。他笔下的图尔努斯虽然有性格上的缺点，但确实是一位英雄。但是，维吉尔写的是罗马史诗，在这样的史诗里，英雄是埃涅阿斯，所以他的敌人图尔努斯必须得死。图尔努斯在与埃涅阿斯战斗时说，他害怕的不是埃涅阿斯而是朱庇特，因为他知道朱庇特不站在他这一边。

埃涅阿斯打败并杀死拉丁英雄图尔努斯，不仅是他个人的胜利，还象征着罗马的胜利。埃涅阿斯代表的是法（条约）的胜利，而图尔努斯则代表意大利的原始活力。维吉尔是一个田园诗人，他赞美意大利神话般的乡村活力：肥沃的土地、丰饶的出产、淳朴而健壮的农夫、传统快乐的家庭。维吉尔史诗里罗马人和拉丁人的双方协定标志着他们是平等的。正如朱诺所要求的，意大利的美德让罗马得以伟大。维吉尔以此表明，当罗马人的高尚理想与拉丁人的原初活力结合到一起时，就能创造出罗马伟大的政治和历史。在《埃涅阿斯纪》里，这一结合的象征是埃涅阿斯与拉丁公主拉维尼亚（Lavinia）的婚姻结合。埃涅阿斯实现了他的使命，这也是罗马的

"国家天命"。

维吉尔史诗的这个罗马国家天命主题应该是比奥古斯都的主题更加重要的。因此,这部"国家史诗"未必是奥古斯都最想看到的样子。据说,维吉尔一共只从这部史诗中挑选了三个片段给奥古斯都看过,奥古斯都所知道的《埃涅阿斯纪》也就这么多。

《埃涅阿斯纪》是受奥古斯都的委托而写,奥古斯都本人也出现在其中,维吉尔在史诗中如何处理奥古斯都,一直是令人好奇的问题。学界现有的共识似乎是,他对奥古斯不只是正面的恭维,也有暗示的负面批评。这里举两个负面批评的例子。在第 6 卷里,埃涅阿斯去到冥界,见到死去的父亲之后要返回人世间,必须通过两个沉睡之门中的一个。一个是"牛角门"(Gate of Horn),从它自然柔和的光亮中出去的是真梦,另一个是"象牙门"(Gate of Ivory),那里有闪亮的光芒,由此出去的却是假梦。埃涅阿斯的父亲带他出去,走的是象牙门。由于埃涅阿斯是奥古斯都的替身,他穿越了象牙门似乎暗示着奥古斯都不过是一个虚假的梦。他善用狡诈和权术的虚假手段,只是因为成功地欺骗了元老院,才篡夺了元老院的权力。他欺骗元老们说,自己是与他们平等的一员,实际上却是跟罗马王政时代第七任君主卢修斯·塔克文·苏佩布(Lucius Tarquinius Superbus)一样的篡位者。

在第 12 卷里,图尔努斯之死是另一个例子。埃涅阿斯杀死图尔努斯,违背了他父亲对他"要宽仁"的嘱咐。《埃涅阿斯纪》最后以这样的诗句结束:"图尔努斯的肢体冰冷地垂了下来,生命呻吟着离开了他,愤怒地消失了。"(《埃涅阿斯纪》,第 12 卷,第 952 行)这个结尾相当蹊跷。埃涅阿斯的行为不像讲究荣誉的罗马人,反而更像是一个野蛮人。由于埃涅阿斯和奥古斯都之间的象征联系,埃涅阿斯用不荣誉的方式杀死图尔努斯,从他那里抢走拉丁公主拉维尼亚,这可以暗示,奥古斯都也是用一种不荣誉的方式在统治罗马。

这样的解读当然是为了在维吉尔与奥古斯都之间拉开距离，有没有道理，那就是见仁见智。但这也给我们提出一个仍然令我们感兴趣的问题，那就是在一个文学家不得不与政治联姻或者必须结成某种没有爱情的婚姻的时代，是否还能有相对独立的文学和艺术？评判它的艺术标准又是什么？

苏联前后有五位诺贝尔文学奖获得者，他们分别是蒲宁（Ивáн Алексéевич Бýнин，1933）、帕斯捷尔纳克（Борис Леонидович Пастернак，1958）、肖洛霍夫（Михаѝл Алексáндрович Шóлохов，1965）、索尔仁尼琴（Александр Исаевич Солженицын，1970）、布罗茨基（Иосиф Александрович Бродский，1987）。

蒲宁获奖时已经流亡国外，他可以自由写作，但没有祖国。帕斯捷尔纳克获奖引起苏联当局甚至"全体"人民的愤慨，帕斯捷尔纳克不愿意得罪当局，放弃领奖而留在俄罗斯大地。肖洛霍夫是唯一一位既得到过诺贝尔文学奖又得到过当局承认甚至器重的苏联作家。索尔仁尼琴的作品在苏联写成，他一直是苏联当局眼里的一个"麻烦"。布罗茨基的命运似乎更加糟糕，他于1940年出生，曾多次入狱，1964年以"寄生虫"罪名被提起公诉，被判五年徒刑，流放北方。1972年，苏联当局告知他，"强烈建议"他离开苏联，并将其驱逐出境，他也从此定居美国。他的作品是在国外完成的。

所以，在这五位作家里，只有肖洛霍夫一人与苏联国家的政治结下某种可称为"姻缘"的关系，而他的一生是在与当时政治权力又怕又爱、提心吊胆、如履薄冰的关系中度过的。17、18世纪英国剧作家威廉·康格里夫（William Congreve，1670—1729）在《老光棍》（*The Old Bacheler*）一剧中写道："前脚刚快乐，后脚就哀伤 / 越是急忙成婚，越是长久后悔。"奥古斯都时代的罗马诗人们似乎都有点像康格里夫剧中的老光棍，他们都渴望得到皇帝的青睐和恩宠，而跟皇帝沾上边之后，危险和恐惧也就如影随形，再也难以摆脱。维吉尔也许是他们当中最幸运的，即便有离异之心（就如某些解释所暗示的那样），他也是极深地隐藏在心底。至于我们要阅读的下一位奥古斯都时代的诗人贺拉斯，更是一辈子特别谨小慎微地做人行事。为什么会如此？他又是如何向奥古斯都显示忠诚的？

八 贺拉斯《讽刺诗集》

1. 站错过队的诗人如何表现政治忠诚

我们已经谈了奥古斯都时代的重要诗人维吉尔，现在要说的是奥古斯都时代的另一位重要诗人贺拉斯。如果说维吉尔是崇拜奥古斯都的真正信徒，那么贺拉斯就是一个皈依者。内战期间，贺拉斯反对恺撒，并在庞培的军队中担任军官。这之后，他拥护的是谋杀了恺撒的罗马参议员布鲁特斯，参加的是与屋大维和安东尼军队对垒的共和军队。屋大维掌权后，不用说，贺拉斯便成为一个曾经站错队的人。他转向屋大维的阵营，在那里受到热烈欢迎。能够把曾经是恺撒敌人的贺拉斯争取到自己这一边来，是奥古斯都可以特别炫耀的一件事情。

也许由于他的"污点"背景，贺拉斯在证明自己对奥古斯都的忠诚方面比其他同时代诗人更加努力，也更胜一筹。他把奥古斯都比作天神阿波罗，称他为恺撒的复仇者、罗马的和平使者。他祈祷奥古斯都能够长长久久地活在人间，永远是罗马人的"元首"：

> 我们祈祷，最终降临的是你，

阿波罗，云层遮住双肩的光辉，

……

你终于厌倦了战争，不再如平日

痴迷沙场的喧嚣和闪亮的头盔，

……

容许我们称呼你

恺撒的复仇者，

祈求你迟迟莫回天界，祈求你

欣悦地盘桓在罗马民族中间，

祈求你别因憎厌我们的恶事

乘疾风远返，

祈求你钟情盛大的凯旋，中意

父亲和元首的名号。[1]

他甚至称奥古斯都是罗马人的"太阳"，

……我们盼你回家。

请把光还给你的祖国，仁慈的统帅，

因为你的面容如同春天，在哪里

向民众闪耀，哪里的日子就更愉快，

太阳的旭辉就更明丽。[2]

他赞叹奥古斯都在罗马人民心中焕发的忠诚感情，称颂奥古斯都是万民如神一般"敬拜"的伟人：

1　贺拉斯著，李永毅译，《贺拉斯诗全集（上）》，第9—11页。
2　同上，第291页。

奉你为神，邀请你品尝，

向你反复祷告，用杯盏倒酒于地，

将尊贵的你和家神摆在一起敬拜，

就像在希腊，卡斯托和伟大的海格力斯

永远不被人们忘怀。

"仁慈的统帅，愿你将长久的节庆赐给

意大利！"这是我们早晨清醒时的祷词，

也是我们喝醉时的祷词，当太阳的余晖

已经沉入大洋之底。[1]

　　也许是怕自己的赞美还不够明白，贺拉斯直接歌颂这位皇帝与日月同辉，与众神一样荣耀。他赞美奥古斯都为罗马人建立的所有方面的丰功伟绩，他说，别的伟大人物"常等到死后，才获得敬意"，"可是你尚在人间，我们就已献给你／无数荣誉，搭建了祭坛，以你的名义／祷告，称赞你是空前绝后的人物"。[2]奥古斯都活着的时候就已经成了神，像神一样受到万民敬拜，还有什么比这更高的荣耀呢？

　　但是，我们不能光凭这样的诗句就断定贺拉斯只是奥古斯都的一个吹鼓手。他和奥古斯都的关系要隐蔽和复杂得多。他对奥古斯都时代的政治凶险心有余悸，明白地表示自己"有心无力／战阵的枪林耸立，将死的高卢兵士／兵刃已断，帕提亚人受伤坠马，这些／场景不是随便谁都有能力描摹"，[3]"我能胜任。时间不恰当／贺拉斯的诗进不了恺撒专注的耳朵。／抚摸不得法，就会挨警惕的

1　贺拉斯著，李永毅译，《贺拉斯诗全集（上）》，第293—295页。

2　同上，第671页。

3　同上，第489页。

他一顿踢"。[1]

他把诗当作自己的个人"嗜好"，说将以诗来专心地度过此生，如此而已：

> …… 我就喜欢把词语关在格律里，
> 像卢基里乌斯那样。他比咱俩都厉害。
> 诗集在他眼里就是好伙伴，秘密
> 都可以托付给它们，无论境遇好坏
> 都心无旁骛……

> …… 这支笔不会
> 主动攻击任何人，像藏在鞘里的剑，
> 它保护我。我何必动武呢，又没有恶匪
> 把我包围？啊，众神之主朱庇特，
> 愿我的长矛永远废弃，直到锈烂，
> 也别让任何人伤害爱好和平的我！[2]

贺拉斯的人生故事开始的时候，奥古斯都还是屋大维。虽然贺拉斯后来有幸成为一位受到奥古斯都恩赐并与其幕僚保持良好关系的著名诗人，但就在公元前 1 世纪 40 年代后期奥古斯都血腥清除政敌的时候，他还只是一名来自意大利中南部小镇的大学生。他虽然无从知道谁最后会成为罗马的主宰，但他对发生在罗马的恐怖事件不会没有耳闻。

公元前 43 年 10 月，20 岁的屋大维与安东尼和雷必达举行了重要会议，形成罗马史上的后"三巨头"。他们立即采取的行动之一

1　贺拉斯著，李永毅译，《贺拉斯诗全集（上）》，第 491 页。
2　同上，第 491—493 页。

是拟定一个黑名单，包括至少 100 名，或许多达 300 名参议员，以及 2000 名骑士（equestrians，下层贵族），并准备处死他们。后来的受害者中最有名的是西塞罗，他在公元前 43 年 12 月被谋杀并被剁成碎片，他的双手和头颅被刽子手砍下陈列在广场上，成为对所有不服从者的警戒。

就在西塞罗遇害的公元前 43 年 12 月，正好临近贺拉斯 22 岁生日。那时候他正在雅典学习（许多罗马年轻人都到雅典学习）。杀死恺撒后被安东尼赶出罗马的参议员布鲁特斯——你可以在莎士比亚的《恺撒》（Julius Caesar）一剧中读到这个故事——到雅典招募共和的支持者，贺拉斯应招投军。布鲁特斯给了他一种军中的职位——"军事论坛"（tribunus militum，又称"士兵的论坛"）成员。这是一个在军阶上低于副将（legate），但高于百夫长（centurion）的职位。这个职位通常由骑士出身的人来担任，他们当中不少都是以这个职位作为日后进入元老院的垫脚石。要不是布鲁特斯的提携，贺拉斯本来是得不到这个职位的，他只是一个自由民（解放了的奴隶）——他后来在诗中一直嘲笑自己的低下出身。对于身份低下，且从来没有军事经验的贺拉斯来说，能在军中得到这样一个相当诱人的职位不是每天都能碰到的运气。

没有证据表明贺拉斯加入共和军还有什么比改变低下身份更重要的动机。古典学者贝蒂·拉迪切认为："没有迹象表明……贺拉斯对暴政有强烈的政治反抗；他很可能是出于浪漫的冲动而加入布鲁特斯的部队，或者只是和他的同学们一起去了。"[1] 但改变身份可能是比浪漫冲动更现实的原因。

不管贺拉斯参加共和军的动机是什么，他都在布鲁特斯的部队

1　Betty Radice, introduction to *The Complete Odes and Epodes with the Centennial Hymn*, Horace, Translated and with Notes by W. G. Shepherd and with an Introduction by Betty Radice, London: Penguin Classics, 1983, 12.

里一直坚持到最后的失败。公元前 42 年 10 月，布鲁特斯兵败，共和国的最后希望破灭了。贺拉斯在一首颂歌中阴郁地回忆起他在"崩溃的腓立比战线"的往事（《颂歌》，3.4.27）。他还在另一首献给昔日同袍庞贝斯（Pompeius）的颂歌里，对庞贝斯说："有了你，我知道了 / 腓立比的溃败和我丢弃的盾牌，/ 使我感到羞耻，/ 断送了荣誉，没有遵守誓言。"（《颂歌》，2.7.9—12）这里说的是贺拉斯自己在战斗中丢弃盾牌，逃命而去。那时候，还差 2 个月，他就23 岁了。

临阵逃跑，这在崇尚军人勇敢的罗马人当中，是一件极为羞耻的事情，贺拉斯不止一次地在诗里提到这件事情，当然是用一种富有诗意的想象来表述的。《牛津罗马文选》在介绍贺拉斯时说，他这么做是为了把自己与参与腓立比战役拉开距离，"把那说成是自己年轻无知"的结果。[1] 无论他的动机究竟是什么，他获得了赦免，并且后来在罗马国库司任抄写员。他弃盾投降时是 23 岁，他后来写诗并出版了三本颂歌集，那已经是近 20 年后的事。半个人生后，贺拉斯的整个世界已经改变。他受到麦凯纳斯赏识，成为受麦凯纳斯资助和保护的幸运儿。

我们在讲维吉尔和奥古斯都时代的时候，已经谈及麦凯纳斯。他是罗马帝国皇帝奥古斯都的顾问、著名的外交家，同时还是诗人和艺术家的保护人。诗人维吉尔和贺拉斯都曾受他提携。麦凯纳斯这个名字在西方简直就是文学艺术赞助者的代名词。他在奥古斯都时代的作用非常重要，也非常独特。他让贺拉斯和维吉尔的诗才有机会得到充分发挥，并协助奥古斯都在艺术上投入大量金钱。

贺拉斯的著作中经常提到麦凯纳斯，两人最终成为好朋友。麦凯纳斯给了他一个离提伏里（Tivoli）不远的庄园，靠着庄园的收入，

1　Peter E. Knox, and James C. McKeown, eds. *The Oxford Anthology of Roman Literature*, New York: Oxford University Press, 2013, 217.

他可以衣食无忧地悠闲写作，对这样的生活非常享受。1 至 2 世纪罗马历史学家苏埃托尼乌斯在《贺拉斯传》（*The Life of Horace*）里说，贺拉斯的日子过得非常悠闲，每天要睡到早晨 10 点才起身做事。

他在《颂诗集》第 20 首（致麦凯纳斯）中这样写道：

> 便宜的萨宾酒和朴素的陶瓶等着你，
> 我亲手藏进希腊的坛子，抹上
> 封泥，当日人们正向你致意，
> 在宽阔的剧场。

> 麦凯纳斯，我亲爱的骑士，你先祖
> 居住的河流两岸，还有梵蒂冈山，
> 那时都传来快乐的回声，仿佛
> 也把你颂赞。

> 你平素总喝凯库布和卡莱斯榨酒机
> 征服的葡萄：可我的杯子，却不要
> 法雷努的藤蔓和福米埃的山谷辖制，
> 没它们的味道。[1]

从贺拉斯的诗歌里我们可以推断出他和他的赞助人麦凯纳斯对轻松生活、佳肴美酒和乡村度假有着共同的爱好。他们两个甚为志趣相投，人生态度也很投契。他们都有机会爬上奥古斯都提供给他们的高位阶梯。奥古斯都想任命贺拉斯为他的秘书，让麦凯纳斯进入元老院，但他们都婉言拒绝。贺拉斯在他的诗里，尤其是讽刺诗

---

1 贺拉斯著，李永毅译，《贺拉斯诗全集（上）》，第 55 页。

和书信里，有许多自画像。如果可以相信那些自画像，那么可以看到，他有一种与世无争、自我调侃和喜爱轻松人生的性格。在这一点上他与麦凯纳斯似乎心心相印，他们宁愿在奥古斯都和那些迷恋权力的新贵面前只是扮演配角，而不是主要的角色。

贺拉斯在公元前 42 年的腓立比战役之后失去一切，连父亲的家产也被没收。他后来时来运转，一心想的是安安稳稳地过日子，并无政治上的野心。而且他发现，靠着奥古斯都和麦凯纳斯的赞助，生活确实可以过得相当愉快。苏埃托尼乌斯在贺拉斯的传记里写道，贺拉斯"生活得很优雅，除了他在罗马的房子外，还有他的萨宾农场的一间小屋和蒂诺（Tibur）的一座别墅。那里靠近阿尼奥（Anio）的瀑布，他毫无疑问地享受着。这是奥古斯都大度赏赐给他的"。[1]

贺拉斯能够在奥古斯都时代风风光光地过日子，当他的诗人，他的诗才受到皇帝的赏识自然是最重要的，他为人随和、讨人喜欢、做人乖顺，也是一个原因。奥古斯都出巡时常把他带在身边，维吉尔也是这样，可见他对他们都很喜欢。皇帝喜欢与诗人交往，不只是为了笼络知识分子的人心，还是因为这是一种他喜欢的公共文化生活。学者彼得·怀特指出："这种环境中的诗歌不仅是一种普遍的趣味，而且在某种程度上是一种公共活动。参与者们互相通信，阅读彼此的著作，切磋感兴趣的主题，提出建议，并交换对作品的意见。"[2] 他们形成罗马的文化精英圈子，贺拉斯、维吉尔和其他数十位诗人，以及包括奥古斯都本人和麦凯纳斯在内的尊贵赞助人，都是这个圈子里的人，也正是在这样的文化氛围中产生了罗马最有

1　Suetonius, "The Twelve Caesars: Alexander Thomson Translation." In *The Complete Works of Suetonius*, Delphi Classics, 2016. Kindle.

2　Peter White, "Poets in the New Milieu: Realigning." In *The Cambridge Companion to the Age of Augustus*. ed. Karl Galinsky, New York: Cambridge University Press, 2005, 327.

影响力的文字。[1]

奥古斯都时代被大多数历史学家视为罗马文学的黄金时期，当时罗马不仅国家稳定，国力强盛，而且皇帝本人对诗歌、艺术有浓厚的兴趣，并亲自参与营造了一种全罗马社会的文化氛围。

2."新社会"知识分子如何自我定位

奥古斯都经常被视为罗马帝国的开创者，也是罗马帝国最有成就的君王，他开创了一个新的罗马社会。贺拉斯一直在小心而努力地为自己在这个新社会里确定自己的位置，这是一种充满风险和矛盾的自我定位。两千多年来，每当一个国家经历军事和政治的巨变，建立"新生活"之后，文人和知识分子都会面临如何为自己在新社会里定位的问题。1949 年后的中国文人、学人，乃至一般知识分子也都曾经不得不有过自觉或不自觉的自我定位。不同的人因不同的性格或条件会有不同的定位方式，有的成功，有的不成功，甚至非常失败。在这方面已经有了一些很好的历史著作，如陈徒手的《故国人民有所思》等，相信大家也都是熟悉的，这里就不多说了。

贺拉斯在奥古斯都新社会里的自我定位面临着两种可能，一种是把自己定位为纯粹的诗人，诗人不管政治，诗人为写诗而写诗，是非政治的个人。另一种是把自己定位为社会里的个人，诗人的诗是给阅读者读的，诗人对读者会有影响，是一个公众角色。在贺拉斯那里，这两个角色都有，但作为一个诗人，他的定位方式有其特点。他的诗作中总有一个"我"，这个"我"不一定完全是他本人，

1　White, "Poets in the New Milieu: Realigning." 321-339.

而是他要别人看到的那个"我"。这个"我"既是非政治的（与政治无关），但又属于一个有政治后台的文化精英小圈子。

今天只有贺拉斯、维吉尔、普洛佩提乌斯、提布卢斯和奥维德的作品幸存下来，但在奥古斯都时代，罗马的作家肯定不止他们这几位。古典主义者彼得·怀特在研究中发现，现在还能数出大约 30 来位诗人的名字。他写道："如果一个文学批评家想对奥古斯都时期的诗歌做一个概括，那么从 5 位多产且有名的诗人来推断 30 多位其他诗人，是一件很困难的事情。"[1] 也就是说，奥古斯都时代罗马约 90% 的诗歌已经失传了，而维吉尔的《埃涅阿斯纪》也许只是多种罗马史诗中的一种。贺拉斯在这个圈子里的地位相当特殊，尤其能体现诗人与新社会的关系，因为他的创作期长达 30 多年，而且他的诗作品种多样，在每个品种中都称得上佼佼者。

贺拉斯一生都在两种可能的诗人自我定位之间摇摆。一种是非政治的诗人，一种是有政治后台的诗人。而且，这也是一个变化的过程，越到后来就越向有后台的诗人位置移动。这可能与奥古斯都的新社会越来越稳固，诗人必须与这位皇帝保持一致有关。贺拉斯那种暧昧的、变化着的自我定位并不纯粹是他的个人选择。此刻的贺拉斯已经不再是罗马共和的公民，而是奥古斯都皇帝治下的一个臣民，他的自我定位可能性实际上是由他的"皇帝子民"的生存地位决定。

在贺拉斯从早期到后期的诗作中，我们越来越可以感觉到奥古斯都在他心目中的分量。贺拉斯早年在政治上站错队，但是他从开始写诗的时候，就已经站在奥古斯都这一边。因此，许多论者认为，贺拉斯是奥古斯都新社会的"发言人"，一直在替奥古斯都倡导的罗马新生活运动站台。但也有论者认为，他只是一个努力保全自我、

1　White, "Poets in the New Milieu: Realigning." 325.

避祸求生的伊壁鸠鲁主义者，不过是在随大流、做应景文章而已。到底是怎么回事，我们在这里无法下定论。

但是，对我们来说，重要的也许不是如何看待贺拉斯本人对奥古斯都的态度，而是在他那里可以看到的一种普遍的文人和知识分子现象，那就是，一个从"旧社会"过来的"有污点"的知识分子该如何在新社会安身立命，并且如果有可能如何能混得顺风顺水、左右逢源。

贺拉斯与奥古斯都这位"元首"的关系开始时是通过他的直接赞助人和保护人麦凯纳斯这个中介建立的。麦凯纳斯是奥古斯都的谋臣，而贺拉斯受麦凯纳斯的青睐，所以贺拉斯也是奥古斯都的人。后来，贺拉斯与元首有了直接的联系，元首很喜欢他，也信任他，曾经想要他担任为自己写信的私人秘书，这可是个不小的恩宠。但是，贺拉斯因为害怕这个职位遭人妒忌，所以婉拒了。

不过，对于元首的新社会新生活计划，贺拉斯是积极拥护的，并用自己的诗作为之大力宣传，所以他的政治大方向是正确的，这也算是对得起元首对他的器重和信任。

奥古斯都要在罗马推行重建婚姻道德、遏制通奸风气的新生活运动，贺拉斯则规劝罗马人要经常到神庙祷告，要抵制和批评时下盛行的不轨性关系和通奸现象。

> 你父亲的罪恶，你仍然必须偿还，
> 直到罗马啊，你恢复了每座神殿，
> 每座神庙都在腐朽中呻吟，
> 烟熏的雕像已经不再神圣。
> ……
> 邪恶时代越发堕落
> 婚床，种族，家庭；

因此，洪水泛滥，水荒

荒废了国家和罗马的英名。(《颂歌》，3.6)

其实，奥古斯都和贺拉斯都不是家庭婚姻的道德模范。贺拉斯从未结婚，他在诗作中毫不讳言，自己有需要时就找妓女或女奴解决一下。苏埃托尼乌斯在《奥古斯都传》第 69 章里说："连奥古斯都的朋友也不否认他常有通奸行为。但是朋友们说他这样做并不是出于淫欲，而是一种策略，因为与政敌的老婆上床可以轻易地弄清楚政敌的计划。"

奥古斯都有一个为革除时弊而做出的重振婚姻道德计划，这在谈下一位罗马诗人奥维德的时候还会提到。这里需要指出的是，这是一个彰显新社会新风气的宣传，与社会风气的实际改善并不是同一回事。今天，我们也有提倡"女子贞洁"的宣传，且不说宣传者自己是否能够身体力行，单从宣传本身来说，它是否能有说服力，也是一个问题。有一则宣传是这样写的："那山川、大河，气势万千，尔等身为男子，当顶立于天地之间，做有益于苍生之事，彰显男人的气魄，成为女子的保护神，家庭的顶梁柱。"此宣传还用科学来证明，"贞洁女子的后代更聪明"，"科学研究表明……（一个女性如果不出轨，婚后生下的孩子，其智商通常会比她本人高二十几个点），而滥交者的后代智商会很低。因为当一个男人与滥交的女性混在一起时，他的身体会认定他需要更多的精子来进行精子竞争，从而必须消耗更多的生命成本（能量精华）从而加快精子生成的速度，而能量精华的肆意消耗，势必会导致其精子的质量降低，精子质量的降低势必会导致其后代的智商低下"。这听上去像是一个很"科学"的女子贞洁道德宣传。

当年，贺拉斯呼吁罗马人多去神庙、不通奸，不见得会比我们今天的"女子贞洁"科普宣传更有说服力。对他自己来说，也不必真的要身体力行。他需要做的不过是响应奥古斯都的号召，做个政治表态而已。

奥古斯都时代是罗马诗歌的鼎盛时期，主要是就当时的精湛"诗艺"而言。为皇帝的新政做宣传的诗作，在思想上不可能指望它有什么创见或建树。奥古斯都时代成为罗马诗歌的鼎盛时期，不仅因为诗可以用来做宣传，还因为诗可以用来为民众提供娱乐。奥古斯都时代，诗歌成了一种公共娱乐和大众文化，大有代替演说的势头。

直到公元前 1 世纪末，演说都是一种流行的娱乐形式，被称为"宣讲"（declamation），这是演说能力的公开展示。在贺拉斯的时代，罗马的演讲者仍在讲台上提供娱乐性的学术讲演、消息报告和故事讲述。然而，在这时候又出现了一种新的公共宣讲，那就是由诗人向观众大声朗读自己的作品。在当时的罗马，这是一件对大众很有吸引力的新鲜事。

罗马修辞学泰斗老塞涅卡（Seneca the Elder，约前54—约39）的职业生涯始于奥古斯都时代的末期。他在《论辩》里回忆说，赞助人和文学全才阿西纽斯·波利奥（Astinius Pollio，前75—4）是"所有罗马人中第一个向受邀的普通观众朗诵作品的人"（Controversiae，4.2.）。这是罗马文学史上的重要发展，也是一个奇怪的发展。毕竟当时还有其他多种大众文化形式：除了演说，还有叙事诗、戏剧等。这些都是罗马人文化消费的最爱，也都是为这种大众消费创作的。但诗歌不同，诗歌，尤其是贺拉斯和其他奥古斯都时代诗人精心制作的诗歌，语言精练、寓意深刻，并不容易理解，似乎不可能是符合大众趣味和娱乐胃口的文化消费品，却偏偏流行起来。所以苏埃托尼乌斯在《奥古斯都传》里，把这样的诗歌公开朗诵称为一件"极度荒谬"的事情，不管苏埃托尼乌斯怎么认为，他都不得不承认，在整个奥古斯都时代盛行着一种普遍的"诗歌创作狂潮"。公开朗诵自己的作品是一件可以让诗人出风头的事情，但是从文化政治的角度来说，还可能有别的原因。法国古典文学学者卡特琳娜·萨雷丝（Catherine Salles）在《古罗马人的阅读》一书里介绍说，第一个公开朗诵的罗马人阿西纽斯·波利奥是奥古斯都的拥护者，也是维吉尔的保护人。这种文学活动很可能是奥古斯都时代专制政治下文人的一种"影响欲"或"权威欲"的释放。公开朗诵是这种本来带有政治性的欲望的安全阀，在政治上毫无权力的诗人可以借此释放他们对公共影响的虚荣欲望。而且，公开朗诵作品，也是政府监控文学创作的一个有效方法。[1]

　　不管原来的动机到底是什么，公开朗诵就这样融入公元前 1 世纪的罗马人生活中。当时罗马年轻人的教育主要关于演说和修辞，为的是日后成为出色的演说家。公开朗诵也可以为他们提供一个类似的观摩机会，有助于学习说话、写作和演说的技艺。公开朗诵迅速获得成功，成为上流人士和大众可以共享的一种消遣娱乐，连奥古斯都本人有时也会去观看这样的诗歌朗诵。

　　但是，贺拉斯对此却多了一个心眼。他曾多次提到当时人们对公开朗诵的迷恋，但他本人却拒绝加入这种游戏。他说：在人山人海的剧场里朗读我的文章，为这种无聊的事浪费精力让我感到羞耻（《书简》，I, 4）。这倒不一定是因为他想显示自己与众不同，而是他有自己的谨慎考虑。

　　他不热衷于公开朗诵。他自己不朗诵，也不愿意别人公开朗诵他的作品，他认为诗人那种常带批评的诗作会让人觉得不爽，所以最后必然招致嫉恨。他说：

　　　　……我不敢在公开场合朗读，

1　卡特琳娜·萨雷丝著，张平、韩梅译，《古罗马人的阅读》，广西师范大学出版社，2005 年，第 66—67 页。

它们太招人恨，因为太多人应当谴责。
随便从人群中挑出一个人，他要么因为
贪婪，要么因为野心而寝食难安；
这位深陷婚外恋，那位痴迷美少年；
他为银器而癫狂，他为铜器而沉醉；
这位生意人不停奔波，从日升到日落，
从天涯到海角，可他却被灾难裹挟，
如狂风中的尘土，整日担心自己
会不会遭受损失，会不会没有收益。
所有这些人都害怕诗歌，憎恶诗人。[1]

他接着又说，自己只是在朋友们恳求的时候，才会对他们朗诵
自己的作品：

我只对朋友朗诵，还得他们恳求，
不是随便哪儿、随便跟谁都开口。
很多人朗诵时选择广场，甚至澡堂：
封闭的空间里他们甜美的声音回荡……
轻浮的家伙陶醉其中，从来不问，
合不合适，时间对不对。[2]

贺拉斯是个谨慎小心、不愿招惹是非的人，他害怕公开阅读可
能会被误解，被别人添油加醋、扭曲原意，并传进皇帝的耳朵。他
宁愿将其原始作品的副本交付给皇帝，也不要让奥古斯都因为听别
人道听途说而产生误会。他知道，就算诗人在用诗歌赞美皇帝，但

---

1 贺拉斯著，李永毅译，《贺拉斯诗全集（上）》，第 435 页。
2 同上，第 439 页。

这消息的传递过程并不安全，说不定就会在哪个环节出了毛病或误解，歌颂变成"高级黑"，从而给诗人带来无端的危险和灾祸。由此可见，他是怎样一个在公共行为上小心谨慎、思虑周密的人。

贺拉斯不仅小心做人，谨慎行事，而且在诗作里善于自嘲，温和可人，这成为他的讽刺诗的主要特色。

3. 讽刺诗的自嘲和玩笑

前面我们谈了贺拉斯与奥古斯都时代的关系，也谈及了他的一些诗歌。他的诗歌种类丰富，有讽刺诗、长短句（Epodes）、颂歌（Odes）、书简诗（Epistles），还包括他应奥古斯都要求而写的《世纪之歌》（Carmen Saeculare）。

我在这里特别要谈的是他的讽刺诗，这出于两个原因。第一，按照昆体良的说法，讽刺（satire）是罗马文学创造出来的一种写作形式，虽然我们可以把罗马文学中的讽刺追溯到古希腊的旧喜剧，但讽刺作为一种文学形式的普遍运用是在罗马。贺拉斯改造了讽刺，使它成为一种不只是嘲笑，而且是论事自述的诗歌形式，这是罗马讽刺写作的一个新发展和新样式。

第二，"贺拉斯"本人是他最常讽刺的对象，他的讽刺诗造就一个具有公共人物形象（persona）的颇有戏剧性的诗中人物"贺拉斯"，这个贺拉斯平凡、有趣、坦率、睿智。他也在讽刺诗里说教，但他表现出的主要是怀疑主义、享乐主义和对待生活的审美态度，这些比他的说教更真实，也更令我们觉得亲切有趣。

贺拉斯最负盛名的是他的"颂歌"，但许多颂歌都不过是罗马式政治抒情诗。美其名曰"罗马颂歌"，其实主要是赞扬奥古斯都和在他统治下的罗马复兴。相比贺拉斯的颂歌，他的讽刺诗更能让我们接触到一个真实的诗人，也更能让我们愿意亲近这位有学问、头脑冷静、知趣乐天的单身汉。

贺拉斯看到生活中的缺陷和不完美，并以明智及温和的态度解释这些缺陷和不完美。在贺拉斯那里，你看不到卡图卢斯那样的激情澎湃，讽刺挖苦中锋芒毕露，爱和恨都走极端。在贺拉斯笔下，讽刺形成今天大多数人乐意接受的样式：讽刺中鲜有恶意的挖苦和嘲讽，也没有带着政治色彩的攻击。他谈论得最多的是他自己，当然也有对事不对人的道德说教。他以闲谈形式嘲笑吝啬、贪婪、欺诈、淫靡等具有普遍性的恶习和失德。这样的讽刺是平庸的，但也是安全的，它失去了锋芒，但增添了幽默。

贺拉斯的讽刺诗有两个名称，一个是 satura，另一个是 sermon。Satura 指的是内容杂而不一，也就是杂诗。贺拉斯的讽刺诗谈的是杂七杂八的题材，如诗歌批评、个人经历、道德说教、人生幸福等。Sermon 指的是一种口语化的交谈或闲聊，这是一种不同于正规高雅诗作的随性而为的作品。贺拉斯共有两卷讽刺诗。

在古代文献中，诗的音律（meter）和题材（subject）之间有着紧密联系。例如，六音步（Hexameter）是用来写史诗的，稍加变化则用来写田园诗（bucolic verses）。在拉丁文学中，五音步（Pentameter）是用来写爱情哀歌（love-elegy）的，抑扬格（iambus）主要是用来写喜剧的。抒情诗的音律比较多样化，诗人可以挑选一种，但不能用六音步的音律。贺拉斯用六音步写讽刺诗，这是史诗的专用音律，为了防止有人拿这个来指责他不守规矩，于是他把他的讽刺诗称为"口头交谈"。在贺拉斯之前，维吉尔用六音步写史诗，也用这个音律来写教谕诗（如《农事诗》），卢克莱修的教谕诗《物性论》也是用六音步写的。所以贺拉斯把这个音律用于讽刺诗，是一个创新。

贺拉斯的两部讽刺诗不是同时发表的，第一部讽刺诗发表于公元前 35 年（或不迟于公元前 33 年），第二部讽刺诗是一个续集，发表于公元前 30 年。就内容而言，他的讽刺诗结合伊壁鸠鲁哲学和罗马人的常识，劝导人们不要为了无谓的野心或欲念去犯傻。他提倡一种知足常乐和中庸的生活方式，至少在诗歌里是如此。

在罗马文学中，贺拉斯并不是讽刺诗的发明人，他创作讽刺诗所学习和效法的是罗马的诗人，而不是希腊的诗人。据他自己说，他学习的是古罗马讽刺诗人卢基里乌斯，他在讽刺诗的第 1 部第 4 首里，特别谈到这层关系，他对卢基里乌斯既有认可又有批评。为了更好地了解贺拉斯的讽刺诗特色，有必要先介绍一下卢基里乌斯本人。

卢基里乌斯被普遍视为罗马讽刺诗的鼻祖，尽管比他更早的罗马诗人昆图斯·恩纽斯（Quintus Ennius，约前 239—约前 169）已经用过"讽刺"一词。卢基里乌斯让讽刺诗有了特定的强弱弱六音步（dactylic hexameter），也有了明确的政治和社会批判取向。卢基里乌斯也用扬抑格（trochaic meter）写讽刺诗，后来专门用六音步写讽刺诗的是贺拉斯。

贺拉斯认为，卢基里乌斯的讽刺诗在写作灵感和方法上都来自希腊旧喜剧的阿里斯托芬，只是在韵律上做了一些变动。但是，韵律与题材有内在联系，所以变动了韵律，也会影响题材内容。卢基里乌斯的讽刺作品确实与希腊的旧喜剧相似，他直人快语，口无遮拦，对当代人物尤其是一些身份显赫的人物横加批评、嬉笑怒骂，进行人身攻击，这很像阿里斯托芬的作风。但这种讽刺是罗马政治的产物，卢基里乌斯是罗马共和时期的将军和政治家，也是大西庇阿的朋友盖乌斯·拉里乌斯（Gaius Laelius，罗马政治家和第二次布匿战争中的主要将领之一）圈子里的人。他有强有力的政治保护，所以攻击罗马的一些名人时，一向尖酸刻薄、有恃无恐。卢基里乌斯出生于一个上层骑士家庭，他的姐姐露西莉亚（Lucilia）是罗马政治家塞克斯图斯·庞培（Sextus Pompeius）的母亲，也是后来三巨头之一——庞培的奶奶。

与卢基里乌斯相比，贺拉斯的出身太低，他不过是一个从奴隶身份解放的自由民，而且他生活在一个与卢基里乌斯所处共和时代完全不同的奥古斯都专制时代。再加上他在内战的时候还站错过队，他当然是不敢也没有本钱去写卢基里乌斯那种讽刺诗。

因此，我们阅读贺拉斯的讽刺诗时，需要把它放在罗马从共和到帝制的变化过程中看待，同时还需要把它放在与卢基里乌斯完全不同的家庭出身背景中考量。贺拉斯在罗马讽刺诗变化中的作用和位置都不纯粹是他个人文学趣味和风格选择的结果。与几乎所有文学理论一样，他关于讽刺诗的见解可以被视为一种不得不然的自我辩解之说。

我们对古代文学中的讽刺并不陌生。在阅读阿里斯托芬的讽刺喜剧时，我们已经看到，那是一种非常辛辣、尖刻、粗鲁的讽刺，它针对特定的同时代人行为，竭尽挖苦、嘲笑甚至丑化和抹黑之能。这种讽刺为了制造"笑"的效果，可以百无禁忌，无所不为。这个希腊旧喜剧的传统到公元前 4 世纪，就已经发生变化。在后来的希腊新喜剧里，讽刺变得相对温和，对事不对人，而且远离政治时事或权势人物，成为一种只针对某些社会习俗或民情习惯的一般化批评。

罗马的喜剧开始只是模仿或改编希腊的喜剧，但罗马的讽刺诗却因为有卢基里乌斯和卡图卢斯这样的诗人而有所创新、别具一格。这两位诗人在尖刻和辛辣的程度上不但不逊于阿里斯托芬，甚至有过之而无不及。

除了卢基里乌斯，我们前面已经谈过的卡图卢斯也值得在此再提一下。他虽然只比贺拉斯年长约 20 岁，但他所生活的罗马却与贺拉斯截然不同，言论的危险程度也比贺拉斯要低很多。

　　贺拉斯的第一部讽刺诗发表于公元前 35 年左右，他所生活的罗马是一个与卡图卢斯所在的截然不同的罗马。诗人在卡图卢斯生活的罗马共和时期有更多的政治自由，就算他不像卢基里乌斯那样有政治人物保护，其攻击和贬低一些备受瞩目的公共人物，也不必害怕遭到报复或惩罚。

　　当然，即使在罗马共和时期，也不是可以随意丑化和诽谤他人的，共和国有禁止诽谤的法律。西塞罗在《论法律》中说，尽管古罗马的《十二铜表法》"将极少的罪行视为死罪"，但这些法律的确有规定，"用高声歌唱或创作歌曲的方式带给他人侮辱或耻辱，这样的罪行要判死刑"。[1] 如果确实有这样的法律，那么它要么只是局限于音乐，要么通常并不执行。诗人卡图卢斯在公元前 1 世纪 50 年代曾经辱骂恺撒和他的助手马穆拉（Mamurra），他把马穆拉挖苦成肥胖的淫虫和饭桶，说恺撒和马穆拉是一对因为都有恋童癖和鸡奸癖而臭味相投的男性好友（《歌集》，第 29、57 首）。卡图卢斯专门盯着一些有名望的公众人物，向他们猛烈开火，毫不留情。

　　但是，在罗马第二个三霸联盟和此后的奥古斯都统治期间，罗马的政治和言论生态已经发生巨大变化。卡图卢斯之后的 20 年，尽管贺拉斯的诗作偶尔也会冒险涉及一些粗俗话题，但他的讽刺是不嘲笑公众人物的，他只嘲笑一般性的不体面、败德行为或者猥亵失礼。他为了讲述故事，有时候也会在讽刺中用一个假名，但他并不会像以前的讽刺作家那样对具体的人物进行人身攻击。他把自己的讽刺说成是"sermons"，一种平和的交谈或对话。他的交谈或对话不慌不忙，轻松宜人，泛泛而谈地做一般性的说教评说，完全没有以前罗马讽刺诗人的咄咄逼人。他完全抛弃罗马讽刺以前的粗糙作风，代之以一种精致的儒雅和矜持。

1　Marcus Tullius Cicero, *Treatise on the Laws*, Online Library of Liberty, https://oll.libertyfund.org/title/cicero-treatise-on-the-laws.

贺拉斯很善于为自己的诗歌风格进行辩护，这给人的印象是，那完全是从诗学上做出的一种艺术趣味的正确选择。他在讽刺诗第1部的第4首和第10首里都表达了他的这种诗学观点，这历来受到文学史家和研究者重视。

首先，贺拉斯认为喜剧不能算是真正的讽刺诗，他说：

> 所以有些人曾怀疑，喜剧是否属于诗，
> 它缺乏强烈的精神，充沛的力量，无论
> 语言还是题材，离开了格律，它几乎就是
> 纯粹的散文。[1]

而且，他明确表示他不喜欢阿里斯托芬的"毒辣"，也不喜欢卢基里乌斯的粗暴和粗糙：

> 欧波利斯、克剌提诺斯、阿里斯托芬
> 以及其他旧喜剧的诗人如果发现
> 有谁值得描摹，例如偷盗的恶棍、
> 淫贼、杀人犯，任何声名狼藉的坏蛋，
> 都会用毒辣的文笔将他们记录在案。
> 卢基里乌斯完全继承了这些人的衣钵，
> 只不过变换了格律，他的性情诙谐，
> 感觉敏锐，可是语言却比较生硬。
> 他的毛病在于，经常一小时就能
> 轻松造出两百行诗，还以此为荣。
> 当他如浊水奔涌，你总想剔除些什么，

---

[1] 贺拉斯著，李永毅译，《贺拉斯诗全集（上）》，第437页。

> 他太饶舌，不肯忍受写作的折磨，
>
> 我是说严谨的写作：写再多，我也不关心。[1]

　　贺拉斯通过对卢基里乌斯的批评，提出他自己对讽刺诗作品的要求：要幽默而不尖刻、讽刺而不恶毒、有趣而不伤害、精致而不粗糙。特别是不能像卢基里乌斯的作品那样不经好好打磨，粗制滥造，结果像是一条泥泞浑浊的河流。

　　但是，贺拉斯同时也承认，他有许多可以向卢基里乌斯学习的地方，"我就喜欢把词语关在格律里，/ 像卢基里乌斯那样"。[2]但他不会像卢基里乌斯那样主动攻击讽刺的对象，不会扩散或流传恶意的谣言，不会对朋友和陌生人恶语相向。贺拉斯说，温和不等于软弱，保持温和，这本身就是一种礼貌的力量。

> …… 这支笔不会
>
> 主动攻击任何人，像藏在鞘里的剑，
>
> 它保护我。我何必动武呢，又没有恶匪
>
> 把我包围？啊，众神之主朱庇特，
>
> 愿我的长矛永远废弃，直到锈烂，
>
> 也别让任何人伤害爱好和平的我！
>
> 可是如果我喊着"别碰我！"，还有人胆敢
>
> 挑衅，他会痛哭的。[3]

　　贺拉斯不会允许别人诽谤和污蔑他自己，也不会允许有人对他的朋友这么做：

1　贺拉斯著，李永毅译，《贺拉斯诗全集（上）》，第 433—435 页。
2　同上，第 491 页。
3　同上，第 491—493 页。

一个人如果在背后搬弄

是非，别人说朋友坏话，也不反击，

一心只想逗人笑，赢得诙谐的名声，

随意造谣，别人托付的秘密也不能

守口如瓶，就是恶人，罗马人啊，警惕！[1]

贺拉斯设想这样一个场景，人们在晚宴的饭局上暗地里互相嘲笑、搬弄是非。他说，他讨厌这种场面，也不会加入其中。

（恶性八卦）是乌贼的墨汁，纯粹的

铜锈。永远不会有这样的过错污染

我的诗，我的心，这是我能做出的

最郑重的承诺。如果我的言辞太激烈，

如果我的玩笑过了头，请别苛责我，

因为这是我的好父亲培养的习惯。

为避免我染上各种恶习，他总会逐个

举出例子（所以我也应该避免）。[2]

贺拉斯在这里表明，诗人需要知道如何才能在作品中正确运用讽刺。对贺拉斯而言，即使是对道德堕落的人，讽刺也不应该侮辱那样的个人，而是应该针对道德堕落本身。讽刺更不应该只是为了引人发笑而捉弄或抹黑他人。讽刺的目的是用幽默进行道德指导，而不是用恶言恶语让别人出糗。正如他所说的：

可是，我不打算像逗乐的人那样，

1　贺拉斯著，李永毅译，《贺拉斯诗全集（上）》，第439—441页。
2　同上，第441页。

一直戏谑下去——不过笑着说真相

又犯了什么戒？就像温和的老师时常

给孩子小甜点，引诱他们学入门的知识。[1]

这也就是寓教于乐的诗学理念了。

4. 人生哲理的幽默与无奈

前面说了贺拉斯讽刺诗的一般特征，现在准备谈一谈他讽刺的内容与他自己的关系。

贺拉斯的讽刺几乎总是对事不对人，经常把他自己当作对象，即使不是他自己，也适用于他自己，这使得他的批评有一种真诚和可信的感觉。例如他说，大多数人抱怨自己有缺点，但实际上并不想改变。人们对物质财富的贪婪永无止境，但其实满足基本需求就能带给人快乐和幸福，饿肚子的时候吃饭就特别香。知足常乐、不走极端的人最终会像满意的客人，饱餐而又满足的那样离开生命的宴会（《讽刺诗》，1.1）。

他不止一次地在其他地方表达过类似的想法。对人的自然欲望，他给出一个非常典型的陈述：人要知道如何品尝简单的美食，饥饿才是真正的美味品尝大师。当今中国似乎很盛行所谓的"美食文化"，在贺拉斯的讽刺诗里，这是一种假斯文、瞎讲究。他在《讽刺诗》第2卷第2首里挖苦说，您以为自己是美食家或是美酒鉴赏家，那就等你饥肠辘辘的时候再说吧；饥饿会使您挑剔的口味变钝，嗓子干了，肚子空了，您也就不会鄙视便餐或浊酒了。这是一个人

1　贺拉斯著，李永毅译，《贺拉斯诗全集（上）》，第 403 页。

是否真是"美食家"的可靠测试。

人的自然欲望中最平常的也许就是贪婪。贺拉斯有一首专门针对贪婪的讽刺诗，一开始就是针对人普遍都有的"这山望着那山高"的心理。他像是与一位老朋友聊天似的，谈他自己的人生体会：

> 为什么，麦凯纳斯，没人对自己的生活
> 满意，无论这是理性的选择还是运气的
> 安排，而羡慕别人的追求，别人的处境？
> "行商多么幸运！"长期服役的老兵
> 感叹，过度的劳累已损坏他的身体。
> 然而船里的行商在南风中上下颠簸时
> 却说："当兵多好！难道不是吗？两军交战，
> 痛快的死亡，欣喜的胜利，转眼见分晓。"
> 精于诉讼的律师赞美农夫的逍遥，
> 鸡刚打鸣，敲门的主顾就来惹他烦。
> 而当农夫交完保证金，被人拽进城，
> 立刻感叹，只有城里人才活得滋润！[1]

钱财和别的好东西更是众人贪婪的东西，人的欲望要求永远超过他的实际需求。他最后得为此付出惨痛的代价：

> 就好像一罐水其实就够你喝，
> 甚至一杯，你却说："我宁可走到大河边，
> 也不从这个小喷泉喝水。"正因如此，

1　贺拉斯著，李永毅译，《贺拉斯诗全集（上）》，第 401 页。

那些贪心超过了限度的人，和堤岸

一起消失了，卷入奥菲杜凶猛的湍流里。

而欲求不超过需求的人，不会喝到

污泥浊水，更不会在波涛里把命丧掉。[1]

贺拉斯认为，人对性（爱情）的贪欲也与对食物的欲望类似。不过，他对适当满足性要求的建议在我们今天看来却是相当荒唐。他说，男人有性的需要时，不要去找那些有夫之妇，找妓女和女奴发泄一下就行了。他甚至说：

……事实上妓女往往更美。

而且，（她们）没有伪装，诚实地展示

即将出售的货物，身体的优点不会

肆意炫耀，缺点也不会刻意遮掩。[2]

他打比方说，"巨富之人购马的时候有个习惯，/ 要把它们蒙起来"，不让买主一眼就看明白。[3]同样，"贵妇除了脸，你无法查看其他部位"。[4]

（良家女子）不肯让真相向你显现的东西。妓女呢？

没任何障碍：透明丝衣后面，你几乎

看到她的裸体，腿和脚是否好看，

你能够直接端详。难道在验货之前

1　贺拉斯著，李永毅译，《贺拉斯诗全集（上）》，第 405 页。

2　同上，第 417 页。

3　同上。

4　同上，第 419 页。

你就愿让人施了诡计，骗了财物？

"兔子在深雪里奔跑，猎人才愿去追；

放在他面前，反而不想碰。"[1]

　　把女性比喻成"马"或"兔子"，贺拉斯用这种不当的类比是因为他把爱情简单地等同为动物的自然性要求，人有了欲望，只要能满足就好，别管她是什么对象。在他看来，性是人的一种自然要求，满足这种要求不需要特别的方式。当时的罗马男子有追逐已婚贵妇的时尚，贺拉斯认为这十分愚蠢。这本来可以是一个很好的人生建议，但他接下来的替代性方案却在情爱满足的问题上走得太远，绝大多数人事实上无法跟上他的步伐，或者会愿意与他同行。

　　贺拉斯一辈子没有结过婚，他把男女性关系只当作一种既无前因也无后果的短暂满足，既不需要付出真情实感，也无须承担任何责任。难怪德国历史学家奥托·基弗在《古罗马风化史》里认为，贺拉斯"从未有过真正的青春，也没有经历过青春的爱情。人们都知道他的恋爱观——既然有年轻美丽的奴隶、婢女、娼妓任你享受，何苦要为爱情和爱情带来的痛苦自寻烦恼？谁要是体验到爱情是崇高的激情，它具有强大的力量，能使人无比快乐，也能使人无限悲伤，就决不会如此看待爱情"。[2]贺拉斯也给几个女友写过几首爱情小诗，但"给人以矫揉造作言之无物的感觉，尽管其语言和结构十分优美"。[3]

　　今天我们会认为，贺拉斯对女性显然是不尊重的，然而，在古代罗马，他并不是男性中的一个异类。他似乎比许多罗马男性更不

1　贺拉斯著，李永毅译，《贺拉斯诗全集（上）》，第 419 页。
2　奥托·基弗著，姜瑞璋译，《古罗马风化史》，第 229 页。
3　同上。

在乎表现他自己对女性的冷淡和蔑视。他有时甚至夸耀自己在感情上变化无常，见异思迁。看来，贺拉斯对女人从未有过深厚的、真诚的、强烈的爱。他实际上不需要女人的爱，大概也不相信这个。对他来说，女人——或者与他有过亲密关系的年轻男性奴隶——只不过是其满足短暂感官享受的对象。

贺拉斯在有性需要的时候，想到的女人无疑不过是奴隶和妓女。他在讽刺诗第1部第5首里毫不掩饰地表白，似乎是以亲身体验为基础，其中反复出现一些举止优雅、一闪即逝、心甘情愿的女人。当然，今天我们会认为，把奴隶用作性工具，是一件既不道德又令人恶心的事情。但是我们仍然可以从贺拉斯的自我描述中感觉到一种他用幽默感来显示的荒谬和讽刺。因为在这种性关系里，贺拉斯讽刺的是他自己，而很少是他的性对象。

贺拉斯讲述了他在执行公务旅途中发生的一件事情。这是在公元前38年或前37年，他的任务是和屋大维的左右手麦凯纳斯一起到意大利西南部城市塔兰托，去安排一次马克·安东尼和屋大维之间最后停火协议的会晤。他当时肩负着对整个地中海世界的未来都具有特殊意义的外交使命，但他表现出来的却是一种漫不经心的慵懒。他关心的似乎只是乘船时是否舒服，与女奴隶的性交易是否顺利。

旅途中的一天夜里，贺拉斯花了相当长的时间等待一个"不诚实的女朋友"，一个被他召妓的女性奴隶。后来这个妓女没有来，他等着等着睡着了，做了个性梦，醒来时一场空。他就像一个十足的白痴一样，虽然渴望做爱，却睡着了，性饥渴变成一个令人讨厌的幻想，睡衣一团糟，肚子不舒服（《讽刺诗》，1.5.82—6）。在罗马共和国最后一次内战的伟大史诗中，贺拉斯将自己描绘成一个几乎不相干的人物，一个滑稽可笑的小丑。

贺拉斯做这样的滑稽自状，是需要幽默感的。这种幽默感也许正是今天我们阅读贺拉斯的一个乐趣，尽管我们并不认同他那种罗马男子对女性的观念，也不认同他在男女关系上的价值观，但不应该忘记贺拉斯的写作对象是当时富裕的罗马人，他的讽刺诗是为了给他的读者逗乐的，并不是为了宣示正确的性观念。

对我们来说，那些富裕阶级的罗马人读者已经是完全陌生的社会人群。贺拉斯从不自认为在那个人群中享有道德向导或道德权威的特殊位置。他知道这群人里有许多看不起他这个出身低下的诗人，一个被释放的奴隶（自由人）的儿子，"一个自由人的儿子，每个人都嘲笑的这个人是一个自由人的儿子"（《讽刺诗》，1.6.45—6）。虽然他经常建议节食，但他并不假装自己节食。他在一封书信中对一位作家说："每当您要想嘲笑伊壁鸠鲁牧群里的猪时，请您一定要来照顾我，满足我身体的需要，既丰满又圆滑。"（《书信集》，1.4.14—16）

贺拉斯的自嘲在讽刺诗第2部第7首里非常有趣地表露出来。在这首诗里，他讲述了他自己的仆人奴隶如何批评和羞辱他的故事。

在农神节（Saturnalia）的时候，罗马的奴隶显然能够比平时更自由、更坦率地对主人说话。贺拉斯的奴隶最近接触了斯多葛哲学，因此在农神节这一天借机向主人展示一下自己的"哲学体会"。这个奴隶刚刚学到这样一个斯多葛主义的观点，即智者以外的所有人都是奴隶，都是某物或某人的奴隶。

于是，他要向贺拉斯证明，贺拉斯虽然是他的主人，但也是一个奴隶，是他自己性格的奴隶：好走极端、自相矛盾、激情有余而理性不足。这位奴隶对他说："你身在罗马的时候，却渴望自己能在乡间；你人在乡间的时候，又不假思索地赞美远方的城市。"（《讽刺诗》，2.7.28—30）贺拉斯对此无言以对，因为他自己就经常批评别人"这山望着那山高"。

奴隶仆人还对贺拉斯说，你在晚上没有饭局的时候，就假装很高兴能待在家里独自吃晚餐。但只要有人请吃饭,你就跑得比谁都快。他还说,贺拉斯不喜欢独处,也不知道如何好好利用闲暇时光,总是懒惰成性,无所事事。"你给我这个当仆人的下达各种命令,但你自己也是一个命运悲惨的仆人,就像是一个木头傀儡,听由别人提线操控。"(《讽刺诗》,2.7.80—2)

在这位奴隶的嘲笑中,我们看到一个自相矛盾的贺拉斯肖像:作为一个自由人,其实比他的奴隶还像奴隶。他是一个鼓吹简朴却生活奢华的伪君子;一边通奸纵欲,一边感叹人心不古。那奴隶反倒更像是一位智者,他问道:"谁才是自由的?"只有智者才是自由的,因为智者不惧怕死亡,不惧怕贫困,也不惧怕锁链,不在乎荣誉的光环,完全我行我素,命运对他也无可奈何。

贺拉斯不得不承认这位斯多葛主义的仆人击中他的要害,他叹了口气,对仆人说:"我承认,我是一个自相矛盾的家伙,被自己的口腹之欲牵着走,闻到香味就鼻孔大开。我软弱,懒惰,如果你愿意,尽可以把我叫作饕餮之徒。"(《讽刺诗》,2.7.38—40)

贺拉斯这种透彻的自我观照的生活态度是认真的,他嘲笑当时罗马犬儒主义和苦行主义的行为表演,尤其是犬儒主义的反社会心态(《书信集》,1.17),说犬儒哲学的开创人只不过是自命不凡的乞丐。他对斯多葛主义抱有类似的鄙视,在不止一首讽刺诗里嘲笑它的苦行和华而不实(《讽刺诗》,1.3,2.3,2.7),暗示斯多葛主义的精英们对他人道德苛刻,但自己却言行不一。他挖苦斯多葛派是自以为是的知识贩子,叫卖的是道听途说的胡说八道,他讽刺地写道:"请您把自己的身子抖一抖吧,看看大自然或坏习惯是不是在您身上种下了犯错的种子。"(《讽刺诗》,1.3)既不要什么信仰都没有,也不要当一个苦行主义者,好好把握每一天的生活,他的诗作中有许多这样的常识智慧。

贺拉斯把一种对当代人物的嘲讽和攻击变成一种对人性弱点、

人类普遍性格缺陷和行为失德的批评。这种批评对事不对人，因此成为一种普遍性的、一般化的道德规劝和人生哲理。今天，他的很多名言都被后人当作生活智慧或人生哲理来引用。例如，文艺复兴时期的随笔作家蒙田（Michel de Montaigne，1533—1592）就爱引用贺拉斯的道德名句，今天看来也都是老生常谈：

> 人的幸福要等到最后，
> 在他生前和葬礼前，
> 无人有权说他幸福。[1]

> 要做财物的主人，不做财物的奴隶。[2]

> 你若是一个明智的人，及时取下你那匹老马的笼头，
> 不要跑到后来马失前蹄，跌倒在地，成为笑柄。[3]

> 是什么妨碍我们
> 在玩笑中道出真理？[4]

说实在的，我们今天已经很难把这样的人生智慧看成与嘲讽和谴责特别相关的"讽刺"。然而，贺拉斯表述这样的道德原则或生活哲学，与他把讽刺称为"杂诗"和"交谈"倒是一致。后来的道德随笔作家，如蒙田、培根（Francis Bacon，1561—1626），或

---

1 转引自蒙田著，潘丽珍等译，《蒙田随笔全集（上卷）》，第84页。
2 同上，第275页。
3 转引自蒙田著，潘丽珍等译，《蒙田随笔全集（中卷）》，译林出版社，1996年，第65页。
4 转引自蒙田著，潘丽珍等译，《蒙田随笔全集（下卷）》，译林出版社，1996年，第107页。

箴言作家如帕斯卡尔（Blaise Pascal，1623—1662）和拉罗什富科（François de La Rochefoucauld，1613—1680），他们的许多议论中也有类似的道德原则或生活哲理，虽然偶尔有一点讽刺的意味，但我们并不会把他们的作品归入讽刺这一类。

你也许会有这样的疑问，失去对具体的人和事的批判锋芒，回避有针对性的谴责，讽刺还是讽刺吗？18 世纪英国思想家约翰逊博士（Dr. Johnson，1709—1784）称讽刺诗为"一种抨击邪恶和愚蠢的诗歌"。事实上，在贺拉斯之后，要对讽刺下一个确切定义已经变得很困难。与其说讽刺是指某一种特定的文学类型，还不如说它是一种可以存在于多种文学类型中的怀疑精神或幽默格调。

今天，我们对讽刺仍然抱有针砭时弊的期待和要求，希望它能发挥判断邪恶和揭露愚蠢的作用，而不只是从中得到一些普通的人生哲理或常识智慧，这也是苏联政治笑话和网上流行的幽默顺口溜及打油诗深受人们喜爱的原因。这些讽刺虽然幽默，但并不粗鲁庸俗或尖酸刻薄。无论是讪笑嬉骂，还是冷嘲热讽，苏联笑话中的讽刺虽然也有所忌讳，但仍然能爱憎分明，绝不庸俗附会。因为这样的讽刺对政治人物和事件有明确的针对性，所以能率真淋漓、切中时弊，令人痛快叫好、忍俊不禁。这种包含善恶判断和正义意识的幽默作品才是我们今天仍然期待的讽刺作品。

九 奥维德《爱的艺术》《变形记》

1.《爱的艺术》：伴君如伴虎——奥维德和奥古斯都

2017 年 12 月 14 日，罗马市议会一致通过民粹主义政党 M5S（5-Star Movement）提出的一项议案，"纠正奥维德遭受的严重错误"，这项郑重其事的政治平反旨在纠正大约 2100 年前罗马最高统治者奥古斯都犯下的一项错误，即把奥维德流放到遥远的黑海边的一个叫托米斯（Tomis）的地方，这个地方在今天罗马尼亚境内。

奥维德与维吉尔和贺拉斯一起被认为是奥古斯都时代拉丁文学的三大经典诗人之一，奥维德是他们当中最年轻的一个。罗马帝国学者昆体良认为他是最后一位一流的拉丁爱情诗人（the last of the Latin love elegists）。

奥维德出生于亚平宁山区的一个骑士阶级家庭。父亲把他送到罗马接受教育，希望他可以通过学习修辞成为一位讼师。按照奥维德在自传诗歌里的说法，他只喜欢修辞中的抒情部分，讨厌论证部分（《哀歌》，4.10）。他曾担任过一些职位不高的公共职务，十多岁时便对诗歌产生兴趣。18 岁时他第一次当众朗诵自己的诗篇，并和当时的几位诗人结为好友。不久后他放弃法律学习，以当诗人为主业。

奥维德的作品中，在今天最为人知的是共 15 卷的《变形记》，用扬抑六音步写成。他也有排律诗（elegiac couplets）作品，如《爱的艺术》（Ars Amatoria）及《岁时记》（Fasti）。他的诗作被许多后代作家模仿，对西方文学和美术产生重要影响。《变形记》是古典神话中最重要的作品之一。

公元 8 年的时候，奥维德完成他的名作《变形记》。那时候他还在写六卷本的《岁时记》，那是一部以罗马的节日、历法和天文为主题的诗作。就在此时，奥古斯都在未经元老院评议和法庭审判的情况下，亲自下令流放奥维德。流放打断了奥维德的《岁时记》写作，并影响了他的整个后期创作。被流放后，他在流放地生活了 10 年，直到去世。

奥维德自己解释流放的原因是 carmen et error（一首诗，一个错误），后来他又含含糊糊地说自己的罪比这要严重和有害得多。长期以来，学者一直在猜测奥维德被流放的真实原因。不少研究者认为，既然不能明说，说明事情没有那么简单。那么，奥古斯都到底为什么要下令流放奥维德呢？

奥古斯都充当多位诗人的赞助人，这是众所周知的事。罗马三大经典诗人中的另外两位，维吉尔和贺拉斯，也都是他的受惠人。贺拉斯曾经在杀死屋大维继父恺撒大帝的布鲁特斯的部队里效力，奥古斯都连贺拉斯都能赦免，并在后来予其以优待和重用，为什么他偏偏要对奥维德下此重手呢？

最为研究者们普遍接受的理由是，奥古斯都要搞精神文明建设，而奥维德的著作则被其视为一种精神污染，流放奥维德是为了清除精神污染。要了解为什么奥古斯都这么痛恨精神污染，那得从奥古斯都的为人和他独掌罗马大权后的文明建设政绩工程说起。

奥古斯都在还是屋大维的时候，就是一个政治手段高超的政治家，但那时候就算他有心用文明建设树立自己的权威，也有心无力，因为他没有钱。公元前 1 世纪 30 年代末，垂死的罗马共和国正在为最后的内战做准备。罗马分裂成两个对立的阵营。300 多名参议员因为目睹屋大维越来越专权，所以叛逃并加入安东尼的阵营。到了公元前 31 年初，屋大维和安东尼之间的战争已经不可避免。

为了给他的军事行动筹钱，屋大维强迫意大利居民交出其年收入的四分之一。尽管叛乱因此激增，但屋大维还是能用军事手段将叛乱一一平息。公元前 31 年春，他已准备好一场行将结束共和国并建立帝国的对决。公元前 31 年 9 月 2 日，在亚克兴（Actium）战役中，屋大维摧毁安东尼和埃及女王克利奥帕特拉七世（Cleopatra，约前 70—约前 30，世称"埃及艳后"）的海军。一年后，屋大维入侵埃及。安东尼于当年 8 月初死后，罗马获得以前从未属于过它的地中海海岸线，这片包括埃及在内的疆域此后成为罗马近 700 年经济发展的基石。屋大维不仅成为世界上最有权势的人，也成为世界上最有钱的人。

屋大维在战争结束后崛起，安东尼曾拥有来自埃及新省的大量财政资源，屋大维用这笔财富再加上他原有的财富，开始数以千计的新项目发展——改善道路、公路的驿站、导水渠、喷泉、警察和消防队、寺庙和各种各样其他的公共建筑。今天人们传颂的罗马公共建设，许多都是在那个时候成为现实的。在扩展这些基础设施的同时，奥古斯都还在罗马建立三个图书馆，其中的一个又成为帕拉蒂尼山阿波罗圣殿的一部分。奥古斯都的罗马成为一个空前繁荣和活跃的文化大都市。

奥古斯都自称为"共和国的恢复者"，他的政绩工程不仅在于规模宏大的公共建筑和设施，还在于实现他心目中的政治、社会和道德改革。奥古斯都改革税收与继承法，他还要恢复已经变得满目疮痍的罗马道德文明。他的政治、社会和道德改革是为了给因为内部动荡和混乱而动摇的罗马世界带来稳定与安全，当然，如他所希望的，也带来了文化和文明的繁荣。这种繁荣才是盛世最好的点缀和象征。

奥古斯都信奉一夫一妻制，他把贞操和虔诚（美德）视为罗马人祖传的价值观，而当时的罗马道德沦丧，社会和道德秩序混乱。因此，奥古斯都决心进行道德和政治改革，以改善罗马社会并制定新的生活方式，其核心就是复兴传统的罗马宗教。他恢复公共古迹，特别是众神的庙宇。他还恢复圣职，重新引入古老的宗教仪式和节日，包括五年一次的祭奠仪式（Lustrum）和牧神节（Lupercalia）。公元前 17 年，他还复兴卢迪世俗运动（Ludi Saeculares），这个宗教庆典每 110 年才举行一次，有隆重的祭祀和文艺演出。最终，奥古斯都开创对皇帝的个人崇拜。

奥古斯都恢复公共古迹和宗教信仰，是为了恢复罗马人对罗马帝国的信仰和自豪感。而且，他还要求借此恢复罗马的传统良好民风，"婚姻忠实"（marital fidelity）成为道德要求的关键。他为此颁布新的法律。

公元前 18 年的第一部法律是《成人法》（Lex Julia de adulteriis）。这项法律禁止通奸，对男性通奸者的处罚是流放并没收其一半财产，对女性违法者的处罚是没收其一半的嫁妆和三分之一的财产。此外，《成人法》还规定，主人家的奴隶可以在法庭上提供主人犯罪的证词。以前，罗马国家对婚姻忠诚的管理相当宽松，法律允许男子杀死与自己妻子通奸的其他男人，并不再承认不忠的妻子。但是，有了《成人法》就不同了。通奸不再是可以在私人之间解决的事情，而是要上法庭受到审判。而且，只要有奴隶的证词便可定罪。

《成人法》只是奥古斯都在公元前 18 年颁布的两部法律中的一部，另一部法律更具强制性，那就是《强制结婚法》（Lex Julia de maritandis ordinibus），它要求有身份的上层罗马人必须结婚。年龄在 25 至 60 岁之间的男性，年龄在 20 至 50 岁之间的女性，法律都要求结婚。任何人处于这个年龄段并失去配偶的，法律都要求其必须再婚。谁如果不结婚，那么其遗产则不得被继承，在其去世的时候财产转入国库。

奥古斯都特别从经济上奖励育有三个以上子女的家庭，尤其是生男孩的家庭。有奖当然就有罚，38 岁以上的未婚男子会有经济处罚，他们必须缴纳其他人无须缴纳的额外税款。而且，他们不得接受遗产或参加公共比赛。《强制结婚法》的一个早期版本还禁止未婚男子上剧场或看马戏。对许多罗马男子来说，这可是相当严厉的惩罚性限制，不只是剥夺他们的娱乐权利，而且还剥夺他们的"把妹"机会。奥维德就曾经公开提议，男子们要找性伴侣，最方便的地方就是剧场和马戏场。这和今天情侣去电影院看电影，并以此为由约会差不多。

历史研究者认为，奥古斯都禁止独身和无子女婚姻，并规定强制婚姻，强行推行这项政策，是因为他认为"正当婚姻"所生的合法子女太少。不过，要多生孩子还有别的办法，不一定需要用"婚姻忠实"这个理由。不管怎么说，公元前 18 年之前，有婚外情和离婚在罗马是相当自由和容易的，但在那之后，婚外情不只是一种民事犯罪，而且成为对国家的犯罪。然而，就在新法律颁布之后，奥古斯都自己的女儿小朱莉娅因通奸而触犯国法，这叫奥古斯都十分难堪。小朱莉娅被驱逐出境，放逐至一个叫作盘达特利亚（Pandateria）的荒凉岛上。

奥维德的流放据信与小朱莉娅的通奸有关。1 世纪的罗马历史学家塔西佗在他的《编年史》第 3 卷第 24 章里谈到与小朱莉娅有关的罪行，他说："奥古斯都给男女共有的过错取了一个令人敬畏的名称，渎圣罪和冒犯，从而超越了祖先的宽大和他自己制定的法律。"他说的就是通奸罪。据说，奥古斯都在处理这类案件时，连老资格的贵族也不宽容。然而，让自诩为道德改革家的奥古斯都遭受最沉重打击的恰恰是让他丢人现眼的亲生女儿。

奥古斯都的太太名叫朱莉娅，女儿也叫朱莉娅，人称小朱莉娅。罗马人的取名相当乏味，父亲叫什么名字儿子也叫什么名字，母亲叫什么名字女儿也叫什么名字。小朱莉娅的通奸案让皇帝自己家里刮起一场风暴。奥托·基弗在《古罗马风化史》里认为，奥维德的命运很可能与小朱莉娅的遭难有关系。当然，后人可能永远无法了解事情的真相。奇怪的是，奥维德的同时代作家都没有提起这件事。奥维德自己虽然经常间接提到这件事，却似乎并不能令人信服。

奥维德在《哀歌》第2卷中承认，他在被流放之前早就惹皇帝不高兴了，因为他的《爱的艺术》风格轻浮，显然与奥古斯都的民风改革背道而驰。虽然他在《变形记》的结尾颂扬了奥古斯都的丰功伟绩，赞美他重建政治、社会和道德秩序的超人胆魄，但仍不足以平息这位皇帝的怨怒。再说，皇帝也许根本就没有看过他的《变形记》。

流放奥维德的理由是什么呢？奥维德自己只是间接地提到过。"他正碰上'皇帝在气头上'（《哀歌》第4卷第10章）。他无意中看见一桩罪行（《哀歌》第3卷第5章），命运使他成为一桩弥天大罪的知情人（参看《哀歌》第3卷第6章）。结识高层人物使他在不了解真相的情况下陷入灾难（参看《哀歌》第3卷第4章，第1卷第2章，第1卷第5章）。"[1]但这些都语焉不详。

奥维德知道《爱的艺术》这本书惹皇帝生气了，他一直试图证明自己是无辜的。从所有奥维德那些欲言又止的话里，奥托·基弗推断："奥维德可能是西拉纳斯的朋友，此人诱奸了小朱莉娅，奥维德在一定程度上支持他们的交往；他们被抓住的时候，他可能也在那座房子里，而且还发现一本《爱的艺术》，这本书被送到皇帝

1　奥托·基弗著，姜瑞璋译，《古罗马风化史》，第386页。

那里，因此奥维德成了通奸行为的教唆犯。这样我们就可以解释奥古斯都为什么怒不可遏了。"[1]

奥古斯都为了推行"婚姻忠实"的政策，把自己的亲生女儿流放到一座孤岛上，让她在那里生活了20年。可是，罗马历史学家苏埃托尼乌斯在《奥古斯都传》第71章中说："奥古斯都自己却无法摆脱肉欲。据说他晚年特别喜欢处女，他的妻子甚至为他四处物色人选。"

姑且不论奥古斯都是不是一个伪君子，单就他为了通奸一事就这么绝情地惩罚自己的女儿，就足以让许多人把这位皇帝看成一个冷酷、残忍、野心勃勃的政治怪物。不能指望这样的人物会在乎世人对他有怎样的看法，对他来说，让所有人服从他的命令才是最重要的。奥古斯都只有用严厉的惩罚，才能让所有的人都害怕他，也才能让他们乖乖地服从他的命令。他对奥维德的严厉处罚，大概也与此有关吧。

那么，据说冒犯了奥古斯都的奥维德《爱的艺术》又是怎样一本书呢？

2.《爱的艺术》：拉丁文学中的"淫诗艳词"

前面说到，按照奥维德自己的说法，他被奥古斯都流放是因为 carmen et error（一首诗，一个错误），而惹下这个大祸的"一首诗"就是他的《爱的艺术》（亦译为《爱经》），这到底是一部什么样的书呢？

从文类上说，《爱的艺术》是一部教谕诗。我们在谈《物性论》

---

1 奥托·基弗著，姜瑞璋译，《古罗马风化史》，第387页。

的时候已经介绍了希腊—罗马文学的教谕诗，简单地说，教谕是为了教人们怎么正确地做某件事，或者传授某种知识或技艺。奥维德《爱的艺术》是一部讲授爱和浪漫知识的著作，其核心部分当然是男女之间的性，谈的是如何吸引和追求性伴侣。今天市面上也有类似的交友或相亲指导、婚姻指导、交友网站、婚姻介绍或者类似的电视节目，可见这是一种大众需要。不过，奥维德《爱的艺术》并不是用来指导一般人的，这在后面还要谈到。这里要说的是，对这类指导有现实的需要，既然有需要，也就会被生产出来。

《爱的艺术》包括三个部分，前两个部分是为男性提供的指导，后一个部分则是为女性提供的指导。这部著作完成并发表于公元前1年至公元2年之间。与奥维德《爱的艺术》同样著名的是他的《爱的治愈》(Remedia Amoris)，提供的是另一种相关指导，即在爱情失败后如何恢复情绪和心情，不是从此灰心丧气、自怨自艾、自卑消沉，而是重振精神、再接再厉、重新出发、继续战斗在爱情的战场上。因此，这部著作有时也被看作《爱的艺术》的第四部分。

在几乎所有的罗马爱情诗人中，奥维德也许是最出名的。他的作品流传很广，经久不衰，也许是因为人们更喜欢他以轻松、优雅、能激起感官兴奋的方式对待爱情，没有其他爱情诗的严肃又悲哀的情调。但也有人直接把他的爱情诗当"淫诗艳词"的色情诗对待。有论者认为，奥维德一定有丰富的色情经历和深刻的性爱体验，他不把爱情看作难能可贵的高尚情操或终生难遇的宝贵经历，从他的作品中看不出爱情曾深深地震动他的灵魂。使他情不自禁，必须要用优美的诗歌唱出刻骨铭心感受的，是情欲而非爱情。所以，他的"爱情诗"实际上颠覆了人们头脑里那些虚幻的浪漫爱情梦境，因此也被贴上"色情"的标签。

确实，在他早年的爱情诗里，他要勾起的是情欲而不是什么崇高爱情的心灵激荡，在他看来爱情和情欲之间并没有本质区别。他在诗中曾描写一个他心爱的女子，名叫"科琳娜"。这名字是虚构的，出自希腊抒情诗。下面就是他写的一首与"科琳娜"有关的爱情诗片段：

> 盛夏酷暑，日过中天，
> 我躺在床上悠闲自在。
> 窗户半闭半开，室内光线暗淡，
> 似乎在绿树成荫林子里，
> 又像日薄西山暮色苍茫之时，
> 或像夜已尽曙光即将来临。
> 对于谨慎的少女，这种光线
> 似乎在替她遮羞。
> 科琳娜身穿内衣，脱掉紧身褡，来到我身边。
> 长发披肩，中间露出洁白的颈项。[1]

接下来是长长的富有挑逗性的女性身体描写，这里就不详细引述了。必须指出的是，奥维德的"爱情诗"不是我们今天许多人所了解的爱情诗，拉丁文学中的爱情诗也远非许多人所喜欢的徐志摩爱情诗那么简单。这种爱情源自古希腊亚历山大文学学派那种经常为诗而诗的唯美写作。

奥维德前辈们的爱情里，谈得最多的是爱的奉献或爱的苦涩。但奥维德与他们不同，他对写爱情诗比对爱情本身更感兴趣。他津津乐道的是如何赢得美人芳心，或取得求爱的成功，而不是描绘爱情的酸甜苦辣和似是而非。

奥维德早期爱情诗的对象可能是一位虚构的情人，他提到不少

1　奥托·基弗著，姜瑞璋译，《古罗马风化史》，第265页。

其他诗人和文学作品，充满双关语和讽刺意味。与浪漫的爱情相比，他显然对写诗本身更有兴趣。"爱情诗"（elegy）这种写作样式特别适宜于情绪的变化和反差，又像是一本正经，又像是调侃嬉戏，勾起读者的期待，却又故意让这种期待落空。这是拿"爱"当挑逗读者的游戏，而不是抒发什么真挚的情感。

我们前面谈过早期罗马诗人卡图卢斯，他就不是这样对待爱情的，他对自己的情感特别认真、特别真诚，他的所有情诗都特别真挚。在他的情诗里有真情实感的惊涛骇浪：从青春的痴情，到爱的升华，到被背叛的痛苦、强烈的愤怒和复仇心，再到精疲力竭，躲到一边舔自己伤口。这种一片痴心、至死不悔，乃至伤心欲绝、愤恨满腔、睚眦必报的情感，在奥维德的游戏情诗里绝对找不到。

卡图卢斯确实在抒情诗的文学形式中找到一种表达最真诚情感的可能。无论是爱意还是恨意，他都可以用这种形式将浪漫经历的私人世界转化为诗歌世界。在文艺复兴时期，诗人彼特拉克赞叹拉丁爱情抒情诗有着丰富的潜力，让人可以真诚地释放浪漫情感，他指的是卡图卢斯而非奥维德。彼特拉克在卡图卢斯这样的罗马诗人那里可以尽情发掘诗歌的精神创造潜力，尽量模仿那种迷人的痴情和孤独的热情。

但是，奥维德的爱情诗显然有悖这种罗马情诗的模式，他对诗歌本身的兴趣远远超过用诗歌寻找真实的爱情。他那三本幸存的爱情诗集，虽然并非完全没有真诚情意，但似乎更把写爱情诗作为一种特别有趣的游戏或嗜好，本末倒置地对待爱和表达爱情的诗歌写作。

奥维德有时候看上去是在表达爱情，其实可能有别的意思。例如，在一首爱情诗里，他用战争中的年轻人来比喻恋爱中的年轻人。爱情与战争的比喻更像是夸张的戏谑，而非对热烈爱情的烘托：

> 年轻女性希望参加爱情游戏的男人，
>
> 有军官希望士兵们身上有的那种精神。
>
> 这样的男人整夜守望，躺在坚硬的地面上；
>
> 在卧室门外或营地，他们忠诚守卫……
>
> 除了爱人之外，还有谁会像士兵一样忍受寒冷，
>
> 夜幕降临，雨夹雪像钻头一样淋在他们身上？……
>
> 一往情深的情人和士兵的神圣职责
>
> 就是突破守卫战利品，还有美女，
>
> 的敌人防线。（《爱情诗》，第 1 卷，第 9 章，5—8，15—
>
> 6，30—2）

这样的比喻滑稽多于真诚，一个情人在情妇门前逗留徘徊，真的像是准备浴血奋战、突破战线的士兵吗？过分的夸张很难引发真正的情感共鸣。

《爱情诗》里似乎已经有了指导爱情的因素：爱情不是什么纯洁崇高的东西；如果是，也夹杂着滑稽可笑的不纯净的因子。爱情不是纯粹自然的，而是需要学习的，也是可以传授的：

> 渴望新郎的姑娘——她们应该读我的诗，
>
> 还有那乳臭未干的小伙子，
>
> 被不可思议的初恋触动……
>
> 别忙，姑娘，转过你美丽的脸，
>
> 听我唱聪明的爱神教给我的歌。[1]

奥维德之后创作的《爱的艺术》有着与他的《爱情诗》类似的

---

1 奥托·基弗著，姜瑞璋译，《古罗马风化史》，第 266 页。

倾向。这样的口气也许会让人以为，奥维德在性爱方面似乎是个情场老手、酒色之徒。实际上并非如此。据他自己说，他结过三次婚。第一次结婚时年纪太轻，第二次婚姻也不幸，第三个妻子是个贵族出身的寡妇，给他带来终身幸福。我们不必把他爱情诗里那个轻浮的"我"直接等同为奥维德本人，这就像写强盗故事的作家不必是强盗，写武侠小说的作家未必会使枪弄棒，写烹饪指导的也未必个个都真的能在厨房里做出好菜。

　　奥维德在《爱的艺术》里开宗明义，他所说的"艺术"指的是"技艺"（art）。古代人把任何一件事做好做精致都叫技艺。技艺可以学习，但需要有内行手把手的指导。他对读者说，倘若你还不懂得爱术，只要读了我传授爱经的诗篇，就自然会了。用帆和桨行驶船是艺术，驾着马车轻快奔跑是艺术，把妹寻欢的爱术也是一样。

　　在奥维德那里，爱术和其他技艺一样，都是"师傅领进门，修行在个人"。他的爱经来自他的经验，爱术之诗无须呼唤诗神缪斯或其他神明，他语带讽刺地说："阿波罗啊，我绝不会冒充说我所教的艺术是受你的影响而来的；传授我这艺术的更不是鸟儿的歌声和振羽；当我在你的山谷阿斯克拉牧羊时，我没有看见过克利俄和克利俄的姐妹们。经验是我的导师：听从有心得的诗人吧。……我们要唱的是没有危险的欢乐和被批准的偷香窃玉。"[1]

　　这样叛逆的宣誓恐怕只有在 19 世纪英国叛逆诗人拜伦（George Gordon Byron，1788—1824）那里才能听到。拜伦崇拜奥维德，他在《唐璜》（*Don Juan*）第 1 章开头就说，他的诗不是用来歌唱英雄的：

　　　　说起来新鲜，我苦于没有英雄可写，

1　奥维德著，戴望舒译，《爱经》，时代文艺出版社，2013 年，第 3—4 页。

虽然当今之世，英雄迭出不穷，

年年有，月月有，报刊上连篇累牍报道，

过后才又发现：真英雄他算不得，

所以，对这些我就不人云亦云了，

只想把我们的老友唐璜来传诵。

拜伦笔下的唐璜是个生性风流的浪荡子，很像奥维德诗里的人物，拜伦对诗神缪斯也没有兴趣，他在《唐璜》第3章开头嘲讽缪斯说："嗨，缪斯（废话），我们让唐璜睡一会儿／头枕在（姑娘）漂亮、快乐的胸膛上。"

奥维德《爱的艺术》就是这样的腔调。他对荷马史诗里的英雄世界毫无兴趣，他感兴趣的是罗马的花花世界，并乐在其中，如鱼得水。他对哪里可以找到漂亮女人了如指掌：罗马的剧场、画廊、神庙还有法庭，当然最好的地方是角斗场。那是一个对征服女性而言最有象征性的地方。"角斗场"是一个学习猎获技艺的地方，在那里你可以领略猎人和猎物的关系。你把对方当作被盯上的猎物，你自己也就既是猎人也是猎物，情场上和猎场上都一样：

角斗场内美女云集，

像那口含一丁点儿食物的蚂蚁，

排成长串来来往往，

又像飞舞在草地上的蜜蜂，

掠过鲜花野草和气味独特的百里香，

人数之多令我眼花缭乱。

这是个毁灭美人贞洁的地方，

女人来这里看男人，也给男人看。（《爱的艺术》，第1卷，

第93章）

这种拈花惹草的意象与角斗场的比喻，产生滑稽的效果，与上面说过的求爱与战争比喻是类似的。奥维德的指南为男人揭示女性的心理秘密：嘴上说不，心里欢喜（"拒绝不拒绝，她们都会有求必应"）。他还提示如何在相中的女子面前保持合适的仪容：

> 男子的美在于不加修饰
>
> 只要干干净净，健康黝黑。
>
> 托加袍必须整洁，没有污迹，
>
> 舌头灵活，牙齿洁白闪亮，
>
> 鞋子要合脚，不能踢踢踏踏；
>
> 别让难看的发式毁掉你柔顺的头发，
>
> 请高手把你的胡须精心修剪。

他对女性也提出类似的建议：

> 细心使你美，疏忽将它毁，
>
> 即使它胜过爱与美的女神维纳斯。
>
> 如果我们的女祖先可以忽视自己的美，
>
> 那是因为我们的祖宗未开化，
>
> 那年代生活简朴。如今罗马昌盛，
>
> 征服世界，富甲天下，
>
> 男人会被你优美的服饰迷住，
>
> 你的头发应该长期保养才会秀美。
>
> 发型要多样。对着镜子照，
>
> 选择最适合你的式样。
>
> 瓜子脸要选向两边分开的披肩长发，
>
> 圆脸盘则需要在前额分梳头发，

把长发盘起来，但要露出耳朵……（《爱的艺术》，第 3 卷，第 105 章）

《爱的艺术》的指南涉及异性吸引的方方面面，连最小的细节都不放过，从美发品如何使用，服装的颜色和头发色调如何配合，先天的高矮缺陷如何掩盖，到如何动人地笑和哭，如何举手投足，如何表现文化教养、才艺，需要何种社交手腕、仪态举止，应有尽有。这和我们在像江苏卫视《非诚勿扰》节目上看到的男女交友情境简直一模一样。就算你觉得这种婚恋交友节目很倒胃口，但也不要忘记，上台的那些表演者，人家台前台后，不知做了多少细致的准备工作，如果有工作指南或手册，肯定也可以写成一本《爱的艺术》。

当然，奥维德并不只是满足于这些，他还加上许多更大胆、暴露的"猛料"，因为男女互相吸引，最后是为了满足人的动物性自然需要。用他的话来说，"羞耻之心尚存之时他们遮遮掩掩，后来也就更加无拘无束"。他在第 2 卷和第 3 卷的末尾，对性行为的技巧和所有的准备过程提出一些深奥的见解。这些诗使他的作品至今一直很出名，也难以洗脱"淫诗艳词"的道德指责。所以《爱的艺术》只能是虽有人暗中喜爱但终究"不入流"的文学作品，不会在学校课堂上公然讲授。中国文学中也有大量"淫诗艳词"，许多出自文学大家之手，虽然文学价值不俗，但按照现代标准，它们不适合于诗歌文学，而更适合于性知识教科书，所以这里也就不多说了。

奥维德知道《爱的艺术》这样的作品会惹人非议，所以他在序言中特地声明，这部作品不是为已婚妇女或未婚少女写的，而是为了教人如何追求水性杨花的女子；不是教人如何选择好妻子，而是教人如何物色有情趣的"朋友"，赢得她、享受她、拥有她。与她交往要做到既不使她讨厌也不受她虐待。

无论奥维德如何自我辩解，这部作品似乎都惹得奥古斯都十分反感，作品发表后 6 年，他被终身流放。那么，本章刚开始提到的 M5S 提出的议案算不算是冤假错案平反，就不得而知了。

3.《变形记》：轻逸神话中的沉重变形

《变形记》是奥维德最重要的作品，大约开始写于 1 年或 3 年，完成于 8 年，是一部用六音步诗体记录关于种种"变形"的神话作品。《变形记》有 15 卷，每卷大概 700 到 900 行，描述了罗马和希腊神话中的世界历史。其中总共包括大约 250 个左右的传说（多为爱情故事）。从其第一次发行开始，《变形记》就成为最受欢迎的神话作品之一，也大受中世纪的作家和诗人喜爱。这部作品对中世纪的文学作品以及中世纪甚至到巴洛克时期的绘画艺术都有深远的影响。

《变形记》取材于古希腊罗马神话。根据古希腊哲学家毕达哥拉斯（Pythagoras，约前 570—约前 495）的"灵魂转回"理论，"变形"——人由于某种原因被变成动物、植物、星星、石头等——是一条贯穿全书的主线。故事按照时间顺序叙述，由宇宙的创立、大地的形成、人类的出现开始，直至罗马的建立，恺撒遇刺变为星辰和奥古斯都顺应天意建立统治为止，是古希腊罗马神话的大汇集。

在希腊—罗马文学中，《变形记》可以说是一部难以归类的奇异作品。奥维德收集了 1000 年来地中海世界最好、最持久的故事，把它们汇集成一个整体。希腊诗人赫西俄德讲述宇宙起源的故事，荷马讲述特洛伊的故事，雅典剧作家讲述特洛伊之后的故事，维吉尔又讲述发生在更后面的故事。而奥维德则把所有这些故事都包含在他的《变形记》里，重新加以包装，并用罗马文学最精巧的诗歌语言呈现在世人面前。

由于《变形记》中令人难以置信的丰富内容，再加上拉丁语一直到中世纪都是代表欧洲礼仪和文明的神圣语言，所以不难理解为什么《变形记》会对后世有如此持久和广泛的影响。它的故事频频出现在薄伽丘（Giovanni Boccaccio，1313—1375）的《十日谈》（*The Decameron*）里，而莎士比亚的《罗密欧与朱丽叶》（*Romeo and Juliet*）、《仲夏夜之梦》（*A Midsummer Night's Dream*）、《泰特斯·安德洛尼克斯》（*Titus Andronicus*）和《暴风雨》（*The Tempest*）都包含一些直接从《变形记》中提炼出来的故事甚至台词。但丁（Dante Alighieri）也从《变形记》里借取人物和场景。以《变形记》中的故事为题材的绘画作品，在文艺复兴时期和巴洛克时期更是数不胜数。

在长达一千多年的时间里，《变形记》一直是中世纪人们进入古代异教世界的门户，僧侣和牧师还有后来的文化贵族，都可以通过这个门户回到基督教之前的历史，并听到古代人用以讲述世界的故事。奥维德是一位自视甚高的作家，宣称自己能够为人类最难解的爱、情和性提供完美、可行的指南，并在他们遭受种种失败之后，帮助他们迅速恢复，振作起来，重新开始。然而，即使在他最自负的时刻，他恐怕也无法想象《变形记》对人类后世文学将有多么重要的影响。

《变形记》是一部以"变形"为主题的诗歌故事著作，但人们经常称之为"史诗"，这是因为实在难以为《变形记》找到一个更恰当的文类归属。维吉尔的史诗是一部结束一切史诗的史诗，在这之后，奥维德又该如何写他的史诗呢？

以他那种不落俗套、戏谑幽默的创作个性，他写的是一部故意"扭曲"一切史诗的史诗。他的史诗说的不是英雄故事，他对国家大义和豪气恢宏的史诗根本不感兴趣，他要写的是那些人人都熟悉的百谈不厌、亘古不变的情爱和欲望冲动，说到底也就是那些无关道德、无视权威的男女之事。

奥维德不仅"扭曲"史诗，而且"扭曲"他所涉猎的几乎所有诗歌类型。扭曲成为他诗作创新的重要手段。奥维德是奥古斯都时代三位主要诗人中的最后一位，在时间顺序上处于天然的劣势。

他还是个孩子的时候，维吉尔和贺拉斯就已经在各自30多岁的时候成名。奥维德还不过是10多岁的少年时，维吉尔就已经创作了史诗《埃涅阿斯纪》。奥维德20多岁的时候，博学的罗马爱情诗人们已经把悲歌推向极致。贺拉斯的诗作更是表明，从严肃的颂歌到闲聊式的古怪诗歌，没有一样是他不精通不拿手的。如果说奥古斯都时代的诗歌是一台群星荟萃的综艺晚会，那么当奥维德最后一个上场的时候，倘若没有自己能够标新立异的绝活儿，他还能演什么呢？

奥维德在他整个诗人生涯里，都一直在利用传统和扭曲传统，以此作为他自己的文学写法，开发自己的绝活儿。既然以前的爱情诗人都对真实的恋人苦苦倾诉他们的痴情和心碎，那么，好吧，他就对一位虚拟的恋人戏仿和模拟一种玩笑般的呻吟。如果以往的爱情教化规劝人们要情感专一、守身如玉，那么，好吧，他就来写一篇关于男士如何诱惑女性、女性如何化妆的实用而荒谬的论文诗作。当然，奥维德不是一个专门玩杂耍和小丑表演的诗人，但只要有需要，他会毫不犹豫地把诗歌当作一种游戏。因为，诗歌从根本上说是人的创造，而不是神灵的特殊赐礼。

虽然他在《变形记》里只是用轻松、有趣、优雅的方式，说一些有趣的神话故事，但《变形记》还是被称为"史诗"或至少是"戏仿史诗"（mock epic）。原因之一是它似乎包含史诗的一个重要主题，那就是对神的不敬是人的"骄傲"（hubris，即过分傲慢的行为），这是一种罪过，人一定会为此付出代价。书中有不少这样的例子。骄傲是致命的缺陷，导致人物的垮台。狂妄自大总是会引起众神的注意和惩罚，众神鄙视所有试图将自己与神性较量的人。阿喀琉斯（Achilles）杀死海王星之子（Cycnus），激怒海王星，阿波罗于是让阿喀琉斯屈辱地死在帕里斯（Paris）手里，以惩罚他对海王星的冒犯。狂妄自大是人类的天生缺陷，尤其是在一个权力受到崇拜的社会里。

然而，在《变形记》里，傲慢和狂妄不仅表现在男性身上，也表现在女性身上，这是不寻常的。我们看到女性挑战众神和女神，显示自己的实力，后果非常严重。阿刺克涅（Arachne）因为自以为编织手艺比神高明，所以受到变为蜘蛛的惩罚。尼俄伯（Niobe）吹嘘其子女，所以阿波罗尽杀其子女，而她本人也因悲痛化为石头雕像。

狂妄自大的对立面是爱，爱让所有人平等。一方面，奥维德的神与人类没有太大差别，神也会坠入爱河，结果也很悲惨。但是，另一方面，他又似乎在用"骄傲"这个主题提醒世人，如果人过于让自己与神平起平坐，那么离遭到惩罚也就不远了。

在这样一个神与人互动的宇宙里，有了一部诗作展现轻逸玄妙的神话世界和希腊罗马古典美的动人故事。《变形记》里最初的变形是宇宙从混沌中变化成一种自然秩序，最后的变形则是奥古斯都由人变化成神，不是真的神，而是一个神话。这是书里故事历史变迁的大框架，在这其中有200多个变形或变化的故事在发生，主要是人变化成动物、植物或者石头、星星。

怎么把这些零零碎碎的故事写成一本完整的著作呢？这就是奥维德说故事的高明所在。他把这些错综复杂、互相分离的故事用各种各样的手法联系起来：相同的地点、类似的激情或动机、同一个叙述者或人物、故事里套故事、不同的叙述角度等。从现代叙事学来看，他的确是一个故事叙述结构的开创大师。

《变形记》在故事里嵌入故事，这意味着故事中的人物会在故事里讲述自己的故事。大约三分之一的《变形记》是由故事中嵌入的故事构成的。我们听到各种各样的角色从不同的角度讲述的故事——男人、女人、神、女妖甚至是动物。没有一个角度比别的角度更优越或更周全，即使在同一故事中，不同角色的观点也可能彼此冲突。这种讲故事的技巧让《变形记》产生一种万花筒般的效果。故事里套故事的手法后来被不少著名作家运用，薄伽丘的《十日谈》、乔叟（Geoffrey Chaucer，约 1343—1400）的《坎特伯雷故事》（The Canterbury Tales）都是例子。

《变形记》的变形虽然非常怪异，但都合情合理，《聊斋志异》也是这样。故事中虽然发生变形，但变形的原体还在，就像狐狸精变成美女，但总归还是狐狸精。嗜血好杀的莱卡翁（Lycaon）变成恶狼，爱争吵的吕基亚人（Lycians）变成呱呱乱叫的青蛙，倔强的达芙妮（Daphne）变成生了根就不再移动的树，但他们都还保留人的原体，他们的故事不是狐狸、狼、青蛙或树的故事，而是人的故事。

奥维德轻松、悠闲地讲他的故事，就算是悲惨的故事，也娓娓道来，这是他诗作的一贯特色。不管是神在做好事，还是在做坏事，他都平静地叙述，并不夹杂道德议论。他的写作目的不是道德说教，而是说一个能让人们爱听的故事。故事里的神是人性化的，看不出什么神性，几乎与凡人无异。有一次战神（Mars）和美丽的女神维纳斯偷情，被另一个神正好撞见。撞见他们的神说，真希望自己有一天也能被撞见正在做这件丢脸的事情。别的神听他这么说，一起哈哈大笑。

奥维德说故事，对读者心理拿捏得非常好，能让他们有出其不意的感受。例如，故事一开始，他很严肃，一本正经，经过一番活灵活现的细节描绘之后，一下子变得滑稽怪异，产生一种故事本身的变形效果。这很像昆德拉在《告别圆舞曲》里说的怪异故事，一个专治不孕症的医生有许多女病人，他很敬业，对不孕症知识丰富，所以许多女病人经过治疗都生了孩子。但是，故事并没有朝读者期待的方向发展，原来这位医生只是把自己的精子注入他的病人体内，结果她们生出的孩子都长得像这位医生。

《变形记》里的诸神非常暴力，性情古怪，难以捉摸。然而，在神明惩罚人类的时候，从神明的角度看，这并不完全是任性胡来的。诸神惩罚的是邪恶，奖励的是虔诚。奥维德在第 1 卷里就定下基调，神灵惩罚莱卡翁，因为莱卡翁对神不虔诚，竟敢冒犯宙斯。冒犯本身就是罪过，与是否正义、该不该冒犯无关。这就像一个人冒犯皇帝或政府，不管对不对都是大逆不道。所以，神的惩罚虽然"有道理"，却未必正义。后来，酒神巴克斯因为拜米尼亚斯和珀努斯的女儿们拒绝崇拜他，就惩罚了她们。阿剌克涅也因为没有顺从神的意志，受到智慧女神密涅瓦（Minerva）的惩罚。这样的例子还有许多。

奥维德说神的惩罚故事，并不是为了伸张正义，因为他并不知道究竟什么是正义。所以，在他那里，一切都不值得太当真，既无须激情，也无须悲情。死亡令人讨厌，但不是悲剧。在他笔下的哀伤一经夸张，便染上喜剧色彩。他不像维吉尔那样一本正经地对待他的史诗里的诸神，他的同情是保留给普通人类的。

严肃的事情在奥维德那里会被他的幽默淡化，变得平常，甚至有些滑稽。奥维德描绘那耳喀索斯（Narcissus）对着大树大声宣告自己的爱情理念，其实是在讽刺那种无病呻吟、装腔作势的爱情诗。他自己的爱情诗不过是游戏之作，其中的人物不必为了深沉，就一副要死要活的样子，也不必为了失恋痛苦，就对所恨的旧情人摆出一副狠巴巴的样子。写诗在于精致，不在于真诚。精致不精致看得见，可以辨认；真诚不真诚则看不见，无法确认。

奥维德的故事是轻松和洒脱的，你说他不严肃、不诚恳，都没有关系，因为严肃或诚恳本来就不是他要追求的东西。他只想给读者带来愉悦，让自己写得开心，这与他写作爱情诗的观念和做派一致。有的诗人写爱情诗，要深沉，要深情，像顶着石球做戏，累得要命。但奥维德写爱情诗，不图别的，也不必太当真，就是为了好玩，既显示自己精致写诗的笔下功夫，又能让读者有文字上的享受。他玩的是魔术表演，始终能抓住观众的好奇心和注意力，让他们能轻松愉悦地欣赏他那高超技巧和手法，知道是假的，但照样为之着迷。所以我们千万不要像读维吉尔那样去读奥维德。

《变形记》是奥维德的一部自我表现之作，他频频运用旁白、双关语、闲扯，绕来绕去就绕到他自己身上。所以，我们读《变形记》要关注的，与其说是书里的故事，还不如说是这个说故事的人。奥维德说了一个只有奥维德才能说的故事。《变形记》错综复杂，却很容易阅读，全是因为它被操纵在这位故事大王的手中。

《变形记》以混沌的宇宙变形开始，以奥古斯都的神化变形结束，在最后一卷里，奥维德半真半假地赞美奥古斯都，有人认为他是蓄意讨好，但也有人认为这是假戏真做，甚至有"高级黑"之嫌。在故事结尾处发生的变形把真人变成神话中的人物。我们看到，尤利乌斯·恺撒变形成为神，而他的继承人奥古斯都则比他还要伟大。其实在这整部作品中，诸神与平常人差不多，他们虽比人强大，但并不代表更伟大、更正义。所以把恺撒或者奥古斯都变形为神，不过是在说他们在人间拥有无上的权力，那也只是权力而已，与正义或伟大无关。这样的神在奥维德那里无足轻重，不过是说一个轻松故事的有趣材料罢了。

4.《变形记》: 性强暴下的人兽同体

2018 年 2 月 12 日美国《纽约客》网站刊登专栏作家凯蒂·瓦德曼（Katy Waldman）的《"米兔"时代读奥维德》（"Reading Ovid in the Age of #MeToo"）的文章。文章里提到一件 2015 年发生在哥伦比亚大学的事情，四名本科生要求她们的英语教授在上奥维德《变形记》时附上这样的警告：这首诗"生动描述了强奸和性侵犯"，她们似乎觉得这本书简直就是一本强奸犯手册。《变形记》里确实有许多"强暴"或"强奸"女性的情节和场面：冥王绑架珀耳塞福涅（Persephone）；宙斯（Zeus）使莱达（Leda）怀孕；阿波罗追求达芙妮；宙斯侵犯了欧罗巴，就好像妇女生来就该遭受性侵。所有这些性攻击让年轻的本科生感到不知所措。

但是，如果我们仔细阅读《变形记》，就会发现，书里的强奸场景只会让读者体会到受害者的脆弱和愤怒，而不是强奸犯的快感。奥维德对古老的神话进行再创造，他的神话故事里不能说完全没有传统社会里男尊女卑的价值观。然而，他对这些神话的实际描述却又在颠覆男尊女卑的价值观。这是《变形记》特别吸引现代读者的原因之一。

在他的神话故事里，男性显现出兽性的一面。神话中的强暴者要么以动物的形态出现，要么用兽性的象征来描绘，这样本身就是一种变形，它包含的不是颂扬，而是否定。奥维德把男性的性欲比喻或描绘成火或火焰，火通常与神性相连，但这个联系并没有提升强暴者，而是在凸显强暴者的危险和危害。对强暴者的疯狂性欲来说，火意味着残酷无情的摧残和摧毁。

诸神的强暴行为使神变得不如一般的人类，成为神性的堕落之因。每一个被神强暴的女性——有的是人，有的是精灵——都是受害者，奥维德几乎总是从女性受害者的角度叙述强暴这件事情，这就使得读者不断在体验她们受害的不幸和遭遇。由于读者们在阅读中会感受到这种叙述效果，他们的同情也是在受害者这边的。

奥维德故事中的强暴者是霸道和狡黠的，也是危险的。强暴不管得逞与否，都不能将男性的霸道合理化。强暴是一种违背自由意愿、违反人性的行为，它把加害者和受害者都非人化。罗马的神是人化的神，这里所说的"人"包括人化的神。人变成非人，神变成魔，这是本质的变形。

《变形记》里性强暴的加害者和受害者们所经历的变形在形态和性质上是不同的，先来看被害者的非人化变形。

在希腊—罗马神话里，凡人与男神或女神有性关系，被视为神对人的宠幸，由此生下的子女在身份上也高于凡人。放在世俗的人间，皇帝或什么了不得的人物与某个女子有染，对这女子来说也是宠幸，甚至是一种光荣任务或特殊待遇。《变形记》并没有美化这种强制性的性行为，更没有把它当作女性的光荣或对神的信任。这种行为是赤裸裸地在用暴力进行强迫或强暴，这是没有疑问的。

在希腊—罗马的神话叙述里，都不会用"强暴"来称呼男神对女性的强迫行为。由于避谈强暴，强暴中发生的事情会被错误地当作是女方心甘情愿的行为，至少女性没有拒绝或抗拒。《变形记》有多位女神站在男神的立场上，认为神要发生性关系并不是强暴，女性一方也不是受害者。女神们甚至认为，神看上一位女性，是因为她太美丽，红颜祸水，男神才会神魂颠倒地犯错。例如在第4卷里，美杜莎（Medusa）被海王星神强暴，智慧女神密涅瓦嫌美杜莎逃避到她的神庙里玷污了神庙，所以把美杜莎美丽的秀发变成一条条毒蛇。女神对女性的惩罚，恶毒程度甚至胜过男神，同类相残经常如此。奥维德说这样的故事，显然是同情受害者的，对像美杜莎这样的二度受害者，同情就更明显。

奥维德让读者看到的是强暴者的任性和强梁，以及受害者的痛苦和恐惧。受害者的变形不只是身体的，更是心灵和心理的，外形的变化成为她们内心创伤的象征。《变形记》里受害者的变形有两类，一类是为了逃避强暴而变形，另一类是因为被强暴而变形，是强暴后的结果。

在第 1 卷里有两个相似的强暴和变形，女事主分别是达芙妮和西琳克丝（Syrinx），她们都是月亮女神戴安娜（Diana）的随从，貌美而坚守贞洁。太阳神阿波罗追逐达芙妮，牧神潘（Pan）追逐西琳克丝。为了不被强暴，达芙妮变形成月桂树，西琳克丝变形成芦苇。但是，即便如此，她们仍然没能逃脱这两位男神的宰制，阿波罗宣布，月桂树是太阳神之树，潘神则把芦苇做成他吹奏的乐器。

在第 9 卷里，德律俄珀（Dryope）的故事看似与达芙妮相同，因为她也变形成树木，其实这两位受害者的变形完全不同。达芙妮为了逃避强暴，自愿变成树，但是德律俄珀是在被阿波罗强暴后变成树的，她的变形是被强暴后的结果。而且，她的变形不像达芙妮那样发生在顷刻之间，而是经过几年的时间。奥维德只用 5 行诗描绘达芙妮的变形，而描写德律俄珀的变形却用了 43 行。德律俄珀是一个有幼儿的母亲，但阿波罗还是没有放过她，他对德律俄珀的强暴不只是对一位女性，也是对一位母亲，所以加倍残忍。

德律俄珀的变形比达芙妮的更加恐怖，因为她开始还能说话，也就是说是有知觉的。她一直都有痛苦的意识，直到最后完全丧失语言的能力。达芙妮对变形没有抵抗，德律俄珀对变形想要抵抗，但无能为力。不难想象，这强加于她的变形所造成的心灵创伤更甚于达芙妮。

我们再来看看强暴者自己的变形，那可以是真正的形体改变，也可以是强暴者在被强暴者眼里的变形。

英国剑桥大学古典学教授詹姆斯·罗伯逊在《希腊神话中的兽性与兽性强暴》一文中指出，神话中有许多兽性强暴的故事，这是古代的一种女性教育方式。男性在社会等级上高于女性，所以"既然没办法逃脱男性的控制权，那么女性就应该在适当的环境中屈服，也就是说在人类社会和城市国家的环境中屈服"。[1]

罗伯逊的话也许可以用来解释希腊—罗马故事，但似乎并不适用于奥维德的《变形记》。这是因为，如果我们把被强暴者的变形视为一种被控制或屈服的标志或象征，那么那些享有男性控制权的强暴者自己也因为其兽性强暴而发生变形。而且，男性的变形明显是向低劣和低质方向发生的。因此，神话对于那种有利于男性控制权的女性教育作用也就大大地打了折扣。

从形态上看，欲图或施行强暴的男神都是从人的形态向动物的形态发生变化，这是一种下行的蜕化。人形变兽形，这象征着野兽和猛禽的捕食行为，而野兽动物的强暴对象则是无助的猎物。第1卷里，意欲强暴达芙妮的阿波罗变成一头公牛。第5卷里，河神阿尔甫斯（Alpheus）看见少女阿瑞塞莎（Arethusa）在泉水里洗澡，阿瑞塞莎非常害怕，她说自己就像一只要逃避老鹰的鸽子。阿尔甫斯的变形是从阿瑞塞莎的角度来描述的。因为害怕被强暴，阿瑞塞莎变成一条小溪，阿尔甫斯变成一条河，紧追不舍。女神戴安娜劈开大地，让阿瑞塞莎消失到地下，变成一条暗流。

在第11卷里，特洛伊国王普里阿摩斯（Priam of Troy）的儿子埃萨科斯（Aesacus）和赫斯珀里亚（Hesperia）的故事要更复杂一些。埃萨科斯看见少女赫斯珀里亚在阳光下晒干湿头发，"女仙一见他就逃走了，就像受惊的鹿看见灰狼，或野鸭在远离自己的池塘看到一只鹰一样"。[2]奥维德的描述让我们再一次看到捕猎者与猎

1　James E. Robson, "Bestiality and Bestial Rape in Greek Myth," in *Rape in Antiquity: Sexual Violence in the Greek and Roman Worlds*. eds. Deacy, Susan and Karen F. Pierce, Classical Press of Wales in association with Duckworth, 2002, 77.

2　奥维德著，杨周翰译，《变形记》，人民文学出版社，2008年，第242页。

物的关系，这同样也是一种加害者在受害者眼里的变形。

赫斯珀里亚见到埃萨科斯走近她，非常害怕，拼命逃跑。但她在逃跑时被毒蛇咬到，死了。这时候我们看到，埃萨科斯与《变形记》的其他男性不同，他为赫斯珀里亚感到悲伤，虽然少女赫斯珀里亚不是直接死在他手上，但毕竟是因他而死。他满心愧疚，想用自杀一了百了（《变形记》，11.783—4）。赫斯珀里亚的死唤醒他的人性，使他的变形得以复原。变形后通过忏悔可以复原，把变形纠正过来，这成为后来文学的一个重要主题。但丁《神曲》（*Divine Comedy*）的《地狱篇》（*Inferno*）说的就是这样的故事。

但是，在《变形记》里，埃萨科斯最后还是变形了，他的自杀意愿让他变成一只潜水鸟，这鸟儿一次又一次冲向水底，但一次又一次浮出水面，想死都死不掉。他在《变形记》里确实是个例外。奥维德或许想告诉他的读者，所有犯错的男子都是同一类受到兽性驱使的低劣动物，但低劣的程度却并不相同。套用一句女性咒骂男性的俗话：天下乌鸦一般黑，男人没有一个是好东西。虽然天下乌鸦都是黑的，但并不都一样的黑。男性在女性眼里成为丑陋无比的"乌鸦"，这本身就是一种比喻的变形。

性强暴造成受害者形态和心灵的变形。形态的变形是心灵或心理变形的象征，受害者的心理变形可以把她变成一个与以前完全不同的人，美丽变成丑恶，善良变成邪恶，纯洁变成恶毒。第6卷里菲勒美拉的故事就是这样的。

雅典国王潘底翁有两个女儿，普鲁丝妮和菲勒美拉。当雅典受到野蛮人入侵威胁时，色雷斯国王泰诺斯伸出援助之手。出于感激，雅典国王潘底翁让泰诺斯从自己的女儿中任选一位做他妻子。泰诺斯选择普鲁丝妮。

泰诺斯和普鲁丝妮在色雷斯生活了许多年，并且生了一个儿子，名叫意大拉斯。由于远离故土，普鲁丝妮患了思乡病，她非常想见亲爱的妹妹菲勒美拉。在她的一再要求下，泰诺斯乘船去雅典接菲勒美拉来与她姐姐团聚。在返回途中，看到菲勒美拉浑身散发出的青春和美丽，泰诺斯顿生歹意。他强行带走菲勒美拉，并割去她的舌头，将她关在森林中一个偏僻的小茅屋里。

泰诺斯回到色雷斯，他见到普鲁丝妮后撒谎说她妹妹菲勒美拉已经死了。菲勒美拉被囚禁了整整一年。在囚禁期间，她将痛苦的经历编织成一件长袍，把故事用暗语告诉她姐姐。长袍终于送到姐姐普鲁丝妮的手中。为了给妹妹报仇，普鲁丝妮杀死自己与泰诺斯的儿子意大拉斯，并派人将尸体送给他父亲泰诺斯。用杀死儿子来报复丈夫，这是违背人伦的罪行——这让人想起欧里庇得斯《美狄亚》里的故事——为此，姐妹俩被变形为羽毛上沾着血迹的鸟儿。这是一个非常深刻的心理变形故事。

性侵犯对受害者造成的伤害是巨大的。生理方面的伤害姑且不谈，对心理和人生未来的影响更是一种隐性的长久伤害，有时甚至是终身的伤害，后果无法估量，有的女性人生从此被毁。许多研究表明，遭受性侵犯的女性中，大部分人会留下明显的心理创伤，受害者把受伤害当作自己的错，别人也是这么看，这是典型的"怪罪受害者"。受害者感到羞耻和恐惧，陷入自卑和自责情绪中，甚至不敢谈恋爱和谈婚论嫁，怕对方知道后因此鄙视自己，觉得自己"不干净"，也怕日后即使成为夫妻，也无法长久维持。

未成年时遭受性侵犯和被迫旁观性侵犯的，因为对异性的恐惧和不信任，部分人因此排斥异性而成为同性恋，由于不是先天的同性恋，会有一种自我厌恶和对异性的恐惧。这种痛苦的体验是羞于启齿的，无法对他人诉说，长期压抑在心里，可以让人精神崩溃。所以，性侵犯发生后，受害者给人的印象经常是"她整个人都变了"。这就是最严重意义上的变形，奥维德的《变形记》里的形体变形于是成为这种心理和精神变形的生动象征。在 21 世纪的"米兔运动"中，奥维德的这部著作也许更应该从正面来理解。

《变形记》里的变形，有的是形体的变形，也有的是心理的变形。形体的变形是幻想的神话故事，而心理的变形则是与我们都有关的真实现象。在今天，揭示心理的变形，其意义比神话幻想的形体变形要重要得多，奥维德对后世的文学影响也更多地体现在他对心理变形的揭示上，卡夫卡的《变形记》就是一个突出的例子。

5.《变形记》：从奥维德的《变形记》到卡夫卡的《变形记》

我们已经说过，《变形记》是一本关于多种性质的变形的长诗。变形中最明显的变化是形态的突变，也就是当人的形态转变成其他形态——达芙妮变成月桂树，阿剌克涅变成蜘蛛，许阿锵托斯（Hyacinthus）变成风信子花朵，阿塔兰忒（Atalanta）和希波墨涅斯（Hippomenes）变成狮子，等等。这是一场特殊效果的盛宴，充满异国情调的视觉效果和爆炸性的叙事高潮。

但是，"变形"中的许多转换都是微妙的。在奥维德的整首诗中，在身体的变化发生之前，我们并没有看到什么明显的变化——变化悄悄发生于故事人物的思想和感情之中。激情使这些人物发生在形体上看不出来的内心变形，难以计算故事中有多少人物发生激情的变化。不同的激情，不只是爱欲，而且是恨、害怕、骄傲、情欲、绝望、野心、贪婪、妒忌，使人物从内心发生剧烈的甚至是本质的突变。《变形记》的基本主题是变形，从一种形态变成另一种形态，但是，在不同人物身上的变形却是千变万化的。

不管故事里的人物确切的心理动机是什么，变形故事通常都非常明确地描述心理变化，从而促使变形中的身体发生转变。在有的故事中或某些情况下，角色的心理转变比其形式变化更为深刻，与我们今天的世界如此贴近，以至于后来他们是变成鸟类、树木，还是其他东西，似乎都只是精彩心理演变的令人好笑的、不必当真的草草结果而已。

前面我们说了普鲁丝妮和菲勒美拉姐妹的故事，她们从纯洁的女性变成嗜血、残忍的报复魔女，这样的变形是在心灵深处发生的，是一种心理和观念的转变结果。这样的故事具有强烈的震撼效应，因为它以不同的形式发生在我们所熟悉的生活里。且不论造成这种心理变形的外部原因，单就这种内心的变异而言，就足以让我们为之震惊和恐怖。1966 年 8 月 5 日下午，北师大女附中的卞仲耘老师成为北京第一个被学生活活打死的老师，她是被一群十几岁的花季少女学生打死的。这些平时文文静静的女学生一下子变成凶神恶煞般的打手，打死自己的老师，在她们的心里到底发生怎样的变异？她们在外形上并没有《变形记》故事里的那种变形，她们没有像普鲁丝妮和菲勒美拉那样变成羽毛上沾着血斑的鸟儿，但是她们的变异比神话故事中的两姐妹更令人恐怖，神话中两姐妹的报复还事出有因，而这些北师大女附中的女学生又与卞仲耘老师有什么深仇大恨呢？又是什么力量让这些少女一下子变成令她们的老师胆寒的凶手？

《变形记》中最令人难忘的故事之一是第 10 卷里的密耳拉故事，密耳拉爱上自己的父亲，最终在保姆的帮助下与父亲发生性关系，结果她被放逐，变成没药树，并生下婴儿阿多尼斯（Adonis）。奥维德讲的密耳拉故事，一开始听起来像一部怪诞的小说。他警告读者："我下面要讲的故事是个很可怕的故事。做女儿的，你们走远点；做父亲的，你们也走远点；即使你们听了我这故事感到舒服，也千万不可信以为真，只当它从来没有发生过；假定你们相信它，那你们也应相信恶有恶报。"[1]

1　奥维德著，杨周翰译，《变形记》，第 208—209 页。

这些话听起来像在介绍一个他想谴责的故事，故事里的人物将要犯下滔天大错或罪行，而罪犯将会受到极其痛苦的惩罚。尽管随后发生的故事确实有这些成分，但奥维德所说的密耳拉的故事，一个异常的激情故事，却几乎与堕落的恶棍故事无关。

事实上，故事讲述的是密耳拉努力控制自己的恋父之情，拼命抵制自己的欲望，想方设法要把这样的情感变得合理。她想战胜自己的情感，但没有成功，她哭了，说："天神啊，我祈求你们，虔诚啊！儿女对父亲的神圣职责啊！不要让我犯罪，抵制这种犯罪行为吧。"[1]

密耳拉想到与父母交配的动物，在异国情调的地方这种事情也许可能发生，但她不幸没有出生在这样的异国。奥维德花费很多篇幅描述密耳拉在内心与自己的不伦之情交战。他为什么要用很长的戏剧独白，向我们展示密耳拉的内心一直是在与她不受约束的情欲对抗呢？奥维德为什么不直截了当地告诉我们，密耳拉和父亲一起睡了，变成一棵没药树，或者说些关于没药树的事情？

我们可以猜想，奥维德这样描述密耳拉的内心挣扎，是因为他更感兴趣的是表现密耳拉这个人物的心理转变，而正是这样的心理变化让她的身体产生那个看上去偶然的变形。密耳拉的内心经历痛苦的心理拔河，深思熟虑却又无可奈何，奥维德用 200 行精致的诗歌来描绘这个过程。密耳拉变成一棵树的故事持续了 12 年，漫长的痛苦过程使得最后的变形结果反而显得不重要了。

心理的变形在身体的变形之前发生，而且远比身体的变形来得意味深长。在《变形记》里，密耳拉这样的故事并不是唯一的，第9 卷里比布利斯的故事就与密耳拉的故事非常相似。比布利斯是一位少女，她竟然爱上自己的兄弟，遭到拒绝后，她终日犹豫徘徊，最终变成一眼山泉。

---

1 奥维德著，杨周翰译，《变形记》，第 209 页。

正如密耳拉的故事以一则耸人听闻的警告开头一样，奥维德也以简洁的寓言形式介绍了比布利斯将要发生的故事。奥维德写道："对一切纵情的姑娘来说，比布利斯是前车之鉴，她对她孪生兄弟、阿波罗的孙子，产生了腐败堕落的情欲。"[1] 又一次，我们的好奇心被调动了起来。

奥维德故事里的比布利斯与密耳拉一样，她不是罪犯，也不是恶徒，而是一个完全人性化的人物，她只是被错误的欲望所困扰，无法自拔，也无法自救。她变成一个性欲极强的女子，这是一个缓慢而渐进的过程，她一开始只有轻微的情感异常，然后是迷宫般曲折的内疚和自我定罪，接着便是对自己情感的合理化辩解，而后便是公开自己的情感，不顾一切地追求自己的哥哥。比布利斯缓慢而令人难以置信的心理进化值得奥维德用 200 行长诗来细细描述（Ⅸ，455—655）。与比布利斯的心理变化相比，她的身体变形不再那么重要，奥维德只用了 10 行诗，就交代了她的身体变成山泉（Ⅸ，655—65）。

《变形记》里的许多故事让我们看到，人因为某种超常的激情或另类的愿望（如怪异的自豪感或不可理喻的贪婪或忌妒），而偏离人类的普遍行为。极端的仇恨和极端的盲目崇拜都是这种心理变异的现代版本。

在《变形记》里，这样的心理变异导致身体形态的变形，当然都是神话故事。法厄同（Phaëthon）的骄傲使他想驾驶太阳车，结果变形为坠落的陨星。伊卡洛斯（Icarus）用蜡和羽毛为自己制作羽翼，因为飞得太高，双翼被太阳融化。水仙崇拜自己，爱上自己在水中的倒影。池塘周围的农夫们骄傲地拒绝保育和哺乳女神勒托（Leto）的热情款待，被变形为青蛙。斯库拉（Scylla）出卖了自己

---

1 奥维德著，杨周翰译，《变形记》，第 191 页。

的国家，变形成为一只老是担惊受怕的海鸟。迈达斯（Midas）许了一个愚蠢的愿，长出来两只长长的驴耳朵。所有这些变形都是从心理的变异或乖戾开始的。

这样的变形在我们的现实生活中是肉眼看不到的，但是确确实实地不断发生。例如，权力的欲望和无限的自我膨胀可以把一个原先看似平常、老实的人变成一个恶魔。他会像染上毒瘾一样把越来越大的权力集中在自己手中。他需要别人无止境地吹捧和拍马屁，会变得心思恶毒、手段毒辣，为了维护自己的权力，他甚至不惜把整个国家带入灾难的深渊。希特勒就是这样一步步变成恶魔的。

更多的人会因为生活在恶魔统治下的恐怖中，发生心灵和人格的变形。一个原本正直的人会变成阿谀奉承的小人，一个原本有正义感的人会变得是非不明，一个曾经敢言和坦言的人会变得谨小慎微、噤若寒蝉，一个原本挺直腰杆的人会变得奴性十足、甘当奴才。

现代社会心理学揭示人的心理变异与人性改变的关系，人可以从天使变成恶魔，这不是形态上的变化，而是人性的蜕变。美国社会心理学家菲利普·津巴多（Philip Zimbardo）在《路西法效应：好人是如何变成恶魔的》（*The Lucifer Effect: Understanding How Good People Turn Evil*）一书中，用社会心理学实验的结果证明这样的人性蜕变有可能发生在我们每一个人身上。今天，我们关注的已经不是神话里的形体变形，而是发生在人心中在悄悄改变和恶化的人性的变形。

卡夫卡《变形记》就是一个用文学揭示人性变形的故事。许多读者都会以为，卡夫卡说的"变形"是指故事中的格里高尔·萨姆沙一早醒来的时候，发觉自己已经变成一只巨大的虫子。这当然是一个变形，一个看起来荒诞的变形，但那不是故事的重点。如果卡夫卡要说的是格里高尔的变形，那么他的变形故事在第一个段落里就已经结束。

卡夫卡要说的其实是格里高尔变成大虫子之后发生在他妹妹、母亲和父亲的人性中的变形故事，这才是故事里真正意义上的变形。这三个人物的心理变形经历不同的过程，但最后殊途同归，都巴不得自己的亲人格里高尔早点死掉，从他们的生活中消失。

简单地说，妹妹格蕾特从关心（送饭、打扫房间）、同情（即使工作劳累，还是照顾他）、厌烦（"他必须走人"）到因格里高尔之死而喜悦。母亲从害怕（"救命！"）、同情（"我可怜的孩子"）、到如释重负的喜悦。父亲从厌恶（用手杖把他朝房间里赶）、狠毒（讨厌他，用苹果砸他）到喜悦（"现在我们要感谢上帝！"）。

卡夫卡《变形记》的变形意义隐藏在小说的最后一段里："一家三口一块儿从家里出发，乘坐电车朝郊野奔去。他们一家人已经接连几个月未曾集体出行了，这时候电车上只有他们三人，暖烘烘的阳光将整个车厢都笼罩其间。车上的座椅很舒服，他们坐在上面，开始对日后的生活规划展开讨论……格蕾特显得非常活跃。由于最近发生了这么多事，所以她的面色一直很苍白，可是这并没有阻挡她长成一个丰满漂亮的年轻姑娘。她的父母亲注意到了这些，不禁停止了讨论。他们彼此对视着，已然达成了一项共识：该给女儿寻觅一桩好亲事了。电车到站时，格蕾特首先起身伸伸懒腰，像是认同了父母最新萌生的美好憧憬，至少在她的父母眼中是这样的。"[1]

从本质上说，变形是从一种状态变化成另一种完全不同的异化状态。如果格里高尔在变成虫子的前一天晚上因车祸死亡，家里人一定会非常悲痛，但是，故事里他死去的时候，家里人却为之感觉到阳光下的喜悦。家人心理上的变异过程暗暗发生，以至根本没有

1　弗朗茨·卡夫卡著，柳如菲译，《变形记：卡夫卡中短篇小说选》，立信会计出版社，2012 年。

引起我们的注意，我们反倒以为，变形只是发生在格里高尔身上。我们以为卡夫卡是个写荒诞故事的作家，殊不知他比谁都更加现实。

我们从奥维德说到卡夫卡，这个文学和人生问题的联想过程，不也是一个思考的变化过程吗？任何一个文学的主题或思想的观念，如果停滞下来，不再变化，就成了僵死的东西。奥维德神话故事在今天的活力正在于故事的意义还在变化，或者说还在变形；由于这样的变化，我们在这些故事里感受到一种经久不衰的魅力。

十 李维《建城以来史》

1. 罗马的道德沦丧和传统美德

我们一共要讲四位罗马历史学家，按时间先后的顺序应该是撒路斯提乌斯、李维、塔西佗、普鲁塔克。我把这个顺序稍作调整，先讲李维，然后再讲撒路斯提乌斯和塔西佗，因为这样便于比较后两位在知识分子是否应该介入政治的问题上的分歧——这是一个重要的问题。

李维于公元前 59 年出生在威尼斯附近的帕多瓦（Padova）的一个富裕家庭，当时帕多瓦是意大利北部最繁华的城市，而帕多瓦人特别讲究传统道德，在道德上相当保守，这在李维身上也体现出来。他可能于公元 17 年在帕多瓦去世。人们在帕多瓦附近发现过一块墓碑，是纪念一个名叫提图斯·利维乌斯（Titus Livius）的人，墓碑上还有他的两个儿子和他的妻子卡西娅·普里玛（Cassia Prima）的名字，这个墓碑很可能就是李维的。

我们对李维个人知之甚少。他的同时代人小普林尼有点忌妒地说："你没听说过一个专门从西班牙南部加得斯来的人吗？那个人说他对历史学家李维的名字和名气印象深刻，所以从世界的一个最

远地方赶来，就是为了见他一面，见到了就马上回家了。"(《书信》
2.3—8）但也有人说，李维朗读作品时，去听的人很少；还有人说，
那个从老远的地方特意去拜访李维的人，见到他后因为很失望，所
以死了。这些都不过是关于他的趣闻而已。

李维写过多部哲学和诗歌著作，但其中最出名的是他的巨著
《建城以来史》(*Ab Urbe Condita*)。他几乎将整个写作生涯都投入
到这项工作中，总共写作了 142 卷书，古代书籍的"卷"相当于我
们今天的"章"，他平均每年出版的书超过 3 卷。在 142 卷书中，
只有 35 卷流传下来，其内容都是公元前 165 年以前的历史。

公元前 29 年夏，李维从帕多瓦迁居罗马。这时，屋大维已经
战胜安东尼，结束罗马长期混乱和分裂的局面，罗马呈现出和平时
代的气氛，一些有志于著述的学者纷纷云集罗马城。迁居罗马后
不久，李维就结识了奥古斯都（即屋大维），两人关系很好。据记
载，李维曾奉奥古斯都之命教导他的外孙，即后来的皇帝克劳狄
（Claudius，前 10—54）。李维对新确立的元首制表示忠顺，用塔西
佗的话来说，他和奥古斯都之间存在着友谊。但是，就李维本身而
论，他思想保守，在政治上拥护贵族共和制，尤其对罗马的古老传
统充满骄傲和敬仰。这也是为什么他对自己时代相对于古代罗马的
道德沉沦感到非常忧伤和失望。

长期以来，"祖先之道"(mos maiorum)让罗马人引以为傲，
因而是共同遵守的生活方式。然而，到了李维时代，也就是奥古斯
都时代，世风日下，道德沦丧，人们盼望能改变现状。但是，就算
祖先之道能匡正时弊，也早已不可得了。

李维把罗马的古风不再、世风不正称为"腐败"，这个意义上
的腐败与我们今天所说的腐败不尽相同。李维说的是糜烂、奢侈，
主要是物欲和性欲的放纵，我们说的主要是对公权力的破坏、公权
私用、贫富不均、政客的虚伪和欺诈等。罗马时代没有公域和私域

的差别，而我们今天很重视这个差别。在今天的社会里，一个人花天酒地、喜好奢侈，只要他的钱来路正当（不是官商勾结或者收受贿赂），只要他不损害他人，那是他自己的事，国家没有权力去管，他人也不宜指责。就算你要指责，骂他们是暴发户、生活糜烂，顶多也就只能心里愤愤不平，倘若公开宣泄，弄得不好，反而还会有人说你是"妒忌恨"。今天，我们知道，节约是政府的责任，这是廉洁奉公；浪费是个人的权利，这是消费自由。虽然节约被视为一种美德或好习惯，但从根本上说，节约的责任在政府，不在个人。

李维在《建城以来史》中对罗马人的糜烂、奢侈，尤其是他们对神不虔诚，表达强烈指责，却也相当无奈。他的同时代人差不多也都是这样。贺拉斯写道："我们的父母已经与他们的父母不同 / 他们的子女则更不如他们，子女的后代则是一代不如一代。"奥维德则开玩笑地写道："古代确实很好！但感谢神恩，我是今天的孩子，我这样的人只配活在今天这个时代。"[1] 奥维德承认自己生活在一个绝大多数人胸无大志、贪图享乐的时代，而且他乐在其中。他这样的道德态度惹恼了一心想匡正世风的奥古斯都，落得个被流放终身的下场。

李维在《建城以来史》里惋惜罗马传统美德的丧失。他说，罗马开始的力量导致它的衰落，美德的丧失由财富的增加而起，"晚近，财富带来了贪婪，泛滥的逸乐带来了因奢靡、纵欲而毁灭自身与毁坏一切的欲望"。[2] 自我放纵使罗马人在各种声色犬马的迷惑中迷失方向，可以说是爱上了个人和集体的死亡。

李维认为，先是罗马古老传统的根基开始动摇，然后是整个大厦的根基不稳。这是黑暗的开端，罗马人既不能承受自己的罪过，

1　转引自 Peter E. Knox, and James C. McKeown, eds. *The Oxford Anthology of Roman Literature.* New York: Oxford University Press, 2013, 290.

2　李维著，穆启乐等译，《建城以来史（前言·卷一）》，第 21 页。

也缺乏改变这种罪过的意志和决心。李维的这种想法与奥古斯都重新振作罗马古老的精神，在罗马倡导新风尚、新生活的计划相当一致。但李维的想法不一定是为了迎合奥古斯都，相反可能他对奥古斯都有所影响。这里举一个例子。

《建城以来史》第 1 卷里有一个古代女德楷模卢克丽霞（Lucretia）的故事，根据罗马传说，卢克丽霞是一位古罗马贵妇，她被伊特鲁里亚国王的儿子塞斯图斯·塔奎尼乌斯强奸，从而引发推翻罗马君主制的叛乱，并导致罗马政府从一个王国过渡到一个共和国（卷 1，57—59）。卢克丽霞贤惠贞洁、勤俭持家，纺羊毛织布更是一把好手。奥古斯都在家里要求女眷们向卢克丽霞学习，要求她们学会纺羊毛和织布的手艺。但是，奥古斯都这个传承古代罗马民风的努力在自己家里就没有成功，他自己的女儿和孙女都因为与男人有奸情而受到流放的处罚。就算在自己家里，奥古斯都也无法让时光倒流。奥维德语带挖苦地说，曾经有一位女子爱上他这么个有风流名声的人，全是因为她对纺羊毛这种事不感兴趣。

李维对罗马的腐败和道德沦丧忧心忡忡，是因为他非常热爱罗马；也正因为他太热爱罗马，所以他笔下的罗马不免显得言过其实。他认为，没有一个民族比罗马人更有权利说自己是神的传人，也没有一个民族比罗马人面临更严峻的腐败考验，"没有哪个国家这样晚地受到贪婪和奢侈的侵袭，没有哪个国家的清贫和节俭在那里如此持久地受到如此大的推崇……或许是从来没有哪个国家（比罗马是）更伟大、更富有好的例证"。[1]

李维把罗马的成就几乎完全归功于罗马人的道德传统和高贵品质，这和比他早一个世纪的历史学家波利比乌斯对罗马的评价方式不同。波利比乌斯生于伯罗奔尼撒的梅格洛玻利斯，是希腊化时

1　李维著，穆启乐等译，《建城以来史（前言·卷一）》，第 21 页。

代的政治家和历史学家，以《历史》一书留名传世，该书原 40 卷，只有 5 卷传世，记叙地中海周边的历史，尤其着重于罗马帝国的崛起。波利比乌斯认为，罗马的成功在于它的混合政制，这与李维所认为的是不同的：罗马人的成功全在于天生的优秀品格，而衰落全是因为不能保持天生的优秀品格。

波利比乌斯与李维之间的不同，形成一种至今仍影响我们思考政治制度的二元论方式。对于一个国家而言，政治制度与公民素质，哪个更重要、更关键？多数人会认为，制度更加重要。也有许多人认为，制度固然重要，但也应该看到，再好的制度也必须靠人运作，所以公民素质更加重要。对波利比乌斯与李维的争论，我们可以说罗马的混合政制固然优秀，但是当罗马人开始腐败的时候，这个优秀的制度也就难以发挥作用了。

中国的共和经验也与此类似。1912 年，中国制定的共和宪法《临时约法》并不比美国宪法逊色，然而共和政治的幼苗一开始就因得不到公民素质的滋养而夭折。没有公民素质的，首先是那些有权有势的政治人物，他们只相信暴力和阴谋，认为通过这种手段获得权力便有了一切。指望这样的人维护共和，岂不是缘木求鱼？自民国元年四月临时政府迁都北京至民国十七年国民政府完成"军政"的这段北京政府时期，共和宪政的理想终于被武力统一的现实所代替。从民国二年《天坛宪草》开始拟定，到北京政府瓦解覆没的十余年间，政局动荡不安。国会两次被毁，袁世凯称帝，张勋复辟，法统被废，南北对峙，省宪自治，曹锟贿选，种种事件此起彼伏，与共和的和平宪治理想南辕北辙。政治人物的私利当先，是共和失败的主要原因。

我们仍然强调共和制度的重要，是否在暗示民众的素质对于共和的施行不那么重要呢？当然不是，因为我们已经不止一次地有了经验：国家再怎么看上去也是建立了共和制度。

一个国家民众的普遍素质对于共和的施行是非常重要的，其中政治家和社会精英的素质应该说是更加重要的。如果政治家和社会精英的素质低下，不仅会造成政治腐败，而且会在整个社会里引发道德虚无主义和犬儒主义，让人们不再相信有可能建立任何好的政治和社会制度。

可以说，任何一个社会的腐败和堕落都是从精英阶层开始的，而后才向社会的每一个阶层和领域扩散，但罗马衰落的原因是多样而复杂的。美国历史学家和哲学家威尔·杜兰特在《恺撒与基督》（*Caesar And Christ*）一书的"后记"中，总结了罗马具有里程碑意义的一课："伟大的文明只有在其内部被摧毁后，才能被征服。罗马衰落的根本原因在于她的人民、她的道德、阶级争斗、贸易失败、官僚专制主义、令人窒息的税收以及穷兵黩武的战争。"[1] 罗马的危机是从内部开始的，罗马国运的衰微是与罗马人失德和自我败坏联系在一起的。

从公元前 1 世纪开始，罗马的危机就已经引起历史学家们的关注，这种关注集中在他们对罗马"腐败"的批判上。虽然他们都重视罗马的糜烂和奢侈，但对罗马腐败的本质却有不同的认识和强调。我们在后面要介绍另外两位罗马历史学家撒路斯提乌斯和塔西佗的时候，还会详细讨论。

这里先把李维与他们的不同简单地说一下。撒路斯提乌斯是一位比李维年长约 25 岁的历史学家，他是一位坚定的共和主义者，也是罗马传统道德的捍卫者。和贵族主义者李维不同，撒路斯提乌斯在政治上是一个平民派。他关注罗马腐败，认为除了奢侈与贪欲对罗马人的腐蚀，更关键的是贵族寡头的以权谋私和权金交易。就像他在《喀提林阴谋》和《朱古达战争》里指责的那样，这些罗马

1　Will Durant, "Epilogue I: Why Rome Fell", in *Caesar And Christ*, New York: Simon and Schuster, 2011. Kindle.

权贵为了私利可以不惜卖掉罗马。这些人使得罗马成为一个肮脏的可以公然出卖良知的城市。

塔西佗是一位比李维晚整整一个世纪的历史学家，和李维一样，他是一位贵族主义者。他所见到的罗马腐败已经超过李维的时代。塔西佗认为，罗马的腐败源于人性的黑暗，这是任何一种政治制度都无法改变的。发生在罗马的政治制度之腐败是元老们的错，是人民的错，人人都有份，也都有责任。在所有这些原因中，塔西佗特别关注的是元老院的腐败。元老们为了讨好皇帝，以互相告密和攻击来争宠，他们知道皇帝多疑，对谁都不放心，所以就利用皇帝的这个心理，为自己创造升官发财的机会，有的浑水摸鱼，有的冷眼旁观，最后人人自危，噤若寒蝉。

相比起比他早的撒路斯提乌斯和比他晚的塔西佗，李维关注更多的是民风和民俗的衰败，尤其是罗马人不再虔信神明的严重后果。他虽然对罗马道德堕落持批评态度，但还是表现出奥古斯都时代特有的乐观主义。他在奥古斯都身上寄托着恢复罗马道德传统的希望，也将历史写作与实现这一希望的目标联系起来。他强调罗马崛起过程中"道德与人事"及其内在不可割舍的血肉联系，因此，"在认识往事时，尤其有利而有益的在于：你可以注意到载于昭昭史册中各种例子的教训，从中为你和你的国家吸取你所应当仿效的东西，从中吸取你所应当避免的开端恶劣与结局不光彩的东西"。[1]

李维是一位对神非常虔敬的人。有批评者认为，他的虔诚甚至让他在有的问题上变得迷信。而且，在李维的历史里，有许多是无法证实的、不真实的东西。确实，相比起史实来，他更有特色的是致力于戏剧性地描述一系列具有浓郁道德意蕴的历史人事，并从中

---

1 李维著，穆启乐等译，《建城以来史（前言·卷一）》，第 21 页。

提炼善恶和是非的判断。我们阅读他的历史更有收获的也许正是他用文学来传递的东西，李维史学充分展现一种主要的甚或唯一的道德目的。正如美国历史学家唐纳德·凯利在《多面的历史：从希罗多德到赫尔德的历史探询》一书里所说："李维考察种种道德和政治主题，更注重文学的效果而非历史的准确。……文学的主题让李维全神贯注。"[1]

2. 传说故事的教化教育

之前提到，李维所反对的罗马"腐败"主要是指罗马人的糜烂和奢侈，他主张罗马人回到以前那种节俭、坚忍、虔诚、吃苦耐劳的淳朴古风，以纠正这样的腐败。但是"糜烂"和"奢侈"都是他的看法，而不一定是读者认同的事实。不同时代的人，即便是同一时代的人对什么是"奢侈"也是有不同看法的。我们以前在物资匮乏的时候也是倡导艰苦朴素、节约为本，平时饭桌上加一个荤菜，衣服的料子好一点，便是贪图享乐，"资产阶级思想"作祟，必须高度警惕，拒腐蚀，永不沾。后来，讲究吃喝的人成了"美食家"，讲究穿着的成为"引领潮流"，极少再有道德责备之意。但是，一旦反转，又可能发生政治化道德的"反浪费"指责，就算鸡屁股割大一点，也是"犯错误"的事情。

其实，把公元前 1 世纪罗马人的"奢糜"放到今天来看，也真算不了一回事。当时的饕餮之徒和奢侈享乐能够享受到的也不过就是黑海南岸本都（Pontus）一带运来的香肠和腌制的海鲜，据说味道非常好；还有从希腊运来的养肥了的家禽，大概有点像北京填鸭。

1　Donald R. Kelley, *Faces of History: Historical Inquiry from Herodotus to Herder*. New Haven: Yale University Press, 1998, 59.

在罗马，很长一段时间里，甚至连喝葡萄酒都是一种了不得的奢侈。公元前18年，奥古斯都颁布的一道奢侈禁止令（sumptuary law）规定，平时宴会的费用不得超过200塞斯特斯银币（相当于今天10美元）。罗马历法最初是根据月球的前三个阶段计算的，有三个特殊的日子：Kalends是新月（不见月亮），Nones是第五或第七天的月亮，Ides是满月的日子（夜空中可见全月）。在这三个日子里花费不得超过300塞斯特斯银币（相当于今天15美元）；婚礼宴会的费用不得超过1000塞斯特斯银币（相当于今天50美元）。这是典型的权力在老百姓饭碗里立法。

罗马人最诟病的奢靡是女人的"败家"行为。那时候，丝绸是高档消费品，相当于今天百万富翁才消费得起的贵重物品。丝绸是女人们的最爱。道德学家痛恨丝绸，除了价格昂贵，还有另外一个原因：丝绸太显露女性身体。洛丽亚·保利纳（Lollia Paulina，15—49）是罗马皇帝卡利古拉（Caligula，12—41）的第三任妻子和王后，以奢侈闻名，喜欢绫罗绸缎、穿金戴银，浑身珠光宝气。今天这样的女人在县城和大城市里都能看见，谁也不在乎她们姓甚名谁。

在启蒙运动的时候，启蒙哲人就对奢侈问题有过争论，有人认为这是不良风气，但更多人将其视为一种推动消费和生产的市场力量。奢侈本身不是问题，问题是与奢侈伴随的社会现象：攀比，炫耀，对公共事务冷漠，拜金主义，对政府只有物质要求，有奶便是娘，等等。因此，对李维的"反腐"主张，我们应该具体分析和判断。

在李维那里，关注习俗和民风就是关注道德。习俗和民风的道德不是抽象的，而是体现为日常生活中具体的人和事，描述这样的人和事也就是讲故事。李维的历史里有许多具有文学和道德意味的人和事的叙述。

与几乎所有对道德现状有批判意向的历史学家一样，李维用一种理想化的方式对待古代罗马及其传统，这样的过去经常是一个神话，而非历史现实。例如，他问道："你今天还能找到一个人具有以前整个群体都有的那种谦虚、公正、仁爱吗？"显然，即使在道德高尚的古代，也不可能整个群体都有李维称颂的那些美德。古代的美德更可能是当代堕落的方便衬托，赞美是出于现实批判的需要，而不是对过去的客观描述。可以说，在李维的《建城以来史》里，真正的英雄其实不是古代罗马人或罗马英雄，而是他心目中的罗马美德：虔诚、忠实、正直、自律、服从、谨慎、理性、贞洁、怜悯、勇气、尊严、节俭等。这些都是罗马人的传统美德。李维写历史的目的就是希望帮助罗马人重新回归这样的道德传统。如他在《建城以来史》的前言里所说："在我看来，每个人都应当密切地注意这些问题：曾有过什么样的生活，什么样的道德；在和平与战争时期，通过哪些人以及运用哪些才能建立和扩大帝国；然后应注意到，随着纲纪逐渐废弛，道德可以说先是倾斜，继而愈加下滑，最终开始倾覆，直至我们既不能忍受我们的罪过，亦不能忍受补救措施的今日。在认识往事时，尤其有利而有益的在于：你可以注意到载于昭昭史册中各种例子的教训，从中为你和你的国家吸取你所应当仿效的东西，从中吸取你所应当避免的开端恶劣与结局不光彩的东西。"[1]

李维没有军事或政治经历，也不是一个旅行家，他写历史依靠的不是他自己的经验或经历，而是他阅读的历史记录或他人提供的素材。他的历史是综合已有的材料写成的，而不是原创之作。但他有一种非常生动的叙事风格，夹杂许多能打动人心但未必真实的神话、故事和演说。后人喜欢他说的历史故事，但未必把那当作正史来读。他叙述的一些古老往事成为后世许多绘画和诗歌创作的题材，这里就举几个例子，它们都与罗马人崇尚的美德有关。

1　李维著，穆启乐等译，《建城以来史（前言·卷一）》，第 21 页。

《建城以来史》第 1 卷里有一个萨宾人的故事（Sabine story），是关于繁衍后代道德教诲的（罗马人的家庭美德观念就是为繁衍后代服务的）。历史上的萨宾人是生活在亚平宁半岛拉丁平原附近的一个部族，和拉丁人一起同为古罗马文明的创立者，罗马最早的三百名元老中就有一百名来自萨宾。相传罗马建城后男女比例严重失调，于是罗马人找萨宾人协商与其联姻，遭到萨宾人的拒绝。罗马人邀请萨宾人参加庆祝宴席，乘机潜入萨宾人的城池劫夺一批年轻美貌的萨宾妇女回来为妻。萨宾男人事后感到无比愤怒，一年后拿起武器向罗马人发起进攻。在决战的前一刻，因无法忍受两边亲人的死亡，萨宾妇女纷纷抱着和罗马人生下的幼子来到两军间阻止双方厮杀，最终阻止了战争。

这样的故事自然不宜用今天的眼光来判断其是非曲直。你可以在这个故事里读出色欲、暴力、欺骗，你也可能会认为，繁衍后代只是男性发泄色欲的借口，女性在战争中充当的只是一种作为资源财富的角色，女性是胜利者的战利品。但我们不要忘记，李维的《建城以来史》是一部古代历史，那时候还没有我们今天的非暴力观念或女权主义。我们应该在古代经典中看到并了解与今天不同的观念，这本身就是我们可以从历史中学到的东西。

和繁衍后代一样，对群体的生存来说，每个成员的忠诚是一种必需的美德。罗马就是因为罗马人的这种美德才从小到大、由弱至强成为一个强大的国家。第 1 卷里有一个塔佩娅的故事（Tarpeia's story）。传说罗马被萨宾国王提图斯·塔蒂乌斯（Titus Tatius）围困时，城堡司令官斯普里乌斯·塔尔培乌斯（Spurius Tarpeius）的女儿塔佩娅（Tarpeia）走近萨宾营地，被萨宾人的盾牌砸死了。李维是这样描述的："最后的战争是由萨宾人发起的，这是最为严峻的一场；因为他们丝毫不是出于愤怒或欲望，而且在进攻前未有过任何战争的表示。他们甚至把诡计加入计谋中。斯普里乌斯·塔尔培乌斯当时坐镇罗马城堡。他未出嫁的女儿被……用黄金贿赂，以便把武装者迎入城堡；当时她正巧去城墙外为献祭汲水。（敌人）他们被她迎入后，即用盾牌盖上她，将她杀死，这或者是为了要表示这城堡似乎是靠武力攻击占领的，或者是为了要以此为例，即叛国者在任何地方也得不到信用。"[1]

塔佩娅因为贪图敌人的金子，引狼入室。她的惨死表明，不只是罗马人，连罗马的敌人也憎恨背叛祖国的行为。在交战的时候，敌对双方同样痛恨出卖同伴和投敌背叛，因为忠诚是一种普遍的道德价值。罗马人有一处称为"塔佩娅山崖"的地方，是专门用来处死背叛者、谋杀者和阴谋叛变者的。

第1卷里还有一个荷拉斯兄弟的故事，是关于罗马人忠诚美德的。公元前7世纪，罗马第三位国王图路斯·荷提里乌斯（Tullus Hostilius）有三个儿子，罗马与邻近城邦阿尔巴（Alba）开战，双方想通过比武的方式平息令市民生灵涂炭的战争。罗马一方选派荷拉斯三兄弟，阿尔巴一方则选派库里亚塞（Curiatii）三兄弟，三兄弟对三兄弟比拼，规定要么战胜，要么战死。

战斗开始不久，阿尔巴一方占上风，荷拉斯三兄弟战死了两个，但库里亚塞三兄弟都负了伤。最后一位荷拉斯兄弟知道自己无法以一敌三，但他确信，单挑的话，一定能赢。他假装逃跑，让库里亚塞三兄弟来追。他们都已受伤，当然跑不过他。所以他来一个，战一个，把他们一个一个全杀死了。他们当中有一个是荷拉斯兄弟的妹妹的未婚夫。妹妹闻讯后，悲痛欲绝。

李维这样描述她的痛苦和后来发生的事情："当（妹妹）她认出她亲手做的未婚夫的戎装在哥哥肩上时，她披散着头发，流着眼泪呼唤着她死去的未婚夫的名字。在他自己胜利和公众如此之大的

---

1 李维著，穆启乐等译，《建城以来史（前言·卷一）》，第47页。

欢乐中，妹妹的悲哀震动了这个暴戾的年轻人。于是，他抽出剑，咒骂着刺穿了这个姑娘。他说道：'离开这里，带着不合时宜的爱去你未婚夫那儿吧！你忘记了你死去的和活着的兄弟，忘记了你的祖国。任何哀悼敌人的罗马妇女都应这样死去。'"[1]

哥哥就这样把妹妹杀死了。李维说，"这一举动对元老和平民来说显得可怖"，他们把他"抓到王那儿进行审判"。[2]杀人偿命理所当然，但在开庭审讯时，人民蜂拥而至，力保荷拉斯，并视他为保卫城邦的英雄。在李维所记录的这个故事的时代，这个故事不是在主张家庭内的杀戮，而是在赞美对城邦忠诚的行为。

政治家的诚实和守信也是李维《建城以来史》的一个重要主题。政治人物必须言而有信，言出必行，这种美德和邪恶的对比是：真诚／虚伪、正派／狡诈、诚实／谎言。《建城以来史》第 22 卷里的雷古鲁斯（Marcus Atilius Regulus）故事说的就是罗马人的信守诺言。雷古鲁斯是古罗马军事活动家，第一次布匿战争时期的统帅。他于公元前 267 年第一次任执政官时，率兵征服伊利里亚人的城市布伦迪西乌姆。公元前 254 年，他又统帅在北非的战争，但不幸失败，被迦太基人俘获。迦太基人命他返回罗马商谈囚犯交换事宜，雷古鲁斯承诺，如果不能换来迦太基囚犯，他一定还会回到迦太基。

到了罗马之后，雷古鲁斯从国家利益出发，极力反对与敌人交换囚犯。他在明知自己会被处死的情况下，仍恪守诺言回到迦太基。迦太基人将他的眼皮割下，又把他装进一个安满钉子的牢笼，让他无法入睡。随后又把他拖到太阳底下暴晒，最后驱使大象将他活活踩死。

这是一个罗马人传颂的英雄故事，诗人贺拉斯也曾在诗里提到

---

1 李维著，穆启乐等译，《建城以来史（前言·卷一）》，第 77 页。
2 同上。

它。但这个故事并没有出现在以信史著称的波利比乌斯的《历史》之中，因而很可能是罗马人自己杜撰出来的。

罗马人把尊重和服从权威视为公民美德。《建城以来史》第8卷里的卢修斯·朱尼厄斯·布鲁特斯（Lucius Junius Brutus）故事说的就是这样的美德。布鲁特斯为了维护共和国权威，大义灭亲，杀了自己的两个儿子。他是后来刺杀恺撒的那位布鲁特斯的祖先，于公元前509年成为罗马推翻王权后的第一任执政官。作为罗马共和国的主要缔造者，他在古罗马史上占有重要地位。

布鲁特斯担任罗马执政官的时候，叛乱者塔克文暗中联络和煽动一些贵族青年，企图里应外合推翻共和国，但这一阴谋遭到挫败。参与叛乱的贵族青年全被抓起来，其中有布鲁特斯的两个儿子和另一个执政官的两个外甥。审判叛乱者的地点设在罗马的中心广场，全罗马城的人民都参加了这次审判。布鲁特斯亲自审判他的两个儿子，并将他们与其他叛乱者一起处死，以此捍卫罗马的共和制和神圣的法律。

法国画家大卫（Jacques-Louis David，1748—1825）有一幅题为《执法吏抬来布鲁特斯儿子们的尸体》（*The Lictors Bring to Brutus the Bodies of His Sons*）的画作，描绘了这个故事里的场面。这幅画中描绘的是武士们将被处决的两个儿子的尸体抬进大厅的那个瞬间。布鲁特斯的妻子作为母亲悲痛欲绝，两个女儿恐惧地依偎着母亲，布鲁特斯显示出刚毅和不可动摇的坚强神情。

画家特意将老布鲁特斯画在一尊古罗马英雄雕像的投影下，利用朦胧模糊的光影刻画他复杂的内心世界。英雄的雕像是他依托的精神支柱，但他隐约的动势显现出不安的心态；虽有不安，但坚毅镇定。他抬起右臂表示共和国的兴旺就是最高的法律。这是一幅十分感人的图景，情与理、个人利益与国家利益的矛盾冲突表现得淋漓尽致。对老布鲁特斯来说，杀死任何一个普通的罗马公民都是令人哀伤的事，更何况是自己的儿子。但是，为了维护共和国的权威，这又是必须要做的，正如李维所说，权威必须担负起维护秩序与正义的责任。

以李维历史故事为题材的著名画作不在少数，前面讲到的几个故事都有画作传世。其中著名的《萨宾妇女》(*The Intervention of the Sabine Women*)、《荷拉斯兄弟之誓》(*The Oath of the Horatii*)也都是大卫的作品，《雷古鲁斯回到迦太基》(*Regulus Returning the Carthage*)则是弗拉芒(Flamish)画家安德里斯·科内利斯·朗斯(Andries Cornelis Lens，1739—1822)的作品。相比起真实的历史，艺术家们更喜爱的是李维历史中那种形象鲜明、富有戏剧性的故事。

李维历史中的种种传说故事让一些批评者指责他对"史实"不严谨。但这不应该成为我们阅读李维的一个问题，更不应该成为一个障碍。他或许夸大了古代罗马人的高尚品格和纯洁道德，但这些都应该放到他写史的目的中考虑。他留给后人的历史展现了纯粹、优雅的风格，而不是深度的理论分析和哲学沉思。

李维写史的目的一直是明确的，那就是从历史中寻找匡正时弊的道德价值资源。为了这个目的，他在古代罗马人那里找到他所仰慕的坚忍克己、为善尚义、贵德守真、崇俭抑奢、安贫乐道、讲究实效的罗马生活方式和价值观念，他相信这些应该永远得到传承。

即使古代罗马人并不像他所说的那么完美，这些价值观念本身也还是具有普遍意义的。后世之人阅读李维，如果也能感受到这些道德价值的精神感召力量，那么他们也许会把这样的精神感召看得比史实的可靠更加重要。

3. 怎么思考共和的腐败问题

可以毫不夸张地说，后人理解李维以及他笔下的那个罗马，几乎完全是通过文艺复兴时期的马基雅维里（Nicholas Machiavel，1469—1527），就像人们通过卢克莱修了解伊壁鸠鲁主义、通过塞涅卡了解廊下派一样。我们可以借鉴马基雅维里阅读李维的方法，并且把读李维与读马基雅维里的那个李维结合起来。

马基雅维里的《论李维》（*Discourses on Livy*）本身就是一部伟大的著作，与他指导专制的《君主论》（*The Prince*）不同，他在《论李维》里，不仅阐述了共和国，且认为共和国优于君主国。他写下题为《民众比君主更聪明、更忠诚》（The Multitude is Wiser and More Constant Than a Prince）的一章，他说，人民比君主更稳健，有着更好的判断力，他们的统治更优秀，人民具有良善且看重荣誉的优点。他还说，共和国比君主更加信守承诺，因而比君主更值得信赖。他认为，唯有在共和国才能看到共同利益（the common good）。一般而言，有益于君主者，对城邦有害；有益于城邦者，对君主有害。因此他断定，"与君主国相比，共和国有更强盛的活力，更长久的好运"。《论李维》赞美共和国的缔造者及其人民，是因为他们的良善和德行，他们对自由、祖国和共同利益的挚爱。

说到底，共和是靠合格的公民支撑的。一旦人民在政治上腐败了，让奴性代替了自由，让顺从代替了参与，让沉默代替了发声，那么共和也就一定会完蛋。

马基雅维里阅读李维，不是为了要从他那里得到一部完整的共和历史，或得到某种共和理论。他关注的是一种最初未加筹划、带有偶然性的共和经验。这样一个共和，它的成功取决于许多偶然性因素，无法以哲学家的范式来表述，只能以实例说明，所以马基雅维里就用李维的罗马共和当他的实例。他虽然对李维推崇备至，却在不断提出自己对共和成功和失败经验的看法。

马基雅维里是李维的伟大解释人，在解读李维的时候，他不是要在李维的著作中寻找确定无疑的历史事实或真理见解，而是仔细甄别有哪些是对他思考当代问题有用的东西——政治的、文化的、人性的，甚至宗教的。他的阅读是挑选的、跳跃的，我们也可以以这种方式来阅读李维和马基雅维里的《论李维》。

我们当然可以把他们当作历史知识的资源，但更重要的是触发我们自己的联想和对问题的思考，这就需要我们和马基雅维里一样，先对自己的现实问题有所关注和了解，而后在适当的问题上对照过去的经验。我们生活在一个与马基雅维里完全不同的时代，他在《论李维》中对不同问题发表的见解，有的我们同意，有的我们并不同意。

例如，马基雅维里和李维一样非常重视共和制度中的公民美德，公民美德帮助维持好的政治体制，而好的政治体制又有助于公民保持他们的美德。李维在《建城以来史》中写道："没有哪个国家这样晚地受到贪婪和奢侈的侵袭，没有哪个国家的清贫和节俭在那里如此持久地受到如此大的推崇，而这或许是对所承担工作的热爱蒙蔽了我，或许是从来没有哪个国家更伟大、更富有的好例证。"[1] 罗马的强大与罗马人的美德是相辅相成的。

公民美德是在好的政体中造就的，相反人民的腐败都是有政体原因的，而且几乎无一例外是从权力中心扩散为一种普遍的政治文化。马基雅维里讨论共和的腐败，正是从国家权力造就公民品格着眼的。他在《论李维》里说："那些国王是多么腐败，假如再有两三个继位者步其后尘，他们的腐败开始传播给众人，而民众一旦变得腐败，便再无革故鼎新的可能。"[2] 专制统治把人民训练成奴性十

1　李维著，穆启乐等译，《建城以来史（前言·卷一）》，第 21 页。
2　尼科洛·马基雅维里著，冯克利译，《论李维》，上海人民出版社，2005 年，第 95 页。

足、没有自尊、见利忘义的腐败顺民，"习惯于受君主统治的人民，若是只因某种机遇而获得自由……很难长久维持自由的"。[1]

在中国，辛亥革命后出现的正是偶然获得自由但难以维持自由的共和国民。辛亥革命并没有能改变因长期专制统治而造成的暴力加奴性的积习，而这成为国民党政权腐败的肇始，阻碍着中国重建共和的一次努力。

今天，我们回顾共和肇始时那种相对单纯的腐败，有助于认识后来更为复杂的腐败形态，包括民众的冷漠和犬儒、政治人物的伪善和专横、知识精英的自私和失责、社会制度的不公正和不平等、媒体沦为权力喉舌和大众消遣、教育舍弃人格和普适价值教育的重责大任，经济发展急功近利、竭泽而渔。社会中的大多数人沦为金钱和权力的奴隶，虽然未必全然心甘情愿，但照样趋之若鹜。这种普遍的国民人格分裂，它本身就是政治和社会腐败的征兆。

奴性是人民腐败最显著的特征，也是共和腐败中最严重、最致命的一种。奴性是辛亥革命前后知识分子论述最多的中国国民性特征，当时这种论述所针对的仅仅局限于在君主专制下形成的臣民奴性，这是可以理解的。后来，这种批判仍然具有相当的现象描述意义，也显示出腐败问题的复杂和顽固。辛亥革命前后，有许多主张制宪的人士对共和可以再造国民、改变国民奴性抱有高度乐观，这种乐观在今天看来是低估了这项历史任务的艰巨程度，国民的道德危机后来一直困扰着我们，这就不能不更引起我们对腐败制度性原因的思考。

马基雅维里很重视国民腐败的问题，但他对腐败的理解与我们今天的理解有相当大的距离，马基雅维里通过阅读李维来提醒腐败的问题，但我们对腐败应该有自己的思考。李维哀叹他那个时代的

---

1 尼科洛·马基雅维里著，冯克利译，《论李维》，第 91 页。

罗马腐败，但他相信，如果罗马人能够恢复他们祖先的美德，就能改变这种腐败。在这个意义上说，李维是一个理想主义者，但马基雅维里不是。

马基雅维里是一个现实主义者，他关注的不是怎么改变一个国家的腐败，而是怎么有效地治理一个已经腐败了的国家。换句话说，马基雅维里在意的不是替换政府，而是让国家能长治久安，哪怕那是一个腐败的国家。今天，世界上的专制统治者都像马基雅维里那样思考问题，虽然他们在嘴上也还是在要求人们牢记以前的传统美德，但他们心里比谁都明白，回到过去是根本不可能的。

马基雅维里从李维那里接过"腐败"这个问题，但他对腐败有完全不同于李维的思考。有研究者统计，他在《论李维》里提到腐败的地方有 93 次，其中 63 次出现在第 1 卷里，4 次出现在第 2 卷里，23 次出现在第 3 卷。腐败在一个城邦或国家奠基的时刻就已经产生影响，腐败对共和国家的影响大于对专制国家的，所以共和也就更容易受到腐败的诱惑，进而导致整个城邦的腐败。

最后摧毁罗马的腐败也发生在马基雅维里生活的佛罗伦萨，马基雅维里渴望科西莫·德·美第奇（Cosimo di Giovanni de' Medici，1389—1464，意大利文艺复兴时期著名的佛罗伦萨僭主）能实现意大利的统一和强大，但他并不幻想，为了实现这一宏图，就必须先消除腐败。他和李维一样关心共和内部的派系斗争以及由此产生的种种腐败：阴谋诡计、口是心非、尔虞我诈、金钱收买、贿赂利诱。但是，他和李维不同，他认为就像恺撒的许多肮脏、不义的政治手段可以被原谅一样，如果科西莫能用类似的政治手段实现意大利的统一和强大也是可以被原谅的。为了国家的强大，腐败是值得付出的代价，这是我们多么熟悉的马基雅维里主义信条。这也是为什么我们阅读李维时有一种高尚的感觉，而在阅读马基雅维里时则没有这样的感觉。

马基雅维里认为，罗马出现恺撒的专制是不可避免的事情，因为那个时候罗马已经非常腐败了。如果说恺撒是一个邪恶的公民，那么要是共和不腐败，邪恶的公民也就无法做成邪恶之事。因此，恺撒的专制不是罗马腐败的原因，而是罗马在这之前已经越来越堕落的结果。即使是那个要刺杀恺撒、拯救共和的布鲁特斯也是罗马生活已经腐败的产物，因为在一个完全没有被腐败侵蚀的国家里，政治谋杀这样的事情是不会发生的。

一个国家的腐败一旦开始，就会对国家里的所有个人产生看不见的但非常深刻的影响，这光靠人的主观意志是消除不了的。国家政治的缺点会变成国民性格的缺陷，国民性格的缺陷会加重国家政治的缺点。这在现代社会里也被反复印证，那种被鲁迅先生所刻画为国民性的普遍奴性就是这样。我们不知道这种奴性最初如何形成，但我们知道它是如何深深植入无数人的心灵之中。奴性与专制形成恶性循环，就像马基雅维里在罗马看到的那种腐败与专制的恶性循环一样。

马基雅维里认为，不同的政体没有好坏之别。他认为，任何一种政体都可以是好的，也可以是坏的。他在著作里很少使用"暴政""暴君"的说法，也不愿意区分共和或民主、寡头政体或贵族政体的孰优孰劣。他认为，任何一种政体都有"腐败"的原罪，因此都不可能避免腐败。反腐败可以成为一种统治或打击政敌的手段，但并不可能消除腐败。

任何一个政权的建立都有其"原罪"，而原罪播下的正是腐败的种子。然而，也正因为如此，我们更需要强调，一个国家的政治文化土壤是否适宜于这样的种子生长，决定了腐败加剧和蔓延的速度与程度。李维描绘的古罗马再美好，罗马也有它的原罪，罗慕路斯（Romulus）为了权力，杀死他的兄弟雷穆斯（Remus），这就是罗马的原罪，同样，摩西（Moses）屠杀埃及军队里的许多人，也有他的原罪。但是，罗慕路斯和摩西的伟大成就化解了他们的罪过，他们的个人美德让他们超越那个他们所创立的并不完美的国家。因此，尽管有原罪，他们还是创建了一个像新生儿一样尚未被腐化侵袭的新国家。这也就是为什么后人如此看重罗马的经验。罗马崛起时有辉煌，也有随时可能失控的腐败。我们应该汲取的教训是，不幻想消灭腐败，但一定要有效控制腐败。

在一个已经受腐败侵蚀的国家里，控制腐败比提倡美德优先。腐败可能对强国有用，但不会因此变成美德。例如，欺骗他国的对手、盗窃他国的知识产权并不会因强国的目的而变成美德的行为。科西莫运用种种权术让佛罗伦萨强大，金钱贿赂、封官许愿，他跟谁打交道，谁就受到腐败的影响。

一个人的腐败行为可以使他人腐败，但一个人对他人的美德行为却不见得会使他人也有美德。这也是美德如此稀少而恶行随处可见的原因。腐败的扩散要比推行美德容易得多，腐败一旦积重难返，医治就会需要壮士断腕的极绝手段。为了重构专制制度，就需要放弃专制。

当腐败严重到一定程度的时候，国家就会容不得有德之士，并再难找到有德之士为国家服务。马基雅维里在《论李维》里写道："罗马人民只把执政官的职位和另一些官职授予提出要求的人。这种体制最初不错，是因为只有那些自我判断能够愉快胜任的公民，才会要求这种官职，遭到拒绝无异于自取其辱。为了得到称职的评价，人人都会尽心竭力。后来，这种办法在那个腐败的城邦里变得极为恶劣，因为求官者不再是更有德行的人，而是更有权势的人；势单力薄的人，即便有德行，也因为惧怕而退出谋官的行列。他们并非在一夜之间，而是经过日积月累，才形成这种弊端，这就像其他一切弊端的发生一样……这种太平景象和敌人的软弱，使罗马人在任命执政官时，不再考虑德行，转而看重偏好。他们授予高位的是那些知道如何讨人欢心的人，而不是那些通晓如何克敌制胜的人。后来，他们更是等而下之，不再把这一官职授予有偏好的人，而是授予有权势的人；这种体制的缺陷，遂使残存的美德也丧失殆尽。"[1]如果只有坏人才能在官场里生存，那么国家政治也就只能越来越烂，越来越腐败。

当共和相当腐败的时候，必然出现黄钟毁弃、瓦釜雷鸣的逆淘汰人事制度，一面以吏为师，一面却又在生产大量美德丧失殆尽的官吏。以腐败的官吏教化腐败的国民，并从腐败的国民中产生腐败的官吏，共和一旦走入这样的制度恶性循环怪圈，产生的只能是越来越新式的恶吏和奴民，延续的也只能是越来越顽梗的腐败。相比起李维来，马基雅维里对腐败的思考更深入、更多面、更现实，也更接近我们今天对腐败的理解，这是一种具有新问题意识的阅读和重新解释的结果，也是我们可以学习的。

1　尼科洛·马基雅维里著，冯克利译，《论李维》，第 99 页。

十一 撒路斯提乌斯《喀提林阴谋 朱古达战争》

1. 政客腐败和公民失德

罗马的政治理论，除了西塞罗的政治著作，基本上都出现在罗马的历史著作中，这与希腊政治理论出现在哲学著作中迥然不同。罗马的政治理论主要不是描述理想的政制应该如何，而是探究罗马历史上的种种经验与失败，其中最显著的就是政治腐败和公民失德。因此，历史学家总是在发挥特别重要的批评作用，撒路斯提乌斯是这些历史学家中非常引人注目的一位。

撒路斯提乌斯出生于罗马东北的阿米特努姆（Amiternum），家庭似乎并不富裕，但仍然能在罗马接受体面的教育。我们对他的早年知之甚少。从他的政敌们对他不道德行为的指控来看，他年轻时可能有一些行为上的把柄落在他们手里。他深陷于其所处政治动荡时代的残酷派系斗争，结果于公元前 50 年因道德败坏的指控被逐出元老院。

公元前 48 年发生法萨卢斯战役（Battle of Pharsalus），以恺撒为首的平民派军队和以庞培为首的贵族共和派军队之间展开罗马内战的决定性战役。恺撒在此役中获胜，成为罗马共和国的实际最高统治者，罗马开始由共和国向帝国转变。公元前 47 年撒路斯提乌斯随恺撒重返元老院。从那时起，他一直到死都对恺撒保持忠诚。公元前 46 年他随恺撒同去非洲扫清庞培在那里的残余部队。恺撒离开时，撒路斯提乌斯留在那里担任努米底亚（Numidia）总督。他在努米底亚的所作所为引起许多不满，据说是因为他在那里有敲诈勒索的腐败行径。

他于公元前 45 年返回罗马时，受到正式的渎职指控。由于恺撒的介入和保护，他没有被定罪。公元前 44 年，他退出公共生活，致力于写作。他只有两部完整的历史作品流传下来，就是我们在这里要说的《喀提林阴谋》和《朱古达战争》。

一个曾经积极从政并有腐败政治劣迹的历史学家写下的是怎样的历史呢？他又是如何讨论政治腐败和公民失德的呢？作为一个失败的政治人物，他对知识分子从政有什么建言呢？我们又该如何阅读他留下的那两本历史著作呢？从这里开始，我们就来谈谈这些问题。

撒路斯提乌斯关于腐败的一个主要观点是，腐败不只是个别人的品德败坏或违法行为，而且是政治制度中的集体行为。一个公民在私生活中可以是正直无私、有正义感的人，但如果他参与政治，加入一个已经腐败的制度中去，成为体制中人，那么他事实上也就做不到洁身自好、出淤泥而不染。如果他不同流合污，就会被体制中的其他人视为潜在的危险，因为他知道太多不该知道的事情。只要他还在体制内一天，他做任何事情都少不了要按照体制腐败的潜规则办事，否则要么寸步难行，要么遭人嫉恨和排斥，最后甚至被罗织罪名，从这个体制中清除出去。

撒路斯提乌斯本人就曾经是体制中人，他对罗马官场的潜规则有亲身体验，也做过违背他个人道德原则的事情。他在《喀提林阴谋》中坦诚地说道："当我个人还十分年轻的时候，起初我也像其他许多人那样由于爱好而投身于政治活动，但是在官场里我遇到许多令人灰心丧气的东西；在那里没有谦逊、没有廉洁、没有诚实，到处我看到的只有厚颜无耻、腐化堕落、贪得无厌。虽然我这个从不知罪恶为何物的人对这些恶习感到很大的厌恶，但是在如此邪恶的环境当中，我的年轻软弱还是使我误入歧途并被野心所控制。尽管我决不像别的人那样干坏事，然而追求虚荣的愿望使我和他们一样，也干出了不光采和嫉恨别人的事情。"[1]

撒路斯提乌斯并没有什么改变现有体制的要求或计划，他和尼采（Friedrich Wilhelm Nietzsche，1844—1900）一样认为，跟魔鬼搏斗的结果就是把自己也变成魔鬼。所以，面对一个腐败的体制，最好的办法就是与它保持距离，敬而远之，别去掺和。作为一个有德行的人，全身而退的唯一办法就是退出政治，在知识的领域做一些有益于罗马的事情，其中最有意义的就是记录罗马过去和现在的事情。

在他记录的关于罗马的事情当中，有一件就是喀提林的阴谋。这是一个破坏罗马共和国的阴谋。关于喀提林事件，我们在谈西塞罗的时候已经提及，西塞罗对挫败喀提林阴谋发挥了关键性作用，这也是他政治和演说家生涯的顶峰。

喀提林是一位贵族，有才华，雄心勃勃。他有自己的政治野心，宣称要为穷人谋福利，重新分配上层阶级在富裕时代已经积累起来的财富。撒路斯提乌斯这样介绍喀提林，他"出身显贵家族，具有非凡的智力和体力，但禀性却是邪恶和堕落的。从年轻的时候起，他便非常喜欢内战、杀戮、抢劫以及政治上的相互倾轧，他的青年时代便是在这类事情中间度过的。他有钢筋铁骨般的身体，经受得住常人绝对不能忍受的饥饿、寒冷和不眠。他为人胆大妄为，不讲

---

1 撒路斯提乌斯著，王以铸、崔妙因译，《喀提林阴谋 朱古达战争》，第 95 页。

信义，翻云覆雨，无论什么都装得出、瞒得住。他觊觎别人的财产，挥霍自己的财产；而且他的情欲十分强烈。他具有相当的口才，但是没有什么见识。他的错乱的精神总是在贪求着穷凶极恶、难以置信和希奇古怪的东西"。[1]

撒路斯提乌斯告诉读者，喀提林是天生的煽动者，自路奇乌斯·苏拉确立他的统治地位时起，喀提林"便很想夺取最高权力，而决不考虑用什么手段他能达到这一目的，只要他能身居众人之上就行。他那桀骜不驯的精神在贫困和一种犯罪意识面前……日益放肆起来。此外他还受到社会上的腐化堕落的风气的影响，罗马的风气正在受到性质截然相反的两大邪恶事物即奢侈与贪欲的腐蚀"。[2]

喀提林利用他的财富、魅力和领导能力，聚集一群志同道合的贵族，并组建一支私人军队，以此反对罗马的元老院，破坏罗马的执政官制度。但是，罗马的制度已经非常腐败，即使参议院已经意识到喀提林的危险，而且西塞罗也已经开始对他进行调查，却没有人愿意揭露喀提林的阴谋。平民派为了自己的利益渴望革命，所以容忍喀提林的阴谋。

但是，西塞罗领导了对喀提林阴谋的调查，并迅速采取紧急措施，阻止了他的企图。喀提林不得不逃离罗马，他在罗马城里的跟随者也受到惩罚。当喀提林的军队被忠于元老院的军队追捕时，他本人已经在战斗中阵亡。由于成功打击了喀提林阴谋，已经腐败的罗马共和才有机会又苟延残喘地延续了30多年，直到恺撒带领他的军队渡过鲁比孔河，最后把罗马共和送进坟墓。

喀提林对罗马共和国实施的阴谋，已经不是第一次有人心怀歹念企图控制罗马，但是喀提林这帮人的骚动变得更加暴力和血腥。几十年之前，马略和苏拉就已经为了私利而撕裂罗马的政治机体，

1　撒路斯提乌斯著，王以铸、崔妙因译，《喀提林阴谋　朱古达战争》，第 96 页。
2　同上，第 97 页。

使贵族与平民对立起来。喀提林阴谋虽然严重，却并不是在历史上开了这个坏头的事件。为什么撒路斯提乌斯没有记录马略和苏拉的劣迹，而偏偏挑选了相比之下不那么重要的喀提林事件呢？

对此，他解释说，他认为喀提林的阴谋事件"是特别值得追忆的一个事件，因为那罪行和由此而产生的危险都具有非同寻常的性质"。[1]喀提林这个人和他代表的那些人都不重要，重要的是这个事件让人们看到，罗马在与道德败坏的对抗中已经失败，罗马本身已经沦陷（《喀提林阴谋》，5）。喀提林这样的人居然能大获成功，而绝大多数罗马政客居然能冷漠旁观，这说明共和已经颓败到何种程度。罗马道德颓败的原因正在于，罗马人的美德不见了——早期共和国的严正和刚直已经让位给晚期共和国的颓废和疲弱。

撒路斯提乌斯于是回顾起那种曾经使罗马能够崛起的罗马人美德，罗马人从小就在家庭里培养了良好的道德风尚，因为没有贪婪的恶习，不同阶级之间能够互相和谐相处。公民们争相拥有美好的品格，而不是彼此攀比财富或财产。贵族通过为国家政治服务，平民通过爱国行为来争取荣誉，获得他人的尊敬和钦佩。他写道："不论是在家里还是在战场上，都培养美德；到处都表现出最大的和谐，人们几乎不知道贪欲为何物。在他们中间普遍存在的公正和善良与其说建立在法律之上，不如说乃是出于本性，争吵、不和和争斗都是保留给他们的敌人的。公民与公民之间所比试的只是看谁能成就更多的功业。对诸神的奉祀，他们是毫不吝惜的，但在家中他们过的却是俭朴的生活，对朋友也是诚心实意的。"[2]

但是，当罗马由于罗马人的高尚品格而变得强大，当那些威胁过罗马的强大国王在战争中被制服，当野蛮的部族和强大的民族

1　撒路斯提乌斯著，王以铸、崔妙因译，《喀提林阴谋　朱古达战争》，第 96 页。
2　同上，第 100 页。

被罗马武力征服，当罗马统治的对手迦太基被彻底摧毁的时候，罗马人在所有的海洋和陆地都畅行无阻。[1] 这时候罗马人却开始走背运了，因为他们开始贪图享乐，而与享乐伴生的先是对金钱的贪欲，"然后是对权力的渴望加强了。应当说，这些正是一切罪恶的根源"。[2]

罗马人开始整体腐败和道德沉沦，撒路斯提乌斯写道："贪欲消灭了诚实、正直和所有其他的高贵品质，却使横傲、残忍取代了它们，它要人们蔑视诸神，使得一切事物都可以用金钱买到。野心使许多人变得虚伪，变得言不由衷、口是心非；使得人们分辨敌友不是按照他们的功业，而是看他们是否对自己有利，使得人们待人接物只是摆出一副好看的外表，而不是怀有真心诚意。开头这些恶习蔓延得不快，它们间或还受到惩处，但是到了最后，当这种病像瘟疫那样流行的时候，这个国家就发生了变化，一个过去曾是极为公正诚实的政府竟变得残暴而又令人无法忍受了。"[3]

这种恶习就好像沾上令人上瘾的危险毒品一样，一旦开始，便没有止境，也无法回头。撒路斯提乌斯说："它能使极为健壮的体魄和精神萎靡下去。没有任何东西能使这种无限的、永无满足的贪欲缓和下来，丰足不行，匮乏也不行。"[4] 正是因为罗马人的集体腐败，让喀提林有了可以蛊惑和号召的那种失德和腐败的民众。他们自私、贪婪、暴戾、失德、腐败、有奶便是娘，没有理想也没有是非感。这样的民众是任何一个专制制度所需要赖以存在的基本群众。

喀提林是个心思细密的人，他要拉拢谁，就会先观察他有什么喜好，然后投其所好，各个击破。他给有的人介绍妓女，又给另一

1　撒路斯提乌斯著，王以铸、崔妙因译，《喀提林阴谋　朱古达战争》，第 100 页。
2　同上，第 101 页。
3　同上。
4　同上。

些人购买犬和马。最后，只要他们听命于他，他就会不惜金钱，也能放下自己的贵族身段。看上去是他在不择手段地讨好和收买群众，但正如俗话所说，"苍蝇不叮无缝的蛋"，他之所以能够得逞，是因为罗马人已经失去抵抗他这种邪恶政客的意愿和能力。

撒路斯提乌斯对此写道："在如此大又如此腐化堕落的城市里，喀提林很容易把大批的罪犯和形形色色的败类集合在自己身边作为自己的侍卫。因为不管是怎样的淫妇、酒肉之徒或赌徒都已在玩乐、饮宴或放荡的生活中把自己的祖产荡尽；还有那些为了用金钱洗刷自己的丑名或罪行而负了一大笔债务的任何人。此外，还有所有那些因谋杀或渎神而被判了罪的人或是所有那些因本身的罪行而害怕受到追究的人；还有靠发伪誓的手和舌头或靠他们本国公民的血而生活的那些人；最后，所有那些受到耻辱、贫困或一个邪恶的良心的困扰的人都从四面八方集合起来：他们都是同喀提林最亲最近的人。"[1]

金钱是最大的腐蚀力量，有了钱什么事情都能办成，不管对谁都是"有钱能使鬼推磨"，在罗马和在罗马与盟国的关系中都是一样，这在《朱古达战争》中表现得更加清楚。

2. 输出腐败与撒币外交

朱古达战争（Jugurthine War，前 111—前 105）的名字来源于努米底亚国王朱古达，这是罗马共和国和努米底亚王国的一场战争，它使得努米底亚最后被并入罗马。这场战争导致后来大大影响罗马历史的盖乌斯·马略和卢基乌斯·苏拉二人的崛起。

1　撒路斯提乌斯著，王以铸、崔妙因译，《喀提林阴谋　朱古达战争》，第 103—104 页。

朱古达战争虽然旷日持久，但并不算是一场大规模的战争，也还没有威胁到罗马的生死存亡。朱古达即便再精明能干，也终归不是罗马人的对手。撒路斯提乌斯选定这样一个题材，除了因为他熟悉发生这场战争的地方，更主要的是为了暴露当时元老院贵族寡头的腐化堕落，这是贯穿他全部著作的一个重要内容。朱古达之所以敢于这样耍弄罗马贵族统治寡头，也正是因为他看清楚当时的罗马是一个无论什么都能出卖的最黑暗、最无耻的城市。

撒路斯提乌斯所写的这段历史，它的每个发展和变化阶段都有行贿和受贿。金钱收买成为罗马元老院政治机器运作的润滑油。没有钱解决不了的问题，只要是钱能解决的问题都不是问题。

按照撒路斯提乌斯的说法，努米底亚国本来没有政治腐败的问题，朱古达是从罗马人那里学会行贿和金钱收买的，在这方面他可以说是青出于蓝而胜于蓝。先是罗马人向朱古达输出腐败的观念，接下来是朱古达向罗马元老院输出腐败，大搞撒币外交。对罗马人来说，这是腐败的"出口转内销"。

虽然不是所有的罗马元老院成员都卷入朱古达一波又一波的行贿攻势，但许多成员，从执政官、保民官到元老和将军，都积极参与其中。由于接受朱古达的贿赂和好处，他们要么在元老院决议时偏袒朱古达，要么是保护他躲过元老院的调查，甚至在与朱古达开战的时候，前线的指挥官们也还在接受他的贿赂。他们不尽力作战，因而屡次失败。腐败糟糕到这个程度，已经危害了罗马的国家安全。

撒路斯提乌斯描述朱古达战争，着重在导致战争的原因和过程，尤其是朱古达一开始非常成功的撒币外交。公元前118年，努米底亚国王米奇普撒（Micipsa）去世，他曾经是罗马在北非与迦太基作战时的盟友。他的养子朱古达曾在小西庇阿麾下服务，并在西班牙立有战功。

朱古达并不是努米底亚老国王的亲生儿子，而是国王哥哥庶出的儿子，被国王领养。老国王想把王位传给自己的儿子，所以派朱古达领兵去西班牙配合罗马人打仗。朱古达英勇善战，立下大功，受到罗马将领的赏识，他们中有的人开始煽动他的野心。撒路斯提乌斯写道："当时在我们军队里有许多更关心财富而不讲道德不自尊重的新人和贵族。这些人在国内是阴谋家，他们对联盟者虽有影响，但与其说是受到尊重，勿宁说是臭名昭著。这些人煽动朱古达的野心，办法是让他怀有这样的希望，即如果国王米奇普撒去世，他可以独揽努米底亚的大权，因为论功业他是首屈一指的。"[1]他们还告诉朱古达，"在罗马没有用金钱买不到的东西"。但是，小西庇阿规劝朱古达，"要培养同整个罗马人民的友谊，而不是同个别一些罗马公民的友谊，并且不要养成贿赂的习惯。他说，向少数人购买属于多数人的东西是危险的。如果他像他开始时那样坚持干下去，那么名声和王位自然会降临他的身上。但是，如果他操之过急，则甚至他自己的金钱也会给自己招来杀身之祸"。[2]

朱古达从罗马人那里既得到坏的建议，也得到好的建议。然而，只要符合自己的利益，从来都是坏建议比好建议更能让人动心，这就是人性。朱古达本来是一个向上有为的青年将领，努米底亚国民也没有罗马人的那些花花肠子，那里"土地肥沃盛产谷物，也便于作牧场繁育牲畜……当地的居民身体健壮，跑起路来很快，又非常能吃苦耐劳。他们通常都是能以终天年的，除非他们在战场上被杀死或是被野兽杀死；因为他们当中几乎没有得病的人"。[3]

朱古达因为跟罗马人的交往而成为他那个民风淳朴的国家里最有头脑也最有心计的人。老国王死之前，让朱古达和他亲生的两个儿子共同成为王位继承人，但他那两个儿子比朱古达年纪小许多，

1　撒路斯提乌斯著，王以铸、崔妙因译，《喀提林阴谋　朱古达战争》，第 222 页。

2　同上。

3　同上，第 233 页。

在政治权谋上根本不是他的对手。老国王一死，朱古达就买凶杀人，杀死其中的一个，另一个儿子阿多儿巴尔（Adherbal）则逃到罗马去了。

这个可怕罪行的消息在很短时间内便传遍整个非洲。努米底亚人深感恐惧，形成了两派。"大多数的人站在阿多儿巴尔一面，但是精锐的士兵却拥护朱古达。"[1]

阿多儿巴尔向罗马元老院报告他弟弟被朱古达杀害、他本人处境堪忧的情况。朱古达知道后，很害怕罗马人会对他采取不利的措施。他决定立刻采取行动，先下手为强。他判断，"除非利用罗马贵族的贪欲和他自己的财富作为手段，否则他是无法逃脱他们的愤怒的"。[2] 所以几天之后，他便派遣使节带着大批金银到罗马去，指示他们首先送礼给他的老朋友，然后用礼物争取新朋友——简言之，赶紧把大把的金钱撒出去，尽可能达到他的目的。

果然不出朱古达所料，撒币行动迅速奏效。撒路斯提乌斯写道，当朱古达的使节们到达罗马，"按照国王的命令把大批的礼物送给他的友人以及这时很有势力的其他元老时，于是发生了情绪上的转变：朱古达面临的已不是罗马贵族的公然的敌视态度，而是他们的关照和支持了。由于他们一些人是受到许诺的引诱，还有的人是受到贿赂的引诱，因此他们便四出向元老院的个别成员进行活动，要他们不要对朱古达给以过于严厉的惩处"。[3]

结果，元老院里把金钱和包庇的行为看得比公道还重的那一派还是占了上风。由十名委员主持的表决结果是，让朱古达和阿多儿巴尔分治努米底亚王国，双方瓜分这个王国。显然，朱古达对只得到王国的西部感到不满，公元前 112 年，他出兵占领整个努米底亚，

---

1 撒路斯提乌斯著，王以铸、崔妙因译，《喀提林阴谋　朱古达战争》，第 226 页。
2 同上。
3 同上，第 226—227 页。

并杀死当地所有来自意大利的商人和放高利贷者。这就触犯了罗马的利益。公元前111年，在罗马平民派的强力要求下，元老院向朱古达宣战。

战争一开始，罗马在政治上的腐败和军事上的无能就完全暴露出来。在罗马，接受贿赂的元老、执政官、保民官们尽力包庇纵容朱古达的肆意妄为：朱古达通过行贿执政官卢基乌斯·卡尔普尔尼乌斯·贝斯蒂亚（Lucius Calpurnius Bestia），与罗马达成条件非常优厚的投降协议。

当这个消息在罗马传开来的时候，执政官的行为成为人们到处议论的话题。平民派感到十分气愤。但是，元老院里的那些人却还在犹豫不定，不能决定是否应该取消执政官已作出的决定，好好教训一下朱古达。

正当元老院拖延和迟疑不决的时候，保民官盖乌斯·美米乌斯（Gaius Memmius）号召民众站出来反对执政官的决定，他义正词严地对他们说，现在罗马的政治太腐败了，"当权一派的强大势力，你们的屈从精神，公道之荡然无存，特别是因为公正廉洁不会带来荣誉而会招致危险"，但是，因为他把对国家的爱看得比什么都重要，所以必须站出来说话。[1]

他不客气地对民众们说："有些事情我提起来是会脸红的：15年来，你们竟是少数人的横傲的玩物；保卫你们利益的那些人竟然羞辱地死去而没有人给他们报仇；你们的精神已经给懦弱和卑怯腐蚀到如此程度，乃至现在当敌人在你们的支配之下时，你们都不起来，却仍然害怕那些应该是害怕你们的人。"[2]但是，事情到了这个地步，他还是要说，听不听就看民众自己了。

他向民众直接列数罗马政治的腐败：最高的荣誉和巨大的财富

---

1 撒路斯提乌斯著，王以铸、崔妙因译，《喀提林阴谋 朱古达战争》，第245页。
2 同上，第245—246页。

都掌握在那些权贵手里，他们犯下罪行却不必受到惩罚，毫无羞耻心，在人民面前趾高气扬，其实他们的荣誉都跟偷来的财物一样，难道你们就无动于衷吗？

他接着又说："用钱买来的奴隶尚且不能容忍他们的主人对他们的不公正的待遇；生来就应当执掌权力的罗马公民却要耐心地忍受奴役吗？"[1]今天，把持罗马国家的是些什么人？"他们犯过罪，手上沾满了鲜血，贪得无厌，无恶不作，而与此同时却又洋洋自得自视甚高，他们把荣誉、名声、忠诚，简言之，一切光荣和可耻的事物都变成谋取私利的手段。"[2]

在美米乌斯的鼓动下，民众要求元老院将朱古达召回罗马，让他坦白究竟怎么贿赂罗马的官员。朱古达虽然被召去罗马，但他四处用金钱打点，接受过他贿赂的人也做了各种各样的手脚。朱古达居然又成功地躲过调查。腐败又一次在罗马取得胜利！

不仅如此，在滞留罗马期间，朱古达竟然还大胆派人暗杀了他一位正躲在罗马的堂兄，因为这位堂兄是一位努米底亚王位可能的继承人。为此，朱古达被驱逐出罗马。他离开的时候不止一次地默默回头张望这个城市，最后他说："这是一座准备出卖的城市，而如果它碰到一个买主的话，它注定很快会灭亡的！"[3]他已经看透这个看似强大的罗马共和国，这是一个只要有钱就能让它轰然倒塌的国家！

后来，战端再起。在前线，指挥官们屡次接受朱古达的贿赂，故意不尽力作战，因而屡次失败。这种情况激怒了平民和骑士阶层。他们一改以往执政官只在少数几个贵族家庭间传来传去的传统，第一次选举一个"新人"。当时在北非的统帅梅特鲁斯（Quintus

---

1 撒路斯提乌斯著，王以铸、崔妙因译，《喀提林阴谋 朱古达战争》，第247页。
2 同上。
3 同上，第253页。

Caecilius Metellus Numidicus，约前 155—前 91 ）的副将盖乌斯·马略为公元前 107 年的执政官，并授予马略在北非指挥作战的全权。公元前 105 年，朱古达被马略的副将苏拉彻底打败，朱古达战争以罗马的胜利告终。马略和苏拉后来都成为罗马叱咤风云的人物。

作为小国之君的朱古达竟敢如此对抗威震地中海世界（实际上就是他眼里的全世界）的罗马共和国，全因为他洞察罗马国家的政治命门。他知道，只要多用金钱，就能把罗马政客和统帅玩弄于股掌之上。

朱古达一次次打败那些爱钱如命的罗马将领，让不可一世的罗马士兵蒙受败兵之辱。这样一位"蛮族"的君主不能不说是一位了不起的英雄。直到最后关头，他还是做出宁可战死也不肯俯身为奴的选择。他试图争取与毛里塔尼亚国王波库斯（Bocchus）结成联盟，与罗马人做最后的搏击，但波库斯背叛了他。若非如此，朱古达的战争即使不能最后打赢，肯定也还会拖相当长一个时期，给罗马制造更多的麻烦，因为这时北方的金布里人和条顿人也已经动起来，准备对罗马进行打击了。

朱古达是一个贿赂高手，站在他的立场，这是他的外交策略，他知道该贿赂谁，怎么贿赂，什么时候收回贿赂的成本。你可以鄙视他是一个道德罪犯，嘲笑他是一个大傻子，在耍阴谋诡计，但是你不能不承认，他的阴谋诡计或撒币对大多数罗马政客是成功的。虽然这让我们唏嘘人性的贪婪和晦暗，但我们不应该就此对人性完全丧失信心，因为毕竟还有保民官美米乌斯这样的罗马人，他出于对罗马共和的热爱，挺身而出，就算说了白说，也还是要对他的听众说，你们这样在权贵面前忍气吞声，连奴隶都不如，丢人！而他的话毕竟还是打动了他的听众。在面对官员腐败的时候，民众会愤怒，当他们有机会冲破权力的压制，表现这种集体愤怒的时候，那会是一种非常可怕的力量。

保民官美米乌斯展现的是他勇敢、独立的个人品格。撒路斯提乌斯非常重视政治人物的个人品格，他最关注的三个主题就是品格、命运和腐败。他认为，一个人的品格就是一个人的命运，只有好的品格才能抵御腐败。

3. 国民品格和民德习俗

在人本史观的希腊、罗马历史著作里，我们可以看到，历史解释的关键在于人性，而导致国家"背运"的正是国民的贪婪、野心、傲慢、残暴和对强权政治的盲目狂热。道德力量是使一个国家成功的必要条件，体现为良好的国民品格和民德习俗。在希罗多德（Herodotus，约前484—约前425）、修昔底德（Thucydides，约前460—约前400）那里是这样，在撒路斯提乌斯这里也是这样。

将人性、命运与德行生活并置思考，在古代历史和哲学中是一致的，它关注和强调的是在行为中显现的人性和德行，或者说有行为后果的人性和德行。柏拉图说，"只要看一个人有了权力做什么，就能知道他是什么样的人"（"The measure of a man is what he does with power"）。当然，这不等于说，没有权力的人就不能显露他的性格。我们经常听人说，"什么样的人做什么样的事"或者"做什么样的事就是什么样的人"。这两句话看起来意思是反的，其实并不矛盾，是同一个意思。

撒路斯提乌斯《喀提林阴谋》和《朱古达战争》的开头段落都首先点明人的存在与行为的关系。《喀提林阴谋》是这样开头的："无论是谁，如果他们想超越于其他动物之上，他们就应当尽一切力量不是无知无识浑浑噩噩地度过自己的一生，像生来就垂头向地并且受食欲的摆布的禽兽那样。"[1] 他说的是，你如果不选择去做人该做的事情，那你就是一个禽兽。人并不生来就是一个"人"，"人"是每个人必须自己做出来的。而对做人来说，重要的不是你积聚了多少财富，一时多么出人头地，而是你的德行，"只有崇高的德行才是光荣的和不朽的财富"。[2]

《朱古达战争》的开头是这样的："人们确实总是毫无道理地抱怨自己的本性，说什么那是因为它是软弱的并且是短促的，并且它与其说受德行，毋宁说受机会的支配。但是仔细思考一下就会看到情况恰恰相反：没有什么比人类的本性更伟大、更崇高，它本身并不缺乏力量或耐力，而更加缺乏的却是勤奋。精神乃是人的生活的引导者和主人；如果它通过德行的途径取得光荣，那么它就会有大量的力量、能量以及荣誉。它甚至不需要命运，因为命运不能把诚实、勤奋或其他优良品质给予任何人，也不能把它们从他们身上夺走。但是如果精神由于卑劣欲望的引诱而陷入懒散和肉体的享乐，当它一时里放纵于有害的情欲的时候，当精力、时间和才能在懒散无所事事中浪费掉的时候，人们就指责人的本性的弱点，而犯了过错的人又把责任推到环境上去。"[3]

撒路斯提乌斯的意思是，人的本性（性格）并不是天生不变的，做错了事情把责任推给"本性"和推给"外因"一样不可取。今天我们知道，这二者都是将人的行为归因于不可抗的决定因素，是不同的命定论。

人其实并没有什么本质的性格，他选择做什么就有什么性格，不过这时候我们经常把表现为行为的性格称为"品格"。品格是人通过自由意志的选择和实践的磨炼培养而成的，具有相对稳定性的

1　撒路斯提乌斯著，王以铸、崔妙因译，《喀提林阴谋　朱古达战争》，第93页。
2　同上。
3　同上，第216页。

"素质"。古典共和主义所说的公民美德就是这样一种品格或素质，腐败就是没有公民美德，是道德和行为意义上的双重失德。

因此，好的品格具有两个根本的特点。第一，它是善的，一言一行都能明白表现出对好坏和善恶的分辨，并抉择好的和善的。用通俗的话来说，就是做好事，不做坏事。第二，它必须是一致的，是相对固定的。一个人做点好事并不难，难的是一直做好事，一辈子做好事。这不等于不会犯错，但犯了错就必须承认并改正错误。死不认错或知错不改是坏行为，也是品格恶劣的表现。

撒路斯提乌斯强调共和制度中公民的个人和集体品格的重要性。他在作品中反复强调三个主题：美德、财富和腐败。美德就是好的品格（诚实、勇敢、自律、友谊、负责任）；腐败就是坏的品格（虚伪、懦弱、贪婪、自私、残暴）。他特别担忧的是财富对品格的影响，尤其是快速、急剧积累的财富所带来的道德沦丧。他在《喀提林阴谋》里说，罗马帝国不断的军事扩张推动了道德腐败和政治衰落的进程，罗马人"首先是对金钱，然后是对权力的渴望加强了。应当说，这些正是一切罪恶的根源"。[1] 对个人、政府、国家来说，暴富都可能是腐败的开始。

撒路斯提乌斯特别重视金钱和财富对国民品格的败坏作用。我们自己暴发户式的"致富"或"发财"经历似乎为他提供了佐证。当国家和社会因为财富的迅速积累而得意扬扬、忘乎所以、傲慢自大的时候，道德败坏和价值沦丧也会如影相随；一个国家的政治、社会和文化也必然会为沉溺于金钱财富，忽略人的品格而付出巨大代价。

然而，撒路斯提乌斯认为，这并不是必然要发生的，也不是不能被纠正的。在罗马的传统中，他提出，只要实施"祖先之道"的

1　撒路斯提乌斯著，王以铸、崔妙因译，《喀提林阴谋　朱古达战争》，第 101 页。

道德和美德，还是可以扭转这种衰败的过程。尽管财富似乎在人类事务中具有最终决定权，但财富的力量仍然可能在很大程度上受到人的美德的节制（《喀提林阴谋》，8）。撒路斯提乌斯所说的"美德"指的是罗马人的优秀品格及其自控力量。他认为，命运（财富）变坏通常是因为道德败坏，导致行为退化而造成的。如果是这样，那么反过来也是正确的：一个人可以通过实行美德以使自己受到命运的青睐。

在撒路斯提乌斯看来，罗马人不能持守他们祖先的品格和道德素质，这就是腐败。腐败尤其表现在罗马的政治人物身上。他写道，"按照我的看法，在这些追求当中，这时最不为人所喜的是高级官吏的职位和军事统帅权，简言之，就是公职，因为有功者得不到荣誉，而通过不正当的手段取得了荣誉的人并不因为有了荣誉而得到安全，也并不因此而更加提高自己的声望"。[1]

由于高层的政治人物不是用高尚的品格去行使他们的职责，而只是"用武力统治自己国家或臣民"。[2] 他们施政或推动变革的唯一手段就是暴力和流血，撒路斯提乌斯对他们说："即使你有权力纠正弊端并且确实纠正了弊端，但这种统治依然是一种暴政的统治；特别是想进行变革的一切试图都预示着流血、流放和战争的其他恐怖行为。而且，白白地费了许多气力而劳苦之后的代价却只是招来憎恨，这乃是极大的蠢事，除非也许有谁有一种不光采的和邪恶的爱好，为了一小撮人的权力而宁愿牺牲他自己的荣誉和自由。"[3]

对于普通罗马人来说，品格同样也是一切。没有好品格，罗马人就不可能有什么成就。他们将永远不过是为权贵服务、被权贵利用的棋子，为其火中取栗。品格最终决定人的命运，随着时间的流逝，小的品格缺陷很可能会变成大的缺陷。小人物的贪婪、腐败和

1　撒路斯提乌斯著，王以铸、崔妙因译，《喀提林阴谋　朱古达战争》，第 217 页。
2　同上。
3　同上。

自欺欺人同样能给个人、军队和国家带来灾难，将罗马一步步推入败坏和堕落的境地。

这种集体性的普通人品格会积累成国民品格。国民品格大致就是我们所说的"国民性"。有人反对这种说法，认为这是"种族成见"，从撒路斯提乌斯的作品就可以看到，对国民品格的认识并不是来自成见，而是来自现实的观察和分析。不管这种观察是否准确，分析是理性的，与情绪性或非理性的成见不是同一性质。国民性不是指某个民族或种族生物基因里带来的"特性"，或是某种是"天性"的东西，而是一种集体文化和社会行为的产物，因为长久地存在而起作用，对集体性格有塑造作用，最终成为习惯，并被固定下来，成为文化基因。当然，所谓的"文化基因"只是一个比喻，与生物基因是不同的。文化基因虽然固定下来，但并不是不可改变的，因为从本质上说，它是一种习惯，希腊人称之为"习俗"。

17 世纪思想家帕斯卡尔说，"习惯是一种摧毁第一天性的第二天性。然而什么是天性呢？为什么习惯就不是自然的呢？我很担心，这种天性本身只不过是第一习惯，正如习惯是第二天性一样"。[1] 他把习惯看得犹如天性一般固定和难以改变。从鲁迅揭露和批判的中国人的奴性来看，也确实是这样。但是，个人的习惯虽说是人的第二天性，但并不是像食色二性那样的天性。集体性的习惯更不是生物性的天性，而是一种民德习俗，是一套长期形成的价值观念、思维方式、行为方式。

《吴宓日记》（1937 年 7 月 14 日）记载了陈寅恪先生的一句话，即"中国之人，下愚而上诈"，[2] 说的就是这样一种集体习惯和行为方式，不是中国人天生如此，而是几千年的专制传统把他们塑造成这

---

1 帕斯卡尔著，钱培鑫译，《思想录》，译林出版社，2012 年，第二章，93。
2 吴宓著，吴学昭整理注释，《吴宓日记（第六册）》，生活·读书·新知三联书店，1998 年，第 168 页。

个样子。统治者把国家当成他的私产，把官员当作他的家奴，专制独裁以暴力和诈术治国，把政治和民间治理变成家庭政府，国家官员变成奴才和奴才总管。生活在专制制度中，人们习惯顺从和迁就，变得谨小慎微，唯利是图，狡黠善变。许多人争相奉承上司，揣摩上意，互相背叛出卖，落井下石。人际间没有信任，只有钩心斗角、两面三刀和阴谋诡计。上诈下愚是一种现实存在的腐败国民品格，但绝不是不可改变的。与撒路斯提乌斯不同的是，我们将其归咎为专制制度，而不仅仅是"财富"的败坏作用。

国民品格的内在成分是复杂的、矛盾的，罗马人那里是这样，中国人这里也是这样。和其他罗马历史学家一样，撒路斯提乌斯虽然一面批评罗马的堕落已经变成一种恶劣的国民品格，但一面仍然在用罗马的美德作为改变它的道德资源。罗马的美德和恶习是矛盾而不能相容的，但同样都是罗马国民品格的组成部分。坏的品格不是前所未有的，而是新抬头的。以前，好的国民品格里，美德占据优势；现在，坏的国民品格里，恶行碾压美德。要改变国民品格，不是要消灭所有恶的因素（因为那是不可能的），而是要约束恶的因素，不要让它成为国民性的主导因素。

鲁迅对中国的国民奴性有鞭辟入里的剖析，就像撒路斯提乌斯对罗马人的奢侈和贪欲的剖析一样。在鲁迅笔下，奴性是中国人道德败坏的根源：他们一方面逆来顺受、自甘卑贱、屈辱、贫寒而不自知；另一方面，一朝得势，便以贵凌贱，以富凌贫，加倍压迫自己的同胞。鲁迅痛恨两种人：主子和奴才。在鲁迅的时代，以奴性自处的人，得志时是主子，骄横跋扈，表现出兽性的残忍；失意时是奴才，摇尾乞怜，唯主子之命是从，分吃人的余羹，现出为奴的卑微和无耻。

在撒路斯提乌斯笔下，贪婪、无能和妄自尊大是罗马人罪恶的根源：他们把尔虞我诈、钩心斗角、唯利是图和贪赃枉法当作其每天主要的"生计"，把罗马变成一个肮脏的人间地狱，一个可以公然出卖良知的城市。

这样的国民品格剖析都是为了帮助人们懂得，什么是高尚的，什么是可耻的。鲁迅的杂文和撒路斯提乌斯的历史都是具有道德目的和道德史观的写作形式，一个关注当下的习俗，另一个记载过去的历史。这样的作品能起到振聋发聩的道德唤醒作用。

例如当年柏杨先生的《丑陋的中国人》（1985）列举国人的丑陋之处，脏、乱、吵、窝里斗、不认错、自我膨胀，有鞭子是顺民，没鞭子是暴民，成百上千年没有改变。今天看来，这样的批评和鞭挞也许有偏激和过分之嫌。但是，正如丘吉尔所说，"批评让人不痛快，却是必需的。批评就像是人身体上的疼痛，它引人关注不健康的状态"。对个人和群体，负面的批评都有其不可代替的价值，痛陈中国人的丑陋品格，《丑陋的中国人》也许最为有名，但绝不是独此一份。以前有鲁迅，当代孙隆基的《中国文化的深层结构》（1985 年左右成书）和易中天的《闲话中国人》（2000）也都是类似的著作。孙隆基批评中国人"铲平主义"与专制主义的相互配合，中国文化将"人"设计成一个以"心"为主导的动物，而又用别人的"心"去制约他的"心"。易中天批评中国人的"面子文化""人情观念""家本位""公私不分又内外有别""窝里斗与墙外香"。他们深挖、细说丑陋，与柏杨怒斥"酱缸文化"，称中国人是"酱缸蛆"，激烈程度不相上下。像这样的国民品格批评比撒路斯提乌斯对罗马人的批评还要更加入木三分，只不过这些都是文化批评的著作，而不是撒路斯提乌斯那样的历史著作。中华民族是一个禁得起批评的有智慧的民族，我们的祖先早就懂得"良药苦口利于病，忠言逆耳利于行"的道理。批评的话似乎不中听，但问题是我们怎么去对待和理解，是装聋作哑、讳疾忌医，还是闻过则喜、知过不讳、改过不惮、有则改之，无则加勉？毕竟阿Q不准说癞疮疤的时代已经过去，民智已经开化，绝大多数人都已经对批评有了更开阔和容纳的心态。撒路斯提乌斯是一个历史学家，他的历史中包含的古代共和理论对他的同时代人以及后来的中世纪，乃至文艺复兴的政治理论都有影响。

4. 古典共和与公民自由

撒路斯提乌斯的历史中包含着他的共和主义政治理论，从罗马时代到中世纪，再到文艺复兴时期，他都是被引述得最多的罗马历史学家，从 20 世纪 60 年代开始，古典共和主义更是受到西方政治学理论的重视，撒路斯提乌斯也是其中一位受关注的人物。在撒路斯提乌斯的共和主义理论中有一个著名的反复被验证的政治命题，那就是外患有助于抑制腐败。

撒路斯提乌斯认为，面临外患或外敌的罗马共同体有一种共同的"害怕"，即害怕外敌。如何在外敌的威胁面前捍卫罗马人的自由以及免遭被外敌奴役或成为外敌奴隶的命运，成为罗马人共同的利益和目的。在迦太基被罗马人摧毁之前，"罗马人民和元老院一道和平而稳健地治理着共和国"。[1] 但人民和元老院还是有分别的。一旦迦太基被摧毁，"贵族开始滥用他们的地位，人民则滥用他们的自由"，从此之后，"社会便分裂成两派，而共和国就在这两派之间的争斗中被撕得粉碎"。[2]

在外敌当前，罗马人有所害怕的时候，罗马美德——热爱自由、献身、服务、友谊、勇敢、团结——会焕发出来。这时候，共同体有共同利益和目的，但这不等于群体内部没有冲突或竞争，这种竞

1　撒路斯提乌斯著，王以铸、崔妙因译，《喀提林阴谋　朱古达战争》，第 258 页。
2　同上。

争是为了表现出更大的勇敢和贡献，争取更大的光荣和荣誉，而不是为了压制群体内的"异己"，更不是为了控制和压迫他们。

罗马一直受到幸运的眷顾，但是，一旦"害怕"被移除了，"命运却开始变得残酷起来，把我们的全部事务搅得天翻地覆"。[1]没有了敌人，罪恶和腐败就开始滋生。罗马共和也就失去维持和谐运作的条件。早期的罗马人"互相间还进行最激烈的斗争；每个人都力求第一个把敌人打倒，第一个登上城墙，并且力求在众目睽睽之下完成这样的事迹"。[2]但是，在内斗中，他们的敌人却是自己的同胞和在抗御外敌时的战友。这就从根本上动摇和破坏了罗马的共和政体。

在撒路斯提乌斯之前，罗马历史学家波利比乌斯就曾指出，"害怕"的心理在两个意义上帮助维护罗马的体制。第一，罗马人的集体害怕使得罗马制度的不同组成部分能够统一运作。他在《历史》中写道，元老院、公民大会和执政官"每当外部危险促使他们团结和齐心合力的时候"，他们都能共同合作，表现出"不凡"的力量（6.18.1—2）。第二，内部的害怕——一个组成部分对其他部分的害怕——对它们形成制约，"任何一种咄咄逼人的冲动都会得到制衡。而且，从一开始，每个部分又都害怕会被其他部分干预"，因此会尽量保持独立（6.18.8）。

波利比乌斯在谈到罗马政制的未来时说，罗马一旦获得绝对的"优势和无可争议的主权"，便有可能权力膨胀并走向极端，使得"对官职和在其他领域中的竞争……达到不该有的激烈程度"（6.57.5）。一旦发生这样的变化，政制本身也会改变，从顶峰跌落"到那听起来十分诱人的自由和民主"，但事实上是"所有情况中最坏的那种暴民统治"（6.57.9）。历史证明波利比乌斯的政治远见，因为最后把

---

1 撒路斯提乌斯著，王以铸、崔妙因译，《喀提林阴谋　朱古达战争》，第100页。
2 同上，第99页。

罗马共和送进坟墓的不是元老院，而是得到暴民拥护的恺撒。

在元老院与平民的对立和冲突中，撒路斯提乌斯是站在平民一边的，他也是恺撒的政治盟友。虽然他没有放过罗马平民的腐败，但他的攻击始终对准代表贵族的元老院。他认为，冲突的各方都把自己的利益放在共同体利益之上，使得罗马社会的价值观颠倒，罗马人以前鄙视私利，但内斗使他们把追求私利变成正当的事情；以前罗马人能够精诚团结，但内斗使他们崇尚分裂和仇恨。

价值的颠倒败坏罗马的公共语言。这是罗马最严重的一种腐败。道德和伦理的概念丧失原来的意义，甚至完全颠倒过来；好的变成坏的，坏的变成好的，公共生活就一定会变得是非不清、善恶不辨。

撒路斯提乌斯受到希腊历史学家修昔底德很大的影响，美国政治学家丹尼尔·卡普斯特在《共和主义、修辞和罗马政治思想》一书里指出，撒路斯提乌斯对腐败的价值颠倒和语言错乱的认识与修昔底德《伯罗奔尼撒战争》里对科西拉内战的描述有所关联。[1] 修昔底德认为战争是造成这种腐败的原因，撒路斯提乌斯则将之归咎为外患和对外敌害怕的消除。

修昔底德和撒路斯提乌斯都强调，国家内部敌对人群之间势不两立的对抗改变了人们对正常规范下恶劣行为的看法。修昔底德写道："过去被看作是不瞻前顾后的侵略行为，现在被看作是党派对于它的成员所要求的勇敢；考虑将来而等待时机，被看作是懦夫的别名；中庸思想只是软弱的外衣；从各方面了解一个问题的能力，就是表示他完全不适于行动。猛烈的热忱是真正丈夫的标志，阴谋对付敌人是完全合法的自卫。凡是主张激烈的人总是被信任；凡是反对他们的人总是受到猜疑。"[2]

1　Daniel J. Kapust, *Republicanism, Rhetoric, and Roman Political Thought: Sallust, Livy, and Tacitus*, New York: Cambridge University Press, 2011, 40-41.

2　修昔底德著，谢德风译，《伯罗奔尼撒战争史》，商务印书馆，1985 年，第 237 页。

人们开始把坏事当好事来做，这时候常用词句的意义也必须改变了。只有故意扭曲和改变词句的意义，才能使以前的好事现在变成坏事，以前的坏事现在变成好事："瞻前顾后"变成"畏缩不前"；"不择手段"变成"足智多谋"；"残忍"变成"勇敢"；"同情"变成"懦弱"；"权术"变成"智谋"。语言失去真实的表意作用，成为欺骗、宣传和蛊惑的工具。

今天，网络上的敌对冲突也使得网络语言和行为发生了这样的败坏和语言腐败，毒舌刻薄变成"犀利痛快"，造谣变成"策略"，欺骗变成"斗智"，谩骂变成"斗勇"。一切以前被人们鄙视、视为无耻的言论方式都变得合理、正当，成了富有斗争智慧的高超手段。这也是为什么我们看到一些公众人物，如学界名人、发言人、网红、专家，在公共场合、自媒体或者推特上说起谎来不但不害臊，还洋洋得意。这就是人性在羞耻心和善恶分辨能力上发生恶性蜕变的后果。

和修昔底德相似，撒路斯提乌斯所说的"腐败"是指因内斗而造成的四种主要恶性蜕变：共和政制形同虚设、社会价值善恶颠倒、语言虚假伪装和公民自由沦丧。前三个前面已经谈及，现在说说什么是共和意义上的公民自由沦丧。

古典共和的传统建立在一种特定的自由观念基础上，自由是共和最基本的美德，其他的共和美德都是从自由出发，也必须从共和意义上的自由来理解和认识。共和的自由不是不受他人制约或干涉，而是不受他人的压迫、宰制和奴役。自由人（liber）不属于任何形式的"主人"（Dominus）。按照这样的理解，一个人除非生活在一种特定的群体中，否则是不可能自由的，这个群体就是"自治"（self-governing）的群体。

自治的群体不是一个道德完美主义者（Perfectionist）的群体，但能让公民参与共同生活，它的基础是"公共的意义和目的"，而不是受制于少数人的利益需要。自由的公民参与共同生活，关心共同生活的意义、目的和品质是天经地义的事情，用今天的话来说就是关心政治、参与政治。

自由的公民关心政治，就如同鱼关心水质。每个人就像河里的一条鱼，河的水质关系到每条鱼的生活质量甚至生命安全。所以，关心水质是每条鱼都应该做的事情。关心公共政治的人是有责任感的人，比自顾自、不关心政治的人更值得信任和信赖。那些各人自扫门前雪、莫管他人瓦上霜的人，未必都是坏人，但在他人有难的时候，无法指望他们会出手相助。相比之下，关心政治的人更可能是一个通情达理、有正义感和责任心的人。

古典共和强调的正是个体公民与集体的鱼水关系。在以这种关系为特征的公共生活里，个人自由不能违背共同体的利益和目的。个人自由受到限制，这不等于不自由，而是自由生活方式的一部分。爱尔兰哲学家和政治理论学家菲利普·佩蒂特（Philip Pettit）在《共和主义》（*Republicanism*）一书里指出，"受到公正法治制度的限制——法治不是武断任意的——并不会使你不自由"。[1] 共和的自由不是无限制，而是不奴役（non-domination）。相比之下，专制统治对公民自由不是通过公正的法律有所限制，而是根本没有公正的法律，或是有了也形同虚设。专制用不公正的恶法剥夺公民自由，是一种伪装的或者赤裸裸的宰制和奴役。

共和缔造了一个法治的法律面前人人平等的公民社会（civil society）。共和主义的自由因此是一种公民美德（civic virtue），不是普通意义上的个人美德。在专制制度下，也仍然可能存在个人的自由美德——如顽强地保持个人精神、灵魂、心灵和认知的自由，但不可能展现为公共生活方式的公民自由。

1　Philip Pettit, *Republicanism: A Theory of Freedom and Government*, New York: Oxford University Press, 1997, 5.

公民自由是一种"政治附加伦理"（political cum ethical）的自由，是个体公民与公民群体的一种既"政治"又"伦理"的关系。这个自由是你的权利，同时你也有运用这个权利的义务和责任。个人精神或心灵自由可以是完美主义的美德，但公民自由不是。公民自由是工具性的，它是为维护自由和正派社会而存在的。就像关心水质的鱼一样，它关心水质不是出于崇高的道德境界或纯洁的心灵，而是因为水质不好，河流会变成死水，鱼儿会死掉。同样，没有公民自由，社会也会变成污泥浊水般死水一潭，让人窒息。这就是共和主义者所说的"腐败"。

英国历史学家昆廷·斯金纳（Quentin Skinner）对此写道："腐败就是……忘记或抛弃了有公民美德者所应该做的事情，所以才把追逐私利放在共善之上。简单地说，腐败……就是不承认我们的自由取决于我们决心过一种有道德的为公众服务的生活。"[1]这样界定的腐败与我们今天一般人所理解的腐败有层次高低的差别。共和主义所说的腐败不只是行贿受贿、损公肥私、公权私用、滥用权力、任人唯亲、趋炎附势、溜须拍马、贪赃枉法、盘剥百姓，只许州官放火，不许百姓点灯。这些都是看得见的腐败行为和现象，在这下面还有更深一层的腐败，那就是摧毁公民的美德和荣誉感，造成全面的公共政治恶棍化、公共语言行为流氓化、公共行为犬儒化。这些才是腐败的本质，而人们看到并不断抱怨的那些层出不穷的腐败现象，不过是表征而已。

深层的腐败经常是看不出来的。以公共语言的腐败为例，奥威尔在《1984》里的"新语"——"战争即和平、自由即奴役、无知即力量"——就是修昔底德和撒路斯提乌斯所关注的那种价值颠倒

1　Quentin Skinner, "On Justice, the Common Good and the Priority of Liberty", in *Dimensions of Radical Democracy: Pluralism, Citizenship, Community*, ed. Chantal Mouffe, Phronesis, 1992, 217.

和话语颠倒的腐败。

在修昔底德和撒路斯提乌斯那里，这样的腐败可以追溯到某一个事件或时间点（战争或摧毁了外敌之后），但是在我们今天的生活中发生这类腐败，却并没有一个清晰的开始。美国传媒学家波兹曼（Neil Postman, 1931—2003）在《娱乐至死》一书里谈到语言腐败的问题，他说，"符号环境中的变化和自然环境中的变化一样，开始都是缓慢地累积，然后突然达到了物理学家所说的临界点。一条被逐渐污染的河流会突然变得有毒，大多数鱼类都灭绝了，游泳成为一种危险。但即使是这样，这条河看上去还是正常的，人们还可以在上面划船。换句话说，即使河里的生命都已经死亡，这条河还是存在的，它的用途也还没有消失，但它的价值大大降低了，并且它恶劣的条件对于周围环境会产生不良的影响"。[1]

甚至当这样的腐败已经发生并改变人们的思维方式，它还是没有被充分察觉或引起足够的警惕，正如波兹曼所说，它凭借电脑、报纸和被设计得很酷的视屏或银幕形象，巧妙地发挥它的软实力，给人们造成"一切正常"的假象，"像那些在有毒的河流中幸免于难的鱼儿以及那个仍在上面划船的人一样，我们的心中仍保留着过去那条清清小河的影子"。[2]腐败是一条有毒的河流，而不只是漂浮在水面上可以看得见的那一团团泡沫和渣滓。

古典共和的理论对我们今天认识公民自由和政体腐败仍然有重要的现实意义。从 20 世纪初甚至更早，中国的仁人志士们就在争取实现共和制度，公民自由和权利一直是一个核心的问题。他们在谈到新国民的时候，总是提示人民必须抛弃奴隶性。奴隶指的是专制政体下那种只有义务没有权利，只有依附没有自由，只会当臣民

---

1 尼尔·波兹曼著，章艳译，《娱乐至死》，广西师范大学出版社，2004 年，第 34 页。
2 同上。

不会当自由公民的顺民、贱民和草民。不管君王有多么"开明""仁慈",无论官场里有多少"清官""能吏",只要人民还在低三下四地做人,低眉顺眼地苟活,按照古典共和的标准,这个国家就是一个腐败的国家,它的人民就是腐败的人民。两千年前是这样,后来也还有这样的情况。

十二 塔西佗《编年史》

1. 坏体制内难做好人

　　包含在罗马历史著作中的政治理论，是罗马政治理论的重要组成部分。罗马政治理论与罗马政治现实的联系要比希腊的更紧密。哲学家西塞罗和历史学家撒路斯提乌斯见证了罗马共和的衰败并对之有所批评。在他们之后，还有两位重要的罗马历史学家：塔西佗和苏埃托尼乌斯。

　　塔西佗出生于外省一个罗马骑士家庭，曾担任过罗马帝国执政官和元老院成员，也是著名的历史学家与文体家，他最主要的著作《历史》和《编年史》从 14 年奥古斯都去世，提比略继位，一直写到 96 年图密善（Domitian，51—96）逝世（现存有残缺），其他著作还包括《阿古利可拉传》（Agricola）和《日耳曼尼亚志》（Germania）。

　　虽然塔西佗在罗马帝国担任要职，但他的作品有明显的反帝制倾向，在《编年史》中，自奥古斯都以后的罗马皇帝似乎是品德最恶劣者的集合——朱利奥—克劳狄王朝（Julio-Claudian Dynasty）的提比略残酷、卡利古拉荒淫、克劳狄愚蠢懦弱、尼禄暴虐无道；

经过四帝内乱时期，弗拉维王朝的皇帝韦帕芗（Vespasian，9—79）贪婪吝啬，其长子提图斯（Titus，39—81）粗陋凶暴，其次子图密善荒淫成性。塔西佗生活在图密善时期，他的结论是，这是一个除了昏庸和残暴，什么都没有留下的暴君时代。

塔西佗和撒路斯提乌斯一样在自己的历史著作中记录了罗马皇帝的恶劣人品和不堪表现。今天，我们在他们那里发现的不是希腊人那种用哲学分析、阐述不同政制的论述，而是由具体的人和事揭露的政治腐败与暴虐：共和沦为专制、公民失德堕落、独裁者为所欲为、良士明哲保身、奸佞横行霸道。这与我们有些人头脑里崇尚的罗马光荣和荣誉神话形成鲜明的对比。

这两位共和晚期或帝国早期的历史学家似乎与今天的人们面临着同样的政治困局和道德危机：政治腐败、道德沦丧、民心颓唐、精英堕落、社会犬儒化、公民侏儒化。面临这样黯淡的现实，还有没有出路？良心人士和正直公民还能做些什么？

对这样的问题，撒路斯提乌斯和塔西佗似乎有着不同的回答。撒路斯提乌斯认为，唯一的出路就是躲避肮脏的政治泥沼，独善其身，在写作的天地中冷眼旁观。他表白道："在智力的追求中，记述过去的事件是特别有用的。关于这种能力我用不着再说什么，因为许多人已经谈过它的价值，同时也为了不让任何人认为我是出于虚荣心才称颂我自己的心爱的事业的。"[1] 他说，就算别人误以为这是"懒散"，但"我已决心在生活中不再接触政治"。[2]

塔西佗则始终扮演着重要的政治角色，他认为，政治再险象环生、体制再污秽不堪，毕竟还没有糟糕到一个好人不剩的地步。有志之士还是可以相机行事，见缝插针地进行必要的干预。他说："就是在暴君之下，也有伟大的人物；而温顺服从如果能和奋发有为的

---

1 撒路斯提乌斯著，王以铸、崔妙因译，《喀提林阴谋　朱古达战争》，第 217 页。
2 同上。

精神结合在一起的话，也自可达到高贵的境地，但许多人却只会以一种毫无利于国家而徒然招取杀身之祸的匹夫之勇来沽名钓誉而已。"[1]

撒路斯提乌斯和塔西佗的这两种不同态度在今天仍然皆有现实的意义，体现为在两个问题上存在的分歧，第一个是，恶劣的体制内还有没有良性改革的可能？第二个是，有识之士该不该或者还有没有机会介入这样的改革？虽然我们会情不自禁地期盼"好人政治"，但是我们必须看到，在身处乱世之中、人格猥琐的人们眼里，任何抵抗都可能蒙上矫情和不诚之羞。这使好人反抗恶劣的体制成为一个困局，而非一条出路。

虽然撒路斯提乌斯和塔西佗存在着分歧，但他们有两个重要的共同点。第一，不同于西塞罗，他们并不想和人们想象中的罗马完美祖先一样，规划一个优秀的制度。第二，他们也不同于李维，李维记录罗马军团的光荣业绩，展现的是罗马的最佳时期；但撒路斯提乌斯和塔西佗更关注的是罗马当下的缺陷和幽暗。撒路斯提乌斯认为历史更应该记录的是破坏共和的喀提林阴谋，塔西佗选择的不是涅尔瓦和图拉真时代的"好日子"，而是朱利奥－克劳狄王朝和弗拉维王朝那些乱象和混乱。这两位历史学家都认为，把罗马政治腐败和丑恶的一面记录下来，更有益于教育他们的读者。

在他们把罗马政治的腐败和丑恶记录下来的时候，一个随之而来的问题就是，明智人士该怎么办？

撒路斯提乌斯的回答相对简单一些。他认为，变乱中的学术人生既是一个安全的避风港，也是一个有用的观察哨所。他敬佩小加图在罗马共和发生危机时拒绝置身事外，事败后自戕成仁。但是，就他自己而言，唯一的选择就是离开那些曾令他道德受损的政治旋

1　塔西佗著，马雍、傅正元译，《阿古利可拉传　日耳曼尼亚志》，商务印书馆，1959年，第 42 页。

涡，过一种私人公民的生活。他愿意追求知识上的美德，避免患上因政治腐败而感染的公共领域道德疾病。只有保持这样的道德独立和心灵自由，有良知的公民才最有可能为国家服务。在撒路斯提乌斯看来，历史写作就是他为国家服务的方式，他用历史写作提醒读者以前发生的事情，并告诉他们如何渡过难关。这样做的最大好处是，通过脱离积极的政治活动，私人公民可以确保他们自己与体制腐蚀拉开安全的距离。以后来人们在专制统治下的生活经验来看，这样一种洁身自好的生活原则缺乏可行性。人要吃饭、要生存，除非跑到深山老林里过野人般的生活，否则不可能过一种与体制无关的生活。因此，撒路斯提乌斯躲避腐败体制的结论似乎并不能令人信服。

相比之下，塔西佗提供了另一种选择，那就是，与腐败的政治，甚至与暴君打交道，不是没有意义的。虽然在这个过程中会有道德上的妥协和损害，但那也是一种必要的代价。这样的政治介入在道德上不可能是完美的，但如果没有这样的政治介入，腐败的政治只会更腐败，暴虐的君主只会更肆意妄为。

塔西佗的这种选择未必比撒路斯提乌斯的更好，但至少要更积极也更实际一些。与撒路斯提乌斯不同，他是用别人而不是他自己作为这种选择的例子，其中特别有典型意义的就是暴君尼禄的两位首席辅臣塞涅卡和布鲁斯（Sextus Afranius Burrus, 1—62，也译作"布路斯"）。他们几乎总是顺着尼禄的意志在办事，在尼禄遇到政治麻烦的时候为他遮掩和洗白。然而，也正因为他们是对尼禄有用，甚至是他离不开的人，他们对尼禄的肆意妄为有着某种微妙的遏制作用。一旦他们从尼禄的暴政体制里消失，尼禄也就成了一个再也无所顾忌，因此索性放手作恶的彻头彻尾的暴君。

塞涅卡和布鲁斯担任尼禄的首席辅臣，是由尼禄的母亲挑选和决定的，不是尼禄自己的主意。尼禄的母亲为了提升和巩固尼禄的皇帝权威，选择这两位罗马杰出人物担任皇帝亲信的职位。塞涅卡是一位道德高尚的哲学家，才学更是第一流的。那时候他还在被流放中，是尼禄的母亲小阿格里皮娜（Julia Agrippina，15—59，也译作"阿格里披娜"）说服她丈夫也就是皇帝克劳狄，让塞涅卡回到罗马的。布鲁斯是一个品格高尚的军人，也是近卫军的统帅。塞涅卡和布鲁斯的主要任务是负责尼禄的品格教育，因为在罗马只有拥有美德的皇帝才会受到民众的敬仰和拥戴。

开始的时候，尼禄的母亲对他还有相当大的影响力，再加上这两位首席辅臣的教导，尼禄做过不少好事，他的放荡和堕落还没有显现出来。后来，他设下计谋杀死自己的母亲。塔西佗说："在这之后，他就肆无忌惮干起各种各样的坏事来了。到现在为止，他对于母亲的一点尊敬，尽管几乎未能约束住他干坏事，至少推迟了他的行动。"[1]

尼禄杀死自己的母亲，舆论哗然，塞涅卡为尼禄写了一篇慷慨激昂的演说，看似是尼禄的自我辩解，其实是塞涅卡在为尼禄说谎。事情虽然过去，但塞涅卡和布鲁斯已经很难对尼禄有以前的影响。他们主要担心的是尼禄的放荡和任性会影响他的公共形象。在罗马，皇帝那些与声色犬马有关的事情都被视为玩物丧志、不务正业，是耽误皇帝正经大事的歪门邪道。而尼禄恰恰就喜好这样的事情。根据塔西佗的记载，"尼禄很久以来就有一个愿望，这就是驾着四匹马的马车参加比赛。另一个同样令人作呕的愿望就是在竖琴的伴奏下登台歌唱。他常常这样说，'马车比赛是过去国王的才艺，古代的统帅们也参加过这种比赛。这种比赛因诗人的称颂而十分有名，并且是为了敬神才举行的。至于歌唱，这在阿波罗看来是神圣的。不管是在希腊的城市还是在罗马的神殿，我们看到这位伟大的

1　塔西佗著，王以铸、崔妙因译，《编年史》，第 464 页。

和有先见之明的神总是穿着歌手的服装站在那里'"。[1]当然，塔西佗是不同意尼禄这个说法的。

若要设想当时皇帝做这样的事情有多么荒唐，你只要想象一下今天的总统公然在大庭广众之下飙车和唱卡拉 OK。尼禄是个一意孤行的人，塔西佗写道，"现在谁也不能劝阻他了。但塞内加和布路斯想对他的一种想法让步，而不让他在两种事情上都称心如意。于是在梵蒂冈谷地圈出了一块场地，这样他就可以在不被人们看到的情况下表演他的驾车技术了"。[2]

但是，尼禄为的就是用驾车、唱歌来出风头，要他一个人关起门来自娱自乐，他是绝对不会满意的。据塔西佗的记载，"不久之后，罗马人民便被邀请来参观，并且对尼禄大加赞扬起来。要知道，群众就是这样，他们渴望看到各种表演和比赛，而如果皇帝也有同样嗜好的话，那他们是会非常高兴的。但是这种可耻的公开露面并没有给尼禄带来象他身边的顾问们期望他会取得的那种满足，而是进一步刺激了他。由于他相信，如果他把别人也引上堕落的道路，这便会冲淡他本人的耻辱，所以他便使那些显要家族的子弟，也就是那些因贫穷而堕落的人也登上了舞台"。[3]可耻的事情如果有许多人在做，就不可耻，甚至是光荣的了。

尼禄不仅放纵自己，还引诱贵族们和百姓学他的样，因此起着特别恶劣的风气败坏作用。在今天看来，除非是皇帝，其他人飙车或唱卡拉 OK 也不是什么"道德败坏"的事情。可是，1 至 2 世纪的罗马人不是这么看的。他们把这种事情视为丧失公民精神的"无所事事"，是来自亡国的希腊的颓废玩意儿。对此，塔西佗写道，罗马的风气本来已经很差，"但是逐渐堕落下去的国家道德，却被

---

1 塔西佗著，王以铸、崔妙因译，《编年史》，第 464—465 页。
2 同上，第 465 页。
3 同上。

这种外来的放荡作风彻底摧毁了。这种情况导致了这样的后果：每一个国家的每一种事物，只要是堕落的或足以使人堕落的，都要在罗马出现；而且我们的青年人在外国趣味的影响下都要蜕化成为希腊式体育爱好者、懒汉和淫乱的人了"。[1]

塔西佗认为，"这种情况的产生要由皇帝和元老院负责。他们不仅仅对于堕落的行为不加惩罚，他们甚至迫使罗马贵族在发表演说或吟唱诗篇的借口之下在舞台上玷污自己。这样一来，剩下来要做的那就只能是把全身的衣服都脱光，戴上手套到场子里去表演拳斗，而不是去参加军队了！如果他们对于嗲声嗲气的音乐和靡靡之音很内行的话，难道能够伸张正气么，难道骑士等级出身的审判官能够更好地履行自己的重大的法律职责么。甚至黑夜都被利用来干坏事，这样就没有半点做好事的余地了。在这个乱七八糟的人群当中，每一个最卑鄙的浪荡哥儿都敢在黑夜里干出他在白天想干的坏事"。[2]

尼禄凭借做皇帝的独裁权力，为所欲为，变本加厉。塔西佗认为，对尼禄的这些荒唐事，塞涅卡和布鲁斯没有起到有效的规劝和阻拦作用，他们太迁就尼禄了，有太多的道德妥协，但他们看上去也已经尽力，换了随便什么其他人，也未必能做得更好。要不是因为他们用进一步退两步或者进两步退一步的办法尽可能影响尼禄，他肯定还会干出更荒唐更不可理喻的事情。坏体制里难做好人，但坏体制里如果连不完美的好人都没有，那肯定会更加恶劣。因此，对那些毕竟还存在于坏体制内的塞涅卡和布鲁斯们，也许应该给他们更多的理解，而不是站在道德的高地上对他们求全责备。

在塔西佗那里，腐败的观念很宽泛。腐败不仅指受贿、贪污、以权谋私、欺骗、收买、巧取豪夺这样的政治行为，也包括没有节

---

1 塔西佗著，王以铸、崔妙因译，《编年史》，第 469—470 页。
2 同上，第 470 页。

制的享乐、放纵情欲、性变态、弑亲、任性、暴虐等个人品格缺陷。当然，对今天的人们来说，政治上的腐败要比个人品行上的腐败更为严重，因为个人品行的腐败只是个人的病态，而政治腐败则是整个国家的病态。

2. 专制体制下人如何安身立命

文艺复兴时期的思想家和作家蒙田说，塔西佗的著作"更适合动乱频仍的病态国家"。[1]蒙田觉得自己就生活在这样的国家，所以他感叹道，"可以常说，那是在写我们，那是在刺痛我们"。[2]蒙田所指的是一个政治专制、政府腐败、道德堕落、精神萎靡的病态国家环境，这种环境中的每一个人都面临着自己要怎么活下去的逼厌困境。

塔西佗厌恶罗马帝制下的这种生存状态，但他并不寻求改变它。当然，这并不意味着他希望这样的生存状态毫无变化地永远维持下去。他的生存政治，用英国历史学家彼得·伯克（Peter Burke）的话来说，是在专制绝对主义时代支持有限君权。也就是说，在制度现状没有任何改变可能或前景时，希望专制不要肆意妄为，哪怕是为了它自己能够长期稳定地把持权力，也要尽量有所收敛，不要大胆作恶，祸害国家。在这种情况下，塔西佗所关注的问题不是如何改变他讨厌的专制，而是在不可避免的专制下如何安身立命。在专制下寻找安身立命之道的塔西佗，是蒙田觉得特别亲近的那个塔西佗。对许多其他读者来说，恐怕也是这样。

塔西佗活着的时代，专制权力的元首制已经是罗马的现实，政制前途灰暗又不可确定，可能变得更糟，也可能有所改善。共和

1　蒙田著，潘丽珍等译，《蒙田随笔全集（下卷）》，第186页。
2　同上。

早已经死了，回到共和已经不再可能，以怀旧之情将共和理想化已经没有什么实质的意义，而且对共和的理想化本身就问题多多。不管怎么说，罗马的精英们都需要找到在现实中的安身立命之道——如何谨慎行事，不要以身犯险，但也不要同流合污。用历史学家丹尼尔·卡普斯特在《塔西佗及其政治思想》（"Tacitus and Political Thought"）一文中所说，这种安身立命乃是一种对现实的有限妥协，在浑浊不清、暗流汹涌的政治旋涡里"既不全然自由，也不全然奴性"。

塔西佗所关心的安身立命者不是一般的民众——他们永远只是在专制的摆布和操纵下随波逐流——而是罗马的精英：元老院里的元老、贵族、军事统帅、行政长官。用蒙田的话来说，是那些在"政府里混的人们"。问题是，有这种可能吗？

塔西佗对这个问题的回答与我们今天许多人的回答不同。他认为这不仅是可能的，还有身体力行的成功表率。这个表率就是他岳父阿古利可拉（Agricola，40—93）。"阿古利可拉从来不用骄矜自大或无谓的傲上态度来博取声名和招惹是非。有些人专门崇拜藐视权威的人物，但他们应该知道：就是在暴君之下，也有伟大的人物；而温顺服从如果能和奋发有为的精神结合在一起的话，也自可达到高贵的境地，但许多人却只会以一种毫无利于国家而徒然招取杀身之祸的匹夫之勇来沽名钓誉而已。"[1]

塔西佗历史著作里不是没有勇敢对抗暴君的人物。但是，他认为，他们虽然勇气可嘉，但都不是值得效仿的对象，更准确地说是无法仿效。这可能与塔西佗自己的为人和官场经历有关。他接受过当时最好的演说和法律教育，少年时曾就学于著名的修辞学家昆体良门下，又师从阿朴尔（Aper）和塞孔都斯（Secundus）学习法律，

---

1 塔西佗著，马雍、傅正元译，《阿古利可拉传　日耳曼尼亚志》，第 42 页。

后来他成为一个有名的辩护师。77至78年之间，他和执政官阿古利可拉的女儿结了婚，并在皇帝韦帕芗时代开始从政。79至81年左右，他曾任财务官之职，88年升任裁判官。89至93年之间，他离开罗马，大约在外省做官。在这段时期内，他可能游历过罗马帝国北部边境一带，熟悉了日耳曼人的历史。97年，他回到罗马，任执政官。在112至116年之间，他曾出任亚细亚行省总督。

他一生经历了十几位罗马皇帝的统治，其中，尼禄和图密善是著名的暴君。然而，当正直和高尚人士惨遭迫害之时，他却能乖巧地保持沉默并扶摇直上——图密善时代正是他仕途通达的关键时期。作为暴政的幸存者，他可能内心有耻辱愧疚，因此会有心理自卫的要求。历史学家贝西·华科（Bessie Walker）在《塔西佗的编年史》（*The Annals of Tacitus*）一书里对此写道，"当公元96年9月图密善末日来临之际，塔西佗对元老院昏聩无能的憎恶必定深化为一种蒙羞心理……然而，尽管有这样的羞辱，尽管也承认图密善只是例外性地……异常邪恶，从人性来说无可救药，但塔西佗显然坚信，用一位皇帝来代替另一位皇帝，并不是一个值得为之奋斗的目标。这一观点贯穿于他的所有著作之中"。[1]

塔西佗认为，一个人生活在乱世之中，个人的力量微不足道，虽然内心痛苦，厌恶现实，但也不要以为一个皇帝代替另一个皇帝世道就会改变。明智之士不值得为追求这种无意义的改变而以身犯险，以卵击石。在他看来，这才是清醒自明的安身立命态度，就像中国古话说的，君子不涉身犯险，不立危墙之侧。《孟子·尽心上》说："莫非命也，顺受其正，是故知命者不立乎岩墙之下。尽其道而死者，正命也；桎梏死者，非正命也。"（顺从天命，接受的是正常的命运；因此懂天命的人不会站立在危墙下面。尽力行道而死的，

1　Bessie Walker, *The Annals of Tacitus: A Study in the Writing of History*. Manchster University Press, 1952, 181.

是正常的命运；犯罪受刑而死的，不是正常的命运。）这样的安身立命之道被古人当作一种生存智慧，今天我们当然有理由视其为一种不反抗的自我辩解和政治妥协。

蒙田说："我不知道有哪位（历史）作者能像（塔西佗）他那样在政府文件汇编里挽进如此之多的对民风民俗思考和他个人的爱好。"[1] 这些民风民俗中最突出的就是专制统治下的普遍奴性，这种奴性尤其表现在本该有荣誉心、热爱自由、智识超众的政治精英们身上。暴政是政治精英阶层崩塌的结果，也是原因。塔西佗毫不掩饰对这些政治精英的鄙视。蒙田还说，塔西佗的著作"与其说是演绎历史，无宁说是一种评价，其中箴言多于叙述"。[2] 这样的评价自然也包含在塔西佗对罗马帝制统治下个人反抗的叙述中。

塔西佗记叙了一些有反抗行为的斯多葛派人物——被称为"斯多葛抵抗"（Stoic Opposition）——然而，他对他们的评价中难免有为他自己懦弱行为曲意辩解的意味。那些有反抗行为的斯多葛派人物包括三个朝代的献身者——尼禄时代的特拉塞亚·帕埃图斯（Thrasea Paetus）和贝利亚·索拉努斯（Barea Soranus），韦帕芗时代的赫尔维狄乌斯·普里斯库斯（Helvidius Priscus）和茹斯替古斯·阿茹勒努斯（Rusticus Arulenus），以及图密善时代的赫伦尼乌·塞内契阿（Herennius Senecio）。

在《阿古利可拉传》里，塔西佗记叙了暴君图密善时代的抵抗献身者，他惋惜他们的命运，赞叹他们的勇气，但那主要是为了衬托元老院里那些巴结皇帝的软骨头及其加害献身者的卑鄙行为：落井下石、为虎作伥、助纣为虐。塔西佗并没有赞扬他们抵抗和献身的义举，而是警告不要盲目仿效献身者的冲动行为。在塔西佗看来，在暴君统治下默默又有尊严地保存高贵精神的代表就是他的岳父阿

1 蒙田著，潘丽珍等译，《蒙田随笔全集（下卷）》，第 185 页。
2 同上。

古利可拉。

塔西佗在《编年史》里多次提到暴君尼禄时代的特拉塞亚。62年，特拉塞亚在安蒂斯久斯（Antistius）事件中发挥主要的作用，他勇敢地劝说许多元老，要求终止死刑，这是违背暴君尼禄意愿的。起先赞同特拉塞亚的一些元老各有各的心思："一部分人这样做是为了不使皇帝处于招人忌恨的地位；但大部分人却是由于自己方面人多而感到安全，特拉塞亚则是出于他那一向坚定不屈的性格，而且因为他不愿损害自己一贯的声誉。"[1]最后这一句是塔西佗自己为特拉塞亚勇敢行为所做的评注：爱出个人风头。

塔西佗从不对人性抱有乐观积极的立场，即使对特拉塞亚这样的无畏抵抗者，他也会怀疑背后有可能并不高尚的动机，对作恶者就更是如此。塔西佗将个人造孽与帝制罪恶结合起来，他认为，人性扭曲进一步恶化国人的道德底线。一方面，好人没有好报，"高贵的出身、财富、拒绝或是接受官职，这一切都会成为进行控诉的理由，而德行则会引起货真价实的毁灭"[2]。另一方面，坏人却总能飞黄腾达，腐败的政治诱使也鼓励人们急功近利，不择手段地获取成功。人们都希望取得超过自己能力的地位和职权，"这是许多人致命的弱点，甚至优秀人物也在所难免。他们瞧不起稳步迁升，强求过早地成就功名，但是功名到手之日，也许就是身败名裂之时啊"[3]。

罗马的精英阶层多的是这种志大才疏、喜好虚名、追求功名的人物。他们以逢迎谄媚皇帝为能事，以此获得权力攀升。这样的恶习并非始于罗马政治开始腐败的时代，它的种子其实在号称盛世中兴的奥古斯都时代就已经播下。

1　塔西佗著，王以铸、崔妙因译，《编年史》，第 493 页。
2　塔西佗著，王以铸、崔妙因译，《历史》，第 3—4 页。
3　塔西佗著，王以铸、崔妙因译，《编年史》，第 187 页。

明君奥古斯都是攫取和巩固权力的权术大师，利用和操纵的是手下人的弱点。塔西佗说，奥古斯都"首先用慷慨的赏赐笼络军队，用廉价的粮食讨好民众，用和平安乐的生活猎取世人对他的好感。然后再逐步地提高自己的地位，把元老院、高级长官乃至立法的职权都集于一身"。[1]

奥古斯都是统治权术的天才发明者，他知道，独揽大权首先必须控制人民，以此防止人民行动和组织起来反对政府。这种控制并不意味着一定要使用暴力压制手段（折磨、杀害），还有更加微妙、有效的柔性方法，那就是笼络、收买和讨好。控制人民是任何专制统治的第一个重要权术手段。

专制统治的第二个权术手段是有效控制国家精英。专制者必须确保让精英阶层中那些潜在的对手要么害怕他，要么感激他。而且，他还要能利用敌人或法律除掉那些既不害怕他也不感激他的家伙。奥古斯都统治的时候，"反对他的力量已荡然无存：公然反抗的人或在战场上或在罗马公敌宣告名单的法律制裁下被消灭了；剩下来的贵族则觉得心甘情愿的奴颜婢膝才是升官发财的最便捷的道路；他们既然从革命得到好处，也就宁愿在当前的新秩序之下苟且偷安，不去留恋那会带来危险的旧制度了"。[2]

专制独裁的另一个手段是允许腐败，当然，这需要避人耳目，以巧妙的名目进行，不是对所有人，而是对"自己人"。这个手段可以收买死党，同时又牢牢地抓住他们的小辫子。允许腐败可以诱导他们忠心，他们可以因此越来越富有。如果怀疑他们不忠，那么可以指控他们腐败，一下子就把他们收拾了。奥古斯都用这些权术手段建立了他要的新秩序。塔西佗说："新秩序在各行省也颇受欢迎。元老院和人民在那里的统治却由于权贵之间的倾轧和官吏们的

1　塔西佗著，王以铸、崔妙因译，《编年史》，第2页。
2　同上，第2—3页。

贪得无厌而得不到信任；法制对于这些弊端也拿不出什么有效的办法，因为暴力、徇私和作为最后手段的金钱早已把法制搅得一塌糊涂了。"[1]

塔西佗洞察专制独裁的腐败之源，即为高度集中而又没有约束的权力。今天人们对为什么要反对腐败不见得更加明白，反腐不过让一些人觉得贪官倒霉，解气高兴，可以幸灾乐祸而已。至于人们可以从反腐得到什么，他们则想都没有想过。

3. 专制统治下的道德垃圾场

专制之所以罪恶，并不在于权力由一人掌控，而在于权力没有制衡，无限膨胀。专制者想怎么办就怎么办，谁也拿他没有办法，这样的权力很容易恶化为暴政。暴政专制在乎的只是如何维护其统治权力，即使从精神上摧毁整个民族也在所不惜。塔西佗特别关注的一个专制的灾难性后果就是，它残酷打击了整个精英阶层，逼迫他们成为独裁统治的工具。

奥古斯都一手选拔了继承人提比略，而这位继承人的统治，用塔西佗的话来说："是如此污浊的一个时代，当时的诌媚奉承又是如此地卑鄙可耻，以致不仅是国内那些不得不以奴性来掩饰自己的显赫声名的首要人物，就是所有那些曾经担任过执政官的元老，大部分担任过行政长官的元老以及许多普通元老，都争先恐后地提出过分诌媚的、令人作呕的建议。"[2] 他们卖友求荣，倾轧求利，在元老院里提一些琐碎的"雷人"提案，提比略利用他们，但又从心底里看不起他们，"人们传说每次在提贝里乌斯离开元老院的时候，他

1　塔西佗著，王以铸、崔妙因译，《编年史》，第 3 页。
2　同上，第 185—186 页。

总是习惯于用希腊语说，'多么适于做奴才的人们啊！'看起来，甚至反对人民的自由的这个人，对于他的奴隶的这种摇尾乞怜、低三下四的奴才相都感到腻味了"。[1]

塔西佗在《编年史》里让我们看到罗马帝国专制统治与塌方式官场腐败之间的密切关系。用"垃圾场"来说塔西佗笔下的罗马元老院和达官贵人的罗马政治高层，一点也不过分。

塔西佗是罗马元老院的成员，日益腐化的元老贵族是他竭力抨击的对象。特别是，他们以低眉顺眼、奴颜婢膝、是非不辨，带坏了整个社会的风气，而且由于他们位高权重，直接威胁着帝国的前途命运。对此，塔西佗表示强烈的愤慨："那时是如此污浊的一个时代，当时的谄媚奉承又是如此地卑鄙可耻。"[2]因为阿谀奉承业已成为习惯。更有甚者，许多人热衷于通过互相揭发和告密"不道德"的手段来倾轧求利。遥想罗马古代，祖先们总是善于"对罪恶进行报复"，而当下的"胆大妄为和厚颜无耻"使得"他们却一步一步地从自我作践走向残忍"。[3]

元老院像是现代国家的议会，它本应该是国家的体制根基，这样一个重要机构的集体奴性使它扮演了一个皇帝的集体应声虫和橡皮图章的可耻角色。元老贵族的腐化堕落直接为尼禄的暴虐统治创造了有利的政治条件，不光彩地充当罪恶和阴谋的帮凶。塔西佗写道："尼禄从元老院的命令中清楚地看到，他的每一件罪行都被说成是崇高德行的典范，因此他作恶的胆量就更大了。"[4]

这样的事情一而再、再而三，年复一年地发生，塔西佗对此似乎已经绝望，他悲愤地说，"凡是先前被认为应当庆幸的事情，

1　塔西佗著，王以铸、崔妙因译，《编年史》，第 186 页。
2　同上，第 185—186 页。
3　同上，第 186—187 页。
4　同上，第 502 页。

现在看来正是国家的灾难", 可叹的是, "这类的话我还要讲多少次呢?"[1]

罗马不仅权贵奴性十足, 昏聩无能, 而且还戏子当红。塔西佗认为, 这是整个社会优伶化的一个表征。优伶们生活放荡, 成为罗马人羡慕甚至仿效的对象。贪图安逸的罗马人整日沉溺于剧场、马戏场、酒馆寻欢作乐。这些公共娱乐场所最易引发各种冲突和骚乱事故, 早在共和中后期已开始的"舞台上的混乱, 现在变得更加严重了"。国家为此不得不"制订了很多措施, 限制娱乐方面的开支和限制捧角的人的放纵行为", 对于贵族元老及骑士等权力阶层的限制, 则是其中"特别值得注意的一项措施"。[2] 到提比略统治时期, 优伶的无耻勾当甚至严重到必须把他们逐出意大利的程度。

就连一向以纪律严明著称的罗马军队也沾染了腐化的恶习, 塔西佗说, 罗马军队曾经过着"严峻的生活", 但是和平时期的严明纪律在内争中被破坏了, 城市里满是"讲究穿戴和只会弄钱的士兵", 而战场上"抗不从命和逃跑成了司空见惯的现象"。[3] 由于"贪欲和横傲", 他们"只是向往着出征和作战, 向往取得报酬", 甚至"急不可耐"地"一心要攻打城市, 蹂躏土地, 打家劫舍"。[4]

军队本来应该是罗马国家和人民的军队, 现在却成了皇帝的军队。塔西佗认为, 帝国军队"长期以来就习惯于向皇帝们宣誓效忠", 习惯于"从他们拥立的皇帝那里取得好处"。这一点突出地体现在, 他们"讨厌旧日的纪律"而被"训练得喜爱皇帝的过错就和过去他们尊重皇帝的德行一样", 因为"在和平时期和战争时期不同, 人们并没有大显身手和取得丰厚赏赐的机会"。于是, "当士兵

1 塔西佗著, 王以铸、崔妙因译, 《编年史》, 第 506 页。
2 同上, 第 64、65 页。
3 同上, 第 430 页。
4 塔西佗著, 王以铸、崔妙因译, 《历史》, 第 47—48 页。

们无意拥戴任何特定人物的时候，他们是准备为任何一个有胆量的人效劳的"，从而堆积"引起政变之火的燃料"。而且，既然唯有私利"能把他们的罪恶或是他们的力量结合起来"，那么，"对国家根本就谈不到什么忠诚"。[1]

军队不是对国家忠诚，而是效忠于直接给他们发军饷的那个人，谁给他们发军饷，他们就听谁的，有奶便是娘，完全失去是非和正义的约束。不同的派系互相离心离德，也就不可避免。因此，塔西佗说，"在相互极端仇视的武装士兵中间，和平是不能长久维持的"，因为"忍受不了日光、尘土或暴风雨的军队，根本不想去受苦的军队，是特别容易发生争吵的"。[2]

塔西佗无奈地写道，总之，"他们（军队）的力量被奢侈之风腐蚀了，这种奢侈之风同古代的纪律和我们祖先的遗训形成了鲜明的对比。在我们祖先的时候，勇气而不是金钱构成了罗马国家的更好的基础"。而现如今，"士兵身上的热情和勇气目前正在消耗在酒店里，在放荡的生活中，在对他们的皇帝的模仿上"。[3]

这样的军队根本禁不起诱惑，塔西佗说，"他们在罗马的各种引诱下不能自制，从而干出了使人耻于指明的各种放纵行为，他们因为懒散无为而不断削弱自己的体力，因为纵欲放荡而挫伤了自己的勇气"。这样的军队与以前罗马英勇无敌的军队形成鲜明的对比，只能用"堕落"二字来概括这种今不如昔的变化。塔西佗说，要知道，"在过去，士兵相互比试的是勇敢和高度的纪律，但目前他们却拼命想在骄横和无耻方面争胜了"。[4]

由于罗马上上下下都腐败了，皇帝就算有心改革，有心反腐也

1　塔西佗著，王以铸、崔妙因译，《历史》，第 5—6、7、11、54 页。
2　同上，第 148、179 页。
3　同上，第 151—152、157 页。
4　同上，第 174、194 页。

是力不从心，投鼠忌器。皇帝一说要反腐，要矫正风俗，人们开始觉得害怕了。塔西佗说，"在罗马本城，人们却惴惴不安地害怕会有一些严厉的措施来对付奢侈浪费的现象，因为这种坏风气已经突破了任何界限，沾染到一切可以乱花钱的事情上了"。[1]

但是，与全面腐败相伴随的是反腐的"虱多不痒"效应，皇帝的"禁止奢侈的法令"很快成为一纸空文。塔西佗说，这时候，连皇帝自己竟然也"怀疑这种难以收拾的风气是否能制止得了，怀疑在制止的时候是否会在全国范围内引起一场更大的灾难"。毕竟，"如果他坚持的话，那末他的一些最显赫的臣民就要遭到贬黜和不光采的处分"，并激起"元老当中犯下了不光采的奢侈罪行的那些人的惊惶不安"。[2]实际上，罗马的堕落程度已经超过可以局部处理的程度，当局甚至都不知道究竟该从哪个领域开刀。

塔西佗说，皇帝自己也担心起来，皇帝问自己："我将在什么事情上开始实行禁令和按照古老准则的撙节原则呢？从人们花费在别墅上的大量金钱开始么？从我们的大量的（各族的）奴隶开始么？从我们的大量的白银和黄金开始么？从精美的青铜制品和名画开始么？从那些和女人的服装分不出来的男子服装开始么——特别是从那些使我们的钱源源不断地流入外国或敌国之手的女人奢侈品珠宝开始么？"[3]要遏制和防止道德堕落和腐败，是从包养情妇开始吗？从豪宅豪车开始吗？从巨额的贪污和受贿钱财开始吗？从海外的存款开始吗？从家人经商的庞大利益开始吗？从申报个人财产开始吗？对这样的问题，似乎永远也找不到一个答案，处处可能隐藏着造成政权不稳定的危机，所以就算想要反腐和改革，也是永远只能犹豫不决，裹足不前。

1　塔西佗著，王以铸、崔妙因译，《编年史》，第 174 页。

2　同上，第 174—175 页。

3　同上，第 175—176 页。

对这种事实上无法彻底改革的局面，塔西佗说，皇帝总是以稳固他的政权为第一考虑，皇帝坚信，"如果决定用法律惩处这些东西"，并坚持"那些长期治不好的痼疾也只能用猛药来医"，势必带来灾难性的后果，甚至"国家就要彻底垮台了"。[1] 这也就是人们常说的，不改革是等死，改革是找死。想来想去，盘算来盘算去，还是不要急于投死，慢慢地死比较好一些。但是，这种苦衷皇帝只能自己心里有数，不能让人民知道，所以必须千方百计隐瞒真相，把形势描绘得一片大好，把前途说得无限光明，无比灿烂。这样才能掩人耳目，过一天是一天，苟延残喘下去。

塔西佗提及有人对此批评道，"这是国家的一场大祸，是对于全部显要人物的致命打击，它会使任何一个人都有可能犯罪！"皇帝为了自身的利益，权衡利弊后，只得采取推诿妥协的立场，即尽可能地"不要去触动这些积重难返的、声名狼藉的恶习，不要把我们实际上无力克服的弊端昭告于世界"。[2]

塔西佗是一位伟大的专制心理大师，例如他描述了专制统治者用金钱贿赂他人作恶的伎俩，反正花的不是他自己的钱，只要对自己有好处，花多花少都不心疼，罗马皇帝搞政绩工程是如此，犒赏听话的马屁精也是如此。塔西佗说，浪费别人的钱本来和浪费自己的钱不一样，但是心术不正的人总是把别人的钱当自己的钱来浪费，只有最不负责任的专制独裁者才能这么办事，"最贪婪的和最堕落的人们既没有土地也没有资金，他们剩下的只是助长他们为非作歹的那些东西"。[3]

又例如，塔西佗说，腐败的官员总是把道德觉悟挂在嘴上，对别人有这样或那样的品德要求，但是他们恰恰忘记了根本的一条，

1　塔西佗著，王以铸、崔妙因译，《编年史》，第176页。
2　同上，第175—176页。
3　塔西佗著，王以铸、崔妙因译，《历史》，第21页。

那就是品德的存在完全取决于对它的使用，而对它最高贵的使用便是治理国家。有什么能比用好的品德来治理国家更为高贵的呢？最恶劣的官吏也懂这个道理，但是由于私利和没有制约的权力，又总是反其道而行之。没道德的偏偏爱说道德，这是一种道德心虚、贼喊捉贼的过度自我补偿。有的官员"既不喜欢下流的品行，另一方面却又不喜欢突出的才智，优秀的人才对他本人是一种威胁，但品行坏的人又会引起外界的非议"，[1] 因此总是摇摆不定。

再例如，塔西佗说，在一个彻底腐败的国家里，美德是不可能存在的。"实际上某些美德会招引别人的憎恨。这种美德就是坚定不移的严厉态度和不受别人的拉拢。因此我们的官吏在开头时一般是最好的，但是到末尾就堕落了。"[2] 这也解释了为什么一些品学兼优的学生，一旦进入官场，受到提拔，不久就变成贪官。

4. "塔西佗陷阱"和历史的善恶必书

如今，"塔西佗陷阱"（Tacitus Trap）在中国已经是许多人耳熟能详的一个说法，至于这个说法出自塔西佗哪部著作的什么地方，却很少有人能说得上来。即便是一些讲究学术规范的中国学者论文里提到它，也都没有出处，只是作一个解释性说明：当公权力失去公信力时，无论发表什么言论、无论做什么事，社会都会给予负面评价。其实，这是对塔西佗《历史》一书里一句话的引申："一旦皇帝成了人们憎恨的对象，他做的好事和坏事就同样会引起人们对他的厌恶。"[3] 所谓的"塔西佗陷阱"并不是直接引述塔西佗的话，而

1　塔西佗著，王以铸、崔妙因译，《编年史》，第 67 页。

2　同上，第 524 页。

3　塔西佗著，王以铸、崔妙因译，《历史》，第 8 页。

是一个引申和发挥。

塔西佗传世的著作不多，却包含不少可以直接被引述的警句和可以将之引申和发挥的名句，这是塔西佗的历史写作特点和风格所致。他把惩恶扬善当作历史写作的目的，与我们今天"历史"的所谓"史实"诉求大不相同。塔西佗把道德评价看得比准确记录更加重要，如他所说，"我认为我只应当提到那些特别高尚的和特别恶劣的建议。只有这样，我认为才符合人们撰述历史的首要任务，这就是：保存人们所建立的功业，并且使邪恶的言行对后世的责难有所畏惧"。[1]

塔西佗写历史，使用的是一种近于文学的语言，这与他受过很好的演说训练有关。1 至 2 世纪他从事历史写作的时候，西塞罗式拉丁话语已经过时，这种古老的拉丁话语以庄重大气、四平八稳、风格雄伟、长句迭出、修辞丰富为特色，但经过一个世纪的模仿已经变成陈套。取代西塞罗式古典拉丁语的是以塞涅卡为代表的"白银时代的拉丁语"（Silver Latin），它的特征是简洁、隽永、机智和凝练，这样的语体特别具有警句效果。蒙田称赞塔西佗的《编年史》是"供研究和学习的书；那里面处处有警句……是一个伦理和政治见解的苗圃"。[2]然而，正是这种简要和个人化的语言风格使得塔西佗原本已经暧昧的政治态度变得更加模糊。

塔西佗说，"一旦皇帝成了人们憎恨的对象，他做的好事和坏事就同样会引起人们对他的厌恶"。这句话反过来说也是成立的，即"一旦皇帝成了人们敬爱的对象，他做的坏事和好事就同样会引起人们对他的敬爱"。这是一种盲目的敬爱，狂热的崇拜，也就是"首领情结"。比起厌恶一个坏皇帝来，敬爱一个坏皇帝的后果要严重得多。现代的坏皇帝几乎总是不再用"皇帝"的头衔，而是被叫

1 塔西佗著，王以铸、崔妙因译，《编年史》，第 185 页。
2 蒙田著，潘丽珍等译，《蒙田随笔全集（下卷）》，第 185 页。

作"元首""总统"，等等。希特勒就是这样一个坏元首，纳粹德国的人民因为他们的领袖情结，跟着他们不管是对是错都敬爱、都崇拜的元首，毫无反抗地走向毁灭。

现代政治心理学对民众为什么厌恶皇帝或不信任政治领袖几乎完全没有兴趣，相反对民众为什么会盲目、狂热地崇拜他们的领袖，尤其是像希特勒这样的领袖，却有着浓厚的兴趣。这种研究取向不难理解。因为对统治者保持怀疑和警惕，以至于可能带有一定的偏见和成见，乃是民众的一种自我保护。民主制度的分权和制衡也是按照这个原理设计出来的。但是，如果盲目地崇拜统治者，民众就会把自己引入一个非常危险的境地：会因为思想完全不设防，而成为统治者非常容易控制的甚至可以随意宰割的羔羊。

16 世纪文艺复兴时期的人文学者不只把塔西佗的著作当作历史学家的作品来阅读，他们还对塔西佗的著作进行集句处理，把他的历史经验观察提升为一种政治观念系统。文艺复兴时期西班牙学者巴利安托斯（Alamos de Barrientos，1555—1640）甚至认为，塔西佗为后世提供了一种"政治理论"（ciencia politica）。他称赞道，"塔西佗言及的治国权术秘密和政治谨慎之道微妙精深，全都紧锁在他的（历史）叙述里"。[1] 所谓"紧锁"，乃是说塔西佗议论的不仅仅是特定的历史事件，也不只是提出一些观察性评说，更重要的是，塔西佗的历史言论包含一些永恒的真理和政治智慧，凝结为许多发人深省的警策之言。这些警策之言含义深刻，有待解读（或解锁）。读者需要将它们从具体语境中释放出来，方能领略其精妙含义。如果能够根据自己所熟悉的政治现实，灵活地阅读塔西佗，能够领略的含义也就一定会更丰富。联想和关注民众的领袖情结，就是这样一种阅读的结果。

1　转引自 Peter Burke, "Tacitism," in *Tacitus*, ed. T. A. Dorey, London: Routledge and Kegan Paul, 1969, 162.

然而，塔西佗的主要贡献毕竟在于历史写作，而不在于政治理论，他是一位历史学家，不是一位政治学者。他的特点是历史学家的善恶必书。对于 16、17 世纪的欧洲人来说，他的历史著作有着特殊的政治意义。那是一个绝对君主制的时代，17 至 18 世纪初，路易十四（Louis-Dieudonne，1638—1715）将绝对君主制发扬光大，推向辉煌的顶峰。到 18 世纪中期，绝对君主制不存在好或不好、对或不对的问题，因为除了绝对君主制，并没有其他选择。塔西佗对专制的批判，对皇帝行为的善恶必书，可以说是对 18 世纪启蒙哲人的启蒙。彼得·盖伊在《启蒙时代》一书里称之为"罗马启蒙"，他写道："那些有学识的启蒙哲人接受塔西佗对时代的评价：塔西佗是孟德斯鸠《罗马盛衰原因论》中有关帝国情况的最重要的资料来源；狄德罗在研究塞涅卡时也把塔西佗的《历史》和《编年史》作为主要的甚至唯一的依据；休谟毫不夸大地把塔西佗称作'那位杰出的历史学家'，说他素以'坦白和忠实'见称，实际上'他或许是一切古人中最伟大、最敏锐的天才'。……塔西佗是（吉本）《罗马帝国衰亡史》许多内容的'蓝本，或许可以说是来源'。"[1]

分辨善恶是塔西佗历史写作的宗旨，也是他用以衡量什么应该被记录下来的标准，这个标准显然不同于"客观历史"那种"凡是发生了的，就应该被记录下来"的原则。塔西佗知道，他的原则可能不被其他历史学家认同。他清楚地表白，"至于我个人，我已把那些即使别人认为不值得记载、但我认为值得记载的都记下来了"。[2]例如，我们在第一节里说到尼禄爱飙车、爱文艺表演、任性妄为、做坏事拖人下水，这些看起来都是与军国大事、政治大局无关的小事，但因为能说明这位暴君的恶劣品格，所以塔西佗将这些细

1　彼得·盖伊著，刘北成译，《启蒙时代（上）：现代异教精神的兴起》，第 109 页。
2　塔西佗著，王以铸、崔妙因译，《编年史》，第 276 页。

节记录下来。而对尼禄出任执政官期间平淡无奇的历史，塔西佗只是一笔带过。

尼禄在罗马兴建巨大的公共建筑，以此作为他的"政绩"炫耀，也有人借此对尼禄大肆吹捧。但塔西佗对这类政绩工程并不感兴趣，他写道，"在尼禄（第二次）……担任执政官的一年里，没有发生什么值得记述的事情。但编年史家也许会喜欢把人们对恺撒在玛尔斯广场上修建的巨大的半圆形剧场的基础和支撑剧场的梁柱的赞美词载入自己的史篇。不过罗马人民的尊严所要求的是只把重大事件记载到史篇中去，而这类琐事的记述只能是官报的事情"。[1]

塔西佗更关注并予以记录的是在这位皇帝或元老院里的政客身上所体现的罗马腐败和不道德，诸如受贿勒索、贪赃枉法、自私残忍、阴谋诡计，或其他"同样惊人的不道德的事件"，这些是他要记录的恶行。[2]

但是，塔西佗也同样记录下他那个时代有人抗恶的善行，例如，面对暴君尼禄的讯问，在阴谋中被搞垮的佛拉乌斯临刑前大义凛然地慷慨陈词，他怒斥尼禄道，"当你杀死你的母亲和妻子的时候，当你变成一个马车赛马的家伙、一个优伶、一个纵火犯的时候，我就开始恨你了"。塔西佗说，"我把他的话原样地记录下来"，因为"一个军人的坦率而强烈的感情是同样值得介绍的"。又如路卡努斯因尼禄嫉恨其诗才而遭遇飞来横祸，赴死之际背诵自己的诗篇。塔西佗记载这件事，他说，"这就是他临终前说的话……至于参加阴谋的其他人，他们就没有任何值得我们追忆的言论和行动了"。[3]

这就是塔西佗历史写作的善恶必书，他记载的是对后人特别有参考意义的典型恶行和善行。出于分辨善恶的道德目的，塔西佗的

1　塔西佗著，王以铸、崔妙因译，《编年史》，第 426 页。

2　同上，第 425—426、440—441 页。

3　同上，第 559—560、562 页。

针对性会让人觉得，他经常是在叙述同一类的事情，对此塔西佗自己心里是清楚的。他说，"对于这些事件的千篇一律的叙述，不但我自己会感到厌烦，我想别的人也会感到厌烦：因为他们听到的尽是罗马人的接二连三悲惨牺牲的故事……老实说……会使人感到腻烦，会使人感到心头沉重"。[1]

然而，现实就是如此，在恶劣的环境里，悲惨的事情接二连三地发生，因饥荒而饿殍千里的时代，成千上万的人饿死，每个饿死的人的故事都差不多。或者某一场政治运动中，许多人为躲避迫害而选择自杀，每个自杀者死前的绝望也是相似的。塔西佗记录的正是这样的历史时期，他说："我并不打算把这一年里的每一件事情都记载下来……但是，对于这类罪行累累的人的惩罚以及其他诸如此类的事件，在适当的时候我还要提到。"[2] 塔西佗把看似"无关紧要的、值不得记述下来的小事情"一再记载，[3] 这让我们看到他对与善和恶有关的题材有一种近乎偏执的较真和不依不饶，而背后则是他作为一个历史学家的悲愤和无奈！

一个国家人民死亡的方式是这个国家善或恶的一项指标。在善的国家里，人民善终的比率会远远高于在恶的国家。在暴政当道的时候，会一下子出现许许多多的"非正常死亡"：被虐待而死、受酷刑而死、因饥饿或苦役而死、冤死、屈死还有各种各样的自杀和暴死。

塔西佗作品中有大量关于死亡的记载，他将死亡用作判断一个国家的善恶指标，或当作思考和判断罗马现实的特殊视角。许多名门望族暴死既是个人悲剧也是国家不幸，从而充分透露出帝制的暴虐和时代的险恶。他写道："由于人们害怕被处刑，以及由于当一个人依法被判罪的时候，他会丧失自己的财产而且得不到埋葬，所

1　塔西佗著，王以铸、崔妙因译，《编年史》，第 577 页。

2　同上，第 257 页。

3　同上，第 223 页。

以这种死法就很流行了。但是另一方面，自杀的人则又由于这种速死而得到埋葬尸体的待遇，而且他的遗嘱也将会得到尊重。"[1]

暴死、冤死、白死的当然不只是众多高门大族的成员，也有大量下层普通民众或小人物。下层人的死亡经常是内战或被挑动的"武斗"的结果。以维提里乌斯军队制造的一场"最可怕的屠杀"为例，塔西佗载录了袭击手无寸铁的平民过程中一个看似细小的情节，"有一个士兵的父亲同这个士兵在一起时被杀死了"。[2] 在这个小小的细节里，我们可以看到罗马内战的悲惨结果。塔西佗不会因为死的人地位卑贱，就把他的死亡当作"可以不惜牺牲的代价"。

正是秉承"善恶必书"的原则，塔西佗记载了一件与死亡有关的特别可耻的事情，一名胜利方的士兵在内战中杀死敌方的同胞兄弟，居然以此向长官邀功请赏。塔西佗写道："胜利者已经把是非界限混淆到这样程度……这件事的下文如何我们也就不得而知了。但是在先前的内战里却发生过类似的一件罪行……在雅尼库路姆山上对秦纳作战时，彭佩乌斯的一名士兵杀死了自己的兄弟，但后来在他发现了自己的罪行时就自杀了。在我们的祖先身上，对于罪行感到的悔恨情绪以及对于崇高行为感到的光荣都要比我们强烈得多啊！"[3]

内战使兄弟在敌对的阵营里作战，这已经是够不幸的了，而在作战中，一个兄弟杀死了自己的同胞兄弟，这是多么可耻而悲惨的事情。以前，发生这种事情的罗马士兵因为羞愧而自杀，如今，杀死自己亲兄弟的人居然还以此向长官邀功请赏，这说明罗马已经腐败堕落到了什么程度！塔西佗"善恶必书"的历史写作的道德意义也正在于揭示这种整个国家和民族的腐败与堕落。

---

1 塔西佗著，王以铸、崔妙因译，《编年史》，第 295 页。
2 塔西佗著，王以铸、崔妙因译，《历史》，第 169 页。
3 同上，第 230—231 页。

十三 普鲁塔克《小加图》

1. 为何和如何阅读普鲁塔克

　　普鲁塔克出生于希腊中部波奥提亚（Boeotia）地区的喀罗尼亚城（Chaeronea）一个有文化教养的家庭，他后来曾在那个城市做过很长一段时间的执政官——相当于现在的市长。他曾在雅典哲学家和数学家阿摩尼奥斯（Ammonius）门下求学，还曾在德尔斐的阿波罗神庙担任祭师，该职位为终身制，他是两位祭师之一。他广游地中海地区，到过埃及的亚历山大港及小亚细亚，并到罗马讲学，结识不少权贵。然其一生钟情家乡，大部分时间在喀罗尼亚度过，专注于写作、教学。他的声名不胫而走，被哈德良皇帝任命为资深长官。他以《希腊罗马名人传》（*Lives of the Noble Grecians and Romans*，在这里简称《名人传》）一书留名后世。他的作品在文艺复兴时期大受欢迎，蒙田对他推崇备至，莎士比亚的不少剧作都取材于他的记载。

　　普鲁塔克虽是一个希腊人，但他自认为是罗马帝国的国民，他没有狭隘的希腊民族情绪，对于政治和社会的看法颇为成熟和乐观。他认为自己生活在一个良好的大罗马时代，而大罗马的盟主霸权是希腊人无力缔造一个大希腊国的必然结果。"希腊时代"已成过去，它的人口逐渐萎缩，所以在两个世纪之前，就已经在与邻国的战争中丧失了自主权。普鲁塔克在《弗拉米尼乌斯传》（*Flamininus*）里论及希腊的政治腐败时说，希腊人除了在马拉松大战、萨拉米斯海战、布拉底与温泉关之战等战役中有良好表现之外，打的都是一些损人不利己的坏仗，一直在作茧自缚，搬起石头砸自己的脚。希腊人建造的那些战争纪念碑只会让他们自己蒙羞、自我难堪。

在普鲁塔克看来，罗马统御希腊，不见得是一个悲剧。而隶属于一个强大又安定的帝国，应该是一件好事。希腊语言与希腊风俗已成罗马支配阶层的教育之中一个不可分割的部分，而在罗马帝国里的希腊人因为教育良好，有所专长，也是罗马的头等国民。

普鲁塔克的《名人传》用希腊语而非拉丁语写作，但正如历史学家斯塔特（Philip A. Stadter）在《普鲁塔克和他的罗马读者》（*Plutarch and His Roman Readers*, 2014）一书里所说，这部著作的目的是对他当时的政治有所影响，包括高层的罗马政治，可以将它同时放在希腊和罗马的语境中解读。

我们在这里阅读普鲁塔克《名人传》中的《小加图》篇，则会搁置其希腊语境（如希腊的斯多葛主义），而单独将其放在一个非希腊的语境中理解。这是因为，小加图反抗恺撒背叛罗马共和，事败后自杀身亡，与罗马的斯多葛主义，以及与同样自杀的塞涅卡、布鲁特斯等罗马共和主义者之间，有着重要的思想和政治关联。这在下一节里还要细谈，现在先谈一下我们今天为什么要阅读普鲁塔克。

2017 年 9 月 2 日，美国《华尔街日报》（*The Wall Street Journal*）刊登了两位评论员（Rebecca Burgess 和 Hugh Liebert）的一篇题为《从西塞罗到特朗普，他们都在普鲁塔克的"名人传"里》（"From Cicero to Trump, They're All in Plutarch's 'Lives'"）的文章。文章指出，《名人传》是西方世界里的学校必读之书，也是一部广受读者公众欢迎的著作，这是因为，它对普通公民和政治人物都以寓教于乐的方式提出了向善和美德的要求。普鲁塔克提供了一种公民美德的教育方式，那就是讲述历史人物的故事。《名人传》的"传记"可以是"生活方式"的意思，普鲁塔克所描述的"生活"是关于每个人物从出生到死亡的行为和性格特征，为读者提供了模仿的模型。多亏普鲁塔克那些注重细节的精美描述，他的传记可以揭示"人类灵魂的征兆"。因此，"新美利坚合众国的公民可以通过密切了解古代的传说，据此来塑造自己的灵魂"。普鲁塔克的《名人传》在中国虽然不像在美国那么家喻户晓，但如果人们仔细阅读这部著作，相信也可以在一定程度上起到类似的公民美德教育作用。

普鲁塔克的《名人传》又称《希腊罗马名人合传》，这是有道理的。这部著作体现的是希腊和罗马文化的交叉和融合趋势，其强调的历史事实是，希腊和罗马都曾有过辉煌的历史，都产生过同样杰出的历史人物，都是了不起的民族。正是出于这种考虑，普鲁塔克在著作的结构安排上也是独树一帜、寓意深刻的。在《名人传》里，除了4篇是单独的一人一传之外，其余的46篇都是以类相从，组合成为23对合传。他从希腊和罗马历史上的古代伟人中，各挑选出一个他认为在某些方面类似的人物，以对照比较的形式分别为他们立传，然后再加上一篇类似短评的文章来总结，形成了一个三合一的合传整体样式。

他用这种平行传记的方式，把希腊和罗马的两位有可比性的人物放在一起，让读者自己来确定，两者中何者在哪些方面比较优越。这样做的目的并不是要表明希腊人比罗马人要好，或者罗马人比希腊人强，而是要揭示他们各自的性格。因此，阅读这部传记不只是了解一些固定人物的个人故事，而且会自然而然地有所思考：这两个人物中哪一个"更好"一些？"更好"的标准是什么？与读者自己有什么关系？不知不觉之间，读者自己也在传记里扮演起一个公民投票人的角色——他在两个古代政治家之间进行选择，评估他们的美德与能力，然后郑重地投下自己的一票。这里不妨举一个例子。

希腊的伯里克利（Pericles，约前495—前429）和罗马的费边（Fabius，约前280—前203）是《名人传》里的一对人物，他们两位都是著名的将领。伯里克利是公元前5世纪希腊与斯巴达伯罗奔尼撒战争时的希腊统帅，费边是公元前3世纪末第二次布匿战争时与迦太基对阵时的罗马统帅。伯里克利让雅典军队退入雅典城内固守，以此避开强大的斯巴达陆军；费边则采用拖延战术对抗战力强大的迦太基名将汉尼拔，因此得以成功地挽救罗马于危难之中，他的游击战术为他赢得了"游击战之父"的美誉。

普鲁塔克在这两位著名将领的个人传记之后，对这两位将领的不同作了简要的比较。第一，这两位卓越的军事人物在不同的国家背景下表现出不同的才能。伯里克利处于雅典的鼎盛时期，国家富强，军力强大，因此可以说，是雅典的强大和富有使他免遭挫败。相比之下，费边的任务要艰难得多，那时候的罗马处于最艰难和困苦的时期，他面临的任务不是保卫一个已经兴旺、强大的国家，而是坚守和保卫一个可能被强敌毁灭的国家，这是一种不同的个人使命。

第二，他们作为政治家所面临的治理问题也不同。长期繁荣昌盛的雅典并不是只依靠伯里克利一人，雅典城邦人才济济，有各种政治斗争。这使得治理众人事务的任务变得更加艰巨。相比之下，费边的罗马饱受灾难和逆境的考验，面临危险，特别需要有智慧的领袖，危机反而让费边比较容易控制罗马内部的局面。这两位领袖都必须意志坚定，不能因为有人抱怨其政策而有所动摇。他们都需要表现出超越常人的力量和目标，但面临的内部挑战却并不相同。

第三，关于他们的个人操守，主要是自由和公共的精神。许多国王、王子和盟友要向伯里克利送礼，但他从来没有接受过礼物，享有极好的廉洁美名。费边也非常廉洁、无私，甚至用自己的钱赎回他的士兵。伯里克利为雅典建造了许多壮丽的神庙和公共建筑，直到恺撒时代，罗马的所有公共建筑物，无论是在设计还是费用上，都无法与雅典相比。虽然费边在建设罗马上不能与伯里克利相比，但他在个人操守上同样无懈可击。

普鲁塔克并不是直接告诉读者什么是美德、谁是美德之人、有什么美德，而是通过他生动的细节叙述，让读者自己回答这些问题。这才能更好地起到美德教育的作用。在文学手法上，这种用榜样讲故事的方式叫"范例"（exemplum），不同的范例故事有不同的道德目的。在普鲁塔克那里，他要表彰的是政治和公民的美德，到了中世纪，则主要关乎宗教信仰的道德。范例故事也称"明理故事"，"孔融让梨""漂母饭信""二十四孝"都是这样的故事。西方的范例故事有长有短，有的是真实的，有的是虚构的。

普鲁塔克以道德范例或明理启智为目的写作《名人传》，与一般的历史写作自然有所不同。他也因此受到不少专业历史学家的批评，其作品被认为史实不严谨、材料不客观。

但是，普鲁塔克自己在《亚历山大》的第一段里清楚地表明，"要记住，我要写的是人生，不是历史。最荣耀的伟业也并不总是能为我们提供对人的善与恶的最清晰的洞察。有的时候，一个不起眼的时刻，一个表情或玩笑能让我们看清人物的性格和志趣，胜过最著名的围城战役、最厉害的武器和最血腥的战斗。一个肖像画家对表现人物性格的面部线条的精确刻画要超过身体的其他部分。所以，请允许我格外专注那些能表现人物灵魂的特征，我用这些来描绘他们的人生，至于那些重大的事情和战斗，就让别人去谈论吧"。普鲁塔克认为，传记作家与历史学家的工作不同，《名人传》注重的不是说出所有的"事实"，而是只挑选一些他认为最能表现人物特征的，最具道德教诲意义的细节。这才是合乎他目的的写作方法。

普鲁塔克作传的对象都是在军事和政治上表现不凡的真实人物，当然会涉及许多与他们有关的历史事件和公共事件。但是，他更关心的是那些"个人"，以及关于他们作为个人的具体细节——性格、行为、品行、经历。这让《名人传》里有许许多多令人难忘的奇闻轶事记录；而所有这些又是描写得如此生动、鲜明和有趣。我们在修昔底德《伯罗奔尼撒战争史》（*History of the Peloponnesian War*）里能读到伯里克利的《墓前演说》（Pericles' Funeral Oration），知道他是伯罗奔尼撒战争时雅典的一位最重要的领袖，但是我们难以由《墓前演说》形成这个人物的鲜明形象。普鲁塔克的《伯里克利》不同，他没有向我们复述伯里克利的演说，却让这个人物活了过来。

普鲁塔克在《伯里克利》中说，"当一个城邦处于逆境而不得不谦恭，出于必要而顺从大义时，治理起来似乎还比较容易；而当一个民族由于繁荣昌盛而得意忘形，由于骄横狂妄而自我膨胀时，驾驭起来可就困难多了"。这正是伯里克利所面临的局面。因而他的谨慎、稳健与温和在这样的背景衬托下显得相当难能可贵。普鲁塔克描述道，"伯里克利的面部表情，沉着严肃，从不放声大笑，他的举止庄重文雅，衣着整齐，从不因为说话激动而扰乱全身的宁静。他说话声调很柔和，从不大叫大嚷。凡此种种性格特点，都令人倾倒"。[1]紧接着便有一则趣闻轶事：有一次，伯里克利被一个毫无教养的人整天辱骂，他竟然忍耐着，一声不吭。到了傍晚，他从容不迫地走回家，那家伙仍在他后头，辱骂不休。他进屋时，天已经黑下来了，他就吩咐一个仆人打起火把，让他送那人回家休息。这样一个小小的细节，就让我们对伯里克利的为人有了深刻的印象。

---

1 Plutarch, *Pericles*, trans. John Dryden, The Internet Classics Archive, http://classics.mit.edu/Plutarch/pericles.html.

不仅是对人物，普鲁塔克对事物的描写同样也随处有令人印象深刻的有趣细节，读起来更像是文学的描述。例如，他在为伯里克利所作的那篇传记之中，这样详细描述耸立于刚刚兴起的雅典之上的那些建筑之美："这些建筑就这样耸立着，不仅宏大，摄人心魄，轮廓的优美也是无可匹敌，这是因为这些艺术家都努力以他们的作品之美超越他们自身。而在这里，最为美妙的事，则是它们建成所用的那种速度。人们以为，其中的每一座，莫不需要好多代人的时间才能建立完成。但事实上，这整个计划，只在一个人的盛年实现……每一座建筑，莫不皆在诞生的时候就具备了一种看似年高德劭的古老之美，但同时又有一种青春的活力，使它们在今天看来仍如刚建不久一般。一股永远清新的花香萦绕在伯里克利时代的这些作品之上，使它们免于时间的侵蚀，就如已有某种稳固的青春精华、某种不老的活力吹进了它们里面。"

像这样的描述当然不可能每一个细节都是经过核实的，但如果细细品味，你就会发现，故事的细节都是意味深长的。而且，鲜明的描述还能烘托出一种富有魅力的历史气氛，正儿八经的历史学家们也许不喜欢他那种饱满的情感和丰富的想象，但这些却能够给一般读者带来很大的快乐和兴趣。

2. 小加图之死和斯多葛哲学

马尔库斯·波尔基乌斯·加图·乌地森西斯又名小加图（Cato the Younger），以区别于他的曾祖父老加图。小加图是罗马共和国末期的政治家和演说家，是一个斯多葛学派哲学的践行者。他坚定地支持罗马共和制，强烈反对尤利乌斯·恺撒将罗马帝国化的企图。当恺撒违背元老院的意志，进军罗马时，他坚决抵抗，战败后自杀身亡。小加图也因为其传奇般的坚忍和固执而闻名，他诚实、从不受贿，对罗马共和国末期猖獗的政治腐败深恶痛绝。

普鲁塔克在《小加图》（Cato the Younger）里着重描述了小加图从小就显示出的固执和绝不妥协的性格。小加图是个孝顺且好问的小孩，但很难说服他。普鲁塔克对小加图的描述中，有许多令人印象深刻的细节。小加图小时候开始学习时，理解力缓慢而迟钝，但只要他理解了的，他就会牢牢地记住。人总是学习得越辛苦，学到的东西越能铭记于心。正因为如此，小加图一旦主意已定，别人就很难改变他的想法。据说小加图很听他老师萨佩顿（Sarpedon）的话，这位老师很有学问，总是与他讲道理，而不是体罚他。而罗马的老师对学生都惯用体罚的手段。

小加图还小的时候，罗马人的意大利盟友正在努力取得罗马公民身份。其中一个人叫西罗（Pompaedius Silo）。西罗是一位战争经验丰富、地位很高的人，他是小加图舅舅的朋友，在他家住了几天。在这段时间里，他熟悉了孩子们，对他们说："来吧，求求你们叔叔帮助我们争取公民身份。"别的孩子都笑着点点头，唯独小加图没有表示，"他只是沉默了，脸上的表情似乎拒绝了这个请求"。西罗把小加图提起来，走到窗口，做出要把他扔出去的样子，命令他同意，最后真的把他提到窗外，使劲儿摇晃他。但是小加图就是不开口，毫无恐惧的样子。西罗放下了小加图，对朋友们说："他还是个孩子，真是意大利走运；倘若他现在是个成人，罗马人没有人会站在我们这边。"

还有一个小加图小时候的故事。小加图家的一个亲戚开生日聚会，也邀请了一群孩子。孩子们在一个房间里玩虚拟的审判游戏，分别扮演法官、原告、被告。其中有一个孩子扮演被告，大孩子们把他拖走，关进了一个小房间。这个孩子非常害怕，大声向小加图发出绝望的叫喊。小加图走上前去，问到底是怎么回事。他非常生气，什么也不说，推开守卫在小房间门口的大孩子，把关在里面的那个孩子带了出来，其他的孩子也都跟在小加图身后。

小加图小小年纪，就因为正直、诚实而受到其他孩子敬重。他对大人也表现得非常独立。普鲁塔克还提到，罗马的独裁者苏拉很喜欢与小加图及其兄弟西彼欧（Caepio）谈话，苏拉的女儿嫁给了小加图的舅舅，他们两家是亲家关系。苏拉位高权重，威严而寡恩。小加图经常看到有人被带进苏拉的宅子里遭受酷刑。那时小加图才14岁，他问他的老师，为什么人们愿意走进那个像是地狱一样的地方，没有人反抗。老师对他说："孩子，因为人们怕他胜过了恨他。"小加图对老师说："那么，你为什么不给我一把剑，好让我杀死他，并让我的国家摆脱这种奴役？"老师听小加图这么说，看到他一脸怒气的样子，不免替他害怕，所以就一直派人跟着小加图，不要让他去做冒险惹祸的事情。

公元前63年，小加图当选下一年的护民官（tribune of the plebs）。他帮助执政官西塞罗处理了喀提林谋反的阴谋；在庞培与恺撒的内战中，他是庞培的支持者，并在庞培死后继续战斗，直到最后因失败而自杀身亡。在庞培与恺撒的权力争斗中，庞培代表的是元老院里的贵族，而恺撒则是民众派的首领。以阶级斗争的观点来看，恺撒似乎是正义的一方。但事情远没有这么简单。正如意大利历史学家卢西亚诺·坎弗拉（Luciano Canfora）在《恺撒：人民的独裁者》（*Julius Caesar: The People's Dictator*）一书所描述的，恺撒具有杰出的军事和政治才能，但却是一个非常复杂的人物。在今天，他就是我们所熟悉的那种"人民的独裁者"——墨索里尼、希特勒、查韦斯。无论是小加图还是西塞罗，他们站在庞培的一边，不只是为了支持贵族政治，而且是为了捍卫共和的最后希望。

普鲁塔克的《小加图》共有73个自然段，其中第66至70这5段（又称"章"）详细描述了小加图从决定自杀到自杀的过程，引发了历史学家们的不同解读。

小加图的同时代人把他在北非乌蒂卡（Utica）自杀视为一个政治的行动，也是一个哲学的，尤其是斯多葛主义哲学的行动。他自杀是因为他忠实于共和，他的共和价值观不允许他接受在专制统治下的生活。正如塞涅卡在他的道德论文《智者的坚韧》（De Constantia Sapientis）里所说，"（小）加图不能没有自由而活着，自由不能没有（小）加图而存在"（2.2）。小加图坚持自由的价值，还坚持斯多葛主义的原则。在暴政下苟且偷生与他作为一个斯多葛主义者的"一贯自我"（constantia）原则不符。这种屈辱的、没有尊严的人生，不可能有一个高尚的人做出自己道德选择所需要的那种荣誉和自由。

小加图之死的哲学象征意义特别显现在他临死前不断阅读柏拉图《斐多篇》（Phaedo）的行为中。《斐多篇》描述了苏格拉底在临死前与朋友们讨论死亡的意义。小加图在自杀之前是不是想要仿效苏格拉底呢？然而，普鲁塔克笔下的小加图之死与苏格拉底之死有着很不相同，甚至相互矛盾的表现。这让他的《小加图》充满戏剧性，也使得小加图之死有了很不确定的哲学意味。

《斐多篇》是苏格拉底于临死前不久在监狱里与斐多的对话。斐多在从监狱回伊利亚（Elis）的路上，于一个中途之地停留了一下，向那里的毕达哥拉斯派朋友们叙述了这次对话。这个对话里的苏格拉底有明显的毕达哥拉斯思想因素：相信灵魂不死，人死后会以人或动物的形体复生，人活着的时候应该保持灵魂的纯洁、避免被肉体败坏，唯有如此，才能希求更好的来生。灵魂的纯洁、洗涤和不死与小加图这个人物都相当一致。

但是，《斐多篇》里苏格拉底的灵魂不死说未必就真是他的想法。这篇对话中的毕达哥拉斯因素在《申辩篇》（Apology）里就是没有的。《申辩篇》里，苏格拉底不确定，也不太在意人是否有永生的可能，或者人的灵魂是否不朽。柏拉图在《斐多篇》里特别说明，苏格拉底做这个最后的对话时，他本人并不在场，暗示斐多的转述未必全然可靠。斐多说，柏拉图那天不在场，是因为病了。因此，普鲁塔克描述小加图在自杀前阅读《斐多篇》，并不见得是暗示他与真实的苏格拉底之间有什么特别的关系。

在《小加图》第 66 段，小加图已经下了必死的决心。虽然恺撒也许会赦免他，但他绝不愿意投靠恺撒。这不仅因为恺撒是共和的敌人，而且因为小加图不愿意让恺撒有一个赦免敌人、显得仁慈的机会。

接着，在第 67 段里，就像柏拉图描述临死前的苏格拉底那样，小加图洗了个澡，坐下来和随从们共进最后的晚餐。"晚饭后，人们对葡萄酒进行了许多文学的热烈讨论，对一个又一个的哲学宗旨进行了探讨，直到人们对所谓的斯多葛派的'悖论'提出了疑问，即只有好人才是自由的，所有的坏人都是奴隶"。有人不同意这个悖论，小加图怒气冲冲地厉声坚持。在座的人都吃了一惊，觉得小加图似乎是已经做了必死的决定。他们为此感到很担心。

吃过晚饭之后，小加图给值班人员下达防卫营地的命令，然后退入他的房间。他以不常有的温情拥抱了儿子，并与朋友们道别。这更引起了他们对即将发生的事情的担忧。

小加图在房间里开始阅读柏拉图的《斐多篇》，突然，他发现自己的剑不在房间里，因为他儿子在小加图还在吃晚饭时把剑拿走了。小加图召唤他的仆人，问他是不是拿走了他的武器。仆人没有回答，小加图又开始阅读。他读完了书，又一次大声叫仆人把剑拿来。仆人迟了一步，小加图大怒，他一拳头打在仆人嘴上，还打伤了自己的手。

听到这么大的动静，他儿子和朋友都来到他的房间。小加图怒气冲冲地抱怨他们对他太不了解。他向他们暗示自己有自杀的意图，但以后会在这件事情上咨询他们的意见。

众人离去后，小加图查看了他的剑，又读了一会儿《斐多篇》，便上床睡觉。睡到半夜，他醒来，询问了一些事情，又睡了一会儿。后来他趁没有人在的时候，朝自己腹部刺了一剑。因为他手上还扎着绷带，所以没能把剑刺得很深。他痛苦地从床上滚落下来，肠子流了出来。人们冲进他的房间，医生赶忙替他缝合腹部，但小加图撕裂了伤口，拉出自己的肠子，就这样死了。

普鲁塔克为何如此细致地描绘小加图痛苦而混乱的自杀过程呢？是不是另有什么深意？

小加图在死前一直在阅读苏格拉底讨论死亡的《斐多篇》，似乎是想要以一种哲学家的心态离开人世，以哲学的方式践行死亡。但他的死一点儿也不像苏格拉底那样显示出哲学家透彻的平静和安详。小加图用剑剖腹自杀，这是罗马式的自杀，充满了暴力和血腥，与苏格拉底平静地饮鸩自尽迥然不同。而且，苏格拉底自杀，并不是他自己选择的，而是法律判决他必须死，只是让他自行了断罢了。苏格拉底是反对自杀的。

那么，普鲁塔克对自杀又是什么态度呢？这似乎可以从他的《布鲁特斯》（Marcus Brutus）里看出一些端倪。布鲁特斯在与卡西乌斯（Gaius Cassius Longinus，约前86—前42）的交谈中说，他认为小加图的自杀"既不敬神，也没有男子气概"。可是，布鲁特斯后来改变了想法，他认为，如果一个人落到了"被神舍弃"的境地，自杀就可以成为一种自行体面退出的方式。

普鲁塔克并不认为自杀总是一件错事。因此，小加图自杀的问题便不在于他自愿选择结束生命，而在于完成这个选择的过程中有太多不符合哲学家行为的地方。我们可以将之视为矛盾，也可以将之视为讽刺。

小加图自杀的过程中出现了各种与哲学决断不符的东西：失态、

猜疑、欺骗、喧闹、情绪失控，甚至身体暴力。小加图是一个奉行斯多葛主义的哲学家，普鲁塔克的叙述如果有讽刺的意思，那么讽刺的对象与其说是小加图本人，还不如说是他所奉行的斯多葛主义，或者是一位有德之士奉行斯多葛主义的方式。普鲁塔克本人对斯多葛主义没有好感。

与小加图死前相比，柏拉图笔下的苏格拉底在死之前表现出来的是一种知天命的宁静，正如他在《斐多篇》里所说，"人应该在好预兆的沉默（well-omened silence）中离世"（117E1—2）。相比之下，小加图因为仆人没有立刻按他的吩咐办事，就挥拳打了他。这个细节只出现在普鲁塔克的传记故事里，在别的历史中并无记载，但这是一个特别令人印象深刻的细节，不利于小加图形象。因为发怒而暴力对待仆人，不要说是哲学家，就是对一般人来说，这也不是什么光彩的事情。塞涅卡在《论发怒》（On Anger）中就从斯多葛主义的立场，把愤怒称为因为失去理智而陷入暂时的疯狂。

没有什么比失去理智更与哲学家身份不符了。在第70段里，小加图用剑刺进自己的腹部，在极度疼痛中挣扎，碰翻了放在房间里的算盘。这也是一个重要的细节，因为算盘是用来计算的，成为理性与逻辑的象征。算盘的细节与因愤怒而丧失理性有着彼此呼应的叙事效应。

普鲁塔克是一个柏拉图主义者，他相信柏拉图所说的那种灵魂存在：灵魂代表的是人的精神世界和理性，是一种纯粹的存在。但是，人因为追求世俗的欲望，会堕落，并屈从于肉体的欲望，所以需要不断净化。理性的灵魂是一个有条理的灵魂，其中较高的功能驾驭较低的功能，人有聪明、勇敢、克己和正直这四种德行。有理性的生活是至善的，物质是不完善的，灵魂要从这种障碍物中解脱出来。

从他的柏拉图主义出发，普鲁塔克认为，斯多葛主义在人的理性问题上太极端，太教条，对人性的认识过于理想化，不符合现实，也难以践行。小加图就是一个例子，他是一个有德行的人，但是，他的斯多葛主义是不真实的，也是无法充分实现的。作为哲学家，他的斯多葛行为应该与他的理念相一致，然而，他的自杀并不是哲学家的死亡方式。尽管他已经做好了哲学家之死的准备（即阅读《斐多篇》），但他在最后几个小时里失去了冷静，终于没能控制自己的情绪爆发和非理性暴力。

普鲁塔克描述的小加图是个不妥协、不动摇、意志坚定的人，但也因此有不近人情的缺点。小加图经常对周围的人表现出不必要的严厉，他很少有笑容，面无表情，让人望而生畏，这未必不是一种故作深沉。身处高位时，他可以显得很有权威，但在普通日常生活中，谁又会特别愿意接近他呢？他事实上不可能在公共生活和私人生活中有"一以贯之"的美德。小加图渴望荣誉，所以特别在意别人对他的看法，也正因为太在意别人怎么看待自己，他事实上做不到斯多葛主义倡导的那种充分的人格自由和判断独立。普鲁塔克描绘的是一个矛盾的、复杂的人物，而不是一个单一的象征性人物。当人们需要一个象征性的人物时，小加图又是什么样子呢？

3. 作为自由和道德象征的小加图

在美国，从美洲殖民地时期到建国初期，小加图就一直是一个象征性人物，而不只是一个历史人物。人们首先是从普鲁塔克的《名人传》知道小加图的。这个小加图是热爱自由和共和的小加图，对于正在奠定他们自己共和制度的联邦党人和反联邦党人来说，这都是与他们最为相关的小加图，有了这个小加图也就够了。

亚历山大·汉密尔顿（Alexander Hamilton，约 1755—1804）

是普鲁塔克的忠实粉丝。他的竞争对手托马斯·杰斐逊（Thomas Jefferson，1743—1826）也是如此。古典主义者迈耶·莱因霍尔德（Meyer Reinhold）说，在美国成立后的一个多世纪中，就阅读的人数而言，《名人传》在美国是仅次于《圣经》的一本书。普鲁塔克的小加图故事在美国人中间深入人心，一个重要原因就是他们把小加图看成"自由"的化身。更准确地说，在美洲殖民地，当自由受到严重威胁的时候，小加图成为一个宁愿为自由而死的悲壮象征。小加图这个人物成为"不自由，毋宁死！"的真实践行者。"不自由，毋宁死！"（"Give me liberty, or give me death!"），这句话出自苏格兰裔美国人派屈克·亨利（Patrick Henry，1736—1799），他于1775 年 3 月 23 日举行的第二次弗吉尼亚公约会议上发表演讲，就是用这句话结束讲话的。

专业主义的历史学家经常诟病普鲁塔克，指责他在《名人传》中描绘的古代世界不够真实，缺乏史实的可靠性，批评他对古代自由的理解与历史脱节。19 世纪英国历史学家托马斯·麦考利（Thomas Macaulay，1800—1859）在 1828 年挖苦普鲁塔克和其他古代作家不懂什么是"自由"，"他们对自由的观念，就像僧侣对爱情的观念一样"。

然而，换一个角度来看，普鲁塔克描绘的那个罗马共和与 19 或 20 世纪的现代政治世界之间有距离，这未必不是他著作的价值所在。这可以让我们在今天看到，自由的观念在历史过程中曾经发生过的巨大变化。从希腊城邦的形成到被征服，从神话般的罗马建国到共和国末日。普鲁塔克从中提炼出某些重要且永恒的东西，无论时代如何变化，无论读者背景如何不同，这些永恒的观念都能够激发公民美德，其中最重要的就是对自由的热爱。热爱自由代表的是人的尊严，而不爱自由，接受奴役则是人的耻辱，古代如此，今天仍然如此。

　　美洲殖民地民众的共和教育可以说是第一代美国人的共和教育，它不可能像今天在学校里那样系统地完成。当时大多数美国人对共和的了解和知识都是零碎的、驳杂的、偶然获得的。而且，他们获得的也大多是二手知识。这是一点也不奇怪的，当时的报纸和大众文化是他们获取知识的主要来源，而大众文化中影响最大、最广泛的便是戏剧。在美国革命前后，许多戏剧都有关于共和的故事，如艾迪生（Joseph Addison，1672—1719）的《加图》（*Cato*）、莎士比亚的《恺撒》、奥托维（Thomas Otway，英国戏剧家，1652—1685）的《保卫威尼斯》（*Venice Preserved*）、爱尔兰戏剧家布鲁克（Henry Brooke，1703—1783）的《古斯塔夫·瓦沙：国家的解放者》（*Gustavus Vassa, the Deliverer of His Country*，瓦沙曾率众起义，驱逐丹麦人，在1523年被推举为瑞典国王）等，这些历史故事中都有关于共和的古代知识。

　　《加图》一剧是美国第一任总统华盛顿最喜爱的一个剧，美国革命战争期间，1777至1778年冬天，美国军队被困于福吉谷（Valley Forge）。在这个极度困难的时刻，华盛顿让军中演出此剧，以鼓励士气。他诉诸的就是美国人对自由的热爱和献身精神。

　　美国历史学家伍德（Gordon S. Wood）在《创建美国共和：1776—1787》（*The Creation of the American Republic, 1776-1787*）一书里用详尽的资料表明，在美国宪法制定后的10年间，许多公众人物都在学习共和主义的历史和理论著作，不少人都在公共演说和报纸文章中借用这方面的知识和体会。当时美国人阅读的古典作家主要是希腊的狄摩西尼斯（Demosthenes，前384—前322）、亚里士多德、波利比乌斯和罗马的西塞罗、李维、塔西陀。他们特别喜爱历史著作，历史著作里有人有事，生动具体，远比政治哲学更适合一般人的口味和接受能力。普鲁塔克的罗马人物传记在当时特别受欢迎。

　　当时的写作者喜欢使用笔名在报纸上发表文章，笔名往往来自普鲁塔克人物传中的罗马共和人物。他们在使用与罗马共和人物有关的笔名时，有两个共同点。第一，所用的笔名都是有用意的，并不是随便取的。第二，使用罗马人物笔名的作者有理由相信，普通读者都能领会这些笔名的特别用意。

罗马人物笔名的使用反映了当时美国的社会文化环境状态。例如，在联邦主义者与反联邦主义者关于宪法的辩论中，反联邦主义者的作者中有两位使用"加图"这个笔名，另有一位使用"乌蒂卡之加图"（Cato Uticensis）的笔名，这两个笔名暗示小加图在抵抗恺撒专制失败后，流亡北非乌蒂卡（Utica）继续抗争，最后杀身成仁，是美国人捍卫自由的榜样。

反联邦主义作者中另有一位使用了"小布鲁特斯"的笔名。罗马共和晚期，在恺撒施行专制的时候，布鲁特斯领导共和的其他拥护者一起刺杀恺撒，被称为"最高贵的罗马人"。还有一位使用了"卡西乌斯"的笔名，卡西乌斯是古罗马将军，是与布鲁特斯一起刺杀恺撒的主谋者之一。这些笔名要表明的是，反联邦主义者们强烈认同晚期罗马共和的那些共和捍卫者们。在他们看来，强大的联邦政府的权力必定会最终毁掉一个人民的共和国家。他们坚持反联邦的政治立场，是为了捍卫美国的共和。这样的罗马人物笔名暗示：他们的对立面，联邦主义者们是"反共和"的。

反联邦主义作者还使用一些具有其他共和政治含义的笔名，如阿格里帕（Agrippa，曾经在北非与小加图一起抗击恺撒）、辛西那提（Lucius Quinctius Cincinnatus，共和罗马将军，带领国家战胜敌人后自动解甲归田）、Vox Populi（此为拉丁文"人民之声"，以此为笔名的，暗示自己站在人民一边，不相信那些主张联邦政府的少数精英）。

联邦主义者也同样使用与罗马共和人物有关的笔名，例如，《联邦党人文集》的文章是由汉密尔顿、麦迪逊和杰伊三个人分别写的，但都统一署上"普布利乌斯"的笔名。普布利乌斯（Publius

Valerius Publicola，前 503 年去世）曾经追随老布鲁特斯（前文提到的那位布鲁特斯的祖先，之前在谈论李维时提过他），是公元前509 年领导推翻君主制的 4 位贵族之一，后成为罗马共和的执政官。"普布利乌斯"本身的意思是"公众"，普布利乌斯有个绰号（当时罗马人有绰号，就和《水浒传》里的人物差不多）叫"人民之友"。汉密尔顿、麦迪逊和杰伊等三人用这个笔名，表明他们在为建立美国共和而努力，而他们的反联邦主义对手则是表明自己在共和出现危机时捍卫共和。对立双方的立场虽然不同，但在坚持共和这一点上又是相同的。

美国的建国前辈对罗马共和的了解大多来自文学、戏剧、小册子这样的材料，普鲁塔克的《名人传》在许多人那里，也是这种性质的材料。这并不奇怪。今天，美国人已经有了更多、更丰富的材料，所以对罗马共和形成了更多样化的理解。它们大致可以分为两种。

对罗马共和的第一种理解在相当程度上仍然受到美国的建国前辈对罗马共和认识的影响。例如，泰勒·博易德在《认识加图：古代罗马的乔治·华盛顿》一文中赞赏小加图的简朴生活方式，"（小）加图以其毫不妥协的朴素生活方式而闻名。他时刻注意自己的饮食，吃东西从不超过健康体质的需要，时刻警惕暴饮暴食。他勤于运动，很少把钱花在物质享受上"。但更重要的是，小加图是恺撒的坚决反对者，因为恺撒藐视并破坏罗马的法制，是"彻头彻尾的独裁者"。面对恺撒这个独裁者，"（小）加图为挽救罗马共和国而奋斗，也是为了捍卫共和国任何公民都不可以超越法律的原则。随着罗马帝国的到来，这些崇高的观念被抛弃了，皇帝们成为凌驾于公民之上的至尊"。[1]

1　Taylor Boyd, "Meet Cato: Ancient Rome's George Washington", 2016, https://thefederalist.com/2016/02/22/meet-cato-ancient-romes-george-washington/.

美国是一个没有皇帝或国王传统的国家，美国人反对的不只是恺撒，而且是世界上一切与恺撒类似的独裁者。对此，博易德写道："无论是古埃及替神摄政的法老、欧洲的绝对君主、阿兹台克皇帝、俄国沙皇，还是 20 世纪 30 年代和 40 年代的法西斯主义者……那些希望握有主宰他人大权的人们，他们一直都是人类历史的重要组成部分。"小加图的象征意义正是在反对专制独裁中凸显出来的，"（小）加图与这种残酷、卑鄙和动物的权力冲动形成了鲜明的对比。他体现了这样一种思想，即我们可以通过限制行政权力集中和维护法治来提升社会，培养更大的个人尊严，并确保更大的自由"。[1]

对罗马共和的第二种理解则更多地结合和体现了最新的历史研究成果，它认识到小加图是一个有美德也有缺点的真实人物。比较有代表性的是罗布·古德曼（Rob Goodman）和吉米·索尼（Jimmy Soni）的《罗马的最后一位公民：恺撒死敌加图的一生与遗产》（ *Rome's Last Citizen: The Life and Legacy of Cato, Mortal Enemy of Caesar* ，2012）一书。

在这本书里，两位作者回顾了小加图对建国之父们的影响，以及加图对共和理念的象征意义，但也以一种既尊敬又保持批评距离的态度对待这位历史人物。他们认为，小加图是公认的美德之人，但未必是一个好的政治家。在他身上混合着斯多葛哲学和老式的罗马美德，古罗马曾经是一个结合了公民会议、执政官和贵族元老院的混合政制，在执政期间，执政官拥有类似于国王的权力；罗马权力的不同部门之间不仅有对抗，还应该有妥协。但是，到了小加图的时代，罗马政制实际上已经失效，分裂成充满敌意的民众派和寡头派（贵族）两大阵营。小加图成为寡头派的代表，他主张让元老

---

1 Boyd, "Meet Cato: Ancient Rome's George Washington".

院决定罗马未来的命运。

以今天一些美国人的眼光来看，小加图站在寡头派一边，是违背民众的意愿，不符合今天美国的民主价值观。但是，另一方面，小加图主张言论自由、宪政程序、公民责任、公共服务、诚实地行政、开明地追求公共利益，这些仍然是今天美国政治价值的一部分。这样看待小加图的"矛盾"，未必符合罗马人的政治认知，却是不少美国人的一种解读。

可见，在今天的美国，对小加图这个历史人物的理解和评价是与当代问题意识联系在一起的。其中特别重要的一个问题是，如何看待必要的政治妥协。美国民主制度的基础不是你死我活的敌对斗争，而是尽可能达成政治妥协。而恰恰是在政治妥协问题上，小加图的固执和拒绝成为今天许多美国人眼里的一个政治失败。

小加图尤其对恺撒的野心和他对罗马秩序的威胁保持警惕，他认为恺撒想要主宰罗马，这是罗马共和的最大危机。但是，不幸的是，他过于强硬的立场把恺撒一步步推向与共和为敌的极端。公元前 49 年，小加图要求元老院正式解除恺撒任期已满的地方长官职权，并命令恺撒作为公民，不受地方总督法律豁免权保护地返回罗马。恺撒多次尝试进行谈判，甚至退让至放弃一切、只保留他的一个行省和军团。庞培对他的退让表示满意，但小加图和最高执政官兰图努斯拒绝让步。于是恺撒必须在回到罗马接受审判，或自愿流放、退出政坛之间二选其一。恺撒被逼入死角，于是他带领第十三军团（the thirteenth legion）越过了卢比孔河，从元老院夺取了权力。对罗马共和来说，这是不妥协的政治恶果。

争取自由和反对专制的人们也许可以从小加图的榜样中获得勇气。但是，对务实的政治人物，或者对民主制度下的美国民众而言，小加图提供的不是一个成功的政治对抗模式，而是一个教训：在必要时采取战术妥协，这样才能更好地保留现有秩序中最好的部分。

小加图没有恺撒的军事才能，没有西塞罗的口才，也没有庞培的长相，但是他有一个更了不起的本领：他能要求自己和周围的人保持一种高得不近人情的道德水平，他能要求用一种比罗马政治成败更高的标准来衡量人的行为。在现实政治里，这是很难做到的，但在道德理想的层面上，这样的影响也许还会继续存在。

4. 罗马共和与罗马美德

上一节里说到小加图对 18 世纪后期美国建国时期的象征意义，那种为了独立"不自由，毋宁死"的意志和决心，虽然这也可以被视为小加图对启蒙运动时代的一种影响，但是，如果我们将视野拓宽一些，并把目光转向 18 世纪启蒙时代的欧洲，那么我们会发现，小加图和布鲁特斯或西塞罗一样，他所体现的那种共和精神对启蒙哲人的影响更多的不是体现在为共和而死，而是如何通过罗马共和认识和理解共和主义本身。在这个意义上，18 世纪的启蒙人士同样把小加图视为一个象征性人物，而不只是一个历史人物。

小加图如此不顾一切，甚至愿意牺牲自己的生命，他要守卫的是一个怎样的共和呢？这个共和有可能守住吗？值得如此守卫吗？这些问题构成了 18 世纪启蒙时代的共和主义问题。注意，我在这里说的不是 18 世纪的共和，而是 18 世纪的共和主义。共和是一种政体，18 世纪的欧洲国家都是君主制，没有共和国。但是，这并不妨碍启蒙哲人讨论关于共和的问题，那种在理念层次，而不是实际政体中讨论的共和问题，便是我这里所说的共和主义。

18 世纪启蒙哲人对共和的理解与我们今天不同，因此，他们通过小加图或西塞罗这样的罗马人物所理解的罗马共和也与我们理解的不尽相同。与在美国或欧洲国家不同，今天在中国，如果人们对共和有所认识，那么，他们对启蒙的认识也很少通过欧洲启蒙哲人这一道中介获得，而是通过一部电视剧，那就是《走向共和》，这个我们在后面还会提及。

18 世纪启蒙时代，罗马共和代表的是一种古典的共和理念，小加图和西塞罗都是罗马共和及其悲剧的象征性人物。他们所代表的古典共和理念与我们今天这个向往自由民主的时代所理解的共和理念不同。在康德那里可以看得很清楚，在 18 世纪启蒙时代，共和指的是分权和法治，不是民主。今天，我们更强调的是共和与民主的一致和相辅相成。

德国政治学者依林·费切尔（Iring Fetscher）在《共和主义与人民主权》一文中指出，"在康德看来，共和国作为一个政治实体，其法律反映了人民的统一意志；因此可以说，每个人为全体人做出相同的决定，同样，全体人也为每个人做出相同的决定。他 1795 年在《论永久和平》一书中指出：'每个国家的公民制度都应该是共和制'；他解释说，这指的是，通过行政权与立法权的分离，政府就不是专制的，因为他认为，当国家的法律是由同一个权力制定和执行时，专制统治的独断性是最明显不过的了。"[1]

与孟德斯鸠、卢梭一样，康德也认为，要使共和主义成为现实，分权是最为重要的。并且他也与卢梭一样，认为民主如果成为一种政府形式，那将是有害的，并且实际上是专制的，因为它把行政权力交给全体人民，使得公民们能够做出反对某些个人或团体（无须他们的同意）的决定。这也就是我们今天所说的"多数人的暴政"。

作为一种政治理念，古典共和的对立面是暴政。帝制，无论是暴虐的还是开明的，都是把权力集中在一个人手上，因此行使的是一种与人的自由为敌的暴政（tyranny）。恺撒是一位能力超凡、甚

---

1 马克·戈尔迪，罗伯特·沃克勒主编，刘北成等译，《剑桥十八世纪政治思想史》，商务印书馆，2017 年，第 567—568 页。

至能对敌人仁厚相待的统治者，但因为他毁掉了共和，成为罗马的独裁者，哪怕他被称为"人民的独裁者"，在像小加图这样的共和主义者眼里，他也是一个暴君（tyrant）。

共和的基础是分权和法治，破坏了这个基础，共和就会被破坏和颠覆，暴政便会取而代之。18 世纪初，可以说，没有任何一部作品像艾迪生的《加图》那样让罗马共和的理念变得家喻户晓。这部剧写作于 1712 年，于 1713 年 4 月 14 日首次上演，是启蒙时代非常有影响力的一部文学作品。它描述了小加图在抵抗恺撒大军失败后，决定自杀前的行为、言谈和发生的事情。在这部剧里，小加图是抵抗恺撒暴政的共和主义象征人物，他的斯多葛主义美德让他能为自由不惜一死，在小加图身上，斯多葛美德和罗马公民美德完美地结合在了一起。这是《加图》一剧所要显示的。

剑桥大学教授马克·戈尔迪（Mark Goldie）在《英国的自由制度》一文中这样评说艾迪生《加图》一剧，"公民被告诫当心'恺撒式暴政'，当心在元老院的'作秀'和由人民选择护民官和执政官的'幌子'下，实行像恺撒和奥古斯都实施的那种暴政"。[1]集中在一个人手里的是独裁暴政，集中在元老院里的是议会暴政，虽然它们看似不同，但都是破坏共和的暴政。

小加图的自杀当然是艾迪生《加图》一剧的主情节，这个故事来自普鲁塔克的《小加图》，但是，艾迪生在普鲁塔克的故事之外添加了两个重要的副情节。一个是小加图的女儿与小加图的一位部将之间的爱情，另一个是小加图的儿子与一位年轻女子的爱情。小加图是在安排好这两对情人的终身大事，并给予他们最后的祝福之后才自杀的。这个小加图与我们在普鲁塔克《小加图》里看到的小加图是不同的，艾迪生为什么要对小加图做这样的文学处理呢？

---

1 马克·戈尔迪，罗伯特·沃克勒主编，刘北成等译，《剑桥十八世纪政治思想史》，第 71 页。

研究者普遍接受的解释是，从小加图的同时代人开始，人们就对这位罗马人物的顽固和执拗的性格多有批评，艾迪生《加图》一剧描绘小加图对两对恋人的父爱和家庭之亲，是为了让小加图的美德能更好地平衡。在爱好自由和抵抗暴政的公民美德之外，还有另一种美德，那就是友谊、亲情、爱、家庭。只拥有一种美德的人是不完整的，而如果只有一种美德，并在这种美德上走极端，你就会成为一个与民众社会格格不入的怪人，还可能对社会共同体造成危害。

于是，便有了 18 世纪启蒙对共和主义思考的一个重要教训，那就是，由小加图所体现的那种古典共和主义理念包含着社会（共同体）与个人（美德）之间的紧张关系，这种不尽协调的关系是古典共和最后会不可避免地瓦解的一个重要原因。

从根本上说，古典共和主义不是一种国家政府或治理的形式，而是一种哲学和政治的理念，古希腊和罗马为之提供了例证，但这些例证已经不再可能在现实中被复制。正如美国历史学家丹尼尔·罗杰斯（Daniel T. Rodgers）在《共和主义：一个观念的历程》（"Republicanism: The Career of a Concept"）一文中所说，这种共和与其说是一种政治制度或政治结构的形式，不如说是一种对自由的个人宣誓和政治立场，对生活在独裁专制下的人们来说尤其如此。斯多葛主义对古代共和的自由观念有着重要的影响，在小加图那里特别明显。这样的共和是少数贤者的理念，根本就不是普通人所能理解的，普通民众迫于生计，缺乏教育，文化有限，从来是政治上的庸人和愚人，不能指望他们完全脱庸或脱愚。

因此，这里便有了古典共和主义的一个难以克服的、致命的矛盾：一方面，它代表一种政治觉悟，代表贤达人士对"公民共同体"（commonwealth）的期许，它把独裁专制视为共同体自我实现的障碍和敌人。但是，另一方面，民众永远无法普遍达到这个公民共同体所需要的那种个人美德。古典共和主义对共同体的主体民众的美德要求是不切实际的，这在小加图身上表现得特别清楚：小加图对周围的人有一种高得不近人情的道德要求，以一种像对他自己一样的行为标准来要求他们，在现实生活或政治里，这都是难以有效做到的。普通人受利益驱使，以成败论英雄，有奶便是娘。这就是罗马的民粹领袖，从提比略·格拉古和盖乌斯·格拉古（Gaius Gracchus，约前154—前121）两兄弟到恺撒，能够很容易煽动和蛊惑罗马民众，得到他们拥戴的原因。

这就是那个时代的罗马庸众。美国建国之父之一的托马斯·杰斐逊是一个民主主义者，然而，他在1819年致约翰·亚当斯（John Adams，1735—1826）的一封信中指出，小加图、西塞罗和布鲁特斯，不管他们有多么崇高的共和理念，都无力帮助他们的同胞——那个时代的罗马人。

杰斐逊的言下之意是，如果人民不觉悟、不开化，只有一个小加图，就算他为共和和自由的理想去死，又会有什么作用呢？杰斐逊还有一层意思，那就是，只有美国人才能做到罗马人没能做到的事情。美国不是只有一个小加图、一个西塞罗、一个布鲁特斯，而是许多小加图、许多西塞罗、许多布鲁特斯。只有美国人才是真正具有共和美德的人民：理智、爱国、勇敢、不自私、自律、务实和谨慎。

18世纪欧洲启蒙哲人对小加图的评价也很值得说一下。在法国，对小加图的评价更多地涉及他的斯多葛哲人义举：为反抗暴政、为捍卫自由而选择死亡。人们一般是高度赞扬小加图的情操，但也看到了他的执拗和固执。伏尔泰在他的《哲学辞典》（*Dictionnaire Philosophique*）中表示赞赏小加图的罗马美德，但他认为，罗马帝国的最后一位皇帝尤利安（Julian the Apostate）具备"（小）加图所有的美德，但没有他的固执和坏脾气"。孟德斯鸠在他的早期论文

《论西塞罗》里认为，西塞罗和小加图一样反抗恺撒，但没有像小加图那样懦弱地自杀。但是，孟德斯鸠后来又改变了这个想法，承认自杀在罗马政治和文化中有特别的斯多葛哲学意义。

随着法国革命的逼近，古典共和越来越从一种单纯的政治理念转向实践的考量。在法国大革命中，共和的实现可能性越加显示出来。法国哲学家、历史学家和作家马布利（Mably，1709—1785）很现实地看到，罗马共和国最终失败了。在小加图的时代，"唯有（小）加图享有荣耀；他对那些像小偷一般的罗马人作道德示范，他的美德是一定不会有结果的，甚至会与他的良好愿望背道而驰"。[1] 马布利鄙视愚昧的民众，他没能活着看到法国革命发生的那一天，在革命爆发的那个时刻，共和与民主同时成为法国民众手里挥动的旗帜，这在美国革命的时候就已经发生过了。

对法国革命者们来说，卢梭是小加图共和理念的主要诠释者。卢梭坚信人可以优秀起来，不只是少数精英，而是全体人类。对所有的人来说，都是因为自由，生命才有意义。小加图为自由而死，在卢梭眼里，不管是活着，还是死了，小加图都是最伟大的。他在《苏格拉底与加图比较》（"Parallel between Socrates and Cato"，约1752）一文中认为，这两位都是伟大的人物，而小加图又稍胜一筹。

卢梭认为，不得已的话，苏格拉底可以在暴政下生活，因为他是哲学家，哲学家在任何情况下都可以保持心灵的自由。但是，小加图是一位政治家，他痛恨暴政，因为他要所有的公民都能自由。卢梭说，没有人活得比苏格拉底更有尊严，但没有人活得比小加图更高贵。苏格拉底可以让人们有智慧，小加图可以让人们有行动。人若要活得既智慧又幸福，那就需要苏格拉底的教诲和小加图的治理。卢梭满怀激情地说，"如果你是一位哲学家，那就像苏格拉底

1　Abbé de Mably, "Observations sur les Romains," in Œuvres complétes de l'abbé de Mably, 13 vols, Lyon, 1796, 4:302.

那样活着吧；如果你是一位政治家，那你就像（小）加图那样活着吧"。[1] 卢梭本人更愿意活得像一个积极行动的政治家。小加图代表着美德与行动的结合，对卢梭，对几乎所有的革命者来说，还有谁比小加图更能代表他们的人生理想！

在卢梭的《新爱洛漪丝》（*Julie, ou la nouvelle Héloïse*，1761）里，于丽对她的爱人圣普乐说，你要学习那些高尚、道德、幸福的历史人物，不要学那些卑鄙和邪恶的人物，不要学恺撒和尼禄，要学雷古鲁斯和那个"能把自己肠子扒出来的（小）加图"，小加图看上去悲惨不幸，却是一个真正幸福之人。雷古鲁斯的故事在本书谈李维时已经说过，他为了自己的做人原则，死得非常壮烈。

卢梭是一位浪漫主义者，他崇尚带有理想主义色彩的人物和事件，所以提到雷古鲁斯和小加图壮烈而惊悚的故事。然而，在卢梭的时代，小加图所代表的罗马共和与罗马美德只是在少数思想精英人士的范围内产生影响。18 世纪是一个专制君王的时代，普通老百姓并不觉得帝制有什么不好，他们关心的只是每天的柴米油盐，能过好自己的小日子就行，只要他们的普通愿望能够通过物质或娱乐得到满足，那就是天下太平，岁月静好。这是老百姓的民情现实。

这样的民情现实直到今天似乎并没有太大的改变。共和理念和公民美德仍然只在知识水平层次较高的人群中产生影响。2003 年的电视剧《走向共和》虽然在中国知识人士中造成轰动，但收视率很低，与像《还珠格格》这样的清宫戏电视剧相比，简直是惨淡不堪。根据中国中央电视台的统计，《走向共和》在 CCTV-1 频道开播时，全国收视率仅为 3.1%，之后略有增长。中国中央电视台对 CCTV-1 黄金时段电视剧平均收视率的要求是达到 5.29% 的标准，《走向共和》未能达标。CCTV-1 黄金时段以往播出的热门电视剧，

1　转引自 Nathaniel Wolloch, "Cato the Younger in the Enlightenment," *Modern Philology*, Volume 106, no.1, August, 2008: 78.

例如 1994 年的《三国演义》首播时全国收视率高达 46.7%。2003 年 CCTV-1 黄金时段共播出 25 部电视剧，排在前三名的是 21 集的《荣誉》（9.12%）、23 集的《军歌嘹亮》（8.97%）、20 集的《公安局长》（7.84%），其他的收视率均在 2.81% 至 7.26% 之间，5% 以下的有 13 部，其中就有《走向共和》。

同样，根据中国中央电视台的统计，《走向共和》的收视群体呈现"三高"的特点，即"高学历、高收入、高年龄"，高学历体现在 78% 观众的学历在大学以上，高收入体现在观众平均月收入在 2500 元人民币以上，高年龄体现在观众年龄主要介于 30 至 49 岁之间，且以中年男性观众居多。其他观众普遍对共和的题材缺乏热情，这也许在提醒我们，不管我们愿意不愿意，共和与公民美德的观念都仍是那么遥远，那么陌生。

5. 小加图与西塞罗

普鲁塔克说，他的《名人传》记录的是历史人物，不是历史事件，而在描述人物的时候，他们的性格比事迹受到更优先的关注，这样的人物会对后世有借鉴的作用。普鲁塔克同时认为，对于人物性格的形成，没有什么比教育更重要，他运用的是一种希腊的"教育"观念，即教育塑造一个人的性格，一个人所受的教育必然成为他个人本质的关键部分。

他在《名人传》里关注的不只是人物性格和教育本身，而且是个人性格和教育如何让其在实际事务活动中受益或受损，这对担任政治和军事要职的人物尤其重要。普鲁塔克认为，哲学教育是教育的关键部分，虽然哲学与政治有明显的差别，但这二者之间有许多共同的地方。

普鲁塔克特别关心他笔下人物的教育和性格，还有另一个原因。那就是，他认为，在他涉及的历史中，罗马缺乏希腊的那种教育，罗马自己没有哲学，罗马人学习的哲学都是从希腊来的。因此，相比起希腊名人来，就更需要仔细考察罗马名人所受的教育，尤其是哲学教育。

《小加图》的许多地方都说到了小加图的教育与他性格的关系：极高的自我要求和对美德有一种完美主义的、绝不妥协的执拗。这种道德固执在小加图身上表现得非常极端，因此成为一种性格缺陷。在普鲁塔克看来，这是受害于小加图所坚持的斯多葛主义哲学。

我们已经说过，《名人传》的结构是用一个希腊名人与一个罗马名人配成一对的办法，形成平行的对比。与小加图平行对比的希腊人物是福基翁（Phocion，约前402—约前318）。福基翁与小加图的政治家和军事统帅身份相同，是古希腊雅典的一位政治家和军事将领。公元前322年至公元前318年他是雅典的实际领导人。他早年曾在柏拉图门下学习，后又与同窗色诺克拉底（Xenocrates）交往甚密。他努力让雅典能对马其顿保持独立，经常从事艰难的斡旋活动，而迫于马其顿的压力，不得不与其妥协。公元前323年亚历山大大帝死后，福基翁在马其顿与希腊城邦之间周旋。他与小加图不同，他在必要的时候会审时度势，有所妥协。

虽然在《名人传》里小加图有希腊人福基翁做他的对比人物，但他还与一个同为罗马人，同样曾经与恺撒对抗过的共和人物形成了对比，那就是本书前面已经介绍过的西塞罗。

小加图和西塞罗是同时代人，西塞罗比小加图早出生11年，迟去世3年。公元前46年小加图自杀身亡之后，西塞罗仍然在新军阀安东尼和屋大维之间周旋，想维持实际上大势已去的共和。他以前也曾经为同样的目的在老军阀庞培和恺撒之间周旋过，也同样失败了。西塞罗是一个懂得妥协的政治家，甚至为了妥协而部分放弃原则。因此，从文艺复兴时期开始，就有人把西塞罗视为与小加图对应的另一个极端。小加图太不实际，而西塞罗又太实际，变成了实用主义。

普鲁塔克《名人传》描绘的小加图虽然有性格缺陷，但形象优于西塞罗。普鲁塔克不喜欢斯多葛主义，认为斯多葛派的人物许多都是说一套，做一套，作秀表演超过实质意义。受到斯多葛主义教育的小加图身上也有这个毛病，他在任裁判官的时候，以哲学家的穿着出现，他不用车马，偏偏赤脚步行，这其实没有必要。但也有人认为，小加图就是这么一个人，他早年接受斯多葛主义教育，养成了坚忍克己的性格，饮食习惯犹如一个穷人，烈日当头或下雨天都光着脚也不戴帽子，病了就不作声地默默忍受。塞涅卡也是一个斯多葛主义者，却不能像小加图那样身体力行。他很敬佩小加图的知行合一，说过这样一件小加图的往事，"（小）伽图曾经有一次在公共澡堂里被一个不认识他的傻瓜打了一顿。假如这个傻瓜认识他的话，他会打他吗？后来这个人向（小）伽图道歉，而（小）伽图却只是说：'我记不得被人打了。'与其去惩罚别人，倒不如去忘掉它更好"。[1]

普鲁塔克认为，小加图本来就是一个真正有美德的人，他的美德不是谁教会他的，而是来自他的"天性"。斯多葛哲学并没能教给他什么他原本没有的美德，而只是让他走向本不应该的极端。

小加图的天性是一种在高贵家庭里耳濡目染的文化熏陶结果。他出生在贵族家庭，其曾祖父老加图又被称为监察官加图（Cato Censorius），是罗马共和时期的政治家、国务活动家、演说家。他于公元前 195 年任执政官，也是罗马历史上第一位重要的拉丁语散文作家。他热爱罗马的传统和拉丁文字，甚至拒绝用他熟练的希

---

1 塞涅卡著，丁智琼译，《塞涅卡三论》，安徽大学出版社，2005 年，第 102 页。

腊语与希腊人交谈。出生在这种贵族世家的子弟身上有一股自然而然的孤傲，往好里说是荣誉感特别强，往坏里说就是自以为是。小加图极其看重自己的荣誉和美德，宁折不弯，这也造成了他的固执和顽梗。

相比之下，西塞罗出生于社会等级低得多的骑士家庭，以这样的身份很难进入罗马权力的上层。志向很高的西塞罗从小就刻苦学习，学业优异。罗马的骑士等级历史悠久，到了西塞罗的时代，骑士等级中既有城市里的有钱人，又有像百人队队长这样的中低层官员，甚至还有出身贫苦、一代翻身的自由民。他们相当于我们今天社会里的医生、教师、公务员这样的阶层。这个阶层的子弟是最想通过教育提升自己社会等级的，因此也是学习特别优秀，靠书包翻身的一群人。罗马的大多数作家都出生于骑士等级家庭，也有一些是从较低等级上升到权力上层中的，西塞罗就是其中一位。

小加图那种孤傲不是任何人想有就有的，那只能是天生的，要有高等出身背景的本钱。西塞罗没有这个本钱，从本质上说，他和小加图不是一类人。普鲁塔克描绘的那个西塞罗非常好出名，特别爱表现自己的口才。他在社交圈里以俏皮机灵出名，有时候为了显示自己，不惜语出伤人，为此得罪过人。普鲁塔克认为，这是西塞罗的性格缺点，也是他的教育不足。他甚至从来不提西塞罗是一位哲学家，而只称他为"修辞家"。但西塞罗偏偏不喜欢别人称他为修辞家，他要别人称他为哲学家。

西塞罗接受的是柏拉图主义的哲学教育，普鲁塔克说，西塞罗在完成了儿童时代的学习后，就到希腊人斐洛（Philo of Larissa，约前159—约前84）在罗马开设的学校里学习，后来又到雅典学习，所以他的希腊语非常好。普鲁塔克记载了这样一件事，传授西塞罗演讲术的老师阿波罗尼乌斯不会拉丁语，于是他要求西塞罗用希腊语演讲。尽管希腊语不是西塞罗的母语，但他还是答应了。他用希腊语发表了演说。在演说过程中，听众纷纷开始窃窃私语，透露出赞许和惊异，唯有他老师阿波罗尼乌斯一言不发。西塞罗完成了他的演讲后，他老师仍陷入长时间的沉默之中。西塞罗感到不安，这时候他老师对他说："你，西塞罗，我由衷地赞赏和钦佩；但为希腊不幸的命运，我感到可惜，因为我见证了我们唯一还留下的荣耀，我们的文化和我们的雄辩，也因为你，将会被罗马人所有。"普鲁塔克认为，虽然西塞罗天资过人，聪明绝顶，但由于他教育缺陷导致的爱慕虚名，所以在政治操作上屡屡出错，是个失败的政治家。

普鲁塔克虽然是一位柏拉图主义者，但他对在希腊学习过柏拉图主义的西塞罗颇有微词，认为他并没有学到哲学家应该有的那种内敛、含蓄和内心安宁。他认为，如果说在小加图身上斯多葛哲学起到不该有的坏作用，那么，在西塞罗身上，柏拉图哲学则没有起到应该有的好作用。

普鲁塔克认为，与西塞罗相比，小加图反而更像是一位哲学家。普鲁塔克极少称罗马人物为哲学家，小加图是个例外。他认为小加图志向高远，但对小事太斤斤计较，而且还缺乏学习的天分。他对小加图自杀的详细描述要暗示的是，仅仅为了不让恺撒有机会表现赦免他的雅量，自杀身亡是不必要的，也是不值得的。

普鲁塔克对小加图和西塞罗的描述是他的一家之言，我们在这里不妨姑妄听之。不过他对小加图的基本评价还是被广为认可的。远在普鲁塔克之前，西塞罗是最早站出来维护小加图声誉的。他在《论义务》中写道，小加图"天性就是无比的严正"，他的自杀是他的生存方式，"他宁愿死，也不愿意去看暴君的那种面孔"。在小加图生前，西塞罗在写给他的一封信里说，在所有人当中，"你不仅超过了我所认识的任何人，也超过了我听说过的任何人"。然而，西塞罗和小加图之间还是彼此有所保留，西塞罗对小加图斯多葛式的过度严厉提出过批评。小加图对西塞罗也提出过批评，在他唯一留下的一封信件里，他称赞西塞罗，但也婉转地批评他太在乎个人的仕途。这两位共和国的最后守护者互相能推诚相见，都是正直、坦率、瑕不掩瑜的人物。

罗马帝国初期，小加图的美德开始受到人们有所保留的称赞。公元前1世纪至1世纪的罗马历史学家维莱伊乌斯·帕特尔库鲁斯（Velleius Paterculus，约前19—约31）在他的《罗马史》（*Historia Romana*）里说，小加图"从来不只是为了显示自己而去做一件对的事情，而是因为他不可能有别的做法"，"称赞（小）加图的正直是一种亵渎，虽然他表现正直的方式有点古怪"。[1]1世纪罗马诗人卢坎（Lucan，39—65）深受小加图影响，对他非常敬佩，在说到庞培和恺撒的时候，他有一句名言："如果胜利者有神站在他那一边，那么失败者有（小）加图站在他那一边。"[2]用今天的话来说就是，在鸡蛋和高墙之间，他是站在鸡蛋一边的。

与卢坎这样的赞扬相比，普鲁塔克《名人传》对小加图的描述就显得特别冷静和持平。普鲁塔克的小加图有严厉的一面，也有温和的一面，在小加图自杀心意已决的时候，他还为同盟军的安全做了最后的安排。普鲁塔克写道，"（小）加图对各种美德，可以说，是着了迷。但是，更重要的是，那种严格的正义所要求的善，不徇私情、不讲情面的善，是他最喜欢的"。[3]

普鲁塔克还说，与小加图的平行人物希腊人福基翁相比，小加图是不应季节的果实，"因为我们虽然乐见或赞美这样的果实，却无法享用。因此，（小）加图那种老派的性格，在过了很长一段时间之后，出现在腐败的人们和堕落的习俗面前时，虽然受到赞扬和

1　Velleius Paterculus, *Compendium of Roman History*, trans. Frederick W. Shipley, London: Heinemann, 1924, 125 (II.xxxv.), 151 (II.xlv.).

2　Lucan, *The Civil War*, trans. J. D. Duff, London: Heinemann, 1928, 12-13.

3　转引自 Nathaniel Wolloch, "Cato the Younger in the Enlightenment," *Modern Philology*, Volume 106, no.1, August, 2008: 62.

敬佩，但已经对人们没有用处了。因为，他那种美德的崇高和分量与这个时代已经完全格格不入了"。[1]这是多么沉痛的感叹，就像我们赞同古代圣贤的美德，像范仲淹"先天下之忧而忧，后天下之乐而乐"那样的道德情怀，在后来败坏和堕落的时代，这听起来似乎给人一种虚伪和强求的感觉，不也是中看不中用的，过了季节的果实吗？

普鲁塔克对小加图的理解影响了后世对小加图的评价，你可以把他对小加图的描述看成是一种赞扬，也可以解释为一种批评，全看你自己的理解出于什么需要。以今天的眼光来看，古代的道德楷模也都是活生生的凡人，他们有突出的美德性格，但也不等于就是十全十美的完人。我们既没有必要将他们理想化，也不需要对他们求全责备。我们可以欣赏不同人的不同素质和性格。我们可以钦佩西塞罗的才智和广泛兴趣，他热爱共和，不仅是一位天赋极高的作家和演说家，还是一个诙谐有趣的人。我们也可以欣赏小加图的奉献精神和克己自律，他那宁折不弯的执拗反倒显出他的单纯和憨直。我们甚至还可以欣赏恺撒出色的战略和军事才能，还有他对政敌的宽大胸怀，事实上，从19世纪开始，很多人对恺撒有了好感。

小加图之所以令人钦佩，是因为他诚实而高贵。他真诚地相信传统的罗马共和和罗马美德理想，并且不屈不挠地遵循这样的理想，甚至损害了他自己和罗马人民。正因为他这样的特殊品格，连他的敌人恺撒也对他十分钦佩。启蒙时代的许多思想家和美国的建国先贤们都曾在他那里找到了共和和自由的象征，单凭这一点，他就值得我们今天好好记取和了解。

1　转引自 Wolloch, "Cato the Younger in the Enlightenment," Volume 106, no.1, August, 2008: 64.

十四 塞涅卡《论发怒》《美狄亚》

1.《论发怒》：腐败政治下人能洁身自好吗

要阅读塞涅卡就不能不对他这个人有一些了解。塞涅卡是怎样的一个人呢？你对这个问题的回答肯定会影响你对他作品的理解。他于公元前 4 年出生在罗马帝国西班牙行省的科尔多瓦（Cordova）。与大多数罗马作家一样，他并不来自罗马。他曾任尼禄皇帝的导师及顾问，62 年因躲避政治斗争而引退，但仍于 65 年被尼禄逼迫，最后被迫自杀。然而，仅仅知道这些还远不足以了解塞涅卡这个人，因为这个曾经在罗马政坛上赫赫有名的人物是个非常复杂、矛盾、面目不清的人。

1 世纪末，一个姓名不详的作者写了一部叫《奥克塔维亚》（Octavia）的悲剧，说的是 62 年罗马皇帝尼禄为了迎娶新欢波培娅·萨宾娜（Poppaea Sabina），与妻子克劳迪娅·奥克塔维亚（Claudia Octavia）离婚并将她放逐，剧中塞涅卡规劝尼禄要控制激情，理性行事。这个塞涅卡是一个头脑冷静、思维理性、富有道德感的哲学家。他生不逢时，身不由己地卷入了罗马政治的旋涡，一面竭尽所能往好的方向引导一位癫狂的罗马暴君，一面孜孜不倦地从事自己的伦理著作。当他发现自己已经不可能再对罗马宫廷有所影响的时候，他孤独地全身而退，全身心投入智者的沉思和写作。皇帝因为他的离去而迁怒于他，给他编造了一个谋反的罪名，并命令他自我了断，因此他就以切开血管的方式自杀了。

但是，2 至 3 世纪的罗马历史学家卡西乌斯·狄奥（Cassius Dio，约155—约235）给后世描述了一个完全不同的历史人物塞涅卡。狄奥出身于贵族家庭，后参加政治事务，曾担任执政官。他广采前人资料，风格模仿修昔底德，内容质朴翔实，他的著作现仅存残篇，但仍为后世提供了极为重要的参考资料。狄奥记述的塞涅卡非常精明，本没有身世背景，全凭心计过人，一路攀升，终于进入罗马的权力核心。塞涅卡巧言令色，将自己打扮成为一位智者，利用自己的影响力，到处敛财，成为罗马最富有的人之一。他参与了罗马宫廷最肮脏，最见不得人的罪行，却用美好的文字为自己的道德操守涂脂抹粉。当皇帝的敌意威胁到他的性命安全时，他躲进哲学的小天地里避祸，但仍然参与策划谋反的阴谋，因此给自己招致杀身之祸。

这是两个截然不同的塞涅卡，似乎都带有极端的主观色彩。公元 1 世纪罗马历史学家塔西佗在他的《编年史》里有另一种对塞涅卡的记述，着重于事实陈述而避免道德评价。但是，奇怪的是，塔西佗对塞涅卡与斯多葛哲学的关系只字未提，他不会不知道塞涅卡的哲学著作，也不会不知道塞涅卡几乎一生都在倡导他自己的斯多葛主义。塔西佗说的事情固然重要，但他没说的事情同样重要。他不提塞涅卡的斯多葛哲学，这是不是本身就包含了某种对塞涅卡的道德评价呢？

塞涅卡是一个众所周知的斯多葛主义者，他一生倡导宁静澹泊、内敛自省、自我克制的斯多葛哲学。这似乎与他活着时那个残暴血腥、纵欲无度、淫乱癫狂的朱利奥-克劳狄王朝完全格格不入，而他自己时不时地在这种肮脏、疯狂的政治中随波逐流，涸泥扬波。这也正是塞涅卡的人格饱受诟病的原因。

我们先来看一下罗马的朱利奥—克劳狄王朝是一个怎样离奇而凶残的政权。这个王朝的建立者是屋大维，他在结束罗马共和末期的混乱后，受罗马元老院尊号"奥古斯都"。他因为享有崇高的威望，所以有权自行指定帝位继承人，由此正式开创了罗马帝国，结束了罗马共和。屋大维是罗马帝国第一任皇帝，他和他家族中的帝位继承者们开启了罗马帝国的第一个王朝，一共是五位皇帝。

罗马人盛行养子继承，每任皇帝与下一任并不一定有直接血缘关系，屋大维与其继承者提比略就无血缘关系，之所以会被认为是同一王朝，乃是因为其姻亲与领养关系形成同一家族，因此被认定为同一王朝。这与中国一家一姓血脉相承的概念是大相径庭的。

朱利奥—克劳狄王朝的五位皇帝中竟然有四位是坏皇帝。奥古斯都（前27—14年在位）之后的第二位是提比略（14—37年在位），第三位是卡利古拉（37—41年在位），第四位是克劳狄（41—54年在位），第五位也是最后一位是尼禄（54—68年在位）。奥古斯都之后的其余四位都不是明君，后三位都死于非命，其中两位，卡利古拉和尼禄，位列全人类历史上最凶残的暴君之列。

塞涅卡的一生都是在朱利奥—克劳狄王朝的统治下度过的。奥古斯都去世的那年他18岁，随后，他见证了皇帝提比略和卡利古拉恐怖暴政的全过程，他曾被克劳狄流放，那年他45岁。65年，他被尼禄逼迫，以切开血管的方式自杀，时年69岁。两年半之后，尼禄自己被杀。

塔西佗在《阿古利可拉传》里写道，"就是在暴君之下，也有伟大的人物；而温顺服从如果能和奋发有为的精神结合在一起的话，也自可达到高贵的境地，但许多人却只会以一种毫不利于国家，而徒然招取杀身之祸的匹夫之勇来沽名钓誉而已"。[1] 同样，就是在独裁的体制中，也会有伟大的君王，但绝大多数君王都是恣意妄为、嗜血残暴的。如果说奥古斯都是朱利奥—克劳狄的伟大君王的话，那么他的四位继承人都是正好与他相反的人。专制独裁永远存在继承人危机的问题，它本身不可能解决这个问题，因为它就是这个问题的制造者和起因。

奥古斯都的继承人提比略本来并不是首选继承者，只是因为其他三位血统继承人都不幸早逝，这才选上了提比略这个最后的"备胎"。奉奥古斯都的命令，提比略与自己恩爱的妻子离婚，娶了奥古斯都的女儿，成为他的继子。提比略继承王位时已经 56 岁了。塔西佗说："人们还议论说，奥古斯都……过继提贝里乌斯为自己的继承人，这都不是因为他个人喜欢提贝里乌斯，也不是从国家的利益着眼。他已经看透了提贝里乌斯内心的横傲和残忍，因此他就想选一个极坏的继承人，以便在对比之下，可以特别增加他本人的荣誉。原来在几年之前，当奥古斯都向元老们请求把保民官的权力重新授予提贝里乌斯的时候，他就在作为祝词的一次发言中提到了提贝里乌斯的品行、衣着和习惯，这些话看起来是对缺点的辩解，但是在骨子里却是一种责难。"[2]

是否真如塔西佗所说，奥古斯都是"武大郎开店"，故意找一个矮子以衬托自己的高大，这个难以定论。但有一点是肯定的，那就是，奥古斯都对提比略的缺点知道得一清二楚，还是选了他来当接班人。可见对帝王来说，挑选继承人的条件绝不是任人唯贤，这是专制国家接班人制度的一个特点。

提比略是一个让人捉摸不透，因此很可怕的皇帝，塔西佗是这样描述他的，"提贝里乌斯的讲话方式，甚至在他不是故意隐瞒自

1　塔西佗著，马雍、傅正元译，《阿古利可拉传　日耳曼尼亚志》，第 42 页。
2　塔西佗著，王以铸、崔妙因译，《编年史》，第 12 页。

己的真实意图时，也永远是曲曲折折、吞吞吐吐，永远是晦涩难解的。这或许是出于他的本性，或许是由于习惯。既然现在他尽力不使自己的真实感情有丝毫流露，因此他的话就变得更加暧昧、含混、不可捉摸了。可是元老们害怕的却正是皇帝看出他们似乎已猜透了他的心思，于是他们就纷纷悲叹、痛哭并祈求起来。他们向上苍和奥古斯都的神像伸手祷告，又匍匐在提贝里乌斯本人面前乞怜"。[1]到了晚年，他对什么人都不信任，只要疑心谁有谋反之心，便会毫不迟疑地痛下杀手，斩草除根。

提比略晚年的恐怖统治众所周知，有一种常见的，几乎是普遍的告密狂热，这对罗马人来说比整个内战更具破坏性。醉酒的谈话，开玩笑的坦率，都会有人向政府报告，没有什么是安全的。政府抓住了每一次机会，对人们严厉惩罚。人们不再打听被告的命运，因为结果总是一样。提比略推说不知道他的朋友和同志们所做的事情，他只希望人们把他看成、想成和说成是一个皇帝。在提比略治下，客人到主人家做客，结果告发主人，以及仆人告发主人，都是平常的事情。

提比略的继承人是盖约·恺撒（Gaius Caesar），人们通常叫他的外号卡利古拉（意为"小靴子"）。卡利古拉是朱利奥—克劳狄王朝中最不可思议的一个人，所有的古典作品一致将他描绘为集疯狂、残忍、猥亵和卑鄙无耻于一身的家伙。这些恶劣品质在这个精神错乱到极点的暴君身上愈演愈烈。皇帝的权力加强并发展了他性格中最恶劣的东西。卑劣的性格通常以罪恶的形式表现出来，但往往也有一个过程，卡利古拉的本性是逐渐暴露出来的。

1—2世纪罗马历史学家苏埃托尼乌斯在《卡利古拉传》中对这位罗马暴君多有记载，卡利古拉是当了几个月皇帝以后才精神错乱

1　塔西佗著，王以铸、崔妙因译，《编年史》，第 13 页。

的。当时是他第一次早期精神病发作，在这之前他的统治还是比较温和的，罗马人爱戴他，但从那以后他便疯狂了。他总是装成一个恭顺正直的青年，但他的祖父提比略对卡利古拉的品质并不放心，他曾说过，"卡利古拉是最好的奴隶，最坏的主人"，"我为罗马养育了一条毒蛇，给世界留下了个祸根"（《卡利古拉传》，第10章、第11章）。

在我们看来，与奥古斯都让提比略当接班人一样，提比略让卡利古拉当接班人看起来也是一个政治棋局的"昏着儿"。但是，君王挑选接班人的考虑与我们正常人不同。君王考虑的是政治上的可靠，不是人品或能力的高下和优劣。人们总是祈愿能有一个明君降世，解救民众的苦难，但这从来不是君王选择接班人时的考量。提比略让卡利古拉继承皇位，并不是他的一时疏忽。

卡利古拉的全部性格当中最明显的表现是酷爱残暴和毫不掩饰地施虐。"他站在朱庇特塑像旁问演员阿佩莱斯，朱庇特和卡利古拉哪个更伟大。阿佩莱斯稍一犹豫，他立即下令将他打得遍体鳞伤，还夸他求饶的声音好听，痛苦呻吟的旋律很优美。他每次吻他妻子或情妇的脖子时都要说：'只要我一句话，这美丽的脖子马上就得砍掉。'"有一次，在一个欢乐的宴会上，"他突然大笑起来。坐在他身边的执政官彬彬有礼地问他为什么笑。他说，'因为我一点头就可以把你们杀掉。'"（《卡利古拉传》，第32章、第33章）这样的例子还有很多。

更令人毛骨悚然的是，他为自己有施虐倾向而感到自豪，并且认为有施虐倾向才是真正的罗马人。他的祖母告诫他不能这样，他居然理直气壮地说："别忘了我有权对任何人为所欲为。"通常情况下他的专制独裁与施虐是相辅相成的，甚至在娱乐或宴会的时候他也克制不住施虐的欲望。太多人在他面前被折磨，有的被砍头。即使在他"表现好"的时期，他的残暴与邪恶也是本性难移，只不过没有直接施虐，而以观看酷刑与杀人为乐（《卡利古拉传》，第 32 章、第 11 章）。

卡利古拉不仅暴虐成性，而且挥霍无度。他上台才几个月就花光了国库中提比略多年节约下来的钱。他对豪华游艇、宫殿、庄园大厦、荒唐的洞穴永不满足，而且他还有一种奢侈的习惯，他的车要在黄金铺的路上行驶（《卡利古拉传》，第 42 章）。他参加体育和驾车比赛，"比赛前一天他派士兵通告全区市民保持安静，不得喧哗，以免惊了他的坐骑英西塔图斯。他为这匹马建造了大理石马厩和象牙马槽，给它佩戴宝石项圈，还配有房屋、家具和专门侍候它的一帮奴隶"（《卡利古拉传》，第 55 章）。

卡利古拉最后被一帮报私仇的军官杀掉，这似乎让一直提心吊胆的塞涅卡松了一口气。2 至 3 世纪罗马政治家和历史学家卡西乌斯·狄奥在《罗马史》里记叙道，"塞涅卡的智慧比当时所有罗马人和其他许多伟人都要高，尽管他没有做错任何事，也没有被怀疑做错事，但还是差一点被毁了，因为他在皇帝在场的情况下，在元老院做了太精彩的演说。卡利古拉（妒忌他），下令将他处死，但最后放了他，因为（有人）对卡利古拉说，塞涅卡得了肺痨，很快就会自己死掉"（Cassius Dio, *Roman History*, 59.19.7—8）。

但是，命运又一次跟塞涅卡开了一个残酷的玩笑。卡利古拉的继位人是已经 50 岁的克劳狄，塞涅卡差一点在这位皇帝的手里丢掉性命。41 年，这位新皇帝刚登基，塞涅卡就因与卡利古拉的妹妹有染，被判死刑，后代之以流放科西嘉岛（Corsica）。8 年后，因为克劳狄的新皇后、卡利古拉的妹妹小阿格里皮娜的说情，克劳狄召回塞涅卡，并任命他担任自己儿子尼禄的老师。塞涅卡的命运和名誉从此与尼禄这位后来的暴君永远联系在一起。

2.《论发怒》: 乱世人生和斯多葛主义

上一节我们谈到, 塞涅卡在朱利奥—克劳狄王朝时代见证了暴君卡利古拉的暴政, 而且在卡利古拉和克劳狄时代有两次与死神擦身而过。不难设想, 这样的亲身经历会让他对人生有命运难测、运数在天的感受。他每日每时都尝到如履薄冰、战战兢兢的滋味。美国普林斯顿大学历史学教授詹姆斯·罗姆 (James Romm) 所著的塞涅卡传的题目就是《每天都在死亡》(*Dying Every Day*), 准确地概括了塞涅卡一生的处境。

塞涅卡 49 岁那年成为少年尼禄的教师, 从尼禄 11 到 17 岁, 整整 5 年他几乎与其每日相伴。我们无法知道塞涅卡是以怎样的心情担任这项职位的, 但可以设想, 他一面战战兢兢、尽心尽力, 一面也从这个职位得到了巨大的权力和财富报酬。正因为如此, 他的道德人格受到许多人质疑和诟病。尼禄后来成为臭名昭著的暴君, 这笔账也经常算到塞涅卡头上。我们可以想象, 倘若尼禄后来不是暴君, 而是像奥勒留那样的明君, 那么, 塞涅卡的道德名声肯定会完全不同。尼禄实际上成为了塞涅卡的人生和道德污点。

在所有的罗马皇帝中, 历史研究者论述最多的是尼禄, 文学作品中描写最多的也是尼禄。然而, 历史学家对尼禄的性格或其所做的事情难有定论。如今的历史学家似乎比他们的前辈更倾向于正面评价尼禄。当然, 这不是我们关心的重点。我们更关心的是塞涅卡对青少年的尼禄提供了怎样的教育, 可惜的是, 这方面的资料现在还很少, 而且相当零碎。

据罗马历史学家苏埃托尼乌斯的记述, 塞涅卡在接受这项重任的第二天夜里做了一个梦, 梦见自己收下的这位学生。在梦里, 他想, 如果尼禄是一个好孩子, 那他自己就可以避免祸害了。当然, 没有人知道塞涅卡是不是真的, 或者为什么做了这样一个梦。但苏埃托尼乌斯接着说，"尼禄不久就以他的残暴使塞涅卡的梦成真了"。有论者认为，塞涅卡对尼禄的教育不可能很有力。比如使用体罚进行教育，这对皇帝家的孩子来说是绝对禁止的，其他罗马青年对它则习以为常。苏埃托尼乌斯说尼禄"学习普通课程，还有音乐"，对赛马很感兴趣。虽然禁止谈论竞技，可是他张嘴就是竞技。有一次他忧伤地对同学们说，绿队的一名驾车人滑了一跤，被马拖着走。老师训斥他，他回答说，他在谈论特洛伊战争中的英雄赫克托耳（《罗马十二帝王传》之《尼禄传》，第 22 章）。因此可以想象，塞涅卡顶多只是对尼禄进行一些因势利导、因材施教的劝导，不可以制定并实行一套他自己的系统章程。

塞涅卡对尼禄的教育做不了主，除了尼禄的尊贵身份，另一个原因是，他有一位野心勃勃、到处插手的母亲。就是这位皇后于 50 年把塞涅卡从流放中捞出来的，所以他不会违拗她的意志。尼禄的母亲小阿格里皮娜是皇帝克劳狄的侄女和第四任妻子，尼禄是她与前夫生的。据说这位皇后为了让儿子登基为王，于公元 54 年下毒杀死了克劳狄。尼禄登基时受到民众热烈的拥戴，在他们眼里，比起那个丑陋残疾，性格懦弱的胖老头，眼前这个年仅 16 岁的青年更配做他们的领袖。元老院的议员们心中窃喜不已，他们终于不用再受那个白痴皇帝和他那些出身低微的奴隶们的气了。

在皇帝克劳狄统治时期，1 世纪 40 年代中期，塞涅卡就已经写作了《论发怒》，其中多次提到卡利古拉的暴躁易怒，想以此来规劝皇帝培养特别需要具备的自省、自我克制和稳健温和。可以设想，他在任尼禄老师的时候也会提出类似的建议。但是，从后来的结果来看，尼禄的学习过程显然出了问题，这可能与尼禄的先天品质有关，也可能与他母亲对塞涅卡的教学要求有关，当然也与塞涅卡本人的行事作风有关。正如苏埃托尼乌斯所言，"尼禄儿时受到了几乎所有的通识学科指导。但是他的母亲不让他学习哲学，并认为哲学不适合一个注定要成为皇帝的人。尼禄教育的主持人塞涅卡让他不要阅读古代演说家的著作，为的是让尼禄在这方面对他自己永远有依赖。因此，尼禄的兴趣转向诗歌创作，他能够轻松愉快地写诗"（《尼禄传》，第52章）。尼禄根本没有受到罗马人看重的那种演说术教育，结果成为朱利奥—克劳狄王朝中唯一不能自己写演说词的皇帝。

如果苏埃托尼乌斯所言确实，那么尼禄至多学了一点修辞学的皮毛，而根本没有哲学的根底，他的教育实际上与罗马贵族那种更全面的教育不同，缺乏伦理的实质内容，只是注重在表演性方法。在罗马人眼里，这种表演性只会令人倒胃口。塞涅卡是执行尼禄母亲的命令，还是有他自己的打算，这就难以断言了。但尼禄因此更依赖塞涅卡的演说公关才能却是一个事实。尼禄受到的是一种不完全的、片面狭隘的教育。有人责怪塞涅卡，说他是在培养一个言听计从的门生，而不是一个罗马未来的全面的领导者。塔西佗在《编年史》里认为，正因为如此，"尼禄即使在年幼的时候，他那活泼的头脑却被吸引到别的方面去了：他雕刻、绘画、练习歌唱或驾马车，有时也写诗，这些诗表明他是有点文化根底的"。[1]

19世纪西班牙雕刻家爱德华多·巴伦·冈萨雷斯（Eduardo Barrón González，1858—1911）有一个著名的雕塑作品《塞涅卡和尼禄》（*The Restoration of Nero and Seneca*，1904），描绘的是塞涅卡给尼禄讲课的情景。尼禄用拳头顶着头，一副无聊和没精打采的样子；而塞涅卡则是弯着腰，凑向前，一副小心翼翼、苦口婆心的样子。这幅画里的师生二人性格完全不合，塞涅卡其实是在做一件勉为其难的事情。所以不能将尼禄后来的种种恶行完全归咎于塞涅卡的教育无方，甚至故意纵容。塞涅卡的斯多葛哲学为他自己在乱

1　塔西佗著，王以铸、崔妙因译，《编年史》，第404页。

世中安身立命提供了实用的原则，如果要对尼禄进行这样的哲学教育，即便不是对牛弹琴，也是派不上用处的。

尼禄登基之后，在他母亲的安排下，塞涅卡和禁卫军首领阿弗拉尼乌斯·布鲁斯成为新皇帝的主要顾问。尼禄刚当上皇帝，罗马就已经出现政治谋杀的苗头。塔西佗对此写道，"如果不是阿弗拉尼乌斯·布路斯和塞内加出来干预的话，谋杀确实会继续下去。皇帝少年时的这两位教师意见一致地——在共同掌权的两个人来说，这样意见一致是很少有的——通过不同的方式对皇帝施加同样的影响。布路斯的军事才能与严肃性格和塞内加在演说术方面的教导与谦和凝重的风度相辅相成，使得皇帝在血气未定的青年时代，即使有不合道德规范的地方，也只能被限制在尚能容忍的放纵享乐的范围以内"[1]。所以，有关塞涅卡纵容尼禄作恶的传闻未必可靠。

但是，作为尼禄的主要顾问，塞涅卡确实做过不少为尼禄掩盖和洗白罪过的事情，最严重的就是在尼禄杀害自己母亲小阿格里皮娜之后，塞涅卡为尼禄写了向元老院说谎和自我辩解的信件。塔西佗是这样记录这件事情的，在信里，尼禄（塞涅卡）"又从先前的事例中给阿格里披娜找出了一大串罪名加到她身上。他说，'她想同他分享帝国的统治大权，要近卫军士兵向一个女人宣誓效忠，并想使元老院和罗马人民也蒙受同样的耻辱。当她的这种野心遭到挫折的时候，她就蓄意同士兵、同元老院、同罗马人民作对，反对把慷慨的赠赐送给他们，还阴谋陷害重要的罗马公民。正是他尼禄费了极大的力量，才使得她不曾挤到元老院里面来接待外国使节！'他还间接地指责了克劳狄乌斯的统治时期，把当时所发生的一切丑事的罪过都推到他母亲身上，并且把他母亲的死亡说成是国家之福"。塔西佗问道，谁会真的相信这些话呢？"因此舆论谴责的对

1　塔西佗著，王以铸、崔妙因译，《编年史》，第 403 页。

象就不再是尼禄（因为他的残暴行为已达到无从谴责起的程度），而是塞内加，因为他给尼禄起草的这种辩护词"，这样的辩护词与招供罪行并没有什么不同。[1] 在许多人眼里，这件事情是塞涅卡的一个不可原谅的道德污点。

这样的事情绝不是一个自称道德贤者的人应该做的，但是，塞涅卡处在他的政治位置上，既然他要保住自己的荣华富贵和生命安全，他就根本无法按照自己的道德原则行事。这种处境对于后来的一些知识分子来说，是比较常见的。

就在一些罗马贵族把斯多葛哲学用作抵抗暴政的思想武器的同时，塞涅卡这位斯多葛哲人却把自己的命运与尼禄这样的皇帝捆绑在一起，官运亨通，财源滚滚，不管是出于不得已，还是情愿如此，都会令人侧目而视。塔西佗的历史叙述避免任何情感或道义评论，但也对此不能不暗含讽刺，他写道，尼禄"把丰厚的赏赐送给他最重要的朋友。有人对下述情况提出了指责：在这样一个时候，那些自命道德高尚的人物竟然象分赃一样地分配了城市和乡村的房产"。[2] 这里的"道德高尚之人"就是指为尼禄当顾问的塞涅卡和布鲁斯。

在罗马，谁都知道，塞涅卡是"皇帝的人"，56 年，他当上了执政官。他还是罗马最富有的人之一，1 世纪 50 年代，罗马元老院的成员年俸是 3 万塞斯特斯银币，而塞涅卡的家产则有数亿之多。塞涅卡不是不知道别人会怎么看待他这样的斯多葛哲人，在《论幸福生活》中，他为自己"说一种生活，过（另）一种生活"辩护，否认快乐来自财富。他说："观察一下你周围那些称赞你口才的人、那些追随你财富的人、那些追求你利益和赞扬你权力的人，所有这些人要么现在已是你的敌人，要么将来有可能成为你的敌人。要知

---

1 塔西佗著，王以铸、崔妙因译，《编年史》，第 462—463 页。
2 同上，第 415 页。

道有多少人妒忌你，有多少人在羡慕你，为什么你不想去寻求真正的善？真正的善是只能感觉、无法言传的。那些在人们眼前停留的想吸引人们并令人惊奇地闪光的东西都是外表闪光而内里无价值的东西。"[1]

塞涅卡对财富提出的无疑是斯多葛哲人的批评态度，他欣赏的也是能奉行斯多葛主义标准的人——物质财富如过眼烟云，智者追求的是美德，这样的美德与带来财富的命运之轮无关。他这样写道："也许你会反驳道：'你没有理解我的话，因为我的话意指生活快乐的人同时也一定是有美德的人。'我认为，这显然是不可能的，因为快乐如果没有美德在里面，也是有可能快乐的。哑吧畜生以及那些只凭食物来衡量善的人，他们是快乐的，但他们无美德。如果谁最容易满足于这种快乐，那么他一定是个大傻瓜。心灵自身有可能会提供许多种恶的快乐。傲慢自大，目中无人，只求自己的利益，无节制地奢侈、浪费、过度享乐等等，这些东西虽能给有些人带来快乐，但它们却都是恶，不是善。此外多嘴多舌、侮辱人、怠慢人等也能使人快乐，可这些都是人灵魂的堕落。这种堕落的灵魂退化到如此程度，以致于在人身上沉睡得那么熟而不能自醒。如果一个人拥有美德，那么他一定不会做出这些恶事。他会时刻警惕自己，不使自己灵魂堕落。所以，他在追求快乐之前，总是先掂量一下，看看快乐是否值得他去追求。"[2]

塞涅卡在尼禄皇帝宫廷里受到重用，从一开始他就意识到，他的生活方式超出了他的哲学观念。他在《论幸福生活》中写道："我还没有达到完美的心态，的确，我永远也不会达到……我沉迷于各种恶习。……但我还是在美德方面取得了一些进步。"（《论幸福生活》，17）这样的自我批评在塞涅卡幸存的作品中并不罕见，他似

1　塞涅卡著，丁智琼译，《塞涅卡三论》，第 151 页。
2　同上，第 158—159 页。

乎是在表明，美德对一个人来说，不是零和游戏，要么全有，要么全无。就美德而言，虽然不能达到完美，但进步还是有价值的。这本身也不失为一种对美德的哲学认识，但毕竟不是斯多葛哲学对美德的认识。但这似乎也表明，像塞涅卡这样的体制内哲学家，由于他们的身不由己，其根本缺陷可能不是伪善，而是一种自己无法摆脱的，没有满足止境的野心。就像今天专制体制内的许多"成功人士"一样，塞涅卡是一个什么都想要的人——财富、名声、才能、智慧，甚至地位和皇帝的恩宠，但这些东西并不是能够互相兼容的，而是必须有所为，也有所不为的。

62年，布鲁斯去世后，塞涅卡的影响力迅速下降，他曾经于62年和64年两次向尼禄要求退休。据塔西佗说，尼禄两次都拒绝了他。尽管如此，塞涅卡越来越少出现在宫廷。他在乡村庄园过着安静的生活，专心读书和写作，很少去罗马。65年，塞涅卡的侄子、诗人卢坎参与谋杀尼禄的事情败露后，尼禄借机逼迫未涉此事的塞涅卡自杀。塞涅卡以斯多葛智者淡泊生死的姿态，割断自己的静脉，结束了自己的一生。

3.《论发怒》：怎么才能规劝一个暴君

我们已经介绍了塞涅卡在朱利奥—克劳狄王朝前四位皇帝统治下跌宕起伏的经历，也已经提到，这种危机四伏的生存境遇应该成为我们认识塞涅卡斯多葛哲学的真实背景。斯多葛哲学起源于公元前3世纪的希腊，早期的学说很少留下完整资料。我们今天对它的了解基本上都是关于它在公元前1世纪传入罗马后的境况。到了塞涅卡的时代，斯多葛主义已经成为一种在罗马很有影响力的伦理哲学。

斯多葛主义的基础是它的宇宙观，然后才是它所包含的政治和伦理哲学。之前讲西塞罗时已经提到，斯多葛主义对西塞罗的影响首先是在政治和法，尤其是"自然法"的观念上。

然而，仅仅过了不到一百年，到了塞涅卡这里，斯多葛主义的政治和法的观念已经几乎完全被一些处世伦理和个人操守原则所代替。这是因为，这两位哲学家所处的是两个完全不同的时代。对于西塞罗这一代人来说，最主要的问题是罗马的内战和共和国的存亡。对于塞涅卡来说，最主要的问题是如何在残暴任性、肆意妄为、前景难测、政治凶险、经济动荡的专制统治下生存下来。

公元前2世纪，斯多葛主义从希腊进入罗马，并发生了重要的变化，在这个过程中，公元前2世纪希腊斯多葛哲学家班纳杜斯（Panaetius，约前185—约前110）起了重要的作用。在来到罗马之前，他曾在巴比伦（Babylon）的第欧根尼（Diogenes）和塔瑟斯（Tarsus）的安提帕特（Antipater）那里当过学生。他得到小西庇阿的支持，将斯多葛主义引入罗马，并重新解释了斯多葛哲学的教义。

班纳杜斯摒弃了斯多葛主义原来的世界末日观念，也摒弃了它严格的禁欲主义和绝对美德观念。根据3世纪罗马作家第欧根尼·拉尔修（Diogenes Laërtius）在《著名哲学家评传》（*Lives and Opinions of Eminent Philosophers*）里的说法，班纳杜斯倡导的是一种温和的，而非极端的斯多葛道德主张，他认为，"美德不足以给人带来幸福，人还需要健康，物质资源和力量"（7.130）。

这种观念，尽管是常识性的，却让斯多葛哲学变得更容易让人接受。班纳杜斯还认为，人有来自自然的意愿，斯多葛哲学的目标符合这样的意愿，人应该遵循宇宙和自然的要求，而不是把武断的道德准则强加给自己。这确实是一个比禁欲主义更温和的斯多葛哲学品牌。西塞罗很赞赏班纳杜斯的观念，他经常批评严苛、僵硬的斯多葛教条主义，小加图就是一个例子。西塞罗对斯多葛道德教条主义非常反感，他写道："班纳杜斯努力避免那种笨拙而令人反感的斯多葛主义，既批评它的苛刻，也批评它的不合逻辑。他在原则上更成熟，在风格上更清晰。"（Cicero, *De Finibus Bonorum et Malorum*, 27.79）

班纳杜斯那种温和的斯多葛主义比严苛的禁欲戒律更适应罗马社会上层人士的需要。塞涅卡奉行的也是班纳杜斯那一路比较温和、率性的斯多葛哲学。以他的财力和地位，他过的绝对不是苦行僧的那种生活，他有时候将自己的生活简朴化，只是为了把好日子当苦日子过，以免在苦日子临头时不知如何应对。这是一种出于不安全感的自我锻炼，不是为坚守禁欲原则的自律行为。

塞涅卡的斯多葛主义有三个组成部分，第一是坚韧顽强（tough-mindedness），第二是极简人生（minimalism），第三是积极的公共行动（public activism），前面两个是斯多葛主义的普遍特色，最后一个是塞涅卡对罗马斯多葛哲学的特别贡献。

斯多葛主义很容易因为独善其身而转向人的内心修炼。它要求人主动改变自己对事件的判断及态度：你不能阻止命运给你准备的快乐与痛苦，但你可以改变自己的判断。你可以认为快乐并不是好事，痛苦并不是坏事，从而保持自我满足的自豪感。这样一种心态经常为追求心灵安宁避免世事的搅扰。塞涅卡拒绝这种避世的自我满足，他认为，斯多葛主义要求人按照理性，也就是人的自然本性选择人要做的事情，去履行一切必须且适当的责任，这才是一个人在国家群体中所应该有的积极行动。

积极行动是塞涅卡斯多葛主义的一个主要特色，他在克劳狄时期写作《论发怒》和在尼禄时期写作《论怜悯》都是他为规劝皇帝而采取的积极行动，像这样的作品都应该放到特定的斯多葛主义背景中去理解，它们不是常见的那种心灵鸡汤式的伦理说教。

在塞涅卡那里，坚韧顽强和极简人生的核心都是节制，要在人生的各个方面都能够约束自己的激情和欲望，人虽不能控制外部世界，但应该能够控制自己的内心。节制需要意志的力量，需要克制激情，所以需要坚韧。节制还需要把欲望压缩到最低限度，欲望越低也就越容易成功节制。节制不是禁欲，而是降到最低，也就是极简。就这两点来说，塞涅卡都失败了，他不能遏制自己的欲望，做不到淡泊名利，视财富如粪土，他在抵抗欲望诱惑方面似乎打了败仗。但是，这样的失败并不能仅仅被视为他个人的伪善或言行不一，而是需要结合他的斯多葛行动主义来理解：他有影响罗马政治的热忱和抱负，而这需要有地位和财力的条件，为此，他的斯多葛哲学的另外两个原则就被牺牲了。

塞涅卡以西塞罗为自己的榜样，但他们生活在两个完全不同的时代。公元前1世纪罗马共和晚期，西塞罗还可以用他的演说才能影响罗马政治。但是，到了1世纪的帝国时代，尤其是在暴君专制下，塞涅卡已经完全不再有这样的机会。他想发挥西塞罗的那种公共活动作用，但是，他不幸生活在一个只有独裁而没有公共活动可能的罗马。他所能做的一切不过是用《论发怒》和《论怜悯》这样的作品规劝暴君，希望他们可以少一些残暴和任性。这些作品被后世视为"白银时代的拉丁语"的经典之作，文风谆谆不倦，温柔敦厚，略带感伤，先是被早期的基督徒奉为至宝，后来则受到18世纪启蒙哲人的赞赏。狄德罗的伦理学和卢梭的教育学都大大受益于塞涅卡的这种写作风格。

用伦理论说来为皇帝建言，这成为塞涅卡公共行动和政治参与的主要方式，也是他心目中的行动美德。他从积极行动主义出发，对伊壁鸠鲁主义的独善其身和从社会退隐有所批评。他在《论幸福生活》中强调，美德永远不会妨碍公民的政治参与，他写道："你将在圣殿，集市，元老院，在布满灰尘的墙壁上，被晒伤的长满老茧的手上看到美德。你会发现快乐在不显眼的地方出现，在公共浴池，热水浴池，在那些害怕市政官光顾的地方出现，柔软，流连忘返，散发出淡淡的葡萄酒和香水气味的地方。"（《论幸福生活》，7）这是一个普通人生活和寻找快乐的世界，向往哲人宁静的哲学家也许会对这个庸俗的快乐世界嗤之以鼻，不屑一顾，但它可以说是普通罗马人生活得幸福、快乐的家园。

塞涅卡在被流放到科西嘉岛期间写成《论发怒》，那个时候，统治罗马的是狂怒无常的皇帝卡利古拉。《论发怒》试图在心理机制的运作层面提升斯多葛主义对情感冲动和克制的理解，同时也隐晦地批评卡利古拉，对他进行劝谏。塞涅卡讨论的是公共生活中的发怒，他婉转地表明，发怒是人类的敌人，因此也是君王的敌人。

塞涅卡的《论发怒》以一封长信的形式写成，收信人是他的弟弟，一位从事公共事务的非哲学家。他弟弟被描绘成一位典型的罗马人，他关心国家军事胜利，关心家人和家园的安全与尊严，关心尊严、男性气概和实力等。这样一位收信人是几乎所有读者都能认同的"罗马人"。《论发怒》里提到了皇帝克劳狄本人对发怒的"半哲学式"论述，而且不断地影射卡利古拉皇帝的发怒和罪行，这些都使得这封看似家信的作品成为对任何皇帝都有助益的政治伦理进言。

美国哲学家玛莎·努斯鲍姆在《塞涅卡论公共生活中的发怒》（"Seneca on Anger in Public Life"）一文中指出，塞涅卡的《论发怒》是一种治疗性的论证，"它的治疗既是针对个人，同时也具有广泛的社会性……这两个目标深深地联结在一起：塞涅卡为公共生活开出的药方是否有效，取决于每一个个体是否认识到自己灵魂的缺陷"。[1]

在《论发怒》里，塞涅卡写道："发怒是人的所有情绪中最丑恶、最疯狂的情绪……在人的所有情绪中，除发怒外，任何一种情

---

[1] Martha C. Nussbaum, *The Therapy of Desire: Theory and Practice in Hellenistic Ethics*, New Jersey: Princeton University Press, 2013, 402–438.

绪都有一点让人能安定下来的因素在里面，可发怒给人的只有刺激和冲动。"发怒所引起的后果和损失是可怕的，"没有哪一种灾难比发怒要求人们付出的代价更高。你会看到因发怒而引起的屠杀、毒害、法庭上的起诉和可怜的反诉，城邦被蹂躏、被抢劫了，整个国家灭亡了，王公贵族的官衔在市场上被公开拍卖了，房子被敌人纵火燃烧了，大火竟然都烧到城墙外面去了。看，你将看到往日曾经是最繁华的城市，现在却连基底都不见了，是大怒把它们给毁了，留下来的只是一里接一里的没有人烟的荒漠"。[1]

《论发怒》关于发怒危害的论述是用一系列正反例子作为支持的。这些例子被用来论证制怒对军事和政治判断力有绝对的重要性，正面的例子有费边，他用游击战术拖垮了汉尼拔的优势军队；大西庇阿和小西庇阿都是有耐心的战将；尤利乌斯·恺撒的仁慈和奥古斯都的温和适度都与狂怒杀戮的暴君有天壤之别。但是，也有许多发怒残暴、令人恐惧的例子：亚历山大、苏拉，当然也包括卡利古拉。还有很多其他的例子，一个比一个丑恶，一个比一个恐怖，直到在《论发怒》第三卷那些关于肉刑和折磨的可怕传说。其中有这样一件事情。

有一次，在与奥古斯都一起参加的一个宴会上，费迪乌斯·普里奥（Vedius Pollio）因为一位奴隶打破了一只水晶酒杯，"下令抓住他，并要以不寻常的方式处死他，即把他扔到池塘里喂鱼（这并不是因为他们的主人自我放纵，正如我前面所说的，而是充分地展示了他的野蛮性）。这个佣人拼命挣扎，终于逃出了鱼塘，并逃回到奥古斯都那里，只请求他准许他以其他方式去死，而不要以这种喂鱼方式去死"。[2]

奥古斯都被这种史无前例的残忍吓呆了，他放了这个佣人，而

1　塞涅卡著，丁智琼译，《塞涅卡三论》，第 49、50—51 页。
2　同上，第 143—144 页。

且还命令人把所有的水晶杯都当着普里奥的面打碎，倒进水池中去。塞涅卡写道："奥古斯都用这种办法去责骂朋友是正确的，他把他的权力发挥得很好。（他对普里奥说，）'你在宴会上下令逮捕一个人并用一种新奇的惩罚方式将他撕成碎片，是不是？你的茶杯被打碎了，所以必须要求这个人肠子也要被掏出来，是不是？你如此取悦自己以致你竟然在奥古斯都的官邸下敢随意处死人，是不是？'"塞涅卡还语带讽刺地说，奥古斯都能这么教训普里奥，是因为他的权力比普里奥大。他可以制止普里奥把仆人丢进鱼塘，但改变不了普里奥的"那种发怒，即凶狠、奇特、血腥、无法治愈"。[1]

今天，很少有人能够把《论发怒》当作一部罗马暴政时期的政治谏言阅读，大多数读者并不了解，或者并不在意它的政治和思想背景，而是按照自己的需要和理解，把它当作一般而言的"戒怒"或"制怒"的道德教谕阅读。这也是情有可原的。"戒怒"当然不是塞涅卡那里才有的，它可以有不同阐述的角度，我们所熟悉的"戒怒"，许多是从个人修行或健康的角度出发的，例如，《类修要诀》中有戒怒歌："君不见，大怒冲天贯斗牛，擎拳嚼齿怒双眸。兵戈水火亦不畏，暗伤性命君知否。又不见，楚伯王、周公瑾，匹马乌江空自刎，只因一气殒天年，空使英雄千载忿。劝时人，须戒性，纵使闹中还取静。假如一怒不忘躯，亦至血衰生百病，耳欲聋，又伤眼，谁知怒气伤肝胆？血气方刚宜慎之，莫待临危悔时晚。"

与这样的"戒怒"相比，塞涅卡的"戒怒"还包含一种特殊的政治伦理意义，他特别强调发怒与邪恶的关系。在普里奥要拿仆人喂鱼这件事情上，关键不在于普里奥因为打碎了一只水晶酒杯而发怒，而更在于他的残忍。正如塞涅卡所说的，"凶狠、奇特、血腥、

1　塞涅卡著，丁智琼译，《塞涅卡三论》，第 144 页。

无法治愈"。所有的暴君之所以是暴君，并不只是因为他们脾气暴躁、易怒或者特别容易冲动，而且是因为他们的残忍。发怒只不过是残忍的表象，而且"正当"的发怒或生气还经常被用来掩饰残暴者的残忍和邪恶。因此，残忍成为与发怒有关的一个关键问题。

4.《论发怒》：发怒与残忍

在今天的社会里，似乎有许多人喜欢把"很生气""不高兴""愤怒"挂在嘴上，好像有了这样的情绪，就可以耍蛮、不讲理、动粗，甚至对他人施以暴力。

像这样的事情，许多人会归咎于一时的情绪失控，让人做出了不理智的事情，或有了不理智的想法，好像只要理智在与情绪的对抗中占了上风，就一定可以避免坏事和灾难的发生。

这样考虑问题，经常忽视的，或者故意回避的是暴力行为和想法中的一个关键因素——残忍。残忍是一种暗藏的作恶动机，残忍并不需要表现为情绪失控。"残忍"完全可以在十分冷静、冷酷、处心积虑的状态下作恶。它会装扮成"愤怒"——生气发怒、义愤填膺，因侵犯或不公对待而"忍无可忍"等——以获得"爆发"的合理性，并掩盖它原来的邪恶动机和罪恶性质。

残忍是指一种以对他人造成痛苦或伤害，而自己得到快乐和满足的欲望。无论是作为意向还是行为，残忍都是一种恶。残忍的行为被称为"虐待"。有严重残忍倾向者便是人们所说的"虐待狂"。虐待行为对他人施加的痛苦和伤害都必定会涉及暴力，它经常用"报仇""惩罚"来做借口，使残酷的暴力显得合理。但是，残忍并不一定需要暴力，如果一个快要淹死的人乞求帮助，而另一个人明明可以对他无风险地提供帮助，却在一旁幸灾乐祸地旁观，这种袖手旁观虽然不暴力，但也是残忍。

绝大多数的残忍都会涉及暴力，而且是过度的、不必要的暴力。上一节里说到普里奥因为一位奴隶打破了一只水晶酒杯，就要拿他去喂鱼，这就是一个例子。这个奴隶向奥古斯都恳求，不是要他饶命，而只是请求能以其他方式去死。塞涅卡暗示的是，普里奥对待奴隶的那种暴力是过度的，而不是必需的。所以，塞涅卡看上去是在谴责普里奥的发怒，其实是在谴责他的残忍。这样的残忍在《论发怒》里还有别的例子。

波斯国王大流士向西徐亚人（Scythians）宣战后，开拓了波斯的东部边界。"有一次，一个有三个儿子的老贵族欧巴咋斯（Oeobazus）请求大流士让他其中一个儿子不去服兵役，留下来照顾他。大流士答应了。他不仅免去了这个老贵族一个儿子的兵役，而且连三个都免去了。"但是，他免兵役的方式是，当着这位老贵族的面杀死了他的三个儿子，以此惩罚这位老父亲居然胆敢向国王提出这样的要求。大流士的儿子泽而斯一世也非常残忍，有一次，一位有五个儿子的父亲庞思阿斯（Pythius）请求免去他一个儿子的兵役，泽而斯让他挑选一个儿子。但是，他把被选出来的免去兵役的那个儿子劈成两半，分别扔到马路两边，把他当作以儆效尤的牺牲品。[1]

亚历山大是个残忍的国王，有一次在宴会时，他亲手刺死了同他一起长大的最好的朋友克里特斯（Clitus），因为克里特斯不善于奉承他。亚历山大还把同他一起长大的好朋友莱西马库斯（Lysimachus）投给狮子吃。塞涅卡对此写道，"可是幸运的是，莱西马库斯却逃离了狮子的魔爪。难道你认为这件事会使莱西马库斯当了国王之后脾气会变得好吗？不！他也把自己的朋友罗得

---

1 塞涅卡著，丁智琼译，《塞涅卡三论》，第125页。

斯·泰里佛偌斯（Telephorus of Rhodes）撕成碎片，挖下他的眼睛、割下他的耳朵，并将之放在一个笼子里，关了很长时间，就像关刚刚捉到的一只不听话的动物那样"。塞涅卡谴责莱西马库斯说，"无论这些被他杀害的有多坏，都远远不及他自己那么坏、那么没人性"。[1] 曾经被人残忍对待的人，一有机会便会对他人加倍残忍。

塞涅卡把大流士或亚历山大这样的君王视为与罗马人不同的"外邦人"或"野蛮人"，他哀叹的是，罗马人也同样变得残忍和野蛮，典型的例子就是苏拉。他写道，"野蛮的惩罚是人类所有罪恶中最最罪恶的，可是这种最罪恶的事情可能是外邦人容易干的，罗马人以前没有干过"。但是，这样的事情罗马人居然也做得出来，他说，"你会发现罗马人在大街小巷到处都立着马可·马喜阿斯。（Marcus Marius）的雕像，并在雕像前摆着香火和酒菜，因为这个人曾经被卢喜阿斯·苏拉（Lucius Sulla）折断了踝足，挖掉了双眼，砍掉了双手。苏拉杀他时，好像是一点一点地砍，一节肢体接一节肢体地砍……这件事过后他出了名。可是他的这种出名是臭名远扬，因为他杀人太残忍了，是一点一点地杀人"。[2]

《论发怒》里这种残忍事例对我们社会里的虐待和残忍现象有重要的提醒作用。今天，法律和犯罪学中经常使用"虐待"这个术语指称对动物、儿童、配偶和囚犯实施的残忍行为。"虐待"指的是行为，它的邪恶就在于其残忍。虐待的对象可以是人类，也可以是动物。当人们说虐待动物的时候，通常指不必要的痛苦。2010 年 11 月 14 日，有一段关于虐待动物的视频发布于网络上，一个年轻女子用玻璃板盖住兔子，然后坐在上面，直到把兔子弄死。整个过程中，这位虐待者神情愉快，而旁观者也同样轻松自在。不久后，

1　塞涅卡著，丁智琼译，《塞涅卡三论》，第 125—126 页。
2　同上，第 126 页。

又一虐兔视频出现在网上。4 名女子将一只白兔来回踢打后踩踏致死，其中一人正是此前虐兔的女子。这些场面引发了许多网友的愤怒，批评中连带提到黑熊被一天两次抽取胆汁的惨不忍睹情形，以及 2006 年福州等地扑杀流浪狗数万只的事件。

作为惩罚手段，虐待指的是动用不人道的酷刑，进行残害、折磨，也包括活摘囚犯器官，或把健康的人关押在精神病医院里，对他们进行精神和肉体的双重折磨，这些都是极其残忍的惩罚。《联合国反酷刑公约》，即《禁止酷刑和其他残忍、不人道或有辱人格的待遇或处罚公约》，是含有反酷刑条款的国际法文件。该公约于 1988 年 11 月 3 日在中国生效。

虐待还经常发生在家庭暴力中，2018 年 11 月 24 日《法制日报》有一篇《家暴事件围观者不能罔顾法律混淆是非》的文章评论某明星演员的家暴事件。该演员的女友在网上公布了自己的受伤照，这些照片显示，受害者的脖子上有清晰的勒痕，身上瘀痕密布。这些照片显示出那位演员的家暴行径。后来受害者还自曝被踢肚子踢到流产。该演员的好友发文称"家暴"事出有因，称女方私生活混乱，所以男方怒气冲天，失去自控，这才对妻子拳脚相加。为残忍寻找情绪或外因的动机，不过是用来掩盖自己的暴行。

英国是个讲究自由和人的尊严的文明国度，英国人因此对残忍行为特别敏感。英国作家乔治·艾略特（George Eliot, 1819—1880）说："与其他恶习一样，残酷行为本身并不需要动机；它只需要机会。"英国哲学家伯特兰·罗素（Bertrand Russell, 1872—1970）说："以良心的名义对他人行残忍之事，是伪道德家们的嗜好，这就是为什么他们发明了地狱。"另一位英国作家切斯特顿（G. K. Chesterton, 1874—1936）则说："残忍也许是人所能犯下的最严重的罪过，而对思想的残忍则是所有残忍中最恶劣的一种。"钳制人的自由思想，强行洗脑，把有想法的人当作"思想犯"加以迫害，便是切斯特顿所说的"对思想的残忍"。

在塞涅卡那个时代，还不可能如此深刻而尖锐地看待残忍，在《论发怒》里，也许是为了用"残忍"刺激他要规劝的对象，他把残忍归结为一种更一般化，也更人性化的情绪和冲动，即"发怒"。他的戒怒劝说是从斯多葛哲学的角度阐述的，强调的是发怒的无知、不道德（邪恶）、自我失控、违反自然、非理性、不明智、放纵激情、缺乏自制。至少从十个方面阐述了为什么发怒是一种恶习，以及如何避免发怒。

第一，为什么发怒是一种恶习？对此，塞涅卡列举了三个主要理由。首先，发怒使人实际上成为一个奴隶：当我们生气时，我们就是受发怒支配的奴隶，变得更容易犯错误，然后就是后悔莫及。发怒使我们对未来和后果视而不见，我们只顾着满足于短时间的情感发泄，无视未来的灾难后果。其次，发怒具有比其他情绪极端得多的惯性力量，当你意识到自己生气时，你已经被发怒控制住，走上了一条破坏与混乱之路。你无法平静下来，发怒在证明你的存在。所以，制怒必须在发怒之前。再者，发怒具有强烈的传染性。塞涅卡说，发怒会影响暴民行为。发怒在社会群体中的传播能力超过任何其他激情，当有足够的愤怒存在时，个体就会在群体中变成不断放大发怒的可怕生物。斯多葛生活哲学的目标是宁静、和平和安详，发怒彻底破坏了这样一种生存状态。

第二，对发怒的知识是克制发怒的智识条件。塞涅卡说：如果我们反复将所有发怒的缺点和形式摆在自己眼前，就能对发怒有正确判断，也就能防止自己变得生气。应对发怒的第一步是要认识到这种情绪有多么危险。把发怒当作一种危险的情绪，这种斯多葛主义观念与亚里士多德主义对发怒的看法不同，亚里士多德主义认为，美德是避免极端，是中庸之道。就发怒而言，不会发怒是精神疲软，过度愤怒是脾气暴躁，愤怒应该避免这两个极端。愤怒还是有它自身的价值，因为愤怒可以是人们正义感的一种表现。不过，塞涅卡认为，人是具有理性社交能力的动物，"自然生活"意味着运用自己的理性交往能力生活。发怒是不合理的，会损害社会，因此是"不自然的"。

第三，必须知道愤怒是怎么被触发的，知道了发怒的诱因，就能在萌芽状态遏制发怒。塞涅卡认为，治疗疾病的最好方式是在它一露头就采取措施：一开始发怒时，就要尽量少说话，遏制自己的情感。个人发怒的诱因并不相同，因此塞涅卡建议，我们应该观察和注意自己发怒的诱因，以便自我有所警惕。例如，有的人受不得委屈，有的人侠肝义胆，有的人特别讨厌谎言，有的人对歧视和排斥特别敏感，有的人甚至天生就是坏脾气。让一个人生气的事未必也让其他人生气，我们自己也有这样的经验体会，例如在高速公路上塞车，有的人会狂怒，有的人生气，但有的人能够理解，泰然处之。我们对发怒的触发因素关注越多，就越能在其发作的最早阶段遏制发怒。

第四，一感觉到自己有怒气，就必须立即采取措施，以防进一步发展。塞涅卡说，对发怒最好的治疗就是要等一等，这样一开始的激情就可能熄灭，笼罩你心灵的迷雾也可能消退，或变得不那么浓密。这是运用理智的时刻，你一感到怒意来临，就要马上将自己从被惹恼中摆脱出来。想一想发怒违背你的利益，会让你做出后悔的事情。或者，你也可以尝试阅读、冥想或其他会让你放松的事情。俗话说，退一步海阔天空。现代科学研究结果表明，深呼吸对缓解心情很有帮助，可以舒缓肌肉紧张，放松紧张情绪。深呼吸是降低怒气的最快方法之一。人生气的时候，计数到十，要不然就对自己一次又一次说"放松""戒怒"或"不想它"这样的话，这样就可以舒缓发怒的情绪。发怒是一种情感，情感不会持久至永远，它来的那个时刻非常凶猛，但只是一阵子，不让它发作，过去了也就好了。

5.《论发怒》：愤怒是灵魂的热度

上一节说了塞涅卡《论发怒》中的四个斯多葛哲学观点：发怒是非理性、不自由和违反自然的恶习；认识发怒是戒怒的根本条件；发怒总是事出有因；制怒要在诱因的根子上对症下药，采取自我控制的措施。这里接着介绍塞涅卡其他几个关于戒怒的斯多葛哲学观点。

第五，可以根据不同的性格用不同的学习方式和内容避免刺激并调和心情。塞涅卡说，脾气暴躁的人应避免要求苛刻的学习，或至少从事那种不容易让人很费精神的学习；头脑不应该专注于太艰难的工作，而应该转向令人愉悦的艺术。通过阅读诗歌和有趣的历史故事让头脑平静下来，用温和和优雅的方式来教育。如果一个人容易感到沮丧和发怒，那么就应该找到可以舒缓情绪的教育和陶冶方式。这种想法在塞涅卡那个时代很超前，音乐和美术会产生良好的个性影响，过分严苛的训练和教育有可能扭曲孩子的心灵，勉强的"天才教育"可能毁掉孩子的一生，造就乖戾的人格。希望这些能成为今天教育心理学的基本知识。

第六，换位思考。塞涅卡说，你对谁生气，就把自己放到他的位置上试试。事实上，你生气，是因为你自视甚高。同一件事，你很乐意要求别人，但不乐意要求于自己。别人对你说谎，你怒不可遏，你对别人说谎，却心安理得。因此，与他人平等相待，换位相处是应对发怒的一个好方法。碰到事情，你生气了，就问问自己，我自己有没有做过这样的事情？要是换作我，我会怎么做？这样你就会发现，人的自由意志原来不那么自由，而是经常会身不由己，做出让别人生气的事情。

第七，宽恕胜过报复。塞涅卡说，受到伤害，和解比报仇要好得多！复仇花费相当多的时间，并且容易使你遭受更多其他伤害，我们感觉发怒的时间总是超过感觉伤害的时间。你越是对伤害耿耿于怀，愤愤不平，就越是延长自己受实际伤害的时间。

第八，明智地选择你的朋友。塞涅卡说，选择那些诚实、随和、有自制力的人做你的朋友，他们会容忍你的坏脾气，不会火上浇油。如果你知道自己很容易生气，那就应该避免与会刺激你或挑唆你发怒的人交朋友。这样的人很容易操纵你，把你玩弄于股掌之间。我们维持友谊、家庭和群体关系，是为了给生活带来更多欢乐，而不是为了给自己制造烦恼和痛苦。有的关系看上去很亲密、温馨，如党派或团伙，其实却是靠对共同敌人的仇恨维系的关系。在所谓的"朋友"关系里，怒气燃烧得比野火还快，这也正是古斯塔夫·勒庞在《乌合之众》里分析过的群众心理。今天互联网上的"网怒"和所谓的"同仇敌忾"很多都是因为交友不慎所致。

第九，不要自己去找生气的理由。个人或朋友之间，不要碰到一点事情就表现得义愤填膺、同仇敌忾；更不要动不动就觉得受到了自尊心或情感伤害，一开口就是"不高兴""严重伤害感情"。愚蠢的人才会天下本无事，庸人自扰之。人家不经心说了一句话，开了个玩笑，你就上纲上线，以为他是故意侮辱你，冒犯你，跟你过不去，随着便火冒三丈，要别人跟你赔礼道歉。用塞涅卡的话说，要是一个奴隶、一个自由人或者你的妻子、客户，你说一句他回你一句，这会让你很生气。人总是自以为是，把自己太当回事，一点点小事便斤斤计较，耿耿于怀，这只会让自己变得虚弱，经受不住任何不顺心的事情。其实，伤害你的不是那件事情本身，而是你对它的看法。如果你碰到什么人或事情，总是朝坏处去想，用阴谋论猜测别人的邪恶动机，总是觉得自己有理由火冒三丈，那么你就注定一辈子都有生不完的气。

第十，人应该有点幽默感和自嘲的精神。塞涅卡问道：受到了打击，一个聪明人应该怎么办？应该像小加图被人攻击时一样：不要生气，也不要报仇，更不要回击。不睬它就好。如果我们觉得实在难以容忍，非得有点表示不可，那么斯多葛哲学便会建议使用自嘲的幽默。塞涅卡赞成小加图用幽默化解侮辱的方法。有一次，小加图在当辩护人的时候，一个名叫雷恩图卢斯（Lentulus）的对手朝他脸上吐唾沫，小加图既没生气，也没回击。他冷静地擦掉脸上的唾沫，说道："如果有任何人说雷恩图卢斯不会用他的嘴巴，我会发誓向他证明，他说错了。"自我嘲讽是开自己的玩笑，以此把对手的攻击变成一个不值一提的玩笑。塞涅卡认为，这可以防止侮辱扎根于自己的心里，避免遭受更多不必要的痛苦。通过嘲笑侮辱，我们可以不让侮辱控制和支配我们，反而让侮辱者显得无聊和卑鄙。因此，用幽默来抵御侮辱可以比用侮辱来回击更有效。

塞涅卡《论发怒》有两个显著的特点，一个是通过举例进行论证，另一个是从多个方面反复谈论那些看似平常的发怒现象和行为。今天习惯于思维快餐的读者也许会觉得啰嗦，但这也因此可以成为一种经典阅读所需要的耐心训练。

从斯多葛主义的视角，塞涅卡借"发怒"揭示了一些深层的人性伦理问题。愤怒与残忍、仇恨和复仇带来的快感是联系在一起的。一个人用愤怒来看待其他人，其中经常包含着残忍、仇恨和报复心，因此愤怒使人受制于人性的阴暗，而疏远人性的善良，这使一个人对他人做出可怕的事情。发怒是一个恶性循环的开始：越发怒就越可能有暴行，越有暴行就越丧失人性；而越丧失人性，就会有越多的暴行。

但是，我们对愤怒的理解不应该只局限于它对人性的削弱和恶化，因为在可怕的事情发生时不感到愤怒，这本身也可以成为一种对人性的削弱和退化。人性中有激情，也有理性。如果说人的七情六欲和理性都是神造的，那么理性应该控制激情，而不是消灭激情。就是神也有发怒的时候。《新约》里，耶稣劝诫人们不可动怒。他说："可是我告诉你们，凡是向弟兄发怒的，必被判罪。人若说弟兄是'拉加'（废物），必被公议会审判；人若说弟兄是'摩利'（蠢物），必难逃地狱的火。所以你在祭坛上献供物的时候，如果在那里想起你的弟兄对你不满，就当在坛前放下供物，先去与弟兄和好，然后才来献你的供物。"（《马太福音》，5：22—24）耶稣说的是不可向弟兄发怒，而非不可向一切人或事发怒。《旧约·创世纪》里的所多玛和蛾摩拉是两个沉溺于罪恶的城市，上帝决意要毁灭这二城，除了罗得一家，上帝要让这两座城市里的人都死去。上帝若不发怒，何至于此。

当邪恶当道、道义被践踏，当是非颠倒、黑白不明、好人生不如死，这时候，唯有愤怒才能宣示对邪恶的憎恨，也才能表达对人类自由和尊严的关注。在黑暗和令人窒息的世道下，人们会很自然地学会用自我麻痹和冷漠犬儒去适应这样的环境。他们的道德神经麻木了，灵魂和良心也全都麻痹，他们已经不知道什么是愤怒。往好里说，似乎就是"难得糊涂"或"随遇而安"，往坏里说就是奴性十足，和邪恶合谋。塞涅卡的《论发怒》力劝人们根除愤怒，全书结尾的名句是，"让我们培养人性"。但是，愤怒也可以是灵魂的热度，因此，培养人性同样也需要保持对不公不义的愤怒。

情绪和感情是复杂的，并不是一个简单的或者要或不要的问题。就发怒而言，愤怒中可以包含一个人应有的正义价值和道德是非判断。鲁迅《呐喊》一类的作品说的就是那种因为没有原则或是非判断而形成的冷漠和不愤怒。有些人不会愤怒，是因为做惯了奴才，以当奴才为荣为乐，他们的命运只能是永远承受暴政。但是，大多数人看上去不愤怒，是被迫的，或者根本就是假装的。他们并不是真的全然麻木，或者真的修炼到不会愤怒的境界。他们心有愤怒，只是不敢说出来而已。这是人在暴政下生存的自我保护。

今天，我们对人的情绪，包括愤怒，有了远超过塞涅卡时代的认识，自然也就不会把愤怒视为全然有害的情绪。心理学家发现，"情绪"（emotions）是一种对人的行为具有强大驱动作用的力量，了解一个人行为后面的情绪，不仅有助于了解他的行动倾向，也有助于了解他对周围环境的认知。"情绪"是对一系列主观认知经验的通称，是由感觉、思想和行为综合产生的心理和生理状态。美国心理学家威廉·马斯顿（William M. Marston）指出，任何一种基本情绪都不仅仅是感觉、心态或情感，而是驱动行为的能量，将一种情绪与另一种情绪加以区别的唯一方法就是观察它在什么情境下导致人的什么行为。

愤怒是对邪恶的一种有自尊心的公开回应，也是每一个有正义感的正常人在灵魂深处爆发的抵抗。16 世纪宗教改革先驱马丁·路德说自己只有在感到愤怒时才写作得最好。当人愤怒的时候，他写作、祷告和宣道。因为这时候，他所有的气质才都调动起来，而所有的尘世烦恼和诱惑都离他而去。人们常说的"愤怒出诗人"应该是差不多的意思。如果路德的灵魂里没有对中世纪罗马教会腐败的愤怒，那么也就没有那场改变人类文明进程的宗教改革了。

不愤怒并不一定是理想的个人品格境界，大多数人不会愤怒更不是一个良好和正义社会的标志。一个大多数人不会愤怒的社会经常是一个"哀莫大于心死"的社会。美国心理学家查尔斯·施奈德（Charles Snyder）的《希望的心理学》（*The Psychology of Hope*）一书中有一个相似的说法，叫"心理死亡"（psychological death）。其实，在这两个说法中，死去的都不是"心"，而是希望。希望是存在于心灵或灵魂中的东西，一个人没有自由的心灵，便不可能真正拥有属于自己的希望。

在书中，施奈德把"心理死亡"定义为这样一种状态："由目标导向的思维衰退，直到像植物般冷漠的程度。"他写道："一个人心理死亡的时候，他处于一种对人生目标冷漠、麻痹的精神状态。

儿童和成年人都有某种希望的念想，希望的死亡是一步一步地发散出来的。它经常是从希望受阻开始，由于希望受阻而愤怒和绝望，最后对所有的目标万念俱灰，无动于衷。"

一个人的希望受阻，通常是因为最重要的目标先行受到阻遏。目标重要不重要，是由它对一个人的影响而定的。社会对人形成"重要目标"的观念有关键的影响，在中国，这个目标以前是政治，现在是金钱，但是，还有一个更重要的目标，那就是让社会能够更加正义，让人活得有尊严，也更加自由。如果追求重要目标的过程带来的是一次次的挫折和失败，人就会变得心力交瘁、万念俱灰、冷漠麻痹，不再敢抱任何希望，对希望也就死了心。心死是人的一个最后自我保护手段。从怀有希望的念想到对希望死心，会经过一个愤怒的阶段。只有对希望敏感的人，对希望在意的人，才会愤怒。

从"还有希望"到"心死"，在这个变化过程中，愤怒逐渐消失，直至灵魂完全没有热度，是一个最痛苦的阶段。在这个阶段中，年龄是一个很重要的因素，年轻人会觉得自己有年龄的本钱，因此会在这个阶段上停留得长一些。不再年轻或者上了年纪的人，他们很快就会从愤怒转入下一个阶段，那就是绝望。施奈德在《希望的心理学》中指出："绝望是一个人对重要目标受阻的投降。在愤怒的时候，人还在与阻碍搏斗，与愤怒不同，绝望是一种不再有斗争动力的沮丧状态……绝望是一种放弃了的无所行动。"人从绝望会迅速进入心理死亡的最后阶段，那就是彻底麻木，完全心死。

在不同的环境中，完成心死过程的时间长度会有很大差别。在极端环境下，冷酷无情的斗争、肉体折磨、精神残害使得一个人来不及体味整个心死的过程。等不到精神麻木，他就会一下子陷入绝望的恐惧之中，用上吊、自溺、卧轨等剧烈的手段表现并结束自己的绝望。

在日子变得好过许多的今天，金钱成为许多人的人生主要目标。

对他们来说，就算人生目标受阻，就算因此渐渐绝望和麻木，也不至于惨痛到必须身心皆死的地步。一个人心死了，但肉体仍然可以苟活于世。谁如果善于自我劝解，学会"难得糊涂"，不去理睬什么精神、心灵、自由、尊严，那么，即便人生像果戈理《死魂灵》中那样庸俗、浅薄、蝇营狗苟、鼠目寸光，也照样可以觉得自己活得很滋润，很幸福。对他们来说，追求存活于心灵中的希望只不过是庸人自扰。他们所不知道的是，死魂灵不是灵魂，而根本就是没有灵魂，真正的希望是不可能驻存在死魂灵里的。

6.《美狄亚》：女性的暴力和残忍

阅读塞涅卡，不能不说一说他的悲剧。这里要说的是他的悲剧《美狄亚》。如果说塞涅卡的《论发怒》是一个轻声细语的哲学讨论，那么他的《美狄亚》简直就是一次"食尸乐队"（Cannibal Corpse）的重金属音乐演奏会。几无旋律的和弦咆哮以排山倒海的音响气势向你袭来：电吉他的吼叫快速地重复、速击低沉的双大鼓、咬音不清的主唱低吟狂吼、复杂的编曲和多样化的速度变换着节奏。更具冲击力的是那种以死亡和仇恨为主题的歌词"死调"：充斥着尸体、内脏、肢解、分尸等有关虐待的字眼。这是一种非常暴力的音乐，但就是有人喜欢。事实上，塞涅卡的悲剧是如此黑暗，如此暴力，如此充满激情和仇恨，以至于有人怀疑，哲学家塞涅卡和悲剧家塞涅卡是不是同一个人。

在很长一段历史时期里，塞涅卡的悲剧令人着迷，原因很多，有戏剧修辞的原因，也有戏剧情节或人物的原因。可以说，没有其他古典剧作家像塞涅卡那样塑造文艺复兴时期的早期现代悲剧。传记作者艾米莉·威尔逊在《塞涅卡传》一书里指出，"塞涅卡的《菲德拉》(*Phaedra*)于 1485 年在罗马演出,这可被视为早期现代戏剧的起点"。没有塞涅卡,我们不会有凯德(Kyd)的《西班牙悲剧》(*Spanish Tragedy*),马洛(Marlowe)的《坦布勒》(*Tamburlaine*)或《浮士德》(*Faustus*),也不会有莎士比亚的《哈姆雷特》(*Hamlet*)。塞涅卡一手缔造了早期现代的复仇悲剧。[1]

塞涅卡的悲剧令早期现代人着迷,因为他们的社会与罗马社会之间有着一种相似的残酷和暴力文化氛围。在这两个时期的不同社会里都有暴力娱乐的公共场所和活动:体育馆,角斗场,绞刑架,公开酷刑和对死亡的痴迷。就像以前中国也有过的那种"游街""绑缚刑场,杀头示众""当场枪决",甚至吃人血馒头一样,暴力和残酷是一种大众娱乐活动。

就像塞涅卡写悲剧的时候已经目睹了暴君卡利古拉最血腥的暴行一样,16 世纪和 17 世纪的欧洲戏剧家与新教改革人士也非常熟悉种种流血的迫害、死亡的灾难和酷烈的残杀,在他们眼里,塞涅卡戏剧中的暴力场面和情节都非常真实,简直就是一种艺术的逼真。在暴政和迫害当道的社会环境里,暴力和残忍毒害了人们的心灵,也会不可避免地变成一种爱看杀头和吃人血馒头的阴暗、丑陋的大众文化。

塞涅卡的戏剧让我们有机会看到希腊悲剧对罗马悲剧的影响,也看到罗马悲剧与希腊悲剧的不同。塞涅卡的悲剧经常被认为缺乏原创性,但是,正如美国文学教授法西里基·盘诺西在《城邦与帝国:希腊悲剧在罗马》中所说,塞涅卡的悲剧里其实有一种"非常精致、复杂的'互文挪用'(intertextual appropriation)的关系"。[2]

1　Emily Wilson, *The Greatest Empire: A Life of Seneca*, New York: Oxford University Press, 2014, 223-224.

2　Vassiliki Panoussi, "Polis and Empire: Greek Tragedy in Rome", in *A Companion to Greek Tragedy*, ed. Justina Gregory, Malden: Wiley Blackwell, 2008, 423.

在第一册关于希腊文学的书里我们有过关于欧里庇得斯的《美狄亚》的阅读，这里正好把塞涅卡《美狄亚》一剧放在与欧里庇得斯《美狄亚》的"互文挪用"关系中加以讨论。

所谓"挪用"，也就是"套用"或"借用"。塞涅卡的《美狄亚》以欧里庇得斯的《美狄亚》为模仿对象而写成。罗马作家套用或借用希腊文学作品，用这种方式来进行文学创作，这是很常见的。罗马没有自己的戏剧传统，而希腊的戏剧又特别丰富，所以戏剧中的套用和借用也特别明显。前面在解说泰伦提乌斯《两兄弟》一剧时已经提到，这个剧就是套用希腊新喜剧家米南德的同名喜剧，再加上他自己的特色创造。塞涅卡的《美狄亚》则是套用欧里庇得斯的同名悲剧。这种连题目都不改的套用，在当时是正当的创作方式，不需要掩饰，也没有什么让人不好意思的。

其实，自古至今，作家创作都需要借助和继承前人的作品遗产，也得益于这样的传承关系。但今天人们重视知识产权问题，反对剽窃，所以，借用或套用古人便有了行为道德失当之嫌。其实古人没有这样的观念，相反，他们的创作模仿是一个遵守而非破坏文学创作规则的行为。例如，不同诗人的创作中会不断出现相同或相似的美妙意象，诗人的借用能力被当作一种独特或值得自豪的文学才能，诗人善于"用典"就是其表现之一。

不过，我们有理由相信，即使是在古代，正当的套用或借用也是有限度的，而真正的创作总还是有创新要求的。罗马戏剧家借用或模仿希腊戏剧，并不只是把希腊文翻译成拉丁文，而是总会添加一些新的元素，形成一些新的特色。泰伦提乌斯的喜剧是如此，塞涅卡的悲剧也是如此。

塞涅卡的悲剧创作一般先选一部希腊悲剧为自己的作品"打底"，即作为基本的剧作框架。然后他会选一部相同题材的希腊或拉丁作品为自己的作品"着色"，也就是确定风格特征。他用拉丁文写作，所以会用希腊剧打底，而用拉丁诗着色。他尤其偏爱奥古斯都时代的三位拉丁诗人：维吉尔、贺拉斯和奥维德。在这三位诗人中，他最偏好的是奥维德，大概是因为奥维德那里有一个可供不断开采的神话富矿，而神话构成了塞涅卡戏剧的基本题材。

无论是戏剧还是诗歌，塞涅卡的文学借用都可以称得上是"取法乎上"，能够"得之乎中"，也就相当不错。他的悲剧在文艺复兴时代极有影响，也可以说是实至名归。而且，罗马文学是文艺复兴时期作家接触希腊文学的一个窗口，他们复兴的首先是罗马文学，然后才是希腊文学。

希腊悲剧家欧里庇得斯的《美狄亚》是一部富有文学和思想魅力的杰作。他没有创造美狄亚这个人物，这个人物是早就有的。但是，由于他这部出色的剧作，许多后来的作家都对美狄亚这个奇女子产生了浓厚的兴趣。这个人物也因此变得特别"有故事"，让其他作家有了以这位奇女子为题材来创作的冲动，塞涅卡就是其中之一。塞涅卡一生共写过9部悲剧，他的《美狄亚》被认为是其中最好的：主要人物各有个性，故事情节合理并展开有序，语言自然而不做作。正因为如此，后来还不断有人改编这个剧。

欧里庇得斯悲剧以细致的人物刻画著称，人物行为后面有着复杂、矛盾的心理动机和情绪激荡，他的戏剧有一种超前于时代的心理现实主义特征。相比之下，塞涅卡戏剧中的人物就要逊色得多。他注重台词的修辞和辞藻，讲究气势和场景效应。因此，剧中人物经常成为他显示华章风采的道具。他的《美狄亚》一剧能够兼顾人物的刻画，超过了他的所有其他戏剧。所以不妨拿他的《美狄亚》的人物与欧里庇得斯的《美狄亚》的人物做一些比较，然后再把这两个剧的主要情节稍做比较，看看这个罗马剧有些什么自己的特色。

美狄亚同是这两部剧作的主角。欧里庇得斯创造的是一个人性化的美狄亚，行为后面的心理动机被刻画得非常细腻，报复心的产生和发展一步步推进，变化清晰。例如，美狄亚深爱着丈夫伊阿松，曾经为他做了许多牺牲，甚至背叛自己的家人。她随伊阿松回到了伊阿松的故乡爱俄尔卡斯，随后又一起移居到希腊城邦科林斯。她为伊阿松生养了两个孩子，最后却被一心要娶科林斯公主为妻的伊阿松抛弃，科林斯国王克里昂又来逼她带着孩子离开科林斯。美狄亚先是对伊阿松苦苦相劝，希望他顾及夫妻情分和两个孩子的亲情，不要拆散这个好不容易建立起来的家庭。但是，伊阿松以种种借口拒绝听她的恳求。美狄亚是在被迫无奈的情况下，出于忌恨，设计用火烧死了国王克里昂和公主。又经过痛苦的内心挣扎，最后杀死了自己的两个孩子，用作对伊阿松最后的报复手段。这是一个有发展变化的人物，而且她能够冷静、理智地掩饰自己的情绪，处理局面的变化，一步步实现自己的行动目标。

塞涅卡剧中的美狄亚完全不同。这个美狄亚从头到尾都是一个丧失理智的失心疯，没有什么变化。她天生就暴戾、嗜血、残忍。故事一开始，她就恳求神明帮助她实现杀尽仇人的计划，她在整个故事过程中，一直处于狂暴、亢奋的状态，犹如罗马斗兽场上一开始就红了眼的狂野斗牛。这个冲动狂怒的美狄亚远比欧里庇得斯的美狄亚更适合罗马人那种粗野、好斗的审美嗜好。

这两部剧里的伊阿松也很不相同。欧里庇得斯的伊阿松是个卑鄙的小人，自私、虚荣，一心想攀附科林斯国王和公主。塞涅卡的伊阿松是个胆小、懦弱的人。他并不想当科林斯国王的驸马，只是因为不敢违拗国王的意愿，才不敢拒绝。

剧中另一个人物，科林斯国王克里昂在两部剧中也完全不同。欧里庇得斯的克里昂是个值得尊敬的老人，他疼爱女儿，只是为了让女儿与伊阿松的婚姻生活能够幸福，才要驱逐美狄亚和她的孩子。而塞涅卡的克里昂则是一个暴君，他骄横跋扈，一意孤行。他命令伊阿松当他的女婿，根本不考虑伊阿松与美狄亚已经是夫妻。这令人想起奥古斯都对待提比略的方式。提比略本来已经有了恩爱的妻子，但奥古斯都为了收提比略当义子，成为自己的王位继承人，硬逼着提比略与妻子离婚，娶他的女儿为妻。提比略只得听命，但与新妻子相处得形同仇人。

对塞涅卡改写的《美狄亚》，德国历史学家奥托·基弗是这样评论的："欧里庇得斯根据美狄亚的故事写出了一部细致入微，扣人心弦的悲剧。塞内加写出什么来了呢？他所写的与欧里庇得斯的几乎完全相同，可他增加了一些什么样的细节！大家都知道，欧里庇得斯对一位母亲的内心冲突刻画得非常深刻。可是在塞内加的笔下，被抛弃的妻子变成了疯狂的复仇者，对背信弃义的丈夫进行了骇人听闻的报复。她先杀死了一个儿子，她的残酷行为被打断后，便将尸体和幸存的一个儿子带上龙车，在车上将这个儿子也杀死，并且把两具尸体猛掷在痛苦呻吟的丈夫身上，然后就消失了。"[1]

基弗认为，塞涅卡的美狄亚特别符合尼禄时代的罗马观众口味，他们嗜好竞技场上可怕的残酷行为。这种嗜好是病态的，"那些喜欢竞技场上血淋淋的竞技运动的观众，也着迷于以华丽的辞藻描写的疯狂的情感和野性的残忍。伯里克利时代的希腊人情感高尚，尼禄的臣民则卑鄙下贱"。[2]

塞涅卡不只在《美狄亚》一剧中渲染一种病态的残忍，也在他的其他戏剧中有许多例子。他那华丽辞藻的极度铺陈更加强了残忍场面的极度恐怖。他在《菲德拉》一剧中这样通过信使之口来描述无辜的受害者希波吕托斯被杀死的血腥场面："田间到处都是他的血。他的头撞在岩石上又弹了回来；多刺的矮树扯掉了他的头发，坚硬的石块毁坏了他白净的脸，给他带来不幸的美貌整个儿面目全非，不复存在了。垂死的肢体被飞驰的战车拖着前进。终于在转过

1　转引自奥托·基弗著，姜瑞璋译，《古罗马风化史》，第314—315页。
2　同上，第314页。

一棵烧焦了的树时，树干刺穿了他的腰部，将他钉在树桩上。由于主人被钉住了，战车停了一下，拉车的两匹马也站住不动，然后把树干和主人一同拔起，于是半死的躯体被灌木丛撕成了碎片，带尖刺的粗糙的围栅和每一根树干都沾上了他身上的肉。"[1] 不仅是用语言描述，最后希波吕托斯血淋淋的肢体碎块还被搬上舞台，合唱队的领唱指示将尸体碎片重新拼凑起来。这令人毛骨悚然，甚至感到恶心。

今天，艺术家们对舞台表演是否可以向观众直接呈现残酷的景象，仍然存在着争议，而这争议后面一直有着塞涅卡的影子。你是怎么想的呢？

我们可以把这视为一个公共伦理问题，也可以把它视为一个审美体验问题。从公共伦理来看，如若不是为了刺激读者或观众颤抖的神经，使之达到疯狂的程度，如若不是为了追求满足观众对强烈刺激和高度紧张的欲望需求，这样残忍和血腥的暴力场面还能起到什么别的剧场效果呢？这种对暴力场景的嗜好反映的又是怎样一种阴暗的心理呢？也许我们有理由在舞台暴力和社会暴力之间看到某种潜在的联系。

但是，从审美体验来看，舞台上呈现的残酷揭示了人的"荒诞存在"的痛苦，又可以说是一种必要的精神体验。这种残酷不等于血腥，但也能造成对人感官尖锐痛苦的刺激。法国剧作家安托南·阿尔托（Antonin Artaud，1896—1948）的残酷戏剧（le théâtre de la cruauté）就是这种审美理念的一个代表。他的《倩契》（The Cenci）一剧于 1935 年上演，标志着塞涅卡的戏剧影响已经踏进了 20 世纪的门槛。2008 年 2 月 23 日《倩契》在纽约的新俄亥俄剧场（New Ohio Theatre）上演，旋即《纽约时报》发表了评论，这又一

1　转引自奥托·基弗著，姜瑞璋译，《古罗马风化史》，第 315—316 页。

次成为重要的戏剧事件。

阿尔托对法国剧作家让·热内（Jean Genet，1910—1986）和萨缪尔·贝克特（Samuel Beckett，1906—1989）都有重大的影响。阿尔托从印度教的宇宙论中获得某种感悟，认为宇宙本身是残酷的，自然界和人类社会充满暴力，人性中隐藏着残酷的因素，残酷是一种全方位的存在，它无处不在、无法避免。具体而言，用文学教授耐森·戈尔里克在解释阿尔托戏剧的《过剩的生命》一文中的话来说：残酷是生活中永不停歇的焦躁，而生活因此变得不必要、懒散，或是失去了强制力。残酷戏剧表达了所有有关"罪行、爱、战争，或是疯狂"的事情，以使"永恒的冲突在我们内心永不磨灭地生根"。阿尔托承认自己受到塞涅卡的影响，而阿尔托的戏剧理论和实验则可以说是 20 世纪戏剧对塞涅卡暴力戏剧的一种重新解释和审美提升。[1]

无论是作为一位哲学家、道德伦理作家，还是作为一位戏剧家，塞涅卡都是一个极其复杂的人物。他在今天虽然已经不再是一个人们争相阅读的热门罗马作家，但他的思想影响还是悄悄渗透在我们今天仍然在关注的许多问题中：道德伦理与生活行为的脱节、激情和情绪的自控、残忍的邪恶和伪装、如何明哲保身地在一个暴君主宰的世界里安身立命、人对暴力和血腥刺激的那种动物本能的偏好，这些是罗马黑暗时代的问题，也是当今世界挥之不去的阴影。如何在这样一个世界里生存下去，考验着我们每一个仍然在思考，仍然在向往美德和高尚的读者。

1　Nathan Gorelick, "Life in Excess: Insurrection and Expenditure in Antonin Artaud's Theater of Cruelty," *Discourse* 33. No. 2 (2011): 263.

十五 佩特罗尼乌斯《萨蒂利孔》

1. 暴政下的文学讽刺

现在我们要开始阅读盖乌斯·佩特罗尼乌斯的《萨蒂利孔》（*Satyricon*），这是按原书名，而不是人名的音译，从题目看不出它与书中内容的关系，因此最好有一个意译的题目。对中国读者来说，该找一个怎样的中文题目呢？

Satyricon 一词从希腊语 satyrikos 而来，原意是"关于萨堤尔"。萨堤尔（Satyrs）的意思是"羊男"，一般被视为希腊神话里的潘与狄俄尼索斯的复合体精灵。萨堤尔拥有人类的身体，同时亦有部分山羊的特征，例如山羊的尾巴、耳朵和阴茎。一般来说，他们是酒神狄俄尼索斯的随从，主要以懒惰、贪婪、淫荡、嗜饮酒而闻名。这些都是这个故事中多个人物的特征。这个故事已经有中译本了，题目是《爱情神话》，太文雅，也太文艺化，有人提议把题目改成"男人的色欲"，意思虽然准确，但对一般读者来说，太重口味了。所以，我这里采取折中方式，用《饮食男女》来称呼这部作品，这个题目也许可以平和地点明这部著作的主题，即"食色性也"或者"人之大欲"。

在整个古罗马作品中，《饮食男女》是一部奇特无比的作品，与它相似，有得一比的作品是本书后面还要提到的《金驴记》（The Golden Ass）。但是，《饮食男女》比《金驴记》更难确定是怎样一部作品，即什么体裁或文类。为什么要确定它的文类呢？这是因为文类代表着阅读规则和应该以何种标准来评判一部作品。解释和评价任何作品的一个关键方面是读者的一般期望，例如，什么是好的爱情小说与什么是好的哑剧或恐怖片是不同的。在古代世界和现代世界中，体裁是引导读者参与书面文字所必需的。

《饮食男女》并不适合任何一般的类别，它是一部具有高度暗示性和自我意识的作品。我们称它为"小说"，是因为我们现在通常用这个词指称较长篇幅的散文叙事作品。然而，小说是一个现代的通用术语，不是一个古代的术语。古代小说（之后谈《金驴记》时还要回到这个话题），主要指公元前1至2世纪用希腊语和拉丁语写的散文小说作品，它们有一些可以辨认的共同模式（如爱情和冒险的连贯叙事），但《饮食男女》里三位主角之间的同性关系以及不连贯的蜿蜒叙事，与许多希腊小说中恋人的恒久性和强烈的叙事目的形成鲜明的对比。因此，研究者们更倾向于把它当作一部同时针对不同目标的"梅尼普斯式讽刺"（Menippean satire）作品，不仅讽刺暴发户的穷奢极欲，也讽刺尼禄皇帝的骄奢淫逸，而且还捎带对荷马、柏拉图的戏仿。

我们在这里把《饮食男女》当小说来阅读，主要因为它是一个"虚构故事"。就像斯威夫特的《格列佛游记》一样，虽然也是一部"梅尼普斯式讽刺"作品，但我们还是把它当作小说来阅读的。今天，有的研究者认为《饮食男女》是最早的小说，称之为"故事"（romance）。这是一种历史回顾式的说法，并不是罗马人自己的看法，也不可能是作者佩特罗尼乌斯写这部著作时的想法。

佩特罗尼乌斯被认为是这部著作的作者也是后人推测的。佩特罗尼乌斯是谁呢？这点本书后面会提到，让我们先来了解《饮食男女》是怎样一部作品，这能让我们更好地了解为什么人们认为佩特罗尼乌斯是这部作品的作者。

今天我们看到的《饮食男女》只是原著的部分片段，主要是它的第15、第16卷，三个主要人物是恩克（恩克尔皮乌斯，Encolpius），他是故事的叙述者，以及阿西（阿西尔托斯，Ascyltos）和吉顿（Giton）。奴隶身份的吉顿是一个已经年满18岁的英俊男孩，他是恩克和阿西互相争夺的性伴侣，已经不再是个少年，但是，他无论走到哪里都会引来男人淫荡的目光。

这是一个同性恋流浪汉的漫游故事，作品中充满了机智、戏谑和意味深长的讽刺，不乏清醒的智慧。在故事的描述中，漫游者们一次又一次地历险，这些历险既不光彩也不体面，除了追逐食色之欲的满足，他们完全无所事事。在罗马文学中，说起英雄历险，首屈一指的便是维吉尔的《埃涅阿斯纪》，所以有人认为《饮食男女》是对《埃涅阿斯纪》的滑稽戏仿。

在《饮食男女》残留部分中特别有名的是暴发户特里马尔希翁（Trimalchionis）的故事，可以被当作一个独立的单元，也曾经被单独出版过。这个部分我们在下面谈罗马的自由民和暴发户时还要单独讨论。

从《饮食男女》现有的部分来看，从头到尾似乎都是男男女女在同性和异性间的性玩乐和奇奇怪怪的性放纵和性错乱。这本书的英文译本等到20世纪60年代才由英国的企鹅书店出版，这是在《查泰莱夫人的情人》（Lady Chatterley's Lover）出版之后的事。然而，就像《金瓶梅》一样，《饮食男女》并不是一部色情作品，而是暗含严肃的讽刺批评，其讽刺批评的对象有暴君尼禄、史诗的英雄叙事、释放奴、暴发户等，其中特别有趣的是那些可以说是"力不从心"或"心有余而力不足"的人物或事情，暴发户冒充斯文和

"炫学"是一种力不从心，性无能也是一种力不从心。

故事主角恩克是一个有性障碍的好色之徒，他被生殖之神普里阿普斯（Priapus）厌弃，经常在关键的时刻使他"力不从心"或"心有余而力不足"，生殖之神变成了恩克的死对头。"死对头"是文学中为了情节发展经常会用到的一个"冲突机制"，荷马史诗《奥德赛》里，海神波塞冬是俄底修斯的死对头，维吉尔史诗《埃涅阿斯纪》里，女神赫拉是埃涅阿斯的死对头。死对头帮助造就了英雄人物的超人形象，衬托出他们的不屈不挠，战胜千难万险的伟大事迹。但是，在《饮食男女》里，"死对头"被戏谑为时不时就会出来跟恩克捣蛋的性障碍。有人说，在现代世界里，对萨达姆、卡扎菲这样的人物，美国就是他们的"性障碍"，让他们在刚想雄性勃发之际，一下子失去了英雄气概。《饮食男女》一书里的这种事情不宜在此详细介绍，但不难设想当这种情况发生时的滑稽情形。

现存的《饮食男女》大约有十万字，美国古典学专家海伦·摩拉里斯在该书英译本的序言中说，这只是原著的十分之一。[1]不要忘记，这是一部 1 世纪的著作，正是基督教《新约》写成的时代。就字数规模而论，《饮食男女》是一部相当于把《旧约》《新约》，还有《次经》（Apocrypha）加在一起的皇皇巨著。一部滑稽故事，居然差不多有整个基督教经典的规模，真是令人咋舌，不能不叹为奇书了。而它的作者又是怎样的一个人物呢？

据信，这个人物就是佩特罗尼乌斯。我们今天有关这个人物的历史信息几乎都是从塔西佗《编年史》第 16 卷第 18 章里来的。佩特罗尼乌斯曾经是暴君尼禄宫廷里的廷臣，曾任罗马的执政官，与塞涅卡一样最后被尼禄逼迫自杀。据塔西佗的记载，"他这个人白天睡觉，夜里处理公务和享受人生之乐。别人的声名是通过勤勉取

1　Helen Morales, Introduction to *The Satyricon*, trans., J.P. Sullivan, London: Penguin, 2011, xv.

得的，但佩特罗尼乌斯却是因懒散的生活而闻名于世。而且不同于普通纨绔子弟的是，他并不被人们看作放荡哥儿和花花公子，而被认成是一个精于享乐之道的人物"。[1]

佩特罗尼乌斯可以说是朱利奥—克劳狄时代颓废享乐主义的代表，塔西佗说："他的言论和行动不拘细节、放荡不羁，而表现这些特征的那种天真质朴使得他的言行反而特别引起人们的好感。虽然如此，在他担任比提尼亚的总督，后来又担任执政官的时候，他却表现出自己是一个刚毅果断和有处理事务能力的人。但后来由于他沾染上了做坏事的习惯，或是向那些类似坏事的东西学样，他钻进了尼禄的小圈子，成了尼禄的风雅顾问。对各种玩乐都已腻透了的皇帝，只能在佩特罗尼乌斯所赞许的东西里发现诱人的和优雅的东西。"[2] 他的得宠引起尼禄宠臣提盖里努斯的忌妒，他被提盖里努斯陷害，所以被尼禄看管起来，最后决定自杀。

即便是死，他也死得极有个性，非常潇洒。塔西佗还记载了他死时的一些事情，"他不愿意再在恐惧或希望中拖延时日，又不想匆忙地自杀，因此他就突发奇想，把他那已经切断的脉管包扎起来，随后又把它们打开，并开始同他的朋友轻松地交谈，看来他无意取得坚定地迎接死亡的声誉。他听他们背诵的并不是有关灵魂不朽的对话或是有关哲学学说的对话，而是轻快的抒情歌曲和轻薄的诗篇。他赏赐一些奴隶，又责打一些奴隶。他吃晚饭，又打了个盹儿，这样就使他这一死虽然是为人所迫，至少看起来像是寿终正寝"。[3]

尼禄时代中，许多被这位暴君逼死的人，在临死前都得不到心灵的自由。他们或是以表忠心的方式表明自己的冤屈，或是乱咬别人，找几个陪死垫背的，但佩特罗尼乌斯不同。塔西佗显然对他死

1　塔西佗著，王以铸、崔妙因译，《编年史》，第 579 页。
2　同上，第 579—580 页。
3　同上，第 580 页。

得干干净净表示赞赏，他说："（佩特罗尼乌斯）他的遗嘱同一般自杀者对尼禄……进行谄媚的调子也有所不同。他在遗嘱里详细列举了皇帝的放荡行为和他的每种淫行的新花样——首先是把各式各样的娈童和女人的名字标示出来，然后把这一文件签押之后送交尼禄。他毁坏了他的图章戒指，因为他担心这东西后来会给别人招惹麻烦。"[1]

他的遗嘱让尼禄大为震惊，尼禄不知道为什么自己那些见不得人的丑事竟然会传到外面去。他想起那个名叫西里娅的女人来。"这个西里娅是个元老的妻子，因而是个有些名望的女人，尼禄本人曾在她身上用各种各样的方式发泄淫欲"，而这个女人又同佩特罗尼乌斯非常要好。所以尼禄认为一定是这个女人泄漏了他的"机密"，但毕竟只是猜测，没有实证，所以只是放逐了这个女人。[2]

尼禄害怕自己见不得人的隐私被泄露，天下暴君莫不如此。暴君在政治上的过错是很容易用冠冕堂皇的理由或借口来掩饰的。但是，他的性丑闻不同，这种乖张和淫荡无法用漂亮的道德字眼来美化和掩饰。即使在纵欲无度的暴君眼里，人伦和性欲的错乱和乖张也是肮脏的东西，所以他一定会竭力隐藏，要是隐藏不了，那就杀人灭口。

所有罗马皇帝当中，学者论述最多的是尼禄，文学作品中描写最多的也是尼禄，然而历史学家对他的性格仍无定论。其实，历史上的尼禄并不是像一般人印象中的那个青面獠牙、衣冠禽兽的家伙。也正因为如此，他的性变态才特别受到现代历史学家和心理学家的重视，因为这种事也可能发生在其他任何一个人身上。有的论者在讨论尼禄的性格时运用精神分析学的话语和观点，因为他们认为，精神分析的术语最有助于解释和说明尼禄性格中那些背离一般人性

1　塔西佗著，王以铸、崔妙因译，《编年史》，第580—581页。
2　同上，第581页。

规范的趋势。

心理分析学认为，每一个人都可能有某种性变态问题，这是因为人性中有一种残忍的自然冲动，是人的动物本能，这在有的人身上特别强烈。残忍是性变态的精神错乱因素，尼禄以残忍闻名，他的皇帝身份更让他可以肆无忌惮地发泄他的残忍，也正是这种无所顾忌的残忍使他成为一个臭名昭著的暴君。

性变态在暴君尼禄身上与在其他许多专制独裁者身上一样，只是权力极端残忍的一个征兆和表现方式。尼禄时常不分青红皂白、随心所欲地滥杀无辜，且行为怪诞，狂耍恶作剧。他曾设计一种游戏：自己身披兽皮，从笼中蹿出，扑向被绑在柱子上的男人或女人，乱抓乱咬。尼禄还曾阉割一个名叫斯波鲁斯的少年，想把他变成一个女性，并按照通常的仪式与他结婚。尼禄还让少年穿戴上皇后服饰，乘马车招摇过市，待之如妻子一般。与许多暴君不同的是，尼禄的性变态和残忍都暴露在罗马人的面前，以致最后逼得罗马人民起来推翻他。但是，还有跟尼禄同样暴虐的政治人物，人们一般看到的只是他们运用政治权力的残忍手段，因为他们的性变态总是被小心翼翼地当作"国家机密"掩盖起来。

罗马人的残忍常常被他们自己或别人当作勇敢战狼的气质和英武精神，而《饮食男女》却是以讽刺的方式来表现这种罗马式残忍。故事主角恩克的形象便是对罗马战狼的戏仿和颠覆。

恩克曾经是一位格斗士，但是，他不是人们印象中那种战狼式"猛男"，而是一位外貌俊美、色厉内荏的"屄男"——意大利导演费德里科·费里尼（Federico Fellini）导演的电影《萨蒂利孔》（中文译名《爱情神话》，1969年）就是选了一位这样形象的演员。然而，就算是俊男，也是徒有其表，金玉其外，败絮其中。他的名字Encolpius是"在裤裆里"或者"裤裆"的意思，暗示他裆下有问题。这位俊男和他的情敌，还有他们两人共同的娈童走南闯北，四处漂泊，无惧无畏地出入各种声色场所。恩克扮演的是一个滑稽的游手好闲浪荡子角色。免费的饭局和性局他从不错过，也不挑不拣，有机会做坏事绝不犹豫，干完了坏事就走人了事。费里尼在影片拍摄之前就表示，《萨蒂利孔》不是一部古代历史题材影片，而是一部半梦境的作品。整个剧情支离破碎，充满了幻觉般的暧昧，成为一种视觉象征，暗指朱利奥—克劳狄王朝末年罗马的那种看似光鲜繁华，实则醉生梦死的颓废败落景象。

2. 暴发户和民间企业家

《饮食男女》里有一部分关于暴发户特里马希翁（Trimalchionis）的故事，它被称为"特里马希翁的宴会"（Cena Trimalchionis，英译文为 Trimalchio's Dinner），曾被人拿出来单独成篇。在恩克、阿西和吉顿这个三角同性恋中的人物以外，最让人感兴趣的就是这个暴发户人物了。他年轻时是罗马一个富翁多年的心腹，并继承该富翁身后的遗产，如今过着奢侈放纵的生活，他的盛宴是书中最为著名的部分，是朱利奥—克劳狄时代铺张浪费、道德败坏的典型写照，被认为是对尼禄皇帝"金宫"（Domus Aurea）极度奢侈的讽刺。佩特罗尼乌斯是 66 年死的，而金宫则是在约 65 至 68 年建造的。他生前曾任尼禄的"品味鉴赏"顾问，大概率能了解金宫的事情。

金宫是一项典型的把灾祸当喜事办的政绩工程。64 年罗马大火之后，尼禄开始大搞罗马的市政建设，塔西佗记述道，"重建工作却不象高卢大火之后那样东一座西一座毫无秩序地进行，而是按照一定的市街规划修建的；街道宽阔，建筑物高度有一定限制，房屋和房屋之间留有空地，而且房区的正面还有柱廊作为保护"。尼禄虽然是暴君，但还算是讲道理的，他没有强拆罗马的民房或霸占市民的土地，"他还把清理了现场瓦砾的建筑地址归还给原主。他又按照不同请求者的身份和财富向他们悬赏奖金，规定他们必须在一定的日期之前把房屋或房区重新修建起来，如果他们要取得奖金的话。他指定欧斯提亚沼地为堆积垃圾废土的地方，并下令从台伯河运粮到罗马的船在回去时一定要运走垃圾"。[1]

金宫是尼禄重建罗马工程的一部分，建造得非常奢华。罗马历史学家苏埃托尼乌斯在《罗马十二帝王传》里描绘道，"（金宫）前厅是为一个硕大无比的雕像专门设计的，放置一座120尺高的尼禄雕像"。金宫将一大片地区建成一座苑囿，"有一个非常大的湖，四周的建筑看起来就像是城市。苑囿里有原野、葡萄园、牧场和树林，有很多动物，野生的和家养的。宫里有的地方蒙上了金箔，装饰着珠宝和珠母贝。餐厅的屋顶是象牙的，有滑板把鲜花和熏香撒到宾客们的身上。主餐厅是可以旋转的，就像天空一样，慢慢地从白昼变成夜晚"（《尼禄传》，39）。

佩特罗尼乌斯对暴发户特里马希翁的讽刺里有尼禄穷奢极侈的影子，他最初的读者不难从暴发户奢靡的宴会联想到尼禄奢侈豪华的金宫。今天的读者则可以把《饮食男女》当作一个对当时罗马社会的记录，一窥当时罗马暴发户豪奢放逸的飨宴饮食文化。在暴发户特里马希翁家，穷奢极侈、物欲横流到匪夷所思的程度。故事里描绘的流水席宴会上，菜色摆出十二星座，野猪肚子里塞进活山鹑（《饮食男女》，第35章）。主人特里马希翁的情妇在其左手边，男宠在其右手边。黄金的碟子掉在地上，他豪爽地叫下人不必捡起，直接当垃圾扫掉就是。这位暴发户吃喝弄脏了手，不是用毛巾擦手，而是专门有长着浓密头发的仆人让他用头发擦手。

特里马希翁是一个"释放奴"的自由民，他对自己从哪里挖到

---

1 塔西佗著，王以铸、崔妙因译，《编年史》，第540页。

的第一桶金讳莫如深、只字不提。人们传说他是从妖怪的帽子里发现一笔财富，惊叹他的雄厚财力，说"他的土地延伸到任何一个风筝飞得到的地方"；"他放在门房里的闲钱，比别人全部的财产还多"；至于他拥有的奴隶，只能用"不计其数"来形容。如此不难想见，这位暴发户是过着如何锦衣玉食的生活，而他所举行的盛宴又是多么豪奢了（《饮食男女》，第37章）。

当我们随着恩克他们一起踏进特里马希翁的宅第，见识到宴会的现场后，那感受就好比刘姥姥进大观园，无处不令人瞪大了眼珠子，啧啧称奇。书中不只呈现出当时的高级食材与料理，就连盛放的器具也详加描述。举例来说，其中有一道开胃品以铜制小驴盛装，"驮鞍上挂着橄榄，一边是白橄榄，另一边则是黑橄榄。这头驴的左边与右边都是银碟，边缘刻着特里马希翁的名字以及银碟的重量。在形状像桥梁的拱门上则有冬眠鼠，点缀着蜂蜜与罂粟种子。还有香肠在银烤架上熏得热热的，下面则铺着叙利亚梅子与石榴种子以模仿煤炭"。每道料理从食材、盛放器具到摆盘皆是如此华丽、精致，显现出特里马希翁有多么讲求排场，好似怕别人不知道他的财势（《饮食男女》，第31章）。此外，如同多数的新兴富豪，特里马希翁总是时时夸耀自己的成就，"我自己是在巨蟹座下诞生的，因此我有很多脚可以站立，在海上和陆地上都有很多财产，因为巨蟹座可以适应这两种环境"（《饮食男女》，第39章）。

在阅读这样的时代讽刺时，一定要知道，如果由此断定，佩特罗尼乌斯那个时代的罗马人都像故事里所描写的人物那样，行为粗俗，举止下流，那就完全错了。那些人物不属于统治阶级，他们是粗俗的暴发户、自由民和奴隶。作者是在用这样的特定人物创造一幅喜剧的讽刺画面，而不是描绘罗马社会的整体真实景象。

暴发户特里马希翁能够从一个被解放的奴隶，靠自己掘到的第一桶金，做生意发了大财，这样的机会在罗马历史上只不过是一个短短的窗口期。这就像 20 世纪 90 年代初一些靠改革开放早期机会发财的民营企业家，当然这些人的发财致富的窗口期很短。在罗马，自由民发大财这样的机会很快就消失了。因此，在佩特罗尼乌斯之后，虽然在讽刺诗人朱文纳尔作品中还能看到这些暴发户的身影，但在往后的讽刺作品中，如《金驴记》里，我们就再也看不到自由民暴发户这样的讽刺对象了。

公元 1 世纪是罗马帝国阶级等级发生巨大变化的时代，甚至有"释放奴的时代"之称。这一时期，不少释放奴接受罗马皇帝的私人恩惠，受到皇帝的信任和倚重。一时间，敛财夸富，产生了很多像特里马希翁那样的暴发户。不只是释放奴，其他阶层的人也是一样，每个人都有可能从自己的阶层进入更高的阶层，骑士能够进入元老院，奴隶能够成为自由民，外国人可以成为罗马公民。元老和骑士这两个等级都扩大了，包括几千个家庭和家族，掌握着绝大部分的社会财富。

金钱是了解罗马社会演变和社会观念变化的一个决定性因素。罗马社会是建立在纳税基础上的，财富是罗马人认可的主要价值，财富的多少决定了人们地位的高低。炫富便不再只是一种"恶习"，而且成为表明身份，取得他人尊重和信任的一种手段，这就像今天做生意的人必须要开宝马和奔驰、住豪宅、出入高档会所差不多。然而，也正是因为财富的夸张表现，罗马巨大的贫富差距成为这个城市的痼疾，这些在讲朱文纳尔的讽刺诗时还会谈到。

奴隶出身的自由民只要发了大财，就能改变自己的社会地位。他们是罗马的经济能人，随着贸易和地产这类财富大量地从骑士等级手中流入这些能人手中。以前的人下人在文化上也有了更高的自我期待。在罗马，一个人热爱文化，这是他崇高品德和文化身份的显示和象征。《饮食男女》中的特里马希翁让人在自己家里的墙壁上画了《伊利亚特》和《奥德赛》中的场景。被塞涅卡嘲笑的新贵萨比努斯（Statius Sabinus）为了掩饰自己的无知，专门买了几个奴隶替自己抄写荷马、赫西俄德的作品和其他希腊语文学作品。

罗马的文学人士是受过良好教育的人，出身于贵族和旧的社会上层。在他们眼里，人下人爱文艺，这是冒充斯文的"炫学"，炫学比炫富更可笑，这里面有人上人的文化势利。佩特罗尼乌斯也是以这样的眼光来看待暴发户爱好文学的。

其实，在罗马，文化程度最高的往往是社会地位不太高的阶层，泰伦提乌斯是奴隶出身，贺拉斯是自由民出身。人上人们以为，出身低的人也该经济和社会身份低下，这其实是一种偏见。这就像20世纪90年代改革开放初期，出身低微的民间能人（"倒爷"）发了财，抱怨最多的是酸不溜秋的知识分子。"手术刀不如杀猪刀""原子弹搞不过茶叶蛋"，这样的讽刺最能让穷酸知识分子发泄妒忌和心理不平衡的怨言。那个时候讽刺对象的形象也都很雷同：戴着带商标的墨镜、手拿收录机或大哥大、听邓丽君和港台音乐。过了一阵子，这样的可笑人物消失了，针对他们的讽刺也就消失了。

到了2世纪初，罗马的阶级等级制度又变得严格起来，像特里马希翁这样的自由民的地位从此开始衰落。自由民地位的变化对罗马文学创作也产生了一定的影响。暴富、可笑、丑陋的自由民形象在2世纪初的文学作品中消失了。公元前1世纪作家塞涅卡、佩特罗尼乌斯、马提雅尔（Martialis，约38—102）、朱文纳尔等都曾写过许多讽刺自由民的作品，也许因为他们在自由民所显示出的勃勃生气中看到了传统人上人受到的威胁。

不过，佩特罗尼乌斯笔下的"暴发户文化热"并不全是讽刺，而是有着相对客观的一面。他们对希腊文学不在行，但对罗马的通俗文化有着准确的看法。特里马希翁和他的朋友，甚至他们的奴隶们，都很喜欢罗马的舞台戏剧。他们在谈到希腊文化时会做傻事，说傻话，但在说到罗马戏剧，尤其是他们最喜欢的滑稽剧时，所用的语言非常准确，也颇有见解。他们对滑稽剧作家普利乌斯·西鲁斯（Publius Syrus）和演奏西塔拉琴（Cithara）的演员以及戏剧歌曲的创作家都非常熟悉。他们能很轻松地谈论受欢迎的滑稽演员，还能引用剧中的某些片段。这就像今天中国的大众，虽然对古典文化一无所知，但谈起赵本山、宋丹丹、王志文来头头是道，更不要说谈论体育明星了。

通俗文化传统尽管受到知识分子和有文化人士的蔑视，但对我们今天从整体上了解罗马的文学现象起到了关键的作用，因为它代表了罗马大部分居民的欣赏品位。通俗文化作品不受各种限制性规则的约束，它兴旺发达，许多文化人也都因此迎合它的趣味，做自我调整。而古典文学恰恰相反，它在种种限制与束缚中很容易在孤芳自赏、曲高和寡中慢慢枯竭。这在罗马世界和今天的中国都是差不多的。

文化人最难以忍受的是下层人在文化上对他们的挑战，哪怕是对他们表示羡慕的那种挑战，他们也不能忍受。在这方面，文化人是非常势利的。

《饮食男女》里的暴发户特里马希翁之所以显得特别可笑，不光是因为他炫富，更是因为他"炫学"和炫耀文化。他炫富是因为他真的有钱，所以也只得由他去炫耀，但是，他如果炫耀的是知识学问或高等文化，那他就是在炫耀自己没有的东西，所以这样的炫耀就更加滑稽可笑。然而，天文、文学、哲学、科学，没有哪一样是暴发户特里马希翁不想炫耀的，但越炫耀越出洋相，越显出他的粗俗和铜臭味，当然，这是看在文化人眼里的，也是文人故事里所说的。

许多罗马人崇尚希腊文化，只有高等罗马人才有机会学习希腊语，因此，熟悉与希腊相关的东西便成为文化身份的显示和象征。特里马希翁就特别爱谈论希腊，为了显示自己的关于希腊神话的知识，他说，荷马史诗里的赫拉克勒斯有十二苦力——其实根本是子虚乌有；他还说，独眼怪抓瞎了俄底修斯的眼睛——其实正好相反，是俄底修斯刺瞎了独眼怪的眼睛。

席间，为了给客人们助兴，特里马希翁特意安排了吟诵荷马史诗的节目，他坚持表演的艺人必须用希腊语吟诵，谁也听不懂吟诵的是什么，于是他自己担任解释的工作。结果只要他一开口，就是"驴唇不对马嘴"，因为他连阿伽门农的女儿伊菲革涅亚（Iphigenia）是谁都弄不清楚，以为她就是荷马故事里的海伦（《饮食男女》，第59章）。

为了显示自己喜爱和熟悉希腊神话，他十足费了一番心思。仆人送上了一道煮全牛的豪华大餐，由一位扮演成希腊大英雄埃阿斯（Ajax）的哑剧演员为这头牛开膛破肚，然后，割肉待客。这样的表演不伦不类，令人啼笑皆非，但特里马希翁好的就是这一口，对其中的滑稽浑然不觉（《饮食男女》，第59章）。

特里马希翁出身低微，所以特别在意自己的身份，并对此特意表现出自豪和自信。为了显示自己的尊贵，在客人们已经开始享用第一道美食时他才姗姗来迟，派头十足，不慌不忙地入席。只见他一副古怪的打扮，头发弄成自由民的发式，紫色条纹的餐巾则是刻意模仿元老院贵族的样式，还像骑士那样手戴黄金指环。他那不伦不类的混合式阶级装扮趣味恶俗，却表示着他对自己的自由民身份非常骄傲。

席间，一位酒神打扮的俊男开始歌唱。特里马希翁打断他说，你应该是自由民的打扮，于是，歌者取来一顶自由民的帽子戴在头上。参加宴会的大多数客人是特里马希翁的自由民朋友，特里马希翁大发宏论，胡说八道的时候，他们大声叫好。恩克和他的朋友听着特里马希翁胡言乱语，忍俊不禁，笑出声来，惹怒了特里马希翁的自由民朋友们，认为他们瞧不起自由民，是恶意的讥笑，所以必须被好好教训一番。

特里马希翁的种种炫耀无非是为了显示自尊和自信，博得旁人的尊重。但是，过度的自豪实则掩饰着自卑。他的朋友也都有一颗自由民的玻璃心。反倒是特里马希翁比较理智，他叫那些怒气冲冲的朋友们安静下来，不要破坏了宴会的快乐气氛。

其实，佩特罗尼乌斯在《饮食男女》里虽然讽刺特里马希翁，但并没有把他写成一个令人讨厌、全然反面的小人。特里马希翁有他虚荣的一面，但虚荣本来就是普通人的一种天然本性，特里马希翁的虚荣并不妨碍他的人性中有柔和的一面，就人性而言，他不同于那种性格残忍的坏人。

3. 怡然自得的颓废和都市漂泊

上一节说到，佩特罗尼乌斯在《饮食男女》里的讽刺虽然辛辣，但并不尖酸刻薄。这是因为他能够理解并尊重人性的复杂和矛盾，他是用人文学者而不是道德家的眼光看待其讽刺对象的。特里马希翁爱女色，同时还是一个有经验的同性恋者。他不仅娶了妻子，还养了几个娈童。妻子的妒忌未能使他有所收敛，他经常有非常令人恶心的表现，但他爱自己的妻子，并因为对不起她而内疚。

有一次，新来的仆人当中有一个颇为俊俏的小伙子，特里马希翁见了立即扑过去拼命吻他。他的妻子福尔图娜塔一看便吃醋了，要跟丈夫争取自己的平等权利。她破口大骂，说他是个管不住自己的贱货，最后还骂他是条肮脏的狗。特里马希翁发火了，把杯子朝她脸上砸去。她尖声惨叫，好像被砸掉了一只眼睛那样，用颤抖的双手捂住脸。

特里马希翁一下子气消了，自己也充满柔情地哭了起来，一边哭，一边向妻子解释说，他吻那小伙子并不是因为他漂亮，而是因为他听话，心眼好，是个老老实实的仆人。看起来，他像是一个不能控制自己情绪的大傻瓜。但是，故事里有一个铺垫，他的妻子是一个贤内助，他对妻子是有感激之情的，这是他人性善良的一面。

我们把《饮食男女》当一个讽刺故事来阅读。在罗马文学里，讽刺不仅仅是挖苦、嘲讽和鞭笞，而且是一种冷眼旁观，一种怀疑的人生态度，一种保持距离的理解，这在贺拉斯的讽刺中已经有充分的表现。这样的讽刺成为罗马文学中的一种特色写作。昆体良甚至认为，虽然讽刺的手段早已有之，如希腊的喜剧，但讽刺作为一种文学类型，却是罗马人的发明。这是因为，讽刺文学需要作者和读者都有理智、成熟的人生领悟和审美敏感度（sensibility），需要有很好的教育作为它的基础。普通舞台喜剧是一种大众文学，受众主要是文化程度不高的民众。而罗马文学中的讽刺不同，罗马的讽刺是一种由文化人创造，也由文化人阅读的精致文学形式。佩特罗尼乌斯的《饮食男女》正是这样的作品。

虽然人们把《饮食男女》称作罗马文学史上第一部小说，但它其实与我们熟悉的小说很不相同。从阅读对象来说，我们所知道的小说是一种大众的文学样式，它于18世纪兴起的基础是民众教育的推广和市民阶层读者群的发展。但在1世纪的罗马，精致的故事文学创作和阅读都只限于少数贵族和文化精英，只有极少数受过良好教育的人才能辨别《饮食男女》中的种种模仿和讽刺，欣赏作者的幽默、机智和情趣。

罗马讽刺文学诉诸特定读者的敏锐现实感和丰富文学联想，在创作中刻意创造这种可能，并打造其艺术细节。它的艺术效果存在于作者和读者的心心相印和心有灵犀一点通中。由于时代的隔阂，今天的读者已经很难有这种作者与读者的心灵相通，所以只能有相对浅层的理解和欣赏。这是很可惜的，也是没有办法的。

　　一说起讽刺，许多人想到的就是挖苦、嘲笑或哄堂大笑，以为讽刺只是一种像侯宝林相声或赵本山小品那样的大众或通俗文化。采用这种对讽刺的理解是无法欣赏和领略罗马讽刺文学的。佩特罗尼乌斯《饮食男女》不是以大众读者为对象的——当然，这不等于说有的大众读者不可能从阅读这部著作中得到一些乐趣。

　　佩特罗尼乌斯的意向读者是受过很好教育的，有相当文学知识和素养的读者。他运用的是一种得名于古希腊讽刺文学家梅尼普斯（Menippus）的"梅尼普斯式讽刺"的文学手法，虽然会有挖苦和攻击的意图，但基本上是戏仿和玩笑，为的是营造一种机警、有趣、俏皮的智识乐趣。这里举一个例子。

　　上一节说到暴发户特里马希翁的宴会，一般读者都能明白其中对炫富和"炫学"的讽刺，但还有藏起来的讽刺，其中的细节就不是一眼能看出来的。如果你能察觉或体会到其中的讽刺，你就会获得一种像是解开谜语的阅读快感，就像读中国古诗解读暗藏的用典一样。

　　《饮食男女》里的富翁宴会是暗中戏仿柏拉图的《会饮篇》（Symposium）。《会饮篇》里宾主聚在一起享受宴饮之乐，席间宾客高谈阔论，有哲学家苏格拉底、戏剧家阿里斯托芬，还有苏格拉底的学生阿尔基比亚德，他后来成了雅典的叛国贼，苏格拉底的死据信与他有关。后世把《会饮篇》当作一部了不起的哲学著作研究来、研究去，佩特罗尼乌斯对此有他的想法。他不是不相信这是一部哲学作品，但他要问，这些宾客喝了这么多酒，头脑还清醒吗？还真的能把哲学说得那么头头是道吗？所以，他用富翁宴会戏仿而非攻击柏拉图的《会饮篇》，这就是他的讽刺。

　　特里马希翁的宴会进行了一阵子，有一位名叫哈宾那（Habinna）的客人姗姗来迟，就像柏拉图《会饮篇》里那个迟到了的阿尔基比亚德。哈宾那是一位石匠，进来的时候醉醺醺的，他"已经喝醉了，戴着几个花环，他的额头上沾满了香水……他把手搭在妻子的肩膀上，然后坐在沙发上"，借着酒意开始吹嘘自己刚去的那个饭局是多么的丰盛。在柏拉图的《会饮篇》里，阿尔基比亚德进来时也是已经喝醉了，他借酒盖脸，坚持要坐在一位俊男的身旁。像这样的戏仿，如果不是阅读经验丰富的读者，是体会不到其中的讽刺的，这种讽刺就像是一种智力游戏，考验着读者的文学阅历和阅读联系能力。

我们在第一节里已经提到，《饮食男女》可以被读作一部戏仿史诗，用恩克这个人物的游荡贯穿整个故事，那是戏仿荷马的《奥德赛》和维吉尔的《埃涅阿斯纪》。如果说那两部史诗里的俄底修斯和埃涅阿斯是大英雄，那么，恩克就是反英雄。英雄人物有神跟他们过不去，而他们排除万难，成就万人赞颂的英雄业绩。恩克也有神跟他过不去，跟他这个猥琐的凡人过不去的不是海神，也不是天后，而是生殖之神，所以他老会有性功能障碍的问题。

大英雄必须不断接受挑战，恩克也是一样，他需要不断想办法解决自己食和色的需要问题。大英雄有远大的目标，恩克也是如此，他一心一意想继承一笔遗产，变成富翁，好好享受人生。大英雄足智多谋，恩克也是一样，他冒充一位没有继承人的富翁，到处招摇撞骗，骗吃骗喝，谋财劫色。不知多少人上了他的当，对他百般讨好逢迎，只希望他能在遗嘱里添上自己的名字，或者留给自己一份值钱的礼物。

最后，恩克和大英雄一样取得成功，他终于用贿赂的办法买通生殖之神的一位僧侣，让他恢复了性功能。他也像大英雄故事一样获得了人生哲学的最高真理，那就是"谁有钱，谁就能永远顺风顺水，也就能永远把握自己的幸运"。

佩特罗尼乌斯在《饮食男女》里运用的梅尼普斯式讽刺是一种扩散型的讽刺，它并不集中在某一个对象身上，而是让读者根据自己的理解需要和理解能力，自己去寻找和发现讽刺的目标。1世纪的读者肯定与今天的读者有不同的理解。

今天的读者也许会关注故事对暴发户穷奢极侈和炫富、"炫学"的讽刺，当然可以找到许多笑点。但是，对1世纪的读者来说，在炫富这种笑点之外，还有讽刺暴君尼禄的笑点。在1世纪的罗马人面前，尼禄总是以讲究的衣装登场，极豪奢地反复开办盛宴招待客人。他自诩为艺术家，渴望众人目光，极其享受来自民众们的歌颂、欢呼和喝彩。也因为如此，尼禄在金钱上的肆意挥霍，导致国家财政面临即将破产的危机。为了填补财政危机的窟窿，尼禄肆意地流放、处死富裕阶层和贵族世家，并没收他们的财产。紧接着，他又继续挥金如土、毫无节制。相比之下，暴发户特里马希翁虽然身份低微，但他花的毕竟是自己的钱，他虽然与尼禄有相似的可笑之处——虚荣浅薄、假装喜爱希腊诗歌和艺术、喜欢表现、趣味庸俗——但他比尼禄可爱得多，也无害得多。

佩特罗尼乌斯是在朱利奥—克劳狄王朝行将落幕时的作家，这个王朝是罗马历史上最黑暗、最肮脏、最腐败的王朝，尼禄是这个王朝的最后一位皇帝。他被推翻之后，罗马迎来了第一位百姓出身的皇帝——韦帕芗。他的曾祖父是个赶骡子的农夫，祖父获得了公民权之后当上了庞培军队里的百人队队长。他的父亲也是一个农夫，后来成为骑士等级的一个税吏。在韦帕芗10年的统治期间，他积极与罗马元老院合作，改革内政，重建经济秩序。后世普遍对这位皇帝有正面的评价。

佩特罗尼乌斯没有能活到见证韦帕芗的新政，专制统治下的臣民对抗暴君唯一有效的方式就是与暴君比命长。佩特罗尼乌斯被尼禄逼死了，所以他是个失败者。但在后代人的眼里，他并没有输掉对尼禄的抵抗。他的抵抗方式是唯美主义的非政治抵抗，这使他在19世纪末20世纪初的唯美和颓废主义作家那里成为一位最受青睐的古罗马人物。

　　他是一位优雅的浪荡儿，一位"品味鉴赏家"。就在他割腕自杀之际，还口出戏言、怡然自得。他将尼禄十分想要的华美瓮瓶故意摔得粉碎，以此激怒尼禄。为了避免尼禄篡改他的遗嘱，就连附有印鉴的戒指也一并销毁。他露骨地展现自己对尼禄的蔑视，其从容赴死的气度与塞涅卡割腕自杀时有得一比，那就是他那十分感人的视死如归。

　　佩特罗尼乌斯对暴君尼禄的蔑视充分展现在他的遗嘱中，他写道，"生命是伟大的瑰宝，我从这瑰宝获取了最宝贵的美饰。但是，在人生中也有许多我再也无法忍受的事情。请不要误会，不要以为我对你生气，是因为你杀死了你的母亲、你的妻子还有你的兄弟，或是因为你放火焚烧罗马，或是因为你把你统治下的所有诚实之人都送给了黑暗之神（Erebus）。不，柯罗诺斯（Chronos）的孙子，不是这样的。人生来就有一死，从你那里不可能期待杀戮之外的事情。但是，长年累月地被你的诗篇污秽我的耳朵，看你挺着细腿上那个大肥肚子，跳着皮洛士式（Pyrrhic）的舞蹈，被逼无奈地听你的音乐、演讲和歪诗……是因为无法忍受这一切，我才动了寻死的念头。罗马人听你说话就感到恶心难受，整个世界都在把你诅咒。我将不再能为你感到脸红，也不愿意再为你感到脸红。地狱看门狗（刻耳柏洛斯，Cerberus）的嚎叫很像你的音乐，但也没有像你的音乐那样让我生气。再见了，但请不要再奏你的音乐；杀人吧，请你不要再写诗；给人民吃毒药吧，但请不要再表演舞蹈；放火烧城吧，但请不要再演奏西塔拉琴。这是我的期望，也是最后的友情劝言，来自你的'品味鉴赏家'"。[1]

　　这是一份写得非常俏皮、机智的遗嘱，对一个把正直之人都逼

1　Letter of Petronius To Nero, SCRIBD, https://www.scribd.com/doc/91808308/Letter-of-Petronius-to-Nero.

上死路的暴君，你还能说什么呢？你能跟他说理吗？那是完全没有用的。你想要对他死谏吗？那是全然白搭，也根本不值得。你义正词严地谴责他吗？那只会让他更高兴。你越生气，他就越胜利。所以，佩特罗尼乌斯对尼禄说，你做的种种恶事我都不生气，那些本来就是一个暴君所做的事情，我才不会为你做这样的事情觉得不可理喻呢。你作恶就作恶吧，但请不要冒充风雅，请不要玷污美好的艺术和文化。与人类最美好、最善良的东西有任何关系，你这个邪恶的家伙都不配！

然而，佩特罗尼乌斯对暴君的唯美主义抵抗却也并不比说理、死谏、道德谴责来得更加有效，那只不过是他借讽刺和挖苦说说气话而已。可是，他对尼禄皇帝的那番调侃却是让我们看到了一个总是与暴政同时发生的现象：暴君也爱文艺，而且，暴政更加需要用文艺来装点门面和粉饰太平。暴君会尽量让自己显得博览群书、知识渊博、趣味高雅、思想深邃。而他的暴政并不总是赤裸裸的血腥和暴力，也会有文艺、舞蹈、诗歌、音乐和各种各样的表演。他的御用文人会精益求精地打造文艺作品，听起来甚至相当美妙，一点不像是地狱看门狗的咆哮。德国纳粹时代的法西斯美学创造的就是这样的作品。

19世纪末20世纪初的欧洲出现了唯美主义和颓废主义的文学运动，这是佩特罗尼乌斯最为风行的时刻。在这之前，他的作品片段在中世纪就已经开始流传，最初的印本出现在1482年，更完整的印本出现于1575年。由于他作品中暴露的性内容，作品被翻译成其他语言一直进行得并不顺利，但他一直是有相当知名度的罗马作家。他说"整个世界都沉溺于笑剧之中"，莎士比亚把它变成了"整个世界都是一个舞台"。17世纪英国桂冠诗人约翰·德莱顿（John Dryden，1631—1700）称赞佩特罗尼乌斯是"罗马人里最俏皮的"，是"拉丁文里最优雅、最明智的"。18世纪普鲁士的腓特烈大帝甚至按照他故事里的富豪宴会设宴待客。18世纪英国诗人亚历山大·蒲柏（Alexander Pope，1688—1744）写道，佩特罗尼乌斯的"奇思和艺术让人开心／他有学者的渊博和廷臣的悠闲"。

19世纪，佩特罗尼乌斯受到欧洲文化界的重视，起关键作用的是若利斯·卡尔·于斯曼（Joris-Karl Huysmans，1848—1907）和奥斯卡·王尔德（Oscar Wilde，1854—1900）。王尔德还把《饮食男女》翻译成英文。这两位都是"世纪末"心态和都市颓废的敏锐捕捉者。他们在像恩克这样的人物身上看到了现代都市漂泊者的原型，今天的一些"城市漂泊者"就是他们的后代传人。他们的全部人生目标就是生存，本能的欲望驱使着他们，没有人生理想，也没有资格奢谈人生理想。这样的男男女女靠着一种集体幻觉醉生梦死地从一个地方漂泊到另一个地方，做着他们的白日梦。他们从一个工作换到另一个工作，看似能在任何地方扎下根来，但其实什么地方都不适合他们。他们的生活太沉重，太严肃，他们也许永远不可能像佩特罗尼乌斯那样做一个优雅的浪荡儿，只有他们当中最优秀、最清醒的少数人才知道，他们的世界正沉溺在笑剧之中。

十六　昆体良《演说术原理》

1. 修辞与教育

　　古罗马修辞学家昆体良的《演说术原理》（*Institutio Oratoria*）是古代最重要的三部修辞学著作之一，另外两部分别是亚里士多德的《修辞学》（*On Rhetoric*）和西塞罗的《论演说》（*De Oratore*）。[1]

　　古代的"修辞"与"演说"是可以互换的说法，修辞学研究的就是演讲者在特定情况下说服或激励特定受众所需的能力。在希腊，演说为三种实际需要的用途服务：法庭辩论、公民大会议事、公民仪式（如葬礼）中的嘉宾发言，最后这种用途类似于我们今天所熟悉的礼仪性讲话，如表彰先进讲话、获奖感言、就职或离职讲话、追悼会悼词、开学或毕业典礼上的教授激情发言等。

　　演说的话语功能是公共性的，没有比较健全的公共生活就不需要演说，当公共生活萎缩的时候，演说的作用不仅会萎缩，还会发生异化，如变得像是搞笑的所谓"辩论竞赛"。例如，有学校曾进行关于"竞争与合作"的辩论：请问同学你的出生是你父母竞争还

1　Quintilian, *Institutio Oratoria*, trans. Harold Edgeworth Butler, https://penelope.uchicago.edu/thayer/e/roman/texts/quintilian/institutio_oratoria/home.html.

是合作的结果？一方说是合作，但另一方硬说是竞争，理由是，人的出生是从千千万万个竞争中产生的。

像这样的辩论古希腊和罗马都有，也就是学生交了学费从"智者"老师那里学习的"辩论技艺"，柏拉图鄙视这样的"辩术"，所以也连带鄙视修辞。他认为修辞是一种欺骗手段，而不是为了发现真理。之所以需要修辞，无非就是为了在法院或公民会议上蒙骗和蛊惑无知的群众，修辞的功能与烹饪相似，是用良好的口味掩盖不健康食物对人体的不良作用。

亚里士多德没有像柏拉图那样否定修辞本身，而是通过界定修辞的三个基本种类来强调修辞的公共作用，即我前面提到的这三个种类：法庭辩论、公民大会议事、公民仪式。西塞罗不仅在演说理论上继承了亚里士多德，而且是罗马演说最伟大的实践者，他的三种演说都有流传至今的作品，尤其是法庭辩论和在元老院的演说。

昆体良的《演说术原理》主要是将亚里士多德和西塞罗的修辞和演说理论加以综合和融会贯通。全书共有 12 个部分，可归结为两大主题：一、修辞的教育目的功能；二、修辞的技艺和知识。这体现了他那个时代修辞学的三个主要方面：教育、理论、实践。

《演说术原理》的教育部分主要集中在第 1、第 2 和第 12 卷里。在昆体良之前，西塞罗也很重视演说与教育的关系，但那是高层次的演说家教育，他强调成人演说家必须要有充分全面的知识准备，必须把握所有可能的知识。相比之下，昆体良则是强调从儿童时代就必须开始的优良读写教育，只有早期教育扎实了，才能有进一步的成人教育。

他在第 1 卷里就对儿童教育提出许多具体的建议，它们至今对中国的儿童教育都还有启发意义。例如，父母要教育好孩子，自己就需要受过好的教育。儿童应该先学习说希腊语，因为罗马人都说拉丁语，孩子迟早都能学会。希腊语不只是一种外语，而且是今后一个罗马人接受先进文化必需的语言工具。就像今天学英语一样，西班牙语、俄语也是外语，但就文化价值来说，"性价比"无法与英语相比。英语不好，以后的专业向最高层次发展必定会受到阻碍。但昆体良认为，儿童学说希腊语应该避免"走火入魔"（fetish），不要花费太多时间，或只是说希腊语。这似乎也适用于我们今天的儿童英语教学。还有，不要逼儿童学习，并非每个孩子都是好学的神童，逼孩子反而会让他憎恨而不是热爱学习（《演说术原理》，第 1 卷，第 1 章）。对每个孩子，家庭教育和学校教育都不可偏废，这二者相辅相成。孩子没教好，家长和老师都有责任（第 1 卷，第 2 章）。

儿童教育毕竟不是目的，而只是为成人成为"善于言谈的好人"所做的准备。昆体良把成人的说话能力与道德品格联系在一起。他写道，"让我们假设——尽管这完全是违背自然的——某个坏人非常能说会道，我认为他仍然不可能是一个好的演说者。同样，手臂强壮灵巧不等于是勇敢的人，因为勇气是离不开美德的。……如果连一位平庸的辩护士都需要那种被称为善的品质，那么，对于一位理想的演说者来说……又为何不能要求他的人品与演说术一样完美呢？"（第 12 卷，第 1 章）

《演说术原理》的另外两个方面是理论和实践。它的理论体现为原创性的观念和主张。昆体良汲取了许多资料，是综合，也是博采众长。例如，他在第 4 卷里介绍和讨论了西塞罗所总结的修辞五部分——发明（invention），谋篇（disposition），文采（elocution），记忆（memory），陈述（pronunciation）——这些在之后还会有详细说明。第 6 卷里引用和讨论了亚里士多德著名的修辞三要素：人格（ethos），情感（pathos），逻辑（logos）。在第 7 卷里引用和讨论了西塞罗修辞五部分中的"发明"，西塞罗特别重视"发明"，写过专门的《论发明》（De Inventione），昆体良也是一样。他在第 11

卷里发挥了西塞罗对不同人需要不同说话方式的见解，"对不同权力和地位的对象，我们应该运用不同的（说服）方式，对皇帝、行政官、元老院里的元老、个体公民或只是自由民，都各有不同"。

在对古代修辞学的综合中，昆体良显然对亚里士多德，特别是西塞罗有所侧重，但他并不特别将此当作自己的思想流派或独家理论。他尽可能利用不同来源的材料，不厌其烦地力求面面俱到，所以一部修辞学居然写了十二卷，在篇幅上大大超过亚里士多德和西塞罗的作品。

在修辞的实践——实用技艺和知识——方面，他主张回到西塞罗的黄金拉丁语（Golden Latin），这是针对以塞涅卡为代表的白银拉丁语而言的。白银拉丁语讲究漂亮、精致、华丽，给人深刻的第一印象，但未必意思清楚，表达准确。它与我们所熟悉的某些"文学青年"语言有些相似，这样的语言听起来情感充沛、铿锵有力，但到底是什么意思，其实经不起推敲。

昆体良主张学习西塞罗那种朴实、准确、明白、显豁的语言。有论者指出，这里面除了有西塞罗的影响，恐怕还与皇帝韦帕芗有关。关于昆体良与这位皇帝的关系，下一节还要谈到。

韦帕芗是一位平民百姓出身的皇帝，他脚踏实地，性格上务实不务虚，不喜欢花里胡哨的东西。这位皇帝对昆体良有知遇之恩，这很可能影响了昆体良的语言偏好，不过这也确实是昆体良自己的语言偏好，不是他媚上，也不是装出来的。昆体良喜欢一种自然的、不加装饰的说话风格，他自己也是用这样的语言来写作的。他认为这样的风格有利于文字沟通，说的人清楚，听的人也就明白。他认为西塞罗是这方面的表率，这种风格是西塞罗演说成功的诀窍所在。

《演说术原理》是罗马最完备的一部修辞知识和技艺大全，涉及自然与艺术的关系，演说与哲学的关系，三种演说——赞扬（panegyric）、议事（deliberative）、法庭定罪（forensic），立论、论证、情感、语言等方方面面，这些都是修辞与演说的基本因素。在我们今天的论述和说理写作教学中，这些仍然是必需和基本的内容。不过今天的教科书里会有不同的内容编排，也会用不同的术语来介绍或解释。

修辞学家就像心理学家一样，他们并没有"发明"他们讨论的东西，他们只是在解释人们早已了解，但不知道怎么去说的东西。例如，人有各种情绪，不同的情绪会影响一个人选择接受还是拒绝别人的说服。亚里士多德《修辞学》第 2 卷里有很多部分就是在讨论多种情绪与修辞的关系：愤怒、恐惧、友爱、羞耻、怜悯、妒忌，等等。同样，昆体良在《演说术原理》第 8 和第 9 卷里讨论的 tropes（比喻）和 figures（转义）也都是人们熟悉的语言现象，只不过人们不知道如何去理性认识它们罢了。

例如，昆体良说，"比喻是用一个词代替另一个词，转义则是改变词语的程序或者意思"。这听起来挺理论化，挺抽象的，其实都是平常的语言现象。

比喻比较简单，容易明白。比喻可以是明喻，也可以是隐喻，二者的区别在于有没有"像""如"这样的比喻词。凉月如眉，时光像流水，是明喻；胸有成竹，报纸是人民的喉舌，是隐喻。

转义（转移）稍微复杂一些，但也不难理解。昆体良把转义分为两类，一类是"想法转义"（figures of thought），另一种是"字词转义"（figures of diction）。在修辞或演说中，想法转义和字词转义都可以让话语更有力量，感情更丰富、色彩更鲜明、表达更生动，但方式不同。这两种转义的概念都是从《修辞学，献给赫伦尼乌斯》（*Rhetorica ad Herennium*）这本书里来的，作者不明，也有说作者就是西塞罗或科尔尼菲西乌斯（Cornificius），这是现存最古老的拉丁修辞书，可追溯至公元前 1 世纪 80 年代末。书里说，"在风格上作区别（dignitas）是为了使其华丽，并用各种形式来修饰。这种区

别可分为两种 : '想法转义' 和 '字词转义'。一种体现在思维方式上, 另一种体现在用词上"。简而言之, 一个是思考方式特别, 另一个是用词特别。

"想法转义"可以有多种我们很熟悉的手法, 如讽刺、卖关子、正话反说、反话正说、冷嘲热讽、"高级黑"等。例如, 这是一种常见的卖关子修辞 :"他不是人, 是神人。"初听是贬, 其实是褒。讽刺可以是语中带刺 (西塞罗很擅长这个), 也可以是结构完整的嬉笑怒骂。

诗人袁水拍在 20 世纪 40 年代中期用"马凡陀"这个笔名写过不少讽刺国民党腐败和虚伪的诗歌, 其中有一首叫《主人要辞职》, 这里面就运用了想法转义的修辞手段。这首诗讽刺了那些虚伪的"公仆大人", 而讽刺就是一种常见的意义转变修辞手法 :

> 我亲爱的公仆大人!
> 蒙你赐我主人翁的名称,
> 我感受到了极大的惶恐,
> 同时也觉得你在寻开心!
>
> 明明你是高高在上的大人,
> 明明我是低低在下的百姓。
> 你发命令, 我来拼命。
> 倒说你是公仆, 我是主人?
> 我住马棚, 你住厅堂,
> 我吃骨头, 你吃蹄膀。
> 弄得不好, 大人肝火旺,
> 拿我出气, 遍体鳞伤!

大人自称公仆实在冤枉，

把我叫做主人更不敢当。

你的名字应该修改修改，

我也不愿再干这一行。

我想辞职，你看怎样？

主人翁的台衔原封奉上。

我情愿名符其实地做驴子，

动物学上的驴子，倒也堂皇！

我给你骑，理所应当；

我给你踢，理所应当；

我给你打，理所应当；

不声不响，驴子之相！

我亲爱的骑师大人！

请骑吧！请不必作势装腔，

贱驴的脑筋简单异常，

你的缰绳，我的方向！

但愿你不要打得我太伤，

好让我的服务岁月久长，

标语口号，概请节省，

驴主，驴主，何必再唱！ [1]

---

1 马凡陀著，《马凡陀的山歌》，生活书店，1946 年，第 108—110 页。

　　以上是"想法转义",接下来看看"字词转义"。字词有不同的性质类型:典雅的、正规的、粗俗的、俚俗的、调侃的,等等。同一个意思可以用不同字词类型的话来说,例如,调侃老年丈夫娶年轻妻子的说法,俚俗的是"老牛吃嫩草",风雅一点的就会说,"一树梨花压海棠",而这又是化用自元稹诗《白衣裳》的最后一句"一朵梨花压象床"。又例如,粗俗的说法是"屁股对屁股,臭味相投",文雅一点的就会只说"臭味相投""趣味相投"或者更文绉绉的"沆瀣一气"。

　　故意在特定的语言使用中插入性质类型上不相配的字词,就会有"字词转义"的效果。今天的汉语里有许多这样的现象,修辞效果都非常明显。例如,如果谁正儿八经地称赞他的领导,赞颂他的坚定立场和杰出贡献,突然说这个领导很"牛B",肯定会给人特殊的印象,这就是修辞效果。"牛B"这样的词汇二十年前在公共话语中是听不到的,现在比比皆是。网络用语中有很多都是粗俗或非正规用词的"旧词新用":韭菜、草泥马、脑残、粉红、小鲜肉。连记者问答时都会出现"你懂的""你不信,反正我信了"这样的语言。如果有人将这类语言现象进行理论研究,归类、分析、举例,说不定能写出一本《中国特色的昆体良修辞》的书来。

　　修辞学被许多古代哲学家视为公民艺术。亚里士多德和伊索克拉底(Isocrates,前436—前338)是最早从这一角度来看待修辞学的。伊索克拉底在《交换法》(Antidosis)中指出:"我们走到一起,建立了城市,制定了法律,发明了艺术;一般而言,人能够靠语言来设计的制度已经全都建立起来了。"修辞是每个社会公民生活的基本组成部分,并且对于社会的各个方面都是必需的。虽然不可能每个人都学习修辞,但谁只要学习修辞,修辞就能塑造他的品质。这也是我们今天强调公共说理教育具有人文和公民品格教育作用的理由。

昆体良虽然秉承修辞的人品教育理念，但在专制暴君的统治下，他对修辞学进行了去政治化的处理，避免涉及公共话语的政治性质和作用。他的"修辞学"变成了一个不谈政治的"学说领域"，在这个领域里，用"隐秘写作"的方式传递公共人品的理想。从表面上看，他的修辞教育提供的只是与政治无关的演说家个人素养和文化素养，其主要教育产品是罗马帝国需要的官员、律师、教师人才。然而，正如我在后两节里将会说明的，这只是一个表象。

昆体良的修辞教育看似代替了以往哲学教育的美德培养功能，在接下来的内容里，我要专门讨论哲学美德教育的内容和特征，昆体良并非要回避这样的美德教育，而是要把它从哲学转移到修辞学里来。这个转移里包含了罗马帝国专制皇帝统治下知识分子的政治擦边球策略，对我们理解今天的一些人文教育或全人教育具有特别重要的启发意义。

2. 知识与政治

昆体良是罗马教育家和修辞学家，他出生于大约公元前 35 年，出生地是西班牙（当时为罗马帝国的一个行省）埃布罗河上游加拉古里斯（Calagurris）的一个小镇。他父亲受过很好的教育，也为他提供了良好的家庭教育。昆体良于暴君尼禄时代早期到罗马学习修辞，从师于著名律师、雄辩术教师多米提乌斯·阿弗尔（Domitius Afer）。阿弗尔死后，他回西班牙从事法律业务。

68 年，昆体良 33 岁时跟随当时的西班牙总督伽尔巴（Galba）重返罗马。伽尔巴于同一年成为罗马皇帝。第二年，69 年，伽尔巴就被造反的近卫军和暴民杀死。同一年罗马又换了两位皇帝，奥托（Otho，32—69）和维特里乌斯（Vitellius，15—69），而后又在同一年有了另一位新皇帝韦帕芗。公元69年因此被称为"四帝之年"。

韦帕芗建立了罗马帝国的弗拉维王朝（69—96），韦帕芗当了10年皇帝（69—79年在位）。他死后，由他的两个儿子接着当皇帝：先是大儿子，皇帝提图斯（79—81年在位），其后是二儿子，皇帝图密善（81—96年在位）。昆体良在这三位皇帝统治期间日子都过得不错。他受到皇帝韦帕芗的赏识，这位皇帝在罗马历史上首次开办了由国库支付薪金的国立雄辩术学校，包括一所拉丁语演说学校和一所希腊语演说学校。昆体良受命主持拉丁语演说学校，从而成为罗马教育史上第一位公职教师，直到90年退休，前后长达20年之久。在教授雄辩术的同时，他兼操律师业务，这使他有可能用当律师的丰富实践经验来充实教学内容，使理论与实践紧密结合起来。公元90年以后，他从事著作，曾一度担任皇帝图密善两个侄外孙的家庭教师，并因此被封赠执政官的荣誉称号。但是，昆体良在完成《演说术原理》的时候，这二位年轻人——不稳定王位的争夺者——都已经被流放。

昆体良传世的唯一著作是他的《演说术原理》，它大约是在95年面世的。第二年，暴君图密善就在宫廷政变中被杀死了。《演说术原理》论述了修辞的理论和实际运用，也论述了演说者应该受到的教育。在这之前，昆体良还发表过《论腐败雄辩之缘由》（De Causis Corruptae Eloquentiae），据信是《演说术原理》后来论述观点的预先准备。这二者的先后关系似乎表明他对腐败修辞在罗马公共生活中的现实情况早有不满，因此写了《演说术原理》。

图密善的暴政对昆体良写作《演说术原理》不会没有触动。暴政时期的道德崩坏、政治和社会失序，这些都与公共说理的丧失之间有着密切的关系。昆体良有抱负要重振好的修辞传统，他选择从教育入手，也就是从"育人"开始。但是，由于他生活在一个政治腐败的时代，这是一个生不逢时的抱负，他所处的已经不再是共和，而是皇帝专制时代了。

西塞罗的那个共和时代已经一去不复返，在皇帝专制的时代，西塞罗时代的三种演说——法庭辩护、政治议事和礼仪致辞——之中，前两种已经丧失了独立存在的空间，只剩下最后一种。然而，这时候罗马人对演说的兴趣正有增无减，发展出一种被称为"雄辩"（declaration）的大众文化娱乐形式。以前罗马人到广场（forum）去听辩论，现在则是涌入剧场去欣赏口才表演。罗马时代的演说一直有很强的表演性，西塞罗在《论演说》里对此十分强调。帝国时代的雄辩就更纯粹是表演了。雄辩者的话题跟戏剧诗人差不多。昆体良讨厌并反对这种雄辩术，他的《演说术原理》就是为了对抗这样的雄辩术。

这种雄辩术有一个似乎实用的品种，叫"称颂"（epideictic），这是一种展示性的演讲，本来的作用是赞扬或批评具体的人。在昆体良的时代，称颂被一些擅长演说的人用来夸奖皇帝，释放正能量，偶尔也婉转地向皇帝建议善政，旨在提升皇帝的权威和增进安定及维稳。有 12 卷那个时期的称颂演说被保留下来，第一篇就是小普林尼于 100 年称颂皇帝图拉真（Trajan，98—117 年在位）。小普林尼是昆体良的学生，也是塔西佗的朋友，是当时演说者里的佼佼者。连他都这样，可见当时的风气。

在这种情况下，昆体良为修辞和演说设想一种具有积极社会意义的教育目的，实在是非常难能可贵的。当然，他所设想的教育只是涉及一些有限的职业功能身份，如官员、律师、教师等。这可能与他自己的"演说者"身份有关，他自己虽然当过律师，办过教育，但始终是一个演说者。他强调从小的全面教育，这也在很大程度上是他自己成长、教育与事业的一个总结。他强调演说者的道德教育，这也同他生活在韦帕芗皇帝时代有关。韦帕芗把教育的作用看成是培养能干而有德性的官吏。韦帕芗皇帝的时代是罗马帝国的"良知教育"时期。当然，"良知教育"是否就能产生有"良知"的官吏或道德操守好的官僚，这并不全由教育目标来决定。罗马帝国的腐败证明，官吏和官僚所处的政治制度、社会风气、普遍道德文化状态，对他们实际上会成为一个什么样的官吏，起着远比学校教育更大的决定性影响。

《演说术原理》在罗马的演说观念和理论中占有一个重要的位置。罗马的"演说"是公开的发言，正如昆体良在《演说术原理》中要求的那样，演说不能随随便便，想怎么说就怎么说，而是需要用精心巧妙的构思、布局、遣词造句来完成。演说还需要用合适的话语、表情和肢体语言来表达。

演说经常借助于修辞，但演说并不就是修辞。在罗马和在希腊一样，先有演说，后有修辞。荷马的史诗里就已经出现了演说，那时候还根本没有修辞学家，修辞学家们把演说技艺总结和上升成理论，那是后来的事情。同样，罗马在公元前 3 世纪的共和时代就有了辩论政治决策的演说，但直到公元前 2 世纪，才有希腊修辞学家到罗马传授修辞的技艺。沃尔特·翁（Walter Ong，1912—2003）在《口语文化与书面文化》里指出，最早的时候是不区别演说与修辞的，"修辞归根结底是讲演和说话的艺术，是为了劝说（辩论和审议修辞）或展示（华丽修辞）。希腊词 rhetor（修辞人）和拉丁词 orator（雄辩者）同根，意思都是演讲人"。[1]

但是，到了昆体良的时代，演说成了一门附属于修辞的学科，他本人的《演说术原理》就是一部修辞学著作。尽管如此，在现代研究中，他这部著作并不只是一部关于古代演说修辞的教科书，而且更代表一种具有深刻政治含义的知识分子"隐秘写作"。

这样的修辞学科被刻意"技能化"和"技艺化"，它以"不谈

1　沃尔特·翁著，何道宽译，《口语文化与书面文化：语词的技术化》，北京大学出版社，2008 年，第 83 页。

政治"的面目避开罗马帝国专制思想统治下的政治风险，而代之以"修辞教育"的实用目的，但它其实还是包含着知识分子对道德政治和公共人格的关怀和倡导。这就像不谈政治的人也会用思维逻辑、普适教育、人文教育、公共说理、批判性思维、议事规则等来进行公民启蒙。虽然避开政治敏感的话题，但并不放弃介绍和倡导一些与公民政治密切相关的价值观念：包括自由、理性、宽容、真实、诚实、独立思想，以及与这些相关的是非和善恶判断。

人们对昆体良一直存在这样的误解，以为他是一个只讲修辞学，而无哲学或政治观点的教书匠，谈来谈去都不过是修辞学里的那些技艺性的传统话题，脱离演说和修辞的具体政治和社会环境。例如，意大利艺术评论家雷纳托·巴里利（Renato Barilli）在《修辞学》（*Rhetoric*，1989）一书里认为，昆体良的《演说术原理》只是对修辞材料"事无巨细地详细罗列，延续了西塞罗的说法，而毫无创意"。还有一些不这么苛责的论者则认为，虽然昆体良对修辞学做了可贵的综合整理，但并没有增添什么重要的东西。克拉克（M. L. Clarke）在《罗马的演说史》（*Rhetoric at Rome: A Historical Survey*，2002）一书里认为，昆体良对"西塞罗以后世界上发生的变化浑然不觉"，因此《演说术原理》"缺乏对历史的感觉，也缺乏对当代现实的感觉"。

克拉克所说的历史观和当代现实感指的是，在弗拉维王朝三位皇帝统治的时期，元老院成了一个摆设性机构，国家的重大决策取决于皇帝的喜好，不再产生于元老们的政治演说辩论。罗马的法律制度也受控于皇帝把握的国家权力，法庭辩论的演说形同虚设，丧失了实质性作用。共和晚期西塞罗时代演说的那种公共作用和影响已经不复存在，修辞学的演说教育变成了纯粹技术或技能性训练，昆体良的《演说术原理》因此只不过是一个教书匠的课程。

《演说术原理》真的就只是一部就修辞论修辞的技术性教科书吗？

如果我们从知识分子的隐秘政治的角度来看待这部作品，那么它就未必只是一部技术性的教科书。美国学者帕特里夏·比泽尔和布鲁斯·赫茨贝格在他们编辑的《修辞传统：读本》一书里认为，"有的修辞史学家看轻昆体良……因为他不涉足于他那个时代陷阱四布、凶险难测的政治生活"。[1] 但是，这种"不谈政治"也可以用作曲线政治的掩护和策略，这个我们在之后还要讨论。

因此，《演说术原理》以它特殊的方式，向我们提出了知识与专制政治的关系问题。专制政治能允许技能或技术化的知识，但害怕和戒备涉及新思想或异端观念的知识，不仅区别对待自然科学和人文科学，欢迎前者而戒备后者，而且还区别对待不同的人文科学学科，一些学科因此经常不得不在"学科身份"上乔装打扮，在"学科扮相"上多花心思。昆体良的"修辞学"可以说就是这种学科扮相的一个古代例子。

单纯从修辞学的教学内容来看，我们今天要学习修辞学，有许多可用的教科书，当然不需要非读昆体良不可。既然如此，为什么我们今天还要读昆体良呢？

今天，我们是从罗马帝国专制制度下知识分子的隐秘政治和隐秘写作的角度来阅读昆体良的。他让我们察觉到一些特别是与人们今天知识政治有关的，具有普遍意义的问题。从这个角度，我们可以看到，昆体良不只是一位修辞学的集大成者，还是一位正直的知识分子。他确实不是像小加图那样的英雄，他有懦弱的一面，但也有执着的一面。他是一个像我们一样平凡的普通人，因此，他的正直和表现正直的方式是我们都可以认同的。

如果你是一位理想英雄主义者，也许你会希望看到一个正直的罗马知识分子能告诉元老院的要人，或者甚至是罗马的所有公民

---

1 Patricia Bizzell and Bruce Herzberg, *The Rhetorical Tradition: Readings from Classical Times to the Present*, New York: Bedford/St. Martin's, 2000, 153.

们，要敢于说真话，要有原则，不要凡事看皇帝的脸色，不要口是心非，东摇西摆，只是说些让皇帝听着顺耳的阿谀之词。如果昆体良能明明白白地这么说，你一定会对他刮目相看，视他为有良心的敢言之士。

但是，我们不要忘记，昆体良不是生活在西塞罗所处的共和时代，他生活在专制的罗马帝国时代。想想看，暴君图密善仅仅因为不信任知识分子，就可以无所顾忌地从罗马驱逐所有的哲学家，难道他会放过一个敢于直接挑战他权威的修辞学教师吗？

昆体良很明白自己的现实处境，他敬重西塞罗，在《演说术原理》里，他引用西塞罗的地方有 600 多处。他借西塞罗之口说出许多他自己不便直接说出的想法。这种借他人酒杯，浇自己块垒的言说方式是隐秘写作的一个重要策略手段。昆体良在政治上绝非一个用鸡蛋碰石头的硬汉，他更像是一个手段柔软的太极拳好手，甚至是一个"好汉不吃眼前亏"的机会主义者。

在他倡导的美德中，有"随机应变"（expedient）。他认为，随机应变是跟荣誉观、正义感、勇敢等同样重要的美德。一个好的演说家首先应该是一个有美德的人，其中就包括能够随机应变，他在《演说术原理》里写道，"不过，我想通过考虑演说者的实际工作来更全面、更明确地审视（演说者的美德）问题。演说者若不了解荣誉和耻辱，那他在赞颂的时候会做什么？他若不能随机应变，又如何能够促成一项政策？他若对正义一无所知，又怎么能在法庭上进行辩护？而且，演说不是也需要勇气吗？因为我们发言时经常会遭遇对公共秩序的威胁，经常会有冒犯权力的风险"（第 12 卷，第 1 章）。

昆体良在这里所说的随机应变，就算我们不把它当作一种美德，至少可以把它当作一种与美德相联系的知识技能和策略，这种技能对生活在专制统治下的知识分子是必不可少的。

3. 专制统治下的知识分子避祸和隐秘写作

上一节说到，昆体良主张修辞学的知识与美德必须是一致的，也就是说，演说的技艺有两个缺一不可的方面，一个是认知（知识），另一个是伦理（美德）。他说，"我们通常不得不说到正义、勇气、克制和类似的观念，很难找到一个不涉及这类问题的演说论题。而所有这些问题都是需要用'选题'（又叫"论题"，Invention）和'文采'（Elocution）来处理的"（第 1 卷，序章）。这里的"选题"和"文采"也许是你不熟悉的术语。

古代修辞学里有一套专门的术语，除非是专门的研究者，今天一般人都会对这些术语感到陌生。所以，在美国大学里的公共说理课上涉及这方面的内容时，会用普通的术语来代替或说明，而不再运用古代修辞学的术语。刚刚引用的两个术语就是今天不用了的术语，一个是 Invention，另一个是 Elocution。

昆体良在《演说术原理》讨论了五大命题——"发明"（invention）、"谋篇"（disposition）、"文采"（elocution）、"记忆"（memory）和"陈述"（pronunciation）。这五大命题其实也就是演说的五个方面，原来是西塞罗提出来的，昆体良在沿用的时候，又赋予它们与美德有关的意义。

第一，"发明"就是确定要讨论的话题或论点。任何一种讨论，一开始就需要选择一个你要讲、认为值得一讲并有话可讲的话题。讨论应该是围绕这个话题展开的。

昆体良认为，话题中有立场和主要的观点，选择话题是需要有价值判断的，用昆体良的话来说，是需要美德的。例如，你会就"不该出卖朋友"做一个演说，其中就包含了"忠诚"或"友谊"这样的美德。当然，如果你愿意，你也可以做一个"人应该出卖朋友"的演说。但如果你选择了这样一个错误的话题，那么你就需要证明出卖、告密、背叛是每个人都应该有的"好行为"。这么一来，你的演说越雄辩，你就会越暴露自己是一个卑鄙无耻、没有德性的小人。

第二，修辞中的"布局"或"谋篇"指的是把观点或要说的话用合适的结构组织起来，我们今天会称之为"结构逻辑"。演说是一种公共说理，要求条理分明、结构连贯、合乎逻辑、概念清晰、理性陈述等。理性和逻辑也是一种美德，其反面就是不讲理、强词夺理、逻辑混乱、胡搅蛮缠等这类恶行或恶习。

第三，"文采"也就是我们今天所说的"语言表达"或"语言表述"。你需要用一种令人愉悦、礼貌合体、有教养的文字表达自己的论点。在你表达观点的时候，你需要知道，尊重他人、有礼貌和有教养是公共美德，其反面就是粗鲁、侮辱、谩骂、恶性讥讽这样的恶行和恶习。"文采"（或"表达"）不是指花哨的技巧和华丽的辞藻，而是指真实的情感和内容，是"文"与"质"的统一。孔子说："质胜文则野，文胜质则史，文质彬彬，然后君子。"这是把文采与美德和人品联系在一起——质朴胜于文采，人就会显得粗俗；文采胜于质朴，人就会显得表面浮夸；文采和质朴搭配得当，既质朴又文雅，于是可以成为君子，也就是有美德之人。

第四，"记忆"指的是演说者要记住自己准备说的话，不要照章宣读，记住了要说的话，说话时才能眼睛看着听众，而不是漠视听众，只顾念稿子做报告。

第五，"陈述"指的是在演说时兼顾自己的语音、语调、手势、面部表情。自己说话时要庄重有礼，不要轻浮油滑；听别人说话时要认真诚恳，不要心不在焉，更不要做出鄙夷不屑的神情，面带嘲讽的假笑。

综上所述，古典修辞实践的五个方面形成了一种人际和社会交往中的人文理念：一个国家里应该有好的话语交谈或说理风气，这有助于优化政治文明和社会风尚，也有助于提高全体人民的普遍道德文化。

罗马的修辞理论是修辞学历史上的一个高峰，而这个修辞理论的实践则是在历史中发生变化的。自古典时期以来，人们从修辞中学到的言语技能就不仅用于讲演术，而且用于写作。从16世纪开始，修辞课本一般已经删掉了上述五部分修辞中的第四部分（即"记忆"），因为"记忆"对于书面修辞的作用不大。同时，还把第五部分，即"口头陈述"，缩减到最低限度。今天，除了少数的学校辩论队训练，学校里开设的修辞课或说理课通常仅仅是为了培养良好的写作能力。因此，修辞也经常是写作课程里的一个主要教学内容。

在技能性要求有所调整的同时，昆体良修辞学最重要的内容被保留下来，那就是他所主张的演说技艺与公民美德的结合，修辞中并重的技能和道德。这是昆体良《演说术原理》留给我们今天最重要的知识遗产。

共和公民美德——自由、诚实、说真话、逻辑理性、人的尊严和相互尊重——对任何一个专制统治都是一种潜在的挑战和反抗。昆体良深知这一点，所以，他在涉及公民美德的政治作用时显得特别小心谨慎。上一节已经谈到，他在政治上有软弱的一面，这是出于他在专制暴政下安身立命的需要。在有些人眼里，明哲保身可能是一个政治污点。但是，他的妥协也是情有可原的。

昆体良的《演说术原理》写作于皇帝图密善在位的最后几年，图密善是一位与尼禄同样臭名昭著的暴君，越是到他统治的后期就越残暴，这大概是暴君的一个通例。图密善被史学家称为一个精神错乱、没有理性，因此特别残暴的皇帝。但同时他又是一个非常能干的暴君，他精力充沛，对每个行政部门的工作都亲自过问，对于艺术也是非常热心和内行的赞助人。图密善非常重视对罗马人思想的监视。历史学家詹姆斯·谟费评述道，"在图密善的时代，秘密警察活跃，随时在民众中寻找猎物，就连参议员都被纵容以各种方式相互告密……谁只要稍微引起有对国不忠不敬的嫌疑，就会被处以死刑"。[1] 当时罗马的政治权力和社会风气极为腐败，皆因图密善的暴政而起，但他居然任命自己为罗马"永远的督察"（censor perpetuus），负责督察公共道德。昆体良不敢违拗这位暴君，伴君如伴虎，他必须小心翼翼地应付与这位暴君的关系。他担任图密善侄外孙的家庭教师，并表现出配合图密善知识分子政策的状态。这特别表现在他对待"哲学"的态度上。

图密善的父亲韦帕芗已经开始讨厌和不信任哲学家了。古代的哲学是关于正义、美德、善政的知识，以真、善、美为本的哲学对王权有着一种本质的质疑、监督、批判和抵抗作用。专制皇帝自然不会喜欢这样的哲学。公元74年，皇帝韦帕芗从罗马驱逐了一些哲学家，他儿子图密善更是把这种驱逐扩大到几乎所有哲学家的范围，我们后面要讲到的哲学家爱比克泰德就是于93年从罗马被逐至伊庇鲁斯的尼科波里（Nicopolis）的。

韦帕芗和图密善驱逐哲学家并没有遭到普通罗马人的反对，他们也看不起哲学家。在几乎所有的社会里，普通人对哲学家都有一种本能的反感和反智倾向，而这正是专制皇帝可以利用的民众情绪。哲学家当时在罗马的处境与今天公共知识分子的处境差不多。昆体良从韦帕芗时代到图密善时代都与哲学和哲学家保持相当的距离，这是他明哲保身的方式。他接受了韦帕芗予以他修辞学讲习教授的职位，图密善统治时期，他又提出用修辞学代替哲学的主张，看起来是在配合这两位皇帝压制哲学的文化政策。

1　James J. Murphy and Cleve Wiese, eds., *Quintilian on the Teaching of Speaking and Writing: Translations from Books One, Two, and Ten of the" Institutio oratoria"*, Carbondale: SIU Press, 2016, xvii.

　　但是，昆体良其实并没有放弃哲学的美德诉求，而是在他的修辞学里用一种隐蔽但坚持的方式把美德的诉求保持下来。处在这种尴尬境地中的昆体良有点像今天一些只谈专业，不谈其他的"专家"和"学者"。

　　在昆体良那里，专业的"修辞学家"是一个可以用来与哲学家或公知保持距离的、相对安全的身份，这样的身份相对受到体制的保护，因此多多少少是体制内的身份。然而，关键不在于这个身份本身，而是拥有这种身份的个人从事的究竟是什么性质的知识活动。他们有的会真的只顾自己的一亩三分地，根本不关心学术象牙塔之外的任何事情；但也有的会利用自己的学术专业，迂回曲折地影响社会朝好的方向发展或转化，这样的学术取向和行为就可以成为一种隐秘的学术政治。这种隐秘政治是昆体良《演说术原理》的一个重要部分。

　　昆体良在《演说术原理》提出了"完美的演说者"的理想，他说，完美的演说者可以使得修辞学有能力代替哲学。他设想有一天修辞学可以取代哲学，他说，虽然修辞学必须借鉴哲学的一些东西，"但是演说家既会最清楚了解这些东西，又最能用言语表达它们。如果某个时代已经有过完美的演说家，那么也就没有必要向哲学家的什么学派去讨教关于美德原则的问题了。事实上，有些（哲学家）取走了修辞学里最好的部分，所以我们必须要求他们把这些归还给修辞学——不是为了占有他们的发现，而是要告诉他们，他们趁着别人不在意的时候，占有了本来不属于他们的东西"（第1卷，序章）。

　　在《演说术原理》第12卷里，他说得更加明白："愿完美的演说家快快出现吧。我们祈祷他的到来。让他的艺术物归原主吧。以它的名义显露的（哲学）傲慢令人憎恨，还有人犯下了败坏它的恶行。让我们收回被窃取的财物，把这些财物重新归还给修辞学吧。"

（第 12 卷，第 2 章）

昆体良坚持认为，完美的演说者不仅有良好的修辞技能，而且能拥有和实行美德。也就是说，他虽然在表面上与专制皇帝不喜欢的哲学保持距离，以此表示他的"政治正确"，然而，他实质上在自己的修辞学教程中接过了道德哲学所主张的东西。一般人认为，修辞并不在乎其目的是否正当，只要能对公众起到说服作用，只要能在法庭上赢得诉讼，只要能在政策辩论中占上风，就是好的修辞。好的修辞就是成功的、有效的修辞，如此而已。但昆体良不是这么认为的。

昆体良提出，修辞有两个方面：正当性和有效性，正当使用修辞的区分标准是好或不好、善或不善、是或非；而有效使用修辞的区分标准则是利或不利、有用或无用、有益或无益。在理想的或最好的情况下，正当性和有效性是一致的；然而，在现实中，这两个方面经常是矛盾的，这时候，正当性应该比有效性更优先。这在古代修辞学的发展中，是昆体良的一个创见。

我们知道，柏拉图笔下的苏格拉底对演说术非常蔑视，他把悲剧诗人和演说者一起包括在"拍马屁者"之列。这不仅是因为他看不起演说者，也是因为看不起容易被演说者说动的大众。苏格拉底认为，精明的演说者靠的就是能抓住大众心理期待，顺着他们的期待，说他们爱听的话，这样就能成功地说动他们。这就是他所说的"拍马屁"。柏拉图和他老师的看法没有什么不同，他们因此对公元前 5 世纪在雅典传授修辞技艺的"智者"（sophists）抱有敌意，后来人们对智者的不良成见也大多来自于此。

这种成见不只是针对智者的，而且也是连带针对修辞学家的。修辞被当作只是"有口才""能言会道""耍嘴皮子"。修辞学也被视为一种纯粹的语言技能教育，抹杀了"真"和"假"的区别。就像在纳粹的洗脑宣传中那样，黑白颠倒，以假乱真，用欺骗和谎言把人变成脑残和白痴。

这样的危险当然是存在的，但是，昆体良对修辞学本身还是保持积极的期待，他认为修辞学能够让人更加热爱真实、更加理智、善于思考、敏于判断、更能明白是非和善恶。他还认为，演说家不总是说普通人爱听的话，而且也说他们该听的话。而且，普通人并不是全然没有头脑和理智，演说家对他们的劝说不一定总是要拍他们马屁，因为拍马屁并不总是有说服力的。

昆体良主张，演说家需要能分辨自己是在对谁进行劝说，这样才能针对不同的具体对象运用合适的修辞。一个懂道理的人（有德者）劝说另一个懂道理的人，可以用道德的理由；但在劝说一个自私、蛮横之人时，则需要诉诸他的自我利益。例如，你在劝说专制君王进行政治改良的时候，就必须对他说，改革有利于巩固你的统治，这样他才有可能听进去。如果你只是用人民有这个或那个权利的道德理由去劝说，那就肯定不会成功，而且你自己也会因此遭遇危险。

今天，公共说理课程也仍然会向学生介绍两种不同的论证理由：一种是道德价值的理由，另一种是利益和功利实用的理由。我在《明亮的对话》一书里对此有专门的介绍和讨论，这里就不多说了。在什么情况下需要使用怎样的理由，是强调其中的一个，还是两个同时兼顾，这就取决于说理者对说理情境的判断力，这种判断能力其实也就是昆体良所说的"见机行事"的能力，他甚至将见机行事提升为一种演说者的美德，这是他比其他修辞学家更有实践智慧的地方。这样的实践性智慧至今仍然符合公民素质和能力教育的要求，因此在大学的公共说理和批判性思维课上仍然受到重视。这也是人们今天仍然对《演说术原理》抱有兴趣的一个主要原因。

十七 朱文纳尔《讽刺诗》

1. 口腹之欲与道德堕落

在谈贺拉斯的讽刺诗时，我们已经谈过罗马的讽刺诗。昆体良称讽刺诗是一种特有的罗马文体，是罗马人的发明。这当然不是说在罗马人之前不曾有过起讽刺作用的诗作，那种为了幽默或批评而创作的诗歌作品。这样的诗歌作品早就以不同的形式出现在世界其他地方的文学中了，包括中国文学。《诗经》里有公元前11世纪至公元前6世纪的诗歌305首，其中就有讽刺诗，在这之后几乎各朝各代都能找到一些，但都很短小，与罗马的讽刺诗不是同一类。罗马的讽刺诗要长得多，可以有上百行或几百行，里面包藏的社会文化细节要丰富得多。

昆体良说罗马人发明了讽刺诗，主要是指罗马诗人第一次用史诗的诗体，也就是六音步，来写讽刺的诗作。用极为庄重的诗体格式来写庸常平凡的题材，而且还是以咒骂、嘲讽、搞笑为目的的，那就增强了亦庄亦谐的文学效果，也把幽默、戏谑、批评、攻讦提高到一个文学创作的高度。

贺拉斯在他的讽刺诗里，总是小心翼翼地避开权贵人物，无论是讽刺好色、贪吃、贪婪、纵欲还是其他社会恶习，他都是对事不对人，大有一种劝世人为善的架势。

贺拉斯只拿一个人开涮，那就是他自己。他的讽刺诗向我们展示了一个他愿意让读者看到的那个有点好笑、有点可爱的贺拉斯，当然，他诗里的那个"贺拉斯"未必就真的是他自己。

1世纪至2世纪初的罗马诗人朱文纳尔的讽刺诗与贺拉斯的不同，他在诗里对社会恶习和怪象竭尽讽刺挖苦之能，但几乎从来不涉及他自己，我们无从在他的诗里找到关于他的信息，因此也根本无从推断他可能是怎样的一个人。

尽管朱文纳尔在诗中提到了1世纪晚期和2世纪初的一些知名人物，但他本人的生平细节仍不清楚。现在只知道他在暴君图密善统治时期生活过，但从他的诗作来看，那时候他还没有开始创作。他大概从106年开始写作讽刺诗，那时候图密善已经死了有几十年。有研究者认为他的第1卷诗作发表于100年或101年，而第5卷则发表于127年后，130年前。不管怎么说，他是一位公元2世纪早期的作家。

我们对朱文纳尔这个人缺乏可靠的信息，这对我们阅读和理解他的讽刺诗造成了困难。这是因为，讽刺与讽刺者的身份有着很大关系。例如，今天不少中国人有炫富的恶习，如果有哪个富翁讽刺这个现象，肯定不会跟工薪人士一样。一个是有能力炫富而不炫富，另一个是自己没有能力炫富而可能妒忌炫富之人。讽刺有权的人腐败也是一样，许多人痛恨腐败，是因为有机会腐败的人不是他自己。

我们不知道朱文纳尔是谁，也不知道他为什么这么痛恨他讽刺的那些罗马社会现象，但这样也许反倒让他的讽刺具有某种意想不到的普遍意义。阅读他的讽刺诗，重要的也许并不是从中猜测他到底是个怎样的人，而是看到罗马最尖酸刻薄，甚至粗鲁下流的讽刺诗到底是什么样子的。文学研究者通常把讽刺区分成三种类型，其中最有攻击性的那种就是以朱文纳尔的名字来命名的。

这三种不同的讽刺分别是：一、贺拉斯式讽刺（Horatian satire）；二、梅尼普斯式讽刺；三、朱文纳尔式讽刺（Juvenalian satire）。

对于"贺拉斯式讽刺"，我们在谈贺拉斯时已经有所了解。它是三种讽刺中最温和的，它经常动之以情，虽然批评，但不咄咄逼人，表现出一种好脾气的幽默。它以有趣的方式批评社会生活中的恶习。在这种讽刺里，被戏弄、被批评的是人的愚蠢，而不是某个特定的个人对象，或者特别愚蠢的某个人。

对于"梅尼普斯式讽刺"，我们在谈《饮食男女》时也已有所了解。它得名于古希腊讽刺文学家梅尼普斯，这种讽刺经常以分散攻击的方式针对多个目标。例如，许多人熟悉的《格列佛游记》是一部出色而典型的梅尼普斯式讽刺作品。它一下子讽刺了社会的许多方面，没有固定的目标。它在小人国里讽刺心胸狭隘、诡计多端的政客和英法战争；它在大人国里讽刺的是道德巨人，还讽刺了道德腐败、狂妄自大的人类，也讽刺了人类自以为是的骄傲和傲慢；在飞岛国里的故事讽刺了疯子科学家和空中楼阁的科学等。

朱文纳尔式讽刺是三种讽刺中最尖酸刻薄的，集中火力于某个或几个单一的目标。这种讽刺语言辛辣、嘲讽尖锐，甚至尖嘴薄舌；或是抨击权贵要人，或是攻击某个组织或制度。它嬉笑怒骂，使用杀伤性手段时无所顾忌，挖苦、嘲笑、谩骂，无所不用其极，所以它的批评容易偏激，变得尖酸刻薄。鲁迅的一些讽刺作品就有这个特点，但这也正是许多读者觉得它们"够劲"的原因。

朱文纳尔式讽刺诗的最佳代表当然是他自己的诗作。现有的朱文纳尔讽刺诗共有 16 首，大多数在 150 到 300 行之间，但也有超过 650 行的，这与中国读者印象中的讽刺诗是非常不同的。他的讽刺诗分为 5 卷：第 1 卷，第 1 至 5 首；第 2 卷，第 6 首；第 3 卷，第 7 至 9 首；第 4 卷，第 10 至 12 首；第 5 卷，第 13 至 16 首（第 16

首末完成）。在这五卷诗作中，最具朱文纳尔讽刺诗特色的是前三卷，也被称为他的前期作品。出于对罗马文学样式的考虑，我们不妨更关注他这个时期的作品，当然，这不等于说他的后期作品就不重要，但他的后期作品与前期作品不甚相同，如果你阅读讽刺诗要的就是"够劲"，那么你对他后期作品的兴趣可能就会差一些。

朱文纳尔的前后期作品为什么会有这样的差别呢？研究者们认为这与他所生活的不同罗马时代变化有关，所以我们需要对 2 世纪的罗马历史变化有一些了解。

朱文纳尔大约出生于 55 或 60 年，一直活到 140 年或稍后，享年约 70 至 80 岁。他一辈子经历了一些罗马发生的剧烈变化。他出生在尼禄统治后期，68 年尼禄死后的一年间，罗马四个皇帝走马灯似的轮换（称为"一年四帝"），那时候，他还是一个孩子。

"一年四帝"之后，皇帝韦帕芗继位，开始了罗马帝国的弗拉维王朝时代，共有三位皇帝：韦帕芗，他的大儿子提图斯和小儿子图密善。朱文纳尔在皇帝提图斯统治下长大成人，又在暴君图密善的统治下度过了他从 20 多岁到 30 多岁的人生时光。这是他人生的艰难岁月。

公元 96 年秋，图密善被暗杀，这时候，大约 40 岁的朱文纳尔与其他罗马人一样，有充分的理由等待另一场流血的罗马皇位继承争端。然而，谁也没有料到的是，此时罗马帝国的时运出现了转机，元老院封涅尔瓦（96—98 年在位）为皇帝。他是罗马的第 12 位皇帝，也是罗马五贤帝之首。他在位虽然只有两年，但开辟了一段长达 80 多年的政局稳定时期。涅尔瓦之后的两位皇帝图拉真（98—117 年在位）和哈德良（117—138 年在位），分别统治了约二十年，最后两位是安东尼·庇乌斯（138—161 年在位）和马可·奥勒留（161—180 年在位）。罗马出乎意料地进入有史以来最繁荣与和平的世纪。

朱文纳尔的 16 首讽刺诗大约是在 100 至 130 年之间，即图拉真和哈德良时期创作的。他的前期作品创作于大约 100 年，他 40 多岁的时候。那时候，在他的脑海中浮现的仍然是 1 世纪晚期的暴力和动荡场景。但是，随着他看到 2 世纪罗马变得比较安全和稳定，他的讽刺作品与先前的作品相比，表现得较为温和，且更富有哲理。

年龄的增长当然会使诗人变得更加成熟。但是也可以合理地假设，当朱文纳尔看到罗马有了比较贤明的统治者，而现实社会又有所改善的时候，他的抱怨也会少了许多。可见，他并不是一个为抱怨而抱怨的愤世嫉俗者。和所有针砭时弊、直抒胸臆的讽刺一样，他前期那种辛辣无情的讽刺是被丑恶的现实给"逼"出来的。

朱文纳尔的讽刺诗贴近真实的罗马生活，里面有许多珍贵的罗马社会文化现象和细节的信息。有的现象与我们今天在中国看到的非常相似，所以一点也不会令我们感到遥远或陌生。例如，朱文纳尔最深恶痛绝的就是他在罗马见到的那种舌尖上的纵欲。这种吃喝的欲望，美其名曰是"舌尖上的罗马"或"美食文化"，其实是饕餮的恶习。朱文纳尔认为，这种大吃大喝和糜烂消费是与罗马人传统的简朴生活方式背道而驰的。

朱文纳尔痛恨的不只是罗马人没有限度的食不厌精，而且更是这种饮食文化背后的精神萎靡和趣味低下。罗马人有钱了，不是把钱花在文化和艺术活动上，不是在精神上有更高的要求和境界，而是刺激了他们最原始的食、色之欲。反过来，为了满足无度的食、色之欲，罗马人又拼命地捞钱，因此陷入了一个腐败和堕落的恶性循环。

朱文纳尔的讽刺首先是针对罗马贵族的，他们就算经济上再力不能支，也要"吃遍天下时鲜"（《讽刺诗》，XI，12—14）。他们有的不仅能把家里吃穷，甚至还能把自己吃到撑死。"他们独自躺在空荡荡的沙发上，吞下树林和海洋的产品。为了买下那些巨大而辉煌的古董餐桌，他不惜为一顿大餐耗尽整个家产……吃下一整只野猪，那需要多大的食量……但是，我的朋友，你会为此付出代价。当你脱下衣服，而且肚子里装着一只没消化掉的孔雀，躺进了浴缸，这个时候报应就来了！没有留下遗嘱，就突然死亡。"（《讽刺诗》，I，134—146）

诗中提到的野猪、孔雀和其他野味都是罗马富人们的最爱，罗马人还喜欢装饰他们的餐桌。罗马强盛的时候，各种各样的珍馐野味都从遥远的地方被带到了帝国的首都，成为权贵和富人的菜肴：孔雀、野鸭和天鹅，长颈鹿，大象鼻子，火烈鸟舌头，鹳，蟒蛇，用蜂蜜烤制的新生小鼠。这些珍馐给古罗马人带来了舌尖和餐桌上的异国情调。罗马人喜欢野味，不知道有没有我们今天这样的野味市场。

罗马人喜欢进口食品，尤其是价格昂贵的进口海鲜。在丰富的罗马美食中最令人垂涎的是新鲜鱼类和海鲜。鱼比肉贵得多，所以只有富有的罗马人才吃得起。最美味和最昂贵的是被称为"红山羊"的鱼（mullus），它的颜色非常鲜艳，也非常美味。暴君图密善有吃鱼的嗜好，被朱文纳尔写进了他的讽刺诗里，图密善这个饮食嗜好也因此为后世所知。图密善是朱文纳尔讽刺诗里少数被点名的名人，他是在涅尔瓦—安敦尼（Nerva-Antonine，96—192）王朝写这首讽刺诗的，图密善已经死了了，所以讽刺他不再有性命之忧。

朱文纳尔在第4首讽刺诗里猛烈抨击了罗马宫廷的吃喝之风。他讲了一些关于暴君图密善吃鱼的故事。有一次，一位渔夫捕到一条特别大的大菱鲆鱼（Turbot），就献给了皇帝图密善。大菱鲆鱼是非常珍贵的鱼，只有富人才吃得起。听到这个消息，宫廷里来了一群马屁精，个个争先恐后，向皇帝建议如何将这条鱼烹调成美味佳肴。他们像是在讨论什么国家大事或重要国政，纷纷发表自己的高见，踊跃发言，各抒己见，献上各种各样的"提案"：切鱼肉该用什么刀法，该用什么样的锅子来烹调，该烤还是该煮。

朱文纳尔说，其实图密善自己就是一个吃海鲜的大行家，一个无人能比的吃精。他吃牡蛎，凭味道就知道出自什么水域。他只要看一眼海胆，就能说出是哪里来的（《讽刺诗》，IV，139—143）。为他运送海鲜，必须当军事急务来办，因为这是皇帝的特供食品，是比什么事情都重要的政治任务。为了满足皇帝的口腹之欲，必须不遗余力，把一切做到完美。皇帝的事就是最大、最重要的国家大事。朱文纳尔看上去是在讽刺暴君图密善的饮食嗜好，其实是在讽刺他那种唯我独尊的专制暴政。

2. 暴发户和贵二代

罗马人承认他们继承了希腊人所有其他类型的诗歌——史诗、悲剧、喜剧、田园诗和其他的，但他们自豪地宣称讽刺诗"完全是我们的"。讽刺诗用高贵的史诗诗体写成，但呈现的是令人触目惊心的肮脏、腐烂、愚蠢和醉生梦死。罗马讽刺诗人用高尚和卑鄙、健康和腐败、成长与崩溃的对比，把讽刺诗打造成史诗的"邪恶双胞胎"。讽刺诗的这个特征在朱文纳尔那里表现得特别鲜明。

他在讽刺诗第 1 首里就说，"只要你环顾四周，就不能不作讽刺"。也就是说，如果你对现实无动于衷，那你就装你的高雅；但如果你对现实有切肤之痛，那你就一定会有讽刺的冲动。不过他又说，讽刺了活着的权贵，你就会引火烧身，惹来灾祸。所以他说，他自己保证只讽刺死人，不讽刺活人。不难体会，这本身就是对现实中言论不自由的一个讽刺。

18 世纪英国女诗人玛丽·沃特利·蒙塔古夫人（Lady Mary Wortley Montagu，1689—1762）有这样的诗句，"讽刺就像是锋利的剃刀，看不见也觉不着地将人割伤"。朱文纳尔讽刺罗马的言论不自由，用的就是这种剃刀手法。但他更常用的是鲁迅先生所说的匕首和投枪，对人欲横流、拜金拜物、虚伪欺诈、道德腐败的罗马社会，他要的就是造成那种让人能看见，能感觉到疼痛的割伤。

对崇尚金钱和物质靡费的"罗马梦"，朱文纳尔充满了愤怒。在罗马，人人必须装得有钱，才能避免别人的白眼和鄙视。有钱的炫富，没钱的装得有钱，打肿脸充胖子，死要面子活受罪地当"瘪三绅士"。这就像今天，你若没房没车，自己都觉得矮人三分，没脸见人。若是有房有车，大多数都是背着债务的房奴和车奴。但只要装作有钱，自己就觉得特富有、特有身份和面子，特满足。朱文纳尔挖苦道：

> 在罗马，我们必须踩着时髦的钢丝跳舞，
>
> 入不敷出，靠借贷过日子。
>
> 这种普遍的失败，叫作
>
> 生活在装腔作势的贫困里。(《讽刺诗》，Ⅲ，180—183)

尤其是在他前期的讽刺诗里，朱文纳尔嘲笑的不只是罗马人那种盛世良民、岁月静好的拜金鸵鸟心态，而且更是这种心态掩盖下的精神萎靡和目光短浅。在这样的社会里，人们不再尊重教育、知识、艺术和文学。就连受过良好教育的旧贵族也都不顾体面，忙着敛财搂钱，更不要说那些先富起来的暴发户。而等待老老实实的艺术家、生意人和教师的则是挨饿和受穷。

朱文纳尔对罗马社会的拜金主义，对暴发户的嚣张和不可一世充满了恐惧和反感。他怀念古代罗马的那种纯朴、干净，靠额头的汗水换面包的传统秩序和价值。作为一个老派的保守主义者，他认为罗马腐败的主要原因是外国来的文化影响和物质利诱——埃及

的，希腊的，还有其他地方的。当时 90% 的罗马居民都是这样的
"外来户"。朱文纳尔认为他们带给罗马的不仅是那些外来的奢侈品，
还有外来的享乐主义，他毫不掩饰自己的文化排外主义。

在朱文纳尔看来，罗马是个被外来影响败坏了的肮脏城市，而
罗马的乡村才是一方没有被污染的净土。他生活在罗马，但讨厌那
个肮脏、拥挤、势利、冷漠的大城市。罗马是个权贵与小人集聚的
地方，让他觉得与之格格不入。他在讽刺诗第 1 首里以粗鲁、滑稽
的手法介绍了这个城市的世态炎凉。他说，刚到这个首都的第一天，
他走过一个窗户底下，被人当头淋了一尿壶的臭尿。在第 3 首里，
他朋友对他说，罗马人多，摩肩接踵，把他当一根木头似的推来搡
去，能把你的脚趾都踩扁了。到处是来罗马投机和淘金的外乡人：
犹太人、希腊人，还有在家乡混不下去的罗马瘪三和"屌丝"。

乡村是朱文纳尔心目中的逃避之地。他在《讽刺诗》第 11 首
里想象自己在乡下的家里款待一位朋友，饭菜没有进口的食材，都
是家里自己生产的，做的是罗马人传统的饭菜。古罗马人的食物很
简单，几个世纪以来几乎没有变化，普通农家最喜欢的是各种菜汤，
所以种了很多卷心菜、甜菜和洋葱。普通罗马人也喜欢奶制品和奶
酪。牛奶被添加到各种菜肴中，包括烘焙食品。随着时间的推移，
奶酪的制造成为一种专门职业，奶酪价格便宜，连最贫穷的罗马人
也能买得起。朱文纳尔说，他款待朋友的是传统的意大利饭菜，没
有罗马富人吃的那些牡蛎、蘑菇和珍贵的鲜鱼。但他会请客人吃一
点羊肉，自家种的芦笋，还有鸡蛋，饭后还有从自家果园摘来的水
果。他说，在共和时代，连元老院里的元老和执政官吃的也就是这
样的食物。

相比之下，穷奢极侈的吃喝之风在罗马城里早就已经上行下效，
成为风气。那时候可能还没有我们今天这种大城市里的大饭庄、大
酒店、大饭馆。你要找一个书店、图书馆或音乐厅很难，但这样的

大饭庄、大酒店、大饭馆比比皆是。朱文纳尔把罗马人的吃喝之风视为罗马颓废和糜烂的表征和产物。暴君图密善讲究吃喝，嗜好海鲜，于是吃海鲜就成为一种全民时尚。在讽刺诗第4首里，朱文纳尔结结实实地挖苦了一位来自埃及的暴发户。这位埃及人刚到罗马的时候，身上只裹着一块用莎草纸做的遮羞布。他很快发了财，还被封以骑士的身份。为了炫富，他花天价买下来一条非常珍稀的鱼，大概是要效仿那位喜欢吃鱼的暴君图密善（《讽刺诗》，IV，1—36）。

那个时候的罗马有许多人以贿赂、欺诈或其他形式的腐败手段迅速致富，积聚了巨额的不义之财。有的是因为服务于皇帝而被赐予大量财产，还有的因从事商业活动而积累了巨大的财富，其中不少是以前的奴隶，后来成了自由民。朱文纳尔愤怒地谴责这些人发财致富后就自命不凡，挖苦他们是"奴隶市场的粉笔还写在他们的脚跟上"。

暴发户成为社会里的"能人"和"俊杰"，成为众人争相赞美和效仿的成功人士，整个社会也就陷入了金钱崇拜和物质消费崇拜。朱文纳尔在讽刺诗第7首里指责说，罗马人越是变得拜金和贪图物质享受，他们的公共娱乐文化就越是粗鄙和庸俗低下。罗马人看起来越来越有钱，但艺术和教育的资金越来越枯竭。朱文纳尔在这首诗里对哈德良皇帝持谨慎乐观的态度，他希望哈德良登上王位后能振兴罗马文化，让低迷不振的艺术界能重新获得生机。朱文纳尔说，哈德良使辛苦创作的诗人能指望有一份正常收入的薪水，但诗人最好还是趁早改行。他奉劝一位想当作家的年轻人说：

> 但是，如果您希望从任何人（除了哈德良之外）
> 得到为你命运的支持，并还在你的羊皮纸上写作，
> 那么你得赶快去备好一些生火的木材，

> 然后将您的诗歌作品献给火神的火焰，
>
> 或者合上你的书稿，放在一旁让书虫来钻洞啃食。（《讽刺诗》，Ⅶ，22—26）

朱文纳尔表示，如果你全神贯注于艺术上的追求，你就一定会被社会漠视，而你最后也一定会后悔没能早早另选一个能赚钱的行当。他哀叹艺术家和诗人越来越难得到资助人的帮助，他也为教师的薪水严重低下和工作过度感到悲愤。他嘲讽道，帝国的老师必须具备全面的知识，随时可以上班，在教室里管住不守规矩的青少年，但一个老师一年的薪水还抵不上一个骑师一场比赛的收入。他说，公众"只渴望两件事：面包和骑赛"（《讽刺诗》，Ⅹ，80—81）。他又说，"以前罗马人里出过将领、执政官、军团和别的一切／今天他们不再去管政治这档麻烦事／而是一门心思只渴望两件事：面包和骑赛"（《讽刺诗》，Ⅹ，78—80）。这句话也就是他的名言"面包和马戏"的出处。

在朱文纳尔的讽刺诗里有许多罗马人发了财就挥霍和纵欲的细节，豪宅、美衣、巨大的日用开销、美酒佳肴、妓女和男妓，发散出罗马颓废和腐败的恶臭。但是，罗马看起来很富有，而有钱的其实是少数，看得见的财富掩盖着看不见的贫困。百分之一的富豪在穷奢极侈，挥金如土，但外省的老百姓、受穷挨饿的艺术家、知识分子和教师是吃了上顿愁下顿。这种极端悬殊的贫富差别随处可见，触目惊心。富的撑死，穷的饿死，这样的国家看起来再富有、再强大，也不过是一个肮脏的烂泥坑。

朱文纳尔不是19世纪的马克思，他不懂什么阶级剥削和阶级对立，他讽刺的不是罗马的政治和社会制度，而只是那些在罗马的污泥浊水里如鱼得水，活得特别滋润的暴发户。在讽刺诗第1首里，他就挖苦了那种太监娶老婆式的摆阔排场：

当皮松肉弛的太监结婚时……

当剃掉我年轻胡须的理发师发迹成百万富翁

用财富去挑战好人的社会时；当克里斯皮纳斯——

那个在尼罗河烂泥三角洲屋子里出生的奴隶——

穿着紫色的袍子，在汗津津的

手指上戴着一枚薄薄的金戒指时……

那就更不能不写讽刺作品；因为谁能忍受

这个可怕的城市，在内心无动于衷？（《讽刺诗》，I，22—31）

以前的奴隶和下等人一夜暴富变成百万富翁，就像土匪突然变成了国家权贵，他们的痞子气和匪气登堂入室，左右起罗马的道德风气，把罗马社会的道德民风破坏殆尽。罗马整个是一副荒诞的乱象，小人得志，好人受罪；黄钟毁弃，瓦釜雷鸣；谗人高张，贤士无名。朱文纳尔悲愤地叹息道，"今天，每一种罪恶都发展到了毁灭的顶点"（《讽刺诗》，I，149）。而在所有的罪恶中，最丑恶的就是各种各样的贪婪：金钱、权位、女人，什么能满足无度的欲望，就贪婪什么，贪欲金钱是最明显的，他问道：

……是什么时候出现了这么多的恶习？

什么时候贪婪的钱包越鼓越大？……

在过去，谁建造过这么多乡间别墅，

或者用餐一个人能吃七道宴席？……

在所有神灵中，财富最能驱使着我们内心的贪欲

——尽管到目前为止，有害的现金啊，

你还没有建起你自己的庙宇。（《讽刺诗》，I，87—88，
94—95，112—114）

　　罗马城里的权贵们固然贪婪、腐败，外省的官员更是如此。他们掌控着地方上的权势，天高皇帝远，地方上由他们说了算，大权在握，为所欲为。朱文纳尔警告那些新上任的罗马省长们，至少要稍微控制一点自己狂暴的贪婪，不要对农民下手太狠。因为罗马边远地区的弱势农民的血汗已经被吸干，那些被敲骨吸髓的农民已经一无所有（《讽刺诗》，Ⅷ，87—90）。

　　他说，罗马人对财富的痴迷是如此极端，一切法律程序形同虚设。穷人为了钱在法庭上做伪证，他们的证词一文不值，贵族们沉溺于妓女和角斗士，也都是靠不住的，别指望他们能对罗马的法律有什么用处（《讽刺诗》，Ⅲ，136—158）。

　　罗马贵族以前的荣誉感已经荡然无存，年轻一辈的贵族靠着父辈的荫庇，贵为所谓的"二代"，其实不过是一些没出息的纨绔子弟。朱文纳尔在讽刺诗第8首里专门攻击了那些靠着父辈名头当上贵族的"贵二代"，他说，贵族之所以贵，在于自己有能力，而不是有一个好爹。千里马拼的是实力，不是拼谁能在祖先留下来的草地上遛弯儿。这样的马只会又肥又无用。罗马军队里最有战斗力的是那些平民出身的子弟（《讽刺诗》，Ⅷ，51—54）。朱文纳尔特别提醒他的贵族读者，就算他们的祖先血统可以追溯到罗马建城时代，也都可能是放过羊、坐过牢、当过运水夫、住过贫民窟的。当大官的别忘了祖上当土匪出身的往事，德性才是唯一真正的贵族观念和身份价值。血统论是最可笑、浅薄的虚荣和虚伪。

　　从上面的介绍可以看到，朱文纳尔对罗马的生活非常熟悉。对罗马人的贪得无厌和道德败坏，他的谴责是一种罗马外省人的老式传统批评。他的见解深刻敏锐，时而夹杂着一些冷幽默，但他的讽刺是谴责型而非喜剧性的，这一点我们在下一节里会谈到。

3. 坏女人、小鲜肉和讽刺的批评

上一节我们谈到朱文纳尔对罗马种种"邪恶"现象的抨击，有的在今天看来是合理的，有的并不合理。在他眼里，那个时代的一切邪恶——从那些趾高气扬、招摇过市的暴发户，到那些为获得遗赠而向有钱老人猛献殷勤的遗产追逐者；从既愿意跟女人生孩子又乐意供别的男人玩乐的男妓，到角斗场上挥舞长矛像男人一样的女斗士——都是与罗马古老而健康的传统背道而驰的。他从文化保守主义的立场出发，把外来的文化影响，尤其是希腊的影响，视为罗马存在这么多腐败和邪恶现象的一个主要原因。

他认为希腊人是罗马全面衰败的主要原因之一，称希腊是"一个演员国家"。他嘲讽希腊人说，"笑，他们的狂笑谁也比不上，/可以把肚子都笑破。对着朋友的眼泪，他们也哭泣，但心里完全无动于衷"（《讽刺诗》，Ⅲ，100—102）。朱文纳尔认为，希腊人善于装假，非常狡猾，所以才喜欢玩戏剧，罗马绅士从希腊人那里尽学了些无用的坏东西。尼禄喜欢登台演出，喜好唱歌，玩闹剧和喜剧，受到的就是希腊人的坏影响（《讽刺诗》，Ⅷ，185—210）。

在朱文纳尔谴责的种种邪恶现象中，有一个是我们到目前为止还没有谈到的，那就是他所谴责的罗马人的性反常行为。在他那里，这是非常严重的问题，这个问题尤其与他所鄙视的罗马女性联系在一起。

朱文纳尔讽刺女性的尖酸刻薄与讽刺贵族的冷嘲热讽有得一拼。他鄙视女性，这里面有罗马文化对女性的传统歧视，也有他自己对女性的偏见，这在他著名的《讽刺诗》第6首里表现得非常充分。奥托·基弗在《古罗马风化史》一书中批评朱文纳尔的仇女心结时，单独挑出来讨论的就是这一首讽刺诗。

朱文纳尔对女性的态度完全是负面的，充满了憎恶、仇恨和蔑

视。谈论女性的时候，他会有一种莫名其妙的激愤，用最放肆的污言秽语攻击女性，恶毒地把追求文雅的女性与谋杀亲夫的淫妇相提并论。这首长达 661 行的《讽刺诗》第 6 首开头是这样写的：

> 这个世界的黄金时代也许存在过
> 贞操；那时候冷冰冰的山洞
> 是一个小小的家，里面有炉火、
> 神像、畜群和主人，那时候
> 粗野的高原妻子仍在用树叶、麦秆和她
> 粗野的邻居野兽的皮做床。
> 不像你辛西娅，也不像你莱斯比娅，
> 为一只死麻雀，光亮的眸子就模糊了，
> 她有丰富的乳汁喂养众多的孩子
> 她比口吐橡果的丈夫更凶猛。（《讽刺诗》，Ⅵ，1—10）

朱文纳尔认为，只有罗马黄金时代的女人才是贞洁的，那时候罗马人的婚姻神圣不可侵犯。到了白银时代，女性受到不良影响，贞洁也就开始消失：

> 古老的习俗谴责与陌生人共床，
> 轻视神圣的婚姻之床。
> 最堕落的黑铁时代产生了其他一切罪恶
> 可是早在白银时代最初的通奸就已经出现。（《讽刺诗》，
> Ⅵ，21—24）

世上从此找不到知羞耻、爱贞洁的好女人，所以，他认为真正聪明的人从来不结婚。这似乎是他的一贯态度，他在第 8 首里也劝

告一位名叫波斯图穆斯（Postumus）的朋友不要结婚，他说，"只要你丈母娘还活着，你就不要想过安生的日子。她会以挑唆女儿抢劫丈夫为乐，把他剥个精光"。朱文纳尔断言，无论男人愿意不愿意相信，女人都是水性杨花、生性淫荡，就连贞洁无瑕的乡村女孩也很快会在都市里学坏。他问道："你以为（你妻子）会喜欢你这样一位修辞学教授？／你娶她为妻，然后她会让一个吉他手或吹长笛的／当你孩子的爸爸。"（《讽刺诗》，Ⅵ，75—77）朱文纳尔承认，有些婚姻可能会有暂时的好处。有钱的新娘可能会给丈夫带来金钱，能让丈夫对她的不轨行为睁一只眼闭一只眼。但要明白，忠实的妻子世间少有，就是有，结婚也是很累人的事情。所以结婚无非就是浪费金钱，是最不值得做的事情。

朱文纳尔相信，女性的败坏全是因为罗马农业社会的衰落，他说，"现在，长期的和平就像疾病一样祸害我们：奢侈是比战争更致命的危险／我们征服了世界，却因此受到了报应"。朱文纳尔写道，"女人们如今在午夜吃牡蛎／痛饮芬芳的美酒，直到烂醉不醒／她们呆呆地看着天花板，朝维纳斯的雕像撒尿。然后，如果找不到情人，她们就会毫不犹豫地求助于奴隶、工人或牲畜"（《讽刺诗》，Ⅵ，286—295，292—293）。正是这样尖酸刻薄的诗句，让朱文纳尔的讽刺诗在罗马文学里独树一帜。

朱文纳尔在第6首里甚至向读者建议，如果想以肉体上的享乐来缩短寿命，宁可玩少年男子也不要玩女人。当然，朱文纳尔不是要提倡性犯罪，他所说的是当时罗马社会普遍接受的"老腊肉"与"小鲜肉"之间的性伴侣关系。为了避免误解，这里需要介绍一点古代地中海地区的性观念知识，免得我们以今天的标准来评价古人的观念。正如利奇德在《古希腊风化史》一书中解释的那样，当我们讨论古代希腊人或罗马人的男色之好时，"有一点特别要记住：这里言及的少年男子绝不是我们通常所说的幼年男孩，而是指性方面已经成熟，亦即处于青春期的青少年……许多作品还指明了具体年龄，不过这在我们看来不是幼男的年龄，而是男青年的，以对应于我们有时所说的'年轻男子'"。[1]成年男子与未成年的男孩子发生性关系被视为不道德，并不被罗马社会所接受。

这样的小鲜肉不是男妓，而是男人的正常性伴侣。朱文纳尔看不起男妓，而且他认为，小鲜肉长大成人之后，如果还保持男同性恋的关系，那就是丢脸的丑事。罗马社会的衰落正是因为有太多的男妓和长不大的小鲜肉，整个罗马社会因为这些人而失去了阳刚之气，变得娘娘腔，男不男，女不女，这是罗马社会太监化、奴才化、侏儒化在性潮流上的反映。

朱文纳尔在《讽刺诗》第9首里讲了一个男妓的故事。这个男妓名叫纳沃洛斯（Naevolus），诗里的叙述人（朱文纳尔创造的一个角色）是纳沃洛斯的一个熟人。有一天他发觉纳沃洛斯一副筋疲力尽的样子，就问他发生了什么事情。纳沃洛斯说，尽管他一直在努力工作，但挣不到多少钱。其他男妓都发了大财，唯独他只能混个勉强糊口。他说，最令人气愤的是，他虽然努力讨好他的赞助人，一位名叫维罗（Virro）的贵族，但维罗不会把他写到遗嘱里，所以他也许一辈子都得是一个穷光蛋。他与维罗已经有了很长时间的性关系。维罗对女性不感兴趣，离不开他，但又要求他与维罗的妻子发生关系，为的是给维罗生个合法的继承人。维罗还警告他，如果把这个秘密说出去，就会要了他的命。因此他这会儿真是绝望了，觉得生不如死。

这也许是朱文纳尔为了讽刺男妓编出来的故事，并非真的有个叫纳沃洛斯的男妓。不管怎么说，朱文纳尔在这首讽刺诗里既讽刺了贵族，也讽刺了男妓，主要还是那个贵族，因为男妓毕竟是一位

1　利奇德著，杜之、常鸣译，《古希腊风化史》，第452页。

无助的受害者。

这个名叫维罗的贵族出现在《讽刺诗》第5首和第9首里，是个非常吝啬、贪婪、卑鄙的小人。在第5首里，维罗邀请了一个客人到他家吃晚餐，这个客人很穷，巴望着从维罗那里得点好处，他紧张地等待用餐，因为他平时很少有机会能吃饱饭。但是，当他来到这个有钱的贵族家里时，他很快发现，自己的希望怕是要落空了。维罗的仆人根本不拿正眼瞧他，给他倒了一杯已经变质的葡萄酒，而维罗则当着他的面独自饮着好酒。给这位客人的面包也是发霉的，而维罗自己吃的则是新鲜出炉的面包。维罗吃了一个大螯虾，放在新鲜的芦笋上，这位穷客人只得到了半个鸡蛋，里面塞了一个小虾，放在一个令人沮丧的小盘子里。晚饭越吃下去，维罗就越是羞辱他的穷客人。他自己享受美味的进口鱼，却让客人吃台伯河污染严重的鳗鱼；他自己享受鹅肝、野猪、松露和一盘新鲜水果，而给客人吃的却是一个烂苹果。

这位客人在维罗面前百般讨好，强颜欢笑，怕的就是流露出不满，开罪于他。朱文纳尔虽然把维罗当作整首诗的讽刺对象，但他也对这位在维罗面前低三下四的客人表示了鄙视，因为人被这样侮辱的时候，是不应该仍然还这么好性子的。

无论是从对男妓还是对维罗客人的讽刺中，我们都可以看到一种哀其不幸，怒其不争的冷幽默。男妓不仅要为维罗，还要同时为维罗的老婆提供性服务，既要当维罗的"女人"，还要给维罗的儿子当爹。维罗的吝啬和刻薄固然可恶，但他那位客人吃了半个鸡蛋、烂苹果和被污染的鳗鱼不敢吱声反抗，也是一个可鄙和可笑的可怜虫。所谓可怜之人，必有可恶之处，说的不仅是他这样的，还有许许多多在权贵或权力压迫下受尽羞辱和冤屈，但仍然在讨好，在唱赞歌的可怜虫。

有的讽刺以引人发笑为主要目的，如果读者不笑，讽刺就失败了。喜剧里运用的就是这种讽刺。有的讽刺是为了批判而不是引人发笑，朱文纳尔的讽刺诗，鲁迅杂文里的讽刺都是这样的讽刺。但是，完全不好笑、一点幽默感都没有的讽刺诗是不存在的。不以好笑为目的的诗文，不等于读者就不会觉得好笑或有好笑的感觉，因为在批评和发笑之间没有绝对的界限，相反，批评是一种"骂"，当然不需要口出恶言，语带脏字。笑骂里的骂与笑、批评与幽默经常是联系在一起的。政治笑话就是有笑又有骂。当然，作为笑话，都是以笑为主，寓骂于笑，如乔治·奥威尔所说，每一个政治笑话就是一颗小型的炸弹，笑声中有谴责和批评在爆炸。

朱文纳尔的讽刺诗里有政治的含义，但不是政治笑话，他的讽刺有时会非常粗鲁，甚至"出口成脏"，不适合在这里举例，因为那是相当有杀伤力的骂。但是，公元 2 世纪初的罗马诗人已经从过去一个世纪不断的暴君统治那里学到了自我保全和安身立命的教训，即便像朱文纳尔这样的随性诗人，也不敢真的直接冒犯那些对自己批评零容忍的权贵人物。像贵族维罗这样的诗中人物是杜撰的，并非真有其人。朱文纳尔的晚期诗作（可以从第 10 首算起）里的讽刺更是加进了哲学的沉思和道德的建议，变得像是塞涅卡的道德伦理教谕。所以有人说，他的前期作品犹如烈酒，而后期作品则变得像是红葡萄酒。

朱文纳尔的讽刺包含着一些基本的伦理原则。虽然他从来不承认自己与斯多葛主义有任何关系（《讽刺诗》，XIII，120—124），但有论者认为，斯多葛派思想在他后期的讽刺里几乎随处可见，但他自己并不承认这一点。朱文纳尔的后期讽刺建议读者以美德而不是世俗成功来衡量人生的意义和价值（Ⅷ，19—20），简朴的饮食就是最佳的美食，遇事不要偏激，要适度和中庸（Ⅺ，60—79，203—208）。在第 13 首讽刺诗里，朱文纳尔遇到了一个叫卡尔维努斯（Calvinus）的朋友，这位朋友遭人算计，损失了一大笔钱，为此火冒三丈，非常愤怒，甚至咒骂神明不长眼，让好人倒霉。朱文纳尔把这当作世间为什么有恶的问题来开导他的朋友，告诉他，好人倒霉的事情在这世界上每天都在发生，不必反应过激。他开导朋友说，那些伤害过你的人们，"他们的良心罪感／会让他们充满恐惧；他们的心灵会最有效地折磨他们，／他们躺在床上，无形的鞭子会默默地抽打他们"（XIII，193—195）。这种善有善报，恶有恶报的话，不知道他的朋友是不是听得进去，反正我们今天听了，不会觉得有什么说服的力量，甚至有人还会讽刺这实在是腐儒冬烘的哲思。

这恐怕也是讽刺的一个难处，讽刺是一种批判、抨击、谴责、破坏，但如果你与讽刺者志不同、道不合，他的讽刺就不能令你信服。讽刺满足的是一种志同道合的群体心理需要，讽刺总是在某个群体里受到欢迎，反映了这个群体共同的价值观、品味、偏好和文化心理。我们阅读朱文纳尔，不一定要接受他的价值观，如仇视女性或排斥外来户，而是可以从他的作品中获得关于公元 2 世纪初罗马市井生活的丰富信息。有一次，柏拉图的一位朋友要他介绍一本可以让他了解雅典社会的书，柏拉图对他说，那你就去读阿里斯托芬的喜剧吧。朱文纳尔的讽刺诗对我们也有相似的作用。

但是，朱文纳尔的讽刺诗毕竟不是塔西佗那样的历史，正如彼得·盖伊在《启蒙时代》一书里说的，"朱文纳尔以抨击时弊为乐，作为一个绝佳的讽刺作家，必须用夸张的手法来揭示某种真实。塔西佗作为一个称职的历史学家，显然能够克制自己的情感，用精确的方式来讲述另一种真实。二者的作品都具有可读性，但是作为罗马实际情况的见证，历史学家比讽刺作家更值得信赖"。[1]18 世纪，朱文纳尔的《讽刺诗》在欧洲广为流传，"但是，如果朱文纳尔笔

1　彼得·盖伊著，刘北成译，《启蒙时代（上）：现代异教精神的兴起》，第 108 页。

下的罗马就是罗马的全貌，那么帝国就该提前三百年崩溃了。他的描述是漫画式的：他的诗写的大多是传统题材，而他的观察则被强烈的偏见扭曲。朱文纳尔心中萦绕着浓重的怀旧情绪，极力宣扬乡村的质朴和古人的坚韧"。[1]

不仅对女性，对罗马的城市生活和城市贫民，朱文纳尔同样出口粗野，但又总能给人一种话糙理不糙的痛快感受。他的第 3 首讽刺诗就是一个代表。对于罗马的城市贫民，朱文纳尔最精辟的一句话就是他们只需要"面包与马戏"。

4. 都市穷人和"面包与马戏"

美国历史学家达林·麦马翁（Darrin McMahon）在《幸福的历史》里说，罗马人的幸福观是与他们的乡村神话联系在一起的，这就像 19 世纪初英国浪漫主义诗人的幸福观也是一片田园牧歌。乡村代表着知足常乐、简朴坚韧，用额头的汗水换面包的诚实生活态度，以及与此一致的幸福感。公元前 1 世纪的"罗马和平"时代，贺拉斯曾说："金钱越多，人就越贪婪，／贪婪带来焦虑，烦恼随之而至。"贺拉斯时代的主流氛围就是对奢华现状的痛惜，人们怀念往昔简朴的时代。他见证了罗马前所未有的物质繁荣，也经历了共和的落幕，从他那个时代回顾他所怀念的那种"简朴生活的德行"。他认为，罗马人当初之所以强大，就是拜这些简朴特质所赐。即使在他那个时代，在远离大都会及其颓废享乐的地方，这些特质依然有可能获得培养："真正幸福的人，无忧无虑，／他像古人一样，不断耕种／父辈留下的田地，役使自己的牛，／更没有

1　彼得·盖伊著，刘北成译，《启蒙时代（上）：现代异教精神的兴起》，第 108 页。

债务的负累。"[1]

诚实、勤勉、自食其力、身强力壮，还有重要的一条，那就是"没有债务的负累"。这就是贺拉斯所谓的"幸福之人"（beatus vir）。俗话说，"冷在风中，穷在债上"，没有债务的负累也就是远离了贫穷。所以，那些自给自足的农夫，"他们在田地耕耘，在苗圃栽培，享有平淡的尊严和荣誉，感到心满意足。这样的人从简单质朴的事物中获得简单质朴的快乐：亲密的友谊和温暖的谈话，身心舒坦的劳动和流汗，大自然心旷神怡的赏赐，甚至美酒一杯"。[2]

在贺拉斯 2 个世纪后，朱文纳尔在他的《讽刺诗》第 3 首里，通过他朋友翁布利修斯（Umbricius）的嘴告诉读者，他在罗马城再也找不到罗马人的传统幸福，所以要离开罗马回到乡间。离开罗马的理由是由翁布利修斯陈述的：在罗马再也找不到诚实的人，只有撒谎者和贫民窟；要赢得伟人的眷顾，唯一的办法就是学习他们的有罪秘密；那些外来的希腊人和叙利亚人不在乎撒谎和作弊，排挤土生土长的罗马人，抢走了他们的工作。人们只相信有钱人，穷人被逐出剧场。罗马的生活昂贵得他负担不起，摆阔的生活方式令人讨厌；随时都会有发生火灾或房屋倒塌的危险；拥挤的街道喧闹不堪，使人在晚间都无法入睡；穷人被挤到大街上，富人的车子在布满垃圾的街道上穿行；人们从窗户里往外丢东西，说不定什么时候就砸在你头上，到处是小偷和盗匪，你的物品和人身安全随时都有危险。

2 世纪的罗马是一个肮脏、拥挤、臃肿、不安全的大都市，却是许许多多的人趋之若鹜，想到那里去的地方。大都市永远对大多数人有着无穷的吸引力，"人们像被风吹向罗马，他们能捡到杏子

1　达林·麦马翁著，施忠连、徐志跃译，《幸福的历史》，上海三联书店，2011 年，第 72 页。
2　同上。

和无花果？"对有钱人来说，那是五光十色、声色犬马，可以尽情享乐的地方；对穷人来说，那是可以找到工作，糊口度日的地方。暴发户有多富有，谁都难以想象，"'他拥有多少个奴隶？多少亩农田？／他的宴会有多奢侈，有多少道菜？'一个人藏在宝箱中的硬币数量，即他赚的所有功劳"（《讽刺诗》，Ⅲ）。

大都市是个贫富极端悬殊的地方。都市需要有穷人来担任低下、繁重、报酬极低的劳动。罗马离不开这些低端人口，但他们生活在贫穷中，"妓女和女奴连外套都买不起"。贫困不只是缺衣少食，而且受人鄙视，就连贫穷落魄的骑士也是一样，"贫穷的种种不幸中，没有什么比受人嘲笑更令人痛苦了／他们对你吼道，'滚开，如果你还有一点羞耻心，／既然没有法律规定的足够财富，／就不要敢坐在骑士的坐垫上。'"（《讽刺诗》，Ⅲ）

金钱成为罗马社会的主宰和贵贱尺度，朱文纳尔之所以对当时的罗马社会进行猛烈的抨击，用法国历史学家萨雷斯（Cathrine Salles）的话来说，是因为那是一个令传统主义者觉得七颠八倒，荒诞不经的社会。她写道，"那是一个职业、角色完全颠倒的社会：希腊和叙利亚的自由奴隶社会地位很高，罗马大法官却只能乞求得到一点可怜的赏赐，议员不得不当起羊倌；差役、皮条客的后代地位也很高。相反，那些拥有古罗马历史上最显赫姓氏的年轻贵族只能以充当演员、角斗士和马车夫为业。女人也介入到体育、科学、思辨哲学这些通常专属于男人的职业中。宗教领域也是一样的情形：男人也在模仿专为妇女所写的美德女神（Bona Dea）神秘剧中的角色"。[1]朱文纳尔的朋友翁布利修斯就是一个受过很好教育，但最后在罗马穷得过不下去的知识分子，这才打定主意要到乡村去过一种不同的生活。

1　卡特琳娜·萨雷丝著，张平、韩梅译，《古罗马人的阅读》，第 22 页。

在朱文纳尔和他的朋友翁布利修斯眼里，罗马的穷人太多，生活无着，沦为小偷和盗匪；成群结伙的穷人惹是生非、铤而走险，看似繁华无比的都市里隐藏着动荡和骚乱的危险。塔西佗对罗马的暴民和乱民充满了鄙视，说他们对皇帝和对优伶都是习惯"以整齐的声调和有节奏的鼓掌发出雷鸣般的喝彩声"。[1] 他们是一群没头脑的愚民，只会用"令人作呕的喝彩和毫无意义的热情来阿谀皇帝……不管这个皇帝是什么人"。[2]

与塔西佗不同的是，朱文纳尔在这样的民众身上看到的不仅是暴民和愚民，而且还是"穷人"。人穷志短，穷了就会铤而走险，因此，如何对待穷人和贫困成为他思考的一个问题。

朱文纳尔不是古希腊、古罗马作家中关心穷人和贫困的唯一一位。早在公元前4世纪，亚里士多德在《政治学》里说，"如果给予（穷人）食物，但没有惩罚和工作，他们就会懒惰。如果使他们工作，施以惩罚，却克扣他们的食物，那就是压迫，把他们往死路上逼。唯一的不同做法就是给他们工作，也给他们充足的食物。我们不给他们报酬，就不能管束他们，食物就是奴隶的报酬"（1344a—b）。他还说，慈善救济穷人就像是一个有洞的酒壶，它只会鼓励懒惰和无所事事（1344b）。

公元前1世纪，西塞罗在《论义务》中说，"我们必须把钱袋里的钱分一些给配得上的穷人，但必须小心谨慎，不要过头。有的人不分青红皂白地散财，把祖宗的基业都糟蹋了"（On Duties，2，54）。1世纪，塞涅卡在《论幸福生活》中说，一个聪明人"有一个容易打开的钱袋，但不是一个有洞的钱袋。……有的人虽然缺钱，但我一文钱也不会白给他们，因为就算我给他们，他们仍然还是缺钱"（On the Happy Life，23—24）。

1　塔西佗著，王以铸、崔妙因译，《编年史》，第569页。
2　塔西佗著，王以铸、崔妙因译，《历史》，第31页。

　　佩特罗尼乌斯《饮食男女》里的那种极其富有的暴发户出现之前，罗马人似乎和希腊人一样把财富视为一件荣誉的事情，至少不是一件不光彩的事。财富是好东西，贫穷令人讨厌，优秀的人应该享有财富，财富显示的是一个人的优秀和能力。穷人不是指在自己土地上辛勤耕作的农民，而是指那些失去了土地，只能在城市里谋生，却还是无以为生的贫困者。怎么对待他们的问题集中在如何管束，而不是如何让他们脱贫或奔小康。

　　在朱文纳尔生活和写作的 2 世纪，罗马人显然对穷人的破坏性有了更强、更明确的意识。穷人和贫穷成为一种日益增长的对社会安定和传统秩序的威胁。在朱文纳尔那里，我们可以察觉到罗马知识分子的一种新的体验，那就是，众多的穷人可以聚集成一种社会力量。早在公元前 123 年，格拉古兄弟就曾经利用罗马的平民来增强他们的政治势力。提比略·格拉古和盖约·格拉古两兄弟是公元前 2 世纪罗马共和国著名的政治家，平民派领袖。他们分别当选前 133 年及前 123 年、前 122 年的保民官，并各自在任期内领导了一场改革——格拉古兄弟改革。由于改革触犯了保守势力，他们先后在保民官任上被杀。

　　格拉古兄弟创立了罗马的"谷物分配"（Grain Dole）制度，允许罗马市民每个月以低于市场的价格购买一定量的谷物，这可以说是一种最早的福利制度。这项政策受到贫穷民众的欢迎。格拉古兄弟利用他们在民众中的声望改变罗马共和的宪法，延长他们自己的任期。有历史学家认为，罗马的政治腐败正是从格拉古兄弟为自己的私利破坏罗马政治制度开始的，而他们借助的正是民粹政治的力量。

　　都市平民中有许多人也是贫民。格拉古兄弟时期，只有 4 万罗马人享受"谷物分配"，但是这个数目迅速增加，到恺撒的时候，经过压缩后，还有 15 万人。到奥古斯都时代，这一人数增加到 20 万。随着罗马从共和变成帝国，从外省进入罗马的新移民都想得到这个待遇。英国历史学家内维尔·莫利在《罗马城里的穷人》一文中写道，谷物分配在罗马"减轻了最严重的贫困，但没有减少贫困人口。这样的措施吸引了越来越多的移民，使得原有的贫困问题变得更加严重"。[1]

1世纪罗马面临的都市贫民问题同样是今天富裕国家的问题。今天富裕国家解决这个问题的办法仍然是一种老旧的实用主义福利政策，而不是想办法帮助穷人脱离贫困，成为有尊严的个人和公民，这样的福利政策反而加深了贫富阶级之间的隔阂和矛盾。美国有许多中产阶级人士认为，有的政党（如美国的民主党）推行大政府和福利制度，用他们纳税的钱养活懒汉，鼓励懒惰，培植自己的政治力量。他们对外来移民有强烈的排斥情绪，认为外来移民损害了他们的生活品质。朱文纳尔在《讽刺诗》第3首里表达的就是这样一种情绪和害怕。

今天我们读这首讽刺诗，也许可以更多地从人道主义来思考贫困和穷人的问题。只有帮助穷人提高工作的能力，获得工作机会，自食其力，才是有尊严的脱贫途径。不然，他们就只能当仰仗大政府政策鼻息，苟且偷生的社会乞丐，永远处在又穷又懒，不思进取，无法改变自己生存处境的可怜地位，永远不得不扮演有口饭吃就对政府感恩戴德的奴民和顺民角色。

朱文纳尔在他的诗作中表现出对穷人的复杂情绪，他一方面同情他们的处境，但另一方面又对他们充满了鄙视和害怕。他著名的"面包与马戏"（bread and circuses）就是主要针对那些因为生活无着，而极易被专制暴君愚弄和操控的贫困民众说的。

朱文纳尔敏锐地看到，"面包与马戏"是为了满足罗马平民的基本需要，让他们远离政治，进而成为一种有效控制民众的政治手

1　Neville Morley, "The Poor In the City of Rome," in *Poverty in the Roman World*, eds. Margaret Atkins and Robin Osborne, New York: Cambridge University Press, 2006, 38.

段。在《讽刺诗》第 10 首里（第 77—81 行），朱文纳尔写道："很早以前，从我们不把选票卖给任何人的时候开始，／人民就已经放弃了我们的职责；／对于曾经掌握军事指挥，高级公职和军团——每一件事情——的人民来说，／现在重要的是克制自己不要去管它，只是急切地期待两件事情：面包和马戏团"。

这一生动简练的说法如今被用来指现代国家里用廉价的物质满足来安抚和控制民众的基本手段，也就是波兹曼所说的"娱乐至死"。对"面包与马戏"可以有两层意义的理解。第一层是，人民变得猥琐和平庸，有饭吃，有表演看，就已经心满意足，对政府感恩戴德，变得安分守己。第二层是，政府不是通过卓越的公共服务或公共政策，而是仅仅用骗取老百姓认可的办法，通过转移、分散注意力或满足民众的眼前利益，来获得统治正当性，其基础不过是食物（面包）或娱乐（马戏）。

今天，面包成为一种喻说，而不只是罗马人的"谷物分配"，"面包"包括住房、汽车、冰箱、电视，一切可以分散人们的注意力，让他们专心过好自己的小日子，感觉岁月静好、非常幸福的东西，用"消费主义"和"物质主义"来代替公民们对公共事务、公共政策、政治道德和国家未来的关注。同样，"马戏"也不再是罗马人喜爱的娱乐活动，而成为一种喻说，"马戏"是电视剧，是手机游戏，是社交软件，是网上的八卦和留言，是大众媒体或精心炮制，或粗制滥造的各色电视剧，打开电视就像打开自来水龙头，这样的节目全都可以说是今天人们喜闻乐见，不可缺少的马戏。

在可以预见的未来，就算人类拥有足够的财富，可以让所有人都平等地过上丰衣足食和有尊严的体面生活，但富人的贪婪和制度的不公仍然会使少数人积聚难以想象的财富，因而让许许多多辛苦工作的人仍然生活在贫困之中。在贪婪的人性和不公的制度得到改变之前，穷人和贫穷的问题还会长期存在下去。

十八　阿普列乌斯《金驴记》

1. 雅俗共赏的罗马小说

《金驴记》是一部写于 2 世纪 60 年代的小说，作者是北非人，名叫卢基乌斯·阿普列乌斯。我们之前阅读过的戏剧家泰伦提乌斯也是北非人。阿普列乌斯于 124 年出生在马达乌拉（Madaurus），卒年不详。他出身于官宦家庭，父亲是那个城市的一位主要官员。他在家乡受过初等教育后，去到北非古城迦太基。当时迦太基是北非最主要的文化中心，他在那里研修修辞学，而后又去当时仍然保持着地中海世界文化中心地位的雅典，并去各地游历，熟悉了当时流行的各种哲学派别。在当时的各种哲学派别中，影响最大的是柏拉图派和毕达戈拉斯派，阿普列乌斯自称是柏拉图派哲学家。他还接触了多种宗教派别，参加过神秘宗教。这些都在他后来的文学创作中留下了深刻的印记。柏拉图主义和宗教秘仪与我们理解《金驴记》有相当重要的关系，这在关于如何从哲学上理解《金驴记》的第三节里还要专门讨论。

阿普列乌斯传世作品中最有名的是小说《金驴记》，这部小说来自一个希腊故事，但结合了他自己的创作。阿普列乌斯这部小说原来的题目是《变形记》。3世纪，基督教教父奥古斯丁根据小说中人变形成驴的故事，称小说为《驴》；后来又有人在"驴"前冠以"金"字。最后这部小说以《金驴记》为题目，也许是为了避免与奥维德的《变形记》发生混淆。不管怎么说，《金驴记》这个题目是很恰切的，因为这部小说里虽然有许许多多以各种方式套在一起的大小故事，但有一个关于主角卢修斯（Lucius，也译作鲁巧）的主线故事。本书关于《金驴记》的引文都来自刘黎亭的译本，所以提到的人物都用这个译本里的人名翻译。

《金驴记》的主线故事，简而言之，即鲁巧从人形变成驴形，历经种种磨难之后又变回人形。故事说的是，青年鲁巧去希腊旅行，来到巫术之乡塞萨利（Thessaly），借宿在一个高利贷商人米老内家中。当他获悉女主人潘菲乐（Pamphile）精通巫术时，好奇心油然而生，很想学学这项技艺。为了达到这个目的，他向女奴仆人福娣黛（Photis）求爱，成为情侣，然后乘机目睹女巫如何施法，变人为鸟。不曾料到，在鲁巧准备施法的时候，在一旁帮忙的福娣黛拿错了药膏，弄巧成拙。结果鲁巧非但未能如愿变为飞鸟，反而变成一头毛驴。

从此以后，他在命运摆布之下，受苦受难，被强盗、隶农、街头骗子、磨坊主、种菜人、兵痞等人轮番驱使。但他也因此有机会接触各种新鲜事物，听到许多神话传说、奇闻逸事，见证种种坑蒙拐骗，男女风情，巧取豪夺。最后，因他在廉耻心感召下皈依了埃及的爱西丝教，女神爱西丝（Isis）降恩于他，让他终于脱掉驴皮，恢复人形，并成为教门中人。

与几乎所有的古代故事一样，《金驴记》是故事里套故事，其中最有名的一个是爱神丘比特与公主卜茜凯（Psyche）的爱情故事。这个爱情故事本身可以成为一个独立的中篇小说。《金驴记》全书共11卷，而丘比特的故事则占了3卷（卷Ⅳ—Ⅵ）。

这是一个美丽的故事，引发了许多艺术家和作家的遐想，有不少以这个题材创作的画作留世。文艺复兴时期，意大利诗人尼科洛·达·科雷吉欧（Niccolò II da Correggio）于1491年以丘比特为叙述者重写了这个故事，英国诗人弥尔顿（John Milton，1608—1674）在诗作《酒神之假面舞会》（Comus，1634）里对这个故事做了一些改编，在结尾中，这对恋人后来有了两个孩子：青春和欢乐。17世纪英国剧作家沙克利·马米恩（Shackerley Marmion，1603—1639）用《金驴记》的故事，写过一个诗体剧《丘比特与卜茜凯》（Cupid and Psyche，1637），法国作家拉·封登（La Fontaine，1621—1695）在1669年以此题材写过一个诗歌和散文混合的浪漫故事。

现在就来说一说丘比特和卜茜凯的故事。卜茜凯是一位公主，美丽无双，可以与合爱与美为一体的女神维纳斯媲美。维纳斯对她忌妒万分，于是命令自己的儿子丘比特用金箭射中熟睡的卜茜凯，使她爱上世上最丑的怪物。

丘比特夜晚从窗户飞入卜茜凯的房间，卜茜凯突然醒了。她虽然看不见丘比特，但她动人的双眼直视着他。丘比特一下子慌了神，不小心用手中的金箭划伤了自己，从而无可救药地爱上了眼前的卜茜凯。这时他原是孩童般的身躯也瞬间变成了一个青年般的壮阔身材，他觉得眼前的卜茜凯美丽无比，也知道自己无法完成母亲交给他的任务，因为他离不开卜茜凯了。

在遇到丘比特之前，卜茜凯一直是单身。她因为美如仙女，没有人敢向她父母提亲。她父母很着急，于是到神殿去请示神谕。神谕说，卜茜凯的美丽不是凡人能够拥有的，所以必须把她遗弃在最近的山上，这样她就能嫁给一个非人。她的父母没有办法，只能按照神谕指示的去做，把她放在一块巨石上，让她自生自灭。

西风之神把在巨石上孤身一人的卜茜凯带到一个美丽山谷中的

宏伟宫殿里。黑暗的夜晚降临，神谕中那个非人的新郎来了，他就是丘比特，他们正式成为夫妻。丘比特每晚都会和她睡觉，但不让她开灯，因为他不希望在时机未成熟之前让她知道自己是谁。卜茜凯不再是处女了，但她很享受新的体验，如故事中所说，"习惯使卜茜凯高度评价新事物的乐趣"。[1] 享受新事物的乐趣后，她怀孕了。

卜茜凯十分想念山下的亲人，丘比特允许她让西风之神把两位姐姐请到宫殿里来做客。卜茜凯的两位姐姐十分忌妒卜茜凯能够拥有如此美丽的宫殿，便对她说，她的丈夫其实是一条大蛇。两个姐姐还让她在床下藏一把刀和一盏灯，当她丈夫熟睡时，用灯照亮他的面容，如果是一条蛇，那就一刀刺死他。卜茜凯带着犹豫答应了。

夜晚，卜茜凯趁丈夫睡着时用灯照亮自己丈夫的面容，一下子认出自己的丈夫竟是爱神丘比特。故事里这样描述道，"卜茜凯感到十分好奇……她欣赏着丈夫的武器，并从矢袋里抽出一支箭，将大拇指按在箭头上试试尖不尖；谁料手指尚在颤抖，致使用力不当，箭头深深扎进肉里，随即皮肤上淌出几滴玫瑰色的鲜血。结果无知女子卜茜凯，自动地投入了爱神的情网"。[2]

卜茜凯深深地爱上了眼前的丈夫，轻轻地吻了他。她手一抖，不小心滴了一滴滚烫的灯油到丘比特肩膀上。丘比特被烫醒，看到卜茜凯身边的刀子。他悲痛地说了句"爱情不能与怀疑共存"后，便飞离而去。于是华丽的宫殿也消失了。卜茜凯悲痛万分地跪坐在地上，无比心痛。

卜茜凯到处寻找着自己的恋人，她求女神得墨忒耳和宙斯的妻子女神赫拉帮她，但都没有结果。她于是便寻到了维纳斯的神殿。维纳斯的女仆们"召之即来，受命去给姑娘上酷刑。她们，奴颜婢膝地执行女主人的命令，除了拿马鞭子抽打可怜的卜茜凯之外，还

1　阿普列乌斯著，刘黎亭译，《金驴记》，上海译文出版社，1988年，第114页。
2　同上，第128—129页。

千方百计地对她加以折磨"。在这之后，"女神扑到卜茜凯身上，把她的衣服撕成碎片，揪扯她的头发，撞击她的脑袋，残酷无情地殴打她。之后，她让人拿来小麦、大麦、小米、罂粟子、山藜豆、扁豆和蚕豆，将其全部混杂在一起，聚成一大堆"。她对卜茜凯说，既然你是一个能施巫术，迷惑男人的家伙，"我也想试一试你的本领。你筛选一下这堆乱七八糟的颗粒吧，把它们一粒一粒地区分开，按类归放放好"。维纳斯离去后，一只蚂蚁见卜茜凯可怜，便召集了其他蚂蚁，帮卜茜凯分了类。[1]

维纳斯得知卜茜凯成功完成任务后却怒发冲冠，让她再去一个有金色羊毛的羊吃草的草原带一些金羊毛回来。卜茜凯到了草原中一条河的边上，河对面就是正吃着草的金羊。她正欲过河，河神突然出现，并告诉卜茜凯不要过河，因为金羊脾气暴躁，会用角顶她，让她等到中午羊吃完草到树荫下睡觉时，再取草地里剩下的金羊毛回去交差。卜茜凯谢过河神后照办了。后来，维纳斯又让卜茜凯从一个有着巨蛇护卫，凡人无法接近的裂缝中取水，这次一只鹰帮了她。

卜茜凯接二连三的好运激怒了维纳斯，于是又交给她一个真正不可能完成的任务。她命令卜茜凯去阴间找阴间女王珀耳塞福涅取一个梳妆盒。卜茜凯知道此行必死无疑，于是爬到一座高塔上，准备跳下赴死。但高塔指点了她来去的方法，卜茜凯又完成了任务。

最后，天神宙斯听说了卜茜凯的故事，他派人把卜茜凯接到天国，见到她后，"递给她满满一杯仙露，对她说道：'喝吧，卜茜凯，你会长生不老的。爱神将永远不会断绝与你结成的关系。从今日起，你们就结发为夫妻，并将白头偕老。'"他还劝诫维纳斯道，"我的女儿，请别生气，也别担心这种娶一个下界女子的婚姻会贬损你的

---

1 阿普列乌斯著，刘黎亭译，《金驴记》，第 145—146 页。

高贵血统。此刻我就要让这桩婚事不是发生在天壤之别的新郎和新娘之间，而是要使其合法化，符合婚姻法"。[1] 于是故事便完美结束了。

到此为止，我讲了两个故事，一个是书里的主线故事，另一个是书里的插入故事。主线故事是鲁巧变成驴子后又变回人形；插入的故事是卜茜凯和丘比特的有情人终成眷属。如果你把这两个故事放在一起，就能看到它们是以不同的方式结束的，这个对比对于我们理解《金驴记》这部著作非常重要。

丘比特和卜茜凯的故事是一个典型的古代故事，它是以神的意志和决定结束的，是一个"神来结束"的故事。宙斯的介入使得这一对有情人的坎坷经历有了美好的结果。

相比之下，鲁巧由人变成驴，最后又从驴变成人的故事却是以不同的方式来结束的。初看起来，鲁巧从驴形变回人形是在埃及女神爱西丝的干预下完成的，但这并不是一个"神来结束"的故事，因为鲁巧最后是自己皈依了爱西丝，而这个皈依是他人生成长，修得正果。这是他自己寻得了解决问题之道的结果，没有这个结果，爱西丝女神不会，也不可能代替他解决他的问题。与所有来自宗教的帮助一样，鲁巧是先自助，然后才有神助；倘若你不接近神，神是帮不了你的。

因此可以说，《金驴记》虽然看上去是一部通俗的故事作品，但有着人本宗教体验的内涵。今天，我们可以在两个完全不同的层次上阅读《金驴记》，第一个层次是 1 至 2 世纪的罗马通俗小说，把它当作有趣的故事来读就好；第二个层次则是宗教或哲学寓言，是柏拉图主义对人的痛苦灵魂的哲学分析。关于第二个层次的阅读我会放到最后一节里再说，这里先谈第一个层次。

1　阿普列乌斯著，刘黎亭译，《金驴记》，第 157 页。

在通俗故事里，性经常是一个吸引读者的元素，在罗马和中世纪文学中都是如此，因此被视为粗鄙或粗俗的作品。《金驴记》也运用了这种性的元素。罗马人的性观念比我们今天开放，即使在中世纪，基督教一统天下之后，"性"并未就此消失在一片噤若寒蝉之中。中世纪文学通常有粗鄙露骨的性描写，乔叟、薄伽丘的作品中都有。不可否认的是，基督教官方谴责性欲和性快感，认为至少从人类堕落以来，性就成了一项罪恶。但在罗马文学中还没有这样的观念，因此，性是清白的，是人性中必不可少，且值得称道的一部分。

普通的罗马人喜欢听故事，阿普列乌斯把自己听来的故事告诉坐在火堆边的农夫和奴隶们，《金驴记》第 5 卷里几乎全是零零碎碎的小故事，其背景是一家客栈里的旅人以相互讲故事的方式来打发漫漫长夜。

神话、戏剧、传说和历史故事总能给像阿普列乌斯那样的说故事之人提供取之不尽的创作源泉。他们可以随心所欲地进行各种主题的创作，在原有故事的基础上添枝加叶，或者创作完全和原故事不相干的内容。他们会根据自己的想象和听众的反应对故事中原有的古代文化内容做适当的修改，让故事更符合在场听众的欣赏口味。这些讲故事者必须适应变化不定的观众，因为免不了会有爱挑剔的听众，所以要看他们的情绪，调整说故事的方式。这就是大众文学的风格。

下层人和奴隶是最忠实的故事听众，他们习惯用耳朵来听，而不是在莎草纸上阅读。奇闻逸事、神奇事物和各种恐怖新闻往往都是这类故事的素材。《金驴记》中有一个非常恐怖的故事，说的是有通奸行为的奴隶浑身被涂满蜂蜜让蚂蚁来吃，这个故事很可能是阿普列乌斯根据真人真事改编的。讲故事者要抓住听众注意力，一个最保险的办法就是给他们讲超自然的故事吓住他们。

他们最害怕的就是死人、幽灵、狼人、半狗半女人的吸血鬼和巫婆。《金驴记》里有许多这样的故事：有一个人在遭到魔鬼攻击之后变成幽灵；巫女梅罗娥（Meroë）取走一个年轻人的心脏，把一块海绵塞进去；另外两个巫女施魔法把尸体上的鼻子和耳朵随意变大变小。像这样的故事听起来惊悚刺激，就像中国人以前夏夜纳凉时听鬼故事，大伙一起听，效果比一个人独自阅读要强得多。像这样的故事能够让我们更好地了解罗马社会中平民阶层的"文化"兴趣。

当然，我们今天已经不是像听鬼故事那样了解《金驴记》的故事，至少在这本书里不是这样。我们的阅读还要在一个不同的层次上进行，深入到这部著作里的两个人文主题，一个是下一节要谈的男性观念中的"巫术"与"妖女"，另一个是故事中鲁巧最后皈依神秘的爱西丝教的柏拉图哲学意涵。这两个都是思考性人文阅读的结果，而不是娱乐性听故事的结果。

2. 男性观念中的"巫术"与"妖女"

巫术是对人多种超常行为能力的一个统称，陀思妥耶夫斯基在《卡拉马佐夫兄弟》里说，"由于人不能没有奇迹而生存，他会为自己提供他自己创造的奇迹。即便他可能是异端、无神论者和反叛者，他仍会相信巫术和妖术"。[1] 然而，人类中的女性似乎特别被赋予了巫术的负面行为能力。出生在英格兰的犹太裔作家尼尔·盖曼（Neil Gaiman）开玩笑地说，"大多数有关巫术的书籍都会告诉你，女巫是光着身子施法的。这是因为大多数关于巫术的书籍都是男人写的"。关于巫术和女巫的书籍和故事充满了对女性的偏见，因为

1　Fyodor Dostoyevsky, Quote in *The Brothers Karamazov*, Goodreads, https://www.goodreads.com/quotes/366548-since-man-cannot-live-without-miracles-he-will-provide-himself

它们大都出自男人之手。《金驴记》有许多关于巫术和女巫的故事，不仅充满了男性偏见，而且包含着男性对女性的天然恐惧和戒备。我们可以从这种男性的非理性恐惧中看到当时罗马的一种文化心理。

《金驴记》的主角和叙述者鲁巧到希腊旅行，来到他母亲的家乡塞萨利。第一天，他就听到了一个巫术的故事，说故事的人名叫阿里斯托迈奈（Aristomenes），是在当地经营奶酪生意的一位商人。

有一次，这位奶酪商遇到了朋友苏格拉底，见他衣衫褴褛、瘦骨嶙峋，就给他买了衣服，还领他去澡堂洗了澡。两人吃午餐时，苏格拉底讲述了自己与梅罗娥的恋情。梅罗娥是个女巫，她把前面几个恋人都一个个变成了不幸的动物。

这位奶酪商不相信苏格拉底的故事，但心里还是很害怕。晚上，他们锁了门，上床睡觉。深夜里，梅罗娥和另一个女巫闯了进来，切开了苏格拉底的身体，吸干了他的血，撕碎了他的心脏，然后用海绵代替心脏，塞进了他的肚子。

在离开之前，这两个坏女人还各自在奶酪商头上撒了一泡尿。女巫们没有对他下手，是因为希望他能够埋葬苏格拉底的尸体。奶酪商想，这下子糟了，他准会被当成杀人凶手，没有办法只好上吊自杀。谁知道他上吊用了一根烂绳子，结果掉了下来，没死成。第二天早晨，他居然看到苏格拉底醒来了，一切似乎都很正常。他们继续旅行，来到一条小溪旁，苏格拉底弯腰喝水，结果肚子里塞的海绵掉了出来，就此死了。奶酪商后来就掩埋了苏格拉底的遗体。

这听起来是不是有点像一个荒诞的故事？不过这还远远没完，《金驴记》里还有别的女巫和巫术的故事，而这样的事情就发生在鲁巧自己身上。他来到母亲的故乡，借宿在一个高利贷商家中，他太太名叫潘菲乐。

鲁巧安顿好了就去看他的姨妈。姨妈听说他住在潘菲乐家，非常担心，对他说："唉，可爱的鲁巧，我在为你担忧啊，也希望能对你有所用处，就像你是我的一个儿子那样！我当着面前的女神向你恳求：你要好自提防，真的，我告诉你吧，要提防潘菲乐的邪术和诱惑……她是一个很有名气的女巫，身手不凡，掌握一切起死回生的魔法。总之她是一个妖精，只要在树枝、石砾等此类微不足道的东西上吹口气，就能把星辰之光转移到地狱深处和原始混沌之中。因此，只要她遇上一个英俊的小伙子，就会一见倾心，迫不及待地对他表示青睐和热望：她用花言巧语蒙蔽他，勾住他的魂儿，再用一种强烈的情欲将他永远束缚住。如果有谁不愿跟她勾搭，或是对她感到厌烦，她转眼之间就会把他变成一块顽石，一只公羊，或者其它任何一种动物；对某些人甚至置于死地而后快。这就是我为你提心吊胆的缘故啊！"[1]

千万不要以为这是鲁巧姨妈杞人忧天的老妇之谈，女人心中燃烧的欲火会毁灭男人，也把她自己变成妖女，这成为《金驴记》里的一个主题。

姨妈的话很快就在鲁巧身上应验了。不过勾引他的不是女主人潘菲乐，而是她的奴隶女仆福娣黛。鲁巧和福娣黛一勾搭上，就疯狂做爱，那场面就像昆德拉小说《不能承受的生命之轻》里托马斯和萨宾娜的热烈场面。福娣黛扮演的就是萨宾娜的角色，这是一个主控者而不是被控者的角色。鲁巧是被这个女仆控制的一方。

鲁巧描绘自己被诱惑的情景："我刚躺下片刻工夫，我的福娣黛便接踵而至……她兴致勃勃，头戴一顶玫瑰花冠，丰满的胸脯上也插着几朵花儿。她立刻心急火燎地来吻我，并把花冠套在我头上，往我身上撒花；接着又端起一只酒杯，注入热水，请我一饮而尽。但我尚未喝完，她就撒娇地一把夺过杯子，放在自己唇边，一面柔媚地望着我，一面小口小口地品尝着。继而是第二杯，第三杯，杯

1　阿普列乌斯著，刘黎亭译，《金驴记》，第 30 页。

杯如此；之后，我们又轮流喝了好多杯。此时此刻，我酒酣耳热，不仅精神而且肉体皆燃起欲火，再也忍受不住极度的折磨。"[1]

鲁巧对女主人潘菲乐的巫术十分好奇，想看看到底是怎么回事，他的情人福娣黛答应帮助他达成心愿，告诉他，潘菲乐会变成"一只身披羽毛的鸟儿……展翅高飞，去寻找其爱情的目标"。满足他好奇心的一刻终于来到了，"约摸晚上九点时分，福娣黛蹑手蹑脚地领着我，毫无声响地来到你们已经知道的那间阁楼前，让我把眼睛对在一条门缝上。下面便是我所看见的一切。首先，潘菲乐脱光所有的衣服，打开一只小匣子，从中取出一些瓶瓶罐罐，揭开其中一个的盖子，从里面掏出一种油膏，放在手掌上搓了一阵，然后全身上下涂抹一遍，从脚趾尖一直到头发梢儿。继而，她对着油灯喃喃地念了一阵咒语，浑身便开始不停地颤抖起来。接着，一种轻微的跳动取代了抖动；与此同时，身体上冒出一片软绵绵的绒毛，生出一些粗硬的羽翎，鼻子也变弯变硬，指甲则增厚而形成钩状。潘菲乐就这样变成了一只猫头鹰。她发出一声凄厉的哀鸣，在地板上略微扑扇几下翅膀，试试自己的能力，然后腾空而起，展翅飞向远方"。[2]

鲁巧太好奇了，想在自己身上也试试这个魔法，福娣黛给他找来药膏，谁知道他涂上药膏，却发现自己的汗毛变得像鬃毛一样粗，"柔软的皮肤变得硬如皮革，掌上的指缝均消失不见，指头则一一聚拢，形成一个光秃秃的蹄子，同时在脊椎骨末端冒出一条粗尾巴来。同样我也改头换面了：面孔拉得很长，嘴巴加宽裂大，鼻孔变得开阔，嘴唇耷拉下来，耳朵长得异乎寻常，上面还生出一片硬毛"。[3]他变成了一头毛驴，从此开始了他苦难的毛驴生涯。

1　阿普列乌斯著，刘黎亭译，《金驴记》，第 39 页。
2　同上，第 73 页。
3　同上，第 76 页。

《金驴记》里有多个巫术和女巫的故事，我这里只是举了两个例子。书里所有的巫术都与女人有关，如果它们不都是坏事，但至少都是女人做的见不得人的怪事。施行巫术的基本上都是性欲极强，性要求特别热烈的女性，她们漂亮，或者用鲁巧的话来说，至少"颇讨人喜欢"。这样的女人与丘比特和卜茜凯故事里的卜茜凯是不同的。卜茜凯美若天仙，冰清玉洁，太美太纯洁，男人见了不会动"邪念"，所以她才一直嫁不出去，最后与她喜结良缘的只能是丘比特这样的神了。但是，即便是卜茜凯，也令人难以理解为什么她对丘比特有如此的异性魅力，所以丘比特的母亲维纳斯得出的结论是，卜茜凯一定是施了什么妖媚之术，让丘比特鬼迷心窍。

至于《金驴记》里那些平平常常的女人，她们是怎么让男人动心，以至于不能自拔的呢？巫婆梅罗娥把情人们一个个变成动物，这样的女人又是怎么让男人们着迷的呢？《金驴记》给出的答案就是，她们会使妖术、行巫术，这是她们的秘密武器，也是她们的魅力。巫术让女人能获得特殊的力量，打破男女关系中相互吸引的平衡，因此女人对男人便有了绝对的优势。

前面讲到的女巫梅罗娥谋杀苏格拉底，就是这样的故事。这个男人这样叙述自己的故事，他被强盗抢劫，身无分文，"借宿在一个名叫梅罗娥的酒店女老板家里……这女人年纪大了，但颇讨人喜欢……她一开始就待我异常热情，让我白吃了一顿丰盛的晚餐；之后，她用一种令人生畏的风骚举动，把我拉到了她的床上。这就是我的堕落啊！仅仅跟她睡了一夜，就结成一种无法了结和不可挽回的关系"。[1]

听他说故事的人不信，他解释道，这个梅罗娥不得了，"'她是一个女巫，'他答道，'一位占卜者。她无所不通：能降下天穹，抬

1　阿普列乌斯著，刘黎亭译，《金驴记》，第 7 页。

起大地，点泉成石，化山为水，让阴魂升入天国，将神灵贬进地狱，使星辰熄灭，乃至能把光明投向冥府。'……虽说这些只是巫术中的小玩意儿，不足为奇，但不仅当地人佩服得五体投地，而且连印度人、埃塞俄比亚人以及安蒂波德斯人亦无例外"。[1]

为了证明这个女巫的魔力，他又说了一个故事，"她的一个情人，因抛弃她去另寻新欢，使她丢了脸，结果她只用一句话，就将其变成一只水獭。这种动物，若要逃离陷阱，摆脱行猎者，须将自己的生殖器截断：她正是想叫他也得到同样下场，因为他把她的欢乐转移在另一个女人身上。还有一位酒店老板，跟她是街坊，因而是她的竞争对手，被她变为一只癫蛤蟆。现在，可怜的老头儿正泡在她的一个酒桶里，掩埋在沉渣中，用一种嘶哑的呱呱声叫着，意欲对他的老主顾们献殷勤。有个律师指责了她，反而被她变成一只公羊，如今那公羊仍在法庭上受理案件。至于她的一个奸夫的妻子，由于耻笑了她一句，就让她罚为永久性怀孕。原来，当那女人妊娠期满之际，女巫将其子宫封闭，延长了分娩期；总之，据人们计算，那个大肚子已经有八年了，不幸的女人变得臃肿不堪，似乎应该生出一头大象来"。[2]

你一定会奇怪，即便是在古代的罗马，这样的故事有人信吗？当然不可能人人都信，但若说没人相信，那也是不真实的。比不信这种故事更重要的是，这样的女巫故事反映的是男性的一种恐惧。男人害怕比自己有力量的女性，他们无法解释为什么有的女性会具有如此不可思议的魔力，会如此强势。于是"巫术""妖法"便成为唯一可以解释这种力量的理由。

男人害怕自己落入强势女人之手，成为无力抵抗的弱者或身不由己的受害人，这种恐惧不只在公元2世纪的罗马人那里有，在今

1　阿普列乌斯著，刘黎亭译，《金驴记》，第8页。
2　同上，第9页。

天也还是存在。美国作家肯·克西（Ken Kesey，1935—2001）《飞越疯人院》里的"大个子护士"（Big Nurse）就是一个非常强势的女人，疯人院里的病人们都很害怕她，他们有受害者的幻觉，害怕她坏了他们的"球"。这跟《金驴记》里的"水獭若要逃离陷阱，摆脱行猎者，须将自己的生殖器截断"（原文是"咬掉自己的球"的说法）是一样的。

巫女对男人最恐怖的惩罚就是毁掉男人的命根子，让他断子绝孙。所以，当女人使出这一招的时候，像梅罗娥这样的女人显得格外可怕和邪恶，而男人则是不幸的、可怜的受害者。其实，正如故事里所说，男人受这种惩罚是因为他自己喜新厌旧或者始乱终弃。但是，在男人看来，因果关系不是这样的，他之所以喜新厌旧，是因为有另一个女人对他施行了媚术，这才使他身不由己地被新欢所迷，神不守舍，不能自已。那个被他抛弃的女人本应该理解他，同情他，这才是一个贤淑女子该做的。倘若对他进行报复，那就是暗害，背地里下毒手，最毒妇人心。

这样的逻辑看似荒诞，但在我们今天的现实里还在起作用。例如，2018 年 5 月，黑龙江教育出版社的《高中生公共安全教育读本》在社交网站上引起争议。该《读本》针对的是女性对男性的"性骚扰"，它认为，女性的以下几种行为有性骚扰男性嫌疑："1. 女性在公共场所穿着暴露，乃至衣不遮体，对男性是首当其冲的性骚扰。2. 女性在男性面前说话粗放，或过分大方，说些令男性敏感的字眼……对男人的感官产生强烈的刺激。3. 女性举止不端，或搔首弄姿，或动作夸张，惹人眼球，容易使男性想入非非。"

这里所说的来自女性的性骚扰，说穿了，就是女人对男人的媚术。它把本来是性骚扰的受害一方（女性）变成了性骚扰的始作俑者，而性骚扰的一方则成了受害者。有网友称，这"颠覆了对性骚扰的认知"。

什么是"穿着暴露""说话粗放""过分大方""搔首弄姿"？用这样的说法来看待或解释性骚扰，已误导性地预设了立场：是女方挑逗在先，男方才被诱使犯错。这是在猜测行为的原因，而不是对行为本身作界定，其结果是，男方性骚扰的实质问题被悄悄转移了，变成了女方对男方的侵犯。

3. 宗教膜拜是怎样的灵魂出路

上一节里说到男人用女人的媚术来为自己的喜新厌旧作辩护和找借口，因此把女性对男性的所谓"性骚扰"当作对男性保持自己性纯洁的一个重大危险。今天，我们不难看到这种想法的荒唐。

从认知错误上说，这是一种归因谬误，它在一般人当中相当普遍，表现也是多种多样。别人的行为如果是我不喜欢的，我就会认为他人品低下、性格乖张、别有用心，看不到这一行为发生的其他原因。同样的行为，别人的就很严重，自己的就轻描淡写。在与别人发生争吵时，总是责备别人先"挑衅"，强调别人的恶意，而把自己说成是不得已才还的手。个人之间是如此，群体之间，甚至国家之间也是如此。

归因谬误的错误思考方式在很有知识和学问的人那里也照样会出现。例如，有人称，从 Windows 7 开始，微软允许用户装盗版，谁装盗版，谁没装盗版，微软都清楚。微软就是用盗版策略，"明明是故意把软件免费给用户用，使别人没机会发展自己的操作系统，反过来说别人盗版"。这样的受害者逻辑与男人性骚扰女人是因为女人太性感、太挑逗如出一辙。

经常有小偷自我辩解说，他本不是窃贼，而是因为别人没有看管好自己的财物，他这才"顺手牵羊"。谁叫被偷的人自己不当心！

说不定那家伙本来就是故意设下圈套！这样的归因谬误看起来很可笑，很荒唐，但是，一旦涉及本人或本民族的自私利益，它又会变得非常合理和正常。男人见到漂亮的女人，动了花心，起了邪念，不是怪自己，而是怪那个女人太性感，是在故意使出勾魂术，这是出于同样的认知偏误心理。

21世纪的人都能这样，那又有什么理由觉得自己比2世纪的罗马人更高明呢？《金驴记》里那些与巫术有关的女性并不只是漂亮或"颇讨人喜欢"，而且是"令人生畏的风骚"，也就是具有并表现出强烈的性欲望和性要求。这是女人的"妖"和"美"、"巫"和"媚"之间的区别。小说里的巫女潘菲乐和梅罗娥属于"妖"和"巫"，而丘比特与卜茜凯故事里的卜茜凯则属于"美"和"媚"。这个区别在《金驴记》有时是模糊的，有时却又相当清晰。这很符合一般人的真实体验，在现实生活中，这二者是否有区别全在于当事的男人怎么看。

"媚"在汉语里也是一个词义模糊的字，意思可好可坏。"媚"可以是美好的意思。《诗经·大雅·下武》："媚兹一人，应侯顺德"，意思是：爱戴天子这一人，能将美德来承应。在此处，"媚"是正当的喜欢。魏晋繁钦的《定情诗》："我既媚君姿，君亦悦我颜"，意思是两情相悦，我喜欢你，你也喜欢我。《诗经·秦风·驷驖》："公之媚子，从公于狩"，意为带着亲信、宠爱的人去狩猎。其中的"媚"也没有不好的意思。但在"谄媚""媚主""崇洋媚外"这样的说法里，"媚"就有了不好的意义，那就是故意讨好。

在《金驴记》里，女人为满足性要求而故意讨好男人，虽然还不是巫术，但已经是在为施巫术做准备。但是，"妖"和"美"、"巫"和"媚"之间的区别经常是模糊的，最明显的就表现在卜茜凯这个女人身上。她不是一个性欲旺盛的强势女性，"巫"或"妖"似乎与她没有关系。而且，她最开始对性一无所知，对丘比特又总是"眼泪汪汪"，小鸟依人的样子，非常符合罗马人的"好女人"标准。

但是，维纳斯认为卜茜凯一定是因为拥有了什么超人的力量，所以才能使得她儿子丘比特为她神魂颠倒，坠入爱河，不能自拔。从故事里看，丘比特爱上卜茜凯正是因为她的天真无邪、温柔体贴、天性善良。所以这可以理解为，女人的真正力量不在于做个"强女人"或有超常能力的女人，而在于做个"好女人"，做一个符合男人想象要求的"标准女人"。

但是，故事里的卜茜凯最后的幸福却又并不仅仅因为她是这样一个好女人，而且是因为她有"贵人相助"。她在寻找丘比特的时候，不得不忍受未来婆婆的各种恶毒刁难。卜茜凯并不是靠自己的力量才战胜了一个又一个困难，而是因为有超人的或非人的力量给了她具有决定意义的帮助：先是小蚂蚁，后来是河神和老鹰，最后是高塔。卜茜凯的天真无邪甚至让宙斯都同情她，并愿意帮助她获得幸福。

这种"好女人才能得到幸福"可以说是《金驴记》给罗马人的教谕。与卜茜凯相反的是她那两个想出毒计来害她的姐姐。这两个姐姐虽然不会巫术，但因为心肠歹毒，所以也被视为"巫女"。所以，"巫女"的"巫"并不只是在于会使妖术，而是在于心术不正。一个女人仅仅有强烈的性要求，还不足以成为巫女或妖女，更关键、更本质的是为满足这种不当欲望而使出"巫"和"妖"的手段来，这样的手段才被视为"歹毒"和"阴损"的巫术。

巫女是做恶事的女人。还记得那个心脏被巫女掏出来，肚子里塞上海绵的苏格拉底的故事吗？巫女放过了他的朋友阿里斯托迈奈，但在离开的时候还是在阿里斯托迈奈的头上撒了一泡尿。撒尿当然不需要什么巫术，但在人头上撒尿本身就是恶劣的巫女行径。一般人谁能做出这样的事情呢？邪恶是巫术的本质，掏心和撒尿都是行为现象。

《金驴记》的作者阿普列乌斯是一位柏拉图主义者，柏拉图主义的现象与本质的差别体现在他对"巫术"和"妖女"的表现上。巫术和妖术只是表象，掏心和撒尿也都是行为现象，只有邪恶和歹毒才是本质。

对 2 世纪的罗马人阿普列乌斯来说，柏拉图主义意味着什么呢？这是我们理解《金驴记》的又一个关键之处。

阿普列乌斯曾将柏拉图非常重要的《斐德罗篇》翻译成拉丁文，这是一篇对早期基督教和其他崇拜性宗教有重要影响的哲学著作。柏拉图在这里提出了一系列影响当时宗教观的重要观念，如灵魂不朽、知识是天生的、本质的知识是对"相"（Forms，或为"型"）的认识、"相"是超感官和永恒的、灵魂先已认识了一个"相"，等等。

柏拉图的苏格拉底回答了什么是灵魂，以及人死后，不同的人的灵魂会去哪里的问题。他说灵魂有三个去处，一个是受惩罚的地方，一个是等待的地方，另一个是永远幸福的地方。后来，中世纪末期诗人但丁给了它们"地狱""炼狱""天堂"的名字，这些基督教关于来世的说法在苏格拉底那里当然是没有的。

但是，苏格拉底认为，不同人的灵魂在等待的地方停留的时间是不同的。爱好智慧的哲学家属于第一等，守法的君王属于第二等，专制独裁的暴君属于最下一等。普通人的灵魂要等一万年才能羽翼丰满，而爱智慧的哲学家只需要三千年就可以了（《斐德罗篇》，249b—d）。

苏格拉底还提出了一个著名的"灵魂马车"的比喻。苏格拉底把灵魂比作两匹飞马和一个御车人的组合，他说凡是神所使用的马和御车人都是好的，他们的血统也是好的，其他一切生物所使用的马和御车人则是复杂不纯的。人类灵魂的御车人驾驭着两匹马，一匹驯良，一匹顽劣，所以驾驭它们是件麻烦的工作。如果灵魂是完善的，羽翼丰满，就往上飞，不然就往下沉。往下沉的是那些没有灵魂，只是肉体的速朽动物（《斐德罗篇》，246a—247c）。

这些哲学理念听上去很玄虚，却是打开《金驴记》深层宗教哲学意义的一把钥匙。作为一个柏拉图主义者，阿普列乌斯要讲的可不只是一个供人娱乐、听着有趣的怪异故事或成人童话，而是一个可以有哲学深意和宗教教谕的故事。

故事的主角鲁巧从人变成驴，又从驴变回人。和奥维德的《变形记》里的编写一样，一个人的形体虽然变了，但他还是那个人。鲁巧虽然变形为驴，但他还是鲁巧，整个故事是由鲁巧讲述，驴是不会说故事的。就算在他是毛驴的时候，他看见漂亮的女人还是会说，"就连我这个毛驴也动心了"。对女人动心的是鲁巧这个人，不是一头天生的毛驴。

因此，鲁巧从人变成驴，又从驴变回人，其实是一个柏拉图哲学意义上的变形隐喻警示。鲁巧开始时追求的是肉体的快乐，他与女仆福娣黛疯狂做爱；他对巫术充满了好奇和羡慕，当他的姨妈告诫他要提防巫女潘菲乐时，他非但不害怕，反而很高兴，以为自己有了近距离观察巫术的机会。巫术在他眼里是一种超乎常人的神奇能力，可以让人做到平常人做不到的事，享受到平常人所没有的快乐。也正是因为他迫不及待地尝试操作巫术，他才变成了一头毛驴。

就像《斐德罗篇》"灵魂马车"的那个比喻，他的灵魂驾驭的是一匹顽劣的马，拉着他一路下沉，名副其实地过着一种只是肉体动物的生活。只是当他最后又找回自我节制和精神需要，皈依了爱西丝教信仰后，他才驾驭了一匹驯良的好马，因此有机会重新恢复人性。这个人变驴，驴变人的故事其实是有哲学和宗教寓意的。

《金驴记》的原型来自一个希腊故事。在原来故事的结尾，毛驴吃了蔷薇花，于是变回人形。但《金驴记》添加了宗教的元素，故事是以鲁巧皈依爱西丝教来结束的，因此成为一个精神成长和宗教觉醒的故事。4 至 5 世纪，奥古斯丁很喜欢阿普列乌斯的《金驴记》，与他对这个故事的宗教理解有关。他本人的《忏悔录》（Confessionum）也是这种宗教觉醒故事，写的是奥古斯丁通过坚定信仰，从一个沉溺于肉欲的罪人，经历了精神和信仰的成长和转变，成长为一个基督徒。

阿普列乌斯是一个罗马人，他在《金驴记》里讲的是一个希腊人的故事，2 世纪的罗马人信仰的是多神教，更何况，在维吉尔的《埃涅阿斯纪》中，爱西丝和其他埃及诸神被描绘成一群与罗马文化为敌的外国恶魔。为什么阿普列乌斯选择让他那个希腊人主角鲁巧皈依一个属于埃及文化的、神秘的爱西丝教呢？

这可以从几个不同的方面来看：首先，罗马与埃及的关系已经发生了根本的变化。公元前 1 世纪末，埃及与罗马为敌的记忆犹新。《埃涅阿斯纪》是维吉尔为达成奥古斯都的政治目的而创作的，是在亚克兴战役之后的十年中写成的。亚克兴战役是奥古斯都（当时是屋大维）与埃及艳后和安东尼之间的最后一场决战，埃及是敌对的一方，将之彻底击败是奥古斯都的政治成就。但是，180 年后，阿普列乌斯撰写《金驴记》时，埃及几代一直是罗马的一个省，其文化和宗教也不再对罗马形成威胁。

第二，阿普列乌斯本人是北非人，他的大部分职业生涯都在迦太基度过，这使他比当时的许多罗马人更接近埃及神学。爱西丝教是当时活跃于罗马的多种神秘宗教之一，涅尔瓦—安敦尼王朝的许多体面宗教人士都是其崇拜者。

第三，爱西丝在古埃及宗教中被尊奉为理想的母亲和妻子之神，也是自然和魔法的守护神。她还是奴隶、罪人、手工业者和受压迫者的朋友，也听取富人、少女、贵族和统治者的祷告。爱西丝嫁给了她哥哥欧西里斯（Osiris）。欧西里斯是农业之神，也是一位死而复生的神，他身上的绿色皮肤就有"一岁一枯荣""春风吹又生"的象征意义。爱西丝崇拜和欧西里斯崇拜是联系在一起的。爱西丝教与柏拉图主义在思想上都强调理性和秩序。《金驴记》里的鲁巧在经历了非理性的动荡的痛苦之后，回归理性和秩序，爱西丝教代表和满足的就是当时人们的这种普遍精神需要。

在埃及神话里，驴是与邪恶和混乱之神联系在一起的。今天，我们说起驴子，想到的是愚蠢和顽固，对于罗马帝国的埃及人来说，驴是欲望和犯罪的象征，这比我们所说的"蠢驴"有更明显的道德贬义。莎士比亚的《仲夏夜之梦》里有一个傻乎乎的人物，叫尼克·波顿（Nick Bottom），他也变成了驴，因为他总是大声地自吹自擂，驴在这里只是滑稽而已。但在罗马人那里，驴是一种与混乱、欲望和犯罪联系在一起的动物，正是爱西丝和柏拉图主义的对立面。

《金驴记》里有许多有趣的故事，但哲学和宗教的意义构成了它的深层思想内涵，了解这些思想内涵会有助于提升我们今天对这部罗马小说的阅读和思考。而且，在《金驴记》中我们也可以看到宗教在罗马发生重要转折的现象。而这个时候已经出现的基督教就是其中的一部分。

传统的罗马多神教已经不再能满足许多罗马人的精神需要，于是来自东方的神秘宗教开始取而代之。彼得·盖伊在《启蒙时代》一书里对此写道："到公元2世纪，这些症状已赫然在目，且处处可见：帝国里麇集了形形色色的东方迷信和故弄玄虚的秘教；一般民众乃至受过教育的人都被一种罪孽感搅得心神不宁，只能指望着不可思议的力量。人们日益渴望长生不死，担心恶魔作祟，对宗教的兴趣从知识探索转为对拯救的凄惨盼望。于是，对于罗马帝国的这个现实世界来说，伟大的哲学家们提供的传统选项——理性、尽责和自律的生活，不依赖神话而独立自由的生活——看来是过于挣扎了，或者说是太可怕了。"[1]

　　2世纪是一个被称为罗马新潮文化第二次智者运动（The Second Sophistic）的时代，"阿普列乌斯的职业生涯有一段时间是'第二次智者'时期的典型知识分子职业生涯。他周游了罗马世界，访问了西亚的萨摩斯岛（Samos）和弗里吉亚（Phrygia），然后来到罗马，在那里从事修辞艺术的工作……被当作一个拉丁式的智者"。[2]但是，他的演说稿——除了为他自己辩护的《自辩》（Apology）——都没有能留世，反倒是他的《金驴记》成为我们今天了解古代"小说"不可不知的杰作，而所谓"古代小说"正是从公元2世纪开始的。

4. 与神话和传说不同的古代"小说"

　　阿普列乌斯的《金驴记》虽然是用拉丁文写成，却与希腊文学有着密切的关系，据他自己说，这是对一个希腊故事的改编。许多学者认为这可能是一位不为人知的希腊作家帕特雷的卢修斯（Lucius of Patrae）的一个故事，原来的故事已经失传。这位希腊作家可能与阿普列乌斯几乎是同时代人。拉丁作家模仿或学习希腊作家，并加以自己的创造，在那个时代是很平常的事。《金驴记》同时融合了色情冒险、浪漫喜剧和宗教寓言，被视为欧洲早期文学的真正开创性作品之一，有罗马的现实感，但也具有明显的东方色彩。

　　古希腊文学中有许许多多的故事，其中大多数构成人们今天所

1　彼得·盖伊著，刘北成译，《启蒙时代（上）：现代异教精神的兴起》，第110—111页。

2　Peter E. Knox, and James C. McKeown, eds. *The Oxford Anthology of Roman Literature.* New York: Oxford University Press, 2013, 558.

说的"神话"（myth），例如普罗米修斯从众神那里偷走了火，并把它送给了人类，这就是一个神话故事，神话的基本形式是叙事。

还有的故事被称为"传说"（legend），传说往往是关于青铜时代（Bronze Age）的人物（如阿基里斯，Achilles）和事迹；传说可能构成史诗叙事的材料，也可能出现在其他形式的诗歌中，如抒情诗或戏剧。诗歌形式中运用传说，主要不是为了叙述，而是因为现成的传奇人物和事迹是文学写作的基本素材。

神话或传说都有两个共同的特点。第一，它们在原则上并不是故意虚构的，它们并不是为了讲故事而编造出来的，而是本来就已经存在的。虽然未必是全然真实的历史事件或人物，但也未必全然是无中生有，它们是被当作特定意义上的真实事件或人物来叙述的。荷马所写的是特洛伊战争，无论那场模糊的历史冲突真相如何，史诗背后是发生过的某种历史事件。第二，这些故事是用诗句讲述的。在早期的古代，诗句始终是我们称之为"创造性文学"（即创作）的媒介。散文被用于其他目的，如收集和分析历史或哲学领域的信息。

但是，从 2 世纪开始成型的"小说"无论在构思还是写作上都与神话或传说完全不同。古代"小说"是作家个人有意识的虚构产物，而且是散文而非诗体的叙事作品。古代小说叙事是一种富有想象力、具有创造性的文学形式，因其文学特征与我们今天的小说颇有相似之处，而被称为"小说"。古代小说比古代神话和传说都要晚出现好几个世纪，其全盛时期是 2 世纪。晚期的古代小说比最早的史诗晚出现差不多一千年。

大多数古代小说都是爱情和冒险的混合体，随着小说形式越来越复杂化，冒险的主题退居其次，而爱情的主题则变得更重要。当然，爱情有时候在古代故事叙事中作用不大或根本没有作用，而有趣的只是冒险部分。

现在知道的古代小说大约有二十多种。有些是完整的，但大多数都不完整，有的只是残篇，虽有历史参考价值，但无法对之做出确定的解释。我们前面讲过的《饮食男女》就是从不完整的文稿中抽取出来的一部分，《金驴记》是完整的，后面要谈的琉善的《真实故事》（ *Vera Historia* ）也是完整的。古代小说绝大多数都是消遣性的，对读者没有思想要求，但《金驴记》不同，阿普列乌斯认为自己是一位哲学家，他的故事有一个更严肃的目的：用他自己的方式解释柏拉图主义。这在丘比特的故事里表现得尤为明显，作为一则寓言，丘比特的故事象征着灵魂为达到神性（爱西丝）而做出的不安尝试。这个故事还显示了柏拉图式的理想被分成了较高和较低的形式。

正如阿普列乌斯在他的《自辩》中所论述的那样，深奥而神圣的柏拉图学说"只向少数虔诚的人透露，但世俗的人完全不知道；例如，它告诉我们，维纳斯不是一个女神，而是两个"。每一个维纳斯都产生一种特殊的激情，作用在不同种类的恋人身上。其中一个是"庸俗的"，"她被卑鄙和粗俗的激情所点燃，不仅命令男人的心，而且还命令牛和野兽为满足他们的欲望而献身"。"另一个是具有崇高和慷慨激情的天体力量：这个维纳斯不关心任何人，只关心少数人；她既不蜇人，也不引诱她的追随者去做坏事。她的爱既不放荡也不妖艳，而是严肃和不加修饰的，通过向她的爱人揭示灵魂的高贵是多么公平，从而赢得他们对美德的追求"。[1]

像这样的哲学目的——爱欲的精神剖析——在古代小说里可能是绝无仅有的，在有爱情的小说里，男女主人公总是年轻漂亮、出身名门、英俊潇洒。他们的婚姻因分离、远行或不幸的事件而遭受挫折，令人同情和哀伤。但是，有情人终成眷属，男的守信，女的

1　Apuleius, *The Defense*, trans. H. E. Butler, Section 1, part 12, http://classics.mit.edu/ Apuleius/apol.1.1.html.

忠贞（节操对于女性至关重要），男情女爱坚贞不移，再加上神灵保佑，故事终将有一个幸福的结局。

爱情主题是在"希腊化时代"——从亚历山大大帝去世的公元前 323 年到奥古斯都崛起的公元前 31 年，前后大约 3 个世纪——变得重要的。这是一个个人意识开始觉醒并逐渐强化的时代，而爱情则是个人自我意识中最强烈被感知的部分。爱情的主题通常构成故事发展的核心，一直是小说中喜闻乐见的一个因素，时至今日似乎并没有大的改变。

古代小说在古代经常被忽视，说故事和听故事被当成是浪费时间的事，因为阅读是为了教诲和教化，不只是为了娱乐和消遣。阿普列乌斯强调其小说的哲学内涵可能与此有关，我们在后面要谈的琉善特别强调《真实故事》对不实历史的讽刺批评意义，恐怕也与此有关。其实，用讲述天方夜谭的故事来讽刺历史写作的"弊病"，未必是最好的方法，因为说虚构的"故事"并不能直接解释为什么就不能写与神话或传说有关的"历史"。古代对不同写作类型的区分远没有我们今天的精细和明确，虚构性叙事并不是一个明确的文学类别。一个重要的边缘文类就是虚构的历史，希腊历史学家和传记作家经常在作品里添油加醋，修饰发挥，这是为了吸引读者或观众（历史作品经常是对公众朗读的）。他们的历史写作目的与小说家相当接近。

那么，历史是在哪些时刻或节点上变成小说的呢？雅典色诺芬（Xenophon，约前 430—前 354）的《居鲁士的教育》（*Cyropaedia*）很可能被看作是一部小说，而普鲁塔克的《希腊罗马名人传》也很可能被当成是名人故事而不是历史。因此，正宗的历史学家没有少批评他们，说他们的作品不配称为"历史"。其实，古代的"历史"有故事的非实在成分，这是常见的。《圣经》的"使徒行传"这一类型的记叙中很多都是虚构的，李维的历史中也混杂着许多神话和传说故事。

无论是李维的历史还是普鲁塔克的历史传记，虽然饱受批评，但都是受古代读者喜爱和尊敬的作品，而小说就不是这样了。小说被当作茶余饭后的消遣之物，不受文化人待见，难以完整地保存于世，甚至连记载都很少见，所以有关信息相当稀罕。在文学界人士的作品中，即使它们偶尔被提到，也是没有好话。3 世纪早期作家菲洛斯特拉图斯（Philostratus）称一个名叫查里顿（Chariton）的小说作家"一无是处"；4 世纪中期，文采斐然的皇帝朱利安（Emperor Julian，331—363）把爱情故事说成是一种过时了的体裁，不值得认真对待（Philostratus, Letter 66; Julian, Letter 89B）。总的来说，小说对受过教育的古代人没有留下什么持久的印象。有这样一种说法：小说这种形式随着赫利奥多鲁斯（Heliodorus of Emesa）——他是小说《埃塞俄比亚故事》（Aethiopica）的作者，其年代大约为 3 世纪 20 年代或 4 世纪 70 年代——的消亡而消失了，或者在那之前就已经消失了。

然而，古代小说的基本元素和本质作用并没有随小说的消失而消失，而是在不断调整，以不同的面貌出现。在早期的拜占庭时期，传记是小说的典型代表，传记写的是鼓舞人心的人生，但主要还是因为有趣才被人阅读。跌宕起伏的情节，复杂多样的人物，难以捉摸的人物性格，命运多舛的遭遇，凡此种种一直是小说最吸引读者的叙事元素。小说的叙事从未消亡，它只是受到时代环境的制约而已，当然也受到社会形态和阅读习惯的限制。古代小说的真正复兴是 13 至 14 世纪（中世纪晚期）的事了，中世纪故事含有添加了民间故事和基督教传统的元素。

文学研究者们通常把小说定位为主要是 18 世纪的文学样式，那么，把古代小说称为"小说"是否合理呢？这确实是一个问题。今天我们习惯于用"小说"来指称比古代小说作品（如《金驴记》

或《真实故事》）更现实的内容，不是人变驴子，驴子变人，也不是到月亮上去冒险（除非是现代科幻故事）。在今天的读者看来，古代小说内容太异想天开，人物则太刻板而无变化。所以觉得还是称其为"故事"（romance）比较恰当。当然，这个 romance 与今天人们一般理解的"浪漫故事"有所不同。Romance 被用来指称直到中世纪的古代叙事作品，要到文艺复兴时期的叙事作品（《十日谈》《巨人传》或《堂吉诃德》）才被称为"小说的先驱"。17 世纪末 18 世纪初才有现代意义上的小说，其特征是真正的心理现实主义（人物性格刻画）和相当高的叙事技巧（叙述特征和风格）。

我们今天倾向于把 romance——也就是"浪漫"这个词——与城堡、公主和王子、屠龙勇士、骑士和贞女的爱情等联系在一起。加拿大文学批评家诺思罗普·弗莱（Northrop Frye）把 romance 理解为一种特殊的叙事形式，认为它构成了"世俗的经文"（secular scripture），体现了以人为中心的社会愿景。从初期的希腊语和拉丁语小说，到中世纪浪漫小说和文艺复兴伊丽莎白女王时代的希腊小说改编，再到 18 世纪哥特式小说和 19 世纪的大量散文小说，一直有一些固定的主题在吸引一代又一代的普通读者，影响他们看待自己的方式。[1]"世俗的经文"成为普通人在下意识里做的梦，爸爸妈妈把心爱的女儿称为"公主"，平民家的女孩也会得"公主病"，每个人的家都是她的"城堡"，每个成功人士都是她自己心目中的"屠龙王子"，每个男子都自以为是家里的"国王"。更可笑的是，电视剧里的公司"老总"总是趾高气扬，神气活现，前呼后拥，一副"国王"被"廷臣"环绕的做派。这些都是人类永远都做不醒的梦，不做这样的梦，或者做不成这样的梦，人生也就失去了魅力，甚至成为一场噩梦。

1　Northrop Frye, *The Secular Scripture: A Study of the Structure of Romance*, Massachsetts: Harvard University Press, 1976.

　　研究者们普遍认为，第一部朦胧的"原生小说"出现在希腊化时代（前 323—前 31）晚期，而这种体裁在 1 世纪逐渐有了不错的发展，在 2 世纪达到顶峰。在哈德良和安东尼期相对繁荣和文学复兴的形势下，第二次智者运动大放异彩，它的主要表现是巡回演说家的公众表演，这些演说家谈论的话题很多，通常来自希腊的古典传统——这是当时古典化时尚的一种表现。对这场运动，我们在下一节里会有介绍，这里要说的是，它构成了小说创作活跃的一个背景。小说创作和阅读在 3 世纪还在继续，但随后消失在罗马的巨大危机和混乱中。赫利奥多鲁斯的《埃塞俄比亚故事》是他仅存的一部小说，对拜占庭时期的文学很有影响，被称为"结束所有小说的小说"（the novel to end all novels）。我们不能确定这部作品写作于 3 世纪还是 4 世纪，它很有可能属于 4 世纪晚期。如果是这样，它就是个例外。

　　古希腊并不缺乏故事和说故事的传统，为什么古代小说是一种姗姗来迟的文学形式呢？对此我们只能给出猜测性的回答。大至一种文学类型，小至一部文学作品，都与个人有意识的原创行为有关。每一部可称为"第一"的作品都是因为有一个特定的创作者在某个时间点上有意识地做了策划和撰写。这就是为什么"创造"成为一个有魅力但又有些神秘的说法。然而，文学作品毕竟不是像一棵树或者一棵白菜那样独自长大而成，它们是在前人的帮助下被"创造"出来的。人们可以从希腊文学的开端看到叙事小说的雏形。史诗《奥德赛》本身就是一个最好的例子。在古典时期，希罗多德的《历史》（Histories）中嵌入了一些短故事。而与色诺芬同时代的克泰西亚斯（Ctesias，公元前 5 世纪）——我们在谈琉善时还会不止一次提到他——则因为写作了具有幻象色彩的波斯历史，而成为"历史故事"（historical romance）之父。看来，随着这些前人的写作形式开始在作家们的头脑中融合，虚构叙述的概念也变得越来越清晰。

1和2世纪的两部最有代表性的拉丁语小说——佩特罗尼乌斯的《萨蒂利孔》(也译作《饮食男女》)和阿普列乌斯的《金驴记》——比希腊文的古代小说更有名,因为它们比希腊文本更容易获得,能阅读拉丁文的人也比阅读希腊文的要多得多。它们常被当作罗马文学的一个特别的种类的作品。

这两部拉丁文作品确实与希腊古代小说有很大不同,但近年来,人们越来越多地将它们与希腊的古代小说联系起来研究。长期以来,人们认为《萨蒂利孔》是一个放荡不羁的反英雄的独特故事,但它可能与希腊的喜剧传统密切相关。至于阿普列乌斯的《金驴记》,他在故事的序言里表明,他极其努力地在希腊学习希腊语,"深入研究了这种语言","我的语言丰富多彩,适合于天南地北地讲故事,正因为如此,这个故事就由我来讲吧。那么我就按照希腊人的方式,开始讲一则寓言。读者,请你聚精会神吧,从中你会获得消遣"。[1]

这两部小说形成了古代拉丁语小说的特色:第一,都运用了许多希腊和拉丁文经典的典故;第二,都对希腊的体裁,特别是史诗和古代小说进行模仿;第三,都表现出对复杂叙事技巧的兴趣,如叙述角度、悬念和渲染,运用第一人称叙事框架;第四,都用一个主要故事包含数个类似诙谐、准色情和耸人听闻的次要叙事。

1　阿普列乌斯著,刘黎亭译,《金驴记》,第1—2页。

十九　琉善《真实故事》

1.2 世纪的智者新潮和新文学观念

　　这节要阅读的是希腊—罗马作家琉善的散文体小说《真实故事》。它是用希腊语写成的，虽然不是拉丁小说，但可以被归入古代小说这一个类别。有人把它当作科幻小说（虽然里面根本没有什么"科学"），还有人把它当作讽刺体的文学批评。在本书中，它会被当作一个特定知识政治的背景下——2世纪第二次智者运动——的文学事件和文学实验。书里涉及对希腊和罗马一些历史写作的讽刺批评。在琉善看来，这些历史道听途说，对史实和神话不加分辨，以宗教传说代替真实发生的事情，引用了奇幻和神话事件作为真理。琉善提到了克泰西亚斯、伊姆布鲁斯（Iambulus）和希罗多德的历史，并挖苦他们以为没有人会注意到他们在撒谎。琉善运用的是一种利用说故事进行"高级黑"的手法，即你不讲事实，为了讽刺你、批判你，我比你更不讲事实，但我承认自己是在胡编乱造。用这种方式来"黑"批评的对象，便是"高级黑"，或者说得专业一些，是"戏仿"（parody）。

　　琉善不是为说故事而说故事，"高级黑"才是他的目的，正如古典主义者、《真实故事》的英文译者利尔顿所指出的，"最重要的是，这是对荷马和希罗多德等文学'骗子'的戏仿"。[1] 琉善明白地告诉读者，《真实故事》讲述的是他自己从未见过、经历过或从其他人那里听说过的事情；更重要的是，这些是事实上不存在，而且根本不可能存在的事情。所以他要求读者一定不要相信他说的任何一个字。《真实故事》题目里的这个"真实"，并不是指故事里的事情是真的，而是指故事是自古以来唯一坦诚自己是假话的神话故事。它承认自己满纸荒唐言，所言皆为谎，所以是一个道出"真实"的故事。

《真实故事》用第一人称叙事，但这并不代表它说的就是真实的事情，这个"我"是叙事中的主角。作者在导言里预先说明故事里的事情都不是他亲历亲见，或亲自从别人那里听来的，以此表明，他不对书里那个"我"所言之事的真假负有责任。这是作者独特的表白，因为他作为第一人称叙述者，承认"当我说我在撒谎时，我是诚实的"。通过这一表白，他使自己和读者都陷入著名的埃皮门尼德悖论（Cretan paradox，又称"克里特悖论"）而不能脱身。

这个悖论来自古希腊的埃皮门尼德（Epimenides），他是古希腊克里特岛人，预言家和诗人，传说他曾在宙斯的神圣洞穴中沉睡 57 年，醒来之后便获得预言的能力。他创造了这样一个悖论："所有克里特人都说谎。"这是一个很明显的矛盾命题，因为他自己就是克里特岛人。我们不能相信他说的话，因为作为克里特人，他不可能说真话；但我们又不能不信他说的话，因为他似乎与别的克里特人不同，总算说了一句真话。

克里特人埃皮门尼德说"克里特人都是骗子"，他能指望别人相信他吗？在希腊语中，说谎和谎言（ψεῦδος）涵盖了"错误""虚

1　B. P. Reardon, introduction to "Lucian: A True Story," in *Collected Ancient Greek Novels*, ed. B. P. Reardon, Berkeley: University of California Press, 1989, 619.

构""谎言"等不同的含义。琉善《真实故事》的第一人称叙事与其他第一人称叙事（如我们前面谈过的阿普列乌斯的《金驴记》）有一个根本不同，因为它公开承认它是虚构的。然而，根据埃皮门尼德悖论，声称自己没有说实话的作者却在说实话。那么，琉善到底在玩什么把戏呢？他又为什么要玩这个把戏呢？

我们在看表演家玩魔术的时候，因为不知道他玩的是什么把戏，所以才看得入神，津津有味，信以为真。我们无须知道他为什么玩他的把戏，因为那是明摆着的，他表演，是为我们娱乐消遣。但琉善的《真实故事》不同，我们可以肯定，他不只是在说一个"好玩"的无厘头故事给读者逗乐或消遣（尽管这确实是一部富有娱乐性的作品），他也不是为了炫耀自己非凡的想象力，才编出了一个遨游太空登上月球的故事。他的故事有比这些更重要、更严肃的目的，而这个目的又与他生活时代的文化政治联系在一起。这才是我们阅读《真实故事》的重点，否则我们顶多只是像许多无知的读者那样，人云亦云地把它当作"历史上第一部科幻小说"来阅读，到头来还是不知道自己是在阅读怎样的一部作品。

为了知道如何有目的地把《真实故事》当一部严肃作品（虽然有消遣性）来阅读，就不能不知道琉善这个人，以及他与 2 世纪希腊—罗马文化时代的关系。

琉善是一个叙利亚人，大约 125 年出生在幼发拉底河的一处叫萨莫萨塔（Samosata）的地方。他生性机敏，对希腊文学情有独钟。在家里，人们认为他从小就显示出艺术家的天性，他擅长制作小蜡像。他的一个舅舅是位雕塑家，琉善家里穷，4 岁的时候他就到舅舅那里当学徒，好日后也成为一名雕塑家。有一次，他在擦拭一块大理石石碑时不小心把它打碎了，挨了舅舅一顿痛打。琉善跑回家里，说不干了，他的理由是，舅舅打他是因为忌妒他在艺术上表现出的非凡能力。琉善就这样放弃了雕塑学习，前往小亚细亚西部学习文学和修辞学。

琉善接受了希腊文学教育，特别熟悉荷马、柏拉图和旧喜剧诗人的作品。他非常熟练地掌握了希腊语言（他从小说的是阿拉米语，Aramaic），随后开始了他公开演讲的生涯。他游走于多个城市，举办示范演讲和公开讲座，口才出众，可能还在法庭上进行辩护。他游览了希腊，去了意大利，又去了高卢（现代法国），对神话和宗教有了更多认识。

作为一个修辞学家，琉善虽然相当成功，但并算不上当时的第一流水准。可能是出于对自己修辞学家事业的失望，他放弃了靠修辞本领游走各方的生活，于 2 世纪 50 年代末在雅典定居。在雅典，他能够扩展自己的文学才能和思想知识，其成就超过了他的修辞学家生涯成就。

无论是从他的教育还是事业来说，琉善都赶上了希腊—罗马的第二次智者热时代（又称第二次诡辩主义运动，我在这里用"智者"而不是"诡辩"是为了避免对"诡辩"一词的习惯性偏见），这是一个修辞和文字才能备受社会赏识的时代。第二次智者运动是一个文学历史术语，指的是尼禄统治时期（54—68 年在位）至 230 年左右兴盛起来的希腊—罗马文化新潮。有研究表明，第二次智者运动在 1 世纪初就已经出现。[1] 这次智者热一直维持到 3 世纪。5 世纪又出现过一次类似的拜占庭修辞哲学高潮，人称第三次智者运动（The Third Sophistic）。

琉善是第二次智者运动中的一位主要作家，一个重要原因就是他对哲学家不遗余力地讽刺和攻击，而哲学家从来就是鄙视智者的，他们让智者长期背负恶名。琉善是第二次智者运动中最能给智者出气的，他对哲学家们的嘲讽就算没有使他们颜面扫地，也迫使他们

1　George L. Kustas, "The Function and Evolution of Byzantine Rhetoric," in *Greek Literature: in the Byzantine Period*, ed. Gregory Nagy, New York: Routledge, 2001, 179.

不得不从天上回到人间。当然，他的讽刺对象除了哲学家，还有神学家和迷信、愚昧的初期基督教信徒，都是一些在他眼里脱离现实、逃避真实、招摇行骗，而且特别自以为是，特别仇视务实性知识和知识传授人（智者）的家伙。

第一次智者运动出现于公元前 5 世纪，那是一个知识观发生剧烈变化的时代，也是古希腊的一个知识启蒙时代。在这之前，最高的知识是一种"刹那间洞察"的哲学直觉，"智者"到处传授的实用性知识，动摇和颠覆了这种知识观。哲学家也从此与智者结下了梁子。智者传授的知识叫"技艺"。修帐篷、训练马匹、驾驶船只、吹奏横笛需要技艺；在公民大会上发表意见、在法庭上辩论案件，同样需要技艺。前一种技艺是在家庭里由父亲传授给儿子的；后一种技艺则由智者传授给需要的人，是要收费的。具体而言，他们传授修辞、逻辑、语法、辩术这一类与文字运用有关的技艺。

智者改变了知识传授的方法，也改变了知识运用的目的。新的知识传授人试图汇集所有他们之前的思想家已经累积起来的科学及历史知识。智者的活动特别着重于对青年人的塑造，着眼于政治生活的成功，这与哲学修炼个人德行的目的有所不同。智者派的教育是对当时雅典社会知识需要的回应。民主生活的繁荣要求它的公民——尤其是那些希望取得权力位置的年轻人——能熟练掌握语言。这就像今天无论哪里都会要求年轻人会使用电脑和手机一样。

智者发明了一种人工环境下的教育，在纯粹的"知识体系"内进行操作。他们是专业的教师，首先是教育家，他们为了薪酬教学生简洁表达的方法和技能，使他们容易说服听众，用相同技巧为某个论证的正方和反方加以辩护（antilogia）。拥有这种技巧的学生可以为好事辩护，也可以为坏事辩护，老师只管传授知识，不问学生如何或为何运用知识，更不为学生在社会上如何做人负责。

从色诺芬和柏拉图的记述来看，苏格拉底和智者们的对立使智者蒙上了污名，智者成为诡辩和骗子的代名词。然而，在此以前，希腊语中 σοφιστής（sophistes）这一名称有褒义而无贬义。在荷马的著作里，sophie 是一种技能，不论是哪一种技能。因此 sophie 这个名称指的是技能娴熟的工匠，或者艺术家，不久后它也用于称呼占卜者、诗人和乐师。传说中的希腊七贤人也被称作 sophists，还有苏格拉底以前的哲学家也是如此。在 1 至 2 世纪的罗马帝国，sophistes 则是对教授希腊修辞学和其他知识的教师们的尊称。

公元前 146 年，罗马人征服希腊。古希腊以其丰富的文化、神话、技术和智力而闻名，总体而言，罗马帝国对希腊的文化和习俗抱有敬畏之心。在罗马发展过程中，罗马人将希腊人纳入其社会和帝国生活。在 1 至 2 世纪，希腊的演说和教育复兴吸引了罗马的精英们。这场复兴便被称为"第二次智者运动"。这个时期的罗马皇帝，如图拉真、哈德良对有知识的人（知识分子）都非常尊重。罗马的精英们也把自家子弟送到智者创建的学校接受教育。哈德良皇帝就把他的养子安东尼·庇乌斯送到在希腊城市士麦那（Smyrna）的著名智者帕勒莫（Polemo）门下学习。[1]

第二次智者运动为许多希腊知识分子打开了大门，使他们能在不同方面以自己的方式有所作为，在罗马复兴希腊文化。这种复兴使他们成为受罗马人尊重的杰出人士。希腊智者和他们的文化活动使他们能够在罗马以文明知识分子的身份合法而体面地活动。这一运动使希腊人能融入罗马帝国，但仍然保留了他们的文化特色。

正是在这样的文化环境中，琉善这样的"外来人"得以体面地进入罗马的知识名人圈。琉善的作品以希腊文存世，尽管他的母语很可能是叙利亚语（一种阿拉米语的方言）。希腊语是 2 世纪罗马世界的通用语言，琉善不仅用希腊语写作，而且用一种非常特殊的、

1　Philostratus and Eunapius, *Philostratus And Eunapius: The Lives of the Sophists*, trans. W.C. Wright, London: Heinemann, 1961, 113.

文学形式的古典希腊语写作。《真实故事》就是用这样的希腊语写成的，这部充满活力的作品的存在本身就证明了那个时期活跃的文学生活。

琉善那个时代的知识精英喜欢自称是诗人、历史学家、哲学家，琉善对他们抱怀疑的态度，他认为这些人大多是迷信的散布者。他对诗、历史和哲学有自己独特的见解，可以说，他是一个完美的怀疑主义者，被意外地扔进了一个迷信的时代。

琉善是一位博学多才的作家，更重要的是，他是一个知识新潮时代的新知识人。他不仅要获得对事物的知识，而且还要知道事物之间的正确关系。如果这个世界以前有过许多迷思和误解，那么在他到来之后，它就没有理由再怀有虚幻不实的想法了。他要在昏暗的地方打开智慧之光，让生活的任何角落都逃不过他所持之灯的光芒。神灵、哲学家、巫师，都因经不起他的探究，而现出他们的秘密。他以无情的逻辑批评他们的自尊自贵和自命不凡；他积极预见了现代科学的精神，任何事实，任何理论，在他没有亲自验证之前，他统统都抱怀疑的态度，不会因为有了权威背景，就轻易相信。

在介绍 1 世纪罗马作家佩特罗尼乌斯的《饮食男女》时我们看到，一种可以被称为"小说"的新写作形式已经出现在罗马的文学中。这是古代现实喜剧小说的一个独特标本，虽然不是没有希腊先例可循，但它是多种文学形式的高度原创性融合。琉善和佩特罗尼乌斯一样，他发现在罗马的日常生活，包括他讽刺和挖苦的那些部分，都有文学的素材。对于有眼力的作家来说，个人的多姿多彩和复杂人性比哲学家严格、简单的抽象更精彩。

在《真实故事》里，琉善用一种比博物学家更生动、更新鲜的观察方法取代了父辈们所尊重的传统。在他的文学故事里，几乎没有一页带着古代的褪色气息。我们今天还在阅读这部作品，是因为

他笔下的人和事仍像在 2 世纪一样让人兴趣盎然。他一心一意想解
开人类愚蠢的纠结，同时又展现出对人类真实品质的赞赏。对于人
类热切的好奇心来说，没有什么是不变的对或错，这或许就是一种
新式"文人"对待人生的方式。对于《真实故事》这部文人小说的
名称，英语译本中有两个不同的翻译法，一个是 A True Story，另一
个是 True History。古代的"故事"与"历史"之间的区别要比我
们今天模糊得多。

2. 文人的诞生和"假话巨人"

琉善是以"文人"的身份出现在他那个智者新潮时代的，文人
是一种以文字为生和以写作为业的务实知识身份。他对与知识和学
术倾向有关的所有事情都特别关注，所以哲学家、历史学家、宗
教和神话便成为他批评的对象。可以设想，如果他活在今天，他
也许会运用自己的文字才能，编辑一份报纸，写些文化或思想评
论文章，其名字经常出现在公共刊物上。无论是捕捉题材还是生
动呈现，他都具备记者或媒体人的素质。然而，他的写作方法并
没有因为想要接近读者而变得不伦不类或是媚众从俗；他的风格
仍然是他自己的，适合表达他的个人观点。他对一般人的好奇心
（如飞上月球）有敏锐的察觉，也乐意利用这一好奇心来玩他的文
字游戏。可以说，自打琉善开始，多面手文人的文字便已经与公
众阅读联系在一起。

"文人"在琉善那个时代还是一个新的身份，在 18 世纪启蒙时
代，这将成为启蒙哲人普遍认同的文化人身份，他们也大多是以
文字来谋生的写作多面手。2 世纪的琉善是带着"文人"创新的喜
悦，不倦地尝试和发明新的写作形式：游记传奇、历史和艺术批

评、哲学和神话讽刺、喜剧哲学对话等。他也许是第一个既创作小说，又写各种讽刺评论，还创造出"喜剧哲学对话"的写作多面手文人。

他可以说是第一位"历史学"（Historiography）论家。虽然他是一个讲希腊语的罗马知识分子，但由于他是在一个叙利亚语和帕提亚语与希腊语和拉丁语并存的地方长大的人，因此他那一代的罗马历史学家，尤其是那些从未去过爱琴海以东地区的人，都会让他觉得不可信任。他关于历史写作的论文《如何写历史》（"The Way to Write History"）直到今天仍然没有过时，且至今并未让人们对他的清晰论点有太多的质疑。也许是因为他太了解写历史道路上的暗坑和硝烟弥漫，他没有写历史的雄心壮志，而只是满足于为他人提供最好的建议。优秀的历史学家是镜子，也是鞭子，他用修昔底德作为鞭子，打击那些东施效颦的骗子。修昔底德的墓前演说让拙劣的历史学家有了仿效的冲动，"接下来的修辞是如此丰富和引人注目，以至于引来了我的眼泪——我的女神！——笑的眼泪"。[1] 我们在下一节里还要谈到琉善关于历史写作的一些观点，其中有"求真务实""不要胡编乱造""不要非敌即友"，虽然它们在今天或许像是老生常谈，但仍然是有些当代历史学家还没能完全做到的事情。你不禁要问，琉善是在责备他的同时代人，还是在用先知的眼光看待未来？

他把自己称为"文学世界主义者"（a literary cosmopolite），这是一种全新的文化人格，为此他提供了这样的解释："这就是我的榜样：无畏、廉洁、独立，相信坦诚和真实；敢于直言不讳，不为好恶让步，也不为怜悯、尊重或礼节而放过任何一个人；一个公正的法官，对所有人都很仁慈，但对任何人都不仁慈；一个既没有宗

1　Lucian, *The Works of Lucian of Samosata, Volume II*, trans, H. W. Fowler and F.G. Fowler, Oxford: the Clarendon Press, 1905, 122.

主也没有国王的文学世界主义者，从不理会这个人或那个人的想法，而是把发生的事情记录下来。"[1] 就公正、客观地讲真话而言，这与我们今天的公共知识分子人格已经相当接近，他即便活在今天，也足以让大多数知识人士觉得羞愧。

讽刺是琉善这个"文人"和"文学世界主义者"喜爱并觉得适合他的批评工具，他在《真实故事》里运用的也是这个工具。在《真实故事》的导言中，他将这部作品称为严肃作家的轻松娱乐，让他们从伤脑筋的研究工作中暂时摆脱一下，放松一下，调剂一下心情和注意力。用琉善自己的话说，这部小说是"以令人信服的真实性呈现大量不同的假话"。[2] 当然，这些假话是为了戏仿（也就是讽刺）其他人冒充真实的假话。

他解释说，很多作家都把明显是虚构的作品当作他们在国外冒险和旅行的认真记录。他指责他们是一些编造故事并把故事当作真理来忽悠人们的骗子。他认为讲故事的人和哲学家都是骗子，但这还不是最糟糕的，最糟糕的是他们不承认自己在撒谎。不过，他自己跟他们不同，他很坦诚地向读者告白，他在《真实故事》里要讲的故事全属子虚乌有，完全是他胡编乱造的。

《真实故事》是一个未命名的第一人称主人公的故事，为了方便起见，我们就称主人公为"琉善"。他与一队海员一起进入大西洋未知的蓝色海洋，开始了他们的冒险旅程。就像荷马的《奥德赛》和阿波罗尼奥斯（Apollonius of Rhodes）的《阿尔戈英雄记》（*Argonautica*）一样，《真实故事》是一个插曲式叙述的故事，也就是，故事里的人物在一个地方停留，发生了一些事情；然后又在另一个地方停留，又发生了另外一些事情，就这样继续前行。虽然整

1　Lucian, *The Works of Lucian of Samosata, Volume II*, 129.

2　Lucian, "A True Story," trans. B. P. Reardon, in *Collected Ancient Greek Novels*, ed. B. P. Reardon, Berkeley: University of California Press, 1989, 621.

个故事里有不少次停顿，但叙事还是有一条连贯的主线可寻，一开始是一次航海旅行，但很快就到达远在海洋之外的地方。

他们的航行是从一个在古代被称为赫拉克勒斯之柱（Pillars of Heracles）的地方开始的（即今天的直布罗陀海峡）。琉善知道这将是一次艰巨的旅程，但他充满了知识好奇心，想知道大西洋向西延伸了多远，以及另一边是否有可能有一些未知的世界。他的船储备了充足的食物、水、武器装备，有 50 名船员，还雇有一名天才航海家。第一天风平浪静，第二天就刮起了大风，大海开始翻腾，经过了与风暴 79 天的搏斗，终于来到一处森林岛屿。

琉善和由 10 名水手组成的探险小队在岛上的森林里发现一块铜牌，显示赫拉克勒斯和狄俄尼索斯来过这个地方。他们发现了两个脚印，其中一个有 100 英尺长，另一个则稍小一些，他们认为较大的脚印一定是赫拉克勒斯的。需要说明的是，《真实故事》里有许多数字，就像是科学描述一样。这 100 英尺长的脚印就是一个"高级黑"的例子，是用来"黑"希腊历史学家希罗多德的。希罗多德曾提到"赫拉克勒斯的一个脚印，印在岩石上，形状像人的脚印，有三英尺长"（《历史》，4，82）。琉善索性将它再夸大 30 多倍，但承认自己是在胡说八道。

他们在岛上发现了一条酒河，在河的上游又发现了大量的葡萄树，挂满了葡萄，还从根部渗出酒来。酒河里游着酒鱼，藤蔓从地里长出来，到了大腿的高度便成了女人的形状。她们的手指尖、头发和四肢都是叶子和葡萄。一些葡萄藤女人与琉善的战友发生了性关系，结果是他们的男性生殖器变成了葡萄藤，它们会永久地附着在性伙伴的身上。这种奇怪的性接触使琉善失去 2 名水手，他赶忙带着剩下的同伴们回到船上。

第二天，他们离开小岛后不久，被一阵旋风卷起，带到了月球，在那里他们发现自己卷入了月球国王和太阳国王之间关于启明星

（Morning Star）殖民的全面战争。两支军队都是由奇异的杂种生物组成。太阳的军队使月球阴云密布，月球见不到阳光，输掉了与太阳的战争，双方达成和平协议。琉善还描述了月球上的生活与地球上有何不同。

回到地球后，冒险家们被一条巨鲸（Leviathan）吞下，在鲸的肚子里，他们发现了各种鱼人，他们向鱼人们发动战争并取得胜利。他们燃起篝火杀死了巨鲸，撑开它的大嘴，成功逃生。接下来，他们又来到牛奶之海、奶酪之岛和幸福之岛。在那里，琉善一行人遇到特洛伊战争的英雄、神话中的人物和怪物，还遇见了荷马和毕达哥拉斯。他们还发现罪人正在受到惩罚，其中最惨的是那些专写谎言和奇谈怪论的作家们，包括希罗多德和克泰西亚斯。这是故事里最明白道出讽刺对象的部分之一。

离开幸福之岛后，他们又在奥吉吉亚岛（Ogygia）上把奥德修斯托他们转交的信交给了女神卡吕普索（Calypso）。奥德修斯在信里对女神卡吕普索说，他希望能在她的岛上和她一起快乐地生活，长生不老。故事在这里婉转地讽刺了荷马，因为在荷马的《奥德赛》里，尽管女神卡吕普索对奥德修斯百般恩爱，劝他留在岛上过长生不老的神仙生活，但奥德修斯就是不听，执意要踏上艰险万分的归途。

离开了女神卡吕普索之岛，他们来到海洋中的一道海沟，好不容易才绕过它，来到一个遥远的大陆，并准备探索这个新大陆。故事在这里突然中断，琉善说他将来会有描绘新冒险的续集出版。这个承诺再也没有兑现，被失望的学者指责为"最大的谎言"。[1]

《真实故事》不仅是西方传统中第一部关于穿越空间到月球的详细叙述，而且可以说是最奇怪的一部。在琉善的故事里，我们遇

---

1 转引自 *Selected Satires of Lucian*, ed and trans. Lionel Casson, New York: W.W. Norton, 1962, 57.

到了一连串令人眼花缭乱的怪兽：三头秃鹰、长着巨大树叶翅膀的大鸟、比大象更巨大的跳蚤；一半是女人一半是葡萄藤的生物，一个吻就能让人"醉倒"；还有流着优质牛奶的男人，"只要滴入一点蜂蜜，就能用它制作奶酪"。[1]琉善还特别关注前所未闻的新生殖方法，这在一个没有妇女的土地上是必要的。在月球的一个地方，婴儿是从男人肿胀的小腿上生出来的，这些小腿是死的，但把它放在风里就能活过来。还有一个地方的男人，他们的生殖器被切下来种上，而后从里面长出一棵非常大的肉树，类似于普里阿普斯的标志（普里阿普斯是维纳斯和酒神的儿子，他的标志是男性生殖器）。一些与性有关的内容在比较"干净"的版本里被删除了。

《真实故事》的奇幻细节想象至今仍然是无与伦比的。细节是文学"逼真"（Verisimilitude）所必需的。琉善的故事叙事非常精通此道。例如"秃鹰骑士"故事里的那些秃鹫，翅膀上的每根羽毛都比巨型船只的桅杆还要长。还有大如12头大象的跳蚤，巨大到难以想象的蜘蛛，每一只蜘蛛的大小都超过了基克拉迪群岛（Cyclades）的一个岛屿。这些蜘蛛被指定在月亮和晨星之间的空中织网，瞬间便能完成，蛛网形成平坦的海湾，在上面有站脚的地方，那就是海湾里的小岛。

琉善真是说假话的巨人，他的想象力和聪明才智似乎取之不尽，用之不竭，就拿那条吞下琉善大船的巨鲸来说，就能让人惊掉下巴。这巨鲸"有一千五百英尺长"，它的牙齿比山毛榉树还高。这个庞然大物朝琉善他们的船只冲过来，他们以为已是必死无疑，谁知这个怪物在张开大嘴要吞噬他们时，并没有咬住他们的船，而是把船直接吞进了肚子。这海怪的肚子里有一个极大的空间，里面不仅有无数的鱼的尸体、破碎的船只、漂流的货物和人类的骨架，而且令

1　Lucian, "A True Story," 628.

人难以置信的是，鱼肚子里还有一个周长近 30 英里的岛屿——琉善告诉我们，这是由巨鲸多年来吞噬的泥土形成的。这个岛屿上有树木和蔬菜——还有鸟儿在头顶上飞翔！

就像深受琉善影响的 17 至 18 世纪英国作家斯威夫特在《格列佛游记》里展现的细节描绘一样，《真实故事》的逼真描写有一种严格的简单风格，更给人写实白描的假象。大量经过深思熟虑的细节使得完全不可思议的事情也带有现实的气息；再小的细枝末节也都刻画得丝丝入扣；再复杂混乱的场面也被描述得井然有序。因此，再天马行空的疯言疯语也似乎变得不仅可信，而且甚至合情合理，就应该如此。这就给文学理论经久不衰的"似真"或"逼真"讨论提供了一个经典例证。

读者很容易误解琉善，把他看成一个思绪飞扬，放飞想象和幻象的作者，而忽视他对"真理"的执着。具有讽刺意味的是，正是这种对真理的热爱促成了《真实故事》这部经久不衰的幻想杰作。为了证明他对他人谎言的憎恨，他在整个故事里无时无刻不在展示自己是他们中最大的骗子。2 世纪的小说基本上都是消遣型的，对读者没有思想要求，但琉善的《真实故事》不同，它是对"没根据故事（tall tales）的讽刺"。[1]

然而，如果我们只是把《真实故事》当作一个讽刺或戏仿的故事，那就很难以愉快轻松的心情阅读这部小说，因为他所讽刺或戏仿的克泰西亚斯、伊姆布鲁斯和其他人，谁还会去关心呢？事实上，"在意图上，这个故事是一种文学批评。但我们并不具备这样的判断能力，因为作者所嘲笑的许多作品现在已经不存在了，只是在某些情况下有一些片段：例如，克泰西亚斯、伊姆布鲁斯和安东

1　B. P. Reardon, general introduction to *Collected Ancient Greek Novels*, ed. B. P. Reardon, Berkeley: University of California Press, 1989, 10.

尼·第欧根尼的作品"。[1] 对绝大多数今天的读者来说,《真实故事》的魅力也许正在于琉善所鄙视的那种文学性品质:虚幻、怪诞、奇诡、荒唐。这些正是现代的荒诞文学(如塞缪尔·贝克特的《美好的日子》)、怪稽奇谈小说(如若泽·萨拉马戈的《失明症漫记》)、奇幻文学(如刘易斯·卡罗尔的《爱丽丝漫游奇境记》)、魔幻现实主义文学(如马尔克斯的《百年孤独》)、科幻文学(如约翰·温德姆的《三尖树时代》)中最吸引现代读者的特色品质。

琉善也许是在无意中发明那种被他自称为"假话"的文学样式,但因为他的假话如此无可比拟,如此轻松有趣,说得如此令人愉快,以至于相信它从来都不困难。我们明明知道一个故事是假话,作者也明明白白告诉我们那是假话,我们为什么还是津津有味地阅读他的假话呢?在阅读入迷之时,我们为什么并不真的觉得那是假话呢?

3. 叙事权威的困境和历史学家的责任

对于 2 世纪的读者来说,去月球旅行已经足够奇幻,再加上这些奇怪的生物和离奇的冒险,这个故事显然不是"真实"的,把这个故事称作"真实故事",一下子把"埃皮门尼德悖论"(在第一节里提过)摆在读者面前:如果琉善说的是实话,那他就是在撒谎;但如果他在撒谎,他就是在说实话。琉善把他的幻想故事称为"真实故事",是在用埃皮门尼德的哲学悖论提醒世人,哲学永远不可能把自己放在一个完全可靠的基础上。

哲学的困境其实也是文学叙事权威(narratorial authority)的困

---

1 Reardon, introduction to "Lucian: A True Story," 619.

境，这正是 20 世纪文学批评的一个关键问题：真实的作者与真实的叙述之间究竟有着怎样的联系？琉善宣称他的谎言比哲学家们的诚实得多，因为尽管他在其他方面不说实话，但他至少要诚实地说他是个骗子。对于有经验的读者，说故事者琉善这个"作者"的身份想必会引起他们的警觉和怀疑。作者琉善说，他的故事内容是虚构的；然而对叙述者来说，一切都是"真实"的。在琉善构建的这个悖论情境里，读者被作者剥夺了判断真实或虚构的特权，使他们无法简单地判断叙事的真实价值。

琉善承认自己的作品有谎言，这也会引发对其他作品——包括荷马史诗和希罗多德的历史，还有柏拉图的对话——的真实性的怀疑。他甚至还预见到几百年后卢梭《忏悔录》宣称绝对真实的可笑。卢梭一开篇就自我夸赞，"我现在要做一项既无先例、将来也不会有人仿效的艰巨工作。我要把一个人的真实面目赤裸裸地揭露在世人面前。这个人就是我"。从埃皮门尼德悖论来看，这种自诩诚实的誓言既不可能实现，又很愚蠢，何必要说这些废话呢？直接说你的忏悔就是了。事实上，埃皮门尼德悖论几乎适用于任何自称讲述"真相"的作品——不只是小说、戏剧，而且有历史和哲学。越是信誓旦旦说"坚持真实"的作品，读者越是有理由怀疑那可能就是骗子的作品。

《真实故事》在涉及真实问题，评估真理主张的时候，特别讽刺了那些自欺欺人，自以为代表真理的哲学流派，他们的傲慢和盲目被放到琉善的显微镜下。在解构和瓦解这些宏大真理话语的时候，他的讽刺与后现代的解构有异曲同工的功效。他让小说讲述了一个"真相"，它却宣布自己在"编造"和"虚构"。它跟不诚实的哲学和历史形成了对比。"哲学"宣布自己是"真理"，从不承认自己在"臆想"或"自淫"；"历史"宣布自己是"真相"，断然否定自己有"编造"的倾向。琉善的讽刺使得这类作者的权威受到挑战，其文本可靠性也受到挑战——这两个挑战都是尼采和他的后结构主义传人最感兴趣的，也是他们思想贡献中最精彩的部分。

琉善《真实故事》里的直接讽刺对象中除了希罗多德的《历史》，其他的作品——如伊姆布鲁斯的《印度洋记》（*Account of the Indian Ocean*）和克泰西亚斯的《波斯志》（*Persia*）及《印度志》（*India*）——已经是今天的读者非常陌生，甚至全然无知的作品。讽刺的对象既然已经不为人所知，讽刺的价值也就大为流失。如果不知道琉善到底是怀着怎样的讽刺目的在讲他那个离奇古怪的故事，那么也就只能把它当作轻松的消遣性读物，顶多也就是一个"富有想象力"但没有深文大义的作品。然而，这绝对不是琉善写作《真实故事》的初衷。

琉善不喜欢浮夸，也不喜欢基于不可见事物信仰的意识形态。他同样反对那些为了娱乐或由于习俗而将事实信息与寓言混合在一起的历史或地理作品。纽约大学古典主义学者莱昂内尔·卡森将琉善的思维方式描述为"坚定的理性主义加上它的对应物——强硬的怀疑主义"。[1]《真实故事》里说到荷马、希罗多德、柏拉图，都不是像今天一些学者那样把他们当成不容怀疑的权威，而是对他们多有讽刺。正如学者科斯塔所说，"早期的希腊文学为（琉善）提供了他自己练习模仿的题材；但他生活的希腊—罗马社会也为他提供了丰富的讽刺对象：愚蠢或拘泥的哲学家、各种骗子、伪历史学家"。[2]

人们对讽刺作品里暗藏的讽刺对象似乎有着一种难以遏制的好奇，越是觉得讽刺犀利、有趣，这种好奇心也就越强，这也许就是人的天性吧，在读琉善的时候如此，在读其他作家时也是如此，斯

1　Lionel Casson, Introduction to *Selected Satires of Lucian*, ed and trans. Lionel Casson, New York: W.W. Norton, 1962, xiv.

2　Desmond Costa, introduction to *Lucian: Selected Dialogues*, trans. Desmond Costa, New York: Oxford University Press, 2005, xii.

威夫特的《格列佛游记》是一个例子，钱锺书的《围城》也是一个例子。不同的是，琉善的《真实故事》和斯威夫特的《格列佛游记》的讽刺对象是可以考证的，因此成为一些专门研究的课题，而钱锺书《围城》的讽刺对象则更多是小说式的捕风捉影和道听途说所创作出来的。

阅读琉善的《真实故事》最好同时也阅读他写的与其有关的论文《如何写历史》，有的英文译本将它们收录在同一本书里出版。《如何写历史》是已知最早的关于历史学——历史写作的研究和理论——的文章。这篇论文的背景显然与那个时候还在发生的罗马与帕提亚的战争（the Roman-Parthian Wars，前 54—217）有关，由于战争而产生的历史作品中有一些琉善认为必须指出的问题。他在论文中告诉我们："'战争是万物之父'这句话似乎是有道理的，因为它一下子就产生了这么多的历史学家。"[1] 从希罗多德和修昔底德开始，历史学家对军事冲突有着极大的兴趣，显然，罗马世界公元 2 世纪 60 年代的事件激发了各种历史学家为后人记录罗马—帕提亚战争。

琉善对那个时代的一些历史学家的历史写作方式，尤其是军事史，显然是不满意的。他认为，许多被称为"历史"的作品基本上都是因袭既定惯例的历史小说，更多的是赞美某个知名的希腊或罗马历史人物，或者展示作者自己的华丽风格，而不是按照事件的前后发生顺序明确记录事件的真相。

琉善一本正经但又非常幽默地宣称，他并不想代替蹩脚的历史学家去写一部更好的历史，他只是"不想闲着"而已。"我也不愿意在如此喧嚣的季节成为唯一的哑巴；我不喜欢……在舞台上走来走去，张口结舌……我不打算写历史，也不打算尝试实际的叙述；

1　Lucian, *The Works of Lucian of Samosata, Volume II*, 110.

我没有足够的勇气。"[1]

他认为，历史学家应该诚实、坦率，不能为权威人物文过饰非，更不可为他们涂脂抹粉。他说，"任何只顾眼前利益的人都有理由被归入阿谀奉承者之列；历史早就意识到，阿谀奉承对她来说就像个人装饰艺术对运动员的训练一样没有什么好处"。欧奈西克瑞塔斯（Onesicritus）是一位希腊作家，他跟随亚历山大大帝东征，并写了一部亚历山大的传记，传记里说了许多好话。有一次亚历山大对他说，希望死后能活过来一小会儿，看看这部传记对后世人们的影响是否还跟他活着的时候一样。亚历山大大帝说，他活着的时候，人们总是会"有足够的理由赞美和欢迎这部传记；那是他们争取我青睐的方式"。但这可能是在撒谎，传主一死，从他那里捞不到好处了，很可能就会有不同的想法。[2]

诚实和坦率的历史态度在写作风格上表现为清晰和明白，"除了我们为历史精神设立的坦率和真实目标之外，还有一个历史风格首先应该达到的目标，那就是清晰，不留下任何模糊之处，既要避免深奥生僻的表达，又要避免市场上那些难懂的市井行话。我们希望俗人能够理解我们，有修养的人能够赞扬我们。即使装饰也不应该鲜艳，永远不要雕琢，过度精雕细琢就会让人觉得是调味过度的菜肴"。[3]

历史学家应该对事实有所甄选，"事实不是随意收集的，而是经过仔细、努力、反复调查的；如果有可能，一个人应该亲自到场，亲眼目睹；如果不能，他也应该选择公正的说法，选择最不可能因偏见而夸大或缩小的信息提供者。这就需要用判断力来权衡不同的可能"。历史有具体和抽象的两个方面，既要有事实，也要有观念，"材料一旦完成，或接近完成，就应该对其进行抽象，并将整部作

---

1 Lucian, *The Works of Lucian of Samosata, Volume II*, 110.

2 Ibid, 129.

3 Ibid, 130.

品的粗略草稿写下来，（这时候）还没有分配到各个部分；然后应该引入详细的安排，之后可以添加装饰，使措辞得到色彩，使措辞和节奏得以完善"。[1]

历史写作要顾及正反两面，不能顾此失彼，厚此薄彼，这样才能眼界开阔。"历史学家现在的位置应该正是荷马史诗中的宙斯，他勘察密西亚人（Mysians，小亚细亚西北部的密细亚地区的居民）的土地，又察看色雷斯（Thracian，与罗马尼亚有血缘关系）骑兵的土地。……如果他们发生冲突，也会同时观察这两方。当他们面对面的时候，他的眼睛不能只盯着一个部门，也不能只盯着一个人，不管是骑马的还是走路的。……他应该给我们一幅鸟瞰图，展示天平的摆动。"[2]

历史学家还"必须使自己的大脑成为一面镜子，无遮蔽、明亮，而且表面不失真；然后反映出事件在他面前呈现的样子，既不扭曲、不变色，也没有变化。历史学家不是在写花哨的学校作文；他们要讲的东西就在他们面前，需要以某种方式说出来，是实实在在的事实；他们的任务是安排和把它变成文字；他们不需要考虑说什么，只需要考虑如何说"。历史写作是一门艺术，写作者并不创造，而只是在运用现成的历史材料，"我们可以说，历史学家应该像菲迪亚斯（Phidias）、普拉西特勒斯（Praxiteles）、阿卡梅尼（Alcamenes）或任何伟大的雕塑家。他们同样没有创造金、银、象牙或其他使用的材料；这些材料在他们手中是现成的，由雅典、埃利斯（Elis）或阿尔戈斯（Argos）提供；他们只是制作模型、锯开、打磨、黏合、按比例雕刻象牙，并镀上黄金；这就是他们的艺术所在——材料的正确安排。历史学家的工作也是类似的——在事件中加入秩序的魅力，并以他所能驾驭的最清晰的方式阐述它们。听众随后感觉

---

1 Lucian, *The Works of Lucian of Samosata, Volume II*, 131.

2 Ibid.

到自己看到了正在告诉他的东西，并表示赞同，这时候我们写历史的菲迪亚斯工作就达到了完美，并得到了适当的回报"。[1]

琉善反对用狭隘的民族情绪来写历史，把自己写得强大无敌，把敌人写得不堪一击。民族主义自我中心论的历史就是这样，它习惯于把战争写成文明与野蛮、好人与坏人的生死决战，把自己的首领写得无比英明，运筹帷幄，决胜于千里之外；而对方的首领则残暴无能，心胸狭隘，鼠目寸光。琉善说，虽然他不想在历史家面前班门弄斧，但作为一个讽刺作家，他觉得有必要对一些历史作品进行评论，以说明什么是不应该做的。琉善嘲笑那些向缪斯女神寻求灵感的历史学家。他说，将当代将军与特洛伊战争中的人物相提并论是愚蠢的。

他嘲笑那些用想象代替实地考察的历史学家，他要求历史学家求真务实，不要胡编乱造，为此往往需要实地勘察。他写道，"有一个有趣的历史学家，从来没有踏出过科林斯，也没有走过最远的港口——更不用说看到叙利亚或亚美尼亚了——（却自称是）眼见为实"。居然把帕提亚的"龙"（Parthian "Dragons"，将 1000 人称为"1 龙"的军事编制）说成是"巨大的活龙，在伊比利亚以外的波斯领土上繁殖；这些龙首先被固定在大柱子上，吊在高空，在前进的时候在远处制造恐怖；然后，当战斗开始时，它们被释放出来，向敌人扑去；我们的一些人，似乎真的被它们吞掉了，还有一些人被盘龙勒死或压死"。[2]

他还讽刺一位当代哲学家，他在历史作品的序言中自我吹嘘，声称只有哲学家才能写历史。还有另一位写罗马—帕提亚战争的历史学家，他对细枝末节很感兴趣，对战局却一无所知。"正是由于对真正的要领束手无策，或者不知道应该给予什么，才使他们在文

1　Lucian, *The Works of Lucian of Samosata, Volume II*, 131-132.

2　Ibid, 124.

字图画中避难——风景、洞穴等；而当他们真的遇到一系列重要的
事情时，他们就像一个奴隶，主人把钱留给他，让他成为富翁。他
不知道怎么穿衣服，也不知道怎么吃东西；有人送来了鹌鹑、甜面
包或野兔，他却冲进去，用豌豆汤或咸鱼填饱肚子，直到把自己撑
爆。好吧，我说的这个人给出了最令人难以信服的负伤和奇特的死
亡：有人的大脚趾受伤，当场死亡；普利斯库斯（Priscus）将军一
声吼叫，27 个敌人肝胆俱裂，闻声而倒，倒地而亡。至于被杀的人
数，那就实际上是在伪造战报；在欧罗普斯（Europus），他杀死了
70236 名敌人，而罗马人却只损失了 2 人，受伤 7 人！我不知道任
何一个有理智的人如何能容忍这种东西。"[1]

这样的历史虽然听上去荒诞，但至今还在我们的一些大众文化
作品中被复制。

4. 用喜剧涂抹的哲学对话

尽管琉善的讽刺有朱文纳尔那样的尖刺和锋芒，但从语气上看，
又显得像是相对温和的梅尼普斯。梅尼普斯出生于叙利亚的加达拉
（Gadara），从一个奴隶成长为一个犬儒主义哲学家，主要从事对邻
居的轻蔑嘲讽，也是一个放债人，他赚了很多钱，在被骗光后自杀。
据说他写了 13 部作品，这些作品已经失传，但他在文学界留下了
"梅尼普斯讽刺"这个专门的名称。

琉善在《真实故事》里运用的是一种看似还算温和的讽刺，对
他讽刺的历史学家对象们表示充分的谅解。他在导言里直接点名两
位主要的讽刺对象克泰西亚斯和伊姆布鲁斯。他写道："克泰西亚

---

1 Lucian, *The Works of Lucian of Samosata, Volume II*, 119-120.

斯写了印度人的地区和那些国家的状况，这些事情他既没有亲眼看到，也没有从任何人的嘴里听到过。伊姆布鲁斯写了许多关于大海的怪事和奇迹，所有人都知道这是谎言和虚构，却如此有条不紊，让人不由得心生欢喜。还有许多人选择了类似的论点，其中一些人发表了自己的旅行和游历，在那里他们描述了野兽的伟大、人类的凶猛以及他们奇怪而粗野的生活方式。但所有这些愚蠢行为的始作俑者是荷马的奥德赛（Odysseus），他向阿尔西纽斯（Alcinous）讲述了一个长长的故事，讲述了风被装进了袋子，额头上有一只眼睛的野人以生肉为食，许许多多的野兽怪物，以及他的几个同伴被施了魔法变成野兽，所有这些他都让愚蠢的法厄斯人（Phaeacians）听得很开心，信以为真了。"[1]

然而，他话锋一转，表示能够理解他们的作品，"尽管如此，我不认为这些人应该为他们的谎言受到责备，因为这种习俗有时是被认可的，甚至是被那些假装的哲学家认可的。我只是奇怪，他们怎么会指望别人相信他们呢？"[2]

他随即又批评他自己，说他的虚荣心与克泰西亚斯和伊姆布鲁斯有得一比："我自己也被一种可笑的虚荣心所驱使，想把一些东西传给后人……我转向了假话，然而，这种假话比其他人的假话更可被原谅，因为当我告诉你们我在撒谎时，我至少说出了一件真实的事，并希望通过承认我自始至终没有说一句真话来逃避普遍的指责。因此，你们要知道，我要写的是我自己从未见过、从未经历过，甚至从未从别人那里听说过的东西，而且，更重要的是，这些东西既不存在也不可能存在，因此，我警告我的读者不要相信我。"[3]

在《真实故事》的冒险途中，琉善和他的伙伴们来到了一个可

1　Lucian, "A True Story," 621.

2　Ibid.

3　Ibid.

怕的岛屿，一个像地狱一样折磨人的地方。正是在这里，他目睹了他的讽刺对象——其中有伊姆布鲁斯、克泰西亚斯、希罗多德，还有其他人——因为在自称真实的作品里撒谎而忍受着无尽的煎熬。

这是一个"沥青、焦油和硫磺在一起燃烧的地方，发出最难以忍受的臭味……我们只看到了其中的一个岛屿，我将给你们一些我们登陆的那个岛屿的描述。它的每一个部分都很陡峭和肮脏，到处都是岩石和粗糙的山。我们蹑手蹑脚地走着，越过布满荆棘和蒺藜的悬崖，经过一个最可怕的地方，来到了地牢，也就是惩罚的地方。我们怀着敬佩的心情看到了这个地方，充满了恐怖：地上到处都是剑和刺，在我们附近有三条河，一条是泥沼，一条是血河，另一条是火河。最后一条河浩浩荡荡，无法通行，滔滔不绝，像海里的波浪一样翻滚；里面有许多鱼，有的像火把，有的像活炭；他们称这些鱼为 Lampkins"。说谎的作家在那里被吊起来烧烤，目睹这些人遭受的酷刑，琉善暗自庆幸，"当我看到这些人时，我开始对未来抱有美好的希望，因为我自己从来不曾讲过这样的谎言故事"。[1] 琉善看到他的讽刺对象受罪，明明很高兴，幸灾乐祸，却又装出十分同情和惋惜的样子，读者对此当然心知肚明，所以更能体会到他的机智和幽默。这种文字游戏是 2 世纪修辞学家的拿手好戏，琉善就是其中的佼佼者。

2 世纪第二次智者运动的作家和演说都以不同程度的天赋和不同的理由深入研究古老的古典希腊语的语言和句法。在这一时期，希腊语词语 pepaideumenos 经常出现。它的意思是"受过训练的人"，被用来描述那种可能欣赏像琉善这样的作家的有文化背景的读者，琉善就是为这样的读者写作的。也正是为了这样的读者，琉善形成了他擅长并有特色的用故事来讽刺的风格和写作方式。

1　Lucian, "A True Story," in *Collected Ancient Greek Novels*, 643-644.

　　琉善对哲学家的讽刺许多是用对话体写成的，而对话体本身就具有戏剧性，从本质上看也是一种故事形式。古典学者大卫·斯提夫勒在《琉善、阿里斯托芬和知识分子的语言》一文中指出，琉善对前5世纪的阿里斯托芬喜剧情有独钟，善于运用阿里斯托芬喜剧的对话和修辞。[1] 琉善的《月球之行》(*Trips to the Moon*)一书的序言作者也指出，"琉善的作品主要由对话组成，在这些对话中，他结合阿里斯托芬的讽刺和梅尼普斯的讽刺，将其运用于与他认为的错误观点的斗争中，目的是在建立真正的偶像之前能推翻假的偶像。他对古代信仰进行了大胆的攻击，因此树敌很多"。[2]

　　虽然琉善模仿阿里斯托芬时代的古典阿提卡希腊语和修辞手法，但他创造了一种有自己特色的"喜剧对话"，其中有多种变化，但一般来说，采用的是传统哲学对话的戏剧性形式，其中说话者成为观点的代言人，并在对话上涂抹了阿里斯托芬和普劳图斯的荒诞甚至滑稽的色彩。古代地中海地区的传统哲学对话的特点是作者不直接参与，而让对话中的观点能够在互相辩问中顺势进展，但免不了沉闷的气氛，而且其结果可以预测，因此显得乏味。柏拉图式的苏格拉底无休止地喋喋不休，让许多读者望而生畏，因跟不上节奏而止步。琉善不同，他能用幽默的方式改良哲学对话，造就了用喜剧涂抹的哲学对话的幽默效果。中译本《琉善哲学文选》（罗念生等译，商务印书馆，1980）里的大多数对话就是这样的喜剧对话。这里举一个书中的例子《出售哲学》，这篇对话就像是一个连续的故事。

　　这篇对话发生在一个假想的拍卖场上，在这个喜剧的场景中，著名的哲学家——伊壁鸠鲁、第欧根尼、苏格拉底等人——一个个

1　David William Frierson Stifler, "Lucian, Aristophanes, and the Language of Intellectuals," *Society for Classical Studies*, https://classicalstudies.org/annual-meeting/151/abstract/lucian-aristophanes-and-language-intellectuals.

2　Professor Henry Morley, introduction to Lucian of Samosata, *Trips to the Moon*, trans. Thomas Francklin, Dodo Press, 2008. Kindle.

被展示给富有的买家，让他们出价购买。每个叫到名字的哲学家必须站起来，解释为什么人们应该购买他，并向他学习。主持拍卖的是宙斯和他的儿子，信使之神海尔梅斯。他们排好长凳，为前来的客人把拍卖场打理得漂漂亮亮。海尔梅斯一阵吆喝，招徕买主，拍卖就这样开始了。

哲学家毕达哥拉斯是第一个被推销给买主的。一位买家上前询问毕达哥拉斯关于他的哲学的各种问题，想知道通过购买毕达哥拉斯会给他带来什么好处。虽然买家并没有发现毕达哥拉斯有什么了不起的东西，但他要求毕达哥拉斯脱掉衣服的时候，注意到毕达哥拉斯有一条金色的大腿（这是关于毕达哥拉斯的一个传说）。这赢得了买家的青睐，毕达哥拉斯被售出成为拍卖会上成交的第一笔交易。

下一个出售的哲学家是一个"背着行囊，穿着独袖衣"，一副肮脏模样的人，他是犬儒主义者第欧根尼，这个人物在琉善的作品中经常出现。买主看他这副模样，摇头说道，"他那样肮脏，那样倒霉，有什么用处？除非叫他掘土，或者运水"。海尔梅斯赶紧推销说，"不止是干那种事，你叫他做看门人，就会发现他比狗可靠得多。实际上，他的名字就叫作狗（犬儒）"。[1]第欧根尼是一位著名的生活极简主义者。他在自报哲学特长时，向买主承诺，他将为买主介绍如何超然地应对困难、饥饿和被他人疏离，他还是个"世界公民"。买主对犬儒主义者第欧根尼提供的人间悲苦哲学和世界公民理念都不感兴趣，但看在他身体还算结实，最后决定花几个硬币买下第欧根尼，来当他家的园丁或船夫，于是第欧根尼被买走了。

第三位哲学家阿里斯提波（Aristippus，约前435—前350）因

1　琉善著，罗念生等译，《琉善哲学文选》，商务印书馆，1980年，第63—64页。

精通快乐主义闻名天下。他走进拍卖会的时候，已经醉得一塌糊涂。问他有什么专长，他说话结结巴巴，海尔梅斯只好代他回答说是"十分甜蜜的哲学、非常愉快的哲学"。买主又问他精通什么，海尔梅斯回答说，"他善于与人同住，长于陪人喝酒，适于和吹箫女一起陪伴那谈情说爱、骄奢淫逸的主人寻欢作乐。他并且是个做糕点的能手、最熟练的厨子，一句话，是个钻研奢侈生活的大师"。买主听了摇头，叫他另找"大富翁、大财主去吧，我可买不起快乐的生活"。于是，这位哲学家成了卖不出去的滞销商品。[1]

第四位和第五位哲学家是原子论者德谟克利特（Democritus，约前 460—约前 370）和哲学家赫拉克利特（Heraclitus，约前 540—约前 480），后者认为万物都处于不断的变化之中，他还坚持对立统一观念，被称为辩证法的奠基人。他们被搭作一对来卖。在古代，德谟克利特因为笑脸常开，被称为"笑的哲学家"（the laughing philosopher）。而赫拉克利特生性忧郁，被称为"哭的哲学家"（the weeping philosopher），他得了水肿病，到城里找医生，用哑谜的方式询问医生能否使阴雨天变得干燥起来，但医生不懂他的辩证法。他就跑到牛圈里，想用牛粪的热力把身体里的水吸出，结果不但无济于事，还因为满身的牛粪味引来大群野狗，结果被活活咬死，去世时大约 60 岁。这当然发生在琉善的故事之后，在琉善的拍卖会上，买家向德谟克利特和赫拉克利特提问时，他发现这两位哲学家一个是高高兴兴但又冷漠的唯物主义者，另一个则是令人无法忍受的阴沉沮丧之人。因此，到最后都没有人愿意买下他们。于是他们很不情愿地又回到了拍卖场的等候区。

下一个有待出售的哲学家是苏格拉底。当一个买家问苏格拉底他的专长时，苏格拉底毫不犹豫地说："我是个爱小伙子的人，擅

1　琉善著，罗念生等译，《琉善哲学文选》，第 67 页。

长爱术。"[1]买家不以为然，心想你儿子都有了，还称自己为同性恋者。后来他又追问苏格拉底，才了解到苏格拉底对男性少年有兴趣，不是指他们的身体，只是指他们的思想。苏格拉底生活在一个他自创的国家里（柏拉图的"理想国"），在这个国家里，女人是公共财产，有吸引力的年轻男孩被作为奖品送给孔武有力的勇敢战士，而且只有苏格拉底才能看见其他人看不见的事物之"相"。买家对苏格拉底的自我介绍总体上印象深刻，于是他以一笔可观的巨款把苏格拉底买走了。

接下来被拍卖的是伊壁鸠鲁派的哲学家狄翁（Dion），他被介绍为一名快乐的奉献者，同时也是无神论者。他很快就被卖出，但价格比苏格拉底低得多。紧随狄翁之后的是克吕西波（Chrysippus，约前280—约前206），他是一位著名的斯多葛派哲学家，看起来脾气暴躁，头发剪得很短。当购买者问他有何信念时，他对谓词和技术谓词进行了相当专业的分析，展示了他的论证能力，但他使用的专门术语把买主完全弄糊涂了。买主问他还有什么精通的事情，克吕西波骄傲地回答道："文字圈套，我用它们来缠住那些和我谈话的人，堵住他们的嘴，干脆给他们戴上口套，使他沉默下来。这种力量的名称就是著名的推理。"原来这位哲学家精通的是"杠精"的本事！买主惊叹道，"你所说的是一种战无不胜的、强有力的东西！"于是就以一个适度的价格购买了这位哲学家。[2]

接下来被出售的哲学家是亚里士多德，海尔梅斯介绍他是一位"有双重人格"但相当富有的人，是"有节制的、正直的，在生活上很好相处"。亚里士多德对哲学进行了一番浮皮潦草的介绍，一位富有的买者听了很满意，就以不贵也不贱的适中价格把他购

---

1 琉善著，罗念生等译，《琉善哲学文选》，第69页。
2 同上，第73页。

买下来。[1]

最后上场的哲学家是怀疑论者皮浪（Pyrrho，约前360—约前272）。当被问及他的哲学有什么用途时，皮浪答道，可以使人"无所知，无所听，无所见"，"而且没有判断力，没有感觉，一句话，和蠕虫没有区别"。不管出于什么原因，这个回答吸引了一个买家，但出的价格非常低。于是这位怀疑主义哲学家虽然怀疑自己是不是真的已经被卖掉，但还是跟着他的新主人离开了拍卖场，到他的新家去了。[2]

就像前面介绍的那样，《出售哲学》是对古地中海最著名的哲学流派的一番别出心裁的调侃。拍卖哲学家就与拍卖奴隶一样，也是货卖于识家。富有传奇色彩的哲学流派各有各的价格，也算是对其思想价值的市场估价。两位与人们日常生活最没有关系的著名哲学家——德谟克利特和赫拉克利特——结果无人问津，被证明没有市场价值。那些承诺人生来世、道德正义、实用逻辑，尤其是拥有"金大腿"的哲学家都被卖得相当快。这也暴露了哲学在大众层面上实际上是一种商业行为，用以吸引追随者的是令人振奋或给人心灵安慰的东西，如人生轮回、好人有好报、先苦后乐、美德给人幸福。有的听起来头头是道，有的虽然听不太懂，但也让人觉得是聪明厉害的想法。

琉善的讽刺有一种迷人的极端倾向，这或许也是他的弱点。他是一位彻头彻尾的怀疑主义者，甚至可以说是怀疑的化身。然而，尽管他的怀疑主义闪耀着光辉，并且机智过人，有时却过于聪明。今天我们知道，即便古代的历史作品（如希罗多德的《历史》）中有许多神话和传说成分，但并不因此而毫无价值。它们本身就可以成为历史研究的对象，因此有着文化古董的价值，不宜一概而论地

1　琉善著，罗念生等译，《琉善哲学文选》，第77—78页。
2　同上，第79页。

被当作谎言垃圾。这点在第一册谈及希罗多德时已经有过详细讨论。正是因为琉善的历史批评是如此断然地黑白分明，结果反倒显得偏执，甚至是因噎废食；他的聪明才智、想象力和警觉怀疑也会让读者起疑，他的判断真的就那么正确吗？他是如此雄辩，如此理智，如此断然地拒绝神话虚构，以至于你反倒想尝一尝非理智的禁果滋味，譬如抛开讽刺地读一读他自己那假话连篇的《真实故事》，又何尝不是一种人生乐趣。

我们很快就要进入罗马帝国衰亡的初始时期，对本书来说，也就是进入最后的斯多葛主义哲学部分。我们将要看到，在涅尔瓦—安敦尼王朝的五贤帝时期，虽然呈现出表面盛世的景象，但这一代哲人呈现出一种明显的悲观、无奈、懊恼的情绪。他们在一个没有罗马宗教信仰可以依从的时代，不得不求助于几乎完全依靠个人打造的斯多葛主义哲学。

二十 爱比克泰德《论说集》

1. 罗马美德和斯多葛伦理

我们从这里开始谈的是罗马哲学家爱比克泰德。他的《论说集》（Discourses）有王文华翻译的中译本，由商务印书馆于 2009 年出版，是一部将近 700 页的大书。如果是为了一般性的了解，还有一本比较小一点的中译本，即陈思宇翻译的《沉思录》，本书引述的即为此译本。阅读爱比克泰德，主要是为了通过他了解罗马的斯多葛主义，并与另一位罗马斯多葛主义者马克·奥勒留做一些对比。

这两位罗马的斯多葛主义哲人在罗马衰老疲惫的文化环境里写作。爱比克泰德一生命运多舛；奥勒留虽是哲学王的理想化身，但他的斯多葛主义哲学在正在兴起的基督教面前显得如此苍白衰弱，以致他忧心忡忡，无情地对基督教进行严酷的迫害。孟德斯鸠说，奥勒留"这位哲学家比其他人更能让人感到德行的甜美和人生存的尊严"。[1] 然而，他那高尚而忧郁的《沉思录》只是他的日记，并非是为了拨动罗马公众的心弦，升华他们的灵魂，提升他们的境界。

---

1 转引自彼得·盖伊著，刘北成译，《启蒙时代（上）：现代异教精神的兴起》，第 112 页。

这种私人化的斯多葛主义已经与曾被称为"罗马国教"的斯多葛主义不可同日而语。

斯多葛主义被称为罗马的国教，是因为它与罗马社会的道德传统有着密切的关系。罗马社会遵守风俗规范，又服从法律统治。罗马人非常保守，越是古老的习俗，罗马人就越把它当作神圣权威。这一套习俗被称为 mos maiorum，即祖先的习俗，或祖先之道。古老的习俗规范着从个人家庭到整个社会的一切事务。

在家庭的层次上，"祖先之道"确定了父亲在家庭里一家之主的身份。他对家庭成员拥有绝对的权力。但是，他应该适度而公正地行使这一权力，不这样做是可耻的行为，他也不配享有这个权力。在社会的层次上，"祖先之道"指的是构成罗马社会的保护人和被保护人的责任与义务体系。保护人对其被保护人有义务，反过来，被保护人对保护人也有义务。家庭和社会都是建立在等级秩序上的，你的保护人可能是另一个人的被保护人，这就形成了一个多层级的、复杂的责任和义务网络和连接——从地位最低的奴隶到最位高权重的元老。

我们可以通过分解罗马人"祖先之道"所推崇的美德来对他们的祖先传统有更清晰的认识。

罗马人最重要的美德是 virtus，这个词一般被直接翻译为"美德"。但是，在拉丁语中，virtus 意为"男子气概"。男子气概在罗马人那里并不仅仅指男子的"勇气"和"力量"，尽管这两个概念在罗马人的英雄观念中起着重要作用。Virtus 还指对善与恶的认识，以及做出明智决定的智慧。这个词所涵盖的种种美德指向一个有德之人与同伴和整个社会应有的伦理关系。

仅次于"美德"的是"纪律"（Disciplina），法纪和规训都衍生于纪律，指的是每个人都需要受到纪律、训练和自我控制的约束，强调这种美德的重要性使得罗马军队能建立铁的纪律。Disciplina 还与 gravitas 密切相关，gravitas 指的是"自我控制"，不是被迫或屈辱的，而是自觉而有尊严的自我控制，因此才是美德。自我控制是为了不让自己有不当行为，避免自己和家人因为一个人的不当行为而蒙受耻辱和羞辱。与"纪律"相关的另一种美德是"恒定"，也就是我们所说的"一以贯之""有长性"。这种美德要求罗马人即使在可怕的逆境中也要勇敢面对，面对挑战决不放弃。

罗马人的另一项社会美德是 fides，是英语 fidelity（忠诚）一词的来源，在中文里的表述是"忠诚"。罗马的"忠诚"不是"忠君"的那种盲目愚忠，而是指有诚信，包括守信、忠实、可靠、值得信任。它要求人重承诺，守信义，说话算话，言出必行。在罗马，忠诚也就是诚信，这是罗马社会方方面面的伦理基础——从商业合同到保护人与被保护人之间的复杂责任和义务关系。

由于宗教在罗马人的道德观中占有重要位置，"祖先之道"里包括与宗教有关的美德是很自然的。宗教的美德与罗马人的 religio 观念有关。religio 是今天"宗教"（religion）一词的来源，它指的是凡人与众神之间的相互责任与义务，与"忠诚"所指的那种保护人与被保护人直接的互相责任与义务相似。

罗马人的宗教美德是 pietas（虔诚），指的是人一辈子都按照众神的意愿生活。这是宗教实践在日常生活中的扩展。真正虔诚的罗马人在圣殿里和圣殿外的行为是一致的，不管他走到哪里，在日常生活里做什么事，他都在尽自己的宗教义务。一个人在生意往来和日常生活中都应该是虔诚的，而不只在神庙里，或参与宗教仪式的时候保持虔诚。维吉尔的《埃涅阿斯纪》里的埃涅阿斯的主要美德就是虔诚，他颂扬奥古斯都恢复罗马的道德和宗教的丰功伟绩，颂扬的也是他的虔诚。

罗马人还有专门与政治和政治服务相关的美德。具备并展现这种美德的人——当然也具备宗教和社会美德——在罗马受人尊重，前途就更顺畅。罗马人称这种美德为 dignitas，今天的"尊严"（dignity）一词就是从这个拉丁语词来的。尊严是对荣誉和美德的一种赞赏。罗马是个荣誉社会，有美德的人无须做出谦虚的样子，把自己的美德藏着掖着。没有人知道你有美德，美德就没有意义。一个人如果被他人认可为拥有 dignitas，那就也会得到 auctoritas（权威）。有 auctoritas 的人们被认为有能力进行各级管理，因此拥有公共权力。这种权力在罗马是值得骄傲的威望和尊重。然而，就像家庭里的 pater familias（父权）一样，公共权力不容滥用。公共权力要求权力拥有者以正义、智慧和谨慎来履行他的公共职责。

随着希腊哲学进入罗马，罗马人努力为他们传统的"祖先之道"寻找一个哲学框架。他们在斯多葛哲学中找到了这样的框架。

斯多葛式哲学起源于公元前 300 年左右的希腊，它强调理性，要求人的情感和欲望服从理性的支配。斯多葛主义认为，人的情感善变而不可靠，具有破坏性和误导性，理性是通往幸福的真正可靠途径。斯多葛主义还认为，真正的幸福不是依赖于偶然的事物，如社会地位、财富或爱情，而是取决于对自然及人在其中位置的了解。所以，人的理性应该与自然保持一致，这样无论生活给他带来什么，他都永远不会不快乐。

斯多葛主义者还强调所有人平等，无论他们是地位最低的奴隶，还是地位最高的皇帝。他们强调了这样一个事实，即每个人，无论地位、财富或身体状况如何，都可以为整体做出贡献，犹如上下两排牙齿，虽然它们互相作用，但实际上都是在努力服务于整个身体。一个人的重要性不是由社会决定的，而是由自然本身决定的，自然重视皇帝的领导，也重视奴隶的辛劳。

斯多葛哲学与罗马人的世俗主义，特别是他们的"祖先之道"的社会美德非常吻合。"美德"认可自然法的秩序基础，并希望和愿意按照自然法行事。"纪律"承认每个人都在社会中占有一席之地，必须尽自己的本分，而且，只有当每个人都履行职责时，社会才能发挥最大作用。最后，"恒定"和"自我控制"都呼吁人们以同样的意志力和品格面对一切可能发生的事情，承受一切可能遭遇的挫折和逆境。

罗马的斯多葛主义与原先希腊的斯多葛主义虽有渊源关系，却并不相同。正如奥勒留《沉思录》英语本译者格雷戈里·海斯所说，"早期和中期的斯多葛主义是一种整体体系（holistic system），它要包含所有的知识，所以主要是思辨和理论的。罗马的斯多葛主义不同，它是一种实践学说——不是一种抽象的思考体系，而是一种对生活的态度"。[1] 罗马人具有务实的特点，并不擅长于哲学理论，在他们那里，"哲学也具有更实际的意义。它不仅是写作或争论的主题，而且有望提供一种'生活设计'，一套赖以生存的规则。古代宗教没法满足这一需要，因为古代宗教将（崇拜）仪式凌驾于（宗教）学说之上，几乎没有提供道德和伦理指导，也没有人期望它能这么做。而道德和伦理指导是哲学的目的"。[2]

我们需要从斯多葛主义的践行，而不只是理论，来认识罗马的斯多葛主义。我们已经谈过西塞罗、小加图、塞涅卡，他们都是斯多葛主义在罗马的践行者，从这一节起，我们还要讨论另外两位：爱比克泰德和奥勒留。

西塞罗和小加图是公元前 1 世纪共和晚期时代的人，塞涅卡是公元 1 世纪罗马暴君时代的人，而爱比克泰德和奥勒留则是公元 2 世纪的人。这 5 位人物生活在跨度约 300 年的不同时代，在这段时间里，罗马发生了巨大的变化，斯多葛主义在罗马的影响方式也是

1　Gregory Hays, introduction to Marcus Aurelius, *Meditations: A New Translation*, trans. Gregory Hays, New York: the Modern Library, 2002. https://vreeman.com/meditations/#introduction.

2　Ibid.

一样。

斯多葛主义主要体现在西塞罗的政治哲学和法制思考上，在小加图那里则是他的政治践行。塞涅卡的斯多葛主义体现在与公共参与一致的伦理观上，他的伦理著作怎么说都是一种公共写作。但是，在爱比克泰德和奥勒留那里，斯多葛主义的影响就仅仅是在个人伦理层面，政治或公众参与被彻底淡化。爱比克泰德的斯多葛伦理不过是他对小圈子学生的授业课程，而奥勒留的伦理思考只是他在私人日记里的自勉。如果说公共写作是公共参与的一个主要方式，那么，爱比克泰德和奥勒留则连这样的写作都没有——一个是由学生整理的笔记，而另一个则是日常心得的记录。在他们那里，斯多葛主义基本上也就是个人品格的修炼和人生经验的省悟而已。

今天，人们关注罗马的斯多葛主义伦理，往往是把它当作一种训练自控、节制欲望、提高心理承受能力、保持内心平静和快乐的人生之道，这在中国和在美国都差不多，也许在美国更是如此，因为不少这方面的大众著作都非常畅销。例如，威廉·欧文（William Irvine）的《美好生活指南：远古史托克欢乐》（*A Guide to the Good Life: The Ancient Art of Stoic Joy*, 2008），莱恩·霍利得（Ryan Holiday）的《障碍就是方式：永恒地把审判变成胜利的艺术》（*The Obstacle is the Way: The Ancient Art of Turning Adversity to Advantage*, 2014）和《每日坚忍：366篇关于智慧，毅力和生活艺术的沉思》（*The Daily Stoic: 366 Meditations on Wisdom, Perseverance, and the Art of Living*, 2016）；还有马西莫·匹格里奇（Massimo Pigliucci）的《如何成为坚忍者：运用古代哲学过上现代生活》（*How to Be a Stoic: Using Ancient Philosophy to Live a Modern Life*, 2017）。不仅如此，大众伦理化的斯多葛主义在美国的硅谷也很流行，并引发了不少CEO、企业家和职业运动员的兴趣。

在我们阅读和讨论爱比克泰德和奥勒留的时候，当然不应该仅仅满足于以这种大众伦理、心灵健康或人生指南等方式对斯多葛主义的理解，在了解斯多葛主义的一些基本原则的同时，我们会更多关注斯多葛主义在他们各自那里的一些内在矛盾和局限。这当然不是为了贬低他们各自的思想贡献，而是为了不把他们所有的观点都想当然地当作我们自己的伦理原则和行为指导。斯多葛主义可能产生的负面影响和人生误导作用是我们认识罗马后期帝国主义的必不可少的一部分。

爱比克泰德和奥勒留是两位地位和身份极为悬殊的人物，爱比克泰德是奴隶出身，奥勒留则贵为罗马皇帝。

今天，人们对爱比克泰德（这个词在希腊文里有"养成"和"后天"的意思）的生平知道得甚少，这与他低贱的身份有关。据信，他出生时可能是奴隶身份，其本名无从考证。他童年时以奴隶身份来到罗马，是个残疾人，后来他被主人释放。他从师于斯多葛学派教师鲁弗斯（Rufus）学习哲学，并在罗马教学，直到大约93年被罗马皇帝图密善赶出罗马，于是他便退居于希腊西北部的尼科波里，在那里写作和讲学，并在那里与世长辞。他的一个名为阿利安（Arrian）的学生编纂了爱比克泰德的《论说集》，又从《论说集》中特别挑选了有关伦理的部分编成《手册》（*Enchiridion*），保存了他的思想。

奥勒留的一生有比爱比克泰德更为详细的记录。他于161年3月7日与其弟弟路奇乌斯·维鲁斯（Lucius Verus，130—169）一同继承皇位，这是罗马帝国首度出现两帝共治，不过多数时候由他定夺。奥勒留一生经历多次战争，于180年去世，尽管奥勒留是一位自我克制、博学多才的贤君，但是他仍然与同时代的许多罗马皇帝一样反对基督教，并在统治期间对基督徒加以迫害。这也是我们将要着重关注的。

奥勒留有"哲学家皇帝"的美誉，他是罗马帝国最伟大的皇帝之一，其统治时期被认为是罗马黄金时代的标志。他不但是一个很有智慧的君主，同时也是一个很有成就的思想家，有以希腊文写成的关于斯多葛哲学的著作《沉思录》（*Τὰ εἰς ἑαυτόν*，意译为《自我反省的思考》）传世。在整个西方文明之中，奥勒留也算是一个少见的贤君。

奥勒留曾经由他的老师尤尼乌斯·鲁斯提库斯（Julius Rusticus，约100—约170）介绍认识了爱比克泰德，鲁斯提库斯可能听过爱比克泰德的课程，并把课堂里的笔记让奥勒留看过。但更有可能的是，奥勒留读过阿利安整理的爱比克泰德授课笔记《论说集》，因为阿利安的笔记在当时流传甚广。

我们要阅读的爱比克泰德《论说集》和奥勒留《沉思录》都不是"著作"意义上的作品。爱比克泰德的《论说集》是他被驱逐出罗马后，在他的尼科波里学校中与访客交往和鼓励学生的谈话，既不是正式的演讲，也不是课程教学的内容。他的课程教学包括斯多葛的主要著作，在正式教学后，他会与学生进行课后交谈，《论说集》是课后交谈中的一些内容。经由阿利安编辑，《论说集》读起来有完整的感觉。

相比之下，奥勒留的《沉思录》缺乏这样的完整感，它有许多主题重复和不合逻辑的编排，譬如时间像一条河流、一件事情伤到你是因为你让它伤到你、不要发怒、不要有死亡的恐惧，都被重复述及。这可能是因为他自己屡次遭遇一些不断需要克服的类似困境，把这些想法写下来是他应对困境的一种方式，也是他的斯多葛主义践行。《沉思录》是他写给自己看的，是一部日记，而不是智者箴言集。

我们在阅读《论说集》和《沉思录》的时候，需要考虑到这两部著作的私人性质，不宜将它们当作具有普遍公共意义的哲学理论或原则。

2. 坏时代的好哲学

斯多葛主义是一种主张承受逆境和不幸的哲学，在对待不幸的问题上，斯多葛主义者和普通人之间的区别是：普通人希望或祈祷自己免受不幸，斯多葛主义者则祈祷自己能够找到接受不幸的力量。塞涅卡就是这样，他从小多病，长期承受肺病的痛苦，生活在暴虐的朱利奥—克劳狄王朝，所以他认为，你承受什么并不重要，重要的是你如何承受。爱比克泰德也是从斯多葛主义汲取接受不幸的力量，而不是学习如何避免不幸。他认为："我们无法选择外部环境，但是，对外部环境的回应是我们能够选择的。"[1] 他原本是个奴隶，又是个瘸子（据说是当奴隶时被主人打断了腿），他还生活在暴君图密善的时代，这些都是他无法避免的不幸，但他从斯多葛主义中学会了如何承受这样的不幸。

斯多葛主义常被人称为坏环境或坏时代的好哲学，这句话放在爱比克泰德身上肯定要比放在皇帝奥勒留身上合适。爱比克泰德似乎一辈子都处于困境之中，难以摆脱命运的折磨，对他来说，困境才是对一个人品格的考验时刻。他应对困厄和艰辛的榜样行为增强了他的斯多葛伦理的说服力量。他的忍耐力曾经是不少人仿效的榜样。美国海军中将兼飞行员詹姆斯·斯托克戴尔在越南战争中被俘7年多，他赞扬爱比克泰德教会他如何在困境中忍受酷刑和苦难。斯托克戴尔戴着脚镣，但总比爱比克泰德拖着一条残疾的腿要好。他用爱比克泰德的话勉励自己："残疾是身体的障碍，但不是人选择能力的障碍……无论发生什么事，都告诉你自己这个（道理）。"[2] 爱比克泰德给了他一种在恶劣环境里可以保持意志不垮，咬牙生存

---

1 爱比克泰德著，陈思宇译，《沉思录 II》，中央编译出版社，2009 年，第 7 页。

2 "Epictetus and Admiral James Stockdale," Reason and Meaning, March 8, 2015, https://reasonandmeaning.com/2015/03/08/admiral-james-stockdale-and-epictetus/.

的精神力量，这是一种承受而不是避免不幸的方式。

从本质上说，这种精神力量来自对本能欲望和苦乐情感的极度遏制，斯多葛主义把激情和情绪视为"灵魂中非理性的和不自然的活动"，或者说是"过度的冲动"。这与苦行并没有什么区别。这是一种自我强制的逆境适应：如果我因为被敌人俘虏而怒气冲冲或惊恐万状，如果我为失去自由而备感挫折，或感受到敌人的残酷，那很可能是因为我自己没能把自信心寄托在恰当的地方。爱比克泰德有一句名言："伤害我们的并非事情本身，而是我们对事情的看法。事情本身不会伤害或阻碍我们，他人也不会。我们如何看待这些事情却是另外一回事。困扰我们的正是我们对事情的态度和反应。"[1] 我们不是被外界伤害所伤害，而是因为感觉到伤害而受伤害。

爱比克泰德不幸生活在暴君图密善的统治时期，公元 93 年，图密善把所有哲学家都从罗马驱逐出去，爱比克泰德也在其内，他流亡到希腊伊庇鲁斯的尼科波里，并在那里开办一所哲学学校。他从此再也没有回到罗马社会。他一生过着简朴的生活，几乎没有财产。他独自生活了很长一段时间，老年时曾领养一个朋友的孩子，不然这孩子就活不成。他在一个女人的帮助下抚养这个孩子，尚不知他是否与那个女子结婚，组成他自己的家庭。

爱比克泰德的人生可以说是残破而不完美的。但他也许并不这样认为，因为他相信，人生是否残破不是一个事实，而是对事实的一种感觉或看法，无论你的人生如何，只要你不觉得它残破，它就不是残破的。也正是因为这样的人生态度，他被人称为"西方的佛"。

爱比克泰德是一位能帮助人对思考进行思考的哲学家。他的斯多葛人生哲学也被现代心理治疗师用作"认知行为治疗"（Cognitive

---

1　爱比克泰德著，陈思宇译，《沉思录 II》，第 7 页。

Behavioural Therapy）的哲学资源。美国临床心理学家阿尔伯特·艾利斯（Albert Ellis，1913—2007）是公认的现代心理治疗大师，他承认自己受到爱比克泰德的极大影响，并认为认知行为治疗的核心思想就是爱比克泰德所说的，"当某事发生之时，你唯一能控制的就是自己的态度。你可以平静接受，或者心生怨恨。真正使我们恐惧和惊慌的，并非外在事件本身，而是我们思考它的方式。使我们不安的并非事物，而是我们对其意义的诠释"。[1]

　　这种"我怎么认为，事情就是什么样"的斯多葛伦理也许可以帮助个人在不得已的境遇中排遣不幸和挫折，但并不具有普遍的社会意义。试想，你合法的房屋被强拆，你正当的言论自由被剥夺，你成为受害者，假如你认为自己并没有受到伤害，那些伤害就不曾发生过吗？你被要求正确对待这样的遭遇，你难道真的会认为就应该接受这样的事？否则就是因为你不能正确解释这些事情的意义吗？

　　网上曾有一位复旦大学教授高论"学会与黑暗和解"。她说："要学会与黑暗和解，当你与黑暗和解的时候，黑暗已经不那么黑了。"按照这个逻辑，黑暗不是事情本身，而是对事情的一种解释，你不能接受黑暗，是因为你的解释出了问题。对此，有网友用一位媒体人的话予以反驳："如果天总也不亮，那就摸黑过生活；如果发出声音是危险的，那就保持沉默；如果自觉无力发光，那就别去照亮别人。但是——但是：不要习惯了黑暗就为黑暗辩护；不要为自己的苟且而得意洋洋；不要嘲讽那些比自己更勇敢、更有热量的人们。可以卑微如尘土，不可扭曲如蛆虫。"

　　在同样的问题上，爱比克泰德的伦理建议有的是可接受的，有的则不然，这需要我们自己加以辨别，而不是贸然地将其当作"哲

1　爱比克泰德著，陈思宇译，《沉思录Ⅱ》，第 11 页。

学智慧"来接受。例如，在"得失"问题上，他说，"不要在乎别人对你的印象如何。他们往往被表面现象所迷惑和蒙蔽。要坚持你的目标。光是这一点就可以坚定你的意志，并使你的人生连贯一致"。[1] 这是对的。但是，他又说："照管好你正好拥有的东西。我们不会真正失去什么，也没有什么会失去。当我们不再说'我失去了它'，而是说'它重新回到了它原来的地方'时，我们就获得了内心的平和。你的孩子不在了吗？他只是回到了他来到世上之前所在的地方。你的伴侣死去了吗？他（她）只不过回到了原来的地方。你的财产被剥夺了吗？它们来自哪里就回到了哪里。"[2] 这是不对的，我们可以问，在希特勒执政期的德国，当犹太人的人权和公民权被剥夺时，这些权利回到什么地方去了呢？犹太人应该心平气和、安然自得地对待发生在他们身上的那种事情吗？

今天我们阅读爱比克泰德，当然不是为了吹毛求疵，而是要充分了解他的斯多葛哲学的现实背景是什么，起到的是怎样的作用。他并没有为我们提供实现幸福的方式，而只是提供了抗拒痛苦的方法。他的斯多葛伦理要应对的主要问题也许是，在一个极坏的时代，如何做一个好人，或者至少是如何活下去而不做一个坏人。

爱比克泰德生活在暴君图密善的时代，图密善是弗拉维王朝的最后一位罗马皇帝，他大搞个人崇拜，不满足于罗马帝王死后封神的习俗，命令人民在他生前奉他为神，采用"我们的主和上帝"为头衔。基督徒不肯奉命，于是遭到图密善的疯狂迫害。连他的堂兄弟弗拉维乌斯·克勒蒙斯一家也因信仰基督教被他杀害，他的兄长先王提图斯的女儿尤莉亚也因信仰基督教而遭流放，后死于流放地。宗教迫害的根本原因在于，宗教信仰本身就是一种对皇帝及其权力神话的挑战和潜在威胁。

---

1 爱比克泰德著，陈思宇译，《沉思录Ⅱ》，第15页。
2 同上，第16页。

图密善还同样残酷地进行政治迫害，他的暴政波及罗马统治阶层的元老院。他经常不经任何审判便处决、流放元老院议员。他统治期间施法严酷，还行使类似近代史上的文字狱，对胆敢以讽刺诗文影射他的文人施以酷刑，后来，只要有人被他认定为言论或行动有损于帝王尊严，就足以构成将其定罪的理由。图密善自知不得人心，为防民口，设立举告制度。这使得许多卑鄙的告密者得到鼓励，纷纷刺探贵族的各种罪行，使得众多议员被处决、被流放、被没收财产及被除名。

罗马反对暴君尼禄和图密善的政治力量中主要是一些斯多葛主义者，他们反对皇帝个人的专制暴政，主张权力的权威必须来自自然的天道。虽然斯多葛主义不以政治理论见长，但它的伦理对暴君的种种恶行形成了道德谴责，这可以理解为暗指专制暴君的肆意妄为、无视人伦、奢侈靡费、毫无自我约束和克制。像所有专制暴政统治下的政治抵抗一样，罗马人的反暴政也试图在道德上坚守他们最后的底线，但即便只是这样的抵抗也是暴君所不能容忍的。

靠刀剑支撑的暴君最后还是死在刀剑之下，公元 96 年 9 月 18 日，由王后暗地支持，寝宫侍从巴尔特尼乌斯、宫廷卫队长萨图尔和帝王秘书恩特尔等人联合行动，刺杀了图密善。与暴君尼禄一样，图密善死后被元老院宣布执行"记忆消除"，抹消所有图密善留下的纪念碑、雕像、铭文等。

爱比克泰德提出的许多伦理观念和做人道理也可以在道德层次上有抵抗暴政的意义——正直的品德、善良的行为、理性的认知都可以成为对乱世的一种匡正。每一个活在是非颠倒、善恶不明时代的人，都必须自己回答这样的问题：在一个困厄的时代，如何做一个好人，做一个不与暴政同流合污的人？

这样的政治抵抗意义虽然有限，但毕竟有其意义，它能让你在你可自控的范围内保持思想和精神的独立，正如爱比克泰德所说，

"要想获得幸福与自由，必须明白这样一个道理：一些事情我们能控制，另一些则不能。只有正视这个基本原则，并学会区分什么你能控制，什么你不能控制，才可能拥有内在的宁静与外在的效率"。[1]即便你不能对改变暴政产生任何影响，至少你可以要求自己不跟它同流合污。这就要求，你能够保持内心的独立和头脑的清醒。

爱比克泰德说："要清晰地辨别你允许什么样的思想或观念进入你的脑海。如果你自己对接受什么不加选择，那么别人就会替你选择，而他们的动机未必很高尚。"无论是奴性服从还是理性思考，它都是一种习惯，你要保持好的习惯，不要迁就坏的习惯。"每一种习惯和能力都是通过与之相应的行为而得到保持与加强的：步行的习惯使我们更加善走，经常跑步使我们更加善跑。"[2]我们要养成的是好的习惯，这就需要我们对好与坏、善与恶、是与非有理性的道德判断。古人说"出淤泥而不染"，也是这个意思。

理性的判断能力来自良好的分析和推理思考，它的标志是清晰、一致、严格，定义准确，不会含混不清。爱比克泰德说，理性的清晰思考"并不是一种要求人冷漠无情的艺术。理性的任务就是要批判性地检验我们的推测，这包括检验我们作出的解释以及得出这种解释的方法。理性并非目的，而是一种不可或缺的手段。发问是理性的动力，因此你需要学习如何理性而非情绪化地提出问题。如果清晰思考问题的能力受损，那么你有道德的生活将变得混沌不清。理性能区分真理与谬误，能区分真理层次上的高低深浅"。[3]

而且，理性不是人天生就有的，是需要通过学习才能获得的，所幸的是，每个人天生都有学会理性思考的能力，只有自暴自弃的人才会白白浪费自己的这种宝贵能力。对此爱比克泰德说："智慧

---

1 爱比克泰德著，陈思宇译，《沉思录Ⅱ》，第 2 页。
2 同上，第 32、28 页。
3 同上，第 53—54 页。

的生活就是理性的生活。学会清晰地思考问题很重要。清晰的思考并非随意的娱乐行为，它需要适当的训练。通过清晰地思考，我们能够恰当地引导我们的意愿，坚守真实的目标，找到我们与他人之间的联系纽带，以及由此而来的义务关系。每个人都应当学会识别那些滥情的、虚妄的思想，要学习合理的推论方式，这样就能够避免得出那些缺乏根据的结论。"[1]

爱比克泰德强调理性，开启的是每个人都需要的理性自觉，没有这样的理性自觉，就不可能有任何可以称得上是"启蒙"的思想进步。像这样的理性思考观念至今对我们仍有重要的意义，我们现在所提倡的批判性思维就是一种理性思考，当然，我们今天为理性思考设立的是公民社会的公共话语，而不再是斯多葛哲学的语境。斯多葛主义是坏时代个人的保命和安身立命哲学，而恰恰是在坏时代，斯多葛主义很容易变成一种精致的顺民思维训练。

3. 精致的顺民思维训练：斯多葛主义和犬儒主义

如果你家有小偷行窃，你遭到经济损失，你的安全感受到威胁，生活的安宁遭到破坏，你会不会生气呢？我想，任何一个正常人都会生气。你有没有理由生气呢？我想答案也是肯定的，因为你的个人财产权遭到侵犯。正是因为你生气，而且有理由生气，所以你会去报警，希望警察能抓到小偷，将其绳之以法，免得他再去危害别人。同样，一个人的妻子要是有了奸夫，他也一定会生气，并认为自己有理由生气。

但是，爱比克泰德说，被偷掉东西的人和被戴绿帽子的人其实

1　爱比克泰德著，陈思宇译，《沉思录Ⅱ》，第 52 页。

都不应该生气。他的劝告是："不要重视你的服饰，你就不会对小偷生气；不要爱慕你妻子的美貌，你就不会对奸夫生气。你要明白，在你所拥有的东西中，小偷和奸夫并无一席之地，他们占有的只是别人的东西和你所不可控的东西。如果你放弃这些东西，把它们视为无物，你还会和谁生气呢？但是，只要你重视这些东西，你就生自己的气吧，不要生小偷和奸夫的气。这样想吧，你有好衣裳，而你的邻居没有；你有一扇窗户，你想炫耀你的衣裳。人的真正的好在哪里，小偷并不知道，不过他认为真正的好在于拥有好的衣裳。你的想法和他的一模一样，那么，难道他不应该来把你的好衣裳拿走吗？当你在贪吃的人面前放一块蛋糕，自顾自地狼吞虎咽，难道你还指望他们不从你手里抢走它吗？不要挑逗他们了，也不要开什么窗户，也别炫耀你的衣裳了。"[1]

在爱比克泰德的这番话里，别人侵犯你，你不是受害者，如果你生气，你就生自己的气吧，谁叫你露了财或者媳妇太漂亮呢？从今天的社会心理学来看，这是典型的"责备受害者"或者"受害者自己得负责"之说，不过由于修辞作用的缘故，显得比较精致罢了。当人们要求受害者对自己的痛苦负责时，就会责备受害者。当人们指责受害者时，他们将受害者受苦的原因归于受害者自己的行为或特征，而不是归咎于犯罪者或情境因素。这是一种常见的认知偏见，并不是斯多葛主义的发明。

爱比克泰德还说了一件也许曾真的发生在他自己身上的事情："最近，我买了一盏铁皮灯，把它挂在神龛旁。听到门边有响动，我就跑下楼，发现那灯已经被人偷走了。我仔细一想，偷灯的人并没有做什么奇怪的事。后来呢？明天，我说，你会发现一盏陶制的灯，因为一个人只能失去他所拥有的东西。"[2]

1　爱比克泰德著，陈思宇译，《沉思录 II》，第 169—170 页。
2　同上，第 170 页。

爱比克泰德接着又说："我之所以丢了我的灯，原因在于我在警惕性上不如盗贼。不过，他为此也付出了代价，因为，为了得到那盏灯，他必须承认自己是贼，必须承认自己是不忠无信之人。"[1]

这番议论的意思是让人克制自己对外界影响的反应，因为你越是没有反应，外界对你的影响力就越小。现在，这种"内心冷漠"有了一个好听的说法，叫"定力"。这也是斯多葛主义的一个主要伦理主张：天下本无事，庸人自扰之。而且，小偷偷东西，不过是在做他本来就会做的事情，他虽然偷到了东西，但也有损失，他失去了做好人的机会，只能是盗贼了。所以，这么说来，被偷的人并没有损失，甚至还赚了。

其实，这样的斯多葛主义是经不起推敲的，因为它忽略了对两种不同情况的区别：一种是应对具体的事情，另一种是将这种应对方式抽象化为普遍的人生哲学。在一件或少数事情上可能有用的心理调适不能被推演为具有普遍意义的真理或原则。

爱比克泰德丢了他的铁皮灯，他认为这是因为他有一个铁皮灯可以丢失，用他的话来说，"一个人只能失去他所拥有的东西"。他用这样的态度应对失窃事件，给自己宽心，这和遭遇绑票的人说"花钱消灾"有同样的心理安慰功效。

但是，如果把"一个人只能失去他所拥有的东西，失去也不必当一回事"抽象化为一般生活原则，那就是荒谬的了。按照这个逻辑，如果有人凭借权势，无理抢占你的财产，你会不当一回事吗？专制国家里的人民失去自由，只是因为他们本来就有自由吗？暴君剥夺了人民的自由，只不过是做了暴君本该做的，只不过在证明自己是暴君而已吗？既然如此，人民其实没有什么可抱怨或可生气的吗？谁要是这么认为的话，那真是一个阿 Q 了。

1　爱比克泰德著，陈思宇译，《沉思录Ⅱ》，第 171 页。

爱比克泰德说，你丢了东西，是因为自己 "在警惕性上不如盗贼"，好像失盗者只是输掉一场与盗贼的想象性竞赛游戏。这就像在说，窃贼盗窃成功，是因为他是比锁匠更优秀的锁具专家。这样一来，失窃的苦主与盗贼，锁匠与盗贼的行为便完全失去了道德的区别。如果有人用这个逻辑告诉你，人民丢失自由，只是因为他们在一场想象的竞赛游戏中因能力不及，而输给暴君，那你会怎么想呢？

我们知道，人民丧失自由并不是一场想象性竞赛游戏的结果。暴君有枪，而被他剥夺自由的人民则赤手空拳，他们并不是因为自己不警惕或者能力不及才丢失自由的。更重要的是，在争取自由的人民和剥夺人民自由的暴君之间，是有道德区别的。

即便是暴君，他剥夺人民的自由，也需要为自己编造道德理由。暴君并不会承认自己是人民自由的窃贼，他反倒会认为自由是一件有害的事情，不让人民有自由这才符合人民的利益，而他自己是因为仁爱和睿智，才取消了对人民有害的自由。因此他是一个明君，而且代表的是一个具有优越性的制度。

在严酷的现实生活中，斯多葛主义关于克己忍耐、吃亏是福、多从自己身上找原因的说教很容易成为空洞而伪善的心灵鸡汤。如果我们对它不加分辨地全盘接受，就有可能陷入一种被精致思维调教和训练的愚昧，而不是变得更加聪明。

加州大学伯克利分校古典文化教授安东尼·朗（Anthony Long）在《爱比克泰德：斯多葛和苏格拉底的生活指导》（*Epictetus：A Stoic and Socratic Guide to Life*，2002）一书中指出，爱比克泰德的斯多葛主义受到犬儒主义的影响。同样，我们对他的犬儒主义观念也应该有所分辨，吸取积极的成分，抛弃消极的成分；而积极和消极的标准则需要由我们自己设定。

今天，许多人谈起古代的犬儒主义就会津津有味地述及第欧根尼当众手淫，或者他住在一个木桶里，对问他有什么愿望的亚历山大大帝说"请你走开一点，不要挡住我的阳光"。爱比克泰德对这样的犬儒主义者没有好感。他认为，一个真正的犬儒主义者不应该用愤世嫉俗、玩世不恭的行为艺术来哗众取宠、引人注目。这种犬儒主义者想"干一番伟大的事业却没有得到神的首肯，反而让神讨厌，他的愿望只会让他自己在公众面前蒙羞"。他说，真正的犬儒主义者是谦卑的，"谦卑是他用来包裹自己的东西，否则，在大庭广众之下赤身裸体只能使他羞愧不已。谦卑是他的房屋，是他的门，是他的守门人，是他的黑暗！"[1] 爱比克泰德不是反对犬儒主义，而是反对他所说的那种作秀的、哗众取宠的犬儒主义。

爱比克泰德认为，这种人并不是真正的犬儒主义者。他用斯多葛主义的谦卑要求犬儒主义者自我节制。自我节制的犬儒主义者不是要表现他自己，而是要向世人展现分辨善和恶、益和损、真和假。他说："真正的犬儒主义者肯定知道，神把他作为信使派到人间，向人们展示在善与恶的判断方面他们是如何的错误，而正确判断的所在之处他们却从来没有去找过，甚至从未想到过。犬儒主义者的确就是一名侦探，他要分辨什么对人类有益，而什么与人类的利益相反。他要不遗余力地观察所有的事物，然后作出真实的报告，而绝不会在恐惧的驱使下将本不是敌人的视为敌人，或被那些事物表象弄得心神不安或晕头转向。"[2]

爱比克泰德批评古代犬儒主义善恶不分、是非不辨、真伪不论，这有助于我们认识与其一脉相承的现代犬儒主义。这是他可取的一面。

但是，他批评古代犬儒主义是为了倡导他心目中"真正的犬儒主义"，而所谓真正的犬儒主义则以斯多葛主义的"忍耐精神"为

1　爱比克泰德著，陈思宇译，《沉思录Ⅱ》，第199—200页。
2　同上，第200页。

标志。而这是我们今天不能完全认同的。

爱比克泰德说："高度的忍耐精神，是犬儒主义者必须具备的，以致于一般人会认为他根本没有感觉，认为他是一块石头；他不会被人责骂，不会被人鞭打，不会被人侮辱；他会把自己的身体供任何人随意使用。因为，他铭记在心的是：在低下的地方，低下的东西必然会被那里的优胜者打败。他的身体比普通大众的差，在体力上，这个体弱者比不上身体强壮的人。因此，他从不去参加那些自己可能会输的比赛，他要做的是，马上放弃那些不属于自己的东西。"[1]

这也就是说，因为自己处于弱势地位，就不要勉强去争取，就应该放弃。那些不属于自己的东西，就算你争取了，也不可能获得，所以不如干脆放弃，免得徒生烦恼，失去内心的平静。如果所有的弱势群体都这么想的话，他们将永远无法改变自己的弱势地位。

爱比克泰德还认为，这样一个既得到斯多葛主义精髓，又得到犬儒主义真传的智者，你在他身上根本看不到"草率的赞成、冲动的选择、无用的欲望、失败的回避、有缺陷的目的、百般的挑剔、自我的轻视或妒忌……他集中了自己的全部注意力和精力。说到别的事情，他就会仰躺着酣然大睡；他处于完完全全的平静之中。在那里，既没有窃贼盗窃他的意志，也没有暴君统治他的意志"[2]。

这也就是说，无论你遭受了怎样不公不义的对待，如果你把全部注意力和精力集中在你自己身上，那么实际上你就没有遭受不公不义的对待。那么，对那些千千万万的冤假错案还有什么必要去平反昭雪呢？那岂不是去打破受害者的内心平静，弄得他们无法"酣然大睡"吗？

---

1 爱比克泰德著，陈思宇译，《沉思录 II》，第 202—203 页。
2 同上，第 203 页。

节制、理性、量力而为、无欲则刚，这些斯多葛主义美德的核心是自我克制。自我克制是一种在现实条件下对欲望和情绪的调节适应。它的潜在危险是因为把它当作一个原则、一个教条，因而过度地，或在任何情况下都只是强调自我克制，并将它上升为一种无条件的道德原则，甚至是具有普遍性的政治行动模式。这在现实世界里经常被证明是有危险的。

印度的甘地是一位非暴力抵抗者，非暴力是他在政治上的自我节制信条，这在抵抗英国殖民者时曾是成功的政治策略。然而，正如奥威尔所指出的那样，这种忍耐和克制根本无助于对法西斯极权的抗争，忍耐的牺牲换不来极权暴力的怜悯和善心。他写道，"1938年，有人也问过甘地这个问题……甘地认为，德国犹太人应当集体自杀，这样就能'唤醒世界和德国人民注意到希特勒的暴行'"。战后，甘地为自己辩解道："犹太人怎么着都会被杀死，那何不死得壮烈一些呢？"这让听的人"惊得目瞪口呆"。奥威尔说，"1942年，甘地呼吁对日本侵略者实行非暴力抵抗时，他已经做好了牺牲数百万条生命的准备"。[1]这样的非暴力抵抗根本就是自杀，还谈什么抵抗呢？

今天，我们能用自我克制解决恐怖主义的问题吗？忍耐和克制能换来恐怖主义者的怜悯和善心吗？当然，2世纪的罗马哲人爱比克泰德无法预见20世纪和21世纪的新情况，但我们见证了这些新情况，所以我们应该比爱比克泰德对斯多葛式自我克制有更清醒、更周全的认识。这也是为什么我们更加需要从正反两方面再审视斯多葛主义在现今世界里的意义和局限。

1　乔治·奥威尔著，李存捧译，《政治与文学》，译林出版社，2011年，第448、452、453页。

二十一 奥勒留《沉思录》

1. 明君的顺应天道和自我约束

本章将分两个部分介绍奥勒留的斯多葛主义，这一节是第一部分，主要是勾勒奥勒留的斯多葛主义伦理和价值观：理智是人的最高美德、自我节制体现人的自由、君王应自我约束和顺应天道、知错能改是知易行难的高贵行为，还有人生苦短，活在当下，等等。

下一节是第二部分，要谈的是奥勒留斯多葛主义的精神层面。他的斯多葛主义精神观念是在宇宙观中形成的，包含了某种一神或泛神的宗教意识。罗马斯多葛主义的精神层面与在罗马传播的早期基督教有内在的沟通，但奥勒留对基督教怀有偏见与仇恨。为何会如此呢？这是奥勒留残酷迫害基督徒而为后世留下的一个令人困惑的历史问题。

在奥勒留的生存伦理观念中，斯多葛主义的基本信条是人应该理智地生活。人需要不断运用自己的理性才能了解和认识自己，懂得如何在自然中找到自己的位置，如何遵从自然生活。

理性生活对于不同身份和社会地位的人会有截然不同的意义和后果。对于一个平头百姓来说，不能理性地生活顶多不过毁掉他自己和家人的幸福，但对于一个手握国家大权的皇帝来说，偏离或失去理性的后果要严重得多，因为这可能给整个国家的人民带来可怕的灾难。

罗素说，小灾难来自固执，大灾难来自狂热。固执或者狂热都是冲动的情绪，这话放在奥勒留这样的罗马皇帝身上一定比放在奴隶出身的草民爱比克泰德身上更有分量。

理性是制约过度情绪的力量。倡导理性并不是为理性而理性，而是因为理性能帮助人类尽可能避免因固执、狂热或其他激情而造成的大小灾难。然而，灾难也可能是由"理性"（表现为某种伟大的"教义"等）所造成的。但是，在这些"理性"背后起作用的其实同样是骄傲、自大、狂妄、控制欲和权力欲（其实是一种贪婪）这类激情或欲望，理性不过为这些激情和欲望提供了方便的理由和借口而已。

所以，说到底，一个君王能否自我约束，在做每一件小事时能否告诫自己要谨慎行事，不要狂妄自大，便有了特别重要的意义。我们阅读奥勒留的《沉思录》时，对他的理性能力和运用理性的决心也就有了格外的敬意。

马可·奥勒留在位近 20 年，这是一个战乱不断、灾难频繁的时期，洪水、地震、瘟疫，加上与东方安息人（Arsacid）的战争，来自北方的异族在多瑙河流域的进逼，以及内部的叛乱，使罗马人口锐减，贫困程度加深，经济日益衰落。即使马可·奥勒留以其坚定的意志、高尚的精神和智慧，"夙兴夜寐地工作，也不能阻挡古罗马帝国的颓势。在他统治的大部分时间里，尤其是后 10 年，他很少待在罗马，而是在帝国的边疆或行省的军营里度过"。[1]《沉思录》是一部他写给自己看的备忘录和日记，大部分是在鞍马劳

1　马可·奥勒留著，何怀宏译，《沉思录》，译者前言，生活·读书·新知三联书店，2002 年，第 2 页。

顿中写成。用法国古代历史学者皮耶·哈多特的话说,这些日记是奥勒留在重大的日常压力下保持自己心智健康和头脑清醒的"精神锻炼"。[1]

今天,我们把这些日记中的思想当作"哲学"来阅读,一定不要忘记它原来的实际作用,正如《沉思录》最新英文版翻译者格雷戈里·海斯所说,"哲学也具有更实际的意义。它不仅是写作或争论的主题,而且有望提供一种'生活设计',一套赖以生存的规则。古代宗教没法满足这一需要,因为古代宗教将(崇拜)仪式凌驾于(宗教)学说之上,几乎没有提供道德和伦理指导。也没有人期望它能这么做。而道德和伦理指导就是哲学的目的"。[2]

奥勒留《沉思录》是一种"精神锻炼",也是为他自己而不是为别人所做的一种"生活设计",更不是他对国家人民的最高指示。这个有限的目的,反倒使得《沉思录》更别具一格,值得我们重视。作为一位皇帝,奥勒留的行为不是受权力平衡、监督或组织纪律这样的机制制约的,而是受他在内心感受到的顺应天道和自我约束影响,古往今来,这样的君主真是太凤毛麟角了。

在奥勒留那里,君王顺应天道就是与自然的秩序保持一致。这显出他的斯多葛主义底色。斯多葛主义认为,人不分种族、身份的贵贱,都天生享有作为人的平等。现代的普遍人权观念也是建立在类似的自然秩序观念之上。今天,顺应天道的统治者不能草菅人命,不能残民以逞、作威作福,不能随意剥夺国民的财产和基本权利,否则就是逆天道,行暴政。今天,我们对"天道"有了与罗马时代斯多葛主义者不同的观念表述,我们称之为人类普遍价值或人权,

---

1　Pierre Hadot, *Philosophy as a Way of Life: Spiritual Exercises from Socrates to Foucault*, ed. Arnold I. Davidson and trans. Michael Chase, Massachusetts: Blackwell, 1995, 81.

2　Gregory Hays, introduction to Marcus Aurelius, *Meditations: A New Translation*, trans. Gregory Hays, New York: the Modern Library, 2002, https://vreeman.com/meditations/#introduction.

而在斯多葛主义那里，那被称为"罗格斯"（logos）。

罗马斯多葛学说与同时期的伊壁鸠鲁学说不同，它并不把宇宙视为一团随机混乱运动的物质，而将其当作一个井然有序的和谐整体。重大的事情皆由天命（命运）决定，并且还潜藏着一种根本的理性——"罗格斯"。尽管表面看来情况相反，但世界总是照它应然的样子，由一个目的明确的造物主引导，这位造物主也赋予宇宙以意义。即使我们还不能够直接辨别其意义，宇宙总是合乎理性的，人类是这个有秩序领域的一部分。这就要求将个人本性与整体自然保持和谐，而达到这一目标的途径就是德行。通过合乎德行的生活，人即可让自己的人生井然有序，并与世界秩序保持一致，而人的幸福也就产生于此。

奥勒留在《沉思录》中说："所有的事物都是相互联结的，这一纽带是神圣的，几乎没有一个事物与任一别的事物没有联系。因为事物都是合作的，它们结合起来形成同一宇宙（秩序）。因为，有一个由所有事物组成的宇宙，有一个遍及所有事物的神，有一个实体，一种法，一个对所有有理智的动物都是共同的理性，一个真理，如果也确实有一种所有来自同一根源，分享着同一理性动物的尽善尽美的话。"[1]

奥勒留在《沉思录》里不断重复宇宙万物一体的观念，这其实也是一种最广大意义上的博爱观念。他说，"经常考虑宇宙中所有事物的联系和它们的相互关系。因为所有事物以某种方式都互相牵涉着，因而所有事物在这种情况下都是亲密的，因为一事物依次在另一事物之后出现，这是由主动的运动和相互的协作以及实体的统一性造成的"。他还说，"而每一存在都应当做合乎它的结构的事情，所有别的事物都是为了理性存在物而被构成的，在无理性的事物中

1　马可·奥勒留著，何怀宏译，《沉思录》，第77页。

低等事物是为了高等事物而存在的，但理性动物是彼此为了对方而存在的"。人这种理性动物是彼此为了对方而存在的，人存在的首要原则就是友爱的原则，每个人都要对自己的同类友好，意识到他们是来自同一根源，趋向同一目标，都要做出有益社会的行为。这里所说的理性主要不只是对自然事物的理性认识，而且是理性的道德实践。因此，理性和德性是互相联系的："试着如何使善良的人的生活适应于你，即这样的人的生活：他满足于他从整体中得到的一份，满足于他自己的公正行为和仁爱品质。"[1]

奥勒留把理性当作最高的美德，因为美德会以各种方式带来好的东西。好的东西就是人们所知道的有益于自然生活的东西，是可以帮助人们遵照而非逃避良好生活方式的东西。因此，我们可以说，理性对于所有人来说，都是至关重要的。理性是一种自我意识和了解自己所需要的内在知识能力，也是一种守护自我意识和内在知识的原则。

这也就是说，理性人的自我知识和自我反思都产生于理性。如果一个人不了解自我，不了解自己的内在存在，就没有机会把握好自己的生活。由于理性是认识自我并控制自我的必要条件，因此理性成为最大的美德。奥勒留是一个典型的斯多葛主义者，他反复强调，理性是最有价值的美德，因为它为人们提供了一个工具，让人能实现内心自给自足的生活，是人的意识和自我控制的可靠根源。

奥勒留说，他懂得了意志的自由和目标的坚定不移；懂得了在任何时候都要依赖理性，而不依赖任何别的东西。无论是设定目标，还是运用行动的自由，都必须基于对事物的理性认识和判断。对于国家的统治者来说，其重要性是显而易见的，但说起来容易，做起来难。在大权在握，无人敢表达不同意见的政治环境里，位于一尊

1　马可·奥勒留著，何怀宏译，《沉思录》，第68—69、85—86、35页。

的统治者拍脑袋做决定，闯下祸来死不认错，不必担负责任，丧失理性反倒被吹捧为高瞻远瞩、天才英明。这不符合奥勒留对理性的理解，因为理性的一个重要部分就是"摆脱错误和欺骗"。[1] 理性不仅需要尽量避免错误，而且更重要的是犯了错误能承认错误，知错能改。

知错就改是一件不容拖延，必须及时做到的事情。改正错误应该时不我待、当行则行、只争朝夕，这是因为，"我们不仅应当考虑到我们的生命每日每时都在耗费，剩下的部分越来越少，而且应当考虑另一件事情，即如果一个人竟然活得久些，也没有多大把握说理解力还能继续足以使他领悟事物，还能保持那种努力获得有关神和人的知识和思考能力"。人的身体会衰老，头脑也会"堕入老年性昏聩"，"所以我们必须抓紧时间，这不仅是因为我们在一天天地接近死亡，而且因为对事物的观照和理解力将先行消失"。[2]

不断用死亡意识提醒自己当下的责任，这是斯多葛伦理的一个重要部分，奥勒留说，人应该"在生活中不受死的诱惑也不逃避死亡，对于他的灵魂究竟在身体中寄寓多久，他是完全不关心的。因为，即便他必须马上离去，他亦将乐意地离去，就仿佛他要去做别的可以正派和体面地去做的事情一样，他在全部的生命中只关心这一点：即他的思想不要离开那属于一个理智的人、属于一个公民团体的人的一切"。[3] 对他来说，活着就要活出一个公民的样子，死后的事情就不必为之多忧。

法国哲学家和学者厄尼斯特·雷南（Ernest Renan）也正是从奥勒留公民精神的角度来称赞这位罗马帝国的皇帝。他在《奥勒留传》（Marcus Aurelius）中说："我们每个人都在内心里为马可·奥

1　马可·奥勒留著，何怀宏译，《沉思录》，第 86 页。
2　同上，第 18 页。
3　同上，第 23 页。

勒留感到伤痛，就好像他昨天刚刚去世一样……由于他的缘故，我们得以理解那些经历过坏皇帝统治的古老的罗马家族为何依旧能够坚守公正的品格，持守他们的尊严和正义感，保持他们的公民精神以及（如果可以这么说的话）共和主义精神。"

奥勒留把"公民"视为斯多葛主义的理想人格，这与爱比克泰德把"孤独的完人"视为斯多葛主义理想人格是完全不同的。历史学家威廉·华莱士（William Wallace）在《爱比克泰德传》(*Epictetus: Stoic Philosopher*) 中写道，"爱比克泰德既没有祖国也没有家园，既没有土地也没有奴隶。大地就是他的床榻，他没有妻子也没有孩子。天和地，还有身上的破外套就是他的豪宅。他必须忍受鞭打，必须爱鞭打他的人，就像是爱父亲或兄弟一样。他必须一心侍奉神，不受普通人生牵连的羁绊，不被人际关系纠缠。如果做不到这些，他就会丧失一个有德之士的品格……这样一位完人不会对虐待他的人发怒，对误入歧途的兄弟，他有的只是怜悯"。

奥勒留显然不是这样一位无家可归的斯多葛完人，他是罗马的皇帝，也是一个公民。美国历史学家拉塞尔·柯克也把罗马公民精神视为美国建国的根基之一。他写道："就思想高度和军事领导品质而言，马可·奥勒留是柏拉图很多年前试图寻找的那种'引领者'（guardian）。马可·奥勒留的《沉思录》一书属于所有著作中最有亲切感的那种……在很多读者看来，皇帝本人和我们之间好像不存在时间的鸿沟。不过，他的沉思到了现代才得到认可，因为他这本小书直到16世纪才广为人知。自那以后，人们对它的阅读超过所有其他的古代哲学著作，因为它的内容与每一个时代经受磨难的人的处境息息相关。"[1]

奥勒留也许确实是一位好公民，甚至是一个坏时代的好皇帝，

1 拉塞尔·柯克著，张大军译，《美国秩序的根基》，江苏凤凰文艺出版社，2018年，第124页。

然而，他并非一个完美之人。如柯克所说，"他总是宽宥那些最恶劣的背信弃义行为。由于同情，他容忍了放荡的卢西乌斯·维鲁斯，也没能约束自己的儿子康茂德的残暴行径"。他活着的时候，法律确实被有效执行，许多恶行被抑制。"尽管如此，它也是道德破产的时代"，他改变不了帝国的制度性腐败，也改变不了"托付给他管理的几百万民众的败坏和愚蠢"。[1]

奥勒留的悲剧性在于他统治的只是一个回光返照的败落帝国，斯多葛哲学在他那个时代实际上起不到匡时济世的作用，更糟糕的是，他的斯多葛哲学还让他犯下了人生中最大的错误，那就是对基督教的严酷迫害。

2. 国家宗教和宗教迫害

上一节大致勾勒了奥勒留斯多葛主义的理性生存伦理，这一节就来谈谈奥勒留斯多葛主义中的精神观念和宇宙观，以及相关的宗教意识和国家主义。

奥勒留的宗教意识和国家主义构成了他迫害无辜基督教信徒的意识形态，也就是他心目中的宗教和政治真理。虽然他并不是第一个迫害基督教徒的皇帝，但由于他是一位"哲学家"，所以成为罗马历史上第一个能凭借"真理"力量，理直气壮地迫害宗教良心犯和思想犯的皇帝。

罗马很少有皇帝拥有奥勒留那样的学识和道德修养。他对至高无上的权力和富丽堂皇的排场没什么兴趣，他当皇帝只是因为命运的安排和为国家服务的热忱，与宫廷斗争或权术诡计没有关系。他

1　拉塞尔·柯克著，张大军译，《美国秩序的根基》，第 125、128 页。

热爱正义，当皇帝没有薪水，他用自己的财富养活自己和为他服务的宫廷家臣。在一个罗马人沉溺于享受的时代，他是一位斯多葛主义的奉行者，恪守节制、克己和要求严格的道德原则。即使是那些讨厌他节俭、克己的生活方式的人也因他正派的行为而尊敬他。他善待穷人，降低他们的税收，减少以前对他们有压迫性的民事义务。他讨厌罗马人那种在角斗表演中享受残酷快感的大众娱乐，下令减少表演的次数，也降低流血的程度。奥勒留具有非凡的文学才华，但绝无以此炫耀的念想，他还写下了明智而精妙的《沉思录》。

奥勒留的所有这些优点很容易让人们忘记或无视一个历史事实，那就是，他也是一位迫害基督徒的皇帝。在他的统治期间，罗马有了正规意义上的"宗教迫害"。罗马以前就曾发生过残害基督徒的事情：公元64年，罗马大火，暴君尼禄将此嫁祸于基督徒，用各种残酷至极的手段杀死他们。那是残害，不是迫害。真正意义上的迫害是以某种政治理念、哲学原则和意识形态为依据，对某些异己的阶级、种族、信仰群体进行的系统残害。

暴君尼禄残杀基督徒，是他自己下的命令，而奥勒留时代的宗教迫害、残害和残杀基督徒，无须皇帝亲自下命令。因此，我们看到了罗马史研究的一个特别现象：虽然人们都承认奥勒留统治时期罗马有宗教迫害，但对奥勒留本人在其中的责任，甚至对他是"迫害"还是"保护"基督徒，争论不断，莫衷一是。

公元4世纪基督教历史学家优西比乌（Eusebius，约260—339）在他的《教会史》（*Ecclesiastical History*）的一封信里，记录了奥勒留统治时期发生在罗马高卢（今法国里昂）的大规模迫害基督徒事件。当地的许多基督徒都是从亚细亚来的希腊人，公元177年，高卢地区爆发迫害基督徒的暴力事件之前，基督徒就已经被禁止进入市场、广场、澡堂，或在其他公共场所露面。基督徒只要在公众场合露面，就会遭到暴民的嘲笑、殴打、抢劫，他们被石头砸，房屋遭到破坏。然而，真正揭示这种宗教迫害本质的是这样的描述："基督徒被卫戍区司令（chiliarch）和当局派来的人员带到广场上，当着人群的面被公共审问，招认之后，被投入监狱，等总督前来（执行）"（*Ecclesiastical History*，V，1—8）。

我们看到的是从公审裁决、认罪招供、定罪判决，再到由权威长官执行法律判决的完整法律程序，这与 20 世纪 30 年代苏联斯大林时代大清洗的"公审"相似。而这和暴君独自做出杀人的决定是完全不同的。奥勒留时期"法治"的公审、判决、执行等过程使得宗教残害和迫害具有一种以前暴君杀人所没有的正当性和合法性。由于宗教迫害有了一套"法理依据"（公开的理由、原则和与之一致的意识形态），它成为"公正"的"依法办事"，这样的残害和杀戮不再需要皇帝亲自发布的命令。法律将皇帝与血腥的杀戮安全地隔离开来。

奥勒留皇帝的斯多葛道德操守有口皆碑，有不少历史学家以此为理由淡化他的宗教迫害，他们认为，奥勒留这样的正人君子不可能做出如此邪恶的事情。他们的主要理由有两条，第一条是优西比乌的历史记载不可靠，第二条是奥勒留于公元 161 年曾经给罗马亚细亚各省发去一份颁布命令的信。他在信里说："除非基督徒破坏罗马的统治，否则不要骚扰他们。如果只是因为基督教信仰而起诉他们，即便已经定罪，也应释放。"[1] 也就是说，只能以危害罗马的罪名，而不是信仰本身的罪名给基督徒定罪。

这封信其实并不能证明奥勒留不敌视基督教，而只能证明他对基督徒的处置是有原则的，那就是，必须以正当的理由——危害罗马——对待基督徒。以正当的理由给基督教定罪和惩罚，这使得奥勒留时代的宗教迫害成为一种真正意义上的国家迫害。只要把基

---

[1] 转引自 "Marcus Aurelius and the Christians", How to be a Stoic, March 28, 2017, https://howtobeastoic.wordpress.com/2017/03/28/marcus-aurelius-and-the-christians/.

督徒确定为打击的目标，给他们定什么名义的罪不过是技术性的问题。以什么罪名定罪本来就是一个政治决定，当权者不喜欢的人，可以用各色罪名予其定罪。把基督徒先抓起来，再用"适当"的罪名（淫乱、对罗马不忠诚、藐视权威等）给他们定罪，这是奥勒留时代宗教迫害的新创举和新发展。

尽管有不少人为奥勒留所做的事情辩白和开脱，不能改变的事实是，在他统治期间，并在他的亲自过问下，费利西塔斯（Felicitas）、贾斯汀（Justin）、波利卡普（Polycarp）和成千上万不知名的基督徒被严刑拷打致死，大批基督徒成为无辜被害的良心犯和思想犯。

奥勒留是一个正派的历史人物，本来有着几乎无懈可击的人品记录，为什么他会让残酷的宗教迫害玷污自己的双手呢？一个如此开明的皇帝为什么会在宗教信仰问题上如此不宽容呢？这让后世的人们看到，即便在"明君"统治下，也会出现宗教迫害。在奥勒留之后，也有这样的事情在发生。

奥勒留是一个"有原则"的基督徒憎恨者，他的宗教迫害是一个有代表性的案例，这让我们看到，作恶的起因是一个统治者自以为是正确的原则，而不一定是他的凶残或野蛮。奥勒留确实相信自己在做一件正确的事情，是为了实现某个高尚目标而采取必要的正义行动。这里面有他自己的宗教情绪，也有他的政治理想。他对基督徒所实行的灭绝政策是以他认为绝对正确的道德和意识形态为基础的。在宗教迫害仍然在延续的今天，奥勒留这位哲学家皇帝——一位人道主义者和社会改革者，同时也是一位宗教迫害者——也就更值得我们重视了。

奥勒留迫害基督教信徒的"原则性"原因主要有两个：第一，奥勒留本人的斯多葛泛神论神学与基督教信仰有冲突；第二，他的国家主义政治观与基督教的个人主义相抵牾。这两个原则集中在关于"个体人"观念的两个方面：个体人与神的关系和个体人与国家的关系。

第一，奥勒留认为，人对神应该有一种理性的虔诚，而不是基督教的那种狂热、无知的信仰。奥勒留崇尚的是斯多葛主义里带有神秘主义色彩的"神圣精神"。这种体现为"大自然生命力"的"神圣精神"渗透于天地万物之中，产生了某种完美的同质性，包括人性完美。奥勒留说："所有的事物都是相互联结的，这一纽带是神圣的，几乎没有一个事物与任一别的事物没有联系。因为事物都是合作的，它们结合起来形成同一宇宙（秩序）。因为，有一个由所有事物组成的宇宙，有一个遍及所有事物的神，有一个实体，一种法，一个对所有有理智的动物都是共同的理性，一个真理，如果也确实有一种所有来自同一根源，分享同一理性动物的尽善尽美的话。"[1] 尽善尽美的"神圣精神"保证了人性本善，人可以依靠自己的"内心之神"，也就是"理性"，得到解救。

在人性认识的问题上，斯多葛主义与基督教之间有根本的冲突，前者相信人性为善，后者相信人生而有罪。基督教认为，人天生就是有罪的，人自己没有可以自我解救的"内心之神"。人的解救依靠的不是"内心之神"，而是"外在之神"（基督）。只有基督才能为有罪的人类赎罪，没有耶稣基督，人类不可能获得解救。

基督教的这一根本观念被视为完全与斯多葛主义背道而驰。斯多葛主义主张人为自己的行为负责，即便是神也不能改变这个。既然耶稣基督能为人类赎罪，那么人还能说他的内心是道德自足吗？因此，奥勒留认为，救世主的观念是有害的，它侵入了人内心的堡垒，成为人在良心和道德发展道路上的障碍。他说，希望由外力（耶稣基督）来救赎自己乃是一种"激情"，是一个"被支配"的状态，他说，"记住：你的支配部分是不可征服的……那摆脱了激情

---

[1] 马可·奥勒留著，何怀宏译，《沉思录》，第77页。

的心灵就是一座堡垒，因为人再没有什么比这更安全的地方可以使他得到庇护……而不知道这一点的人就是一个无知的人，知道这一点却不飞向这一庇护所的人则是不幸的人"。[1]

既然奥勒留认为相信基督教不是正当的信仰，是"无知""非理性""被外力支配"的结果，那么，打击基督教便是对基督徒的一种解放，如果他们拒绝这种解放，那么就必须强迫他们，甚至动用暴力对他们进行严酷的惩罚。这是斯多葛主义者奥勒留排斥、仇视和残酷对待基督教的根本神学理由。

第二，除了斯多葛泛神论神学之外，奥勒留还有一个反对基督教的政治理由，即基督教所坚持的那种神与个人的关系决定了基督徒强烈的个人意识和个体观，这样的个人意识和个体观与罗马传统的个人融入集体的公共群体观念是有根本冲突的。

奥勒留认为，对国家的责任是每个公民的最高个人义务。每个罗马人都是罗马国家的一部分，就像一棵大树上的每一根枝条或树叶都是树的一部分一样。他说："从邻枝上切下的一根枝条必定也是从整个树上切下的，所以，一个人若同另一个人分离，他也是同整个社会分离。对于枝条来说，还是另外的东西切下了它，而一个人却是通过自己的行为使他同他的邻人分离——当他憎恨别人和不睬别人的时候。他不知道他同时也使自己与整个社会体系分开了。但他还是拥有一种肯定来自创造社会的宙斯的特权，因为逐渐地再回到那接近于我们的，再变成有助于合成整体的一个部分，这是在我们的力量范围之内。然而，如果这种分离时常发生，对于那分离者来说，被带到统一，回到它先前的状态就要困难了。最后，那最初与树一起生长，迄今一直与树共享一个生命的枝条，并不像那先切下来然后再嫁接上去的枝条，因为后者正像园丁所说，当它与树

---

1 马可·奥勒留著，何怀宏译，《沉思录》，第103页。

的其余部分一起生长时，它并不拥有和树同样的心灵。"[1]

　　大树是一个来自自然的比喻，在奥勒留看来，国家是自然界秩序在地球上的最高体现。违反国家法令及其既定传统是对自然的侵犯，因此是一种"道德叛国"的行为。他认为宗教是国家生活的重要组成部分，唯一有效的、值得存在的宗教是国家的宗教，国家的集体智慧始终高于个人判断力，个人的行为必须对国家负责。

　　基督教的个人观恰恰是与这种国家主义针锋相对的。基督教相信个人的行为只对神这个创造主负责，个人的行为可以正当地与集体意志保持距离，个人良知可以对集体意志保留其独立的想法。城邦政治越衰落，个人的意识就会变得越明确、越强烈。这种情况在苏格拉底的时代就已经发生。苏格拉底的独立思考体现的就是他的个体意识，他被判处死刑就是他的个体意识与城邦群体冲突的一个结果。奥勒留时代的罗马群体已经不再具有共和时代的那种凝聚力，这是基督教能够在普通人中间传播的社会政治条件。但是，奥勒留认为，基督教的个体主义是与他坚持的国家哲学相违背的。在他看来，基督教是一种披着宗教外衣的无政府主义和对国家政治的颠覆，为了国家和所有人的利益，必须铲除宁死也不肯放弃这种观念的基督徒们。

　　除了上述两个原因，奥勒留进行宗教迫害的另一个原因是他受到顾问和谋士的影响。为奥勒留宗教迫害辩解者经常强调这个原因。奥勒留确实受到顾问和谋士的影响，但是，如果过分强调，或者只是强调这种影响，就会造成奥勒留"误听谗言"的错误印象，因为这不符合他自己对理性思考的高度强调。倘若他这么容易被他人误导，还能算一个理性之人吗？

　　奥勒留是在早期基督教传播的一个半世纪后开始其统治的。从

1　马可·奥勒留著，何怀宏译，《沉思录》，第142—143页。

161 年至 180 年，在他统治的将近 20 年里，他忙于处理国家事务，一直在异教的罗马传统中思考和行事，可能很少有时间或机会客观地研究基督教这种外来宗教的影响。他对基督教的认识并不比普通罗马异教徒习惯性的偏见高明多少。

异教徒和基督徒之间的紧张关系是我们了解 2 至 3 世纪罗马社会的一个重要方面。下一节就来谈一谈这个时期罗马异教徒对基督徒的习惯性偏见，以及基督徒们自己应该对这种偏见负有怎样的责任，因为他们并不只是罗马宗教迫害的被动受害者，他们以自己的特殊方式，参与并推动了晚期罗马帝国的社会变化。

3. 自奥勒留时代的罗马宗教文化变迁

从奥勒留于 161 年登基（180 年去世），到 313 年罗马皇帝君士坦丁（Constantinus，306—337 年在位）颁布"米兰赦令"结束对基督徒的迫害，中间差不多有 150 年。在此期间，罗马多神教与基督教的信徒之间一直处于对立状态，自奥勒留当政之后，罗马间歇性地发生一波又一波迫害基督徒的风暴。与此同时，异教和基督教各自发生了重要的变化，在彼此力量的消长中，基督教最后胜出。

这二者的冲突经常被称为"异教"与"基督教"信徒之间的信仰对立。对此，有两点需要澄清。

第一，所谓"异教"（pāgānus）指的是罗马多神教，然而，"异教"是公元 4 世纪才有的说法。Pāgānus 原来的意思是"农村""质朴"，后来引申为"平民"。早期基督徒用这个说法指称罗马帝国中的希腊—罗马多神教信奉者。异教的"异"是相对基督教而言的，但也因为异教徒相对来说位于农村和偏远省份，而那时候的基督徒大多集中在罗马的一些大城市里。

　　第二，基督教与异教的对立并不只体现在信什么神的差别上。在对"最高神"和"诸神"的认知上，这两种宗教甚至没有本质不同（例如，异教有不可知、不可名的"最高神"，同基督教的"上帝"；异教的"诸神"可以理解为基督教的"天使"）。至于"耶稣"是神还是人，这在初期基督教内部就有争议，而它渐渐成为基督教与异教的宗教争论点，那是后来的事情。

　　在罗马帝国时代，异教与基督教的根本差别反倒是政治和社会性质上的，上一节讨论奥勒留反基督教观念的两个原则时已经说过，这两个原则集中在关于"个体人"观念的两个方面：个体人与神的关系和他与国家的关系。

　　2 至 3 世纪末，罗马异教徒与基督教徒的关系即便在没有直接冲突的时候，也从未和谐过。然而，这个关系也是在变化的，大致经历了三个时期。

　　第一个时期是 2 至 3 世纪初，这时候的基督教还只是多种东方神秘教派中的一种，基督教也是犹太教所排斥的一个异端派别。罗马异教徒对其他宗教一般都持相对宽容的态度，受过良好教育的异教徒也才刚刚以不同的态度注意到基督教。小普林尼视基督教徒为其行政管理的麻烦，他们固执、好斗，教派内又有教派，经常在教派内部，或与犹太教徒发生宗教纠纷。

　　罗马作家琉善和名医盖伦对基督教徒的教徒心理（狂热、盲信和为信仰视死如归）感到好奇不解，认为他们非蠢即愚。希腊斯多葛主义哲学家科尔苏斯（Celsus）对基督教直接提出批评，他的生平不详，唯一所知的就是他生活在奥勒留时代，因此可能活跃于 170 至 180 年间。他著有驳斥基督教的著作《真言》（*The True Word*）。《真言》分为两个部分：一部分是以犹太人的身份所写，用犹太教驳斥基督教；另一部分是用他自己的异教哲学家语气所写。他在《真言》里批评基督徒的非理性狂热和盲信，认为那是一种野蛮迷信，这也是奥勒留反对基督教的一个主要理由。罗马哲学家将"理性信念"（logismos）和"信仰"（pistis）予以区分，认为基督教的信仰是一种不顾理性的"盲信"。后来基督教教父神学的一项主要努力就是对抗和扭转这种异教观念。

《真言》问世约 60 年后，作为早期基督教希腊教父之一的俄利根（Origen, 约 184—253）写了《驳科尔苏斯》（*Against Celsus*，它成为我们今天了解《真言》原文的唯一来源），也标志着基督教进入一个被相对宽容对待，并朝更理性的教义方向发展的新时期。

第二个时期是从 203 年，即年轻的俄利根开始在亚历山大城任教时开始，至 248 年左右，也就是年老的俄利根完成《驳科尔苏斯》的时候，所以这个时期可以被称为基督教教会史的"俄利根时期"。在这一时期，由于不断的战争、自然灾害和瘟疫，罗马人遭遇越来越多的生存苦难和无助，主张济世渡苦、来世救赎的基督教吸引了广大绝望人群，基督徒人数大增。基督教不只在无知的平民中，而且也在有知识的阶层中迅速扩大影响。据估计，150 年，基督徒人数只有 4 万，奥勒留时期的基督徒只占罗马人口 1%；200 年，基督徒人数已达 21 万 8 千人；250 年，这一人数达到 117 万。这个数字当然不很精确，但从中可以看到其增长的速度和规模。

这个时期很少发生迫害基督徒的事件。由于有在知识阶层中发展教众的需要，基督教教父与异教哲学家进行积极的知识平等的对话，基督教的"野蛮信仰"形象有了相当的改善，在这个对话中起关键作用的是新柏拉图主义（Neo-Platonism）。由于这样的对话，基督教被吸收到罗马的体制文化之中，与罗马异教和平相处，其表现之一就是对耶稣的看法——异教徒把耶稣看成一位对罗马无害的"犹太人哲学国王"。

在俄利根之前，基督教神学家、早期教父，亚历山大学派的代表人物革利免（Titus Flavius Clemens, 约 150—约 215）就认识到，基督教不应该只是诉诸无知者的盲信，而且要通过吸纳希腊哲学和科学，吸引知识阶层人士。他把希腊的许多元素与圣经元素混合在一起，大量引用斯多葛主义原著，并把基督教介绍进哲学。他主张基督教必须使用新柏拉图主义，同时又要克服它。这个工作在亚历山大学派，尤其是俄利根那里完成了，基督教被提高到最高教育的状态。俄利根比革利免更严肃看待基督教的来源，那就是圣经著作和基督教会的指导与宣讲。

俄利根是这个时期最重要的基督教神学家，他先后在亚历山大城和该撒利亚城主持基督教教理学校，一生致力于校勘希腊文《旧约》和注释《圣经》。他认为上帝的创造既自由又受制于必然性，既超乎万物之上又具有内在能动性。上帝与宇宙相互需要与依赖。他还认为，信徒应坚信基督教的基本教义信条，但又可自由探索。他对《旧约》的"寓意释经"是圣经研究最重要的开创之一，我们在第三册谈到中世纪思想家迈蒙尼德（Moses ben Maimon，1135—1204）的《迷途指津》（*The Guide of the Perplexed*）时，还会对此有专门的讨论。可惜俄利根的理性主义神学观点在 4 世纪时遭到基督教会的强烈反对，在 6 世纪时被指责为异端。但他一直是希腊神学史上最有影响的教父，其神学建树帮助基督教成为一个有教义（教理）的宗教，把"思"与"信"结合起来，经得起哲学分析的考验和问理的检测。

第三个时期是从 248 至 313 年，以 313 年皇帝君士坦丁颁布"米兰赦令"为终点，从此基督教在罗马也就进入了一个全新的时代。第三个时期与第二个时期完全不同，基督教影响的扩大被视为对罗马统治的威胁。皇帝德西乌斯（Decius，249—251 年在位）决定除灭基督教并恢复国教。他曾说，他宁愿容忍一个在罗马与他对抗的皇帝，也不愿容忍一个基督教的主教。250 年，他下令系统地消灭基督教。他命令每一位公民都要到神庙向诸神献祭，然后取得一张由政府发出的证明文件。任何公民若没有携带这份文件在身，一经查实，便会立即被政府拘禁；他们可以在政府特别委任的委员会中补行献祭，从而补领该份文件。拒绝献祭的人，便立刻被判死刑。他本想用杀害基督教会领袖的方式彻底解决基督教的问题——罗马、耶路撒冷及安提阿的主教均遭杀害——但因为他在同哥特人作战的阿伯里图斯战役（Battle Of Abrittus，251）中阵亡而未实现。

在皇帝戴克里先（Diocletian，284—305年在位）和伽列里乌斯（Galerius，戴克里先的女婿，305—311年在位）统治期间，对基督徒的迫害达到高潮。皇帝戴克里先于303年开始大规模的宗教迫害——摧毁教会、收缴《圣经》和屠杀教士。罗马皇帝一直使用"第一公民"而不是"皇帝"的称谓，但戴克里先彻底终结了这种制度。从戴克里先起，独裁者正式称为皇帝，而不再是第一公民。而且他仿效东方的波斯，把皇帝神圣化。他制定了一系列严格的礼仪，包括对皇帝像对神一样跪拜，这加剧了基督教徒的反感和对抗。然而，接连的大规模迫害造成了大量基督教徒的变节，但也更坚定了核心信众的信仰（他们是被罗马当局视为"罪犯"的）。

在戴克里先成为皇帝之前，罗马也曾有过一段基督徒迫害停息的时候（251—284），这时候基督教的信众人数大增，影响扩大。也正是在这个时候，罗马哲学家波菲利（Porphyry，约234—约305）发表了他的《反对基督徒》（Against the Christians），在异教徒中影响极大。他在书里表达了对基督教影响力的忧虑和害怕，但并没有主张迫害基督徒。他反倒是可怜那些无知的基督徒，他们受到愚弄，因为遵从教会的教义而受到罗马当局的"不人道惩罚"（fr. 36.9）。这部反基督教的著作在基督教合法化之后被君士坦丁大帝列为禁书。

君士坦丁大帝对基督教合法化后的发展提供了重要帮助，他召开尼西亚宗教会议，帮助基督教确立了官方信条，统一了基督信仰，三位一体的理论就是在此时诞生。虽然君士坦丁对基督教帮助颇大，但是他并没有将基督教定为国教。他在位时，一直同时扶助基督教和其他宗教，并没有明显的偏向。直到 380 年，另一位罗马皇帝狄奥多西一世（Theodosius I，379—395 年在位）才将基督教定为国教，并随即开始禁止其他宗教。他是最后一位统治过环地中海全境的罗马皇帝。此后罗马疆域按照其遗嘱被两位继承者一分为二，并且直到西罗马帝国灭亡前都没有再被重新整合。

基督教在罗马刚被合法化之后，地位并不稳固，一个著名的例子就是皇帝尤利安（361—363 年在位）的"叛教"。由于对希腊哲学的热爱，他赢得了哲学家尤利安（Julian the Philosopher）的称号。他出生就受洗，在严格的基督教教育下长大，但后来转向希腊与罗马的传统多神信仰。他师承于新柏拉图主义，崇信神秘仪典，支持宗教自由，反对将基督信仰视为国教，因此被罗马教会称为背教者尤利安（Julian the Apostate）。他是罗马帝国最后一位信仰多神教的皇帝。

罗马异教精英和知识阶层对基督教的看法固然重要，普通罗马人的看法同样不可忽视。所谓的"看法即现实"（perception is reality），在思考能力不强的民间更是如此，异教民众对基督徒的不信任和敌意也是罗马宗教迫害发生的一个主要原因。这种民间的敌意由来已久。1 世纪罗马历史学家塔西佗在《编年史》里就有所提及，一些人"因为作恶多端而受到憎恶，群众则把这些人称为基督徒……这种有害的迷信虽一时受到抑制，但是不仅在犹太……而且在首都本城……再度流行起来"。[1]

罗马异教徒对基督教徒的憎恶和仇恨，经常发展为公开的暴行。奥勒留时期，177 年，罗马高卢地区发生暴乱，若不是当局以法律

1　塔西佗著，王以铸、崔妙因译，《编年史》，第 541 页。

规定的酷刑折磨代替暴民的私刑，所有的基督徒都有可能被活活打死。2 世纪许多地方的宗教迫害都是暴民行凶在先，然后才有当局的动作。小普林尼担任地方长官的时候，收到对基督徒的匿名检举，有一份长长的名单，他将其报给皇帝图拉真。图拉真的答复是不必理睬。即使是皇帝德西乌斯对基督徒的迫害，也是因亚历山大城的暴民风潮引起的。

那么，为什么基督徒在罗马会遭人憎恶和仇视呢？

首先是人性中有一种天生的"杀邻人"的邪恶冲动，这种冲动不需要有理性的理由，因此我们能够给出的所有宗教迫害理由都不是充分的，也不是必然的。拉塞尔·雅各比（Russell Jacoby）在《杀戮欲》一书里谈到了"杀邻人"的邪恶冲动。人类对陌生者有一种天然的不信任和敌意，这是因为人们在陌生人那里感觉到一种莫名的威胁。但是，这样的威胁也可以来自熟人，所以问题是，"如果威胁不是来自陌生人而是来自熟人，陌生人和熟人是否仍然有可能被联系在一起呢？"西格蒙德·弗洛伊德曾讨论过这个问题。他认为，"德语中的'陌生'（unheimlich）和'熟悉'（heimlich）这两个单词表明在二者之间存在着内在联系：令我们害怕的陌生的东西可能是某种诡异的熟悉的东西"。雅各比强调说，"弗洛伊德的研究也许有助于揭示自相残杀暴力的秘密来源。我们之所以憎恨邻居，是因为我们被禁止去爱他们。为什么呢？也许人们之间种种细小的不一致比那些大的不一致激发了更大的仇恨"。弗洛伊德引入了"对细微差别的自恋"（the narcissism of minor difference）这一概念来描绘这种情况，"恰恰是那些在其他方面相似的人们之间的诸种细微差异，激发了他们之间的陌生感和敌意"。[1]

这样的"细微差异"在当事人眼里显得十分巨大，造成双方不

1　拉塞尔·雅各比著，姚建彬译，《杀戮欲：西方文化中的暴力根源》，前言，商务印书馆，2013 年，第 5—6 页。

共戴天的态势，必须以你死我活的方式来解决。一国之内的宗教迫害、阶级斗争、内战，甚至党派或帮派内部的残杀和无情斗争，无不如此。早期的基督教徒都是罗马人，异教徒杀基督徒，是罗马人杀罗马人，是邪恶的"杀邻人"暴行。

当然，除了人性中邪恶的残忍冲动之外，还有一些与初期基督教特征有关的原因。第一，最初的基督徒都是犹太人，而犹太人向来不受外人待见。他们自视为上帝的选民，比其他民族优越，所以不与外人交往，而排斥和敌意从来就是相互作用的，你排斥别人，别人也不会接纳你（后来保罗在外乡人中间传教，改变了这种情况）。

第二，基督徒不去罗马人的神庙，不参加罗马市民的宗教仪式，成为罗马人眼里"不敬神"的"坏家伙"。基督徒比犹太人还不如，犹太人好歹还有自己的民族传统和圣殿，而基督徒连这些都没有，不管是哪个民族的人都可以入基督教，罗马人看不起这样的乌合之众。（早期基督徒在私人家里有自己聚会的场所，"信徒是神的圣殿"，信徒的团体是基督教的中心，圣所或圣殿是次要的。）

第三，也许最重要的是，基督教是一个处于秘密或半秘密状态的教派，在外人眼里显得神神叨叨，鬼鬼祟祟。基督徒以暗号来相互识别，就像今天吉卜赛人或秘密帮派那样。帮派中人也许由此感到一种神秘的亲密感和同志情谊，但在外人眼里便是不正大光明，行事鬼祟，像是在做什么见不得人的事情。如此躲躲藏藏，到底在隐藏什么呢？（早期基督徒后来也越来越公开化了。）

长期以来，罗马人对有着神秘宗教传统的早期基督教有一种根深蒂固的讨厌和排斥，其中有的是出于误解和偏见，但也有部分原因是基督徒有一些基于自己宗教信仰的另类行为。主要是哪些行为呢？其后果又如何呢？

4. 暴君杀戮和明君迫害

　　基督教徒基于其宗教信仰的一些行为在罗马社会里显得非常另类，是许多罗马人讨厌和憎恶基督徒的一个主要原因。例如，罗马皇帝生日的时候，罗马人有焚香祈福的仪式，基督徒拒绝参加。即便无意表示对抗，这也会被视为公然表现不敬和藐视。2 世纪罗马哲学家科尔苏斯曾经批评基督徒"与其他人类隔绝"，在国家有危险的时候，以主张和平为借口，拒绝当兵，甚至拒绝为国家服务。俄利根在《驳科尔苏斯》中为基督徒辩护，说他们为国家祈祷，比当兵更能有保家卫国的作用。这样的辩护是无法说服罗马人的。俄利根还说，基督徒服务教会就是服务罗马国家（俄利根，《驳科尔苏斯》，8.2，8.68—75）。这在罗马人听起来简直就是诡辩，反而让他们对基督徒更不信任，更厌恶。但是，3 世纪初，这种情况已经发生改变，基督徒也参加罗马军队。3 世纪末，皇帝戴克里先甚至认为有必要从军队里清除基督教徒。

　　然而，罗马人讨厌基督教，根本上还是在于基督教的排他性。基督教认为世界上只有一个神灵，那就是《旧约》中的上帝耶和华，其他神灵都是魔鬼冒充的伪神，信仰伪神抛弃正道的人都会受到上帝的惩罚。因此，基督教的教义本身就带有对其他神灵和信仰的否定，所以基督教传播到哪儿，哪儿就会引起宗教骚动。

　　罗马人最不能忍受的是，基督教禁止偶像崇拜，在基督徒的眼里，罗马人祭祀崇拜自己的皇帝和祖先也是滔天大罪。罗马人是个骄傲的民族，他们会觉得，基督教这是明目张胆地在挑事。罗马人认为自己对其他宗教是挺宽容的，你信什么教都可以。可是，基督教反倒教训起罗马人来了。罗马人的宗教就是他们的政治，基督教指责罗马人宗教崇拜的方式，就是干涉和威胁到他们的国家政治和帝国统治。所以，从奥勒留开始，基督教被视为罗马帝国稳定和安全的威胁，不能说是一点道理都没有。

基督徒与皇帝专制权力的对立公开化是不可避免的。第一，基督徒不参加罗马诸神的祭祀，这使得帝国减少了很多从祭祀而来的收入。第二，耶稣说："要爱你的敌人。"所以早期的基督徒反对暴力，也就拒绝服兵役。第三，基督教鼓励人人平等，等于破坏了帝国赖以生存的奴隶制度。第四，基督徒忠于基督胜于罗马，因此他们尊敬主教胜于帝国官员，这也就动摇了帝国统治的根本。第五，基督教比犹太教更令帝国忧心的是，犹太教只限于在本民族内传教，对帝国的影响不大；而基督教在整个帝国中传播，这让罗马无法忍受。

当然，这不等于说罗马人对基督徒的看法全都基于现实表现或真实信息。罗马人对神秘宗教的秘密的入教、仪式和崇拜方式相对陌生，并因陌生而生出恐惧。罗马政府对其他神秘宗教也有因"有违风化"而施以禁令的，公元前186年，罗马政府发布命令严禁酒神巴库斯秘仪的圣餐会，因为这种集会常常是狂醉淫秽、伤风败俗的。这个禁令到了2世纪末则被用于针对基督教的圣餐会，因为有的罗马人相信，基督徒们在这秘密的爱宴中，杀掉并吃掉那些为供奉神而牺牲的幼童，乱搞通奸和亲属相奸。

早期基督教是秘密教会，我们今天对他们的宗教仪式仍然所知甚少。既然是秘密的，罗马人所传说的基督教"爱宴"或"吃婴儿"也就无从证实或证伪，只能是流言了。小普林尼调查过这种事情，他在报告中说，就是在严刑拷打下，也没有得到过任何这方面的真凭实据。反对基督教的异教哲学家科尔苏斯和波菲利都以理性著称，他们从来不提这种道听途说的事情。反倒是对奥勒留很有影响的顾问科尼利厄斯·弗朗托（Cornelius Fronto，约95—约166）经常引述这类民间流言，一直到180年奥勒留去世的时候，不少受过教育的罗马人仍然相信这样的流言。[1]

由于相信了这样的流言，奥勒留很可能把迫害基督教当作是遵循了前任皇帝禁止怪力乱神的做法。他自己并没有去深入地了解基督教，而是听信了他的顾问科尼利厄斯·弗朗托和朱尼乌斯·鲁斯蒂库斯（Junius Rusticus，约100—约170）的建议。

弗朗托是古罗马修辞学家与文学家，以口才出色而闻名，被认为是仅次于西塞罗的演说家之一。他曾在奥勒留和路奇乌斯·维鲁斯（与奥勒留共同统治罗马帝国）身边供职，143年担任执政官。鲁斯提库斯是一位斯多葛哲学家，也是奥勒留的一位老师，奥勒留对他非常尊敬，也非常信任。有的历史学家认为是这两位老师误导了奥勒留，而奥勒留本人不幸把自己对宗教的最终判断权交给了他的宗教"专家"顾问。不管是否确实存在这样的影响，有一点是肯定的：若不是因为奥勒留与他的顾问有相同的斯多葛主义和国家主义观念，想来他也不会接纳他们的宗教政策建议。

所以，说到底，还是奥勒留自己的斯多葛神学和国家主义在他的迫害性宗教政策决定中起了主要的作用。他一心想恢复罗马的美德，这种美德正在急剧下降；他也一心要维持罗马帝国的统一和稳固，而这个帝国危机重重、险象环生。奥勒留的统治时期是罗马的多事之秋，不仅有北方连年不断的战争，还有从165至180年一直没有办法扑灭的安东尼大瘟疫（Antonine Plague）——对于这场瘟疫究竟属于什么疾病，历代学者有各自的解释方式，其中包括天花、鼠疫、流感和霍乱。罗马社会面临着瓦解的危险，所以更需要一种国家宗教来要求罗马人共克时艰，而不是容忍个人主义的宗教削弱国家的稳定和精神团结。正是这种看似值得称赞的统治目的，在奥勒留那里催生了错误的宗教政治专制主义。这在今天仍然是宗教迫

---

1 E.R. Dodds, *Pagan and Christian in an Age of Anxiety: Some Aspects of Religious Experience from Marcus Aurelius to Constantine*, Cambridge: Cambridge University Press, 1965, 112.

害的一个教训。

说起罗马皇帝迫害无辜的基督教徒，许多人首先想到的是暴君尼禄，而不是明君奥勒留。这给我们提出了一些重要的问题，暴君的"杀无辜"与明君的"杀无辜"有什么区别？如果暴君滥杀无辜是出于任性胡为，那么明君自以为"政治正确"，就可以"有原则"地杀害"敌人"吗？暴君"杀无辜"和明君"杀无辜"，哪一个更应该成为今天的教训呢？就算暴君杀戮已经几乎绝迹，但明君迫害仍然在频频发生。任意武断地把一群人非人化或定为异类，然后对他们做出种种惨绝人寰的恶行，这样的事后来仍在发生。

在奥勒留之前的罗马皇帝中，因杀害基督徒而闻名的是暴君尼禄。塔西佗在《编年史》里对此有所记载。罗马大火从 64 年 7 月19 日夜间开始，其规模存在很大争议。根据塔西佗（大火发生时他才 9 岁）的记载，大火蔓延很快，烧了 5 天。按普遍说法，大火是尼禄皇帝为夺取城中富贵人家的财产及嫁祸于基督徒而指令军队放的。不过，按照塔西佗的记载，尼禄皇帝于大火发生时并不在罗马城内，指令放火一说并没有根据，故火灾应是一场意外。不管事后尼禄如何补救，"各种平息神怒的措施，都不能使传到外面去的丑闻平息下去，更不能使人们不相信这次大火是故意放起来的。因此尼禄为了辟谣，便找到了这样一类人作为替身的罪犯，用各种残酷之极的手段惩罚他们，这些人都因作恶多端而受到憎恶，群众则把这些人称为基督徒。他们的创始人基督，在提贝里乌斯当政时期便被皇帝的代理官彭提乌斯·彼拉图斯处死了。这种有害的迷信虽一时受到抑制，但是不仅在犹太，即这一灾害的发源地，而且在首都本城（世界上所有可怕的或可耻的事情都集中在这里，并且十分猖獗）再度流行起来"。[1] 在这里，塔西佗提到耶稣本人被处死的事情，

1　塔西佗著，王以铸、崔妙因译，《编年史》，第 541 页。

是在提比略当皇帝的时候发生的。

塔西佗接着描绘了尼禄残酷处死基督教信徒的场景，他特别指出，有的罗马人因为尼禄太残忍，所以同情和怜悯受难的基督徒。他写道："起初，尼禄把那些自己承认为基督徒的人都逮捕起来。继而根据他们的揭发，又有大量的人被判了罪，这与其说是因为他们放火，不如说是由于他们对人类的憎恨。他们在临死时还遭到讪笑：他们被披上了野兽的皮，然后被狗撕裂而死；或是他们被钉上十字架，而在天黑下来的时候就被点着当作黑夜照明的灯火。尼禄把自己的花园提供出来作为游览之所，他还在他的竞技场举行比赛，他自己则穿着驭者的服装混在人群里或是站在他的马车上。尽管基督徒的罪行完全当得起这种极其残酷的惩罚，但他们依旧引起了人们的怜悯，因为人们觉得他们不是为着国家的利益，而是牺牲于一个人的残暴手段之下的。"[1]

尼禄对基督徒的杀害只是限于罗马城内，但是，奥勒留与尼禄不同，他是在罗马帝国的范围内迫害基督教。而且，他迫害基督徒的方式也与尼禄"一个人的残暴手段"不同。

奥勒留使用的是经由国家法律机器的残暴手段，是一种有"正确观念"支持的宗教迫害，所以更加广泛、更加激烈。尼禄杀害基督徒只是出于寻找替罪羊、转移公众视线的一时需要。他处死基督徒不是因为他们的宗教信仰，而是因为他们犯下了"纵火罪"。但奥勒留不同，他对基督徒的迫害和杀害是政府的一项"反邪教"政策，打击面要广得多，不只是一时的权宜之计，而且可以成为一项既定的国策。如果说在奥勒留时代的宗教迫害还受到这位明君的一些遏制，那么，当罗马不再有这样的明君时，宗教迫害也就更令人发指了。

1　塔西佗著，王以铸、崔妙因译，《编年史》，第541—542页。

203 年春天，一位年轻的北非妇女被罗马士兵羁押于迦太基城（今突尼斯境内）。这位妇女名叫佩尔佩都亚（Vibia Perpetua），年方 22 岁，世家出身，受过良好教育，已婚并育有一子。她被控违反罗马皇帝塞普蒂米乌斯·塞维鲁（Septimius Severus）在前一年颁布的禁止皈依基督教的法令。"当时她还只是一个慕道友，尚未接受洗礼。她和一群同伴，包括她的私人奴隶斐丽西达（Felicitas），就在羁押期间受了洗，正式归入基督教，这群人因此被判处残暴的死刑。"[1]

根据现存文献记载，在 3 月 7 日那一天，"正是塞维鲁为儿子格塔举办生日宴，作为助兴节目，这群被判处死刑的人在迦太基某个小角斗场上成为野兽的食物，在嘲笑着的观众面前，他们被野兽撕咬，被大锤击打，被利剑刺杀。他们的身体就这样成为异教徒取乐的对象"。由塞维鲁所发动的迫害行动，"只是整个罗马帝国范围内开始实行的第一波迫害，其中就包括罗马北非地区的暴力镇压"。[2]

皇帝塞维鲁在儿子生日宴上的杀人取乐恶行，为后来的血腥迫害确立了不祥的先例。250 年，皇帝德西乌斯命令基督徒必须在选定的反悔日放弃自己的信仰，否则将受到地方总督审判。身为基督徒的政府官吏或被罚为奴隶，或被没收家产；最坚定者被处死。至于平民，处境更是悲惨至极。对基督徒的残酷迫害一直持续发生，其顶点则是 303 年皇帝戴克里先的大迫害。他命令摧毁所有的基督教教堂，处死了一批信奉基督教的官员，在各省强迫教会神职人员向罗马神庙献祭，没收教产，销毁经籍，禁止教徒集会，并在军队中清洗和杀害基督教士兵（不放弃信仰即被处死）。305 年，戴克里先被迫退位，才结束了这次规模最大、手段残酷的迫害活动。

1　达林·麦马翁著，施忠连、徐志跃译，《幸福的历史》，上海三联书店，2011 年，第 76 页。

2　同上，第 75、75—76 页。

　　与后来那种丧心病狂的国家迫害相比，奥勒留时代对基督徒的迫害显得相当"文明"和"理性"，而且有"哲学"和"政治理论"的根据，是具有"正当性"的迫害和屠杀。奥勒留当然不必像尼禄那样亲自出现在杀人现场，但按照专制权力"上有所好，下必甚焉"的作恶逻辑，不管皇帝本人愿意不愿意，下面的执行者是一定会干出极其残忍和血腥的事情来的，根据史学家菲利普·沙夫（Philip Schaff）在《基督教教会史》（History of the Christian Church）的描述，奥勒留迫害政策的结果是，"殉道者的尸首，满布街头；那些尸首被肢解后焚烧，余下的骨灰则撒入罗讷（Rhone）河中，以免他们所谓的'神的仇敌'玷污大地。最后，因为屠杀的人累了，所以才有基督徒幸存活了下来"（《基督教教会史》，卷二，第 2 章，第 20 部分）。

　　迫害基督徒的官方行动有不同的形式，据《牛津圣徒词典》（The Oxford Dictionary of the Saints, 2003）的"里昂圣徒"（Martyrs of Lyons）词条的介绍，多种迫害方式包括逮捕基督徒、公开行审。基督徒们被判处各种刑罚：被喂食野兽，施以酷刑和恶劣的生活监禁条件。罗马讲究法律程序，但是法律程序并不能保证公正的审判。为了给基督徒罗织罪名，法庭编造出各种各样的证据，逼迫基督徒的奴隶作证说他们的主人参加了乱伦和自相残杀的活动。宗教迫害不仅造成基督徒的个人灾难，也败坏了罗马人引以为傲的法律制度。

　　既然许多罗马人这么讨厌基督徒，而官方对基督徒的迫害又这么严厉，那么，基督教为什么还是能够存活下来呢？

5. 奥勒留为什么害怕基督教：哲学之外的原因

　　基督教在罗马帝国得以存续的直接原因是皇帝君士坦丁大帝的

政治需要。他于 313 年颁布了"米兰赦令"，确立了基督教在罗马的合法地位，让基督教能够摆脱被迫害的地位，正式能够在帝国里合法传教。这一具体的过程我们在阅读《新约》和介绍基督教早期教会时会有专门讨论。这里要说的是，这个转机是一个历史的偶然。然而，能够让基督教抓住这个偶然机遇的是基督徒们在好几百年间遭受残酷迫害时表现出来的坚定意志和不懈抵抗。爱尔兰历史学家多兹在《焦虑时代的异教徒与基督徒》一书里总结了基督徒在逆境中顽强坚持的四个"心理条件"。

第一，基督教坚持认为只有它信奉的神才是唯一的真神，在一些罗马人眼里的这个基督教"缺点"恰恰成为基督教的力量，希腊—罗马多神教的那种宽容，让迷茫的群众不知如何选择，无所适从。唯有"基督教让一切变得清晰。它把选择的重负从个人的肩上卸下：一个选择，一个不可逆转的选择，通往救赎的道路就此扫清……就像（20 世纪 30 年代）许多人选择共产主义一样"。[1] 对于精神上无所适从的人，基督教提供的确切、唯一的救赎道路无疑要比那些含含糊糊的希腊—罗马诸神清晰得多。

第二，基督教是"对所有人都开放的……它和新柏拉图主义不同，加入者不需要受过教育"。基督徒入教的知识门槛特别低。"2 世纪，甚至 3 世纪，基督教会的主流大军是天下的受苦人（虽然也有许多例外）。"[2] 大部分人信仰宗教，并不是因为其严密的逻辑，而是为了能安慰自己受伤的心灵，让自己的生活充满希望。

第三，早期基督教存在于一个充满灾难、人贱如蝼蚁的时代。与其他宗教相比，基督教的"大棒和胡萝卜都更大"。成为基督徒，遵守教规就上天堂；不是基督徒，不守教规就下地狱。基督教为每

---

1   Dodds, *Pagan and Christian in an Age of Anxiety*, 133-134.

2   Ibid, 134.

一个信徒带来了他渴望的灵魂救赎。[1]基督教是为绝大多数人寻找简单生活道德准则而创造出来的，为的就是让他们明白无误地知道什么行为会有怎样的后果。

第四，基督教把幸福的希望寄托于来世，而在多苦多难的现世，基督徒四海之内皆兄弟，"教会保证了基本的社会安全：照顾孤儿寡母、老人、无业的和残疾的人们，为穷人死后下葬，在瘟疫时照顾患者"。基督教给所有孤独无助的苦人所渴求的归属感。[2]2至3世纪是罗马帝国的灾难高发时期，战祸、地震、瘟疫和其他天灾不断发生，人们需要有宗教来关注他们的痛苦、抚慰他们的苦楚、治疗他们的疾苦。

基督教能在罗马成功地发挥其在灵魂、人心和精神上的感召作用，是因为罗马异教的神高高在上，对"受苦人"和"人受苦"漠视又不关心，异教与人类心灵缺乏沟通，是道德单薄的宗教。对这样的神，人们还如何能诉苦、祈求，表达内心的祈望？而在被称为罗马国教的斯多葛主义那里，"神"只是那个默默无言的"命运"，只是"世界灵魂""理性"，"火"和"气"，人不能与神沟通，不能与神问答，神不给人任何许诺，人无从期待任何救赎，不得不独自默默承受一切发生在他身上的不幸和苦难。

孟德斯鸠在《论罗马人的宗教政策》（*Dissertation sur la politique des Romains dans la Religion* ）、吉本（Edward Gibbon，1737—1794）在《罗马帝国衰亡史》中都指出，"罗马政治家炮制宗教观念、伪造宗教文献、虔诚地庆祝他们私下里不屑一顾的宗教仪式，所有这一切都是为了控制下层社会"。每个社会都出于心理和道德必要性而需要宗教，但罗马人仅仅出于政治的目的而需要一种宗教。向罗马人灌输对神灵的畏惧便成为一种政治需要。吉本写道，"奥

1　Dodds, *Pagan and Christian in an Age of Anxiety*, 135.

2　Ibid, 136-137.

古斯都'意识到人类是由神明所支配的'，因此，为了维护社会和平，他给了罗马人许多神祇，既有荣耀的神祇，也有令人恐惧的神祇"。[1]这样的宗教是一个政治势力，而非精神、道德和心灵安抚的力量。它不能满足人内在的精神和心灵需要，没有基督教那种最能打动人类心灵的力量和一个爱人类、关心人的灵魂和来世，甚至为人类牺牲的神。

罗马人在日常生活中并不格外依赖神灵的力量。他们的宗教实际上是一种国家祭典仪式，必须按照十分严谨的规范举行。仪式的前后顺序、细节都有严格规定，不得出现丝毫差错。例如，在进行祭典时，原本应该先踏出右脚的祭典执行者若不小心踏出左脚，整场祭典就必须重新开始。祭典必须保持非常严肃、庄重的氛围，信众的情绪被压抑在所有仪式之下。罗马人似乎认为，只有这样才能表达出对众神虔诚、敬畏与谨慎的态度。与这样的罗马宗教不同，基督信仰让人有心灵的寄托，它诚恳地面对人生中的痛苦，并给痛苦者和受苦者一个新的方向、新的意义和新的希望：十字架成了痛苦和死亡的安慰和希望。义人的受难被视为具有意义和目的的行为，通过义人的受罪，很多人获得救恩和爱护。这种思想引导了许多人为了一个更大的目的而更有意识地，甚至自愿地接受折磨和苦难。这是早期基督教的烈士（圣人）情结。

人不再是像斯多葛哲人那样独自忍耐、守己、忍受痛苦，更不是为了避免自己受苦而嫁祸于人，反而是"替别人背负重担"。《新约·加拉太书》说，"你们各人的重担要互相担当，如此，就完全了基督的律法"（6∶2）。自愿为别人的好处受苦，甚至为了救助别人而面对死亡。基督教解决了"人为什么受苦"的难题：人生苦难，却是有意义、有价值、有动力的苦难。这就是受苦人的尊严。在基

---

[1] 转引自彼得·盖伊著，王皖强译，《启蒙时代（下）：自由的科学》，上海人民出版社，2015年，第481页。

督教信仰中，受苦者成为有尊严的主体，因为他知道，上主不会遗弃他，不会忘记他们的疾苦。这是一个具有深远意义的"与他人共存"和"将自己交出去"的理念。

基督教为人受苦带来新的目的和内化的道德，为什么罗马的统治权力还要对它进行如此长久和残酷的迫害呢？奥勒留的斯多葛主义自然神论和国家政治观只能给我们部分的解答，另外还有一个最重要、更本质的原因，那就是专制政治权威对基督教道德权威有一种本能的害怕和仇恨。一直到后来，也还是如此。

美国专栏作家安迪·华尔顿在一篇文章中，从三个方面来解释为何独裁者仍然害怕并迫害基督教。每一个原因都与奥勒留时代有着惊人的相似，这让我们在奥勒留的斯多葛主义理念之外，察觉到一种古今一致的统治逻辑。尽管奥勒留是一位明君，但不要忘记，他是一位专制的罗马皇帝。

第一，基督教是另外一种权威来源。"耶稣是主"在现代西方基督徒听起来不言而喻，但当它在1世纪的罗马帝国被首次提出并写下来时，那是一次真正的革命性声明。如果耶稣是真正的主，那么恺撒就不是。

罗马帝国的存在不仅要求罗马人对皇帝忠诚，而且还取决于他们对皇帝的忠诚。然而，基督徒通过声明耶稣是主，发表了他们不同的政治和神学主张。这是贯穿于《新约》最庄严的主题，保罗几乎在每一封信中都表明耶稣是主，而恺撒则不是。真正的救赎是通过耶稣而不是恺撒实现的；世界需要上帝的正义，而不是罗马的正义。并且，具有讽刺意味的是，十字架这个罗马统治的仇恨象征被基督教转变成耶稣为人类献身的大爱和生命象征。帝国的存在依靠"皇帝崇拜"，而保罗的教义是对这种偶像崇拜的直接否定。

不难看到，其他的恺撒同样无法容忍基督教对专制偶像崇拜的破坏。他们为自己打造的伟大形象在基督徒眼里不过是泥塑木雕。

他们的权威受到基督教思想的严重威胁。

第二，基督教是一个组织变革的机制。基督教信仰者拥有不同的权威来源，他们只效忠于自己的真神。基督徒具有惊人的组织变革能力。尽管基督教常被用来压迫和控制人民，尽管教会领袖经常腐败并与独裁者妥协和勾结，但是，从本质上说，基督教是一种自由信仰，它能激发信徒对非正义和邪恶的统治进行激烈反抗。

同样，如果没有大规模有组织的基督徒网络，就不会在美国发生民权运动，民权运动希望结束美国那种对非裔美国人的制度性歧视和压迫。当罗莎·帕克斯（Rosa Parks）抵制公交车上的种族隔离时，她并不是一个孤独的女人。她是组织良好的抵抗运动的一部分，她依靠教会和其他机构的组织力量，牧师马丁·路德·金就是这些组织的一位发言人。

在许多地方，我们看到独裁统治因为害怕基督教的组织力量和能力，而威吓甚至杀害那些倡导自由和正义的宗教领袖。1941年波兰天主教神父马克西米利安·科尔贝（Maximilian Kolbe）因反对纳粹而献身。1943年，德国牧师迪特里希·潘霍华（Dietrich Bonhoeffer）因组织反抗纳粹而被送进集中营，1945年，希特勒在自己完蛋之前，还特别命令将他绞刑处决。

在这些基督教人士身上，我们看到了一种为赢得正义变革而焕发出来的信仰力量。这种变革有时会在争取者活着的时候发生，有时则成为他们以死争取，用生命为之付出最终代价的未竟事业。

第三，基督教代表一个与专制独裁格格不入的价值体系。基督教不是政府制度，它专注于人与上帝、人与自己邻居的关系。

基督教信仰倡导爱你的邻人，拒绝自私，不要把自己摆在最重要的位置。它要求人多多分享上帝为这世界创造的美好事物，不要贪婪地把好东西都据为己有。尽管基督徒无法实现绝对的和平主义，但许多国家暴力行为都是他们所拒绝的。2世纪的罗马基督徒因为这样的和平主义而拒绝参加军队；4 世纪，君士坦丁大帝为了显示尊重基督教的和平主义，甚至曾允许他们可以免去兵役。

无论是 2 世纪的奥勒留，还是 4 世纪的君士坦丁大帝都不可能有我们今天的宗教自由观念。《联合国人权宣言》第 18 条规定："人人有思想、良心和宗教自由的权利；此项权利包括改变他的宗教或信仰的自由，以及单独或集体、公开或秘密地以教义、实践、礼拜和戒律表示他的宗教或信仰的自由。"

同时，奥勒留的宗教迫害不是与我们无关的古代往事。19 世纪伟大的思想家穆勒（John Stuart Mill，1806—1873）在为《钱伯斯百科全书》所写的 "奥勒留" 词条中写道，"奥勒留是整个文明世界的绝对君王，他一生保持的不仅是最无瑕的正义，而且是他那个社会出身最少见的品质，仁慈之心……他的作品是古代伦理思想的最伟大杰作……与最有特色的基督教诲简直没有什么不同。在最严格的意义上，他是一位比任何一位所谓的基督教君王更好的基督徒……但正是他迫害了基督教，因为他不相信基督教神学或它的神性之源是真的。这位仁慈、可敬的哲学家和统治者，出于严肃的目的，下达了迫害基督教的命令"。穆勒还特别指出，奥勒留以为他对基督徒的看法与大多数罗马人的一样，正确性一定是有 "保险"的，而恰恰是这种自以为是的保险带来了极其 "不幸的后果"。[1]

奥勒留的那种出于 "政治正确" 的不宽容，那种义正词严、目标高尚的宗教迫害，也还远远没有根绝。不管历史学家多么赞扬奥勒留的个人品格，他对基督徒的迫害应该成为历史的教训。

当帝国到了需要替罪羊的危急时刻，连贤明的君王也会误判谁是他的敌人，误判谁对他的国家造成危险。奥勒留就是在罗马这样的危急时刻中，把基督教当成对罗马的威胁。他肯定没有料到，罗

1　*Chambers's Encyclopaedia: a Dictionary of Universal Knowledge*, Vol.1, London and Edinburgh: William and Robert Chambers, 1882, 303.

马文明会毁于外来危险的观点在18世纪英国历史学家爱德华·吉本那里竟然获得了意想不到的支持。这是怎么一回事呢？

6. 罗马帝国衰亡的奥勒留时刻

英国18世纪历史学家爱德华·吉本在《罗马帝国衰亡史》夸大其词地写道，奥勒留的王朝是"世界历史上人类最快乐、最繁荣的时期"（卷一，第3章，第2部分）。这是一部对后世影响深远的著作，在这部著作里，吉本把罗马从奥勒留盛世之后的衰亡归结为受到来自罗马之外的威胁，这种威胁不仅是军事的进犯，而且更是道德的败坏。他写道，"在遥远的战争中，（罗马）军团沾染了外乡人和雇佣军的恶习，开始的时候是压制共和国内的自由，然后侵犯了共和制度的威严。皇帝们出于个人安危和社会稳定的考量，诉诸于以腐败代替纪律的权宜之计，纪律曾使罗马的主权强大，也使敌人害怕"。丢失了纪律，罗马人变得颓废和腐败，于是罗马的衰亡也就不可避免了（卷三，第38章，第4部分）。

18世纪，罗马帝国的衰亡经常被视为一个政治和道德的问题。孟德斯鸠认为，国家的疆域过于广大是其最终崩溃的主要原因。苏格兰历史学家威廉·罗伯逊（William Robertson，1721—1793）把原因归结为政治自由丧失，过分依赖军队里低劣的外省人和蛮族，国家领导人追求奢华和东方淫逸而丧失了军人气质。吉本则用长期和平的安逸惰怠、古老家族的衰落和传统公共精神的消失来解释帝国为什么情愿接受基督教的传播，终于无力抵御蛮族的入侵。

吉本特别强调基督教对罗马的精神颠覆和破坏作用。他把基督教视为一种外在于罗马文明的，对罗马富有危险性的力量，基督教改变了罗马传统的价值观，使罗马在精神上从强悍变得软弱，他写道,"随着基督教的兴起,神职人员成功地传授了忍耐和卑怯的教义;不鼓励社会的积极美德;军事精神的最后遗骸被埋进了修道院:很大一部分公共和私人财富被用于慈善和教会奉献。军饷被浪费在了平常的男男女女身上,而他们要求的只是节制和贞操"(卷三,第 38 章,第 4 部分)。那些可怕的古代基督徒选择了和平与慈善,而不是男子气概,罗马因此丧失了它传统的战士气概和进取精神。

美国历史学家斯蒂芬·福斯特非常不赞同吉本的这种罗马亡于基督教的观点,他在《忧郁的责任:休谟—吉本对基督教的攻击》一书里这样评说道,吉本"把罗马帝国的衰落归咎于超凡脱俗的基督教信仰,对教会嗤之以鼻、肆意责骂,把修道院当作沉闷而迷信的事业来加以嘲笑……将基督教与罗马异教和伊斯兰教进行了令人难以置信的比较"。[1]

然而,吉本的观点为后世许多人解释罗马因何衰亡定下了基调:罗马是被外部力量摧毁的。按照这个看法,罗马一直受到来自外部的威胁,但总能将其化解或与之对抗,但是,基督教的价值观代替了罗马的价值观,使罗马失去了这种积极应对的能力。从 180 年奥勒留去世,至 800 年中世纪的查理曼(Charlemagne,任期为 800—814 年)在位,这段时间被称为"晚期古代"(Late Antiquity)。在这几百年的时间里,罗马世界经历了从衰败到灭亡,终于陷入基督教大一统的黑暗时代。"文明"与"黑暗"的对比,从"文明"沦落到"黑暗"的历史叙事方式,强化了基督教毁灭罗马的观点。

基督教真的是罗马文明的敌人吗?罗马文明是被基督教毁掉的吗?从历史的现实来看,答案应该是否定的,这是一个衰落的帝国

1　Stephen Foster, *Melancholy Duty: The Hume-Gibbon Attack on Christianity*, Springer Science and Business Media, 2013, 16.

需要替罪羊的时刻，但不是罗马文化影响开始消失的时刻。对罗马的衰亡，可以大致归结为以下三个要点。

第一，罗马军事和政治力量的衰败不等于罗马文明的衰亡，罗马文明的影响可以在没有军事和政治力量的支撑下延续下去。罗马文明的影响也不等于罗马的军事和政治存在。罗马军事和政治力量的衰败是有其自身客观原因的，罗马衰败是基督教兴起之因，而不是果。

第二，在罗马世界里兴起的基督教开始时是多种地中海宗教中的一种，它们能够兴起是因为它们能够满足罗马民众，尤其是下层民众的精神需要。罗马文明为这些地中海宗教提供了发展和发挥影响的社会、文化和经济条件。基督教兴起反映的是罗马世界内部的变化。

第三，斯多葛主义素来被称为罗马的国家宗教，奥勒留担忧基督教会动摇斯多葛主义的这一地位。然而，基督教并不敌对于斯多葛主义。随着基督教代替罗马传统的多神教，并成为罗马的国教，斯多葛主义融入了基督教，而不是被基督教消灭。在斯多葛主义和基督教之间，起作用的是"异教文化"新柏拉图主义，基督教也没有消灭这一异教文化，而是将之吸纳和内化，使之成为基督教的一个思想元素。

下面就这三个要点做一些说明和解释。第一，罗马的国力衰败一开始主要表现为，罗马军事和政治力量不足以应付维护罗马帝国的需要。这种力不从心在堪称罗马好时代"五贤帝"最后一位的奥勒留那里就已经非常清楚。虽然在奥勒留时代罗马的败象还没有充分显露，但几乎所有的败落条件都已经潜伏在那里。

这位皇帝一生忙于抵御来自北方民族的侵扰，在他统治的最后15年里，瘟疫对罗马的国力造成了极大的损害。首都和各省经历的重大疫情被称为"安东尼大瘟疫"，这场疫情导致1800万罗马人丧生，即每7人中有1至2人丧生。奥勒留一生中大部分时间花费在与北方敌人的战争上，还要不断应对国内的未遂政变。这表明，他那个臃肿的帝国既没有内部稳定，也没有边界安全。如果曾经有一个时刻可以让我们开始探索罗马帝国的衰亡，奥勒留时代就是这样一个时刻。

英国传记作家弗兰克·麦克林在《奥勒留传》中写道："当面对来自帕提亚（Parthia）和日耳曼部落的明显威胁时，奥勒留采取果断行动，也许是明智之举……但是，他从未看清这些事件的表象之下发生了什么。他的捍卫者说，即使他已经做到或可以做到，但在他统治时期结束时，向罗马袭来的悲剧是一种'系统性失败'。总之，罗马不再变得更大，更好，更一体化，更复杂，更加善于管理，更具社会流动性。罗马已经僵化为一种不变的状态。人们普遍认为，在奥勒留执政期间，事情开始变得越来越糟糕。无论他有没有远见卓识，这些都超出了任何皇帝的能力和掌握范围。"[1]

麦克林语带讽刺地接着写道，这时候奥勒留又偏偏让他不争气的亲儿子康茂德接掌皇帝的大位，"好在罗马还没有处于衰落的末期，罗马帝国出了康茂德这样的昏君兼暴君，居然还能生存下来。要是在公元 260 年之后，那就没有这个可能了。在短时间内，罗马的军事征服以及掠夺来的财富和新奴隶，也许可以勉强弥补技术创新的不足和经济的停滞"。但是，罗马衰落的征兆只有留心的人才会看出来，不留心是看不出来的。"在奥勒留的统治下，帝国制度（赖以生存）的多种微妙平衡被破坏了：边境防御力量与野蛮入侵之间的平衡；战争紧急状态和国家资源之间的平衡；城市和乡村生产消费之间的平衡；元老院权威和帝国无限权力之间的平衡，等等。帝国日益城市化，造成了现代社会中人们的那种无归属感、无所适从和焦虑恐慌。自然灾害和军事失败加剧了这些现象。宗教信仰危

1　Frank McLynn, *Marcus Aurelius: Warrior, Philosopher, Emperor*, London: The Bodley Head, 2009, 456-457.

机和城市人口内爆也加剧了这些现象。"[1] 不管有没有基督教，罗马帝国都已经陷入了它自己难以克服的危机。

奥勒留在位后，罗马已经进入衰退中。罗马人普遍智力衰弱、意气消沉、抵抗力弱，之后连皇帝都不是罗马人或意大利人了。奥勒留的儿子康茂德（180—192 年在位）是个无能的暴君，罗马国势每况愈下。他死后近百年间（192—284）的罗马皇帝都是由军队选立的，被称为"军营皇帝"。25 位皇帝中，除了 4 位，其他皆死于国内的动乱之中。再加上外来野蛮民族的入侵，加速了罗马帝国的衰亡。

第二，在罗马世界里兴起的基督教是罗马社会自身的产物，它满足了罗马民众，尤其是下层民众的精神需要：归属感、平等、友爱、信仰、来世的希望。这些是冷冰冰的罗马国家宗教所不能提供的。然而，罗马帝国本身为多种地中海宗教，也为罗马世界的基督教提供了发展和发挥影响的社会、文化和经济条件。

基督教宣扬人应该为上帝做出神圣牺牲，以及人死后能因此获得救赎，这样的教义也存在于当时多种地中海崇拜性宗教中，基督教只是把这样的教义集中在耶稣身上而已。基督教里有一些看似特征性的要素，如处女生孩子、禁欲主义的哲学、饮食和净化心灵的仪式、全能的神力推动宇宙、一位中心主角用言语使怀疑者归信、善与恶斗争的启示录。但这些要素其实在早先几个世纪的崇拜性宗教中就已经存在，那时候它们并没有导致罗马的衰落。

我们可以把古代地中海多种宗教视为一个具有同类特征的宗教家族，它们在罗马都是被允许的。至于基督教，正是罗马的商业和经济活动，以及罗马的知识和语言环境为它最初的诞生和发展创造了条件。使徒保罗传教大多是走陆路，这比走水路方便得多，大大便利了传教。要是没有罗马四通八达的公路网络，大面积传教是

---

1 McLynn, *Marcus Aurelius*, 456-457.

不可能的。当时罗马帝国东部地区通行的是一种叫科伊恩希腊语（Koine Greek，"科伊恩"是"普通"的意思）的白话语言。没有受过良好教育的平民大众在家中和市场里说的就是这种希腊语，这也是基督教传教用的语言。从早期传播到早期中世纪，基督教都是一种罗马的宗教，而不是非罗马的宗教。它开始对许多欧亚和北非各地群体产生巨大影响时，一直维系着与罗马的关系。

第三，被称为罗马国教的斯多葛主义融入了基督教，而不是被基督教消灭。奥勒留是一位重量级斯多葛主义者，正是从他理解的斯多葛主义和国家主义观念出发，他残酷地迫害基督徒，把他们当成罗马国家的敌人。但是，历史研究表明，奥勒留自己的斯多葛主义其实与基督教的基本教义非常一致。

奥勒留在《沉思录》中说："所有的事物都是相互联结的，这一纽带是神圣的，几乎没有一个事物与任一别的事物没有联系。因为事物都是合作的，它们结合起来形成同一宇宙（秩序）。因为，有一个由所有事物组成的宇宙，有一个遍及所有事物的神，有一个实体，一种法，一个对所有有理智的动物都是共同的理性，一个真理，如果也确实有一种所有来自同一根源，分享着同一理性动物的尽善尽美的话。"[1]这种"神性"与基督教的神性认识是一致的。

奥勒留在《沉思录》里不断重复一种宇宙万物一体的观念，这其实也是一种最广大意义上的博爱观念。他说，"经常考虑宇宙中所有事物的联系和它们的相互关系。因为所有事物以某种方式都互相牵涉着，因而所有事物在这种情况下都是亲密的，因为一事物依次在另一事物之后出现，这是由主动的运动和相互的协作以及实体的统一性造成的"。他用大树和枝叶的比喻来说明万物相互牵连的关系，"从邻枝上切下的一根枝条必定也是从整个树上切下的。所

---

1 马可·奥勒留著，何怀宏译，《沉思录》，第 77 页。

以，一个人若同另一个人分离，他也是同整个社会分离。对于枝条来说，还是另外的东西切下了它，而一个人却是通过自己的行为使他同他的邻人分离——当他憎恨别人和不睬别人的时候。他不知道他同时也使自己与整个社会体系分开了"。[1]

在《新约·约翰福音》（15：5）中，当耶稣告别他的使徒时，他告诉他们："我是葡萄树，你们是枝子。常在我里面的，我也常在他里面，这人就多结果子；因为离了我，你们就不能做什么。"植物和树枝，整体和局部，无论是在《圣经》里，还是在奥勒留那里，这些隐喻都代表着人类和宇宙的关系，只是在基督教那里，宇宙的创造者是上帝，不是斯多葛主义的"自然"。

基督教教父时代的奥古斯丁设法整合希腊哲学与基督宗教，这是他基督教神学的一项最主要的工作。他把当时还在盛行的新柏拉图主义与他所信仰的基督宗教综合起来，做了有机的融合。新柏拉图主义讲的最高层次是"太一"（the One），从太一再流衍出知性、世界魂、个人生命以及万物等。基督教讲的则是一个至高至上的神，它的地位相当于太一。基督教主张的是创造论，而不是流衍论（广泛流布的理论）。谈到人生的归向，新柏拉图主义认为要回归太一，而基督徒则认为要回归上帝，这两点想法是类似的，并不互相排斥，更不互相敌对。

奥勒留说，"记住：你的支配部分是不可征服的，如果它不做任何非它所愿的事情，即使它是出于纯粹的顽强而进行抵制的，那么当它自我镇定时，它也是满足于自身的。但是，如果它通过理性和审慎的援助形成对事物的一种判断时，它又将怎样呢？所以，那摆脱了激情的心灵就是一座堡垒，因为人再没有什么比这更安全的地方可以使他得到庇护，在此静候将来，这一座堡垒是不可摧毁的。

1　马可·奥勒留著，何怀宏译，《沉思录》，第68—69、142页。

而不知道这一点的人就是一个无知的人，知道这一点却不飞向这一庇护所的人则是不幸的人"。[1] 他说的"支配部分"就是精神信仰的部分，他所主张的那种基于内心良知的抵抗正是基督徒在受到迫害时所表现出的那种抵抗：在良心抵抗不可能的时候，那就从容就死。

对于基督徒为信仰从容就死的意义，恐怕没有谁比奥勒留自己说得更清楚，"如果一个灵魂随时准备好它必须从身体分离的时刻的到来，准备好：或者毁灭，或者消散，或者继续存在，那么这是一个怎样的灵魂啊！但这种欣然的准备是来自一个人自己的判断的，而不是来自仅仅一种基督徒那样的顽固性。这种准备是深思熟虑的、带有尊严的，以一种使别人信服的方式进行，且没有任何悲惨的表情。"[2]

基督教在罗马世界里传播的并不是一种与罗马文明对立的宗教，尽管它与犹太教有着历史和宗教文化渊源，它本身却是一种出生在罗马文明环境中的宗教，它的教义并不对罗马帝国构成威胁，所以，从"米兰赦令"之后，它更深入地成为罗马文明的一部分也就是不奇怪的事情了。在这之后，不只是罗马基督教化了，基督教也罗马化了。这点我们在谈早期基督教教会制度时还会详细讨论。

---

1 马可·奥勒留著，何怀宏译，《沉思录》，第 103 页。
2 同上，第 140 页。

二十二　中西之间的伦理文化之旅

在谈奥勒留的时候我们说到，奥勒留没有办法改变已经在罗马民众中间弥散的败坏和愚蠢，而他的斯多葛主义则演变成一种压迫性的国家宗教。他所能做的不过是用皇帝的个人高尚品质，而不是对皇权的制度性限制，来建造一道防止出现暴君和暴政的屏障。但是，他仅仅因为个人信仰就对罗马基督徒公民进行大规模的迫害和残杀，在我们今天看来，这本身就是一种暴政行为。

奥勒留是罗马"五贤帝"的最后一位，他那个继承帝位的亲生儿子康茂德却是一个昏君和暴君。因此，伟大的启蒙思想家孟德斯鸠认为，罗马的盛衰并不只是单纯的个人道德历史教训，而是国家制度的根本形态问题。关于罗马"五贤帝"及其后的时代，孟德斯鸠在《罗马盛衰原因论》里说，"涅尔瓦的英明睿智、图拉真的光荣、哈德良的勇气、奥勒留和安东尼的美德，都赋予了罗马士兵崇高的自尊心。然而，新的怪物们取代他们登场，军事政权的弊害发挥到了极致的境界。士兵们将帝国作为商品贩卖，暗杀了几位皇帝，并将后来的帝位与帝王权力贴上新的标价"。皇帝康茂德执政12年，与他父亲奥勒留截然相反，同时代的史学家卡西乌斯·狄奥称他为暴君的典范，这位暴君结束了帝国"五贤帝"时代的繁华。

我们已经多次谈到斯多葛主义对一些罗马名人的个人道德影响。斯多葛主义由公元前3世纪初期希腊哲学家芝诺（Zeno）在雅典创立，但斯多葛主义的著名践行者几乎都是罗马人，其中包括本书谈及的西塞罗、小加图、塞涅卡、爱比克泰德、奥勒留。在他们那里，斯多葛哲学已经从希腊原来基于形而上宇宙观的哲学，转变为实践的伦理原则：它倡导美德、知识、理性、坚韧、自我克制，它认为美德就是幸福，主张用理性判断指导行为，重在行而不在言。

斯多葛主义告诉人们如何在一个不完美、不尽如人意的世界上过一种富有智慧的生活：世界是不可预测的、人的生命很短暂，但人可以通过坚定和强韧的自制和自律度过有意义的一生；人的不幸来自他自己的贪欲和不满足，是因为他总是凭冲动而非理性和逻辑行事；人无法控制，也不能依赖外部条件，只能通过内心的自我调适才能获得内心的平静和快乐。

斯多葛伦理并没有复杂的理论，它注重的是行动，而不是无休止的辩论。在不同的程度上和在不同的事情上，它主张的守己、克制、理智和谦卑是通过行为示范来体现的。爱比克泰德和奥勒留的示范作用要远超塞涅卡，但是，当尼禄加害塞涅卡并命令他自杀时，这位斯多葛哲学的传人一点也不为死亡感到害怕，他想的只是如何安慰他的妻子和朋友。因此，他也和西塞罗、小加图一样被当作一位示范性人物。

爱比克泰德和奥勒留的示范方式与塞涅卡有很大的不同。爱比克泰德曾经是奴隶，虽然后来成为自由人，但命运多舛。尽管如此，他一生自强不息，不止一次创立自己的学校，为学生授业解惑。奥勒留是当时世界上最有权势的人，但他每天坐下来为自己写一些有关克制、同情和谦卑的笔记，为帝王践行哲学做出示范，可惜这不见得有实质的效果。

斯多葛伦理在西方世界的影响相当广泛，与罗马斯多葛主义者的榜样作用有相当大的关系，受此影响的有国王、总统，也有艺术家、作家，还有企业家、创业人士。普鲁士国王腓特烈大帝（Frederick the Great，1712—1786）总是在他的马鞍袋里装着一些斯多葛主义的书籍。用他的话来说，它们可以"帮助你承受不幸"。文艺复兴时期散文家蒙田在他书房的梁柱上刻着爱比克泰德的箴言"让人忧虑的不是事情，而是你想的事情"。

美国的建国之父们也深受斯多葛哲学的启发。乔治·华盛顿在17岁时就从他的邻居那里知道斯多葛主义，后来，他成为抗英军事统帅的时候，在福吉谷遭受挫败，在那个黑暗的冬天里，为了激励自己的将士们，他命人上演描述罗马共和英雄，斯多葛主义者小加图的戏剧。托马斯·杰斐逊去世时，他的床头柜上放着的是一本塞涅卡的书。

经济学家亚当·斯密在斯多葛主义的影响下，提出世界经济相互联系的理论（资本主义），他当学生时的一位老师就是奥勒留《沉思录》英文版的翻译者。政治思想家约翰·穆勒在其著名的论著《论自由》中论及奥勒留和斯多葛主义，称斯多葛主义是"古代思想的最高道德产物"。

斯多葛主义不是一套智识理论，而是需要实行的行为和伦理原则，人们可以用它来励志、做事、交友、待人接物。这种实用性伦理其实与中国儒家文化的修身养性实践颇为相似，因此，中国读者在理解斯多葛伦理时会有熟悉和亲切的感觉。在这一节里，我们就用几个核心的伦理观念在斯多葛主义与儒家学说之间作一个沟通。

第一是天意。爱比克泰德说，天意是存在的，它以正义与仁慈指挥着整个宇宙的运转。如果你只看到事物的表象，那么它就不那么明显。尽管如此，我们所在的宇宙是所有可能存在的宇宙中最好的——这是一个命定论的表述，基督教里将此转变为神定论。他又说，要坚定你的决心——期盼正义、仁慈与秩序。只有这样，它们才会在你所有事务中越来越多地显现出来。要相信上天的存在，它的意图指引着整个宇宙。按照天意驾驭你的人生，并使之成为你的终极目标。他还说，你要努力使自己的意图、行动与天意相符，这样，你就不会感到困扰、无助、迷惑，或对环境心生怨恨，而会感到自己强大、坚定和有把握了。这就类似我们所说的"冥冥之中，皆有天意"，做事要"上应天意，下顺民心"，或者"谋事在人，成事在天"。孔子相信天命，他感觉到有一种不可逆转、不可抗拒、不以个人意志和努力为转移的强大力量的存在。这种力量，就是天命。冉伯牛将死，孔子有"命矣夫"之叹（《论语·雍也》），颜回亡，他又连呼"天丧予"（《论语·先进》）。《论语·宪问》中，他说："道之将行也与？命也。道之将废也与？命也。公伯寮其如命何！"（道如果能行于世，是天意；道如果不能行于世，也是天意。公伯寮又能对天意怎样呢？）

第二是分辨人之可为与不可为。爱比克泰德说，生活中的首要任务就是确定和分别不同的事情，因此他可以告诉自己，什么是自己可以控制的，什么是自己不能控制的。分离事物，以便他可以对自己清楚地说出哪些是不受他控制的外部因素，哪些与他实际控制的选择有关。那他在哪里寻找善与恶呢？他说，不是在自己无法控制的外部因素里，而是在自己的心里，在自己选择的事情里。孔子知道有"天命"存在，知道天命不可违。《论语·季氏》中，他说"君子有三畏"（畏天命，畏大人，畏圣人之言），第一就是"畏天命"。但"知天命"不是说人无所作为，"天命不可违"是说人的努力不能逆天命而动，而是要应顺天命，这样，努力才能成功。人知天命，才会有明智的选择，将精力倾注于自己所能掌控的领域中，而对于自己所无法掌控的，虽然报以乐观期许，但注定是无能为力。

第三是居安思危。塞涅卡说，在安全的时候，精神应该为困难的时候做好准备；当幸运还在惠顾的时候，就需要为命运不佳时做好准备。他是罗马最有钱的人之一，但提议每个月都要过几天"苦日子"，吃得很少，穿着简单，远离舒适的生活。他表达的是一种斯多葛主义的生活态度：舒适对人有奴役的作用，越是舒适就越害怕会失去舒适，所以必须控制这种害怕，方法就是让自己熟悉并习惯不舒适的生活，这样，舒适也就不受害怕的困扰或焦虑的损害。这也就是《左传》里说的"居安思危，思则有备，有备无患"。《孟子·公孙丑上》："国家闲暇，及是时，明其政刑。虽大国，必畏之矣。《诗》云：'迨天之未阴雨，彻彼桑土，绸缪牖户。今此下民，或敢侮予？'"（国家既无内忧外患，趁着这时修明政治法典，这样即便是大国也会害怕它了。《诗经》说，趁雨没下来云没起，桑树根上剥些皮，门儿窗儿都修理。下面的人们，谁敢把我欺？）

第四是不羡钱财，不慕富贵。爱比克泰德说，雄辩的口才、头衔、地位、崇高的荣誉、珍贵的财产、昂贵的服装或优雅的举止，人们是多么容易被这些东西迷惑或欺骗啊！人只要能满足最基本的需要，就能获得幸福。孔夫子的首席弟子颜回不也是这样吗？"一箪食，一瓢饮，在陋巷，人不堪其忧，回也不改其乐。"清心寡欲、安贫乐道的人反而会觉得锦衣玉食会破坏那种他特别珍惜的、与他本真个性一致的幸福。《论语·里仁》中，子曰："士志于道，而耻恶衣恶食者，未足与议也。"读书人立志于追求真理，但又以穿破衣、吃粗糙的饭食为耻，这种人就不值得和他谈论。由于生活物质条件差，就觉得自己不如人，这样的人见识短浅、趣味低俗、器量狭窄，定为卑陋、虚荣之人，难以胸有大志，不值得与其交往。

第五是自省和反思。斯多葛伦理的一个重要原则就是自省，中国儒家伦理也讲究"吾日三省吾身"。《论语·里仁》里说"见贤思齐焉，见不贤而内自省也"，这是后世儒家修身养德的座右铭。释义是：见到有德行的人就向他看齐，见到没有德行的人就反省自身的缺点。"见贤思齐"即看见好的榜样就应该驱使自己努力赶上，向强于自己的人看齐。"见不贤而内自省"则是告诫我们坏的榜样并非一无是处，我们要从这些不好的人物和案例中总结经验教训，看看自己有没有和他们一样的问题。自省，不在于榜样的好坏，而在于我们是否联系自己并有所反思；自省了，就算是坏的榜样也能促进我们进步。所以，无论何时何地，我们都要保持一颗"自省"之心，不断提升自己。

写日记是一种很好的自省方式。爱比克泰德告诫他的学生，哲学是他们应该"每天写下来"的东西，这是他们"应该锻炼自己的方式"。塞涅卡最喜欢的时间是晚上，他向朋友解释说，当夜幕降临时，他的妻子睡着了，"我检查自己一整天的所作所为，说了什么，对我自己什么也没有掩藏，也不遗漏什么"。写好日记后他才上床睡觉，发现"这种自我检查后的睡眠"特别甜蜜。奥勒留也是一位勤快的日记作者，他的著作得以幸存下来，对后人是很幸运的事情。他的日记有一个很恰当的名字："写给自己"。

在斯多葛主义的践行者那里，写日记并不只是记下一些简单的日常事情，而是每天必行的自我审视，这是为第二天所做的准备。反思过去的那一天，提醒自己从老师、阅读、经验中学到了什么智慧。这就像听课一样，只听一次是不够的，还要一次又一次地复习和练习学过的课程，将它们在心里反复温习。最重要的是，还要将它们写下来，通过自己的手指来感受自己有所体会的东西。中国古代士人多重自省，意在通过自省达到自我完善。清人石成金《传家宝》云，宋人范仲淹、苏轼、张浚每天记录自己当天的功过为"功过格"。清代儒学家李塨、唐鉴、曾国藩等人坚持写日记，记录当天言行，并作检讨。这些都是实践自省的儒士。在罗马和中国，写日记都可以成为一种自我要求、自我规范的伦理实践。

不过，斯多葛的自省不仅关乎自己的行为，也关乎生命的短暂：对"人会死的沉思"（memento mori/meditate on your own mortality）。塞涅卡说，让我们像进入生命的尽头一样准备思想。让我们不要拖延推迟。让我们一日的账面一日算清；每天为自己的生命做最后打算的人，永远不会缺少时间。中国也有"今日事今日毕，勿将今事待明日"的说法，还有一首明代诗人钱福创作的《明日歌》，以前被收在初中课本里。

第六是对待死亡的态度。塞涅卡的视死如归让人想起《孔子家语》里的"大哉死乎！君子息焉，小人休焉"（多么伟大的死亡！君子将可以凭此安息，小人可以赖之休恬）。爱比克泰德说，事物本身是无关紧要的，无所谓好或坏，但要如何利用它们，则是要紧的事情，既保持镇定和安宁，又保持谨慎，既不鲁莽也不粗心，这与《淮南子·主术训》里的"澹泊明志，宁静致远"是类似的境界。奥勒留说，选择不受到伤害，你将不会受到伤害；不要感到伤害，那你就没有受到伤害，这也能让人联想到范仲淹说的"不以物喜，不以己悲"，或林则徐说的"无欲则刚"。

斯多葛主义对死亡的反思可以追溯到苏格拉底，苏格拉底认为：逃避死亡并不难，真正难的是逃避罪恶，这不是拔腿就跑就能逃得掉的。奥勒留在《沉思录》中写道："你现在可以离开生命。让那来确定您的所作所为、所言和所思。"死亡提醒我们，不要等待，也不要拖延，行善就在此刻。

这样看待死亡，死亡也就不再令人沮丧和害怕，相反，死亡会令人振奋和谦卑。有一部关于塞涅卡的传记，题目就是《每天都在死亡》，与内容非常贴切。塞涅卡建议，我们在睡觉前都要告诉自己，"我明天可能不会醒来"，而在醒来时再告诉自己，"我可能睡了最后的一觉"，这样才能提醒自己生命的短暂。爱比克泰德敦促他的学生：每天都要将死亡和流放以及所有看起来可怕的事情摆在眼前，这样一来，你将永远不会有卑鄙的想法，也不会有过分的欲望。每天这样提醒自己，能让人不浪费一分钟，每时每刻都生活得充实而有意义。

相比之下，中国人有贵生的传统，儒家思想直接谈及死亡的地方并不多，孔子说，"未知生，焉知死"（《论语·先进》）。曾子言曰："鸟之将死，其鸣也哀；人之将死，其言也善。君子所贵乎道者三：动容貌，斯远暴慢矣；正颜色，斯近信矣；出辞气，斯远鄙倍矣。笾豆之事，则有司存。"曾子病重，最后的教诲是，君子所应当重视三个方面的道：使自己的容貌庄重严肃，这样可以避免粗暴、放肆；使自己的脸色一本正经，这样就接近于诚信；使自己说话的言辞和语气谨慎小心，这样就可以避免粗野和悖理。死亡是一个人自己一生的归宿，至于祭祀、礼节仪式这种事情，就不要去管它了。儒家对生命的态度所反映出来的死亡观与斯多葛主义的死亡观有暗合的地方。儒家认为，死亡是自然生命的结束，人既然出生，就无法避免老、病、死，死亡是极其自然的现象，因此在《论语·颜渊》中即有"自古皆有死，民无信不立"之言，也有"死生有命，富贵在天"的话。死亡既非人力所能左右，是自然的结果，所以儒家认为人对死亡无须过分悲叹。

斯多葛主义的伦理哲学是一套特殊话语，其中的伦理原则大多不难在其他的话语体系中得到有效转化。它与儒家伦理的相似性，其实就是我们在西方经典阅读时的一种释义和领会的转化。如果你有兴趣，不妨用它来对照一下你自己的人生和伦理价值。

结语

罗马的国运与文学的兴衰

在本书的开篇中，就已经介绍了本书涵盖的历史时段。真正有价值的罗马文学一共有大约 200 年的历史，也就是从公元前 1 世纪至 1 世纪。2 世纪的斯多葛主义者爱比克泰德和奥勒留也许可以续上，但已经不再处于那 200 年的黄金时期。公元前 1 世纪是晚期罗马共和时期（又称前后三巨头时期），这个世纪的最后几十年已经进入跨世纪的奥古斯都时期，开创了以暴君统治为特色的朱利奥—克劳狄王朝（前 27—68），随后便是稍微好一点的弗拉维王朝（69—96）。产生于这几个历史时期里的罗马文学被深深地卷入政治动乱和剧烈变化的旋涡，也随之从辉煌走向衰落。在这之后，爱比克泰德经历暴君图密善在位（81—96）的时代，也在随后五贤帝的前三位皇帝治下生活过；而奥勒留（161—180 年在位）则是五贤帝的最后一位，他们就算还跻身于罗马文学的传统，也只能说是在勉强延续了。

这就是本册书涉及的 20 位作家的大致历史背景。他们是今天罗马文学史里最有代表性的作家，我们可以通过他们和他们的作品看到，罗马文学和思想的兴衰一直与罗马政治形态的变化联系在一起。

以"思想"为其内涵的"文学"是一个宽泛的概念，包括不同形式的教谕诗、抒情诗、戏剧、小说、讽刺诗、政治或伦理论述，也包括我们今天当"哲学沉思"来阅读的教学笔记和私人日记。无论是从公元前 43 年西塞罗被杀，还是从公元前 44 年屋大维——也就是后来的奥古斯都——成为罗马定于一尊的元首来看，这一时刻罗马政治形态的根本转变就是共和死了，而取而代之的是王权至上的专制帝国。这一转变也使得文学越来越丧失思想和言论自由，这是罗马文学走向衰微的根本原因。

这样的蜕变不是一下子发生的，而且还时不时出现可以让文学和思想喘息的间隙或窗口期，这才有了文学和思想时断时续的发展。2 世纪罗马历史学家弗洛鲁斯（Publius Annius Florus）在《罗马简史》（*The Epitome of Roman History*）中将罗马民族的成长与一个人的成长相比。他说："如果我们把罗马民族看作是一个人，对它的生命全过程进行思考——它的出生，它的成长，它的壮年和它的老年——我们将会发现，它经历了 4 个阶段。第一阶段历时 400 年，在历代国王的统治下与邻邦互相争夺。这是它的幼年期。第二阶段从布鲁特斯和科拉蒂努斯（Collatinus）任执政官至阿皮乌斯·克劳狄乌斯（Appius Claudius）与昆图斯·富尔维乌斯（Quintus Fulvius）任执政官，共 150 年。在此期间罗马人征服意大利。这是充满生命力和尚武精神的时期，可以称为罗马的青年时期。接下来的 150 年，一直到奥古斯都时代。这个时期罗马征服了整个世界。此时的罗马正当壮年，处于风华正茂的时期。从奥古斯都至今（2 世纪）将近二百年。二百年来历代皇帝庸庸碌碌，无所事事，使年迈的帝国日益枯槁。"（《罗马简史》，第一卷，第 1 章，引言）

弗洛鲁斯还从罗马帝国权力之大和疆土之广看到了她衰落的原因："罗马帝国如果有了西西里和非洲就知足了，或者连这些省份都不要，只要整个意大利，也许对她更有好处。宁可不要发展得如此庞大，免得结果自己的权力毁掉了自己。疯狂的内战是由极度繁荣引起的，除此以外还有别的原因吗？我们的堕落首先从征服叙利亚开始，然后是得到阿塔罗斯遗赠的亚细亚"（《罗马简史》，第一卷，第 47 章）。

罗马的财富和权力快速增加，这摧毁了道德的基础，使国家陷入自己造成的罪恶深渊，再难以全身而退。弗洛鲁斯继续写道："如果我们没有奴隶大军，哪来的奴隶战争？如果不是为了沽名钓誉，收买民心，而无节制地举办竞技和表演，甚至把处死敌人也提高成人兽搏斗的艺术，怎么会发生斗士武装反抗主人的事？难道不是我们的财富引起政治野心，造成道德败坏日趋严重，因此出现了马略和苏拉引起的大动荡？穷奢极欲的盛大宴会和十分慷慨的赏赐难道不是将巨大的财富挥霍殆尽而变成贫穷吗？正是贫穷使喀提林策动武装叛乱。最后，独裁统治帝国的欲望难道不是过多财富造成的吗？财富以复仇女神的火炬武装恺撒和庞培，让他们去毁灭自己的国家。"（《罗马简史》，第三卷，第 12 章）

从本书提及的卢克莱修开始，我们就已经看到罗马共和的社会性腐败如何让作家们试图从希腊的伊壁鸠鲁哲学和斯多葛哲学中寻找匡时济世的道德伦理良方。从共和晚期的西塞罗到奥古斯都时代的诗人维吉尔和贺拉斯，还有不同时代的历史学家李维、撒路斯提乌斯和塔西佗，都用罗马崇尚荣誉和美德的古老传统来暗示或明言对现状的不满和批判。

公元前 1 世纪，历史学家撒路斯提乌斯就猛烈抨击罗马人的道德颓败和黑暗腐朽的贵族寡头统治。那时候，奢侈与贪欲就已经在腐蚀罗马的公民美德，使罗马沦为一个道德肮脏的，可以公然出卖良知的城市，尔虞我诈、钩心斗角、唯利是图和贪赃枉法是其每天主要的"生计"。他描述的是罗马究竟"怎样不再是最崇高和最公正的城市而变成最坏、最邪恶的城市"。[1] 在罗马,"贪欲、无能和妄自尊大"是一切罪恶的根源,"所有有道德的人应当多有一些好的名声,少要一些财富"。[2] 其中"坏人"的横行肆虐和"好人"的残酷遭际则直接导致国家祸患丛生。以独裁者苏拉等为代表的野心家直接葬送了共和国,而杰出人物正是罗马先前得以崛起的关键性因素。

李维继撒路斯提乌斯之后,塔西佗又继李维之后,把注意力放在罗马崛起过程中"道德与人事"及其内在不可割舍的血肉联系。这样的声音到了塞涅卡和后来的爱比克泰德和奥勒留那里已经听不到了,他们关注的只是个人的道德修行。虽然他们倡导和体现的斯多葛哲学看起来与西塞罗和小加图一样继承了希腊的人文思想,糅合了罗马的美德观念,但其实已经越来越丧失公共关怀和共和公民道德的意义。公共精神的丧失标志着罗马越来越深重的政治腐败与衰落。

法国学者卡特琳娜·萨雷丝在《古罗马人的阅读》一书中指出,罗马文学越来越丧失公共言说的功能,这是罗马帝国越来越独裁的王权和越来越严厉的审查制度所造成的。罗马的文学或其他文化活动有多大的生存和发展空间"取决于王权对待作家的态度。其实,每个在位的皇帝都或多或少地影响了当时的文学活动,而皇帝也正是通过影响文学来行使自己权力的。但具体到某位皇帝敌视作家的准确原因并不好确定。塔西佗和苏埃托尼乌斯这两位拉丁史学家通过记叙皇帝的统治,意在抨击伴随着至高无上的王权所出现的人格上的倒退,这种倒退无疑造成了皇帝极端的残暴以及对所有反抗他、对他有威胁的人的盲目铲除……由于历史上极为严格的文学审查制

1　撒路斯提乌斯著,王以铸、崔妙因译,《喀提林阴谋　朱古达战争》,第 97 页。
2　同上,第 303、302 页。

度，想了解每位皇帝的真实想法是有难度的"。[1]

在共和时期，罗马已经有了惩罚言论"诽谤"罪的条款，但在共和的公民政治环境中，这一法律主要是一项原则，并没有成为惩治作家言论的工具。卡图卢斯活着的时候，正是恺撒势力急剧扩张的时候，卡图卢斯在诗里公开嘲讽和攻击恺撒，毫不掩饰他对恺撒的厌恶和痛恨，虽然这未必是西塞罗或小加图那样抗御专制和保卫共和，但如果没有宽松的言论空间这也是不可能的。

到了奥古斯都的时代，"诽谤"罪便成为一种为王权维稳的政治迫害手段，具体化为"危害王权罪"。正如出生在尼禄时代，经历过图密善时代的罗马作家和政治家小普林尼所说，"'危害王权罪'是给无罪之人定罪的唯一罪名"。

塔西佗认为，奥古斯都是第一个执行"诽谤法"的皇帝，他将抨击社会名流的卡西乌斯·谢维路斯（Cassius Severus，著名演说家）判处流放。塔西佗还说，提比略皇帝延续了这样因言获罪的政策。在《编年史》里，他写道："他恢复了大逆法（Lex Majestatis）……奥古斯都第一个利用这一法律追究在文字上进行诽谤的罪行。因为一个名叫卡西乌斯·谢维路斯的人曾经肆无忌惮地诽谤过显要的男女人士，故而激怒的奥古斯都采取了这一步骤。后来一位行政长官彭佩乌斯·玛凯尔曾请示提贝里乌斯，还应当不应当受理涉及大逆法的案件，提贝里乌斯回答说，这一法律肯定是应当执行的。和奥古斯都一样，他曾因为一些匿名的诗而深为震怒，因为这些诗讽刺了他的残酷、横傲和对自己的母亲的疏远。"[2]

公元 25 年，罗马法庭对史学家克雷姆提乌斯·高尔杜斯（Cremutius Cordus）的审判是一个具有里程碑意义的事件。年迈的高尔杜斯既没有抨击皇帝也没有指责某个社会等级，他因曾在一篇

1　卡特琳娜·萨雷丝著，张平、韩梅译，《古罗马人的阅读》，第 35 页。
2　塔西佗著，王以铸、崔妙因译，《编年史》，第 60—61 页。

颂词中说刺杀恺撒的布鲁特斯和卡修斯是"最后的罗马人"而被判处"叛国"罪，这是当时可以被判处死刑的唯一罪名，但其实他只不过是同情了皇帝不喜欢的两个人。

与所有的专制国家一样，罗马帝国在公民因言获罪，法庭判决言论罪的表现上有一个奇怪的现象，那就是，几乎每个新皇帝上台时都会否定前任所做出的一些禁言处罚裁决，以示自己的开明和通达。但是，一旦他自己的权力稳固，就又会回到他前任的老路上去，甚至变本加厉，更加严酷。要放松还是强化对思想和言论的控制，全凭皇帝的高兴或需要，完全没有制度或规章的制约，这是独裁专制的一个重要特征。这与1956年赫鲁晓夫时期短暂的"解冻"窗口期甚为相似。

即便在罗马帝国时代，诽谤法这条"王法"的实施从未得到公众的认可。萨雷丝认为，这是因为在所有罗马人眼里，这样的王法并无公义的基础，"这无疑将皇帝推入了一个尴尬的境地。每位皇帝在登基前都把和前任皇帝有关的资料统统烧毁，并且废除'危害王权罪'以表示自己远离王权的决心。即便后来重新恢复这个罪名，也是出于其他一些无关紧要的原因"。[1]

从公元前1世纪后期到1世纪初，罗马文学的一些重要作品都是在奥古斯都皇帝有需要并允许或鼓励的宽松环境中出现的，也正因为如此，这些作品都打上了奥古斯都本人的印记。不用详细列举他漫长的统治生涯里对文化艺术采取的措施，只要看一看他为宣传帝国意识形态所资助和优待的作家就可以了，最有代表性的就是维吉尔和贺拉斯，奥维德也同样表现出对这位皇帝的敬仰和崇拜，但最后还是因为忤逆他的意志而被流放终生。这几位诗人都只是在奥古斯都统治前期创作了一些作品，这位皇帝后来渐渐疏远了作家，

1　卡特琳娜·萨雷丝著，张平、韩梅译，《古罗马人的阅读》，第36页。

在统治末期全面设立审查制度，对文学活动进行迫害，对所有在他看来危害其统治的作家都判处重刑。

这个时期的诗人们有许多肉麻和谄媚的文字，反映了他们写作环境的压力，伏尔泰在《论史诗》里谈到维吉尔时说："他向奥古斯都顶礼膜拜的那种软弱样，那是任何人都不会做的，不管对方是谁。"[1] 诗人们关心的是如何安身立命，保住身家性命，不会在政治上有任何非分之想。对此，彼得·盖伊说："罗马文人渴望得到一种良好的氛围，一份年金，一套乡间住宅或者在公共场所朗读自己作品的机会，但是他不能提出任何要求。他可以用自己的作品或个人影响力来教导皇帝和达官贵人，但是他通常（尽管并非总是）依然受到当下政府的任意摆布。"[2]

萨雷丝在《古罗马人的阅读》一书中详细记述了奥古斯都之后，从皇帝提比略，经过朱利奥—克劳狄王朝的暴君卡利古拉和尼禄，再到后来的暴君皇帝图密善这 200 年间对作家思想和言论的钳制手段，以及对他们不放心的作家和作品的严厉处罚（其中包括流放和处死），这里就不举例详述了。塞涅卡虽然一辈子在著作中小心谨慎，还不断讨好尼禄，但最后还是被尼禄以参与谋反的罪名处死，而爱比克泰德则是在图密善统治时期和不少其他哲学家一样，被这位暴君流放。这两位斯多葛哲人早已没有了西塞罗和小加图那样的共和情怀，剩下的只是在乱世中但求安身立命、出淤泥而不染的个人道德追求和自我保护愿望。

从奥古斯都开始，罗马文学的文学潮流变化很大程度上是在王权对作家施加的压力下形成的。除了对诗歌和哲学的影响，最令人瞩目的恐怕是演说这种曾具有高度公共意义的文学形式，居然在不到一个世纪的时间里完全丧失了原来的社会功能，从公共事务的严

1　转引自彼得·盖伊著，刘北成译，《启蒙时代（上）：现代异教精神的兴起》，第 91 页。
2　同上。

肃论辩沦落为一种修辞华丽但无实质内容、更无政治锋芒的耍嘴皮子和抖小聪明。这并不是那种在古代罗马共和政治和公民社会里起作用的"演说"或"辩论"。

有思想的文学必须扎根于能允许自由意识和言论的社会土壤里,西塞罗时代还存在的那片社会土壤到 2 世纪已经退化为一片荒漠。1 至 2 世纪的罗马作家小普林尼曾对人说,"我的情况和你所列举的西塞罗并不一样,因为他的才华是当时重大、丰富的历史事件滋养的结果,而我呢,不用多说你也明白,我被禁锢在一个狭小的空间里"(Pliny the Younger, Epistles, IX , 2, 2—3)。

罗马帝国的思想审查制度几乎涉及所有的文学类型,专制皇帝把一切有意无意的文学联想效应都当作是对自己的攻击。作品中不论神话人物还是历史人物、虚构的或是有真实背景的,都可能给作家带来灾难。历史作品是审查监控的首要对象,要创作当代或近代的史学题材作品越来越难。不光是皇帝,所有与宫廷政治有关的人或事,记叙或评论都必须格外留意。也就是说,在历史题材、事件、人物的周围,全都有审查官给作者们画好了的禁忌红线。

在这种肃杀的言论环境中,能得到发展的只有皇帝认可的宫廷文学。在这样的文学作品里,正如萨雷丝所说,"写作是一种消遣方式,他们组织的文学沙龙既肤浅又不专业,从题材、体裁到创作都僵化而毫无生气,只是为了迎合上流社会的欣赏品位。对依附于要人及皇帝的门客作家来说,写作是他们谋生的手段"。依附性的作家很难产生创新和有思想意义的作品,因此,"公元 1 世纪下半叶,社会上出现了大量因循守旧、毫无深度的作品:悼词极尽吹捧之能事;御用文人和门客作家把才华用于逢迎皇帝和主人上…… 维吉尔、贺拉斯作为皇帝的宠臣,代表着文学黄金时代的回归和罗马强盛时期的到来,这也是奥古斯都时代的文学作品具有永久意义的原因所在"。在后来的其他作家笔下,"尽管皇帝还有着神一般的地位，但其形象已经是人而非神了，皇帝日常生活中微不足道、无足轻重的言行举止都成了文学创作的素材"。[1]

本书把 2 世纪的奥勒留作为最后一位罗马作家，也是因为在他那里，我们还能看到一个斯多葛主义者的真实情感、朴素美德、独特思考和道德良知，在他那个时代的罗马文学中，这些都是非常难能可贵的。但是，他的斯多葛主义和国家主义也成为他残酷迫害基督徒的一个动因。在他之后的罗马宗教文化变迁里已经包含了罗马衰亡的祸因。

罗马的国运与罗马文学的变化和衰落之间有关系，但并不是直接和单一的关系。文学的变化并不都代表文学的衰落。我们在这里所说的"衰落"是就罗马文学的公共功能而言的。罗马曾经是一个倡导公共美德和责任理念的国家，而罗马国家权力越来越严厉的政治压迫扼杀了这种典型的罗马理念。

当然，公共责任或功能并不是文学的全部，在现代专制制度中，所谓的"公共性"其实经常成为压迫个人自由的借口和手段。文学有其非公共的、私人的部分：言情、咏志、美文、抒怀、幽默，甚至闲情逸致、风花雪月的文学游戏，都有公共性文学所不能代替的怡情、娱乐、陶冶作用。然而，罗马人还没有我们今天对私人文学的认识，所以我们不能以此解释罗马文学公共性的"合理"丧失。或许，在看待罗马文学的变化时，我们可以尝试从文学行为在罗马帝制下的被迫改变去理解从公元前 1 世纪到 1 至 2 世纪的罗马国运变化。虽然离罗马帝国灭亡的时刻还有 2 个世纪，但在文学的演变中，从共和到帝国的变化却已经足够清晰。

1　卡特琳娜·萨雷丝著，张平、韩梅译，《古罗马人的阅读》，第 32 页。